PROCÈS-VERBAUX
DES SÉANCES
DU
CONSEIL GÉNÉRAL
DU DÉPARTEMENT
DE
RHÔNE-ET-LOIRE
1790-1793

Publiés d'après les manuscrits originaux

POUR LES

CONSEILS GÉNÉRAUX DU RHÔNE & DE LA LOIRE

PAR

Georges GUIGUE

Ancien Élève de l'École des Chartes
Archiviste en chef du département du Rhône

TOME II
10 JUILLET 1792 — 3 AOUT 1793

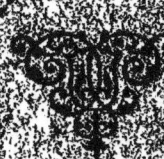

TRÉVOUX
IMPRIMERIE DE JULES JEANNIN
RUE DU PONT

1895

PROCÈS-VERBAUX DES SÉANCES

DU

CONSEIL GÉNÉRAL DE RHÔNE-ET-LOIRE

PROCÈS-VERBAUX

DES SÉANCES

DU

CONSEIL GÉNÉRAL

DU DÉPARTEMENT

DE

RHÔNE-ET-LOIRE

1790-1793

Publiés d'après les manuscrits originaux

POUR LES

CONSEILS GÉNÉRAUX DU RHÔNE & DE LA LOIRE

PAR

GEORGES GUIGUE

Ancien Élève de l'Ecole des Chartes
Archiviste en chef du département du Rhône

TOME II

19 Juillet 1792 — 8 Août 1793

TRÉVOUX

IMPRIMERIE DE JULES JEANNIN

RUE DU PORT

1895

PROCÈS-VERBAUX

DES SÉANCES

DU CONSEIL GÉNÉRAL

DE

RHÔNE-ET-LOIRE

1792

SESSION PERMANENTE

ET

TROISIÈME SESSION ANNUELLE

19 JUILLET 1792 — 4 FÉVRIER 1793.

Le présent registre des délibérations et arrêtés du Conseil Général du département de Rhône-et-Loire, extraordinairement convoqué, en vertu de l'acte du Corps Législatif du 11 juillet 1792, qui déclare que *la Patrie est en danger*, contenant quatre-vingt-dix-huit feuillets, formant cent quatre-vingt-seize pages, a été numéroté, cotté et paraphé par nous, Président du département en l'absence. Fait en Conseil du département, à Lyon, le 19 juillet 1792, l'an 4ᵉ de la Liberté.

BESSON, *président.*

Dans la séance du Directoire du département de Rhône-et-Loire, du jeudi dix-neuf juillet 1792, l'an 4ᵉ de la Liberté, avant midi, où étaient MM. Besson, président en l'absence, Brunet le jeune, Lagrange, Pavy, Populle, Pariat, Lorange, administrateurs, Mayeuvre, procureur général syndic, et Gonon, secrétaire général; M. Gaultier, absent pour cause de maladie, se sont présentés MM. Simonet, Servan Lecourt, Rouher, Desportes, Chevassu et Ricard, membres du Conseil de l'administration, convoqués en exécution de l'art. 2 de la loi du 8 de ce mois, à l'effet de se rassembler pour se tenir en surveillance permanente.

M. le Procureur Général Syndic, après avoir fait sentir que les dangers dont la Patrie se trouve menacée exigent la surveillance la plus active de la part des corps administratifs, afin de rendre vains et impuissans les efforts des ennemis de notre constitution et de notre liberté, de prévenir les complots des agitateurs du peuple qui, par des discours ou des conseils perfides, cherchent à l'abuser sur ses propres intérêts; enfin, de maintenir la paix, la tranquillité et le bon ordre, il a requis que l'administration fut dès ce moment formée en conseil et en surveillance permanente. L'assemblée, ayant adopté les propositions et réquisitions de M. le Procureur Général Syndic, a déclaré que, dès ce moment, elle se constitue en séance de Conseil Général et en surveillance permanente. Et attendu que M. Janson, président, n'est point encore arrivé, l'assemblée, présidée par M. Brunet, doyen d'âge, a élu, par la voie du scrutin, pour président en l'absence, M. Besson, l'un de ses membres, qui a exprimé combien il était sensible à cette marque de confiance de la part de ses collègues et a fait le serment de remplir avec zèle et courage les fonctions de l'emploi honorable qui vient de lui être confié.

Sur le champ, il a été arrêté qu'il sera ouvert un registre particulier sur lequel seront inscrites les délibérations du Conseil, à commencer par la présente.

BESSON, président en l'absence, BRUNET le jeune, POPULLE, PAVY fils, PARIAT, ROUHER, LECOURT, LAGRANGE, CHEVASSU, G.-A. RICARD, SERVAN, DESPORTES, MAYEUVRE, procureur général syndic, GONON S. F., secrétaire général.

Le jeudi dix-neuf juillet 1792, l'an 4ᵉ de la liberté, après midi.

MM. les administrateurs n'ont pris aucune délibération ni arrêté en séance de Conseil Général.

Le vendredi vingt juillet 1792, l'an 4ᵉ de la Liberté, MM. les administrateurs composant le Conseil Général du département, assemblés en séance, y étant MM. Besson, président en l'absence, Brunet, Lagrange, Pavy, Populle, Pariat, Lorange, Lecourt, Rouher, Simonet, Servan, Desportes, Chevassu, Ricard, administrateurs, Mayeuvre, procureur général syndic, et Gonon, secrétaire général.

Vu le mémoire présenté par M. Delachaise, commissaire du Roi près le tribunal du district de Montbrison, tendant à obtenir la révocation de l'ordre donné par MM. Vitet, maire de la municipalité de Lyon, et Pressavin, substitut du procureur de la commune, audit sʳ de La Chaize de quitter la ville de Lyon sous 24 heures ; vu pareillement les pièces énoncées dans ladite pétition; ouï M. le Procureur Général Syndic en ses conclusions, le Conseil du département renvoie le mémoire de M. Delachaize et les pièces y jointes au conseil du district de Lyon, pour avoir son avis et les communiquer au conseil général de la commune ; et cependant, par provision, arrête que les choses demeureront en état jusqu'à ce qu'il en ait été autrement ordonné.

Sur la discussion qui s'est élevée au sujet de la déclaration que le département devait faire des armes déposées au Dépôt de mendicité apellé de la Quarantaine, ouï M. le Procureur Général Syndic en ses conclusions, le Conseil arrête que MM. Rouher et Lorange sont et demeurent nommés commissaires, à l'effet de se transporter audit dépôt, pour vérifier l'état des armes et dresser procès-verbal, afin de procéder à la déclaration desdites armes, conformément à la loi.

Un de MM. a dénoncé une affiche répandue avec profusion et affichée dans tous les carrefours de la ville de Lyon, intitulée : *Extrait des registres des délibérations du Conseil général de la commune de Lyon en permanence, du 19 juillet 1792, et de la Liberté l'an 4e*, comme contenant des assertions inconstitutionnelles, incendiaires et inconvenantes. La matière mise en délibération, vu ledit imprimé, ouï M. le Procureur Général Syndic en ses conclusions, il a été arrêté qu'il serait fait une adresse à tous les citoyens des districts, à l'effet de les instruire des vrais principes qui dirigent le département et les prémunir contre toutes insinuations perfides, dont la malveillance cherche à les environner, pour troubler l'ordre et la tranquillité publique.

Un membre a fait la motion et M. le Procureur Général Syndic a requis qu'une seconde lettre fut écrite à chacun de MM. les membres absents du Conseil Général, pour les prier de se rendre à leur poste, et que ces lettres fussent adressées aux procureurs syndics, qui seront invités de les faire parvenir à chaque administrateur par la voie la plus sûre, même par la gendarmerie nationale, qui en retirera récépissé.

Il a été fait lecture 1° d'une lettre adressée à l'administration par M. le procureur syndic du district de St-Etienne, en date du de ce mois; 2° d'une lettre écrite au Directoire du département par MM. les maire et officiers municipaux composant le bureau municipal de St-Etienne, du 16 du courant; 3° d'un procès-verbal dressé par le conseil général de la commune de St-Etienne, le 14 de ce mois, à l'occasion de la cérémonie de la Fédération ; 4° d'un autre procès-verbal dressé par le conseil général du district, en date du même jour, dans lequel, en donnant le détail de la cérémonie de la Fédération, il explique des faits qui ont troublé cette fête civique et desquels il résulte, non seulement que les membres de l'administration ont été insultés, menacés et traités de la manière la plus outrageante, mais encore que leur vie a été exposée aux plus grands dangers ; 5° une lettre écrite par M. le procureur syndic du district à M. le Procureur Général Syndic du département, dans laquelle il lui annonce que l'avilissement auquel l'administration a été livrée, a engagé deux des administrateurs du Directoire à donner leur démission, et que les autres membres se proposent de suivre leur exemple ; ouï M. le Procureur Général Syndic en ses conclusions, le conseil arrête qu'avant de statuer définitivement, le conseil du district fera parvenir incessamment au Conseil du département extrait en forme 1° de la lettre écrite par le bureau municipal de St-Etienne au directoire du même district, le 9 de ce mois; 2° de la lettre écrite par M. le procureur syndic de la commune de St-Etienne à M. le procureur syndic du district, le 10 du courant; 3° de la délibération par laquelle le conseil général de la commune de St-Etienne a délibéré qu'il n'estimait pas devoir faire afficher l'arrêté du département, dans l'intime persuasion qu'il était contraire à la teneur d'un certain décret; 4° de la délibération du conseil général de la commune, contenant nomination de députés pour se rendre à Lyon, à l'effet de s'instruire de la conduite que la municipalité de cette ville se proposait de tenir lors de la Fédération ; enfin, toutes les pièces relatives à la difficulté survenue entre le corps municipal et le district, à l'occasion de la prestation du serment fédératif, pour, lesdites pièces rapportées au Conseil du département, être par lui définitivement arrêté ce qu'il appartiendra. Arrête en outre que M. le Président demeure prié d'écrire à MM. les administrateurs du directoire du district de St-Etienne, qui ont donné et qui se proposent de donner leur démission, pour les engager, au nom de la patrie en danger, à continuer leurs fonctions dans ce moment, où plus que jamais le zèle, l'activité et le civisme dont ils n'ont cessé de donner des preuves leur font un devoir impérieux de répondre à la confiance de leurs administrés, afin d'exercer la surveillance permanente prescrite par la loi.

Besson, président en l'absence. Gonon S. F., secrétaire général.

Le samedi vingt-un juillet 1792, l'an 4e de la Liberté, MM. les administrateurs composant le Conseil Général du département, réunis en séance, y étant MM. Besson, président en l'absence, Brunet, Lagrange, Pavy, Popule, Pariat, Lorange, Lecourt, Rouher, Simonet, Servan, Desportes, Chevassu, Ricard, Ravel, Grand, administrateurs, Mayeuvre, procureur général syndic, et Gonon, secrétaire général.

MM. Dugas et Laroa-Faveranges ont écrit que des causes d'infirmité ne leur permettent pas de se rendre à leur poste ; M. Chavanis, malade et présent à l'assemblée, a demandé d'être exempt d'assister aux séances.

En exécution de l'arrêté du jour d'hier, lecture a été faite d'un projet d'adresse aux citoyens des six districts. Sur quoi, ouï M. le Procureur Général Syndic en ses conclusions, le Conseil arrête que lad. adresse, dont suit la teneur, est et demeure approuvée ; qu'en conséquence, elle sera imprimée, adressée aux districts et par eux transmise aux municipalités de leurs ressorts, pour être publiée et affichée.

« Citoyens,

« La Patrie est en danger. Les représentans du peuple Français
« l'ont proclamé, non pour vous inspirer une crainte pusillanime, ce
« sentiment n'entra jamais dans l'âme des hommes libres ; non pour pro-
« duire parmi vous de dangereuses agitations, elles seraient contraires
« au but de cet éveil salutaire ; mais pour vous faire sentir que,
« tandis que les ennemis extérieurs de votre liberté la menacent, il ne
« doit plus y avoir d'ennemis intérieurs ; pour vous rapeler que vous
« êtes tous frères, tous enfans d'une même famille, pour vous avertir

« que, tandis que vos généreux défenseurs vous couvrent de leurs
« boucliers sur les frontières, le calme doit régner au dedans de
« l'Empire; qu'à l'abri de la loi, les personnes et les propriétés
« doivent être respectées; que toutes les volontés doivent tendre
« au même but, la défense de tous; que toutes les opinions doivent
« concourir à un seul résultat, le salut du peuple.

« Il a fallu des élans surnaturels, une révolution, pour terrasser le
« despotisme de plusieurs siècles; il ne faut, citoyens, pour conserver
« votre liberté, comme le disent si bien vos représentans, qu'un
« courage calme, qui ne se meuve qu'au signal de la loi.

« Dès ce jour l'on ne peut regarder comme ennemi que celui que la
« loi aura signalé; mais croyez qu'il en est peu qui, dans le sein
« même de la patrie, osent se montrer tels à l'aspect de la volonté
« bien prononcée de la presque universalité des citoyens français,
« pour le maintien de la constitution et de la liberté.

« Dans une société bien organisée, le soin de venger les injures
« publiques et privées n'appartient point aux individus; le glaive de la
« loi est seul chargé de satisfaire la vindicte publique.

« Il n'importe de savoir à quel signe on peut reconnaître les véri-
« tables ennemis intérieurs, qu'afin qu'ils puissent être dénoncés par
« le civisme à la surveillance permanente des conseils d'administra-
« tion et des communes.

« Les ennemis intérieurs, donc, sont ceux qui veulent autre chose
« que la Constitution; qui, se couvrant du masque du patriotisme,
« provoquent la désobéissance aux loix et l'avilissement des autorités
« constituées; qui prêchent l'insurrection, le meurtre et le pillage,
« tandis que nos lois ne respirent que paix, fraternité et respect pour
« les propriétés; qui cherchent à semer la division et la méfiance
« parmi les braves gardes-nationaux, ces citoyens-soldats qui sont le
« plus ferme rempart de la Constitution; ceux qui semblent enfin
« être les agents secrets des rebelles, de nos ennemis déclarés, en
« cherchant à dissoudre ce bel empire par l'anarchie et la licence,
« mille fois plus destructives que le fer homicide dont les personnes
« conjurées nous menacent.

« Déconcertez tous ces moyens pervers de désorganisation, vous
« tous, citoyens régénérés par les lois saintes de l'égalité et de la
« liberté, soyez unis, embrassez tous ensemble l'autel de la Patrie et le
« livre de la loi, l'un comme le gage de vos sermens, l'autre comme
« le garant de votre bonheur et de votre sûreté. Plus les dangers de
« la Patrie sont imminens, plus l'ordre et l'harmonie sont nécessaires
« parmi ses enfants, plus les règles établies par les lois doivent être
« religieusement observées.

« Croyez qu'à la vue de ce concert imposant de volontés et de moyens
« de toute une nation unie et armée pour la même cause, les rois
« conjurés contre votre indépendance et votre liberté, perdant l'espoir
« de vous affaiblir par vos propres divisions, renonceront bientôt à
« celui de vous vaincre par les armes, ainsi ce sera par la force irré-
« sistible qui naît de la concorde, de l'amour des lois et du dévoue-
« ment qu'il inspire que la Patrie sera sauvée. »

MM. les adjudants généraux de l'armée du Midi ayant représenté
au Conseil que le 72ᵉ régiment d'infanterie devait arriver dans cette
ville lundi 23 de ce mois; qu'il était à désirer qu'il fut caserné dès son

arrivée, mais que les bâtimens de la Nouvelle Douane, qui, jusqu'à présent, avaient servis de casernes aux troupes en garnison à Lyon, étaient entièrement occupés par des ouvriers employés à une fourniture de tentes pour lad. armée, l'un de MM. a observé que, pour concilier et le casernement des troupes et l'expédition de la fourniture des tentes, l'on pourrait faire transporter l'attelier d'ouvriers dans un autre bâtiment national, et que celui des ci-devant Jacobins, n'étant pas encore vendu, pourrait servir d'attelier, et que le transport des toiles et fournitures pourrait être fait promptement et facilement, sans que l'ouvrage en fut retardé. En conséquence de cette proposition qui a été adoptée, M. le Procureur Général Syndic a écrit à M. le procureur syndic, à l'effet d'inviter le conseil général du district à nommer des commissaires pour mettre ces bâtiments en état de recevoir lesd. ouvriers. La réponse de M. le procureur syndic a été que les bâtimens des ci-devant Jacobins étaient loués et occupés par différens locataires qu'on ne pouvait expulser, que l'on ne pourrait disposer pour cet usage que de la bibliothèque de cette maison, ainsi que de l'église des ci-devant Cordeliers, et que remise serait faite des clefs de ces deux emplacemens, si le Conseil du département le jugeait convenable. Sur quoi, ouï M. le Procureur Général Syndic en ses conclusions, il a été arrêté que M. le Procureur Général Syndic transmettra de suite l'ordre du Conseil Général à M. Wast, commissaire des guerres, employé à l'armée du Midi, de faire évacuer aux ouvriers employés à la fourniture des tentes pour lad. armée, les bâtimens de la Nouvelle Douane, afin de les rendre libres pour le casernement du 72e régiment, qui doit arriver lundi 23 de ce mois, et lui indiquera en même temps la bibliothèque des ci-devant Jacobins et l'église des ci-devant Cordeliers, pour y placer les ouvriers qui fabriquent lesd. tentes, jusqu'à entière perfection de cette fourniture.

Deux de MM. ont dit avoir été instruits, chacun séparément, par deux citoyens dignes de foi que, dans le canton de Pierre-Scize, on avait convoqué au son de la caisse, dans l'après dînée, les citoyens à se rendre demain dimanche, à 7 heures du matin, sur la place d'armes, bien armés, et que le tambour qui faisait la convocation avait mis une affectation marquée en proférant ces derniers mots ; que les citoyens qui leur ont rapporté ces faits avaient ajouté avoir ouï dire que le but de ce rassemblement était que les citoyens de ce canton devoient venir demain dimanche présenter aux corps administratifs une pétition tendante à la réformation d'arrêtés qui étaient contraires à leur opinion, et que, s'ils ne l'obtenaient pas, ils la réitèreraient à main armée. Le Conseil, considérant que, quoiqu'il ne soit pas présumable que des citoyens puissent avoir l'intention de se livrer à une démarche aussi irrégulière, la prudence dicte cependant de prévenir tout ce qui, dans la circonstance présente, pourrait tendre à troubler l'ordre public; ouï M. le Procureur Général Syndic en ses conclusions, arrête que M. le Procureur Général Syndic donnera avis sur le champ, à M. le procureur syndic du district de Lyon, des faits ci-dessus dénoncés, afin qu'il les soumette à la surveillance du conseil du district, pour les vérifier et prendre toutes les mesures que sa sagesse lui dictera pour les prévenir s'il y a lieu. M. le procureur syndic du district a répondu sur le champ à la lettre de M. le Procureur Général Syndic. Il annonce qu'il a mis sous les yeux du conseil du district la lettre de M. le Procureur Général Syndic et qu'il vient de donner avis à la municipalité de Lyon de son contenu, avec invitation de prendre les mesures nécessaires, si toutefois ce rassemblement avait lieu pour cet objet.

BESSON, président en l'absence. GONON S. F., secrétaire général.

Le dimanche vingt-deux juillet 1792, l'an 4º de la Liberté, MM. les administrateurs composant le Conseil Général du département, réunis en séance, y étant MM. Besson, président en l'absence, Brunet, Lagrange, Pavy, Populle, Parial, Lorange, Lecourt, Rouher, Simonet, Servan, Desportes, Chevassu, Ricard, Ravel, Grand, Mussieu, administrateurs, Mayeuvre, procureur général syndic, et Gonon, secrétaire général.

Il a été fait lecture d'une lettre en date du jour d'hier, adressée au département par la municipalité de Lyon, par laquelle elle demande communication de l'arrêté du département dont se couvre le sieur Regnaud, colonel du 67º régiment d'infanterie, pour demeurer à Lyon, malgré l'ordre qui lui a été notifié le 19 de ce mois par la municipalité pour se rendre à son poste. Le Conseil, s'étant fait représenter l'arrêté pris par le Directoire le 5 juin dernier qui donne acte de l'enregistrement d'une commission donnée au sr Regnaud par M. Montesquiou, commandant de l'armée du Midi, pour recevoir à Lyon les objets de campement de ladite armée, considérant que par l'arrêté du Directoire, la municipalité de Lyon a dû avoir connaissance, par l'intermédiaire du district, des motifs de ladite commission ; ouï M. le Procureur Général Syndic en ses conclusions, il a été arrêté qu'il sera répondu sur le champ à la municipalité de Lyon, et qu'expédition de l'arrêté du Directoire du 5 juin dernier, ensemble copie de la commission donnée à M. Regnaud, lui sera pareillement envoyée afin qu'elle n'en ignore.

M. le Procureur Général Syndic a fait lecture d'une lettre qu'il venait de recevoir de M. Wast, commissaire des guerres, employé à l'armée du Midi, de service à Lyon, en date de ce jour, dont la teneur suit :

« Lyon, le 22 juillet 1792.

« Dans la lettre que vous m'avez fait l'honneur, M., de m'écrire hier
« 21 juillet, je lis ces mots : « Je suis chargé par le Conseil du dépar-
« tement de vous transmettre l'ordre », etc. Je ne puis croire qu'une
« telle affectation d'autorité soit l'ouvrage du Conseil du départe-
« ment, composé d'hommes trop instruits pour ne pas connaître les
« limites de leurs pouvoirs, et trop sages pour les franchir. Je ne vois
« que vous dans cette lettre, elle est écrite en votre nom, signée de vous
« seul, ainsi c'est à vous et de vous que je me plains.
« Le Commissaire des guerres n'a pas d'ordre à recevoir du
« Procureur Général Syndic. Je me flatte que vous ne m'adres-
« serez plus à l'avenir de semblables lettres, auxquelles je ne ferais
« d'autres réponses que de les envoyer au ministre de l'Intérieur et à
« celui de la Guerre.
« Je ne vous dirai rien touchant le fonds de cette lettre du 21, sur
« lequel on s'est entendu hier de vive voix.

« Le Commissaire des guerres, employé à l'armée du Midi, de
« service à Lyon. Signé VAST. »

Le Conseil, considérant que M. le Procureur Général Syndic s'est littéralement renfermé dans les termes de son arrêté du 21 de ce mois, dans les ordres qu'il a transmis au nom du Conseil à M. Vast; considérant aussi que les bâtimens de la Nouvelle Douane font partie de domaines nationaux, jusqu'à ce qu'ils aient été placés définitivement parmi les bâtimens militaires, qu'en cette première qualité, ils sont sous la surveillance des corps administratifs ; que le s^r Vast n'a pu en disposer et les faire occuper sans leur permission expresse et que, dès lors, le Conseil de département a pu lui faire donner l'ordre, par M. le Procureur Général Syndic, de faire évacuer ces bâtimens nécessaires pour le casernement du 72e régiment, casernement nécessaire pour la plus exacte discipline des troupes et pour épargner aux citoyens la charge d'un logement de troupes ; considérant enfin que, sous tous ces points de vue, la lettre de M. Vast est despectueuse envers M. le Procureur Général Syndic et conséquemment envers le Conseil du département dont il n'a été que l'organe ; ouï le suppléant de M. le Procureur Général Syndic en ses conclusions, il a été arrêté qu'expédition des arrêtés du Conseil du département des 21 et 22 de ce mois, ainsi que copie de la lettre de M. Vast, commissaire des guerres, employé à l'armée du Midi, de service à Lyon, seront envoyés au ministre de la Guerre, et qu'il s'en rapporte à sa sagesse pour rappeler à ce commissaire des guerres le respect qu'il doit aux autorités constituées et aux fonctionnaires publics établis par le choix libre du peuple et pour empêcher que de semblables écarts, quelques méprisables qu'ils soient en eux-mêmes, ne se reproduisent.

M. le Procureur Général Syndic a fait lecture d'une lettre en date de ce jour, à lui adressée par M. le suppléant du procureur syndic du district de Lyon, par laquelle il lui envoie une lettre adressée au Président dud. district, par M. Seriziat, ensemble copie de la lettre écrite par la municipalité de Lyon, aux administrateurs dud. district, lesdites deux lettres en date du 21 de ce mois ; lesquelles lettres annoncent que la convocation dénoncée par l'administration du département, faite au son de la caisse dans le quartier de Pierre-Scize, n'avait d'autre but que la proclamation de 12 officiers nommés en remplacement de ceux qui sont partis pour Paris et pour s'exercer au maniement des armes, conformément à la loi.

BESSON, président en l'absence. GONON S. F., secrétaire général.

Le lundi vingt-trois juillet 1792, l'an 4° de la Liberté, MM. les administrateurs composant le Conseil Général du département de Rhône-et-Loire, réunis en séance, y étant MM. Besson, président en l'absence, Brunet, Lagrange, Pavy, Populle, Pariat, Lorange, Lecourt, Rouher, Simonet, Servan, Desportes, Chevassu, Ricard, Ravel, Grand, Mussieu, Farjon, administrateurs, Mayeuvre, procureur général syndic, et Gonon, secrétaire général.

MM. les officiers du bataillon des volontaires des Pyrénées-Orientales se sont présentés pour faire visite au Conseil du département ; ils ont témoigné tout le zèle qui les anime pour voler au secours de la Patrie. Le Conseil, applaudissant à leur patriotisme, les a assurés de tout son dévouement à la Constitution.

Une personne est venu dénoncer que, se promenant sur la place des Terreaux de Lyon, elle a vu des personnes assemblées formant deux pelotons, l'un environ de 50 hommes et l'autre de 30; que voulant en savoir le motif, elle a pénétré dans l'Hôtel commun et que, là, elle a entendu dans différens groupes que l'on menaçait de venir en armes au Département, et que si la garde du poste ne voulait pas les laisser entrer, il fallait la hâcher.

Des particuliers sont venus dire qu'on distribuait aux citoyens de la Grande Côte et de Bourgneuf des invitations pour s'armer, sous le prétexte qu'il y avait du mouvement au Département.

Sur ces différens rapports et sur la réquisition de M. le Procureur Général Syndic, il a été arrêté que M. le Procureur Général Syndic en ferait part à M. le procureur syndic du district, pour lui en rendre compte.

L'un des secrétaires des bureaux vient rendre compte au Conseil qu'il a entendu dire, par des particuliers qu'il ne connait pas et formés en groupes, qu'il « fallait empêcher ces coquins d'administrateurs de sortir ». Ce nouveau fait soumis à la délibération, pendant la discussion, un de MM. est venu dire que le nommé Riton, commissionnaire des bureaux allant porter des paquets à la poste, a été arrêté au poste du Département et conduit au corps de garde.

M. Sicard, officier municipal, est entré sur le champ et a dit que M. le Maire venait d'être averti par l'officier du poste de l'arrestation des paquets sortant de l'administraion ; il a prévenu que ces paquets, arrêtés au poste, l'ont été par plusieurs citoyens qui ont conduit le commissionnaire au corps de garde et ont dit qu'ils voulaient voir lesd. paquets. M. Sicard a invité l'assemblée à vouloir permettre d'en faire l'ouverture, pour satisfaire le peuple. A l'instant, le Conseil, jaloux de lever tous les doutes, a nommé M. Lagrange pour son commissaire, qui est descendu avec M. Sicard au corps de garde.

M. le Procureur Général Syndic a été invité d'écrire à M. Cottier, juge de paix du canton de la Fédération, pour lui donner avis de l'attroupement formé à la porte du Département. M. le Procureur Général Syndic a encore été invité de requérir M. le lieutenant-colonel de la gendarmerie nationale de faire tenir sa troupe prête à recevoir des ordres.

M. Lagrange est rentré et a dit que pour éviter une effervescence populaire on a consenti à décacheter les paquets arrêtés ; l'un desd. paquets décacheté a été reconnu contenir des exemplaires de lois qui étaient envoyés par l'administration au district de Villefranche, et après avoir été visités par plusieurs particuliers attroupés, ils ont été reportés dans les bureaux pour être recachetés.

Le même paquet, reporté par le sieur Riton, a été de nouveau arrêté au même poste.

Sur les une heure et demie, M. Julliard, commandant général de la garde nationale de Lyon, est venu prévenir l'assemblée qu'il allait renforcer la garde du poste du Département.

De suite M. le Procureur Général Syndic, de l'avis du conseil, a fait part de ces évènemens, par la voie de la correspondance, à M. le procureur syndic du district de Lyon, pour l'inviter à y mettre ordre en les communiquant à la municipalité, avec déclaration que si le district ou la municipalité ne prenaient les mesures prescrites par la loi, le Département y pourvoira suivant les loix.

Le nommé Jolibois, garçon des bureaux, est venu rendre compte qu'il avait porté la lettre de M. le Procureur Général Syndic écrite à M. Cottier, juge de paix du canton de la Fédération ; que M. Cottier lui avait répondu que ce n'était point à lui à faire aucune réquisition, mais au procureur de la commune, qu'au surplus il allait au Palais de Justice où son devoir l'appelait.

Environ sur les 3 heures et demie, quatre de Messieurs ont rendu compte que M. Vitet, maire, s'était présenté devant l'attroupement existant près la porte principale du Département et avait invité aux différentes personnes qui le composait de s'éloigner, lequel attroupement n'a fait que de s'éloigner de quelques pas.

Une escouade du guet, composée de 12 hommes, est arrivée et a pris poste devant le Département.

Trois de MM. les administrateurs, rentrant après le dîner, ont rapporté qu'en sortant du Conseil sur les 1 heure 1/4, ils ont été insultés par des personnes attroupées, et qui ont proféré ces paroles : « en voilà deux de ces foutu gueux » ; un autre a dit : « Il n'y a qu'un beau désordre qui puisse rétablir l'ordre ».

Il a été fait lecture d'une lettre de M. Vitet, maire de Lyon, en date de ce jour, qui transmet à MM. les administrateurs du district de Lyon les causes qui ont pu occasionner les rassemblemens que M. le Procureur Général Syndic a dénoncés au procureur syndic du district.

On a fait introduire le gendarme d'ordonnance, qui a déclaré que, sur les trois heures et demi, M. Vitet, maire, après lui avoir dit de monter à cheval, lui a donné l'ordre de faire retirer l'attroupement qui environnait le Département, ce que le gendarme a exécuté.

Sur la réquisition de M. le Procureur Général Syndic, il a été arrêté que copie du procès-verbal de ce jour serait envoyé à M. le Président de l'Assemblée Nationale, et M. le Procureur Général Syndic est invité de vouloir se charger de la rédaction de la lettre.

Sur les 7 heures et demi du soir, M. Duterre, sergent de la 4ᵉ compagnie du bataillon du quartier de la Croizette, est entré, il a dit qu'en conséquence d'une réquisition de la municipalité de Lyon, il rapportait le paquet qui avait été déposé deux fois au corps de garde du poste du Département, par une troupe de gens rassemblés devant led. Département. Ce paquet remis a été reconnu être le même que celui saisi deux fois le matin, par la même troupe, et adressé à M. le procureur syndic du district de Villefranche, décharge a été donnée à M. Duterre.

Il a été fait ensuite lecture d'une lettre de M. le suppléant le procureur syndic du district de Lyon, par laquelle il accuse la réception de la lettre que lui a écrite M. le Procureur Général Syndic, ci-devant énoncée, et annonce l'envoi qu'il en a fait de suite à la municipalité de Lyon.

M. le Procureur Général Syndic a fait lecture d'une lettre, qui vient de lui être remise, et à lui écrite par M. le suppléant du procureur syndic du district de Lyon, en date de ce jour, contenant envoi de la copie de celle à lui écrite par la municipalité de Lyon, par laquelle elle demande le nom de ceux qui ont cru devoir prévenir le Département qu'il devait se former un rassemblement des citoyens de la section de Pierre-Scize, pour se porter le 22 au Département; cette demande, sur laquelle insiste la municipalité de Lyon, est fondée sur la réclamation des citoyens de ladite section qui, comme l'annonce la municipalité, sont d'autant plus surpris de cette dénonciation qu'ils sont bien éloignés d'y avoir donné lieu.

BESSON, président en l'absence. GONON S. F., secrétaire général.

Le mardi vingt-quatre juillet 1792, l'an 4º de la Liberté, MM. les administrateurs composant le Conseil Général du département de Rhône-et-Loire, réunis en séance, y étant MM. Besson, président en l'absence, Brunet, Lagrange, Pavy, Populle, Pariat, Lorange, Lecourt, Rouher, Simonet, Servan, Desportes, Chevassu, Ricard, Ravel, Grand, Mussieu, Farjon, administrateurs, Mayeuvre, procureur général syndic, et Gonon, secrétaire général.

Il a été fait lecture d'une lettre datée de Paris, du 17 de ce mois, écrite à M. le Président du département, par M. Frossard, administrateur, par laquelle il annonce qu'étant à Sedan pour des affaires de famille, lorsqu'il a eu connaissance de la loi sur les mesures à prendre quand la Patrie est en danger, il met tout son zèle à obéir sans délai au devoir qui lui est imposé de retourner à son poste, pour partager avec ses collègues les travaux et les sollicitudes que les circonstances imposent à tous les fonctionnaires publics.

Des grenadiers de garde au poste sont entrés, ils ont dit qu'ils venaient de recevoir la déclaration de M. Julliard, commandant général, qu'ils pouvaient quitter leur poste parce qu'ils ne seraient pas relevés. Cette déclaration mise en délibération et, après avoir ouï M. le Procureur Général Syndic en ses conclusions, le Conseil a arrêté qu'il serait écrit au district afin de prévenir la municipalité que, quoique les attroupemens d'hier paraissaient dissipés, il est convenable que la garde du poste du département soit portée au nombre de 25 hommes, ainsi qu'elle l'était il y a quelque tems, et qu'elle soit commandée par un officier.

Des grenadiers de la section de Sᵗ-Pierre sont venus protester de leur zèle et de leur dévouement pour le maintien de la Constitution et le respect dû aux autorités constituées.

Des officiers du bataillon de Saône se sont présentés; ils ont exprimé les mêmes sentimens et leur empressement pour tout le service qu'exigerait la tranquillité publique.

Il a été fait lecture du certificat dont la teneur suit :

« Nous, maire et officiers municipaux de la paroisse de Montrotier,
« certifions que le sʳ Brazier, gendarme national à l'Arbresle, s'est
« rendu à Montrotier pour remettre à M. Romany, administrateur, une
« lettre à lui adressée, que ce dernier n'a pu la recevoir, étant absent
« depuis environ 15 jours pour prendre les eaux de Vichi. En foi de
« quoi nous avons signé le présent pour servir et valoir ce que de
« raison. Fait à Montrottier, le 22 juillet 1792. Signé : DENIS, maire.
« J.-M. COIN, pʳ, et COING, greffier. »

M. Janson, président du département, est entré; après avoir témoigné à l'assemblée son vif regret de n'avoir pu se rendre à son poste dès les premières séances de l'administration ; il a pris séance et le fauteuil lui a été cédé par M. Besson, remplissant les fonctions de président en l'absence.

M. le Procureur Général Syndic a requis l'enregistrement d'un acte du Corps Législatif, porté le 18 de ce mois, dont la teneur suit :

« Acte du Corps législatif non sujet à la sanction du Roi.

« Louis, par la grâce de Dieu et par la loi constitutionnelle de « l'Etat, Roi des Français, à tous présens et à venir, salut.

« L'Assemblée Nationale a décrété et nous voulons et ordonnons « ce qui suit :

« Décret de l'Assemblée Nationale du 18 juillet 1792, l'an 4° de la « liberté,

« L'Assemblée Nationale, après avoir entendu la lecture des pièces « qui lui ont été adressées par le directoire du département de « l'Ardèche, décrète qu'il y a lieu à accusation contre le nommé « Pierre Seran, négociant de Montpellier, et que le pouvoir exécutif « enverra, pour le faire arrêter, un courrier extraordinaire à Lyon, où « il est actuellement.

« Mandons et ordonnons à tous les corps administratifs et tribu-« naux que les présentes ils fassent consigner dans leurs registres, « lire, publier et afficher dans leurs départemens et ressorts respectifs, « et exécuter comme loi du royaume. En foi de quoi, nous avons « signé ces présentes auxquelles nous avons fait apposer le sceau de « l'Etat. A Paris, le 18° jour du mois de juillet 1792, l'an 4° de la « liberté et le 19° de notre règne. Signé : Louis, et plus bas Dejoly, « et scellées du sceau de l'Etat. Certifié conforme à l'original, « Signé : Dejoly. »

Il a fait ensuite lecture de la lettre d'envoi qui lui en a été fait par M. Dejoly, ministre de la Justice faisant par intérim les fonctions de ministre de l'Intérieur, laquelle lui est parvenue vendredi 20 de ce mois, à 9 h. 3/4 du soir, et lui a été remise par un courrier extraordinaire, auquel il en a donné récépissé, laquelle lettre est conçue en ces termes :

« Paris le 18 juillet 1792, l'an 4° de la Liberté.

« Je vous envoie, M., une expédition en forme d'un acte du Corps « législatif, portant qu'il y a lieu à accusation contre le nommé Pierre « Seran, négociant de Montpellier.

« Vous voudrez bien, en conséquence, donner les ordres les plus « prompts pour que cet accusé soit arrêté et conduit à Orléans, dans « les prisons de la Haute-cour nationale. Je vous serai obligé de « m'informer du succès de vos soins à cet égard, afin que je puisse « en rendre compte à l'Assemblée Nationale.

« Le ministre de la Justice faisant par intérim les fonctions de « ministre de l'Intérieur. Signé : Dejoly, et plus bas : M. le Procureur « Général Syndic du département de Rhône-et-Loire. »

M. le Procureur Général Syndic exposé qu'ayant jugé le secret nécessaire pour parvenir avec plus de sûreté à la découverte et à l'arrestation de l'accusé, dans le cas où il eut été à Lyon, comme l'acte du Corps législatif le suppose, il avait crû ne devoir en requérir l'enregistrement et éclairer le Conseil sur les mesures qu'il avait prises pour son exécution, qu'après que l'exécution du décret portant accusation contre Pierre Seran aurait acquis quelque publicité. Il a ensuite rendu compte de ses démarches à cet égard et a dit qu'après avoir reçu la dépêche du ministre de la Justice, il s'est rendu à onze heures du même soir dans le domicile de M. Vitet, maire de Lyon, auquel il remit une expédition certifiée de l'acte du Corps législatif du 18 de ce mois, ainsi qu'une copie de la lettre à lui écrite par le ministre de la Justice à la même date, et une lettre que lui, Procureur Général Syndic, venait d'écrire à M. le Maire, conçue en ces termes :

« Lyon le 20 juillet 1792, l'an 4° de la Liberté, à 10 h. 1/2 du soir.

« Monsieur le Maire,

« Je viens de recevoir, par voie d'un courrier extraordinaire, une
« expédition en forme d'un acte du Corps, du 18 de ce mois, portant
« qu'il y a lieu à accusation contre le nommé Pierre Seran, négociant
« de Montpellier, actuellement à Lyon.

« Le ministre de la Justice, faisant par intérim les fonctions de
« ministre de l'Intérieur, m'écrit en m'envoyant cet acte de donner
« les ordres les plus prompts pour que cet accusé soit arrêté et
« conduit à Orléans dans les prisons de la Haute-Cour Nationale. J'ai
« pensé que je ne pouvais confier à d'autres qu'à vous, Monsieur,
« l'exécution d'une mesure dont votre civisme garantit le succès, et
« lequel sera d'autant plus assuré que l'exercice habituel de la police
« vous en fournit les moyens.

« J'ai l'honneur de vous transmettre en même tems les copies de la
« lettre d'envoi du ministre et de l'acte du Corps Législatif sus-men-
« tionné, le tout certifié, desquels je vous prie de m'accuser la récep-
« tion.

« Agréez l'assurance de mes sentimens fraternels. Signé : MAYEUVRE,
« procureur général syndic. »

M. le Maire répondit sur le champ par une lettre du 20 de ce mois, qu'il remit à M. le Procureur Général Syndic et dont la teneur suit :

« Monsieur,

« J'ai eu l'honneur de recevoir, ce 20 juillet 1792, copie d'une lettre
« du ministre de la Justice, faisant par intérim les fonctions de
« ministre de l'Intérieur, adressée à M. le Procureur Général Syndic
« du département de Rhône-et-Loire, contenant l'envoi d'une expédi-
« tion d'un acte portant qu'il y a lieu à accusation contre Pierre
« Seran, négociant de Montpellier, et ensemble copie d'un acte du
« Corps législatif, portant qu'il y a lieu à accusation contre Pierre
« Seran. En conséquence, je ferai tout ce qui dépendra de moi pour
« faire découvrir et arrêter le sr Seran, supposé qu'il soit à Lyon.

« Agréez les assurances de mes sentimens fraternels. Signé :
« VITET, maire. Lyon, le 20 juillet 1792, et plus bas : A M. Mayeuvre,
« procureur général syndic du département de Rhône-et-Loire. »

M. le Procureur Général Syndic a ensuite rendu compte des éclaircissemens que M. le Maire lui a donné verbalement dans cette même visite, sur le nommé Pierre Seran, et des démarches qu'il avait déjà faites antérieurement pour le découvrir, et a dit que lui, Procureur Général Syndic, en avait instruit M. le Ministre de la Justice, faisant par intérim les fonctions de ministre de l'Intérieur, par une lettre à lui écrite le 21 de ce mois, dont il a fait lecture, et qui porte :

« Lyon, le 21 juillet 1792, l'an 4ᵉ de la Liberté.

« Monsieur,

« Un courrier extraordinaire me remit hier 20, à 9 heures 3/4 du
« soir, la lettre que vous m'avez fait l'honneur de m'écrire, en date
« du 18 de ce mois, laquelle renfermait une expédition en forme d'un
« acte du Corps législatif, de la même date, portant qu'il y a lieu à
« accusation contre le nommé Pierre Seran, négociant de Montpellier,
« désigné pour être actuellement à Lyon.

« Pour parvenir plus promptement et plus efficacement à l'arresta-
« tion de cet accusé et à sa translation à Orléans, dans les prisons de
« la Haute-Cour Nationale, que vous confiez à mes soins, j'ai crû
« devoir en transmettre l'exécution au maire de Lyon qui, par la
« nature de ses fonctions et des connaissances locales et des ressour-
« ces dans l'exercice habituel de la police, lesquelles manquent aux
« corps administratifs *(sic)*. En conséquence, je me transportai sur le
« champ dans son domicile, je lui remis des copies certifiées de l'acte
« du Corps législatif et de votre lettre, et l'invitai à donner les ordres
« les plus prompts pour l'arrestation et la translation à Orléans du sʳ
« Seran. M. le Maire m'a promis qu'il ferait tout ce qui dépendrait de
« lui pour faire découvrir et arrêter le sʳ Seran, supposé qu'il soit à
« Lyon.

« Il m'ajouta que depuis plusieurs jours il lui était venu, du dépar-
« tement de l'Ardèche, des notes sur ce particulier qu'on lui annon-
« çait devoir être à Lyon, qui l'avaient mis dans le cas de faire faire
« quelques perquisitions ; mais le résultat a été qu'il n'est dans
« aucune auberge ni hôtel-garni et qu'il est présumable que s'il est à
« Lyon, il sera logé chez quelque particulier.

« J'aurai l'honneur de vous faire part du fruit de ses nouvelles
« recherches.

« Il eut été à désirer que vous eussiez pu me faire parvenir le
« signalement de l'accusé ; il aurait facilité la découverte de sa per-
« sonne.

« Je ne peux m'empêcher de regretter aussi que l'Assemblée
« Nationale n'ait pas, suivant le vœu exprimé par le Directoire du
« département de Rhône-et-Loire, dans son arrêté du 23 mai dernier,
« rendu commun à la ville de Lyon le décret porté pour assurer la
« tranquillité de Paris, qui ordonne la déclaration et vérification des
« passeports.

« Je vous prie, Monsieur, de vouloir bien solliciter auprès de l'As-
« semblée Nationale l'émission la plus prompte du même décret pour
« Lyon. Il serait infiniment utile dans les circonstances présentes,
« pour la sûreté et la tranquillité de cette grande ville, et je vous
« transmets, à cet effet, une expédition de l'arrêté du Directoire.

« *Le Procureur Général Syndic du département de Rhône-et-Loire.* »

M. le Procureur Général Syndic a dit ensuite que, depuis la visite à
M. le Maire et son acceptation de l'exécution de l'acte du Corps

législatif, n'ayant reçu aucun avis de lui, touchant les recherches de la personne de Pierre Seran, il avait pris le parti de lui écrire ce matin la lettre suivante :

« Lyon, le 24 juillet 1792.

« Monsieur le Maire,

« Je n'ai reçu, jusqu'à ce jour, aucun avis de vous, relativement à
« l'exécution de l'acte du Corps Législatif du 18 de ce mois, portant
« qu'il y a lieu à accusation contre Pierre Seran, négociant de Mont-
« pellier, et ordonne qu'il soit arrêté à Lyon, où il est actuellement;
« acte dont je vous remis, dans la nuit du 20 de ce mois, expédition,
« ainsi que copie de la lettre du ministre de la Justice, faisant par
« intérim les fonctions de ministre de l'Intérieur, du 18 de ce mois,
« qui m'en faisait l'envoi et me chargeait de donner les ordres les
« plus prompts pour l'arrestation de l'accusé et sa translation à
« Orléans. N'ayant pu ni dû confier qu'à vous, Monsieur, l'exécution
« de cet acte, et m'ayant assuré que vous feriez ce qui dépendrait de
« vous pour faire découvrir et arrêter Pierre Seran, supposé qu'il fût
« à Lyon, je vous prie de vouloir bien me mettre à même d'instruire
« le ministre de la Justice du succès de vos soins et des ordres que
« vous aurez donnés à cet égard, afin qu'il puisse en rendre compte à
« l'Assemblée Nationale.

« Agréez l'assurance de mes sentimens fraternels. Le Procureur
« Général Syndic. »

M. le Procureur Général Syndic a dit qu'il venait à l'instant de recevoir de M. le Maire la lettre suivante, sans date :

« Monsieur,

« Pierre Seran, négociant, a passé, suivant le rapport du maître de
« de l'hôtel de Provence, à Lyon, dans la nuit du 11 au 12 juillet 1792.
« La même personne a déclaré qu'il avait l'air très embarassé; qu'il
« lui dit venir de Chambéry et aller à Marseille. Il y a lieu de penser
« qu'il a voulu, par ce discours, donner le change au maître de l'hôtel ;
« d'ailleurs, il m'a été impossible, malgré tous les moyens de recher-
« che qui sont en notre pouvoir, d'avoir d'autres renseignemens sur
« Pierre Seran.

« Agréez les assurances de mes sentimens fraternels. Signé : VITET,
« maire. »

Le Conseil, délibérant sur le rapport qui vient de lui être fait par M. le Procureur Général Syndic, a approuvé la conduite qu'il a tenue pour parvenir à l'exécution de l'acte du Corps législatif du 18 de ce mois, portant qu'il y a lieu à accusation contre le nommé Pierre Seran; consultant les termes dans lesquels s'énonce M. le Maire de Lyon, dans la lettre qu'il a écrite cejourd'hui à M. le Procureur Général Syndic, il ne peut concevoir aucune espérance que Pierre Seran puisse être découvert et arrêté à Lyon; en conséquence, il a arrêté que M. le Président serait prié d'écrire sur le champ une lettre circulaire aux Conseils des six districts, pour qu'il y fût avisé aux moyens de parvenir à l'arrestation de cet accusé; ce qui a été effectué sur le champ par une lettre conçue en ces termes :

« Lyon, le 24 juillet 1792, l'an 4ᵉ de la Liberté.

« Messieurs,

« Vous trouverez ci-jointe expédition en forme d'un acte du Corps
« législatif du 18 de ce mois, portant qu'il y a lieu à accusation contre
« le nommé Pierre-Seran, négociant de Montpellier, actuellement à
« Lyon. Comme les recherches faites en cette ville de cet accusé ont
« été, jusqu'à ce moment, infructueuses, nous vous prions, Messieurs,
« de vouloir bien faire faire les perquisitions convenables dans les
« différentes municipalités de votre arrondissement, pour parvenir à
« son arrestation, s'il s'y était réfugié.
« Le Président du département de Rhône-et-Loire. »

Les administrateurs du Conseil du district de la campagne de Lyon, aussitôt après avoir lu la lettre concernant Pierre Seran, ont demandé les éclaircissemens et fait les observations suivantes, par une lettre du 24 de ce mois, qui porte :

« Lyon, le 24 juillet 1792, l'an 4ᵉ de la Liberté.

« Messieurs,

« Nous recevons, avec votre lettre, copie de celle de M. Dejoly et de
« l'acte du Corps Législatif qui porte qu'il y a lieu à accusation contre
« M. Seran.
« Nous vous observons, Messieurs, que sans le signalement de cet
« accusé, nous ne pouvons espérer aucun succès des recherches que
« nous chargerions les municipalités de faire ; que, si vous n'avez pas
« de signalement et que vous pensiez que nous devons provoquer les
« soins des municipalités, il conviendrait de nous faire connaître les
« indications que l'on peut avoir sur le lieu de la retraite de cet
« accusé, ou sur la route que l'on présume qu'il a prise.
« Nous attendons votre réponse avant de prendre aucun parti à cet
« égard.
« Les administrateurs composant le Conseil du district de la cam-
« pagne de Lyon, signé : Rieussec, président, Martinière, d'Aguese
« Giro, B. Rey, Marion, JJ. Steinman, Delorme, Bernardon, et
« Bregnier, secrétaire ; et plus bas : MM. les administrateurs du
« département. »

M. le Président a répondu de suite à MM. les administrateurs dudit conseil par la lettre suivante :

« Lyon, le 24 juillet 1792, l'an 4ᵉ de la Liberté.

« Messieurs,

« M. le Procureur Général Syndic n'a reçu aucun signalement de
« Pierre Seran, il l'a demandé à M. le ministre de la Justice par la
« lettre qu'il lui a écrite le 21 de ce mois ; s'il lui parvient, il vous le
« transmettra ; en attendant, nous nous empressons de vous trans-
« mettre la copie d'une lettre qu'il a reçue de M. le Maire de Lyon ;
« ce sont les seuls éclaircissemens que nous puissions vous donner
« sur la route qu'a pu prendre cet accusé.
« Le Président du département de Rhône-et-Loire. »

MM. les Maire et officiers municipaux de la Croix-Rousse sont entrés ; ils sont venus faire part d'un arrêté du conseil général de la commune, en date du jour d'hier, relatif à un projet de règlement pour les sociétés populaires. Lecture faite de cet arrêté, le Conseil a engagé MM. les officiers municipaux d'en faire l'envoi officiel au district de la ville de Lyon.

MM. les officiers du 72° régiment, ci-devant Vexin, sont venus rendre visite au Conseil, qui leur a témoigné sa reconnaissance par l'organe de son président.

Le s⁰ Gachet, brigadier de gendarmerie nationale au poste de Lyon, s'est présenté ; il a dit qu'en portant un paquet, de l'ordre du Directoire, à M. Trézette, il a été arrêté à la porte du Département par la sentinelle du poste, qui lui a dit qu'il était défendu de sortir des paquets du Département ; que, sur le champ, le s⁰ Gachet est rentré pour remettre le paquet au Directoire ; qu'étant au milieu de la cour, l'officier commandant le poste a rappelé le s⁰ Gachet et a fait observer à toute la garde nationale que le paquet dont le s⁰ Gachet était porteur, étant pour le service, à l'adresse de M. Trézette, il fallait le laisser passer ; le s⁰ Gachet est retourné sur ses pas et a porté le paquet à son adresse.

Il a été fait lecture d'une copie de lettre des officiers municipaux de Vaize, adressée à MM. les administrateurs du district de Lyon ; cette lettre dénonce que les muletiers de l'armée du Midi, qui sont en Vaize, vendent l'avoine, que le nécessaire manque aux chevaux et que le fauxbourg de Vaize logeant 347 mulets ou chevaux se trouve foulé, tandis que Grange-Blanche et St-Just n'en ont aucuns. Sur quoi, ouï M. le Procureur Général Syndic en ces conclusions, il a été arrêté que copie de cette lettre serait de suite envoyée à M. Vast, commissaire des guerres, pour aviser à la dilapidation des fourrages, prendre les renseignemens et en faire part à l'administration. Suit la teneur de la lettre écrite à M. Vast :

« Lyon, ce 24 juillet 1792, l'an 4ᵉ de la Liberté.

« Je vous envoie, Monsieur, copie d'une lettre écrite par les Maire
« et officiers municipaux de Vaize et adressée au directoire du dis-
« trict de la ville de Lyon, qui dénoncent des abus très graves sur les
« approvisionnemens.
« Il est essentiel, Monsieur, que vous nous donniez des renseigne-
« mens prompts sur les plaintes dénoncées par cette municipalité,
« afin que nous puissions en instruire le ministre de la Guerre.
« Il importe encore que vous preniez de suite des mesures afin de
« faire cesser les dilapidations dont il se plaint.

« Le Président du Conseil du département de Rhône-et-Loire, etc. »

L'un de MM. a observé qu'il était intéressant de délibérer sur la demande faite par la municipalité de Lyon, par l'intermédiaire du district de la même ville, par sa lettre du 23 de ce mois, tendant à avoir connaissance des noms des personnes qui sont venus dénoncer à l'administration la convocation de gens armés, qui se faisait dans la section de Pierre-Scize ; sur quoi, la matière mise en délibération, après avoir ouï M. le Procureur Général Syndic en ses conclusions, il a été arrêté que M. le Président demeure chargé d'écrire au Conseil du district de Lyon, pour le transmettre au conseil général de la commune de la même ville, que le Conseil du département ne peut ni ne doit satisfaire au désir manifesté par le conseil de lad. commune et par les citoyens de Pierre-Scise, parce que ce serait détruire la surveillance des corps administratifs, si l'on pouvait regarder comme dénonciateurs des citoyens qui se tiennent en éveil et que leur civisme engage à donner connaissance de tous les mouvemens qu'ils croyent capables de troubler l'ordre et la tranquillité publique.

JANSON, président. GONON S.F., secrétaire général.

Le mercredi 25 juillet 1792, l'an 4ᵉ de la Liberté, MM. les administrateurs composant le Conseil du département de Rhône-et-Loire, réunis en séance, y étant MM. Janson, président, Besson, Brunet, Lagrange, Pavy, Populle, Pariat, Lorange, Lecourt, Rouher, Simonet, Servan, Desportes, Chevassu, Ricard, Ravel, Grand, Mussieu, Farjon, administrateurs, Mayeuvre, procureur général syndic, et Gonon, secrétaire général.

M. Frossard est entré et a pris séance.

M. le Procureur Général Syndic a fait lecture de la lettre qu'il a écrite cejourd'hui à M. le ministre de la Justice, relativement à la perquisition faite à Lyon, de la personne de Pierre Seran, laquelle lettre est conçue en ces termes :

« Lyon, le 24 juillet 1792, l'an 4ᵉ de la Liberté.

« Monsieur,

« J'ai eu l'honneur de vous instruire, par ma lettre du 21 de ce
« mois, que j'avais crû devoir confier aux soins, au zèle et au civisme
« de M. le Maire de Lyon l'exécution de l'acte du Corps Législatif
« du 18 de ce mois, portant qu'il y a lieu à accusation contre Pierre
« Seran, négociant de Montpellier, désigné pour être actuellement à
« Lyon ; et, en cas d'arrestation, de sa translation à Orléans dans les
« prisons de la Haute-Cour Nationale.
« Copie ci-jointe de la lettre qui m'a été écrite hier par M. le maire
« de Lyon vous instruira du résultat des recherches qu'il a fait faire,
« lesquelles malheureusement ont été infructueuses. Désespérant
« alors que Pierre Seran pût être à Lyon, M. le Président du Conseil
« du département a écrit hier matin une lettre circulaire aux six
« conseils de districts, qui leur transmet expédition de l'acte du
« Corps Législatif et copie de votre lettre du 18 de ce mois, avec
« prière de faire faire les perquisitions nécessaires dans les différentes
« municipalités de leur arrondissement pour parvenir à son arresta-
« tion, s'il s'y était réfugié.
« Je vous réitère, Monsieur, qu'il eut été utile de m'envoyer le
« signalement de l'accusé, et il a été demandé par le conseil du
« district de la campagne de Lyon, dès l'instant où il a été averti de
« faire procéder à son arrestation.

« J'aurai soin de vous instruire du résultat des recherches qui vont
« se faire dans les différents districts relativement à Pierre Seran.
« Je vous renouvelle également les instances que je vous ai faites
« par ma lettre du 21, pour solliciter de l'Assemblée Nationale un
« décret pour la ville de Lyon, qui, conformément au vœu émis par
« le Directoire par son arrêté du 23 mai, rende commun à la ville de
« Lyon le décret rendu pour la tranquillité de Paris, et qui, à cet effet,
« ordonne la déclaration et la vérification des passeports des per-
« sonnes qui n'y ont pas un domicile habituel.
« Vous avez ci-joint le certifié de l'enregistrement de l'acte du
« Corps Législatif du 18 de ce mois, portant qu'il y a lieu à accusation
« contre Pierre Seran ; j'ai cru ne devoir y faire procéder qu'après que
« la publicité, qu'il a acquise par les journaux, levait le secret qu'il
« était nécessaire de garder pour parvenir plus sûrement à l'arres-
« tation de l'accusé ».

« Le Procureur Général Syndic du département de Rhône-et-Loire. »

Un de Messieurs a déclaré au Conseil qu'il s'était élevé des doutes, dans le public, sur l'exécution de l'acte du Corps Législatif, portant accusation contre Pierre Seran et sur les moyens employés pour parvenir à sa découverte et à son arrestation, que le secret nécessaire pour les assurer n'avait pas permis de divulguer, mais qu'aujourd'hui que cette accusation avait acquis la plus grande publicité, par les papiers nouvelles, il importait d'éclairer le public sur la conduite qu'avait tenue M. le Procureur Général Syndic pour parvenir à l'exécution de cet acte. Sur quoi, la matière mise en délibération, ouï et ce requérant M. le Procureur Général Syndic, le Conseil arrête qu'expédition du présent procès-verbal serait envoyé de suite à M. le Maire de Lyon, en l'invitant d'en faire lecture au conseil général de la commune.

JANSON, président. GONON S. F., secrétaire général.

Le jeudi vingt-six juillet 1792, l'an 4º de la Liberté, MM. les administrateurs composant le Conseil du département de Rhône-et-Loire, réunis en séance, y étant MM. Janson, président, Besson, Brunet, Lagrange, Pavy, Populle, Pariat, Lorange, Lecourt, Rouher, Simonet, Servan, Desportes, Chevassu, Ricard, Ravel, Grand, Mussieu, Farjon, Richard, Frossard, administrateurs, Mayeuvre, procureur général syndic, et Gonon, secrétaire général.

L'un de MM. a fait lecture d'un mémoire présenté par plusieurs grenadiers du bataillon de Condrieu à M. le commandant de la première légion du district de la campagne de Lyon, dans lequel ils imputent au s⁺ Ploche, capitaine, au s⁺ Basset, sergent, au s⁺ Morel, au s⁺ Verrier et au s⁺ Antoine Chapas, de s'être rendus coupables d'un délit, en signant un écrit imprimé, contraire aux principes constitutionnels, et qui tend à renverser la Constitution et à abattre le trône. Le dit écrit joint aud. mémoire. Lecture pareillement faite de l'écrit dont il s'agit, dont un exemplaire imprimé a été déposé sur le bureau et ayant pour titre : *Les citoyens libres des communes de Condrieu et Am-*

puis, au peuple du faubourg St-Antoine. Commençant par ces mots : « Peuple généreux etc. », et finissant par ceux-ci : « Et nous sommes sauvés », paraissant signé pour Condrieu, Valette, homme de loi, électeur ; Mouton, homme de loi ; F. Pioche, capitaine des grenadiers, électeur ; Gabriel Gay, électeur ; Basset, sergent; Verrier, grenadier ; Morel; Jean Naime ; Roidot ; Communa ; Antoine Chappa ; H. Vincent Guillambaud ; Clamaron, grenadier ; Roch Morel ; et pour Ampuis : Frécon, maire ; Jean Garde, officier municipal ; Guillermet, officier municipal et électeur ; Joseph Vidal, procureur de la commune ; Joseph Garon, commandant de la garde nationale; Thomas Vidal, notable ; Claude Champaley ; B. Champinost, capitaine ; J. Bernard, capitaine ; Charles Dervieux, enseigne ; Pascal, vicaire ; E. M. Siauve, curé, notable et électeur. Ledit écrit paraissant à Vienne à l'imprimerie de Jean Labbe, rue des Clercs ; vu enfin l'avis du district de la campagne de Lyon ; le Conseil du département, considérant que dès que les signataires de la pétition dont il s'agit n'ont pas jugé à propos d'assister à la fédération du district, ils n'ont pu être admis à prêter aucun serment particulier, attendu que c'eût été une fédération particulière prohibée par la loi ; considérant, en ce qui regarde l'écrit imprimé dénoncé par les pétitionnaires, que cet écrit contient des principes dangereux et pervers, qu'il tend à la violation de la Constitution et à compromettre la sûreté individuelle du représentant héréditaire de la Nation ; enfin, qu'il présente l'apologie d'un attentat dont les anales de l'histoire ne fournissent point d'exemple ; considérant que l'auteur, les signataires et l'imprimeur de cet écrit, sont évidemment coupables ; mais que c'est aux Tribunaux à leur infliger la peine qu'ils méritent, et que les corps administratifs ne peuvent en prendre connaissance sans excéder leurs pouvoirs ; ouï M. le Procureur Général Syndic en ses conlusions, le Conseil arrête qu'il n'y a lieu à délibérer sur la pétition des grenadiers du bataillon de Condrieu, sauf à eux à faire, par devant le juge de paix du canton de Condrieu, la dénonciation civique de l'écrit incendiaire dont ils ont produit un exemplaire, pour être, par cet officier de police, fait les poursuites et les procédures qu'il jugera convenables, contre l'auteur, les signataires et l'imprimeur dudit écrit.

Le Conseil considérant combien il est urgent d'accélérer l'exécution des mesures qui doivent mettre les forces de l'empire sur le pied respectable qu'exige le danger de la Patrie, ouï et ce requérant M. le Procureur Général Syndic, arrête, que MM. Servan, Frossard, Richard et Grand sont nommés commissaires pour suivre et surveiller les opérations relatives au complément des quatre bataillons fournis par le département, au recrutement de l'armée de ligne, à l'organisation de la gendarmerie nationale et au recensement des chevaux et bêtes de traits et de somme, prescrit par la loi du 29 avril dernier, pour le service de l'armée ; pour être par eux rendu compte journellement au Conseil du progrès de ces opérations.

MM. Rullet-Lamurette et Mauzerand, administrateurs, sont entrés et ont pris place à la séance.

Il a été fait lecture d'une lettre écrite par l'épouse de M. Comarmond, administrateur, par laquelle elle excuse l'absence de son mari, fondée sur une plaie non cicatrisée qu'il a à une main, à la suite d'une blessure.

Vu la lettre de l'administration de l'Hôpital général de l'Hôtel-Dieu de la ville de Lyon, au Directoire du département ; 2° l'avis du conseil général de la commune de Lyon sur ladite lettre ; 3° l'avis du conseil du district de Lyon ; 4° l'arrêté du Directoire du département du 7 juillet présent mois, sur le même sujet ; ouï M. le Procureur Général Syndic en ses conclusions, le Conseil du département, mû par les mêmes motifs qui ont dicté l'arrêté du Directoire du 7 juillet dernier, confirme ledit arrêté dans son contenu et délibère qu'il sera envoyé à l'Assemblée Nationale une adresse tendant à solliciter de sa justice et de son humanité une prompte décision. Suit la teneur de ladite adresse :

» Messieurs,

« L'Hôtel-Dieu de Lyon, justement célèbre dans les fastes de la
« bienfaisance, gémit sous le poids des malheureux qu'il soulage et
« des besoins qui l'oppriment.

« Privé de ses plus nombreuses ressources, il se voit réduit à la
« cruelle nécessité d'interrompre le cours de ses actives libéralités, si
« vous n'en ranimez les canaux desséchés par les circonstances.

« Mettre en doute, Messieurs, si cet objet est digne de votre pater-
« nelle sollicitude, ce serait demander si vous devez soutenir un éta-
« blissement qui reçoit annuellement 20.000 malades ; ce serait mettre
« en question si, sous le règne de la liberté, les aziles de la souffrance,
« florissants sous celui du despotisme, doivent être abandonnés à une
« funeste inanition ou alimentés par une prudente générosité.

« L'Hôtel-Dieu possède des immeubles en ville et des domaines
« ruraux très considérables. Plusieurs rendent peu, d'autres presque
« rien ; l'aliénation de ces biens est provisoirement interdite à son
« administration.

« Ses revenus étant essentiellement diminués par la suppression
« des octrois qui lui rendaient, année commune, 250.000 liv., l'Assem-
« blée Nationale lui a accordé un secours temporaire pour 1791 de
« 300.000 liv., dont la commune de Lyon s'est déclarée caution et
« qu'elle a réparti sur les citoyens en sous additionnels.

« Mais cette mesure devient impraticable pour l'année 1792. La
« commune, déjà surchargée par les contributions publiques, ne
« souscrirait nullement à un cautionnement tendant à les aggraver et
« à les rendre insupportables.

« D'ailleurs, l'Hôtel-Dieu n'est point un établissement particulier à
« la ville de Lyon ; s'il n'est pas exactement national, il appartient du
« moins à tous les départemens qui l'environnent, leurs malades y
« sont accueillis avec le même empressement que ceux de Lyon ; ils
« y reçoivent les mêmes secours, et ils y occasionnent les mêmes
« dépenses.

« Il n'y a donc d'autres ressources pour soutenir cet hospice salu-
« taire, dont les revenus sont considérablement diminués par la sup-
« pression des octrois, que les secours nationaux que vous lui
« accorderez dans votre justice, ou la faculté de vendre quelques-uns
« de ses immeubles et les terreins vagues et incultes des Brotteaux,
« non compris dans les baux à ferme, dont la valeur est considérable,
« vu leur position, mais dont le revenu actuel est de nulle valeur.

« Ceux-là pourraient être aliénés de la manière la plus avantageuse
« pour l'administration ; ils rendraient environ 6 à 800.000 liv. et ne
« diminueraient nullement la rente fixe de l'Hôtel-Dieu.

« Nous vous prions donc, Messieurs, avec la plus vive instance, vu

« le dénuement allarmant de cette maison de secours, l'impossibilité
« de la soulager par des secours additionnels sur les contributions de
« la cité, l'injustice même de soumettre exclusivement à son entretien
« des citoyens qui ne participent pas seuls à ses avantages ; les inquié-
« tudes trop bien fondées de ses administrateurs, le danger imminent
« de voir un établissement, si célèbre et si digne de sa gloire, renversé,
« anéanti, avec des domaines considérables, manquer de moyens.
« Nous vous supplions d'ordonner par un décret, à votre Comité des
« secours, de vous présenter, sous le plus court délai, un projet de
« décret tendant à accorder à l'Hôtel-Dieu de Lyon un secours tem-
« poraire National et à autoriser, en outre, son administration à
« vendre, suivant les formes indiquées par la loi pour l'aliénation des
« biens nationaux, les terrains vagues des Brotteaux appartenants à
« cette administration et à en appliquer le montant à soutenir cet
« édifice chancelant et qu'un refus de secours, ou un retard à effec-
« tuer celui qu'elle sollicite, entraîneront à la ruine la plus déplorable.

« Si l'administration de l'Hôtel-Dieu obtient de vous ce secours,
« impérieusement ordonné par les circonstances, elle ne gémira plus
« de l'embarras de ses finances, des besoins de ses créanciers et des
« tourmens qui naissent de l'incertitude actuelle. L'ordre sera rétabli,
« le bien se fera plus aisément, plus sûrement, et les citoyens qui
« environnent notre cité attendront avec moins d'impatience, l'instant
« heureux où, revivifiant les secours de la charité nationale, vous
« creuserez d'une main habile les canaux régénérateurs qui partiront
« du même centre, pour verser jusque aux extrémités de la famille
« sociale et toutes les libéralités d'une active bienfaisance, et toutes
« les consolations que méritent des citoyens malades, sans travail ou
« sans force pour s'y livrer. »

Sur la dénonciation faite à l'administration que les paquets sortant des bureaux étaient arrêtés au poste du Département et qu'on se permettait d'astreindre le porteur à les décacheter, M. le Président, après avoir déclaré que lui-même s'était présenté à l'officier du poste, lui avait fait entrevoir les dangers d'une pareille démarche, et que cet officier lui avait répondu qu'il ressentait vivement l'inconséquence d'une pareille démarche, à laquelle il a protesté n'avoir nulle part, que, la consigne s'étant transmise de sentinelle à sentinelle, il ferait ses efforts pour arrêter un pareil abus, M. le Président a néanmoins proposé d'écrire à M. le Commandant général de la garde nationale de Lyon, pour lui dénoncer ce fait et l'inviter à prendre des mesures pour qu'à l'avenir l'ordre de service de l'administration ne soit pas troublé par des écarts, que l'administration aime à croire n'être que le fruit de l'erreur. Sur quoi, ouï M. le Procureur Général Syndic en ses conclusions, le Conseil a adopté à l'unanimité la mesure proposée par M. le Président qui a sur le champ écrit la lettre suivante :

« Le Conseil Général du département, M., ne saurait vous dissimu-
« ler sa surprise de l'arrestation que se permettent les sentinelles, au
« poste du Département, des divers paquets cachetés dont cette
« administration fait l'envoi. On porte l'indiscrétion jusqu'à faire
« décacheter ces paquets et vérifier ce qu'ils contiennent.

« Le Conseil du département est persuadé que vous ignorez ces
« faits et qu'il suffit de vous en instruire pour que vous donniez des

« ordres très précis pour empêcher qu'ils ne soient renouvellés ; il
« attend une réponse de votre part. Agréez, etc. »

Pendant la durée de la présente séance, qui était employée à entendre le travail du Directoire sur le placement des notaires de ce département, M. Julliard, commandant général de la garde nationale, a répondu à la lettre à lui écrite par M. le Président. Suit la teneur de ladite lettre.

« Lyon 26 juillet 1792, l'an 4° de la Liberté.

« Monsieur,

« Je viens de défendre au commandant du poste du département de
« ne rien arrêter, ni en entrant, ni en sortant, de tout ce qui concerne
« votre administration.

« Je viens de mander le commandant qui a été relevé à midi, pour
« faire punir les coupables. »

« Agréez, etc. Signé : JULLIARD, commandant général de la garde
« nationale ».

JANSON, président. GONON S.-F., secrétaire général.

Le vendredi 27 juillet 1792, l'an 4° de la Liberté, MM. les administrateurs composant le Conseil du département de Rhône-et-Loire, réunis en séance, y étant MM. Janson, président; Besson, Brunet, Lagrange, Pavy, Populle, Pariat, Lorange, Lecourt, Rouher, Simonet, Servan, Desportes, Chevassu, Ricard, Ravel, Grand, Mussieu, Farjon, Richard, Frossard, Rullet-Lamurette, Mauzerand, administrateurs, Mayeuvre, procureur général syndic, et Gonon, secrétaire général.

M. le Procureur Général Syndic a dit :

« Messieurs,

« Quand le péril de la Patrie a été proclamé, quand une grande
« cité a été dénoncée, à la face de tout l'empire et dans le sein même
« de l'Assemblée Nationale, comme un point d'appui pour les rebelles,
« comme un des centres auquel aboutissent les trames criminelles
« qui peuvent accroître ce péril, comme renfermant l'élément des
« foudres impies qui doivent menacer la souveraineté et la liberté
« d'un grand peuple, il est du devoir de l'administration supérieure,
« jalouse de la réputation du territoire sur lequel elle est placée, de
« fournir à tous les individus qui y respirent les moyens de mettre
« au plus grand jour leurs personnes et leurs actions.

« Ces moyens auront été vraiment efficaces, s'il en résulte cette
« alternative ou que les ennemis, s'il en existe, soient connus, et
« alors ils cessent d'être dangereux, ou que la certitude consolante
« qu'il n'en est point soit acquise, et alors toute méfiance cesse, la
« concorde renaît, et chaque citoyen peut marcher à côté d'un autre
« citoyen, pour combattre l'ennemi extérieur.

« C'est sur la masse considérable d'étrangers qui ont choisi Lyon
« pour azyle, nous ne saurions le dissimuler, que repose principale-

« ment le soupçon, qui nous inquiète et nous agite ; c'est là qu'on
« suppose exister le levain qui entretient dans les esprits une fer-
« mentation nuisible ; c'est donc à cette classe d'individus qu'il faut
« appliquer le remède qui peut assurer leur tranquillité et la nôtre.
 « Nous le chercherions vainement dans les lois générales. Celles de
« police municipale indiquent bien le recensement annuel des habitans;
« mais cette voie est longue, et on ne saurait l'admettre seule,
« lorsqu'on est pressé par un péril à écarter, par un soupçon à
« détruire ou à convertir en évidence. La représentation du registre
« des logeurs prescrit par la même loi est suffisante dans des temps
« ordinaires, où l'étranger qui ne fait qu'un court séjour loge dans
« des auberges et des hôtels garnis ; mais lorsque, par une certaine
« combinaison de circonstances, les maisons des citoyens, à défaut
« d'hôtels garnis, ou même de préférence, deviennent l'asyle des
« étrangers, alors cette disposition de la loi ne peut plus les atteindre;
« ils restent inconnus, ils échappent à l'œil vigilant du magistrat, et
« la surveillance, qui lui est recommandée dans les momens de péril,
« est en défaut.
 « Votre Directoire, Messieurs, était depuis longtemps affligé des
« dangers qui pouvaient naître du vernis d'incivisme que l'on cherche
« à jetter sur cette cité et pénétré de la nécessité d'en faire évanouir
« le prétexte, aussi saisit-il avec avidité le moyen que présentait le
« décret rendu le 18 mai pour assurer la police et la tranquillité de
« Paris. Dès qu'il en eut connaissance et dès le 23 mai dernier, il prit
« un arrêté par lequel il émettait le vœu à ce que l'Assemblée Natio-
« nale le rendit commun à la ville de Lyon qui, par son étendue, sa
« population et l'affluence d'étrangers qui y séjournent, se trouvait
« dans la même hypothèse que Paris.
 « La demande du Directoire a été renvoyée à la commission des
« douze et jusqu'à ce jour il n'y a pas été fait droit. Nous avons de
« nouveau invité nous mêmes, M. le ministre de l'Intérieur, le 21 de
« ce mois, à provoquer ce décret auprès de l'Assemblée Nationale,
« lorsque nous lui avons rendu compte des mesures prises pour
« parvenir à l'arrestation de Pierre Seran, accusé du crime de lèze-
« nation par acte du Corps législatif ; circonstance qui a démontré
« l'insuffisance des lois ordinaires de police municipale, pour parvenir
« à découvrir un étranger qui loge ailleurs que dans les auberges.
 « Au milieu de l'insuffisance des moyens ordinaires, pressés par
« les circonstances qui nous environnent et, après avoir reconnu la
« nécessité de rétablir avec évidence la morale politique des
« citoyens de cette ville, dégagée de tous les nuages dont on veut la
« couvrir, nous avons pensé que la surveillance qui vous est confiée
« autorisait l'emploi des grandes mesures propres à faire connaître
« l'universalité des étrangers qui l'habitent. Nous ne saurions vous
« proposer, pour les établir, des bases plus sûres que celles que
« l'Assemblée Nationale a posées dans la loi du 23 mai dernier,
« portée pour assurer la tranquillité de Paris, dans un moment où
« elle était agitée des mêmes craintes, produites par les mêmes
« causes que celles qui attirent aujourd'hui votre attention sur la
« ville de Lyon. Cette loi a atteint le but sans secousse et sans vexations
« attentatoires aux grands principes de la liberté, et nous croyons
« devoir vous la proposer comme modèle et comme mesure de police
« générale admissible dans un moment où les dangers de la Patrie

« sont imminents. Vous en modifierez, dans votre sagesse, les moyens
« d'exécution, en les combinant avec l'organisation de la commune
« de Lyon qui diffère de celle que la loi a établie pour celle de Paris.

« Quant aux dispositions pénales portées par les articles 4 et 5 de
« la loi du 23 mai, nous ne saurions vous proposer de les adopter,
« parcequ'il est de principe, et surtout chez un peuple libre, qu'une
« peine pécuniaire ou afflictive ne peut être encourue que lors-
« qu'elle est prononcée par une loi expresse. Or, la loi dont il
« s'agit, n'étant qu'une loi locale pour Paris et non généralisée, ne
« saurait être, pour la partie pénale, coercitive dans les autres parties
« de l'empire.

« Nous laissons donc à votre prudence, Messieurs, de fixer le mode
« suivant lequel seront exigées les déclarations qui doivent donner pour
« résultat un recensement exact des étrangers qui sont dans cette ville
« et le choix des moyens répressifs qui doivent en assurer l'exécution.

« Nous ne saurions douter que ceux des citoyens français ou
« étrangers qui habitent cette ville et qui n'y ont point un domicile
« habituel, s'ils n'ont aucun dessein criminel, ne s'empressent de
« faire les déclarations que votre surveillance vous donne le droit de
« prescrire. Il n'y a que le crime qui se cache ; l'innocence, la pureté
« d'intention ne craignent point de se montrer à découvert.

« Nous présumons aussi que le civisme des citoyens de cette ville
« les portera à dénoncer les contraventions qui seraient faites à ce
« recensement général des étrangers. Ils y sont d'autant plus intéres-
« sés qu'il leur importe de laver l'injure que l'on a faite à cette cité
« de la présumer incivique au point de souffrir qu'il s'y forme un
« foyer perpétuel de contre-révolution tandis qu'il en est peu qui
« aient constamment joui d'un aussi grand calme, dû à la vigilance
« de ses magistrats et au service assidu de sa garde nationale ; qu'il
« en est peu qui aient payé aussi exactement ses contributions et
« fait plus d'offrandes à la Patrie dans les moments de besoins ou de
« danger ; qu'il en est peu enfin qui ait mieux montré les effets
« salutaires d'une liberté qui n'est restreinte que par le respect et
« l'obéissance aux loix ».

La matière mise en délibération, le Conseil du département, considérant que si, dans le moment où il vient d'être déclaré que la Patrie
est en danger, il a dû croire, non qu'il n'y avait plus, mais qu'il ne
devait plus y avoir d'ennemis intérieurs, c'est qu'il a dû naturellement
penser que dès lors les haines, les discordes, les querelles d'opinions
cesseraient parmi les citoyens et que tous se réuniraient pour concourir à repousser les ennemis extérieurs qui menacent la constitution et
la liberté du peuple français ; que si cet espoir, dont il aime à se
flatter, lui est ravi ; s'il est vrai que la ville de Lyon est un foyer de
fermentation, de conspirations et de projets propres à inspirer des
allarmes ; s'il est certain, comme le disent les magistrats chargés
immédiatement de la police, que cette ville est un repaire de tous les
conjurés, dont les départemens du Midi ont purgé leurs contrées ;
alors, il n'y a plus à balancer, la sûreté et la tranquillité publiques
devant être le principal objet de la sollicitude continuelle des corps
administratifs, il est de leur devoir d'exercer une surveillance sévère et
rigoureuse, afin de dissiper les soupçons, les inquiétudes et faire
avorter les projets criminels que pourraient avoir conçus les ennemis

de l'ordre et des lois; que déjà, sur les craintes qu'avait paru inspirer à plusieurs citoyens de Lyon l'affluence considérable d'étrangers qui sont venus s'y fixer, le Directoire s'était empressé de solliciter auprès du Corps Législatif un décret qui autorisât, dans la ville de Lyon, les mesures adoptées, le 18 mai dernier, pour la ville de Paris, à l'égard des étrangers; mais que ses sollicitations réitérées ont été jusqu'à présent infructueuses, les travaux immenses de l'Assemblée Nationale ne lui ayant pas permis, sans doute, de s'occuper de l'objet important du vœu émis; que si le défaut de loi positive à cet égard a dû, jusqu'à présent, faire abstenir l'administration de cette mesure de surveillance rigoureuse, ce motif ne doit plus l'arrêter aujourd'hui que la Patrie en danger exige une vigilance extraordinaire et les plus grandes précautions, surtout lorsque les magistrats chargés de la police ont eux-mêmes conçu des craintes sur le nombre et le projet des étrangers qui ont fixé leur résidence en cette ville; considérant que les mesures qu'il convient de prendre pour détruire ces alarmes ne peuvent être désapprouvées que par ceux mêmes qui, mal intentionnés, craindraient de se faire connaître; mais que l'homme dont la conduite est irréprochable et dont les intentions sont pures, sentant au contraire tout l'avantage qui peut résulter, pour sa propre sûreté, des précautions nécessaires pour le maintien de l'ordre et de la tranquillité, loin de se plaindre, s'empressera de dissiper les soupçons qui le rendent suspect et de se montrer à découvert; ouï et ce requérant M. le Procureur Général Syndic, le Conseil du département arrête :

Article premier.

Le conseil général de la commune de Lyon nommera, dans demain, deux commissaires dans chaque section de cette ville, lesquels recevront, sur des registres qui seront ouverts à cet effet, la déclaration du nom, de l'état, du domicile ordinaire, de la demeure à Lyon, de toute personne arrivée en cette ville, depuis le 1er janvier dernier et de l'époque à laquelle elle y a fixé sa résidence, et le conseil général de la commune indiquera incontinent au public le nom de chaque commissaire et les lieux où seront déposés les registres dans chaque section.

Art. 2.

Toute personne arrivée à Lyon depuis cette époque, qui n'y a pas son domicile habituel, sera tenue, dans trois jours à compter de la publication du présent arrêté, de déclarer, devant l'un des commissaires de la section qu'il habite, son nom, son état, son domicile ordinaire, sa demeure à Lyon, l'époque de son arrivée et d'exhiber son passeport, si elle en a un.

Art. 3.

La disposition de l'article précédent n'aura lieu que pour ceux qui viendront faire à Lyon un séjour de plus de trois jours.

Art. 4.

Nonobstant la déclaration précédente, tout propriétaire, locataire principal, concierge ou portier, sera tenu, dans le même délai, de déclarer également au commissaire de sa section les étrangers logés dans la maison dont il est propriétaire, locataire principal, concierge ou portier.

Art. 5.

Les personnes autres que celles exceptées par l'article 2, qui négligeront de faire la déclaration ci-dessus ordonnée, ou dont la déclaration serait reconnue fausse, seront dénoncées comme suspectes par le Procureur de la commune ou son substitut au juge de paix du canton, qui statuera ce qu'il appartiendra.

Art. 6.

Le propriétaire, locataire principal, concierge ou portier, qui négligera de faire la déclaration ci-dessus ordonnée ou qui l'aurait fait fausse, sera cité, à la requête du Procureur de la commune ou de son substitut, devant le juge de paix du canton, comme soupçonné d'avoir favorisé des gens suspects, pour être de même, par le juge de paix, ordonné ce qu'il appartiendra.

Art. 7.

Chaque déclaration sera faite double, l'une sur le registre et l'autre sur une feuille séparée et signée par celui qui la présentera. Dans le cas où il ne saurait ou ne pourrait signer, il en sera fait mention sur le même acte, ainsi que de l'attestation du déclarant de la vérité de sa déclaration. Le double, qui sera sur une feuille séparée, sera signé du commissaire et remis au déclarant.

Art. 8.

Après le délai de trois jours accordé pour présenter ces déclarations, elles devront être faites dans les 24 heures, des Français non domiciliés à Lyon, ou les étrangers, dans les maisons où ils se seront logés.

Art. 9.

Il sera procédé sans délai, par la municipalité de Lyon ou par les commissaires de police, ou enfin par des commissaires par elle nommés *ad hoc*, aux vérifications, tant desd. déclarations que du recensement qui a dû être fait en 1791, en exécution de la loi du 19 juillet de la même année, sur la police municipale.

Art. 10.

Les dispositions du présent arrêté ne sont aucunement dérogatoires aux règlemens de police concernant les maîtres d'hôtels, aubergistes ou logeurs, qui seront exécutés selon leur forme et teneur.

Art. 11.

Le présent arrêté sera imprimé, publié et affiché et envoyé au district de Lyon, pour le transmettre sans délai au conseil général de la commune de cette ville, qui sera tenu d'en certifier le conseil du district, et celui-ci le Conseil du département.

Vu la lettre écrite de St-Germain-Laval, le 22 de ce mois, par M. Mathé, administrateur, en réponse à celle du 16 de ce mois, par laquelle M. le Président l'invitait à se réunir aux autres membres de l'administration, pour, à la forme de l'article 2 de la loi du 8 juillet, se rassembler et s'établir en surveillance permanente ; le Conseil considérant que l'option provisoirement faite par M. Mathé de continuer ses fonctions de juge de paix à St-Germain-Laval, au lieu de se rendre au poste que lui assigne sa qualité d'administrateur dans le Conseil du département, ne saurait être valable, 1° parce que les fonctions d'administrateur ne peuvent être suppléées, tandis que celles de juge de paix peuvent l'être par les assesseurs; 2° parce que si on admettait cette option, il en résulterait que, si tous les administrateurs étaient en même temps juge de paix et administrateurs et faisaient la même option, le Conseil du département ne pourrait être formé et le vœu de la loi ne pourrait être rempli ; 3° et enfin, parceque le péril de la Patrie exige un concours d'efforts et de lumières pour l'exercice de la surveillance permanente qui nécessite impérieusement la présence de tous les administrateurs qui composent le Conseil, ouï et ce requérant M. le Procureur Général Syndic, arrête que l'option provisoirement faite par M. Mathé ne saurait être admise et qu'il est de nouveau invité de se réunir au Conseil du département, rassemblé à Lyon depuis le 20 de ce mois, et qu'expédition du présent arrêté lui sera envoyée par M. le Procureur Général Syndic, lequel en rendra compte au Conseil.

M. le Procureur Général Syndic a annoncé au Conseil qu'en conformité de l'article 8 de la proclamation du Roi sur les dangers de la Patrie, du 20 de ce mois, il avait invité, par le courrier de ce jour, tous MM. les administrateurs qui, sur les deux lettres de convocation à eux écrites les 16 et 21 de ce mois, par M. le Président, non-seulement ne s'étaient pas rendus à leur poste, mais même n'avaient pas accusé la réception de ces lettres, de ne plus différer leur réunion au Conseil rassemblé. Il a ajouté qu'il a écrit à MM. les administrateurs qui, en réponse aux lettres de convocation qu'ils ont reçues, ont allégué la cause de maladie pour ne pas se rendre à leur poste, de vouloir bien établir, sans délai, leur exoine par un certificat de médecin ou de chirurgien duement attesté par les officiers municipaux du lieu de leur résidence.

M. Roi, administrateur du département de l'Izère, s'est présenté avec un arrêté du Conseil Général de son département, en date du 24 de ce mois, qui le charge de se transporter à Bourgoin et successivement à Lyon, pour prendre des renseignemens certains 1° sur les provisions de guerre et de bouche qui doivent servir au camp de Ceissieu, et en général à l'armée du Midi ; 2° sur les mesures et les marchés qui ont pû avoir lieu à ce sujet ; 3° sur le nombre, les manœuvres et les forces des malveillants qui peuvent s'être réfugiés à Lyon ; 4° et enfin sur les moyens employés, tant par les corps administratifs de Rhône-et-Loire que par la municipalité de Lyon, pour s'opposer aux projets des ennemis de la Patrie. Le Conseil du département de Rhône-et-Loire, jaloux et empressé de donner à celui de l'Izère tous les éclaircissemens qui sont en son pouvoir et qui peuvent contribuer à la tranquillité publique, a fait sur le champ inviter M. Delagrée, lieutenant-colonel d'artillerie et sous-directeur de l'arsenal de Lyon, de se transporter dans le lieu de ses séances pour donner à M. Roi les éclaircissemens sur le premier objet de l'arrêté du département de l'Izère. Il a ensuite été observé à M. Roi que, quoique Lyon abonde en étrangers, le Conseil du département ne connaît aucunes manœuvres combinées, aucunes forces décidées, ni aucuns rassemblemens qui puissent donner quelques craintes ; que, s'il en était autrement, la municipalité, chargée spécialement de la police journalière, en aurait instruit le Département ; qu'à l'égard des moyens employés, ils sont tels que la ville de Lyon est dans le plus grand calme; enfin, il a été donné à M. Roi tous les éclaircissemens qu'il a paru désirer, et il a même assisté à l'arrêté pris pour maintenir dans la ville de Lyon la paix qui y règne et pour déjouer toutes intrigues. M. Roi a ensuite désiré savoir si, en cas d'attaque du côté du Midi, l'on pouvait compter sur une grande force dans ce département. Plusieurs de MM. lui ont répondu que tous les citoyens de ce département s'empresseraient de voler au secours de leurs frères et que l'administration ne négligerait rien pour ranimer leur civisme et leur zèle. Le Conseil a même annoncé à M. Roi le désir d'une correspondance journalière, dans ces circonstances orageuses, sur tous les objets de surveillance. Sur l'instant, M. Delagrée s'est présenté, sur l'invitation qui lui en a été faite ; lecture lui ayant été faite de l'arrêté du département de l'Izère et des renseignements demandés, M. Delagrée a répondu qu'il pouvait disposer de 44 milliers de poudre et de 40 milliers de plomb, sur la réquisition qui lui serait légalement faite. Il a ensuite remis à M. Roi un état de toutes les provisions de guerre qui sont entre ses mains et qui peuvent servir à l'armée du Midi. Un double duquel état, signé par M. Delagrée, a été déposé et joint au présent registre, après avoir été paraphé par M. le Président (1).

(1) Arsenal de Lyon. — 1792. — Direction de Grenoble. Etat des pièces de canon, obusiers et autres munitions de guerre qui existent dans les magasins d'artillerie de la ville de Lyon, le 23 juillet 1792, suivant le détail cy-après, savoir : Pièces de canon: de 12, longue montée sur affut, 1 ; de 12 de campagne, montées sur affuts, 12; de 8 de campagne, montées sur affuts, 24 ; de 4, longues, montées sur affuts, 10 ; de 4 de campagne, montées sur affuts, 10 ; de 4 de campagne sans affuts, 21. — Obusiers : de 8 pouces, montés sur affuts, 4 ; de 6 pouces sans affuts, 8. — Boulets : de 24, 17; de 16, 90; de 12, 3305 ; de 8, 5090 ; de 4, 2690. — Obus de 6 pouces, 1200. — Affuts : de 24, 57 ; de 16, 16 ; de 12 de bataille, 3 ; de 8 de bataille, 7; d'obusiers de 8 pouces, 37. — Tirebourres à canon pour pièces de bataille de 12, de 8 et de 4, 18. — Caissons : de 12, 23 ; de 8, 44 ; de 14, 15 ; d'infanterie, 32 ; d'obusiers, 19; à munitions, 18. — Chariots : à canons ou porte corps, 94 ; à munitions, 43. — Triqueballe, 1. — Bombes : de 12 pouces, 7706; de 8 pouces, 7035. — Pierres à fusil, 6152. — (Cartouches) : avec balles 7,000; sans balles, 2,400. Nota. On travaille à faire des balles et des cartouches. — Outils à pionniers : pèles rondes non emmanchées en caisse, 9,118; pèles quarrés, idem, 11,080 ; pic oyaux, 12,460. — Outils tranchans : hâches non emmanchées, 4,490 ; serpes emmanchées, 12,570. — Chèvres, 2. — Poudre 44,413 liv. — Plomb en balle, on travaille à en faire. — Mèches en ballots, 2,000 liv. — Moules à balles, 4. — Cartouches à canon: du calibre de 12 à grosses balles, en caisse, 456; du calibre de 12 à petites balles, idem, 264; du calibre de 8 à grosses balles, idem, 400 ; du calibre de 8 à petites balles, idem, 829 ; du calibre de 4 à grosses balles, idem, 995 ; du calibre de 4 à petites balles, idem, 742. — Cartouches pour obusiers de six pouces, 208.

Etat des armes existantes dans les salles de Lyon, le 27 juillet 1792, suivant le détail cy-après. Savoir : Fusils d'infanterie avec bayonnetes, modèle de 1777, 2990. — Fusils d'artillerie avec bayonnetes, modèle de 1777, 105. — Mousquetons : de cavaliers, modèle de 1777, 3242 ; d'hussards, modèle de 1777, 1243; modèle de 1763 réparés, 3. — Paires de pistolets du dernier modèle, 1600. — Lames : de sabres de dragons, 141 ; d'épées de soldats, 58. — Sabres de grenadiers, 13.

M. Roi retiré, l'un de MM. a demandé qu'il fut formé un plan pour la réunion des gardes nationales des six districts. La matière mise en délibération, ouï M. le Procureur Général Syndic en ses conclusions, la motion a été adoptée et renvoyée au comité pour proposer le plan.

Sur la proposition d'un membre, après avoir ouï M. le Procureur Général Syndic, il a été arrêté qu'il serait écrit au département de l'Ardèche pour lui demander si les pièces saisies indiquent quelque correspondance entre les conspirateurs de Jalès et des étrangers retirés à Lyon dans des desseins perfides, et qu'il serait pareillement écrit au Comité de surveillance de Paris, pour l'informer de l'état de la ville de Lyon.

M. Mussieu, administrateur, indisposé, a demandé à être autorisé à s'absenter jusqu'à dimanche pour prendre le repos qui lui est nécessaire, ce qui lui a été accordé.

Le Conseil, considérant combien il lui est intéressant de prendre des mesures sûres qui puissent éclairer sa surveillance, a arrêté, après avoir ouï M. le Procureur Général Syndic en ses conclusions, qu'il serait formé dans son sein un comité de surveillance composé de sept membres, et auxquel il serait adjoint des suppléants; lequel comité aura ses registres et correspondances et recevra tous les avis et renseignemens qui peuvent intéresser la tranquillité publique. MM. composant ce comité sont, savoir, pour Lyon MM. Ricard et Frossard, Servan, suppléant; la Campagne, MM. Grand, Mussieu, suppléant; Villefranche, MM. Simonet, Desportes, suppléant; Roanne, MM. Rullet-Lamurette, Farjon, suppléant; Montbrison, M. Moissonnier; Saint-Etienne, MM. Richard, Ravel, suppléant.

JANSON, président. GONON. S. F., secrétaire général.

Le samedi vingt-huit juillet 1792, l'an 4e de la Liberté, MM. les administrateurs composant le Conseil du département de Rhône-et-Loire, réunis en séance, y étant MM. Janson, président, Besson, Brunet, Lagrange, Pavy, Populle, Parial, Lorange, Lecourt, Rouher, Simonet, Servan, Desportes, Chevassu, Ricard, Ravel, Grand, Farjon, Richard, Frossard, Rullet-Lamurette, Mauzerand, administrateurs; Mayeuvre, procureur général syndic, et Gonon, secrétaire général.

L'un de MM. a fait un rapport sur l'état des forces militaires fournies jusqu'à ce jour par ce département; après quelques observations de détail sur les dépenses de l'équipement des bataillons de volontaires levés dans le département, de l'état et de la qualité de l'équipement, des objets qui leur manquent, il a observé que ces bataillons, composés de 568 chacuns, doivent être portés au complet de 800 hommes; mais que les municipalités chargées de les completter n'ont encore fait parvenir aucun travail relatif à cet objet.

Etat des armes qui ont été jugées entièrement hors de service : fusils d'infanterie, 70; fusils de dragons, 400; vieilles bayonnettes, 400, mousquetons de cavalerie, 72; paires de pistolets, 110.

Je soussigné, officier garde d'artillerie à l'arsenal de Lyon, certifie véritable le présent état. A Lyon, le 20 juillet 1792. LEGER. — Certifié véritable, le sous-directeur de l'artillerie, C. F. DELAGRÉN.

Le même membre a ensuite donné le tableau du recrutement fait dans l'étendue de ce département, pour les troupes de ligne, qui se porte jusqu'à ce jour, savoir :

DISTRICTS	INFANTERIE	ARTILLERIE	TROUPES A CHEVAL	TOTAL DES RECRUES
Lyon	666	35	67	768
Campagne de Lyon	195	11	25	231
Roanne	65	1	16	82
Villefranche	102	2	13	117
Montbrison	68	»	8	76
Saint-Etienne	135	4	18	157
				1431

Ce rapport s'est pareillement étendu sur la gendarmerie nationale, dont les brigades sont portées au nombre de 28 pour ce département, au lieu de 20 qu'elles étaient par les premières lois, il a observé que, pour le nombre des 8 brigades d'augmentation, le Directoire avait fait la nomination des brigadiers, et que la nomination des gendarmes ne pouvait être faite qu'après les observations des districts sur la liste de ceux qui se sont fait inscrire et qui n'a été affichée que le 7 de ce mois, conformément au vœu de la loi ; que, pour ce qui concerne la formation des compagnies franches, l'administration a vivement sollicité et attend encore les instructions que le ministre a promises et qu'il n'a point encore données.

M. Moissonnier, administrateur, est entré et a pris séance.

Il a été fait lecture 1° du procès-verbal dressé par le conseil du district de St-Etienne, en date du 14 de ce mois, de la cérémonie qui a eu lieu pour la fédération des gardes nationales de ce district ; 2° du procès-verbal dressé le même jour par le conseil général de la commune de St-Etienne, le même jour ; enfin, de la correspondance qui a eu lieu entre la municipalité et le directoire du district de St-Etienne et des délibérations et arrêtés qu'ils ont pris relativement à cette fête civique ; le Conseil, considérant qu'il résulte des pièces dont la lecture vient de lui être faite différentes inculpations graves contre le conseil général de la commune de St-Etienne ; considérant qu'il serait sans doute dangereux d'ajouter foi à ces imputations, avant que quelques membres du conseil général de la commune aient été entendus et ayent fourni leurs observations, ou que leur silence n'autorise à réputer les faits constants ; considérant cependant qu'il y aurait peut-être de l'inconvénient à priver le conseil général de la commune de deux de ses membres en même tems, dans ce moment où une surveillance active est très nécessaire ; ouï M. le Procureur Général Syndic en ses conclusions, arrête que le Maire et le Procureur de la commune de St-Etienne, sont mandés de se rendre à Lyon, dans le lieu où le Conseil du département tient ses séances, savoir le premier, jeudi prochain 2 août 1792, et le second, le samedi suivant 4 du même mois, sur les 10 heures du matin, à l'effet de fournir leurs observations sur les imputations faites au conseil général de lad. commune. circonstances et dépendances, dont sera dressé procès-verbal, pour ensuite être, par le Conseil du département, définitivement arrêté ce qu'il appartiendra.

Il a été fait lecture d'une lettre, en date de ce jour, écrite à M. le Procureur Général Syndic, par M. le Procureur syndic du district de Lyon, par laquelle il le prie de mettre sous les yeux de l'administration les pièces jointes à lad. lettre, qui consistent 1° en une requête présentée par plusieurs habitans aubergistes de la commune de Vaize, par laquelle ils dénoncent au conseil général de lad. commune les malversations des conducteurs des mulets de l'armée, qu'ils restent dans les écuries des 24, 36 heures et même trois jours sans recevoir ni foin ni avoine, et que ces mulets mangent les crèches et les râteliers des écuries ; 2° d'un procès-verbal dressé par les maire et officiers municipaux de Vaize des dégats causés par les mulets dans les écuries des divers particuliers chez lesquels ils sont logés, dégats causés par le défaut de nourriture. Le Conseil s'étant fait faire lecture desdites pièces, considérant qu'il est urgent de prendre des mesures pour faire cesser de pareils abus; considérant encore que, par son arrêté du 24 de ce mois, il a été écrit à M. Vast, commissaire des guerres, employé dans l'armée du Midi, pour qu'il eut à prendre des mesures sur ces abus, et que le sr Vast paraît avoir négligé les représentations de l'administration du département, puisqu'itérative plainte sur le même objet est faite par la même commune; ouï M. le Procureur Général Syndic en ses conclusions, le Conseil arrête qu'il sera écrit à M. le ministre de la Guerre et à M. Servan, commandant général à Lyon, auxquels seront pareillement adressées copies des susd. pièces et de la lettre de M. le Président, écrite le 24 de ce mois à M. Vast, sur le même objet.

JANSON, président. GONON S. F., secrétaire général.

Le dimanche vingt-neuf juillet 1792, l'an 4ᵉ de la Liberté,

MM. les administrateurs composant le conseil du département de Rhône-et-Loire, réunis en séance et en surveillance permanente, se sont de suite divisés en bureaux.

Le lundi trente juillet 1792, l'an 4° de la Liberté, MM. les administrateurs du conseil du département de Rhône-et-Loire, réunis en séance de surveillance permanente, y étant MM. Janson, président, Besson, Brunet, Lagrange, Pavy, Populle, Pariat, Lorange, Lecourt, Rouher, Simonet, Servan, Desportes, Chevassu, Ricard, Ravel, Grand, Farjon, Richard, Frossard, Rullet-Lamurette, Mauzerand, Moissonnier, administrateurs, Mayeuvre, procureur général syndic, et Gonon, secrétaire général.

M. le Procureur Général Syndic a dit qu'il était arrivé hier au soir, sur les 8 heures 1/2, un courrier extraordinaire porteur d'une lettre de M. d'Abancourt, ministre de la Guerre, adressée à l'administration du département, par laquelle il annonce que, d'après un changement de dispositions nécessité par les circonstances, le Roi a jugé convenable de laisser à l'armée du Midi les troupes qui devaient se rendre à l'armée du Rhin. En conséquence, il charge l'administration de prendre les plus promptes mesures pour suspendre les préparatifs de l'étape pour le passage desdites troupes. M. le Procureur Général Syndic a ajouté qu'en vertu de cette lettre dont il avait fait donner ce matin communication à MM. les procureurs syndics des districts de Lyon et de Villefranche et MM. Delaunay et Desparos, il pensait que les mesures étaient assurées et que le résultat conserverait à l'armée du Midi des forces suffisantes pour prémunir nos frontières contre toute invasion hostile.

Il a été représenté par M. le Procureur Général Syndic que les officiers municipaux de Duerne et de St-Martin-en-Haut n'ont point prêté le serment prescrit par la loi. Il a été fait lecture des procès-verbaux de ce serment. La matière mise en délibération et sur le renvoi de cette affaire au Directoire par un membre, il a été arrêté, après avoir ouï M. le Procureur Général Syndic en ses conclusions, qu'elle était de la compétence du Conseil ; en conséquence, le Conseil, après avoir pris lecture de l'avis du conseil d'administration du district de la campagne de Lyon, en surveillance permanente, en date du 24 juillet présent mois, ensemble des procès-verbaux et arrêtés y annexés ; vu 1° le procès-verbal dressé le 20 novembre 1791 de la nomination des membres de la municipalité et notables de St-Martin-en-Haut, en remplacement de ceux qui sortaient, suivant lequel procès-verbal, M. Chastaing, maire, MM. Benoît Clavel, Grégoire Piégay, Jean Ruillat, officiers municipaux, M. Benoît Dumortier, procureur de la commune, MM. Jean-Claude Ville de la Bassecour, Jean Viricel, Jean-Claude Nesme, Jean Declerieux, Christophe Charvolin et Jean-Marie Bonhomme, notables, tous nouvellement élus, ont prêté le serment de maintenir de tout leur pouvoir la constitution civile et politique du Royaume, d'être fidèles à la Nation, à la Loi et au Roi, et de bien remplir leur fonctions ; 2° le procès-verbal dressé le 13 novembre 1791, de la nomination des membres de la municipalité et du conseil de la commune de Duerne, en remplacement de ceux qui sortaient ; lors duquel procès-verbal M. Blanchard, maire, M. Bazin, officier municipal, M. Jean-Antoine Malaval, procureur de la commune, MM. Jean-Antoine Garin, Claude Buisson et Pierre Dumortier, notables nouvellement élus, ont prêté le serment de maintenir de tous leurs pouvoirs la constitution du Royaume, sauf leurs opinions religieuses, d'être fidèles à la Nation, à la Loi et au Roi, et de bien remplir leurs fonctions ; 3° l'arrêté du directoire du district de la campagne de Lyon, du 7 mai dernier, concernant les troubles religieux, duquel l'art. 5 est ainsi conçu : « MM. les maire, officiers municipaux, procureur de la commune et notables élus par la commune de St-Martin-en-Haut, le 20 novembre dernier, et par la commune de Duerne, le 13 du même mois, seront tenus de prêter aussitôt après la réception du présent arrêté, en présence de leur commune convoquée à cet effet, le serment prescrit par la loi, sans pouvoir y faire aucun changement dans les termes, addition ni restriction, et d'en envoyer le procès-verbal dans la huitaine à M. le Procureur Syndic, à défaut de quoi il sera statué ce qu'il appartiendra » ; 4° l'arrêté du directoire du département du 9 dudit mois de mai, portant approbation formelle de l'art. 5 du susdit arrêté ;

5° l'arrêté du directoire du district de la campagne de Lyon, du 5 juin dernier, portant que MM. les maires, officiers municipaux, procureurs des communes et notables de St-Martin-en-Haut et de Duerne, nommés depuis la Saint-Martin dernière, sont de nouveau invités et requis de se conformer à l'art. 5 de l'arrêté du 7 mai ci-dessus visé, et d'en certifier M. le Procureur Syndic dans la huitaine, à défaut de quoi, et ledit délai expiré, leur refus de se conformer audit arrêté sera dès lors regardé comme constant, et il sera procédé contre eux à la forme de la loi, sans préjudice des contraintes et autres poursuites, qui pourront résulter contre MM. les maire, officiers municipaux et procureur de la commune de St-Martin, à défaut par eux d'avoir déposé au secrétariat du district les matrices de rôles des contributions foncière et mobiliaire de leur commune et contre MM. les maire et officiers municipaux de Duerne, à défaut par eux d'avoir rapporté les matrices du rôle de la contribution mobiliaire ; 6° vu enfin le décret sur la constitution des municipalités, en date du 14 décembre 1789, sanctionné par le Roi, ensemble l'instruction sur ce décret, approuvée par le Roi, et la loi du 28 mai 1790 ; considérant que le serment exigé par la loi de tout fonctionnaire public est le garant de son civisme et de son dévouement à la loi ; que cette garantie n'est plus entière, lorsque ce serment n'est pas prêté dans toute sa pureté ; considérant que les maires, officiers municipaux, procureur de la commune et notables de St-Martin-en-Haut et Duerne, élus en 1791, s'étant permis de composer avec la loi en mettant des restrictions au serment qu'ils ont prêté, ne sauraient mériter la confiance des citoyens de leurs communes ; qu'il importe dans tous les temps, mais surtout lorsque la patrie est en danger, que des fonctions aussi essentielles ne soient exercées que par des fonctionnaires qui aient su se concilier cette entière confiance ; considérant que les maire et officiers municipaux de St-Martin-en-Haut n'ont que trop prouvé que les soupçons que faisait naître l'illégalité de leur serment n'étaient pas sans fondement, puisque leur négligence à déposer les matrices de rôles a nécessité contre eux les contraintes prononcées par la loi ; puisque tant les officiers municipaux de St-Martin-en-Haut que ceux de Duerne sont suspectés d'avoir favorisé les troubles religieux et la résistance qui a été apportée à l'installation des curés élus pour leurs communes, ou de les avoir tout au moins perpétués par leur inaction, tandis qu'ils devaient faire agir la loi pour les réprimer ; considérant que la négligence des officiers municipaux dans la confection et le dépôt des matrices de rôles, conformément aux dispositions de la loi du 26 mars 1791 leur ont fait encourir la responsabilité ; considérant enfin que les maires, officiers municipaux, notables et procureurs de la commune de Duerne et de St-Martin-en-Haut, n'ont point fait parvenir à M. le procureur syndic du district l'acte de prestation du serment constitutionnel, qu'ils ont été itérativement requis, au nom de la loi, de prêter purement et simplement, et notamment par arrêté du directoire du district du 7 mai 1792, et par celui du Directoire du département du 9 du même mois ; ouï M. le Procureur Général Syndic en ses conclusions, le Conseil arrête que M. Chastaing, maire, MM. Benoît Clavel, Grégoire Plégay, Jean Ruillot, officiers municipaux, M. Benoît Dumortier, procureur de la commune, MM. Jean-Claude Deville de la Basse-cour, Jean Viricel, Jean-Claude Nesme, Jean Declerieux, Christophe Chervolin et Jean-Marie Bonhomme, notables ; tous élus par la commune de St-Martin-en-Haut, le 20 novembre dernier; M. Blanchard, maire, M. Bazin, officier municipal, M. Jean-Antoine Mallaval, procureur de la commune, MM. Jean-Antoine Garin, Claude Buisson et Pierre Dumortier, notables, tous élus par la commune de Duerne, le 13 novembre dernier, à défaut par eux d'avoir prêté le serment, dans les termes prescrits par la loi, et d'avoir, sur deux invitations qui leur ont été faites par les corps administratifs, refusé de rectifier le serment illégal qu'ils avoient prêté, sont destitués de leurs fonctions ; en conséquence, que défenses leur sont faites, sous les peines de droit, de s'y immiscer directement ni indirectement, à compter du jour de la notification qui leur sera faite du présent arrêté, à la requête de M. le Procureur Général Syndic, poursuites et diligences du procureur syndic du district de la campagne de Lyon ; et qu'il sera sans délai procédé à leur remplacement dans des assemblées des citoyens actifs de leurs communes respectives ; lesquelles seront convoquées à cet effet, et auxquelles assemblées assistera un commissaire nommé par le conseil du district, pour veiller à l'observation des formalités prescrites par les lois constitutives des municipalités, sur le fait des élections, et que les citoyens qui seront élus, prêteront, en présence dudit commissaire, entre les mains des officiers municipaux non destitués, le serment pur et simple, tel qu'il est prescrit par la loi, dont et du tout sera dressé procès-verbal ; arrêté en outre que, jusqu'au remplacement des officiers municipaux destitués, les fonctions municipales seront exercées par MM. les officiers municipaux et notables élus en 1790 qui sont restés en exercice. Le tout, néanmoins, sans préjudice de la responsabilité encourue par lesdits maires et officiers municipaux et des poursuites qui auraient pu ou qui doivent être continuées contre eux, à la forme de la loi, à défaut par eux d'avoir déposé les matrices des rôles de leurs communes. Enfin le présent arrêté sera imprimé, adressé aux districts et par eux transmis aux municipalités de leur ressort, pour être lu, publié et affiché, ce dont les officiers municipaux seront tenus de certifier aux procureurs syndics des districts, et ceux-ci au Procureur Général Syndic.

Il a été fait lecture d'une lettre écrite de Lyon, en date de ce jour, à l'administration du département, par M. Servan, maréchal de camp, employé dans l'armée du Midi, par laquelle il annonce que, pour détruire les malversations dont s'est plaint la municipalité de Vaize et surveiller l'inconduite des muletiers, il va établir en Vaize un piquet de 12 hommes, commandés par un sergent et un caporal.

JANSON, président. GONON S. F., secrétaire général.

Le mardi trente-un juillet 1792, l'an 4ᵉ de la Liberté, MM. les administrateurs composant le conseil du département de Rhône-et-Loire, en surveillance permanente, réunis en séance, y étant MM. Janson, président, Besson, Brunet, Lagrange, Pavy, Populle, Pariat, Lorange, Lecourt, Rouher, Simonet, Servan, Desportes, Chevassu, Ricard, Ravel, Grand, Farjon, Richard, Frossard, Rullet-Lamurette, Mauzerand, Moissonnier, administrateurs, Mayeuvre, procureur général syndic, et Gonon, secrétaire général.

Un de Messieurs a dit :

« Messieurs,

« Je dénonce au Conseil une délibération du conseil général de la commune du 28 de ce mois, qui a été affichée aujourd'hui dans cette ville, qui ordonne que nonobstant l'arrêté du département du 27 de ce mois, sa délibération du 25 du même mois sera exécutée. Cette seule énonciation suffit, pour frapper cette délibération de nullité et pour placer le corps municipal dans le cas prévu par la loi du 27 mars 1791, laquelle porte, art. 8. « Tout corps administratif ou municipal qui publiera ou fera parvenir à d'autres administrations ou municipalités des arrêtés ou lettres provoquant la résistance à l'exécution des arrêtés ou ordres émanés des autorités supérieures, pourra être suspendu de ses fonctions. Art. 9. Aucun directoire ou conseil de district, ni aucune municipalité ne pourront, sous la même peine, publier, faire afficher ou persister à faire exécuter un arrêté contraire à celui du département ou du district, ou manquant à la subordination prescrite par la loi, à l'égard de l'administration supérieure ». Ce ne sera point, Messieurs, le désir de venger l'autorité supérieure méconnue et outragée, qui dictera la délibération que vous prendrez sur cet objet, mais celui de faire prévaloir des arrêtés qui garantissent la liberté individuelle des citoyens, l'inviolabilité de leurs domiciles, des arrêtés qui ne respirent que le respect pour les lois, des arrêtés conservateurs des maximes qui sont les pierres angulaires de notre Constitution, sur des délibérations qui, sous le prétexte des dangers de la Patrie, violent les principes de cette Constitution et les lois positives du Royaume.

« Il suffit de rapprocher les dispositions des arrêtés du Directoire du 18 et du Conseil du département du 27 de ce mois, des délibérations du conseil général de la commune de Lyon, des 16, 25 et 28, pour y reconnaître ces deux caractères opposés.

« La délibération du conseil général de ladite commune, du 16 juillet, ordonne la convocation des sections de la commune pour nommer des commissaires, dont trois seront chargés de la surveillance de leur section et correspondront immédiatement avec le comité de surveillance municipal.

« La loi du 20 mai 1791, porte, art. 2. Les assemblées des communes ne peuvent être ordonnées, provoquées et autorisées que pour les objets d'administration purement municipale qui regardent les intérêts propres de la commune. Toute convocation et délibération des communes et des sections sur d'autres objets sont nulles et inconstitutionnelles. »

« D'après cette disposition précise de la loi, l'arrêté du Directoire du 18 de ce mois a déclaré nulle et inconstitutionnelle la convocation des citoyens des 32 sections, pour délibérer sur des objets qui ne sont point d'administration purement municipale et qui ne regardent point les intérêts de la commune.

« La loi du 8 juillet, qui fixe les mesures à prendre quand la Patrie est en danger, dit, art. 2 : « aussitôt après la déclaration publiée, les conseils de départemens et de districts se rassembleront et seront, ainsi que les conseils généraux des communes, en surveillance permanente. »

« Il résulte de cette disposition que le droit de surveillance, attri-
« bué par la loi aux corps admistratifs et aux conseils généraux des
« communes, ne saurait être transmis par eux à aucune section de
« citoyens, sans que la loi n'eut spécialement autorisé cette
« délégation ; la loi ne l'ayant pas fait, le Directoire du département a
« pu et dû proscrire une délégation qui pouvait faire dégénérer une
« simple surveillance en inquisition.

« La délibération du conseil général de la commune, du 16 juillet,
« porte « dix autres commissaires iront, le lendemain et les jours
« suivans, chez tous les citoyens de leur section, prendre la déclara-
« tion 1° du nombre et de la nature des armes et munitions dont
« ils seront pourvus ; 2° de leur nom ; 3° de leur état ; 4° de leur
« pays ; 5° s'ils sont portés sur les registres de la garde nationale et
« sur celui des citoyens actifs ; 6° s'ils sont domiciliés ou non ».

« La loi du 8 juillet dit, art. 4. « Tous les citoyens seront tenus
« de déclarer, devant leurs municipalités respectives, le nombre et la
« nature des armes et munitions dont ils seront pourvus ; le refus de
« déclaration ou la fausse déclaration dénoncée et prouvée seront
« punis par la voie de la police correctionnelle, etc. »

« D'après le texte même de cette loi, le Directoire du département
« fait défenses au conseil général de la commune, au bureau et au
« conseil municipal et à tous autres de mettre à exécution ladite
« délibération et aux commissaires qui pourraient avoir été nommés,
« d'exercer aucunes fonctions, d'aller dans les domiciles des citoyens
« pour recevoir des déclarations ou pour quelqu'autre motif que ce
« soit et d'exercer en cette qualité aucune espèce de surveillance...

« Et conformément aux dispositions de l'art. 4 de la loi du 8 de
« ce mois, ordonne que « tous les citoyens seront tenus de déclarer
« devant la municipalité, sur des registres qu'elle sera tenue d'ouvrir
« à cet effet, en tel nombre qu'elle jugera convenable, le nombre et
« la nature des armes et munitions dont ils seront pourvus, aux
« peines prononcées par ledit article, tant contre les non-déclarants
« que contre ceux qui se rendraient coupables de fausses déclara-
« tions.

« Le Directoire déclare qu'en prohibant les visites domiciliaires de
« la part des commissaires qui ont pu être nommés par les assemblées
« de sections, il n'entend point déroger au droit acquis à la munici-
« palité de faire des visites domiciliaires, dans tous les cas autorisés
« par la loi, ni même au droit qu'elle a de les faire faire par commis-
« saires par elle choisis, aux termes de l'art. 1er du titre premier
« de la loi sur la police municipale. »

« La municipalité de Lyon n'a point justifié officiellement qu'elle
« eut ouvert des registres pour recevoir la déclaration des armes,
« mais il est de notoriété publique que plusieurs citoyens s'étant pré-
« sentés au greffe de la municipalité, leurs déclarations ont été reçues
« et enregistrées dans les registres ouverts pour chaque canton.

« Cependant le conseil général de la commune, paraissant se
« repentir de cette première adhésion à l'arrêté du Directoire du 18 de
« ce mois, abandonne tout à coup la mesure que lui prescrivait
« led. arrêté, d'après la loi, pour recevoir la déclaration des armes,
« et revient à son premier système de les faire exiger dans les domi-
« ciles par des commissaires ; la seule différence est qu'elle les nomme
« au lieu de les faire nommer par les sections assemblées.

« Voici l'extrait de sa délibération du 25 juillet sur le fait concer-
« nant la déclaration des armes :
« Considérant l'impossibilité d'obliger tous les citoyens de venir,
« dans un court espace de temps au greffe de la municipalité, déclarer
« la quantité d'armes qu'ils ont, etc.; considérant combien il est facile
« par le moyen des commissaires qui se transporteraient dans le
« domicile de chaque particulier, d'obtenir sous peu de jours la
« déclaration, exigée par la loi, des armes, dont tous les habitans de
« la ville sont pourvus, etc. A arrêté, après avoir ouï M. le substitut
« du procureur de la commune, que le conseil général de la com-
« mune nommera, dans le plus court délai, un certain nombre
« de commissaires pris parmi les citoyens, à l'effet de concourir avec
« le conseil général de la commune, à l'exécution de l'article 4 de la
« loi du 8 juillet. »
« Voilà une persévérance bien marquée de faire exécuter les visites
« domiciliaires, pour exiger la déclaration des armes contre le vœu
« de la loi du 8 juillet, au mépris des défenses portées par l'arrêté du
« Directoire du 18 du même mois, qui rapellait à l'exécution précise
« de l'article 4 de cette loi, qui ve t que la déclaration du nombre et
« de la nature des armes et munitions dont les citoyens sont pourvus
« soit faite par eux devant les municipalités, et non qu'on aille les
« exiger dans leurs domiciles.
« Ce n'est pas tout ; le Conseil du département, en vertu de la
« surveillance que la loi lui confie, jettant ses regards sur les différents
« objets qui peuvent les exciter, apperçoit dans le nombre des étran-
« gers qui habitent momentanément cette ville, dans le voile qui
« couvre leurs personnes et leurs actions, une cause d'inquiétude et
« de fermentation qu'il est essentiel de faire cesser, il croit y voir le
« motif du soupçon d'incivisme dont on veut flétrir la ville de Lyon et
« dont il importe de la laver. Pour remplir ces vues, pour mettre tous
« les étrangers à découvert, pour faire avorter les projets criminels
« que pourraient avoir conçu les ennemis de l'ordre et des lois, le
« Conseil prend, le 27 juillet, sur la réquisition de M. le Procureur
« Général Syndic, un arrêté qui n'est que l'expression de la loi portée
« le 23 mai, pour la ville de Paris, à l'égard des étrangers. Il s'y
« abstient de prononcer les clauses pénales y portées, parce que ce
« droit est réservé aux législateurs ; il se contente de déclarer suspects
« les étrangers qui ne feraient pas les déclarations exigées par led.
« arrêté, ou qui les feraient fausses, et d'en ordonner le renvoi aux
« juges de paix qui auraient appliqué les peines portées par la loi du
«   concernant les passeports.
« Le substitut du procureur de la commune dénonce au conseil
« général de la commune cet arrêté comme inconstitutionnel et peu
« conséquent, comme tendant à usurper des fonctions qui n'appar-
« tiennent qu'au corps municipal ou au conseil général de la com-
« mune ; qualifie d'une manière despectueuse les mesures prescrites
« par cet arrêté, en les taxant d'être aussi insignifiantes que celles
« auquel il a voulu astreindre le conseil général de la commune dans
« l'arrêté qui a cassé et annullé sa première délibération ; il fait un
« crime au Conseil du département et au Procureur Général Syndic
« de ne vouloir pas voir et reconnaître des ennemis intérieurs et cachés
« avant qu'ils aient été légalement dénoncés, légalement connus, et
« avant que les mesures indiquées par l'arrêté du Conseil, du 27 de

« ce mois, en aient fourni des commencemens de preuves, et requiert
« que, sans avoir égard à l'arrêté du Conseil du département, contre
« lequel celui de la commune proteste, ce dernier persiste dans ses
« précédens arrêtés et les fasse exécuter, nonobstant toute opposition
« à ce contraire, comme faits de police qui, vû les dangers déclarés
« de la Patrie, ne peuvent souffrir aucun délai, sans l'exposer aux
« plus grands malheurs, et que la délibération soit publiée et affi-
« chée. »

« Sur ce réquisitoire, intervient une délibération portant

« Le conseil général de la commune, considérant que les mesures
« qu'il a prises par sa délibération du 25 juillet, à l'effet de s'assurer
« du nombre d'étrangers qui sont dans cette ville, ainsi que de la
« quantité d'armes qu'il peut y avoir chez les citoyens, est conforme
« à ce qui est prescrit par l'article 4 de la loi du 8 juillet, a arrêté,
« d'après les conclusions de M. le substitut du procureur de la com-
« mune, que, nonobstant l'arrêté du département, sa délibération (du
« 25 juillet) sera exécutée.

« Cette délibération a été affichée dans toute l'étendue de la muni-
« cipalité de Lyon.

« S'il s'agissait, Messieurs, d'établir, dans ce moment, votre compé-
« tence relativement aux mesures de police générale, et notamment
« celle que vous ont prescrite votre zèle et votre civisme, relativement
« aux étrangers, il serait facile de démontrer, à l'aide des principes et
« des loix positives, combien cette compétence est incontestable,
« surtout dans le moment où la Patrie est en danger, dans le moment
« où la loi vous rassemble pour être en surveillance permanente. Et,
« en effet, à quoi se réduirait cette surveillance, si vous ne pouviez
« l'exercer, comme le prétend M. le substitut du procureur de la
« commune, que d'après l'initiative ou les observations du conseil
« général de la commune, tandis que, suivant son système et par
« le fait même des délibérations que je vous dénonce, le conseil
« général de la commune aurait le droit, en vertu de la même surveil-
« lance, de prescrire ces mesures de police générale sans l'interven-
« tion, sans l'autorisation du Conseil d'administration.

« N'en résulterait-il pas une subversion totale des principes consti-
« tutionnels qui ont réglé la hiérarchie des pouvoirs ?

« N'en résulterait-il pas une dictature absolue en faveur des conseils
« généraux des communes, dans les momens où la Patrie est en
« danger ?

« N'en résulterait-il pas une entière anihilation des autorités supé-
« rieures, produite par l'inertie à laquelle cette prétention les condam-
« nerait, dans les momens où elles doivent redoubler leur vigilance ?

« Enfin, la surveillance qui leur est spécialement recommandée ne
« serait-elle pas, dès lors, absolument illusoire ?

« Mais ce n'est pas le moment d'agiter cette grande question, la
« seule sur laquelle il soit urgent de prononcer est celle de savoir si
« le conseil général de la commune, se trouvant dans le cas prévu
« par la loi du 27 mars 1791, vous prononcerez la peine indiquée par
« cette loi contre les membres qui ont signé les délibérations des 25
« et 28 juillet, où si, vû les circonstances critiques dans lesquelles se
« trouve la Patrie, vous référerez le tout à l'Assemblée Nationale et
« au pouvoir exécutif. Tel est l'objet sur lequel je provoque votre
« délibération. »

La matière mise en délibération, ouï M. le Procureur Général Syndic en ses conclusions, le Conseil Général du département, considérant que le substitut du procureur de la commune de Lyon, qui a provoqué, et les membres du conseil général de la commune, qui ont signé la délibération qui anéantit l'effet de l'arrêté du Conseil du département, conforme à la loi conservatoire de la liberté individuelle des citoyens et de l'inviolabilité de leurs domiciles, sont dans le cas prévu par la loi du 27 mars 1791, qui porte, article 8 « que tout « corps municipal qui publiera des arrêtés provoquant la résistance à « l'exécution des arrêtés émanés des autorités supérieures, pourra « être suspendu de ses fonctions », et article 9 : « qu'aucune muni- « cipalité ne pourra, sous la même peine, publier, faire afficher, ou per- « sister à faire exécuter un arrêté contraire à celui du Département ou « manquant à la subordination prescrite par la loi, à l'égard de l'ad- « ministration supérieure »; considérant qu'il est des circonstances impérieuses qui commandent aux administrateurs des mesures sages et prudentes, et leur font un devoir d'user avec ménagement des moyens de répression que la loi a mis entre leurs mains ; considérant, enfin, que le système de persécution et de dénonciation auquel la municipalité de Lyon s'est livrée depuis longtemps envers l'administration du département, prescrit plus impérieusement encore à cette dernière de ne point s'écarter des principes et des règles de modération et d'impassibilité qui l'ont toujours dirigée ; que, dans ces principes, l'administration doit, au tribunal de l'opinion publique, se dépouiller en quelque sorte de sa compétence, lorsqu'il s'agit de réprimer des actes inconstitutionnels dirigés particulièrement contre elle, arrête que sur la contravention commise par les membres du conseil général de la commune de Lyon qui ont signé la délibération qui provoque la désobéissance à la loi, et sur les peines qui peuvent en résulter, il en sera référé à l'Assemblée Nationale et au pouvoir exécutif, à qui il sera envoyé copie des arrêtés, délibérations et adresses relatives à cette affaire ; que le présent arrêté sera imprimé, affiché et envoyé aux conseils généraux des districts de ce département, qui les transmettront aux municipalités de leur ressort, lesquelles seront tenues d'en certifier les procureurs syndics des districts qui en certifieront le Procureur Général Syndic.

MM. Tillard-Tigny est entré et a pris séance.

Il a été proposé par un de MM. de faire imprimer sur un même placard plusieurs lois, lorsque chacune de ces lois sera d'une contexture à ne pas occuper une feuille d'impression. La matière mise en délibération, vu le bref d'adjudication des frais d'impression, qui porte, art. 5. « L'administration se réserve la faculté de faire imprimer « sur une seule feuille plusieurs lois, dans le format et sur tel papier « qu'elle indiquera à son imprimeur », le Conseil se déterminant par des motifs d'économie qui régleront toujours ses opérations administratives, ouï M. le Procureur général Syndic en ses conclusions, arrête que lorsque M. le ministre de l'Intérieur enverra des lois, si plusieurs de ces lois peuvent être imprimées sur une seule feuille, en forme de placard, elles seront envoyées à l'imprimeur du département pour être imprimées sur un seul placard, à la charge de faire mention au bas de l'affiche de l'enregistrement qui aura dû être fait de toutes les lois imprimées à la suite l'une de l'autre dans le même placard.

Un membre du comité militaire a proposé, outre le contingent qui sera assigné à ce département dans la levée qui doit se faire pour renforcer l'armée, de dresser un plan pour la formation d'un corps de réserve de 10 mille hommes pris dans les différents districts du département en proportion de leur population respective, pour demeurer en réquisition permanente, afin d'être portés, en cas de besoin, où le salut de la Patrie les appellerait. La matière mise en délibération, M. le Procureur Général Syndic entendu, le Conseil arrête que son comité militaire demeure chargé de s'occuper d'un travail à ce sujet ; d'en conférer avec M. Montesquiou, général de l'armée du Midi, de prendre son avis, pour, sur le tout, le rapport fait au Conseil du département, être statué définitivement.

JANSON, président. GONON S. F., secrétaire général.

Le mercredi premier août 1792, l'an 4° de la Liberté ; MM. les administrateurs composant le Conseil du département de Rhône-et-Loire, en surveillance permanente, réunis en séance, y étant MM. Janson, président, Besson, Brunet, Lagrange, Pavy, Populle, Parial, Lorange, Lecourt, Rouher, Simonet, Servan, Desportes, Chevassu, Ricard, Ravel, Grand, Farjon, Richard, Frossard, Rollet-Lamurette, Mauzerand, Moissonnier, Tillard-Tigny, administrateurs, Maveuvre, procureur général syndic, et Gonon, secrétaire général.

M. Ferrand, administrateur, est entré et a pris séance.

Des officiers du... régiment d'artillerie, sont entrés et ont présenté à l'administration le sentiment de leur zèle patriotique, et leur dévouement à la Constitution.

M. le Président a fait lecture d'une lettre à lui adressée par le conseil du district de Roanne, par laquelle il fait part à l'adminination des vives instances qui lui sont faites par l'organe de la municipalité de lad. ville, de la part des citoyens qui se sont empressé à se faire enregistrer pour completter le 3ᵉ bataillon de Rhône-et-Loire, à l'effet d'être armés très promptement. Sur quoi, ouï M. le Procureur Général Syndic en ses conclusions, il a été arrêté que des commissaires, pris dans le sein de l'administration, se transporteront sur le champ chez M. Servan, pour lui communiquer cette lettre et procurer, s'il est possible, des armes aux volontaires de Roanne. Et sur l'instant le Conseil a nommé commissaires MM. Richard, Grand et Frossard, qui de suite sont parti pour remplir leur mission.

MM. lesdits commissaires, de retour, ont rapporté que M. Servan leur avait répondu qu'il donnerait sa réponse par écrit. Quelques instans après, M. le Président a décacheté une lettre de M. Servan dont la teneur suit :

« Messieurs,

« Plus je réfléchis aux conditions des engagemens des 80 personnes
« pour lesquelles on désirerait avoir des armes, et plus je suis forcé
« de me convaincre qu'il n'est ni raisonnable, ni possible d'accéder
« à leurs désirs ni à leur demande. Ces jeunes et braves citoyens se
« sont engagés pour rejoindre, à Huningue, les trois bataillons du

« département, et c'est là où ils trouveront les armes qui leur seront
« nécessaires.

« Le ministre de la guerre s'étant très certainement occupé de
« prendre les précautions nécessaires pour l'armement du complet
« des bataillons de volontaires, aucune raison ne peut donc m'auto-
« riser, je ne dis pas à accorder des armes (il n'y en a pas même dans
« l'arsenal pour les volontaires nationaux qui sont ici et qui en man-
« quent), mais même pour approuver que le ministre fasse la dépense
« d'un armement qui deviendrait inutile, et j'oserais dire nuisible, par
« l'exemple que cela donnerait et l'espèce d'engagement que l'on
« prendrait d'armer à l'avenir tous les citoyens qui s'engageraient au
« moment où ils iraient joindre leurs corps respectifs. Je ne parle pas
« des inconvéniens de faire voyager sans ordre, sans étape, sans
« route, sans chefs connus, une troupe armée; je suis bien convaincu
« que les jeunes citoyens dont il est question se comporteraient à
« merveille, mais pourrait-on en dire autant de tous les citoyens qui
« vont s'engager dans cette circonstance et qui seront obligés de tra-
« verser le Royaume pour se rendre sur les frontières?
« Bien fâché de ne pas accéder au désir des jeunes citoyens de
« Roanne, j'espère qu'ils trouveront mes raisons assès bonnes pour
« ne plus s'occuper qu'à aller joindre le plutôt possible des frères à
« la veille de combattre les ennemis de notre liberté. Le maréchal de
« camp commandant à Lyon. Signé : Joseph SERVAN. Lyon, 2 août
« 1792, l'an 4ᵉ de la liberté.

Sur quoi, ouï M. le Procureur Général Syndic en ses conclusions, le Conseil a arrêté que copie de cette lettre sera adressée au district de Roanne, à l'effet de la transmettre à la municipalité de ladite ville et engager les citoyens inscrits pour completter les bataillons de volontaires levés dans ce département, à se conformer aux dispositions de l'article 16 du titre 3 de la loi du 22 juillet dernier.

JANSON, président. GONON S. F., secrétaire général.

Le jeudi deux août 1792, l'an 4ᵉ de la Liberté, MM. les administrateurs composant le Conseil Général du département de Rhône-et-Loire, en surveillance permanente, réunis en séance, y étant MM. Janson, président, Besson, Brunet, Lagrange, Pavy, Populle, Pariat, Lorange, Lecourt, Rouher, Simonet, Servan, Desportes, Chevassu, Ricard, Ravel, Grand, Farjon, Richard, Frossard, Rullet-Lamurette, Mauzerand, Moissonnier, Ferrand, Tillard-Tigny, administrateurs, Mayeuvre, procureur général syndic, et Gonon, secrétaire général.

Un des membres a proposé que, conformément à l'article 6 de la loi du 22 juillet dernier, relative au complément de l'armée de ligne, il fut procédé à la nomination de deux commissaires pris dans le sein ou hors du sein de l'assemblée, à l'effet d'accélérer ou de surveiller les différentes *(sic)* qui sont ordonnées par la même loi; la matière mise en délibération et livrée à la discussion, après avoir ouï M. le Procureur Général Syndic en ses conclusions, il a été arrêté que des deux commissaires à nommer en vertu de la susdite loi, l'un serait pris dans le sein de l'administration et l'autre hors de son sein, et de suite les scrutins faits et dépouillés, le choix est tombé sur M. Servan, administrateur, et sur M. Jessé, un des chefs de légion de la garde nationale de Lyon.

MM. Augustin Mayet, juge de paix, et Pierre Logier, chef de légion, députés de la commune de Marseille, MM. Clerc, homme de loi, et Antoine Recqui, aussi de Marseille, accompagnant la députation, se sont présentés. Ils ont témoigné, au nom de la commune de Marseille, toute la joie qu'ils ressentaient des mesures prises par les corps administratifs et la municipalité de cette ville pour le recrutement et l'augmentation de la force armée. Ils ont annoncé que la commune de Marseille les avait chargés d'offrir au département leurs bras et toutes leurs forces pour la défense de Lyon et pour la répression de toute invasion hostile, et, dans la supposition où la ville de Lyon serait menacée, et que, dans toutes les occasions, l'esprit de fraternité, qui ne fait de tous les Français qu'une seule famille, les portera à se réunir partout où les dangers de la patrie les appelleraient. L'expression des sentiments de MM. les députés de la commune de Marseille a été couverte d'applaudissemens, et M. le Président, au nom du Conseil, leur en a témoigné la plus fraternelle reconnaissance.

JANSON, président. GONON S. F., secrétaire général.

Le vendredi trois août 1792, l'an 4ᵉ de la Liberté, MM. les administrateurs composant le Conseil du département de Rhône-et-Loire, en surveillance permanente, réunis en séance, y étant MM. Janson, président, Besson, Brunet, Lagrange, Pavy, Populle, Pariat, Lorange, Lecourt, Rouher, Simonet, Servan, Desportes, Frossard, Chevassu, Ricard, Ravel, Grand, Farjon, Rullet-Lamurette, Mauzerand, Richard, Moissonnier, Ferrand, Tillard-Tigny, administrateurs, Mayeuvre, procureur général syndic, et Gonon, secrétaire général.

MM. les officiers du 5ᵉ bataillon de la Gironde sont entrés. Ils ont témoigné combien ils étaient empressés de venir assurer le Conseil de leur zèle pour la défense de la liberté et de leur dévouement patriotique. M. le Président, au nom de l'assemblée, a donné à MM. les officiers dudit bataillon les éloges que méritent leur zèle et leur civisme.

Deux députés de la commune de Fontaines se sont présentés et ont demandé qu'il fut statué sur une pétition qu'ils viennent présenter à l'administration. Lecture faite de ladite pétition, ouï M. le Procureur Général Syndic en ses conclusions, le Conseil arrête qu'elle sera envoyée avec les pièces qui l'accompagnent au district de la campagne de Lyon pour avoir son avis.

Deux députés de la commune de Mornand, district de la campagne de Lyon, sont entrés. Ils ont demandé à ce qu'il fut statué sur les difficultés qui existent entre la commune de Mornant et le sieur Aulquier, curé de cette paroisse. Il leur a été observé que cette affaire n'étant revenue que depuis peu de jours du district, le Directoire du département y ferait droit incessamment.

Le Conseil du département, après avoir entendu un rapport de ses comités Militaire et de Surveillance réunis, sur les mesures à prendre dans les circonstances actuelles ; considérant que le devoir le plus sacré des autorités établies par la constitution c'est de travailler à son maintien en s'élevant, par leur zèle, leur courage, leur activité, à toute la hauteur des circonstances ; que, dans cet instant surtout où la Patrie a été déclarée en danger, tous les moyens de la sauver doivent être cumulés avec énergie et promptitude ; que, les citoyens du département ont donné dès longtemps des preuves non équivoques de leur dévouement patriotique, puisque, affligés de n'être point compris dans la première formation des bataillons nationaux, ils ont sollicité avec ardeur et obtenu d'être admis dans cette honorable liste, qu'ils ont formé avec promptitude quatre bataillons dont la tenue et la discipline sont citées pour exemple à tous leurs frères d'armes ; qu'ils n'ont pas concourru avec moins de zèle au complément de l'armée de ligne, pour laquelle ils ont fourni en peu de temps 1431 hommes ; que, depuis l'acte du Corps Législatif qui déclare la Patrie en danger, les jeunes citoyens se pressent avec ardeur vers les registres des déffenseurs de la liberté pour y inscrire leurs noms et voler de là aux frontières, pour sceller de leur sang la régénération de leurs frères ; que la loi du 6 mai 1792 a porté les bataillons nationaux, composés de 574 hommes, au complet de 800 hommes ; que la loi du 22 juillet 1792, parvenue hier à l'administration, porte le nouveau contingent attribué au département à 8 compagnies de 100 hommes chacune, pour les 42 bataillons de nouvelle levée, et à 800 hommes pour le complément de la troupe de ligne, sans cependant mettre par là des bornes au zèle des citoyens qui désireront de s'inscrire après que le contingent sera complet ; que l'Assemblée Nationale a de plus ordonné la formation de 54 compagnies franches pour tout le Royaume ; que la situation du département de Rhône-et-Loire, sa proximité de la Savoie, l'importance d'aider les départemens qui sont à l'extrême frontière par un secours extraordinaire, s'ils étaient attaqués, et de réprimer par une force redoutable les ennemis intérieurs de la liberté et de la constitution, nécessitent une mesure locale, un corps de réserve exercé, une disposition enfin telle que le département puisse offrir aux départements voisins, au moins 10.000 hommes pour la défense commune ; que l'article 12 de la loi du 18 octobre 1791, relative à l'organisation de la garde nationale, portant « qu'en cas d'invasion du territoire « français par une troupe étrangère, le Roi pourra, par l'intermédiaire « des Procureurs Généraux Syndics, faire parvenir ses ordres relati- « vement au nombre de gardes nationales qu'il jugera nécessaire. » M. le Procureur Général Syndic du département a reçu une lettre qui lui annonce que le Roi a autorisé les généraux à se concerter avec lui, sur les moyens de requérir, en cas de nécessité, une partie des gardes nationales du département ; que les art. 7 et 8 de la loi du 22 juillet ordonnent aux gardes nationales et autres citoyens en état de porter les armes de se rassembler par canton, trois jours après l'arrêté des directoires de département, pour choisir parmi leurs frères d'armes les volontaires nationaux demandés par la loi et pour recevoir l'engagement, soit des vétérans, soit des troupes de ligne ; que l'objet de ce rassemblement des gardes nationales de chaque canton est 1° le complément des bataillons formés par le département, lesquels doivent être portés à 800 hommes ; 2° la nomination des 800 hommes qui doivent composer les 8 nouvelles compagnies fixées au département par la loi du 22 juillet ; que les citoyens qui auront été élus, ou qui se seront présentés pour completter les 4 bataillons, doivent rejoindre sans délai leurs bataillons respectifs, où ils trouveront l'habillement, l'armement et tout ce qui est nécessaire à leur équipement ; que les citoyens qui se destinent à la formation des 8 nouvelles compagnies, doivent se rendre dans les trois jours de leur inscription au chef-lieu du département ; qu'ils seront armés et habillés dans les lieux de corps de réserve qui leur auront été assignés par le pouvoir exécutif, lequel est chargé par la loi de prendre, à cet égard, les mesures les plus promptes et les plus sûres ; enfin qu'en vertu de l'art. 13 de la loi du 8 juillet 1792, chaque district est autorisé à se fournir de 1000 cartouches à balles calibre de guerre, et que le pouvoir exécutif est tenu de faire parvenir promptement aux départements les objets nécessaires à la fabrication de ces cartouches ; ouï M. le Procureur Général Syndic en ses conclusions, le Conseil Général a délibéré et arrêté ce qui suit :

Article premier.

La délibération du 27 juillet dernier, qui établit la formation d'un comité militaire, à l'effet, par lui, de proposer au Conseil toutes les mesures propres à accélérer l'inscription, l'équipement et l'armement des bataillons des volontaires nationaux composant le contingent du département, est confirmée dans sa teneur.

Art. 2.

Le Conseil confirme également la formation d'un comité de surveillance composé de deux administrateurs du département, pris dans le district de Lyon, et un administrateur pris dans chacun des autres districts. En conséquence, il invite les administrations de district, les conseils généraux des communes et les citoyens qui auraient quelque objet de surveillance générale, quelque rapport ou dénonciation intéressant le repos public ou le salut de la Patrie, à les communiquer directement à ce comité, qui en fera son rapport au Conseil.

Art. 3.

Il sera nommé dans le jour, en vertu de la loi du 22 juillet 1792, deux commissaires qui seront chargés spécialement, uniquement de concert avec ceux que les conseils de districts et les conseils des communes sont invités à nommer incessamment, en vertu de la même loi, de faciliter et rendre plus prompte la levée des hommes destinés à completter l'armée, tant en troupe de ligne et vétérans, qu'en volontaires nationaux et en gendarmerie nationale.

Art. 4.

Ces commissaires seront tenus, soit de provoquer au conseil tous les moyens d'accélérer cette levée, par adresses aux citoyens, lettres, invitations, etc., soit de provoquer le pouvoir exécutif à l'égard de l'armement et équipement des volontaires nationaux, en un mot, de toutes les dispositions dont la loi l'a spécialement chargé.

Art. 5.

Ils rendront compte dans la huitaine, au Conseil du département, des enrollemens et inscriptions faits dans chaque district, jusqu'à ce jour, en distinguant les citoyens qui se sont inscrits pour le corps des vétérans, pour l'armée de ligne, pour le complément des bataillons, pour la formation des huit nouvelles compagnies et pour celle des compagnies franches. Et, pour obtenir là-dessus des renseignemens certains, ils sont autorisés à correspondre directement avec les conseils des six districts.

Art. 6.

Le Directoire du département répartira, dans le jour, entre les districts et les districts entre les cantons, le contingent fixé par la loi du 22 juillet dernier.

Art. 7.

Le Directoire du département ordonnera, par un arrêté spécial, le rassemblement par canton de toutes les gardes nationales et autres citoyens en état de porter les armes, pour procéder, sans désemparer, à l'élection définitive de tous les hommes qui leur sont demandés, déduction faite de ceux qui se seront auparavant inscrit volontairement.

Art. 8.

Les gardes nationaux de chaque canton sont, de plus, invités à élire, dans la même séance, le 10° du nombre effectif des citoyens qui les composent, lesquels devant se regarder plus positivement que tous les autres en réquisition permanente, se tiendront prêts à se réunir pour le salut de la Patrie, dès qu'ils en seront légalement requis.

Art. 9.

Les gardes nationaux désignés par leurs concitoyens, en vertu de l'article précédent, se rassembleront chaque dimanche par commune, et chaque 1er dimanche du mois par canton, pour y être exercés au maniement des armes, à la marche et autres évolutions militaires, en vertu de l'article 16 de la 3° section de la loi du 14 octobre 1791.

Art. 10.

Le Directoire du département déterminera avec économie la dépense de ces rassemblemens en exercices, et il sera donné, chaque fois, au meilleur tireur, un prix d'honneur dont la valeur n'excédera pas 6 livres, et les fonds en seront faits par compagnie.

Art. 11.

Les volontaires nationaux ou inscrits, soit pour completter les anciens bataillons, soit pour en former de nouveaux, se rendront sous les trois jours au chef-lieu du département, pour s'y réunir en compagnies, en présence d'un commissaire du district, et ces dernières y nommeront leurs chefs.

Art. 12.

Ils y recevront le logement sur le pied militaire, leur solde, fixée sur le même pied que celle des autres volontaires, aura lieu du jour de la réunion au chef-lieu de canton; elle sera payée sur les états qui seront délivrés par les administrations de districts ordonnancés par le Directoire du département, et les quittances en seront reçues à la Trésorerie Nationale comme comptant.

Art. 13.

Le Directoire tiendra la main à la prompte fabrication des cartouches à balles, calibre de guerre, que les districts sont autorisés à se procurer en vertu de la loi du 8 juillet, et pressera de nouveau le pouvoir exécutif de donner des ordres positifs à cet égard.

Art. 14.

Il sollicitera de même les instructions promises par le ministre de la Guerre pour la formation des compagnies franches, ainsi que celle que la loi du 22 juillet lui prescrit d'envoyer au département pour faciliter son exécution. Il requerrera enfin, de lui, de désigner les lieux de réserve où devront se rendre les compagnies de volontaires nationaux, ainsi que ceux où les recrues des troupes de ligne devront rejoindre leurs corps.

Art. 15.

Lorsque l'inscription des citoyens qui se dévoueront à la défense de la patrie sera arrivée au complet du contingent fixé par le département, les registres demeureront néanmoins ouverts. Tous les citoyens qui, réunissant les qualités nécessaires, désirent entrer dans les corps de vétérans, dans les bataillons nationaux, dans l'armée de ligne ou dans les compagnies franches, seront admis à y inscrire leurs noms, et l'administration sollicitera le pouvoir exécutif de les mettre promptement en activité.

Art. 16.

Le Conseil rapelle à ces généreux citoyens que la Nation a pris dans sa protection immédiate les veuves et les orphelins de tous ceux qui périront sous les drapeaux de la liberté, et que les communes ou cantons qui fourniront promptement leur contingent auront bien mérité de la Nation.

Art. 17.

Le Conseil, jaloux de rendre aux citoyens du département qui se sont inscrits dans l'honorable liste des soldats de la Patrie le tribut dû à leur zèle, déclare qu'ils méritent les plus justes éloges pour l'empressement avec lequel ils se dévouent à l'affermissement de nos droits et au triomphe de la Constitution.

Art. 18.

Le Conseil invite tous les citoyens de se pénétrer fortement de la gravité des circonstances où se trouve la chose publique.

Patriotisme, courage, payement des contributions, obéissance à la loi, respect pour les propriétés, pour la sûreté individuelle, voilà les bases sur lesquelles reposent le salut de la Patrie. Montrons-nous dignes de la liberté en sachant, s'il le faut, mourir pour elle. Ne nous permettons aucuns de ces mouvemens désordonnés et licencieux, par lesquels de dangereux ennemis cherchent à perdre notre cause et à justifier les calomnies qu'ils se permettent contre notre constitution. Que l'union soit notre force, et elle appuyera les travaux de nos représentants; elle déjouera les complots de nos ennemis, elle attachera la victoire à nos bataillons. Gardez-vous, ajouterons-nous, en répétant les propres expressions de l'adresse du Corps législatif aux

Français, en annonçant que la Patrie est en danger, « Gardez-vous
« de croire que cette déclaration soit l'effet d'une terreur indigne
« d'elle et de vous. Vous avez fait le serment de vivre libre ou mourir,
« elle sait que vous le tiendrez et elle a juré de vous en donner un
« exemple. Mais il ne s'agit pas de braver la mort, il faut vaincre et
« vous le pouvez, si vous abjurez vos haines, si vous oubliez vos dis-
« senssions politiques, si vous vous ralliez tous à la cause commune,
« si vous surveillez avec une infatigable activité les ennemis du dedans,
« si vous prévenez tous les désordres et les violences individuelles
« qui les font naître; si, assurant dans le royaume l'empire des lois,
« en répondant par des mouvemens réglés à la Patrie qui vous ap-
« pelle, vous volez sur les frontières et dans vos camps, avec le géné-
« reux enthousiasme de la liberté et le sentiment profond des devoirs
« des soldats-citoyens.

« Français! les nations nous contemplent! étonnons-les par le
« déploiement majestueux d'un grand caractère! Union, respect pour
« la loi et courage inébranlable, et bientôt la victoire couronnera de ses
« palmes l'autel de la liberté, et bientôt les peuples, que l'on arme
« aujourd'hui contre notre constitution, ambitionneront de s'unir à
« nous par les liens d'une fraternité; et bientôt, consolidant par une paix
« glorieuse les bases de notre gouvernement, nous recueillerons enfin
« tous les fruits de la révolution, et nous aurons préparé par notre bon-
« heur celui de la postérité. »

Le présent arrêté sera imprimé, envoyé à M. le général de l'armée
du Midi, aux six districts et par eux aux municipalités de leur ressort,
pour être transcrit sur leurs registres, lu, publié, affiché et exécuté,
suivant sa forme et teneur.

JANSON, président. GONON S. F., secrétaire général.

Le samedi quatre août 1792, l'an 4º de la Liberté, MM. les administrateurs composant le Conseil du département de Rhône-et-Loire, en surveillance permanente, réunis en séance, y étant MM. Janson, président, Besson, Brunet, Lagrange, Pavy, Populle, Pariat, Lorange, Lecourt, Rouher, Simonet, Servan, Desportes, Chevassu, Ricard, Ravel, Grand, Farjon, Richard, Frossard, Rullet-Lamurette, Mauzerand, Moissonnier, Ferrand, Tillard-Tigny, administrateurs, Mayeuvre, procureur général syndic, et Gonon, secrétaire général.

Un de Messieurs a dénoncé un abus qui se commettait à la municipalité de Lyon, relativement à la délivrance des passeports; dans ces passeports, des lignes sont laissées en blanc pour mettre les noms et le signalement de ceux qui les demandent, et confiés ainsi à un commis, ils sont à l'avance signés par M. Carron, officier municipal, et par M. Lecamus, secrétaire greffier; et il paraît, par plusieurs renseignemens, que ces passeports sont quelquefois délivrés à des gens suspects. Sur quoi, ouï M. le Procureur Général Syndic en ses conclusions, il a été arrêté que lad. dénonciation est renvoyée au Comité de surveillance, à l'effet de prendre tous les renseignemens convenables et d'en faire le rapport au Conseil du département, pour être ensuite statué ce qu'il appartiendra.

MM. les membres du Directoire s'étant retirés, lecture a été faite du rapport et du projet de décret présentés à l'Assemblée Nationale, au nom de ses comités de division et de surveillance réunis, sur les griefs de la municipalités de Lyon contre le Directoire de ce département; l'assemblée, considérant que le premier rapport présenté sur cette affaire à l'Assemblée Nationale a pu répandre dans tout l'empire français les plus injustes soupçons sur le civisme des administrateurs du Directoire et altérer la confiance des administrés; considérant que le rapport des comités réunis de division et de surveillance est rédigé avec la plus sévère impartialité et que sa publicité est très propre à environner les administrateurs du Directoire de l'opinion et de la confiance qui peuvent seules les encourager dans les pénibles et importans travaux de leur administration; considérant que le susdit rapport renferme les principes qui doivent diriger les administrateurs dans leurs fonctions respectives et jalouse de rendre aux administrateurs du Directoire le tribut d'éloge qui est dû à leur zèle, à leur courage, à leur attachement inviolable aux lois conservatrices de l'ordre public et de la liberté; ouï l'un de Messieurs faisant les fonctions de M. le Procureur Général Syndic, le Conseil arrête que le rapport des comités réunis de surveillance et de division sera réimprimé, qu'un exemplaire sera envoyé à chacun des 82 départemens, aux six districts et aux municipalités du département de Rhône-et-Loire.

MM. composant le Directoire, rentrés, MM. Rullet-Lamurette et Tillard-Tigny, administrateurs, ont demandé un congé pour aller vaquer à des affaires majeures. Sur quoi, ouï M. le Procureur Général Syndic en ses conclusions, l'assemblée a autorisé MM. Rullet-Lamurette et Tillard-Tigny à s'absenter, en les invitant à rejoindre leurs collègues le plutôt possible et de profiter du congé pour régler, en qualité de commissaires, les limites entre le département de l'Allier et celui de Rhône-et-Loire.

JANSON, président. GONON S. F., secrétaire général.

Le dimanche cinq août 1792, l'an 4° de la Liberté,

MM. les administrateurs composant le Conseil du département de Rhône-et-Loire, en surveillance permanente, réunis en séance, se sont de suite divisés en comités.

Le lundi 6 août 1792, l'an 4° de la Liberté, MM. les administrateurs composant le Conseil du département de Rhône-et-Loire, en surveillance permanente, réunis en séance, y étant MM. Janson, président, Besson, Brunet, Lagrange, Pavy, Popule, Pariat, Lorange, Lecourt, Rouher, Simonet, Servan, Desportes, Chevassu, Ricard, Ravel, Grand, Farjon, Richard, Frossard, Mauzerand, Moissonnier, Ferrand, administrateurs, Mayeuvre, procureur général syndic, et Gonon, secrétaire général.

Il a été fait lecture d'une lettre en date du 5 du présent mois d'août, écrite par M. Laroa-Faveranges, administrateur du département, par laquelle il annonce que des causes de maladie lui ont empêché et mettent encore un obstacle à son vif empressement de se rendre à son poste, et il a justifié de sa maladie par un certificat signé Paret, médecin, duement légalisé par le maire de la commune de St-Etienne, en date du 4 août présent mois.

Un de MM. a proposé d'écrire au ministre de la guerre, à l'effet de presser l'envoi de l'instruction détaillée, concernant les lieux de rassemblement des nouveaux bataillons de volontaires nationaux, que le pouvoir exécutif doit faire parvenir aux corps administratifs, conformément aux lois des 8 et 22 juillet dernier. Sur quoi, la matière mise en délibération, ouï M. le Procureur Général Syndic en ses conclusions, cette proposition a été acceptée et le projet de lettre adopté ainsi qu'il suit :

« Le danger de la Patrie, Monsieur, impose à tous les fonctionnaires
« publics de grands devoirs et les soumet à une responsabilité très
« sévère. Mus par l'amour de la constitution, plus encore que par un
« autre motif étranger à ce sentiment, nous nous sommes occupés
« sans relâche de l'exacte et prompte observation de toutes les lois
« dont l'exécution nous est confiée.

« Nos jeunes citoyens se sont empressés d'inscrire leurs noms dans
« les registres des défenseurs de la Patrie; leur nombre surpasse de
« beaucoup celui du contingent qui nous a été fixé, et nous aurions
« beaucoup moins de peine à exciter leur zèle qu'à obtenir l'emploi
« de tous ceux que le plus beau dévouement amène.

« Mais, Monsieur, comment se fait-il que toutes les dispositions
« confiées par la loi au pouvoir exécutif soient jusqu'à ce jour arrié-
« rées et que, sollicités par nos administrés, nous n'ayons rien à leur
« répondre, sinon que nous n'avons reçu aucun ordre de votre part

« La loi du 8 juillet dit, art. X, Lorsque les nouvelles compagnies
« des gardes nationales de chaque département seront en nombre
« suffisant pour former un bataillon, elles se réuniront dans les lieux
« qui leur seront désignés par le pouvoir exécutif.

« L'art. X du titre premier, section 1re de la loi du 22 juillet, rap-
« pellant la même disposition, attribue aux directoires de département
« la désignation de ces lieux, d'après les ordres que ceux-ci en rece-
« vront du pouvoir exécutif.

« Nous sommes sollicités de fixer ces lieux de rassemblement, et
« votre silence à cet égard nous livre au plus cruel embarras et à des
« explications journalières avec nos volontaires nationaux.

« L'art. XI de la 2e section de la même loi ordonne aux recrues de
« troupes de ligne de se rendre, au plus tard huit jours après celui de
« leur engagement, dans le lieu où ils auront ordre de se rendre.

« L'art. XV de la même section porte qu'en même temps que le
« pouvoir exécutif fera l'envoi du présent décret, il indiquera exacte-
« ment, à chaque département, les lieux où devront se rendre les
« recrues de chaque arme qu'il devra fournir, et, dans le cas où pour
« quelque raison que ce fut, il y aurait lieu à des changemens, il en
« donnera sur le champ avis au Directoire du département, en lui
« indiquant de nouveaux lieux de rassemblement.

« Nous n'avons reçu aucune de ces indications.

« L'article suivant ordonne qu'il sera fait, par le pouvoir exécutif, une instruction détaillée qu'il adressera, avec le présent décret, aux conseils de département.

« Cette instruction ne nous est point parvenue. L'art. VIII du titre 3 du même décret du 22 juillet porte « qu'il sera nommé des commissaires par le pouvoir exécutif, qui seront tenus, du moment où il y aura huit compagnies réunies, de les prévenir qu'elles aient à procéder de suite à l'organisation d'un bataillon.

« Ces commissaires ne sont point encore nommés, et nos compagnies vont être organisées au premier jour.

« Les lieux de réserve qui doivent être assignés aux volontaires par le pouvoir exécutif, en vertu de l'article XVI, ne nous sont pas davantages connus. »

« Enfin, la loi du 8 juillet porte, article XIII « qu'aussitôt la publication du décret, les directoires de districts se fourniront chacun de mille cartouche à balles, calibre de guerre, qu'ils conserveront en lieu sain et sûr, pour en faire la distribution aux volontaires lorsqu'ils le jugeront convenable. »

« Le pouvoir exécutif sera tenu de donner les ordres pour faire parvenir aux départemens les objets nécessaires à la fabrication des cartouches.

« Ces ordres ne nous sont point parvenus. Nous avons voulu nous assurer si les officiers préposés à nos arsenaux et greniers à poudre en avaient reçus, et leur réponse a été négative. Nos districts nous harcellent avec raison là-dessus, et nous n'avons d'autre réponse à leur faire que l'inexécution de la loi. »

« Cet oubli, cette négligence pour des objets si importants et qui tiennent si essentiellement à la sûreté publique et à la défense de la Patrie, nous exposent à mille ennuis, à des réclamations journalières, à des soupçons même d'incivisme qui nous sont bien douloureux; faites-les promptement cesser. Nous requerrons l'observation des lois que nous venons de citer et dont l'exécution vous est confiée. Là est, non-seulement le soutien de la constitution, mais la tranquilité des esprits, la cessation des défiances et le retour de l'ordre social. »

Un membre a proposé d'envoyer copie de ladite lettre aux six districts, pour justifier de l'activité de la surveillance de l'administration. Sur quoi, ouï M. le Procureur Général Syndic en ses conclusions, il a été arrêté que copie de cette lettre sera envoyée aux six districts.

Un autre membre a pareillement proposé d'en envoyer copie à l'Assemblée Nationale. Sur quoi, l'Assemblée, considérant que le travail que nécessite cette instruction demandée peut, attendu les circonstances et le changement des ministres, exiger un temps plus considérable, ouï M. le Procureur Général Syndic en ses conclusions, il a été arrêté à la pluralité des voix que si, jeudi prochain, 9 du courant, l'administration ne reçoit pas cette instruction, copie de la lettre ci-dessus sera adressée à l'Assemblée Nationale.

Il a été fait lecture de plusieurs adresses faites tant à l'Assemblée Nationale qu'au Roi, par divers départements, reçues par la voie de la poste, à l'adresse de l'administration; cesdites adresses relatives aux circonstances actuelles, savoir: 1° une adresse à l'Assemblée Nationale et au Roi, par le conseil du département des Basses-Alpes, sans date ; 2° d'un arrêté du conseil du département du Lot, concernant les prêtres insermentés, en date du 19 juillet 1792 ; 3° d'une adresse à l'Assemblée Nationale par le conseil du département de la Haute-Loire, du 29 juillet ; 4° enfin d'un arrêté du conseil du département de la Drôme, en date du 30 juillet dernier. Après avoir entendu M. le Procureur Général Syndic en ses conclusions, il a été arrêté que lesdites adresses et arrêtés seront placées aux archives du département.

M. Servan, maréchal de camp, employé dans l'armée du Midi, s'est présenté ; il a fait part et a déposé sur le bureau une réquisition de M. Montesquiou, général de l'armée du Midi, dont la teneur suit :

« Armée du Midi. »

« La Nation, la Loi et le Roi.

« Anne-Pierre Montesquiou-Fezensac, lieutenant général des armées
« françaises, commandant en chef de l'armée du Midi. »
« Au nom du salut public et du danger de la Patrie, nous requerons
« spécialement et formellement du conseil du département de Rhône-
« et-Loire, l'exécution de la loi du 25 juillet dernier, qui nous
« autorise à prendre la moitié des compagnies des grenadiers, chas-
« seurs, canoniers et dragons, pour la défense de la frontière qui
« nous est confiée. »
« Ordonnons à M. Servan, maréchal de camp, employé dans
« l'armée du Midi, de se rendre auprès du Conseil Général pour se
« concerter avec lui sur les moyens de procéder le plus promptement
« possible au rassemblement des compagnies de grenadiers, chas-
« seurs, canoniers et dragons dont la moitié doit former les batail-
« lons et les compagnies détachées qu'il dirigera vers les lieux qui leur
« ont été désignés, le tout conformément à l'instruction qui lui a été
« donnée et qu'il communiquera au département. Fait au quartier
« général de Ruy, le 6 août 1792, l'an 4° de la Liberté. D'après les
« ordres du général Montesquiou, le maréchal de camp, chef de l'Etat-
« major de l'armée du Midi. Signé Poncel. »

Sur quoi, la matière mise en délibération, ouï M. le Procureur Général Syndic en ses conclusions, l'assemblée a arrêté que ladite réquisition sera renvoyé à son comité militaire pour, sur son rapport, être statué ce qu'il appartiendra.

Un de MM. a dit qu'une des dispositions de l'arrêté du Conseil du 3 de ce mois, sur les mesures à prendre dans les circonstances actuelles, porte que cet arrêté sera envoyé au général de l'armée du Midi ; qu'en conséquence, il proposoit de saisir cette occasion pour détruire la fausse opinion que M. Montesquiou a conçue sur la morale politique de l'administration de Rhône-et-Loire, et qu'il est à la connaissance des administrateurs avoir été par lui manifestée au comité extraordinaire de l'Assemblée Nationale ; que le moyen le plus propre d'y parvenir serait de lui envoyer des exemplaires du discours prononcé le 12 mai dernier, à la barre de l'Assemblée Nationale, par les députés du Directoire, pour réfuter les griefs imputés par la municipalité de Lyon, et du rapport et projet de décret, présenté à l'Assemblée Nationale par les comités de division et de surveillance unis, sur les mêmes griefs. Sur quoi, la matière mise en délibération, ouï M. le Procureur

Général Syndic en ses conclusions, le Conseil arrête qu'en adoptant la mesure proposée par l'un de ses membres, comme très propre à détruire les fausses idées que le général de l'armée du Midi a pu prendre sur le compte de l'administration, M. le Président est prié d'écrire, par le courrier de demain, une lettre à M. Montesquiou, par laquelle, en lui envoyant l'arrêté du conseil du 3 de ce mois, ainsi que les discours et rapport ci-dessus mentionnés, il lui dévoilera les causes qui portent le Conseil à les lui faire connaître.

JANSON, président. GONON S. F., secrétaire général.

Le mardi sept août 1792, l'an 4° de la Liberté, MM. les administrateurs composant le Conseil du département de Rhône-et-Loire, en surveillance permanente, réunis en séance, y étant MM. Janson, président, Besson, Brunet, Lagrange, Pavy, Populle, Parial, Lorange, Lecourt, Rouher, Simonet, Servan, Desportes, Chevassu, Ricard, Ravel, Grand, Farjon, Richard, Frossard, Mauzerand, Moissonnier, Ferrand, administrateurs, Mayeuvre, procureur général syndic, et Gonon, secrétaire général.

Un membre a observé qu'en conformité de l'arrêté du conseil du 28 juillet dernier, le maire de la commune de St-Etienne était mandé pour se rendre au lieu des séances du conseil le 2 du présent mois d'août, et le procureur de ladite commune le 4 du même mois, que ni l'un ni l'autre n'avait comparu ; en conséquence, il a demandé que mention fut faite dans le procès-verbal de la séance de ce jour de la désobéissance de ces deux officiers, à l'arrêté du corps administratif supérieur. Sur quoi, ouï et ce requérant M. le Procureur Général Syndic, il a été arrêté que mention sera faite de la non-comparution du maire et du procureur de la commune de St-Etienne, mandés, par l'arrêté du conseil du 28 juillet dernier, de se rendre au lieu des séances du département, et qu'il sera passé outre sur l'arrêté à intervenir, relativement aux imputations faites à ladite municipalité, sur lesquelles il sera incessamment statué.

M. le Président a fait lecture d'une adresse à l'Assemblée Nationale, par le conseil général du département du Gers, à la date du 23 juillet dernier, relative aux circonstances actuelles et qui a été reçue par la voie de la poste. Sur quoi, ouï M. le Procureur Général Syndic en ses conclusions, ladite adresse a été renvoyée au dépôt des archives de l'administration.

Il a été fait lecture d'une pétition signée du Berroult, tendant à un établissement de gardes nationales à cheval, conformément à l'article   de la loi du 14 octobre 1791. Ouï M. le Procureur Général Syndic en ses conclusions, il a été arrêté que ladite pétition serait renvoyée au comité militaire pour, sur son rapport, être statué ce qu'il appartiendra.

Le Conseil Général s'étant fait représenter son arrêté du 3 de ce mois, concernant les mesures à prendre dans les circonstances actuelles, et qui porte, art. 7 : « Le Directoire du département ordon-
« nera, par un arrêté spécial, le rassemblement par cantons de toutes
« les gardes nationales et autres citoyens en état de porter les armes,

« pour procéder, sans désemparer, à l'élection définitive de tous les
« hommes qui leur seront demandés, déduction faite de ceux qui se seront
« auparavant inscrits volontairement. » Considérant que c'est par une
erreur qui s'est glissée dans la rédaction de son arrêté, que le Directoire du département a été chargé d'ordonner le rassemblement par
cantons des gardes nationales et autres citoyens, et que l'intention et
l'opinion du Conseil Général du département était de charger les
districts de ce rassemblement, attendu qu'ils sont mieux à portée de
le surveiller, ouï M. le Procureur Général Syndic en ses conclusions,
le conseil arrête, en expliquant l'article 7 de son arrêté du 3 de ce
mois, que le rassemblement qu'il prescrit par canton, des gardes
nationales et autres citoyens, sera ordonné par les directoires de districts qui indiqueront le jour où il devra avoir lieu, aussitôt la réception de l'arrêté du Directoire du département du 4 de ce mois, contenant la répartition des hommes que chaque district doit fournir, et
dans le délai prescrit par l'article 7 de la loi du 22 juillet dernier. Et
sera, le présent arrêté, imprimé, publié, affiché, envoyé à tous les
districts du département.

Un membre a renouvellé la motion que le comité de surveillance fit,
dans trois jours, le rapport dont il est chargé, relatif à l'abus dénoncé
sur les passeports délivrés par la municipalité de Lyon.

Un membre, au nom du comité militaire, a fait un rapport sur le
placement des brigades de la gendarmerie nationale, et sur les changemens à faire dans les placemens de ces brigades. Sur quoi, la
matière mise en délibération, vu la pétition du s' Trezette, lieutenant-colonel de la gendarmerie nationale, ensemble l'arrêté du Directoire
du 9 novembre 1791, sur le placement général des brigades de la
gendarmerie, l'assemblée, considérant que les brigades de la gendarmerie nationale, sur la route de Lyon à St-Etienne, sont distribuées
d'une manière inégale et contraire à la célérité du service ; considérant qu'en émettant son vœu pour le placement d'une brigade à St-Chamond, il a été dirigé par la nécessité de placer une force répressive dans cette ville manufacturière, où de grands rassemblements
peuvent compromettre souvent la tranquillité publique ; que ce vœu
avait été émis dans l'espérance que le département de Rhône-et-Loire
obtiendrait un plus grand nombre de brigades que celui que la loi lui
a assigné, et qu'indépendamment de la brigade placée à St-Chamond,
il y en aurait une entre Lyon et Rivedegier, sur la paroisse de
Mornand où à Brignais ; que pour faire parvenir avec plus de célérité
les ordres du général de l'armée du Midi, il serait essentiel que l'Assemblée Nationale ordonnât la formation d'une brigade de plus pour
le département de Rhône-et-Loire, laquelle serait destinée pour Mornand, mais serait placée provisoirement à Brignais, jusqu'à ce que
le retour de la paix y rendit sa résidence moins indispensable ; que
dans le cas où l'Assemblée Nationale ne jugerait pas convenable de
créer une brigade de plus pour le département, il serait nécessaire et
urgent que la brigade destinée pour St-Chamond subsistât provisoirement à Brignais, parce que le service général l'exige dans les circonstances actuelles, et que le service général doit, de préférence à
l'intérêt particulier, entraîner les déterminations ; ouï M. le Procureur
Général Syndic en ses conclusions, il a été arrêté, sur le premier objet
de la pétition, qu'elle est renvoyée au ministre de la Guerre, lequel
est instamment prié de solliciter auprès de l'Assemblée Nationale la

création d'une brigade de plus de gendarmerie pour le département de Rhône-et-Loire, laquelle serait destinée pour la paroisse de Mornans et fixée provisoirement à Brignais; que dans le cas où cette brigade ne serait pas accordée, le ministre sera prié d'ordonner que la brigade destinée pour St-Chamond soit fixée provisoirement à Brignais. Le conseil, après avoir examiné le second objet de la pétition, tendant à faire replacer à Izeron et à Chazelles les brigades destinées récemment pour St-Galmier et Duerne, estime qu'il n'y a pas lieu à solliciter ce replacement; et, sur le troisième objet de ladite pétition, considérant que, d'après l'état de dépense qui y est annexé, vérifié et reconnu sincère, il résulte que les gendarmes nationaux de résidence à Lyon, ne sauraient y subsister, vû l'excessive cherté des objets de consommation; que leur entretien est très dispendieux, parce que, placés au centre de huit routes principales, employés près des tribunaux de la ville de Lyon et des officiers de sûreté, destinés à porter les ordres des chefs de l'armée du Midi, leur service journalier leur occasionne des frais très multipliés; que les brigades répandues dans les campagnes ont, avec le même traitement, plus de ressources, plus de moyens d'économie, moins d'occasion de dépenses, parce que leur service est moins pénible; que si l'Assemblée Nationale a décrété une augmentation de paye pour la gendarmerie nationale de résidence à Paris, les mêmes motifs doivent étendre cette augmentation sur les brigades qui, placés dans la seconde ville du Royaume, ont un service aussi pénible et aussi dispendieux que dans la capitale, arrête que M. le ministre de la guerre sera instamment prié d'avoir égard à ce troisième objet de la pétition du s^r Trezette, et de solliciter pour la gendarmerie nationale de résidence à Lyon une augmentation de paye proportionnée à l'excessive cherté des consommations, et aux dépenses extraordinaires que leur occasionnent des courses continuelles et journalières, soit pour le service ordinaire, soit pour le service extraordinaire qu'ils ont à faire à cause du voisinage de l'armée.

Un membre du même comité militaire a fait le rapport de deux lettres, datées d'Huningues, l'une du 23 et l'autre du 30 juillet dernier, écrites à l'administration par M. Duplex, lieutenant-colonel du troisième bataillon de volontaires nationaux de ce département, par lesquels il invite l'administration à le seconder pour arrêter et détruire un abus que quelques capitaines de compagnies exercent en délivrant des congés aux soldats; il l'invite encore à user des moyens qui sont en son pouvoir pour faire rejoindre ceux qui ont obtenu de pareils congés. La matière mise en délibération, lecture faite desd. lettres, après avoir ouï M. le Procureur Général Syndic en ses conclusions, il a été arrêté qu'il en sera écrit au ministre de la guerre, en lui envoyant copie des lettres de M. Duplex ci-dessus dattées.

M. le Président a fait part à l'assemblée d'une lettre qu'il vient de recevoir de M. Servan, maréchal de camp, employé dans l'armée du Midi, commandant à Lyon. Lecture faite de ladite lettre et de l'instruction pour le rassemblement des compagnies de grenadiers, chasseurs, canoniers, dragons, des gardes nationales de ce département, lad. instruction signée Poncel, maréchal de camp, chef de l'Etat-major de l'armée du Midi, en date du 6 du présent mois d'août; ouï M. le Procureur Général Syndic en ses conclusions, il a été arrêté que M. Servan serait prié de vouloir conférer avec MM. du comité militaire, afin de concerter les mesures à prendre pour l'exécution du rassemblement ; en conséquence, M. le Président a écrit sur-le-champ à M. Servan, pour le prier d'indiquer pour demain l'heure qui lui sera convenable.

MM. les officiers du 5ᵉ régiment de dragons sont venus complimenter le Conseil, qui leur a témoigné toute sa reconnaissance par l'organe de M. le Président.

JANSON, président. GONON S. F., secrétaire général.

Le mercredi huit août 1792, l'an 4ᵉ de la Liberté, MM. les administrateurs composant le Conseil du département de Rhône-et-Loire, en surveillance permanente, réunis en séance, y étant MM. Janson, président, Besson, Brunet, Lagrange, Pavy, Populle, Pariat, Lorange, Lecourt, Rouher, Simonet, Servan, Desportes, Chevassu, Ricard, Ravel, Grand, Farjon, Richard, Frossard, Mauzerand, Moissonnier, Ferrand, administrateurs, Mayeuvre, procureur général syndic, et Gonon, secrétaire général.

En exécution de la loi du 22 juillet dernier, M. le Procureur Général Syndic a dit que le Conseil devait s'occuper de la nomination d'un commissaire à l'effet de surveiller et d'accélérer les mesures à prendre pour completter l'armée, au lieu et place de M. Jessé, qui a donné sa démission. La matière mise en délibération, il a été fait une proposition préliminaire ; ce commissaire sera-t-il pris dans le sein ou hors le sein de l'administration ? sur quoi, ouï M. le Procureur Général Syndic en ses conclusions, il a été décidé, à la pluralité des voix, qu'il serait pris hors du sein de l'administration. Procédant ensuite à la nomination du commissaire, la majorité des voix s'est réunie sur M. Pichard, l'un des chefs de légion des gardes nationales de cette ville, et M. le Président a été invité de faire part à M. Pichard de sa nomination.

Sur la réquisition de M. le Procureur Général Syndic et en vertu de la loi du 8 juillet dernier, le Conseil s'est de suite occupé de la nomination d'un commissaire inspecteur à la fabrication et épreuves des armes. Il a d'abord été arrêté qu'il serait pris dans le sein de l'administration et, procédant au choix, la pluralité des voix s'est réunie sur la personne de M. Ravel, administrateur, lequel a accepté et a remercié l'assemblée de cette marque honorable de sa confiance.

JANSON, président. GONON S.F., secrétaire général.

Le jeudi neuf août 1792, l'an 4ᵉ de la Liberté, MM. les administrateurs composant le Conseil du département de Rhône-et-Loire, en surveillance permanente, réunis en séance, y étant MM. Janson, président, Besson, Brunet, Lagrange, Pavy, Populle, Pariat, Lorange, Lecourt, Rouher, Simonet, Servan, Desportes, Chevassu, Ricard, Ravel, Grand, Farjon, Richard, Frossard, Mauzerand, Moissonnier, Ferrand, administrateurs, Mayeuvre, procureur général syndic, et Gonon, secrétaire général.

L'un de MM. a déposé sur le bureau un exemplaire imprimé en placard d'une délibération prise par le conseil général de la commune de Lyon, du 7 de ce mois, qui prononce l'expulsion, l'arrestation et même la détention dans un lieu de sûreté des prêtres non sermentés et étrangers qui ont fixé leur résidence en cette ville. Lecture faite de cette délibération, le Conseil, considérant que les dispositions qu'elle renferme étant attentatoires à la liberté individuelle, il importe de connaître les motifs qui ont pu réduire le conseil général de la commune à l'extrême nécessité de violer ainsi les principes constitutionnels; considérant néanmoins que des mesures aussi rigoureuses ayant été prises à l'insu des corps administratifs, ils ne peuvent se dispenser de les déférer à l'Assemblée Nationale et au pouvoir exécutif, afin de se mettre à l'abri du reproche de les avoir approuvées par un funeste silence ; ouï M. le Procureur Général Syndic en ses conclusions, le Conseil arrête que son comité de Surveillance demeure chargé de prendre des renseignemens sur les motifs qui ont déterminé la délibération du conseil général de la commune du 7 de ce mois, et que cependant M. le Président est prié d'adresser sur-le-champ un exemplaire de cet arrêté, tant au Corps législatif qu'au pouvoir exécutif, en s'abstenant néanmoins de toutes réflexions, vu que le Conseil ignore dans ce moment les causes de cette détermination aussi sévère qu'illégale.

Le Conseil, après avoir entendu le rapport de son comité Militaire, sur les moyens d'exécuter la loi du 25 juillet dernier, qui autorise les généraux d'armée à requérir une portion des grenadiers, chasseurs, dragons ou canoniers du royaume; vu la réquisition de M. Montesquiou, général en chef de l'armée du Midi, considérant que les dangers de la Patrie sollicitent une réunion de forces imposantes, redoutables, formées surtout de citoyens propres par leur tenue, leur discipline, leur connaissance des évolutions militaires, à assurer la victoire dans le combat terrible de la liberté contre le despotisme ; que si l'Assemblée Nationale a désigné de préférence, pour ce secours extraordinaire, les grenadiers, chasseurs, dragons et canoniers, c'est que déjà ils sont équipés, armés, soumis à une règle sévère et formés au maniement des armes ; que la loi n'ayant indiqué aucun mode d'élection ou désignation des volontaires dont la réquisition du général réclame les secours, il convient de laisser au patriotisme de chaque compagnie de le fixer dans la persuation que tous s'empresseront avec la même ardeur à la défense de la Patrie ; qu'il importe que ce rassemblement soit fait promptement et simultanément, afin que le général de l'armée du Midi puisse, sous le plus court délai, ordonner le campement de cette nouvelle armée, dont les fonctions cesseront vraisemblablement avec la campagne, ouï M. le Procureur Général Syndic en ses conclusions, le Conseil arrête ce qui suit :

Article premier.

Les conseils des six districts requerront les chefs de légions de rassembler, le dimanche 19 août, les compagnies de grenadiers, chasseurs, canoniers et dragons de chaque bataillon, au lieu de la résidence des commandans de bataillon.

Art. 2.

Le Conseil, bien convaincu que les grenadiers, dragons, chasseurs et canoniers se disputeront à l'envi l'honneur de voler au secours de la Patrie, laisse à leur zèle le mode du choix et de la nomination des citoyens qui obtiendront cet avantage.

Art. 3.

Les commandans de bataillons présideront ces assemblées et en feront dresser procès-verbal.

Art. 4.

Ce procès-verbal, qui contiendra le nom des grenadiers, dragons, chasseurs et canoniers qui seront désignés pour répondre à la réquisition, sera envoyé sans délai aux conseils de districts, qui les feront parvenir au conseil du département.

Art. 5.

Le dimanche 26 août, les grenadiers, chasseurs, dragons et canoniers se rassembleront au chef-lieu de leur district, avec l'armement, l'équipement et l'habillement dont ils sont actuellement possesseurs. Là, sous les soins du commandant général des légions du district, ils désigneront des chefs temporaires pour maintenir la discipline et régler la marche de ces volontaires depuis le chef lieu du district à celui du département. Les fonctions de ces chefs cesseront au moment où les bataillons seront formés et auront élu leurs chefs, conformément à la loi.

Art. 6.

Les volontaires du district de Lyon seront formés en compagnies, bataillons ou fractions de bataillons, et nommeront leurs chefs, le jeudi 23 août, dans le chef-lieu du département, d'où ils seront aussitôt envoyés au camp de Cessieux, près de Bourgoin, désignation qui leur est fixée par le général. Ceux du district de la campagne de Lyon se rendront à Lyon, le dimanche 26 août, pour la même opération ; ceux du district de Villefranche se rendront à Lyon, le mercredi 29 août ; ceux du district de St-Etienne se rendront à Lyon, le dimanche 2 septembre ; ceux du district de Montbrison se rendront le mardi 4 septembre, ceux du district de Roanne s'y rendront le jeudi 6 septembre. Ces volontaires seront successivement envoyés au camp de Cessieux, près de Bourgoin.

Art. 7.

Cette formation s'effectuera par les soins de deux commissaires du département.

Art. 8.

Les volontaires nationaux résidant hors du chef-lieu des districts, recevront vingt sous pour s'y rendre et trois sous par lieue pour se rendre au chef-lieu du département.

Art. 9.

Du jour de leur nomination, ils recevront la même paye que les volontaires nationaux.

Art. 10.

En partant du chef-lieu du département, pour se rendre au camp, ils marcheront militairement et par étape.

Art. 11.

Chaque volontaire se munira d'un sac à toile de 3/4 de large, sur une aune 1/3 de hauteur, lequel, pendant la route, servira à renfermer deux chemises, une paire de bas, une paire de guêtres noires, une culotte blanche et une paire de souliers, et à se coucher dedans la nuit ; on leur en tiendra compte à leur arrivée au chef-lieu du département.

Art. 12.

Citoyens ! appelés au plus noble dévouement, concevez toute l'importance du devoir qui vous est imposé, tout ce que la Patrie attend de vous et tout ce que vous mériterez d'elle, si vous recueillez dans le champ du combat la palme de la victoire ! Communes ! qui remplissez le vœu de la loi, en fournissant les braves défenseurs qu'elle vous demande, vous aurez bien mérité de la Patrie, votre nom sera inscrit sur les annales de la liberté ; les neveux de vos citoyens le répéteront avec attendrissement, et les canons attachés à chaque bataillon de grenadiers et chasseurs, etc., seront répartis entre vous, dans la proportion des citoyens que vous aurez fournis ! Agriculteurs ! qui ne serez point appelés à quitter vos champs, vous regarderez comme un de vos devoirs les plus saints, celui de cultiver l'héritage des courageux citoyens qui combattront pour vous, tandis que vous travaillerez pour eux ! Et vous, soldats de la liberté ! vous que l'amour de vos frères, de vos amis, appellera à la défense de tout ce qu'ils ont de plus précieux, vous que des liens bien chers retiennent à cette vie, pères, époux, frères, vous devez payer de votre sang l'affermissement de la constitution ! Cessez de vous inquiéter des objets adorés que vous laisserez après vous ! la Nation a déclaré, par l'organe de ses représentans, qu'elle prend sous sa protection spéciale les veuves et les orphelins de tous les citoyens qui serviront sous les drapeaux de la liberté. Citoyens en général ! il s'agit de notre gloire, de notre bonheur et du vôtre. Il s'agit du maintien des droits de l'homme, de la stabilité de la constitution ! leur triomphe ou l'esclavage, voilà le sujet de la lutte actuelle ; tel sera celui de notre reconnaissance, car, nous n'en doutons pas, les bataillons de la liberté triompheront des phalanges du despotisme.

Le présent arrêté sera imprimé, envoyé aux districts, et par eux transmis aux municipalités de leur ressort pour être lu, publié, affiché et exécuté suivant sa forme et teneur, et un exemplaire d'icelui envoyé à chaque chef de légion et commandant de bataillon ; ce dont les procureurs des communes certifieront aux procureurs syndics des districts, et ceux-ci au Procureur Général Syndic, qui en rendra compte au Conseil du département.

M. Pichard s'est présenté pour témoigner au Conseil toute sa reconnaissance du choix que l'Assemblée a fait de sa personne pour commissaire, à l'effet d'accélérer et surveiller le complément de l'armée, conjointement avec M. Servan, administrateur.

Janson, président. Gonon S. F., secrétaire général.

Le vendredi dix août 1792, l'an 4e de la Liberté, MM. les administrateurs composant le Conseil du département de Rhône-et-Loire en surveillance permanente, réunis en séance, y étant MM. Janson, président, Besson, Brunet, Lagrange, Pavy, Populle, Pariat, Lorange, Lecourt, Rouher, Simonet, Servan, Desportes, Chevassu, Ricard, Rivel, Grand, Farjon, Richard, Frossard, Mauzerand, Moissonnier, Ferrand, administrateurs, Mayeuvre, procureur général syndic, et Gonon, secrétaire général.

L'un de MM., au nom du comité militaire, a fait le rapport d'un procès-verbal dressé par MM. les commissaires du département, dont la teneur suit :

« Cejourd'hui, 10 août 1792, l'an 4° de la Liberté,

« Nous, administrateurs, commissaires délégués par le Conseil du
« département de Rhône-et-Loire, en conformité de l'article 6 du titre 1
« de la loi du 22 juillet 1792, pour vérifier la levée des hommes destinés
« à completter l'armée, instruits que différentes compagnies, qui avaient
« été annoncées par les districts de Roanne, de Montbrison et St-
« Etienne, s'étaient réunis avec plusieurs compagnies qui s'étaient
« formées dans la ville de Lyon, sous l'inspection de la municipalité
« et du district, dans l'église du Grand-Collège, nous y sommes
« transportés et y avons fait lecture des lois des 8 et 22 juillet.

« Nous les avons invités à se diviser en trois classes : la 1re des-
« tinée au recrutement de l'armée de ligne ; la 2° à completter les
« 4 bataillons de volontaires nationaux qui ont déjà été levés dans
« ce département ; la 3e classe, de ceux qui se sont destinés à former
« les 8 nouvelles compagnies.

« Les citoyens assemblés ont exprimé, par une acclamation una-
« nime, le vœu qu'ils avaient formé de ne pas se séparer et de former
« un bataillon, attendu que leur nombre était suffisant et au-delà pour
« le completter. »

« Nous leur avons fait ensuite lecture de la lettre du ministre de la
« guerre qui, conformément à la loi, insiste sur ce que le nouveau
« bataillon ne soit formé qu'après le complément des quatre autres.
« Une acclamation unanime, de la part des citoyens assemblés, a de
« nouveau exprimé le vœu de ne point se séparer et de se former en
« bataillon. Nous leur avons observé qu'ils ne pouvaient se former en
« bataillon qu'en présence du commissaire du Roi nommé à cet effet;
« qu'ils pouvaient se former en compagnies et se donner des chefs
« temporaires pour la route, conformément à l'article 5 du titre 3 de
« la loi du 22 juillet 1792. »

« Les volontaires inscrits ont exposé qu'ils se retireraient, si l'on
« ne consentait à ce que leurs compagnies s'organisassent définitive-
« ment pour la nomination de leurs chefs. Ces propositions étant
« contraires au texte de la loi du 22 juillet 1792, nous avons ajourné
« à demain la séance et nous sommes retirés par devant le Conseil
« Général du département, pour lui rendre compte de ce qui s'est
« passé, et avons signé avec le sr Garnier, l'un des secrétaires du
« département ainsi signé. »

La matière mise en délibération, le Conseil, considérant qu'à la forme de l'art. 19 du titre 3 de la loi du 22 juillet 1792, dans les cas qui n'auront pas été déterminés et prévus par la présente loi, toutes les lois existantes pour les autres bataillons de volontaires gardes nationaux, serviront de règle à ceux-ci, qu'à la forme de l'art. 10 de la loi du 8 juillet 1792, les compagnies de volontaires de chaque département nommeront leur état-major dans les lieux qui leur seront désignés par le pouvoir exécutif ; considérant qu'il est important de seconder l'ardeur et le zèle des citoyens inscrits ; ouï M. le Procureur Général Syndic en ses conclusions, il a été arrêté : 1º que les citoyens se diviseront par cent hommes pour former huit compagnies ; 2º que chacune de ces compagnies procédera à la nomination de ses officiers, en présence des commissaires du département ; 3º que copie du procès-verbal et du présent arrêté sera envoyée au ministre de la guerre, avec invitation de confirmer les nominations qui auront été faites.

Un des membres a mis sur le bureau un imprimé ayant pour titre : *Prix distribués et proposés par la société Royale d'agriculture, dans la séance publique tenue le 28 décembre 1791*. Le Conseil a voté des remercîments sur l'attention de ses collègues à lui donner communication de ce qui peut accroître la somme des connaissances humaines.

Un de MM. du comité Militaire a fait un rapport sur la pétition formée par le sr Duberroult, citoyen actif du canton du Change, à Lyon, tendant à l'établissement d'une cavalerie nationale. La matière mise en délibération, ouï M. le Procureur Général Syndic en ses conclusions, il a été arrêté qu'avant de statuer sur cette pétition, elle sera renvoyée, par la voie du district de Lyon, aux municipalités de son ressort, pour, sur leurs observations rapportées au district de Lyon, ensemble son avis ultérieur, être fait droit.

M. le Président a fait lecture d'une lettre de MM. les administrateurs du district de Montbrison, en date du 8 août présent mois, pour laquelle ils demandent une somme de 2000 livres en espèces sonantes, pour être employée à payer les volontaires qui se destinent aux différentes armes, conformément aux lois des 8 et 22 juillet dernier. La matière mise en délibération, ouï M. le Procureur Général Syndic en ses conclusions, il a été arrêté qu'il sera donné des ordres par M. le Procureur Général Syndic au Payeur général du département, de payer la somme de 2000 livres en espèces sonantes, au receveur du district de Montbrison, auquel lad. somme sera envoyée par la voie de la gendarmerie nationale, à l'effet de quoi, réquisition sera faite à M. le lieutenant-colonel, et sera tenu le receveur du district de Montbrison, de rendre compte de lad. somme de 2000 liv. à l'administration du district de Montbrison, qui en vérifiera l'emploi pour le dit compte, appuré par le district, être visé par le Directoire du département.

JANSON, président. GONON S. F., secrétaire général.

Le samedi onze août 1792, l'an 4º de la Liberté, MM. les administrateurs composant le Conseil du département de Rhône-et-Loire, y étant MM. Janson, président, Besson, Brunet, Lagrange, Pavy, Populle, Pariat, Lorange, Lecourt, Rouher, Simonet, Servan, Desportes, Chevassu, Ricard, Ravel, Grand, Farjon, Richard, Frossard, Mauzerand, Moissonnier, Ferrand, administrateurs, Mayeuvre, procureur général syndic, et Gonon, secrétaire général.

M. le Procureur Général Syndic a fait lecture d'une lettre, en date du 1ᵉʳ août, à lui écrite par le sʳ Aguiraud, curé de St-Julien-la-Vêtre, au nom du sʳ Dubessey-Villechaise, administrateur du département; à lad. lettre était joint un certificat donné par le sʳ Deviry, docteur en médecine, qui atteste l'impossibilité où est M. Dubessey-Villechaise, de pouvoir remplir aucune fonction, ni encore moins d'entreprendre aucun voyage sans s'exposer à des dangers, attendu qu'une fièvre continue le tient au lit, led. certificat en date du 31 juillet dernier, duement légalisé par la municipalité de St-Julien-la-Vêtre.

De suite l'assemblée s'est divisée, soit en comités, soit en directoire.

JANSON, président. GONON S. F., secrétaire général.

Le dimanche 12 août 1792, l'an 4ᵉ de la Liberté,

MM. les administrateurs composant le Conseil du département, en surveillance permanente, réunis en séance, se sont de suite divisés dans les différens comités.

Le lundi treize août 1792, l'an 4ᵉ de la Liberté, MM. les administrateurs composant le Conseil du département de Rhône-et-Loire, en surveillance permanente, réunis en séance, y étant MM. Besson, président en l'absence, Brunet, Pavy, Lecourt, Rouher, Pariat, Lorange, Ricard, Mauzerand, Ravel, Ferrand, Grand, Chevassu, Frossard, administrateurs, Mayeuvre, procureur général syndic, et Gonon, secrétaire général.

Un membre a fait le rapport que, sur les huit heures et demi du matin, M. Tabareau, directeur de la poste aux lettres de cette ville, est venu apporter un paquet qui lui a été remis par un courrier extra-ordinaire. Ouverture faite dud. paquet par MM. composant le Conseil, il a été fait lecture 1° d'une loi en date du 10 du présent mois d'août, qui suspend provisoirement les fonctions du chef du pouvoir exécutif et contient d'autres dispositions relatives ; 2° de trois actes du Corps Législatif, du même jour 10 août, le premier qui déclare que le Roi est suspendu et que lui et sa famille restent en otage ; que le Ministère actuel n'a pas la confiance de la Nation et que l'Assemblée va procéder à le remplacer ; que la liste civile cesse d'avoir lieu ; le second porte invitation, au nom de la Nation, de la Liberté et de l'Egalité, faite par l'Assemblée Nationale, de respecter les droits sacrés de l'homme et des propriétés. Le troisième est une prière de la première des autorités constituées et, au nom de la loi, un ordre de lever la consigne établie à la mairie et de laisser paraître aux yeux du peuple le magistrat que le peuple chérit ; 3° une adresse de l'Assemblée Nationale aux Français. La matière mise en délibération, ouï et ce requérant M. le Procureur Général Syndic, il a été arrêté que lesd pièces seront sur-le-champ enregistrées, imprimées, publiées, affichées et envoyées aux districts, pour les transmettre aux municipalités.

M. le Procureur Général Syndic a proposé de faire une adresse aux administrés, pour les inviter à protéger et respecter les droits sacrés de l'homme et les propriétés. A la majorité des voix, il a été arrêté qu'il serait fait une adresse ; et le projet proposé ayant été discuté, la rédaction a été arrêtée à la pluralité des voix dans la forme suivante :

« Citoyens,

« Des soupçons se sont élevés contre le chef du Pouvoir exécutif,
« un fonctionnaire aussi essentiel ne peut gérer la chose publique,
« lorsqu'elle est en danger, s'il n'a su se concilier la confiance de la
« Nation ; vos représentans ont crû devoir le suspendre.

« C'est le moment, citoyens, de prouver à l'Europe entière et surtout
« aux tyrans audacieux qui voudraient, dans leur délire, attaquer la
« souveraineté et l'indépendance nationale, qu'un peuple qui a su
« conquérir sa liberté, trouve toujours, dans sa moralité et dans son
« propre génie, les moyens de la maintenir et de la défendre, quelque
« soit l'individu ou le corps politique qui soit chargé de l'exécution
« des lois.

« C'est dans ce moment surtout que doit s'opérer la réunion de
« tous les esprits, que toutes les autorités constituées doivent se rallier
« pour opérer le salut public. C'est d'elles, sans doute, que doit partir
« le grand exemple de la fraternité.

« L'homme n'est vraiment libre que par le sacrifice qu'il fait à la
« société entière de la portion de son indépendance, qui serait nuisible
« à son semblable.

« Cette vérité nous dispense de vous rappeler aux grands devoirs
« des peuples libres : obéissance aux lois, confiance dans les auto-
« rités constituées qui en sont les organes, sûreté des personnes,
« respect pour les propriétés.

« Le concert unanime de volontés et d'actions, le calme dans le sein
« de l'empire qui sera l'effet d'un respect religieux pour les lois,
« l'énergie des mesures réservée pour déconcerter les projets des
« ennemis intérieurs et pour combattre les ennemis extérieurs, voilà,
« citoyens, ce qui peut les frapper de terreur, voilà le moyen de les
« vaincre et de faire cesser le danger de la Patrie. »

Le Conseil, après avoir pris lecture de la loi du 10 août 1792, relative à la suspension du pouvoir exécutif, ouï et ce requérant M. le Procureur Général Syndic, arrête que cette loi sera envoyée dans les 24 heures aux municipalités de son ressort qui la feront proclamer sur-le-champ et solennellement.

Sur la proposition d'un membre, après avoir ouï M. le Procureur Général Syndic, il a été arrêté qu'en exécution de l'art. 9 de la susd. loi du 10 août présent mois, il sera écrit à tous MM. les membres du Conseil qui ne se trouvent pas à leur poste, pour les inviter à s'y rendre.

M. Verset s'est présenté et a demandé d'être autorisé, en qualité de receveur du district près le chef-lieu du département, à payer en espèces sonnantes les différentes parties de solde que la loi oblige de remettre entre les mains des officiers et volontaires qui partent pour les différentes armes. La matière mise en délibération, vu la loi du 29 avril 1792, ouï M. le Procureur Général Syndic en ses conclusions, il a été arrêté que M. Verset, receveur du district de Lyon, demeure autorisé à exiger et recevoir de M. Deschamps, payeur général de ce département, les sommes en numéraire dont il aura besoin pour payer

la partie de solde des volontaires nationaux, formés en compagnies dans ce chef-lieu, à raison de 5 s. 10 d. par individu et par jour, les officiers exceptés, ainsi que le montant des trois sous par lieues accordés pour les routes qui ont été ou seront indiquées par nos ordonnances ; quoi faisant, led. s' Deschamps demeurera bien et valablement libéré des sommes par lui délivrées aud. s' Verset, qui sera tenu d'en rendre compte à qui de droit ; vu l'art. 14 de la loi du 8 juillet 1792, portant que la solde des volontaires leur sera payée sur les états qui leur seront délivrés par les directoires de districts, ordonnancés par les Directoires de départements, et les quittances en seront reçues à la trésorerie nationale comme comptant ; vu l'art. 18 du titre 3 de la loi du 22 juillet 1792, portant : « les corps adminis-
« tratifs feront fournir sur les caisses publiques les sommes néces-
« saires aux dépenses qu'exigeront la solde, frais de route et autres
« objets, dont les bataillons ou compagnies dont il est fait mention
« dans le présent décret auraient un présent besoin ; les avances qui
« seront ainsi faites seront (sur la demande et certificats des corps
« administratifs) remplacées sans retard par le ministre de la Guerre » ; considérant que le mode prescrit par l'art. 14 de la loi du 8 juillet 1792 entraînerait des longueurs qui pourraient retarder le payement de la solde des volontaires nationaux et leur départ pour les lieux des corps de réserve ;. ouï M. le Procureur Général Syndic en ses conclusions, il a été arrêté que, pour subvenir aux dépenses qu'exigeront la solde, frais de route et autres objets compris dans l'art. 18 du titre 3 de la loi du 22 juillet dernier, le directoire du district de Lyon est autorisé à fournir aux chefs des compagnies formées dans le chef-lieu du département des mandats sur le receveur du district, du montant du décompte, de solde et frais de route, visés par les commissaires du département et qu'après le départ de toutes les compagnies qui auront été formées, il sera dressé un état général desd. payemens, lequel sera approuvé par le Directoire du département, d'après la représentation desdits mandats quittancés, pour être, lesd. avances, à la forme de l'art. 18 du titre 3, remplacées par le ministre de la Guerre dans la caisse du receveur du district de Lyon ; vu l'art. 18 du titre 3 de la loi du 22 juillet 1792, portant « que les
« corps administratifs feront fournir sur les caisses publiques les
« sommes nécessaires aux dépenses qu'exigeront la solde, frais de
« route et autres objets dont les bataillons ou compagnies auraient
« un pressant besoin ; » considérant que l'on peut placer parmi les pressants besoins des compagnies de volontaires en marche, la nécessité d'une voiture, à l'effet de recevoir ceux que leur faiblesse ou un état de maladie priveraient de la faculter de continuer leur route à pied ; ouï M. le Procureur Général Syndic en ses conclusions, le Conseil arrête qu'il sera donné des ordres au régisseur des convois militaires pour la fourniture d'une voiture à quatre colliers, pour marcher à la suite des compagnies de St-Etienne, St-Chamond et Roanne, et que la même fourniture aura lieu, dans la même proportion, pour les compagnies qui suivront.

M. le Procureur Général Syndic a fait part à l'assemblée des exoines fournies par MM. Dugas et Comarmond, administrateurs du département, duement légalisées par les maires et officiers municipaux des lieux de la résidence des médecins.

Il a été pareillement fait lecture d'une lettre, en date du 10 août présent mois, par laquelle M. Mathé, administrateur de ce département, annonce qu'il persiste à rester à son poste de juge de paix, jusqu'à ce que le Corps Législatif en ait ordonné autrement. Sur quoi, ouï M. le Procureur Général Syndic en ses conclusions, le Conseil arrête que copie de la présente lettre, ensemble copie de celle par lui écrite le 22 juillet dernier et de l'arrêté du Conseil du 27 du même mois, seront adressées au ministre de la Justice, pour en être, par lui, rendu compte au Corps Législatif.

BESSON, président en l'absence. GONON S.-F., secrétaire général.

Le mardi quatorze août 1792, l'an 4e de la Liberté, MM. les administrateurs composant le Conseil du département de Rhône-et-Loire, en surveillance permanente, réunis en séance, y étant MM. Janson, président, Brunet, Lagrange, Pavy, Lecourt, Rouher, Besson, Populle, Pariat, Lorange, Ricard, Mauzerand, Ravel, Ferrand, Grand, Chevassu, Frossard, Desportes, Mussieu, administrateurs, Mayeuvre, procureur général syndic, et Gonon, secrétaire général.

Un de MM. a rendu compte d'une adresse signée d'un grand nombre de citoyens, tendant à réunir les différents corps constitués, séant à Lyon, sur les opinions qui dirigent la ligne de leurs pouvoirs respectifs sur l'exécution des lois. La matière mise en délibération, vu la lettre du district de Lyon, en date du 9 de ce mois, sur lad. pétition ou adresse, le Conseil, considérant que l'union fait la force des peuples et celle des administrateurs; que ceux-ci sont bien puissants, lorsqu'animés par un seul esprit, ils sont encore enchaînés par un même cœur; que le danger de la Patrie; que la gravité des circonstances; que le grand intérêt public imposent plus que jamais à tous les fonctionnaires d'établir, au milieu d'eux, un centre d'harmonie et d'unité des lumières réciproques et de correspondance fraternelle; que là convergeront tous les vœux pour la prospérité nationale, toutes les mesures pour le maintien de l'ordre public et tous les projets pour la défense commune; que cette mesure, enfin, tout en préparant à la vérité un nouveau triomphe, complettera le désespoir des ennemis de la liberté, qui, longtems, ont tout attendu de la désunion et de la discorde; ouï M. le Procureur Général Syndic en ses conclusions, arrête qu'il accepte avec empressement le projet de réunion qui lui a été proposé par le district de Lyon; en conséquence, il invite le conseil général de la commune à nommer des commissaires pour se réunir avec ceux qui seront choisis par le département, dans une des salles de l'Hôtel commun, toutes les fois que l'urgence des circonstances l'exigera, et au moins un jour dans la semaine, pour se concerter sur les mesures à prendre pour le salut de la Patrie.

Un de MM. a fait part d'une lettre écrite par les administrateurs du district de Lyon, concernant une dénonciation faite, par un des membres de la municipalité de Lyon, contre les administrateurs des Directoires du département et du district de Lyon. Lecture faite de lad. lettre datée du 13 du présent mois d'août, ainsi que de l'extrait des registres des délibérations du conseil général de la commune de

Lyon, en date du 9 de ce mois, ouï M. le Procureur Général Syndic en ses conclusions, il a été arrêté que lesd. pièces seront remises au comité de Surveillance, pour, sur son rapport, être statué ce qu'il appartiendra.

Janson, président. **Gonon** S.-F., secrétaire général.

Le mercredi quinze août 1792, l'an 4º de la Liberté, MM. les administrateurs composant le Conseil du département de Rhône-et-Loire, en surveillance permanente, réunis en séance, y étant MM. Janson, président, Brunet, Lagrange, Pavy, Lecourt, Rouher, Besson, Populle, Parial, Lorange, Ricard, Mauzerand, Ravel, Ferrand, Grand, Chevassu, Frossard, Desportes, Mussieu, Simonet, administrateurs, Mayeuvre, procureur général syndic, et Gonon, secrétaire général.

On a annoncé MM. les députés commissaires de l'Assemblée Nationale à l'armée du Midi. Ces MM. étant entrés sur le champ, ils ont remis au Conseil l'expédition du décret qui les nomme commissaires pour l'armée du Midi, à la suite duquel est une instruction énonciative de leurs pouvoirs et de leurs fonctions. Lecture faite desd. décrets et instruction dont la teneur suit :

« Décret de l'Assemblée Nationale du 10 août 1792, l'an 4º de la
« Liberté.

« L'Assemblée Nationale, considérant qu'il est nécessaire de faire
« connaître à l'armée, le plutôt possible, le détail exact des évènemens
« qui se sont passés à Paris aujourd'hui, ainsi que les causes de ces
« évènemens et les remèdes que les circonstances commandent impé-
« rieusement d'y apporter.

« Décrète qu'il sera nommé à l'instant douze commissaires pris
« dans son sein, pour se rendre sur-le-champ dans les armées.

« L'Assemblée Nationale ayant procédé à leur nomination, et
« MM. Coustard, Carnot aîné, Prieur, Gasparin, Lacombe-St-Michel,
« Rouiller, Bellegarde, Delmas, Dubois du Bay, Antonelle, Piraldy et
« Kersaint ayant réunis la majorité des suffrages, l'Assemblée
« Nationale a décrété que les trois premiers se rendraient à l'armée
« du Rhin; les trois suivants à celle du Midi, le 7e, 8e et 9e, à l'armée
« du Nord, et les trois derniers à l'armée du Centre.

« MM. les Commissaires désignés pour l'armée du Nord parcour-
« ront depuis Dunkerque jusqu'à Maubeuge inclusivement.

« Ceux pour l'armée du Centre, depuis Maubeuge jusques à Bitche
« inclusivement.

« Ceux du Rhin, depuis Bitche et Landau jusques à Besançon
« inclusivement.

« Et ceux du Midi, depuis Besançon jusques à Toulon et Marseille
« inclusivement.

« L'Assemblée Nationale charge sa commission extraordinaire et
« son comité Militaire réunis, de lui présenter une instruction, séance
« tenante, pour être remise à ces commissaires.

Instruction décrétée par l'Assemblée Nationale.

« Les commissaires de l'Assemblée Nationale aux armées, se
« muniront d'un nombre suffisant d'exemplaires des proclamations et
« principaux décrets du Corps Législatif, relatifs aux mesures prises
« sur les évènemens de ce jour, pour en donner connaissance aux
« différents corps de l'armée dans lesquels ils les feront proclamer.

« Ils les instruiront en même temps du détail de ces évènemens,
« ainsi que de la situation de l'Assemblée Nationale et de celle du Roi ;
« ils leur feront part des dispositions où sont tous les membres de
« l'Assemblée Nationale de maintenir de tout leur pouvoir la liberté
« et l'égalité, jusqu'à ce qu'une Convention Nationale vienne exprimer
« le vœu du peuple français ; ils leur rapelleront que la Nation entière
« compte sur eux pour repousser les ennemis extérieurs de l'empire,
« avec toute l'énergie et le courage dont ils ont donné jusqu'ici des
« preuves et dont seront constamment capables des hommes libres,
« qui préféreront toujours la mort à l'esclavage de leur païs.

« Les commissaires sont autorisés à suspendre provisoirement, tant
« les généraux que tous autres officiers et fonctionnaires publics,
« civils et militaires et même à les faire mettre en état d'arrestation,
« si les circonstances l'exigent, ainsi que de pourvoir à leur rempla-
« cement provisoire, s'ils le jugent nécessaire, à la charge toutesfois,
« dans l'un et l'autre cas, d'en instruire sur-le-champ l'Assemblée
« Nationale.

« Ils se feront remettre des états exacts des approvisionnemens de
« tout genre, qui se trouveront tant aux armées que dans les places ;
« ils s'informeront des besoins qu'elles pourraient avoir encore et
« tiendront des notes exactes de toutes les demandes et de toutes les
« plaintes qu'ils pourraient recevoir, tant des officiers, sous-officiers,
« soldats, que de tous fonctionnaires publics ou autres citoyens.

« Ils se feront remettre aussi des mémoires détaillés sur l'état de
« chaque forteresse, de même que sur l'emplacement et la force de
« chaque corps ou détachement des troupes de l'armée qu'ils par-
« courront.

« Enfin, ils prendront tous renseignemens et emploieront tous les
« moyens, tant auprès des différens corps et généraux de l'armée
« qu'auprès des corps administratifs, des municipalités et des citoyens,
« pour que la sûreté individuelle et les propriétés soient partout
« protégées, et pour qu'il soit déployé toutes les forces nécessaires
« pour en imposer aux ennemis de l'Etat et assurer à la Nation son
« indépendance et sa liberté.

« Collationné à l'original par nous, Président et Secrétaires de
« l'Assemblée Nationale, à Paris, ce 11 août 1792, l'an 4e de la Liberté,
« signé : Vergniaud, ex-président ; Blanchard, Goujon, Tronchon et
« Lecointe-Puyravaux, secrétaires. »

Les décret et instruction ci-dessus présentés par MM. Gasparin, Lacombe-St-Michel et Rouiller, commissaires nommés par l'Assemblée Nationale pour se rendre à l'armée du Midi, ont été lus à la séance du Conseil Général du département de Rhône-et-Loire, en surveillance permanente, séance de ce jour, 15 août présent mois, et, sur la requisition de M. le Procureur Général Syndic, il a été arrêté que lesdits décret et instruction seraient enregistrés dans les registres du Conseil du département pour y avoir recours ainsi qu'il appartiendra.

Il a été fait lecture d'une lettre adressée à M. le Président, datée de S*t*-Genis-Terrenoire, du 14 août 1792, par laquelle M. Gaultier, administrateur, envoie un exoine, duement certifié par la municipalité de S*t*-Genis Terrenoire, qui atteste qu'une maladie grave l'empêche de se rendre à son poste.

JANSON, président. GONON S.-F., secrétaire général.

Le jeudi seize août 1792, l'an 4° de la Liberté, MM. les administrateurs composant le Conseil du département de Rhône-et-Loire, en surveillance permanente, réunis en séance, y étant MM. Janson, président, Besson, Brunet, Lagrange, Pavy, Populle, Pariat, Lorange, Lecourt, Rouher, Ricard, Mauzerand, Ravel, Ferrand, Grand, Chevassu, Frossard, Desportes, Mussieu, Simonet, Romany, Comarmond, administrateurs, Mayeuvre, procureur général syndic, et Gonon, secrétaire général.

M. Joanin, administrateur du département de Saône-et-Loire, est entré, il a présenté un arrêté du Conseil de ce département, en date du 10 août présent mois, dont la teneur suit :

« Extrait du procès-verbal de la session du Conseil du département
« de Saône-et-Loire :
« Séance du 14 août 1792, l'an 4° de la liberté,
« Le Conseil du département, considérant que le premier de ses
« devoirs est de veiller à la sûreté des subsistances ; qu'il est instant
« de calmer les inquiétudes que le peuple paraît concevoir sur le
« haut prix du bled, qu'il traite déjà d'un accaparement médité ;
« Considérant que plusieurs municipalités, et particulièrement celle
« de Mâcon, ont appellé la sollicitude de l'administration sur la
« hausse extraordinaire et subite des grains dans différens marchés.
« Considérant qu'il ne doit négliger aucun des moyens qui, en
« favorisant la circulation des grains, en assureront à l'avance une
« quantité suffisante pour tous les administrés de son arrondissement,
« ouï le suppléant du Procureur Général Syndic, arrête que MM. Mailly,
« président, et Joanin, administrateur, demeurent invités à se concerter,
« le premier avec le département de l'Ain, et le second, avec celui de
« Rhône-et-Loire, pour obtenir d'eux tous les renseignemens respec-
« tifs qu'ils pourront se procurer sur les moyens de pourvoir à la
« subsistance des citoyens, tant du département de Saône-et-Loire,
« que des départements voisins, de calmer les inquiétudes que mani-
« festent aujourd'hui les habitants du département de l'Ain et de celui
« de Saône-et-Loire ; se concilier sur les mesures les plus propres à
« les faire cesser, sans porter aucune atteinte aux lois relatives à la
« libre circulation des grains, prendre enfin tous les éclaircissemens
« qui pourront servir de guide aux administrateurs du département
« de Saône-et-Loire, dans les circonstances difficiles où ils se
« trouvent.

« Extrait du présent arrêté sera remis à chacun de MM. Mailly et Joanin, commissaires, pour leur tenir lieu de pouvoirs. Par extrait. Signé : Charvet, pour le secrétaire. »

Lecture faite de cet arrêté, M. le Procureur Général Syndic a proposé au Conseil de délibérer sur l'objet important qu'il présente. Il a été arrêté qu'il serait nommé deux commissaires dans le sein de l'administration pour prendre les renseignemens convenables, en faire le rapport, et sur le tout être délibéré en définitif. Et procédant à la nomination desdits commissaires, la pluralité des voix s'est réunie sur MM. Desportes et Ferrand, administrateurs, qui ont accepté leur commission.

M. Girod, administrateur du district de la campagne de Lyon, est entré. Il a fait part, au nom de son administration que, dans les campagnes, les grenadiers et chasseurs partent, mais qu'ils veulent couper la tête à tous les aristocrates avant de partir, afin de ne point laisser leurs familles à la discrétion et à la rage de ces malveillants. Cette dénonciation a fixé la plus sérieuse attention du Conseil et, après la plus mûre délibération, ouï M. le Procureur Général Syndic en ses conclusions, il a été arrêté qu'il serait nommé deux commissaires dans le sein de l'administration, pour se rendre auprès de M. Montesquiou, général de l'armée du Midi, à l'effet de représenter à ce général que sa réquisition, tendant à porter à l'armée du Midi la moitié des grenadiers, chasseurs, dragons et canoniers des gardes nationales du département, est une mesure qui enlève à l'agriculture et au commerce des bras absolument indispensables, des pères de famille, des chefs de maison de commerce, qu'ils ne peuvent abandonner sans les plus grands inconvéniens; que, peut-être, lorsque cette réquisition a été faite, on pouvait avoir les craintes que le nombre d'hommes à recruter fut inférieur à celui dont on avait besoin ; mais que, dans ce moment, la quantité d'individus qui s'enrôlent sous les drapeaux de la patrie excédant de beaucoup le contingent demandé au département, il serait peut-être inutile de requérir les grenadiers, chasseurs, etc., dont l'absence ne peut porter qu'un très grand préjudice. Il a été arrêté, en outre, qu'il serait fait une députation majeure à MM. les députés commissaires de l'Assemblée Nationale, pour leur rendre visite et dans laquelle il leur serait fait part de la délibération ci-dessus.

La députation de retour a dit que MM. les députés commissaires étaient absents. Sur les trois heures de relevée, M. Marquant, secrétaire de la commission, a écrit au Département que ces MM. se rendraient à 4 h. 1/4, à la séance, pour conférer sur la délibération urgente ci-dessus.

M. le Procureur Général Syndic a fait lecture d'une lettre de M. Laroa-Faveranges, qui justifie que l'état de sa santé ne lui permet pas de se rendre à son poste.

Il a été fait lecture d'une pétition individuelle de plusieurs citoyens, tendant à atténuer l'effet de la délibération du conseil général de la commune de Lyon, qui enjoint à tout étranger de sortir de la ville dans trois jours. Ouï M. le Procureur Général Syndic en ses conclusions, le Conseil arrête que cette pétition, consignée dans trois différentes requêtes, sera renvoyée au district de Lyon pour avoir son avis.

Sur les cinq heures, MM. les députés commissaires de l'Assemblée Nationale sont entrés. M. le Président leur a fait part de la délibération concernant l'effet de la réquisition de M. le général de l'armée du Midi. D'après les observations qui ont entraîné la discussion la plus intéressante, il a été demeuré d'accord que MM. les commissaires se rendraient auprès de M. Montesquiou, et que, MM. les députés commissaires de l'Assemblée Nationale devant s'y trouver, on conviendrait ensemble du parti ultérieur à prendre dans les circonstances.

MM. du Directoire ont soumis à l'approbation du Conseil le partage des 11 mille quintaux de grains, qu'il a fait venir de Toulon, entre les six districts du département. Le Conseil, approuvant les mesures sages et économiques prises par le Directoire, arrête que le partage des 11 mille quintaux de grains demeure fixé entre les six districts de la manière suivante; savoir : 2/7mes au district de Lyon, 1/7me au district de la campagne de Lyon, 1/7me au district de Villefranche, 1/7me au district de Roanne, 1/7me au district de Montbrison, 1/7me au district de St-Etienne. Fait et arrêté.

JANSON, président. GONON S-F., secrétaire général.

Le vendredi dix-sept août 1792, l'an 4e de la Liberté, MM. les administrateurs composant le Conseil du département de Rhône-et-Loire, en surveillance permanente, réunis en séance, y étant MM. Janson, président, Besson, Brunet, Lagrange, Pavy, Populle, Pariat, Lorange, Lecourt, Rouher, Ricard, Mauzerand, Ravel, Ferrand, Grand, Chevassu, Frossard, Desportes, Mussieu, Simonet, Romany, Comarmond, Chavanis, Tillard-Tigny, administrateurs, Mayeuvre, procureur général syndic, et Gonon, secrétaire général.

Un membre a fait la motion de faire une adresse à l'Assemblée Nationale, contenant une adhésion aux mesures prises par le corps législatif pour le salut public. Cette motion n'ayant point été appuyée, un membre a dit que la plus grande preuve d'adhésion se trouvait consignée par l'empressement que l'administration avait mis à faire publier la loi du 10 août, les actes du corps législatif et l'adresse de l'Assemblée Nationale du même jour, et par l'adresse à ses administrés, par laquelle en leur faisant part de la suspension du Roi, l'administration les invite à la paix, à l'obéissance aux loix et au respect aux autorités constituées. La motion du préopinant ayant donné lieu à quelque discussion, ouï M. le Procureur Général Syndic en ses conclusions, il a été arrêté que M. le Président serait invité à écrire à M. le Président de l'Assemblée Nationale, et que le Conseil, sur le projet de lettre qui lui sera soumis, délibérera.

Il a été fait lecture d'une lettre de M. Dubessey-Villechaise, administrateur, qui constate, d'après un exoine, que l'état de sa santé ne lui permet pas d'être à son poste dans ce moment.

MM. les députés commissaires de l'Assemblée Nationale sont entrés. MM. du Conseil leur ont présenté un mémoire contenant plusieurs questions et observations relatives à l'administration. MM. les députés, après en avoir entendu la lecture, ont prié le Conseil de leur communiquer ce mémoire, afin d'y aviser, d'après leurs pouvoirs. Suit la teneur dudit mémoire.

Délibération du conseil général de la commune de Lyon, du 16 juillet 1792, en exécution de la loi du 8 juillet sur les dangers de la Patrie.

« Cette délibération ordonne la convocation des sections de la
« commune pour nommer des commissaires, dont trois seront char-
« gés de la surveillance de leur section.

« L'article 2 de la loi du 20 may 1791, prononce que toute convo-
« cation et délibération des communes et sections qui ne regarderaient
« pas les objets d'administration purement municipale et les intérêts
« propres de la commune, sont nulles et inconstitutionnelles.

« L'article 2 de la loi du 8 juillet 1792 dit: les conseils des dépar-
« temens, de districts seront, ainsi que les conseils généraux des
« communes, en surveillance permanente.

« D'après les disposition de ces loix, la surveillance confiée aux
« corps administratifs ne saurait être déléguée à des commissaires
« nommés par les sections.

« Première Question.

« La surveillance confiée aux conseils d'administration et des
« communes, peut-elle être déléguée à d'autres citoyens
« choisis par les sections de la commune ?

« La même délibération du conseil de la commune porte : dix autres
« commissaires iront chez tous les citoyens de leur section prendre la
« déclaration 1° du nombre et de la nature des armes et munitions
« dont ils seront pourvus; 2° de leur nom; 3° de leur état; 4° de leur
« pays; 5° s'ils sont portés sur les registres de la garde nationale et
« sur celui des citoyens actifs; 6° s'ils sont domiciliés ou non.

« La loi du 8 juillet, article 4, prescrit que la déclaration des
« armes et des munitions doit être faite devant les municipalités
« respectives.

« Deuxième Question.

« La municipalité pouvait-elle, pour l'exécution de l'article 4, faire
« faire des visites domiciliaires pour exiger la déclaration
« des armes et munitions ?

« Un arrêté du Directoire du département, du 18 juillet, a cassé et
« annulé ladite délibération, comme nulle et inconstitutionnelle, quant
« à la convocation des sections et à la délégation de surveillance ;
« fait défenses d'exiger la déclaration des armes et munitions par voie
« de visites domiciliaires et ordonne qu'à la forme de l'article 4 de
« la loi, les déclarations seront faites devant la municipalité de Lyon,
« laquelle sera tenue, à cet effet, d'ouvrir des registres.

« Le Directoire déclare qu'en prohibant les visites pour le fait des
« armes, il n'entend nullement porter atteinte au droit, attribué à
« la municipalité par la loi sur la police municipale, de faire des
« visites domiciliaires dans les cas prévus par ladite loi et par des
« commissaires par elle nommés.

« Le but du Directoire a été de conserver, dans son intégrité, la
« liberté individuelle et l'inviolabilité du domicile que l'article 4 de la
« loi du 8 juillet a voulu respecter.

« Le conseil général de la commune de Lyon persiste, dans une
« délibération du 25 juillet, dans son système de faire exiger les
« déclarations d'armes et du nombre d'étrangers, par voie de com-
« missaires qui se transporteront dans les domiciles des citoyens,

« avec la seule différence qu'elle annonce devoir les nommer, au lieu
« de les faire nommer par les sections.

« Le conseil de la commune n'a donné aucune connaissance préa-
« lable du nom des commissaires choisis ; ces commissaires se sont
« transportés chez tous les citoyens et ont exigé les déclarations
« portées dans sa délibération du 16 juillet.

« Le Conseil du département croit devoir, en vertu de la surveil-
« lance qui lui est confiée, prescrire des mesures pour connaître les
« étrangers qui sont sans dans la ville de Lyon et, en conséquence,
« il prend pour base de son arrêté du 17 juillet 1792 les dispositions
« du décret du 18 mai rendu pour la sûreté de la ville de Paris, et
« que le Directoire, par un vœu émis à l'Assemblée Nationale dès le
« 23 mai 1792, avait demandé être rendu commun à la ville de Lyon.
« Il s'abstient de prononcer les clauses pénales, parce que ce droit
« est réservé aux législateurs ; il ordonne seulement le renvoi des
« contrevenants aux juges de paix qui auraient appliqué les peines
« portées par la loi sur les passeports.

« Cet arrêté est dénoncé au conseil général de la commune, par le
« substitut du procureur de la commune comme inconstitutionnel et par
« conséquent comme tendant à usurper des fonctions qui n'appartien-
« nent qu'au corps municipal, il taxe les mesures prises par cet arrêté
« d'être aussi insignifiantes que celles auxquelles le Directoire du
« département a voulu astreindre le conseil général de la commune,
« par l'arrêté qui a cassé et annulé sa première délibération ; et le
« conseil général de la commune, conformément à la réquisition du
« substitut du Procureur de la commune, prend un arrêté portant :

« Le conseil général de la commune, considérant que les mesures
« prises par sa délibération du 25 juillet 1792, à l'effet de s'assurer
« du nombre d'étrangers qui sont dans cette ville, ainsi que de la quan-
« tité d'armes qu'il peut y avoir chez les citoyens, est conforme à ce
« qui est prescrit par l'article 4 de la loi du 8 juillet, a arrêté, d'après
« les conclusions de M. le substitut du Procureur de la commune,
« que, nonobstant l'arrêté du département, sa délibération du 25 juillet
« sera exécutée.

« Cette délibération a été affichée dans toute l'étendue de la muni-
« cipalité de Lyon.

« Le Conseil du département a crû devoir déférer à l'Assemblée
« Nationale et au pouvoir exécutif cette contravention à diverses lois
« et cette interversion de la hiérarchie des pouvoirs, par un arrêté du
« 31 juillet dernier.

« Troisième question.

« La police générale appartient-elle exclusivement aux munici-
« palités ? Sont-elles à cet égard tellement indépendantes des
« corps administratifs qu'elles puissent prescrire des mesures,
« mêmes arbitraires, sans que les administrations de districts
« et de département puissent les surveiller ?

« L'initiative des mesures de police est-elle tellement dévolue aux
« municipalités que les corps administratifs ne puissent en
« proposer aucunes spontanément ?

« Le conseil général de la commune a pris, le 7 août, une délibé-
« ration qui prononce l'expulsion dans le délai de huitaine, et, dans

« certains cas, l'arrestation et même la détention dans un lieu de sûreté,
« des prêtres insermentés étrangers et la peine de détention contre
« les prêtres domiciliés, sur la dénonciation de 20 citoyens.

« Cette délibération a été publiée et exécutée.

« Le Conseil du département a cru devoir se contenter, dans les
« circonstances actuelles, de déférer, par un arrêté du 9 de ce mois,
« cette délibération au Corps législatif et au pouvoir exécutif, en
« s'abstenant néanmoins de toutes réflexions, vu que le Conseil
« ignore, dans ce moment, les causes d'une détermination aussi
« sévère qu'illégale.

« Il a chargé, par le même arrêté, son comité de Surveillance de
« prendre des renseignemens sur les motifs qui ont déterminé la
« délibération de la commune.

« Le Conseil a cru devoir tenir la même conduite sur une délibéra-
« tion du conseil général de la commune, qui a proscrit certains
« journaux et par laquelle il est défendu au directeur des postes de
« les délivrer aux citoyens auxquels ils sont adressés.

« Il est résulté de cette délibération, que les citoyens de différentes
« municipalités du district de Lyon, dont les journaux passaient par
« la poste de Lyon, en ont été privés ; ce qui a donné lieu à plusieurs
« pétitions et réclamations, lesquelles ont été envoyées au conseil du
« district de Lyon, pour avoir son avis.

« Le conseil général de la commune de Lyon a pris un arrêté, le
« 14 août présent mois, portant que les étrangers qui sont à Lyon
« seront tenus d'en sortir dans trois jours, à compter de celui de la
« publication, et de se rendre dans leurs municipalités respectives ;
« sont néanmoins exceptés, ceux qui justifieraient y être retenus pour
« des affaires de commerce ou la suite de quelque procès.

« Le motif exprimé de cette expulsion est que la plupart ne sont
« venus se réfugier à Lyon que parce que leur incivisme les rendait
« suspects dans les lieux de leur résidence habituelle, et que leur
« présence en cette ville y corrompt et détruit l'esprit public.

« Les visites pour la déclaration des armes, l'expulsion des prêtres,
« celle des étrangers, l'arrestation et séquestration de certains jour-
« naux à la poste sont des mesures qui renferment évidemment
« infraction aux lois constitutionnelles.

« Les unes attentent à l'inviolabilité du domicile.

« Les autres à la liberté d'aller, de rester, de partir, et aux droits de
« l'hospitalité.

« D'autres enfin, à la libre communication des pensées, à la liberté
« de la presse.

« La commune a eu, sans doute, des motifs puissants, tirés de faits
« graves, à elle connus, pour violer ainsi les droits de l'homme et de
« la nature.

« L'exercice habituel de la police a pu lui fournir des lumières à
« cet égard, mais jusqu'à ce qu'elles fussent communiquées au Conseil
« du département, il avait le droit incontestable d'annuler ces actes
« qui sont contraires aux lois connues.

« De là naît cette question.

« Quatrième question.

« Lorsque la Patrie est en danger, ou dans toute autre circons-

« tance extraordinaire, les autorités constituées peuvent-elles
« prendre des mesures absolument hors de la loi ?

« Dans le cas de l'affirmative, ces autorités étant au nombre de
« trois, si chacune d'elles peut prescrire des mesures arbitrai-
« res, qu'elle est celle des trois autorités dont la mesure
« proposée doit être prépondérante et lui acquérir une dicta-
« ture momentanée ?

Faits et événements.

Premier fait.

« La délibération du conseil de la commune de Lyon, qui avait
« confié aux sections la nomination de commissaires pour exercer la
« surveillance et faire la visite des armes dans les maisons, flattait
« sans doute les citoyens, puisqu'elle leur conférait une espèce de
« magistrature ; dès lors, l'arrêté du Directoire qui annullait cette
« délibération a dû attirer aux administrateurs l'animadversion
« publique.

« Et, en effet, un attroupement s'est formé devant le lieu des
« séances du département, le 23 juillet, qui a duré 15 heures ; le but
« était de demander le retrait de son arrêté du 18 juillet ; si les per-
« sonnes rassemblées s'étaient bornées aux injures, aux menaces qui
« ont été prodiguées aux administrateurs, à mesure qu'ils se rendaient
« à leur poste, on n'en ferait pas mention ici ; mais on s'est permis
« d'arrêter les lettres et paquets que l'administration envoyait à la
« poste, l'on a même exigé que ces paquets fussent ouverts par un
« administrateur, en présence d'un officier municipal, pour voir ce
« qu'ils contenaient. Les dépêches ont été aussi arrêtées jusqu'à trois
« fois dans cette journée, et cela a continué le lendemain, en vertu
« d'une consigne, dont la source est inconnue, donnée à la sentinelle.
« Peut-on administrer avec de pareilles entraves ? »

Deuxième fait.

« Un membre de la commune a fait, au conseil général, une dénon-
« ciation écrite et signée, portant que « le département et le district
« tenaient des registres pour recevoir l'inscription des citoyens qui
« manifestaient leur attachement à l'ancien régime, dans l'espoir
« d'être ménagés et même de recevoir la récompense due à leurs
« généreux sentimens, dans le cas d'une contre-révolution. »

« Le Conseil du département, ayant été instruit de cette dénon-
« ciation, a demandé le nom du dénonciateur, dans l'intention de le
« poursuivre devant les tribunaux comme calomniateur.

« Le conseil général de la commune a refusé de déclarer son nom,
« sous le prétexte que le département avait refusé aux citoyens des
« cantons de Pierre-Scize et de St-Paul, de leur faire connaître, sur
« leur demande, les citoyens qui avaient donné avis, l'avant-veille de
« l'attroupement du 23 juillet, que les citoyens desdits cantons
« devaient se rassembler en armes le 22, pour venir présenter une
« pétition, armés, tendante au retrait de l'arrêté du 16.

« Le Conseil ne croit pas devoir déclarer le nom de tous les citoyens
« qui lui donnent des avis utiles au maintien de la tranquillité
« publique, surtout lorsqu'ils veulent être inconnus.

« Dans le fait, il y a un attroupement devant le département le

« 23 juillet; ainsi, quand même les citoyens de Pierre-Scize et de
« St-Paul n'y auraient eu aucune part, l'avis donné n'était pas sans
« fondement.

« L'administration, par contre, n'a point de registre pareil à celui
« que l'on a la noirceur de lui imputer de tenir.

« Les citoyens qui avaient annoncé l'attroupement n'ont pas donné
« cet avis par écrit, mais verbalement, le dénonciateur du registre est
« membre de la commune, son caractère donne plus de poids à sa
« dénonciation; d'ailleurs, elle a été publique, il l'a écrite et signée.

« Le Conseil du département persiste à ce que la dénonciation et le
« nom du dénonciateur lui soient connus; il réclame cet acte de
« justice de l'autorité de MM. les députés commissaires de l'Assem-
« blée Nationale.

« Première demande.

« Le Conseil du département réclame de MM. les députés commis-
« saires de l'Assemblée Nationale, qu'ils interposent leur
« autorité pour que le nom du membre de la commune,
« dénonciateur d'un registre injurieux à leur civisme, soit
« connu.

« L'on ne cesse, depuis quelques mois, d'entourer l'administration
« du département de soupçons, de méfiance, en lui prêtant des
« intentions, tantôt absurdes, tantôt perfides; la municipalité de Lyon
« a accumulé 22 griefs pour la perdre dans l'opinion publique et
« dans l'esprit de l'Assemblée Nationale; ils ont été discutés aux
« comités réunis de Surveillance et de Division; les bases du rapport
« y ont été arrêtées, le rapport de M. Thévenin a été imprimé et
« distribué, les administrateurs du Directoire demandent à être jugés;
« s'ils sont coupables, qu'on les punisse; s'ils sont innocents, qu'un
« décret les lave de tant d'imputations et leur rende la confiance sans
« laquelle ils ne peuvent être utiles à la chose publique.

« Efforts constants du département pour établir l'harmonie entre les
« autorités constituées.

« Le Directoire du département n'a jamais composé avec la loi, ni
« avec ses devoirs; mais il n'a négligé aucune occasion d'établir
« l'union et l'harmonie entre les autorités.

« Voulant détruire tous les germes de dissention qui avaient pu
« exister, le Directoire saisit avidement l'occasion de la réunion des
« esprits et des opinions qui se fit à l'Assemblée Nationale, sur la
« motion de M. l'évêque de Rhône-et-Loire, pour rassembler les
« administrateurs des deux districts séants à Lyon, et les officiers
« municipaux de Lyon, de Cuires-la Croix-Rousse et de Vaise.

« Le procès-verbal de cette séance est un monument qui attestera
« la persévérance du Département et ses démarches réitérées pour
« engager la municipalité de Lyon à entrer dans ce plan d'union et
« pour vaincre la répugnance et les délais de prime-abord y apportés.

« C'est dans le même esprit que le Conseil du département a pris,
« le 14 du présent mois d'août, un arrêté par lequel il invite le conseil
« du district de Lyon et celui de la commune, à nommer des com-
« missaires pour se réunir, avec ceux qui seront choisis par le Conseil
« du département, dans une des salles de l'Hôtel commun, toutes les
« fois que l'urgence des circonstances l'exigera, et au moins un jour

« dans la semaine, pour se concerter sur toutes les mesures à prendre
« pour le salut de la Patrie.

« Le Conseil du département attend avec impatience, si le conseil
« de la commune accédera à ce vœu formé pour le plus grand bien de
« la chose publique.

« Au surplus, si le département a dû regretter que la municipalité de
« Lyon se soit écartée de l'union et de la fraternité si désirables entre
« les fonctionnaires publics, puisque la chose publique en dépend, il
« doit au moins se féliciter d'avoir toujours marché d'accord avec les
« six administrations de districts et les 619 autres municipalités de
« son arrondissement; et il est résulté de cette heureuse harmonie
« que la tranquillité publique n'a éprouvé que des altérations momen-
« tanées, dont la cause la plus ordinaire a été le fanatisme et la
« différence des opinions religieuses, et qui ont été bientôt calmées
« par les précautions prises par les corps administratifs.

« Résidence des fonctionnaires à leur poste.

« Un administrateur a été convoqué pour venir se réunir au Conseil
« de département en surveillance; il a répondu qu'il était juge de
« paix et qu'il optait pour rester à ce poste.

« Le Conseil du département a pris un arrêté par lequel il prononce
« l'invalidité de l'exoine, attendu que les fonctions de juge de paix
« peuvent être suppléées par les assesseurs, tandis que celles d'admi-
« nistrateur ne peuvent l'être, puisqu'ils n'ont point de suppléans.

« Cet administrateur, malgré cet arrêté, persiste dans son option
« et écrit qu'il ne se rendra à son poste d'administrateur que lorsque
« l'Assemblée Nationale aura rendu un décret qui lève le doute.

« MM. les députés commissaires de l'Assemblée Nationale sont
« priés de résoudre cette question. »

Ce mémoire a été remis de suite à MM. les commissaires, et ces MM., après avoir donné et reçu les témoignage et l'expression des sentimens les plus empressés et les plus patriotiques, ont pris congé du Conseil.

MM. Dugas et Richard, administrateurs, ont adressé une lettre qui constate que leur état ne leur permet pas, quant à présent, de se rendre à leur poste.

M. le Procureur Général Syndic a dit que le comité Militaire se trouvait désorganisé par la nomination de plusieurs de ses membres à la commission établie pour la formation des compagnies de volontaires nationaux; qu'il était indispensable de procéder à une nouvelle formation de ce comité, où il ne restait plus que M. Frossard en action. La matière mise en délibération, et procédant au choix des membres pour le composer, MM. Romany, Mauzerand et Simonet, ont été choisis et nommés pour former avec M. Frossard le nouveau comité Militaire. Ces MM. ont accepté avec reconnaissance cette nouvelle marque de la confiance de leurs collègues.

Le Conseil du département, d'après l'arrêté du Conseil du département de Saône-et-Loire, du 14 de ce mois, sur les inquiétudes de la hausse exhorbitante et subite des grains, qui fait murmurer le peuple et leur fait croire des accaparemens médités, considérant que rien ne mérite plus ses sollicitudes et son attention que cette partie indispensable des subsistances et voulant en donner à l'administration de Saône-et-Loire des preuves, a nommé le jour d'hier deux commissaires pour conférer avec le district et la municipalité de Lyon sur un objet aussi important. Rapport fait par MM. les commissaires de leurs démarches et des renseignemens qu'ils se sont procuré, en présence de M. Joanin, commissaire du département de Saône-et-Loire, soit auprès du district, soit auprès de la municipalité de Lyon et de quelques particuliers, il en est résulté qu'il n'existe à Lyon aucuns accaparemens de grains, puisqu'au 15 il n'y avait dans la ville que 3,558 asnées de bled en farine, et qu'ainsi les administrés du département de Saône-et-Loire ne doivent avoir aucune crainte à ce sujet; considérant que la libre circulation des grains est le seul moyen d'en faire diminuer le prix et en procurer l'abondance dans tous les pays; ouï M. le Procureur Général Syndic en ses conclusions, le Conseil du département de Rhône-et-Loire invite celui de Saône-et-Loire de protéger cette circulation et d'assurer à ses administrés qu'il en usera de même dans toutes les circonstances, comme aussi qu'il veillera à ce qu'il ne se fasse aucun accaparement préjudiciable au bien public.

MM. Jacomin, administrateur du département de la Drôme, et Castillon, vice-président de celui de l'Hérault, sont venus présenter l'expression de leurs sentimens fraternels.

M. le Président a fait lecture de deux lettres du district de Montbrison, ensemble d'un arrêté de cette administration; l'une de ces lettres, en date du 14 août présent mois, par laquelle les administrateurs proposent diverses objections relatives au recrutement ordonné par les loix des 8 et 22 juillet dernier; la seconde lettre, en date du 16 août présent mois, est relative aux mesures à prendre pour mettre à exécution l'arrêté du Conseil du département, concernant la réquisition du général de l'armée du Midi, de la moitié des compagnies de grenadiers, chasseurs, etc; enfin, l'arrêté, en date du même jour 16 août, pris sur la délibération de la municipalité de Montbrison, en date du même jour, par lequel il est enjoint au détachement des chasseurs du 4ᵉ régiment détaché à Montbrison, de se rendre, le dimanche 19, au département de Rhône-et-Loire, pour y prendre les ordres pour la marche qu'il aura à tenir, et ce, sous les considérations développées par la municipalité, que les circonstances actuelles, qui rapellent tous les citoyens de l'empire à leur poste, font murmurer sur le séjour prolongé dud. détachement, qui reste dans l'inactivité. La matière mise en délibération, ouï M. le Procureur Général Syndic en ses conclusions, il a été arrêté qu'il serait écrit 1° au district de Montbrison, de manière à éclairer ses doutes et ses incertitudes, sur les rassemblemens des volontaires; en second lieu, pour rapeller à cette administration que ses pouvoirs ne s'étendent point sur les dispositions de la force armée, et que le Conseil du département, en improuvant son arrêté du 16 août, écrit sur le champ au général de l'armée du Midi, pour qu'il ait à donner des ordres pour retirer le détachement de chasseurs étant à Montbrison; 2° que M. le Président demeure invité d'écrire lesd. lettres, auxquelles seront jointes savoir, à celle de M. Montesquiou, copie de la lettre et de l'arrêté du district de Montbrison en date du 16 août, et à celle écrite au district de Montbrison, copie des réponses de M. Montesquiou.

JANSON, président. GONON S. F., secrétaire général.

Le samedi dix-huit août 1792, l'an 4º de la Liberté, MM. les administrateurs composant le Conseil du département de Rhône-et-Loire, en surveillance permanente, réunis en séance, y étant MM. Janson, président, Besson, Brunet, Pavy, Populle, Pariat, Lorange, Rouher, Ricard, Mauzerand, Ravel, Ferrand, Grand, Chevassu, Frossard, Desportes, Mussieu, Simonel, Romany, Comarmond, Chavanis, Tillard-Tigny, Mathé-Beaurevoir, administrateurs, Mayeuvre, procureur général syndic, et Gonon, secrétaire général.

Un de MM. a fait la motion de prendre des mesures pour s'informer du nombre d'armes et de l'état des munitions qui existent dans l'étendue du département, afin de savoir si les moyens de défenses répondent au zèle et au courage des administrés. Sur quoi, ouï M. le Procureur Général Syndic en ses conclusions, il a été arrêté que MM. du comité Militaire seraient invités à se concerter pour présenter des vues sur cet objet et en faire le rapport.

M. Delagrée, lieutenant-colonel d'artillerie et sous-directeur de l'arsenal de Lyon, est entré. Il a présenté M. de Pouilly et a dit que cet officier, ci-devant premier lieutenant-colonel du 72º régiment, ci-devant Vexin, vient d'être nommé, provisoirement, colonel du même régiment, par arrêté de MM. Rouiller, Gasparin et Lacombe-Sᵗ-Michel, députés, commissaires de l'Assemblée Nationale à l'armée du Midi, en date du 17 août présent mois. M. Delagrée a ajouté qu'en cette qualité, comme le premier officier en grade, le commandement des troupes en cette ville est dévolu à M. de Pouilly. M. de Pouilly a renouvellé au Conseil les sentimens de son patriotisme et de son zèle pour la défense de la liberté.

M. le Président a fait part au Conseil du projet de lettre, dont il a été chargé dans la séance d'hier, écrite au Président de l'Assemblée Nationale, relativement aux mesures par elle prises pour le salut de la Patrie. Lecture faite de cette lettre, dont la teneur suit :

« Lyon, 18 août 1792.

« Législateurs,

« Vous avez adopté de grandes mesures, nécessitées par les circons-
« tances les plus graves. Bientôt le souverain assemblé va déposer
« la plénitude de ses pouvoirs dans les mains de ses représentans.
« Le Conseil Général du département de Rhône-et-Loire, soumis à la
« loi, ne saurait vous offrir des preuves plus certaines de son civisme,
« que la promptitude à la faire exécuter. »

Cette lettre a été unanimement approuvée et de suite expédiée.

Quatre citoyens se sont présentés ; ils ont fait la pétition que les séances du département fussent publiques. M. le Président leur a dit que c'était le vœu du Conseil, surtout d'après la loi non encore reçue officiellement, qui prescrit cette publicité ; qu'il en avait fait part à MM. les députés, commissaires de l'Assemblée Nationale, avec lesquels il devait prendre les mesures convenables, tant pour le lieu que pour la tenue et le jour de ses séances publiques ; que dès que ces mesures seraient prises, le Conseil en ferait part au public par affiches.

Une députation nombreuse de grenadiers de gardes nationales du district de la campagne de Lyon s'est présentée ; elle a exposé que le rassemblement des grenadiers, chasseurs, etc., prescrit pour demain, peut causer les plus grands malheurs, soit pour la difficulté du choix, soit par le refus ou les raisons légitimes que présentent la plupart des grenadiers. Il a été répondu à ces citoyens que l'on ne pouvait se dispenser de procéder au rassemblement indiqué, mais qu'ils devaient assurer leurs concitoyens qu'il n'était point encore question du départ, et que, jusqu'à cette époque, que l'on ne pouvait prévoir, la loi ne les contraignant point de partir, ils seront les maîtres de prendre tel parti que leur civisme où l'état de leurs affaires leur indiquerait.

Vers les quatre heures du soir, l'assemblée, composée de MM. Janson, président, Brunet, Rouher, Lorange, Pariat, Tillard-Tigny, Desportes, Simonet, Romany, Comarmond, Ferrand, administrateurs, et Mayeuvre, procureur général syndic.

M. le Procureur Général Syndic a fait le rapport d'un avis du conseil général du district de la Campagne de Lyon, sur les plaintes de la dame Montereau, des violences, voies de faits et concussion, comises en sa personne et ses propriétés ; led. avis portant qu'il y a lieu de requérir les maires, officiers municipaux, procureurs des communes de Mornant, de Riverie, St-Didier et St-Maurice, et M. le juge de paix, de veiller à la sûreté des personnes et des propriétés, sous leur responsabilité, etc.; ouï M. le Procureur Général Syndic en ses conclusions, il a été arrêté, par les motifs exprimés audit avis, qu'il est et demeure approuvé, pour être exécuté suivant sa forme et teneur.

Sont entrés MM. Vitet, maire de la ville de Lyon, M. Perret, officier municipal, M. Pressavin, substitut du procureur de la commune, et M. Lecamus, secrétaire-greffier. M. Janson, président, a fait lecture à l'assemblée de la lettre qu'il avait reçue de M. le Maire, dont la teneur suit :

« M.,

« Je vous prie de faire assembler à quatre heures précises, ce 18 du
« présent mois, le Conseil Général du département de Rhône-et-Loire,
« excepté les membres qui composent le Directoire, pour entendre la
« lecture de la proclamation du Conseil exécutif national, que je suis
« chargé, par le même Conseil exécutif national, de vous signifier et
« faire exécuter.

« Agréez les assurances de mes sentimens fraternels. Signé : Vitet,
« maire. Lyon, ce 18 août 1792. Et plus bas : à M. Janson, président
« du département de Rhône-et-Loire, ou, en son absence, à celui qui
« préside ce département. »

M. le Président a ensuite engagé MM. Brunet, Pariat et Lorange à se retirer, ce qu'ils ont fait. Aussitôt après, M. Mayeuvre, procureur général syndic, a demandé à M. le Maire s'il était compris dans le directoire; à quoi M. le Maire a répondu : « Oui M., nommément, » et de suite M. le Procureur Général Syndic s'est retiré. M. Rouher, l'un des suppléants, a dit : « Puis-je rester comme suppléant. » M. le Maire lui a demandé s'il avait signé quelques actes du Directoire : il a répondu : « Oui. » M. le Maire lui a dit qu'il ne pouvait pas rester à la séance, et M. Rouher s'est retiré. M. le Maire a observé à M. Janson, président, qu'il devait également se retirer. M. Janson a répondu qu'il ne faisait pas partie du Directoire et qu'il était surpris que ne devant point assister à la séance, la lettre de M. le Maire pour la convocation du Conseil seulement, lui eut été adressée nominativement, tandis qu'elle aurait dû l'être au doyen d'âge du Conseil. M. Janson a ajouté qu'ignorant l'objet de la mission de M. le Maire et ne voulant point gêner l'assemblée, il allait se retirer; et à l'instant, M. Janson a prié M. Tillard-Tigny, comme doyen d'âge, de prendre sa place de président. M. le Maire a ensuite fait lecture d'une proclamation du Conseil exécutif national, du 14 août présent mois, dont la teneur suit :

Proclamation du Conseil exécutif national du 14 août 1792, l'an 4° de la Liberté.

« Vu par le Conseil exécutif national de la loi du 27 mars, relative
« à l'organisation des corps administratifs.

« Vu celle du 11 juillet, qui déclare que la Patrie est en danger.

« Vu les lettres, pétitions et mémoires adressés au Roi par la
« municipalité de Lyon, le conseil général de la commune et un très
« grand nombre de citoyens de la même ville, contenant des plaintes
« contre le Directoire du département de Rhône-et-Loire et l'admi-
« nistration du district de Lyon.

« Vu la proclamation du Roi, du 18 mai de cette année, qui casse
« et annule un arrêté du Directoire dud. département, du 10 du même
« mois, par lequel l'ordre de service journalier de la garde nationale
« de Lyon, qui avait été réglé pour le commandant général et
« approuvé par le bureau municipal et le conseil général de la com-
« mune, avait été déclaré nul et irrégulier.

« Vu une autre proclamation du Roi, du 10 juin suivant, qui casse
« et annulle un second arrêté du même Directoire, par lequel l'admi-
« nistration des biens et revenus de la commune de Lyon avait été
« enlevée à la municipalité.

« Vu l'adresse envoyée au Roi par ladite municipalité, relativement
« à l'évasion du sieur Debard, enrôleur pour l'armée des princes
« émigrés.

« Vu une autre adresse du conseil général de la commune de ladite
« ville, où il se plaint de l'arrêté du Directoire du département, du
« 18 juillet dernier, qui casse et annulle la délibération prise le 16 du
« même mois, par le conseil général, pour la sûreté de la ville.

« Vu l'arrêté du même Directoire du 20 juillet, qui suspend l'exécu-
« tion des mesures prises par la municipalité pour faire réintégrer
« son poste par un fonctionnaire public.

« Vu le rapport fait le 17 avril dernier à l'Assemblée Nationale, au
« nom du comité de surveillance, suivi d'un projet de décret, portant
« que les administrateurs et le Procureur Général Syndic composant
« le Directoire du département de Rhône-et-Loire sont destitués de
« leurs fonctions.

« Vu la pétition faite par le sieur Laussel, curé de St-Bonnet-le-
« Troncy, tant en son nom qu'en celui de plusieurs autres curés du
« district de Villefranche, relativement aux voies de fait qu'ils disent
« avoir été exercées contre eux à l'instigation des prêtres réfractaires,
« dont l'audace a été encouragée par la tolérance du Directoire du
« département de Rhône-et-Loire, et par son arrêté sur la liberté de
« culte.

« Vu l'adresse des fédérés de Lyon, actuellement à Paris, qui
« demandent, au nom de leurs concitoyens, justice contre ce Direc-
« toire et celui du district de ladite ville.

SÉANCE DU 18 AOUT 1792.

« Vu plusieurs autres pièces, lettres, délibérations et pétitions re-
« latives auxdites administrations.

« Le Conseil exécutif national, après examen du tout, et considé-
« rant que les corps administratifs ne peuvent remplir le but de leur
« institution et être vraiment utiles aux administrés, qu'autant que les
« membres qui les composent sont investis de la confiance pu-
« blique.

« Considérant que les deux directoires du département de Rhône-et-
« Loire et du district de Lyon excitent depuis plus de six mois les
« plaintes et réclamations, tant de la municipalité, du conseil général,
« que d'une grande partie des citoyens de la même ville, que tous
« demandent la destitution des directoires du département et du
« district.

« Considérant que dans plusieurs arrêtés, les deux directoires, au
« lieu de parler le langage modéré de la loi, de se conformer aux
« instructions de l'Assemblée Nationale, qui prescrivent aux autorités
« surveillantes d'user d'une autorité paternelle et conciliatrice envers
« les administrations subordonnées, se sont livrés à des expressions
« dures et inconvenantes.

« Considérant que le Directoire du département de Rhône-et-Loire
« a mis le pouvoir exécutif dans la nécessité de casser deux de ses
« arrêtés, provoqués par ceux du district, et que néanmoins il persiste
« dans son opinion, puisqu'il s'est rendu appelant des deux procla-
« mations du Roi.

« Considérant que les Directoires de département et de district,
« loin d'enchaîner le zèle du conseil général de la commune, lorsque
« la Patrie a été déclarée en danger, en cassant ses arrêtés pris pour
« la sûreté publique, auraient dû entretenir, entre les autorités, l'har-
« monie et la paix si nécessaires dans une ville aussi immense que
« Lyon et diriger tous les citoyens au même but, celui de l'amour et
« de la deffense de la Patrie.

« Considérant que la municipalité de Lyon et le conseil général de
« la commune ont donné, dans toutes les circonstances, les preuves
« du patriotisme le plus ardent et le plus désintéressé ; que par leurs
« soins et la confiance qu'ils ont obtenue, ils ont maintenu dans cette
« ville la paix et la tranquillité, malgré les efforts du fanatisme et des
« ennemis de la révolution.

« Considérant que si, dans ces moments où la Patrie court les plus
« grands dangers, la ville de Lyon est livrée à trois administrations
« rivales qui luttent les unes contre les autres, elle verra naître infail-
« liblement plusieurs partis qui se déchireront et qui favoriseront les
« projets de nos ennemis intérieurs et extérieurs.

« Considérant que Lyon, par sa proximité des frontières, mérite une
« attention particulière et exige que les citoyens de cette ville, qui se
« sont rendus recommandables par leur patriotisme, soient encou-
« ragés par la confiance du gouvernement.

« Considérant que le district de Lyon, presque toujours, par ses
« provocations, détermine les décisions rigoureuses et inconstitution-
« nelles du Directoire du département de Rhône-et-Loire.

« Considérant enfin que, lorsque la Patrie a été déclarée en péril
« et que, par des faits et des pétitions sans nombre, deux administra-
« tions sont dénoncées pour augmenter ce danger, il y aurait autant
« d'imprudence que d'irrégularité de ne pas adopter des mesures pro-

« visoires et tendantes à faire passer dans d'autres mains l'autorité
« dont ces administrations sont dépositaires, conformément à l'article
« 5 de la section 2 du chapitre 4 de la constitution, qui veut « que le
« pouvoir exécutif puisse suspendre de leurs fonctions des adminis-
« trateurs qui compromettent, par leurs actes, la sûreté et la tranquil-
« lité publique. »

« Le Conseil exécutif a déclaré et déclare, en ce qui concerne le
« Directoire du département de Rhône-et-Loire,

« 1° Qu'il suspend de leurs fonctions les membres qui le com-
« posent, ainsi que le Procureur Général Syndic.

« 2° Que dans les 24 heures qui suivront la réception de la présente
« proclamation, le s^r Vitet, maire de Lyon, nommé commissaire à cet
« effet, fera convoquer tous les membres composant le Conseil
« du département de Rhône-et-Loire, autres que les membres ci-
« dessus suspendus ; qu'iceux assemblés au lieu ordinaire des séances
« dudit conseil, le s^r Vitet donnera lecture de la présente proclamation,
« en requerra l'exécution et se retirera après avoir remis à celui qui
« présidera ladite proclamation.

« 3° Le Conseil du département formera sans désamparer le nou-
« veau Directoire, des suppléans et des membres dudit Conseil ; les
« premiers, dans l'ordre de leur élection, conformément à la loi du
« 27 mars 1791, et ce Directoire sera mis en fonction sans délai.

« En ce qui concerne le directoire du district de Lyon, le Conseil
« exécutif national suspend de leurs fonctions tous les membres qui le
« composent, ainsi que le Procureur Syndic, et délègue leurs fonc-
« tions provisoirement aux suppléans et membres du conseil, con-
« formément à la susdite loi, et, en cas d'insuffisance, aux membres
« de la municipalité de lad. ville qui seront nommés par le conseil
« général de la commune.

« La présente proclamation sera imprimée, affichée et transcrite
« sur les registres du Conseil Général dudit département et de celui
« du district de Lyon.

« Fait en Conseil exécutif national, le 14 août 1792, l'an 4e de la
« liberté. Signé : Roland, Danton, Clavière, Monge, Lebrun, et
« contre-signé Grouvelle, secrétaire du Conseil. Pour copie conforme
« à l'original, signé : Roland. Copie conforme à l'original, signé :
« Lecamus, secrétaire-greffier. »

M. le Maire, après avoir invité le Conseil de se conformer à la susdite proclamation, a requis acte de la remise qu'il faisait entre les mains de M. Tillard-Tigny, président, en qualité de doyen d'âge, le Conseil du département, d'une copie collationnée de cette proclamation, certifiée conforme par M. Lecamus, secrétaire greffier de la municipalité. M. le Président doyen d'âge a donné acte à M. le Maire de la remise de la copie de ladite proclamation, et à cet instant sont entrés MM. Frossard, Chavanis, Mauzerand, Farjon, Ricard, Mathé, administrateurs, et ont pris séance au Conseil.

M. Vitet, maire, MM. Perret, Pressavin et Lecamus retirés, MM. du Directoire, ayant à leur tête M. Janson, président, sont entrés ; il leur a été fait part et lecture de la partie du procès-verbal concernant la proclamation du Conseil exécutif national. M. Mayeuvre, procureur général syndic, a dit :

« MM.

« Lorsque le suffrage de mes concitoyens m'apella au poste im-
« portant que je suis forcé de quitter, je fus pénétré et effrayé de
« l'étendue de mes devoirs ; je sentis dès lors l'insuffisance de mes
« moyens pour répondre à la grande preuve de confiance qui me fut
« donnée ; mais j'en sors avec une âme pure, avec une conscience
« sans reproche. Avant de me replonger dans ma retraite, je suis
« prêt à soumettre ma conduite publique au creuset de la loi ; elle ne
« redoutera jamais cette épreuve, ni le jugement des hommes qui,
« plus que jamais, doit être invariablement fondé sur cette base
« sacrée de la liberté et de l'égalité. »

Le Conseil, à l'unanimité des voix, a témoigné à tous MM. du Directoire que la proclamation vient de suspendre dans sa rigueur, combien il regrete de se voir provisoirement séparé de citoyens qui lui sont si chers à tant de titres ; il les a prié de vouloir bien être persuadés de tous leurs regrets, et combien est flatteuse l'espérance qu'ils conserveront sans cesse de les recevoir dans leur sein. A l'instant, obéissant à la proclamation du Conseil exécutif national, MM. les membres du Conseil se sont fait représenter la loi du 27 mars 1791, ainsi que les procès-verbaux d'élection des administrateurs du département dans les années 1790 et 1791, et suivant lesdites lois et proclamation MM. Comarmond, Mussieu, Romani et Farjon, administrateurs du Conseil, MM. Lecourt, Rouher, Frossard et Servan, administrateurs du Conseil et suppléants du Directoire, ont été proclamés membres du Directoire, et de suite il a été procédé au scrutin pour la nomination d'un suppléant du Procureur Général Syndic, et la pluralité des suffrages s'est réunie en faveur de M. Frossard. M. Janson est rentré et a prié l'assemblée de consigner dans le procès-verbal de sa séance le discours suivant, qu'il a adressé aux membres composant le Conseil.

« MM.

« Enveloppé dans la suspension du Directoire, sans doute parce
« que, ne consultant que mon zèle et mon patriotisme, je me suis
« fréquemment associé à ses travaux, je me soumets à la décision du
« commissaire du Conseil exécutif national, qui m'a désigné comme
« faisant partie du Directoire, et je vais quitter une administration où
« deux fois j'ai été appelé par le suffrage de mes concitoyens.

« Je dois cependant vous déclarer, MM., que je n'abandonne point
« mon poste et que je suis prêt à le reprendre, lorsqu'une autorité
« supérieure m'en imposera le devoir. »

M. Janson retiré, M. Comarmond, prenant la parole, a dit que des raisons majeures l'ayant forcé de donner sa démission de membre du Directoire dès le mois de février dernier, les mêmes motifs subsistant encore et ayant essuyé depuis un accident qui le prive de l'usage de la main droite suivant qu'il est constaté par un certificat de médecin et de chirurgien, adressé le 9 de ce mois à M. le Procureur Général Syndic, pour le dispenser de se rendre à son poste à Lyon, où il n'est venu que pour consulter sur son état et prendre un congé qui le mette à l'abri des peines prononcées par la loi, et lui procure la faculté d'aller aux eaux de Barège ; il a ajouté qu'étant suppléant au tribunal de la campagne de Lyon, il y a incompatibilité entre ces fonctions et celles de membre du Directoire. Par toutes ces considérations, il déclare qu'il ne peut accepter une place au Directoire et demande à se retirer, pour suivre les remèdes que sa santé exige.

A l'instant, M. Farjon a observé que la multiplicité des affaires de sa maison, distante du chef-lieu du département d'environ 20 lieues, nécessitait sa présence journalière ; que ses affaires s'étaient encore accrues par le malheur qu'il avait eu de passer, au mois de décembre dernier, des conventions avec quantité d'ouvriers et fournisseurs, et que la place que la loi semble lui assigner, le mettrait dans le cas de ne pouvoir les exécuter ; que, par surcroît, il s'était vu forcé, au moment où il a eu connaissance de la proclamation du danger de la Patrie, d'abandonner son habitation qui est à découvert, sa femme alitée, un enfant en bas-âge, pour se rendre à son poste ; que ce genre de travail, auquel il est peu propre, le replongerait infailliblement dans la même maladie de poitrine qu'il vient d'essuyer, et dont il n'est sorti qu'en exécutant l'avis de ses médecins d'abandonner son état pour se livrer entièrement à l'agriculture. Par ces motifs bien connus de la majorité de ses collègues, il donne sa démission de la place du Directoire, à laquelle son rang d'ancienneté l'a apelé, offrant de continuer ses fonctions administratives au Conseil du département.

Un de MM. a ensuite fait lecture d'une pétition conçue en ces termes :

« A Messieurs MM. les administrateurs composant le Conseil
« Général du département de Rhône-et-Loire,
« Les citoyens soussignés, demandent individuellement au Conseil
« du département, de leur assigner le jour où il pourra entendre et
« recevoir le compte de la gestion qu'ils ont eu en qualité d'adminis-
« trateurs du Directoire.
« A Lyon, ce 18 août 1792, l'an 4º de la liberté. Signé : Pariat,
« Brunet le jeune, Pavy fils, Mayeuvre, Populle, Lorange.

M. Frossard a déclaré que, se sentant très inférieur aux importantes fonctions du Directoire et toujours déterminé à ne point en accepter le fardeau, il acceptait néanmoins temporairement celles que la proclamation du Conseil exécutif national lui conférait, pour donner à ses concitoyens, dans les circonstances actuelles, des preuves de son patriotisme et de son dévouement, mais que se consacrant, par ses vues et ses désirs, à l'instruction nationale, il déclarait n'entrer dans le Directoire que pendant le danger de la Patrie, et se croirait dégagé de ses engagemens dès qu'elle serait sauvée.

TILLARD DE TIGNY, président. GONON S.-F., secrétaire général.

Le dimanche dix-neuf août 1792, l'an 4º de la Liberté, MM. les administrateurs composant le Conseil Général du département de Rhône-et-Loire, réunis en séance de surveillance permanente, y étant MM. Tillard-Tigny, président, doyen d'âge, Rouher, Ricard, Mauzerand, Ravel, Ferrand, Grand, Chevassu, Lecourt, Desportes, Mussieu, Simonet, Romany, Comarmond, Chavanis, Mathé-Beaurevoir, administrateurs, Frossard, suppléant le Procureur Général Syndic, et Gonon, secrétaire général.

M. Lecourt, l'un des commissaires nommés dans la séance du 16 août présent mois, pour se rendre auprès de M. Montesquiou, général de l'armée du Midi, a fait part de sa mission ; il a présenté la série des questions qui en faisaient l'objet et les réponses que M. le Général y a faites. Le Conseil, après avoir remercié M. Lecourt de son zèle et de son intelligence, a exprimé ses regrets de ne pouvoir, en ce moment, faire partager à M. Lagrange, son digne collègue, l'expression de sa reconnaissance.

Il a été arrêté que l'état des questions et des réponses de M. Montesquiou, déposées sur le bureau, seront transcrites dans ses registres, pour y avoir tel égard qu'il appartiendra, et que copie d'icelles seront délivrées ou expédiées à qui de droit. Suit la teneur dud. état des questions soumises à M. le Général de l'armée du Midi, par les députés du Conseil Général du département de Rhône-et-Loire, le 18 août 1792, l'an 4° de la liberté.

QUESTIONS.	RÉPONSES.
La loi avait fixé le contingent d'hommes à fournir par ce département à 2,500. Savoir :	
Environ 900 pour completter les quatre premiers bataillons .... 900 Pour complément de la troupe de ligne, ci.... 800 Un bataillon .... 800 ───── 2.500	
Le département a fourni jusqu'à ce jour, 2,933 hommes, qui ont été envoyés à Colmar, d'après les ordres du ministre de la guerre.	
Première question.	
Le nombre d'hommes fournis excédant le contingent, faut-il continuer les enrôlemens ?	Oui pour les enrôlemens libres.
Deuxième question.	
A supposer l'affirmative de la 1re question, ne convient-il pas de changer la destination des recrues et de les faire passer à l'armée du Midi ?	Les enrôlemens doivent toujours être faits, à la condition que les enrôlés ont le droit de choisir l'armée où ils veulent servir.

Troisième question.

Quel est le nombre d'hommes dont M. le général de l'armée du Midi peut avoir besoin et qui sont dans le cas d'être fournis par le département de Rhône-et-Loire ?

Ce nombre ne peut être déterminé, puisqu'il peut varier d'un jour à l'autre par les accidens journaliers ; d'ailleurs, il est indifférent, puisqu'il n'est question que d'engagemens libres.

Quatrième question.

S'il ne convient pas de suspendre le départ des grenadiers, chasseurs, dragons et canoniers qui ont été requis, jusqu'à ce que l'on connaisse l'état et le nombre des enrôlés des six districts ?

Il est très important de ne pas suspendre le départ des grenadiers et chasseurs, puisque c'est l'exécution de la seule loi du 25 juillet que j'ai requis et que l'exécution de cette loi n'a rien de commun avec les enrôlemens.

Cinquième question.

Si les enrôlés excèdent le contingent fixé par la loi du 22 juillet, l'excédent ne peut-il pas être employé à remplacer des grenadiers, canoniers, chasseurs et dragons ?

Les grenadiers qui ne peuvent quitter leur domicile peuvent se faire remplacer par des postiches, pourvu qu'ils soient d'âge, de taille et de volonté à porter le nom de grenadiers, et qu'ils soient habillés, armés et équipés.

Id. pour les chasseurs, canoniers et dragons.

Sixième question.

Au lieu de la moitié demandée sur les grenadiers, canoniers, chasseurs et dragons, ne serait-il pas préférable de répartir le contingent d'hommes requis par M. le Général sur toutes les gardes nationales sans distinction ?

Si le nombre de grenadiers que donnera la moitié requise, excède la quantité de 27 compagnies ou 2,400 hommes, on pourra composer avec le département pour se contenter de ce nombre, qui peut suffire en ce moment, mais il n'est pas possible d'éluder la loi.

Septième question.

Si la réquisition faite par le département aux grenadiers, canoniers, chasseurs et dragons, n'avait pas le succès qu'on en attend, quel mode y substituer ?

Il est impossible qu'une réquisition, faite en vertu d'une loi précise, ne produise pas son effet au moment où la Patrie est en danger et le patriotisme sûr ; ainsi, il ne peut être question d'y suppléer.

Observations générales.

1° La réquisition faite par l'arrêté du 9 de ce mois, a produit une grande agitation dans les campagnes.

Les moyens proposés, ou plutôt décidés par l'Assemblée Nationale, ayant mis la qualité des hommes choisis pour défendre la

2° Il y a dans les campagnes peu de grenadiers, canoniers, etc., équipés et armés.

3° La levée dans les campagnes épuisera les bras nécessaires à l'agriculture, et dans les villes, elle énervera les atteliers en enlevant les chefs.

4° La difficulté des subsistances.

Signé : Lagrange et Lecourt.

Patrie au-dessus de la quantité, le vrai moyen de ménager des cultivateurs à la campagne est de s'en tenir à la loi.

A Cessieux, le 18 août 1792, l'an 4° de la Liberté.

Signé : le général de l'armée du Midi,

A. P. Montesquiou.

Plusieurs citoyens grenadiers de différentes sections de la ville de Lyon sont entrés; ils ont présenté des procès-verbaux dressés sur le rassemblement indiqué pour ce jourd'hui, et ils ont requis de connaitre les décisions de M. Montesquiou, général de l'armée du Midi. Sur quoi, ouï le suppléant M. le Procureur Général Syndic, il a été arrêté que ces différens procès-verbaux seraient envoyés au comité Militaire, pour en rendre compte au Conseil, et cependant il a été remis aux différens pétitionnaires une copie certifiée des décisions de M. le général de l'armée du Midi, sur les différentes questions à lui présentées par MM. Lagrange et Lecourt, commissaires nommés pour se rendre auprès de lui.

M. le Président doyen d'âge, a fait part d'une lettre de M. Chevassu, administrateur, dont la teneur suit :

« La Croix-Rousse, le 18 août 1792.

« MM. et chers collègues,

« La loi qui prescrit aux fonctionnaires publics de rester à leur
« poste m'avait laissé un doute sur le poste que j'avais à occuper,
« celui d'administrateur ou celui de juge de paix. MM. les commis-
« saires de l'Assemblée Nationale ont décidé la question, et je me
« vois forcé, à regret, de remplir, dans ce moment d'orage, le poste que
« la loi m'assigne, celui d'officier de police dans mon canton. Je suis
« affligé de ne pouvoir coopérer avec vous à tout le bien que vous
« voulez faire et de ne pouvoir, dans les conjectures présentes,
« m'éclairer de vos lumières et unir mon zèle au vôtre pour le bien
« général.

« Agréez les assurances de mon dévouement fraternel. Signé :
« Chevassu. »

La matière mise en délibération, ouï le suppléant M. le Procureur Général Syndic en ses conclusions, le Conseil, considérant que M. Chevassu paraît avoir opté pour la place d'administrateur, puisque depuis longtemps il en a rempli les fonctions en qualité de suppléant; qu'en cette qualité il a accepté et rempli les fonctions de commissaire au comité Militaire, il a été arrêté que M. le Président écrira à M. Chevassu pour l'inviter à venir reprendre son poste, sa démission, dans les circonstances présentes, ne pouvant être acceptée.

Quatre citoyens se sont présentés avec une adresse revêtue de plusieurs signatures, dont la teneur suit :

« A MM. les commissaires, administrateurs par intérim du
« département de Rhône-et-Loire.

« MM.,

« La cité de Lyon soupirait depuis longtemps pour la réformation
« et le renouvellement d'un département prévaricateur et perfide;
« l'Assemblée Nationale vient enfin de l'exaucer, mais ce nouveau
« bienfait demeurerait stérile si, en expulsant les chefs, elle laissait
« subsister leurs indignes coopérateurs, les complices de toutes leurs
« manœuvres.

« Le nommé Focard a été une preuve frappante de leur manque de
« soin et de délicatesse dans le choix de leurs secrétaires.

« C'est pourquoi les soussignés, citoyens de différentes sections de
« cette ville de Lyon, vous demandent avec instance, MM., le rem-
« placement soudain de tous les secrétaires et commis de l'adminis-
« tration qui vous est confiée, attendu que le vice ne pourrait
« sympathiser avec la vertu la plus pure ». Suivent un grand nombre de
signatures.

TILLARD-DE-TIGNY, président. GONON S. F., secrétaire général.

---

*Le lundi vingt août 1792, l'an 4° de la Liberté, MM. les adminis-
trateurs composant le Conseil du département de Rhône-et-Loire, en
surveillance permanente, réunis en séance, y étant MM. Tillard-
Tigny, président par intérim, Rouher, Ricard, Mauzerand, Ravel,
Ferrand, Grand, Chevassu, Lecourt, Desportes, Mussieu, Simonet,
Romany, Comarmond, Chavanis, Mathé-Beaurevoir, Dubessey-Villechaize, administrateurs, Frossard, faisant les fonctions de procureur
général syndic, et Gonon, secrétaire général.*

Un de MM. a dit que la totalité des signatures des administrateurs au bas de chaque arrêté n'étant prescrite par aucune loi, il paraîtrait convenable d'arrêter que les décisions ne fussent plus signées que par le président et le secrétaire général ; d'autant mieux que les signatures font perdre un temps considérable et très précieux à l'administration. La justesse de cette observation, fondée sur l'emploi d'un temps utile aux expéditions des affaires, a déterminé le Conseil à arrêter, après avoir ouï le suppléant M. le Procureur Général Syndic, qu'à compter de ce jour M. le Président signera seul les minutes des arrêtés, qui seront contresignés par le secrétaire général.

L'un de MM. les commissaires nommés par le Conseil pour aller présenter à MM. les députés commissaires de l'Assemblée Nationale à l'armée du Midi diverses questions relatives au remplacement des membres du Directoire, en exécution de la proclamation du Conseil exécutif national, a rendu compte de l'objet de leur mission. Le Conseil, approuvant la conduite de MM. les commissaires, leur en a témoigné sa satisfaction.

M. Vitet, maire de Lyon, est entré ; il a dit qu'il était chargé de requérir l'enregistrement d'un décret dont la teneur suit :

« Décret de l'assemblée du 15 août 1792, l'an 4° de la Liberté.

« L'Assemblée Nationale décrète :

Article premier.

« Que le Directoire du département de Rhône-et-Loire et le Procu-
« reur Général Syndic de ce département sont destitués.

Art. 2.

« Qu'elle approuve la conduite de la municipalité de Lyon.

Art. 3.

« Que M. Chalier, officier municipal, est renvoyé avec honneur
« dans ses fonctions.
   « Mandons et ordonnons à tous les corps administratifs et tribu-
« naux que les présentes ils fassent consigner dans leurs registres,
« lire, publier et afficher dans leurs départemens et ressorts respectifs
« et exécuter comme loi du Royaume.
   « En foi de quoi nous avons apposé à cesdites présentes le sceau
« de l'Etat. A Paris, le 15° jour du mois d'août 1792, l'an 4° de la
« Liberté.
   « En vertu du décret du 10 août 1792, l'an 4° de la Liberté, au
   « nom de la Nation. Signé : Danton; certifié conforme à
   « l'original. Signé : Danton. »

Lecture faite dudit décret numéroté 2073, sur la réquisition de M. le Procureur Général Syndic, il a été arrêté qu'il sera imprimé, adressé aux districts, et par eux transmis aux municipalités de leurs ressorts, pour être pareillement consigné sur leurs registres respectifs, lu, publié, affiché et exécuté suivant sa forme et teneur.

Après que ces formalités ont été remplies, M. le Maire, en quittant le lieu des séances, a dit que les suppléants du Directoire et les autres administrateurs qui avaient signé des actes du Directoire étaient compris dans la suspension prononcée par la proclamation du Conseil exécutif national, en date du 14 du courant; qu'il avait des instructions particulières qui lui annonçaient ces dispositions; qu'ainsi, ceux qui étaient présens à la séance devaient se retirer. Vérification faite des suppléants et autres administrateurs qui avaient signé des actes du Directoire, il a été reconnu que trois des quatre suppléants et trois administrateurs du Conseil avaient signé des actes du Directoire temporairement, et à des époques où ils avaient été apellés pour suppléer des membres du Directoire absents pour cause de maladie, députation ou autres motifs; que le second et le quatrième suppléant avaient signé des actes du Directoire avant le 1ᵉʳ mai dernier et depuis; qu'à l'égard du premier suppléant et des trois administrateurs du Conseil, ils n'avaient commencé à signer des actes du Directoire qu'à compter du premier may, seulement par intervalles et lorsqu'ils avaient été appelés pour suppléer des membres absents. Ces six administrateurs ont déclaré que, soumis à la loi et aux autorités constituées, ils étaient prêts de se retirer à l'instant, jusqu'à la décision de l'Assemblée Nationale et du Conseil exécutif national, aux offres qu'ils font chacun individuellement de reprendre leur poste et d'en remplir les fonctions avec assiduité, courage et civisme, du moment où il sera réglé que la proclamation du 14 de ce mois n'a aucune application à leur égard. La matière mise en délibération et les six administrateurs ci-dessus s'étant abstenus de voter, ni d'y prendre part, le Conseil du département, considérant 1° que la proclamation du 14 de ce mois ne prononce de suspension que contre le Directoire et le Procureur Général Syndic, sans faire mention directement ni indirectement des suppléants et autres administrateurs qui auraient signé des actes du Directoire; qu'elle apelle, au contraire, ces suppléants à remplacer les membres du Directoire suspendu; 2° que l'administration en ayant référé sur cette question, ce matin, par une députation de quatre de ses membres auprès des trois députés de l'Assemblée Nationale, commissaires nommés pour les départemens du Midi, qui se trouvent actuellement à Lyon, ces commissaires ont répondu que leur opinion était que la suspension ne s'appliquait qu'aux membres du Directoire, au Procureur Général Syndic et non aux suppléants et autres administrateurs qui pouvaient avoir signé temporairement des actes du Directoire; mais que, pour lever toute espèce de doute, il était convenable d'en référer au Conseil exécutif national; 3° considérant que si les trois suppléants et les trois administrateurs qui ont signé temporairement des actes du Directoire, sont dans le cas de la suspension prononcée par la proclamation du 14 présent mois, l'administration, qui était composée de 36 membres, va se trouver réduite à 15. Voici comment on le démontre : 1° M. Orizel l'aîné, de Montbrison, a donné sa démission au moment de sa nomination; 2° M. Gonon St-Fresne, administrateur, a donné sa démission et il a été ensuite nommé à la place de secrétaire général; 3° huit membres qui composaient le Directoire, suspendu et déjà retiré; 4° le Procureur Général Syndic, suspendu et retiré; 5° le président du Conseil, qui fut invité par M. le maire, commissaire nommé pour l'exécution de la proclamation du 14 de ce mois, de se retirer et qui quitta la séance à l'instant; 6° les trois suppléants et les trois administrateurs du Conseil, qui ont signé temporairement des actes du Directoire; 7° M. Laroa-Faveranges, juge de paix de St-Victor-sur-Loire, absent pour cause de maladie; 8° M. Jean-Louis Richard, administrateur du conseil, ci-devant député à l'Assemblée Nationale, absent pour cause de maladie; 9° M. Jean-Baptiste Dugas, absent pour cause de maladie, et qui n'a pas paru à l'administration depuis plus d'une année, total, 20 administrateurs, outre le Procureur Général Syndic; par conséquent, il ne resterait que 16 membres pour composer l'administration du Conseil et du Directoire, nombre absolument insuffisant pour faire face aux opérations considérables de cette administration. M. Frossard, faisant les fonctions de suppléant le Procureur Général Syndic ouï en ses conclusions, il a été arrêté qu'il en sera référé, sans délai, à l'Assemblée Nationale et au Conseil du pouvoir exécutif national, sur la question de savoir si la proclamation du 14 du courant s'applique, ou non, au Président du Conseil, aux trois suppléants et aux trois administrateurs qui ont signé temporairement des actes du Directoire, et sur la nécessité urgente et indispensable de pourvoir au remplacement des membres retirés pour cause de suspension, maladie et autres ci-dessus expliquées. L'Assemblée Nationale et le pouvoir exécutif national sont instamment priés de prendre en grande et pressante considération les motifs ci-dessus, le département de Rhône-et-Loire comportant six districts, 606 municipalités, une population de plus de 600 mille âmes, dans une étendue de 270 lieues quarées.

L'un de MM. a fait lecture d'un projet d'adresse aux citoyens, concernant les décisions données par M. le général de l'armée du Midi, sur les questions qui lui ont été proposées par MM. les commissaires de l'administration, sur l'exécution de sa réquisition de la moitié des compagnies des grenadiers, chasseurs, dragons et canoniers des gardes nationales du département. Lecture faite de lad. adresse, M. Frossard, faisant les fonctions de Procureur Général Syndic, ouï en ses conclusions, elle a été adoptée à l'unanimité, ainsi qu'il suit :

« Concitoyens,

« Dès l'instant que nous reçumes la réquisition de M. Montesquiou,
« général en chef de l'armée du Midi, par laquelle, en vertu de la loi
« du 25 juillet dernier, il apellait à lui la moitié des grenadiers,
« dragons, chasseurs et canoniers du département, connaissant votre
« courage, votre patriotisme, nous ne doutâmes point de votre zèle à
« voler où le salut public vous assignait un poste.

« Mais, en même temps, nous fûmes alarmés des suites que
« pourrait avoir le départ d'un nombre si considérable de braves
« citoyens, et plusieurs conseils de district nous ont confirmé dans
« nos craintes. L'agriculture, le commerce et les arts auraient perdu
« un grand nombre de bras robustes et exercés.

« Ce départ aurait pu donner lieu à des mouvemens désordonnés,
« à des actes violents, que l'effervescence opère et que déplore
« bientôt la réflexion. Les subsistances, dont la proximité des camps
« et la médiocrité des récoltes ont haussé le prix, auraient encore
« augmenté de valeur. Cette ardeur si généreuse, cet élan si sublime
« vers les remparts de la Patrie, auraient livré des femmes, des enfants,
« aux plus cruelles inquiétudes. Nous avons donc cherché à adoucir
« la rigueur de cette loi, sans douter un instant de votre zèle à lui
« obéir dans toute sa latitude. L'administration a envoyé deux députés
« à M. Montesquiou ; ils ont conféré avec ce général et MM. les
« commissaires de l'Assemblée Nationale qui étaient au camp ; ils ont
« proposé des questions claires et précises ; ils ont rapporté les
« réponses les plus satisfaisantes.

« Ils ont demandé, quoiqu'ils n'en doutassent point, si le départe-
« ment ayant déjà fourni fort au-delà du contingent que lui avaient
« fixé les représentans de la Nation, on pouvait recevoir de nouveaux
« enrôlemens

« M. Montesquiou a répondu que les engagemens libres doivent
« toujours être reçus ; de sorte que les citoyens qui se destineront
« 1° à complèter les bataillons nationaux ; 2° à en former de nou-
« veaux ; 3° au service de la troupe de ligne ; 4° aux compagnies de
« vétérans ; 5° aux compagnies franches ; 6° à entrer dans la gen-
« darmerie nationale, continueront à avoir le choix, et du corps où
« ils voudront servir et de l'armée où ils désireront rejoindre les
« drapeaux de la Liberté.

« Ils ont demandé encore, si le départ des grenadiers, chasseurs,
« dragons et canoniers ne pourrait pas être suspendu jusqu'à ce que
« l'on connût l'état et le nombre des enrôlés des six districts ; si les
« enrôlés excédant le contingent fixé par la loi du 25 juillet, ils ne
« pourraient pas être admis à remplacer les grenadiers, etc., requis ;
« si au lieu de la moitié demandée, et dont le nombre ne saurait être
« évalué avec précision, il ne serait pas possible de fixer un contingent
« déterminé.

« Le général a répondu que la loi du 25 juillet devait avoir sa

« prompte exécution ; que les grenadiers, dragons, chasseurs et
« canoniers qui ne pourraient pas quitter leur domicile auraient la
« faculté de se faire remplacer par des citoyens armés, habillés,
« équipés, d'âge et de taille à porter ce nom là ; enfin, que si le
« nombre de grenadiers, chasseurs, etc., que donnera la moitié
« requise, excède 27 compagnies ou 2400 hommes, on pourra com-
« poser avec le département pour se contenter, quant à présent, de ce
« nombre.

« Il résulte, nos chers concitoyens, de ces éclaircissemens, qu'il faut
« au général de l'armée du Midi la moitié des grenadiers, chasseurs,
« dragons et canoniers du département ; que cependant, calculant ses
« besoins actuels et connaissant combien le département a déjà offert à
« la Patrie de braves défenseurs, il se contentera dans le moment de
« 2400 hommes ; que les citoyens apellés par la loi à former ce
« contingent, si les circonstances ne leur permettent pas de servir
« eux-mêmes la Patrie dans la plus juste des guerres, pourront se
« faire remplacer par des hommes sains et robustes, ayant l'âge et la
« taille requis pour ce service, armés, équipés et habillés aux frais de
« ceux qu'ils suppléeront ; mais que la loi doit être observée et le
« départ pour le camp de Bourgoin effectué dans le délai prescrit. En
« conséquence de ces éclaircissemens, le Conseil du département,
« empressé de concilier le zèle des citoyens avec l'urgence des circons-
« tances, a fixé, sans délai, le contingent de chaque district à répartir
« promptement le leur entre les compagnies. Il serait difficile d'ap-
« précier ce qu'aurait produit la moitié requise ; le général l'a réduite
« à 2400 hommes ; ce fardeau est moins onéreux, si l'on peut donner
« ce nom au devoir sacré de défendre ce qu'on a de plus cher, la liberté
« et l'égalité, sa personne, ses propriétés, sa famille, ses amis et la
« gloire du nom français.

« Nous ne pouvons nous refuser à la satisfaction de dire ici que
« les citoyens de notre département, quand le contingent de 2400 hom-
« mes sera parti, auront fourni à la Nation 8500 hommes en activité
« de service dans l'armée.

« Citoyens que le mode fixé par votre choix a désignés pour
« rejoindre nos étendarts, si les circonstances vous permettent ce
« dévouement, l'honneur vous en fera une loi. Ce mot ne fut jamais
« prononcé en vain devant un Français, il le sera bien moins pour
« vous qui êtes appellés à combattre, non pour le plaisir, le caprice ou
« l'orgueil d'un despote, mais pour éterniser les droits de l'homme,
« pour protéger l'arbre de la liberté, pour consolider l'édifice de la
« Révolution.

« Vous, que des liens puissans retiennent dans vos foyers, pères
« de famille, chefs d'atteliers, agriculteurs, dont l'absence frapperait
« les manufactures d'inertie et les champs de stérilité, si ces causes
« bien légitimes fixent des limites à votre courage, empressez-vous, en
« les respectant, de procurer à la Patrie un brave deffenseur. Vous ne
« regarderez point comme un sacrifice de lui fournir tout ce qui sera
« nécessaire à son équipement. Vous prendrez soin surtout qu'il soit
« digne de votre confiance par ses principes, son civisme et son
« courage.

« Vous, dont le patriotisme applanit tous les obstacles, vous qui,
« tout au serment de vivre libres ou de mourir, allez consacrer à la
« Patrie et votre bras et votre sang, si son salut le demande, intré-

« pides soldats de la liberté, notre confiance et nos vœux vous accom-
« pagneront dans le champ de la victoire. Par vous, les satellites du
« despotisme seront dispersés ; par vous, nos cités et nos hameaux
« seront préservés de toute attaque étrangère et de toute commotion
« intérieure. La victoire marchera sur vos pas, et avec elle la paix, le
« règne des lois, la sûreté publique, la prospérité nationale. Votre
« zèle obtiendra à tout le département la déclaration honorable qu'il
« a bien mérité de la Patrie. Votre retour, avec la palme du triomphe,
« sera un jour de fête et d'allégresse. Nous dirons, en vous recevant
« dans nos bras : « Voilà nos deffenseurs, nous leur devons la vie,
« nous leur devons la liberté ». Ce dernier mot sera la mesure de notre
« reconnaissance.

« Et vous, pères de famille, fonctionnaires publics, citoyens dont les
« enfans, dont les parens, dont les amis couvrent maintenant nos fron-
« tières ou se préparent à y voler, vous avez aussi des devoirs bien
« importants, bien sacrés à remplir. Vos augustes représentans,
« dignes de toute votre confiance, ont juré de sauver la Patrie. Le
« Conseil du département vient de prononcer le serment solennel de
« maintenir la liberté et l'égalité et de mourir, s'il le faut, en les
« défendant. Vous allez tous le répéter, dimanche prochain, dans les
« assemblées primaires, en exerçant la plus auguste fonction, celle de la
« souveraineté nationale. Pénétrez-vous fortement de tous les devoirs
« que ce vœu vous impose. Point de vraie liberté sans patriotisme,
« sans respect pour les lois. La justice élève les nations, les dissen-
« tions politiques, la violation des principes du droit naturel et de la
« morale, les précipitent dans une dissolution inévitable. Confiez-vous
« à l'Assemblée Nationale, dont tous les décrets ont pour sceau et
« votre salut et votre bonheur. Confiez vous en vos magistrats, qui les
« feront exécuter avec la plus active célérité, et qui mourront à leur
« poste plutôt que de composer avec leurs devoirs. Surveillez tous
« ceux qui secoueraient autour de vous le brandon du fanatisme ou le
« glaive de la discorde.

« Le Corps législatif vient de porter une loi de sûreté générale qui
« remet aux corps administratifs et municipaux le soin de s'assurer de
« tous ceux qui viendraient à troubler l'ordre public. C'est à eux qu'il
« faut les dénoncer, et comptez sur leur zèle ; mais frémissez à la
« pensée de tremper vos mains dans le sang d'un de vos frères, fût-il
« mille fois coupable. Loin de vous déshonorer par aucun forfait,
« regardez comme un ennemi de la Patrie, celui qui aurait l'audace
« de vous conseiller le meurtre, l'incendie ou le pillage. Voulez-vous
« qu'on respecte votre vie ? craignez d'attenter à celle d'aucun de vos
« frères. Voulez-vous conserver vos propriétés ? que celles d'autrui
« soient pour vous sacrées et inviolables. Celui-là est sans doute
« bien scélérat, qui emprunte le nom de Dieu ou celui de la Patrie
« pour disposer à l'assassinat ou à la dévastation ; mais la loi doit
« seule le frapper de son glaive ; c'est à elle à donner de grands
« exemples ; c'est au citoyen vertueux à lui remettre le soin de sa
« vengeance.

« Encore quelques instans et les cohortes sacrilèges de la servitude,
« déjà défaites en plusieurs combats, renonceront à leurs perfides
« projets. Les tyrans d'Outre-Rhin voient déjà en frémissant que
« partout la liberté est chérie. Leurs soldats quittent les rangs du
« despotisme, pour venir garnir les bataillons de la liberté. Leurs

« généraux ne comptent plus ni sur la trahison, ni sur la guerre civile.
« Eh! quelle force pourraient-ils opposer à notre courage, si tous les
« patriotes sont frères, si le même moteur les anime, s'ils ont con-
« fiance en leurs représentans, leurs chefs et leurs magistrats? De
« terribles complots avaient été ourdis, la Providence, qui veille
« sans cesse sur nous, vient de les dissiper. Aidons-là, non seulement
« par notre intrépidité, mais par notre union, par notre générosité,
« par notre inébranlable attachement aux lois de la justice et au pacte
« social. Ainsi nous nous concilierons l'estime de toute l'Europe ;
« ainsi nous enflammerons le courage de nos braves déffenseurs ; ainsi
« nous frapperons d'immobilité les phalanges du despotisme ; ainsi
« nous forcerons nos ennemis intérieurs à renoncer à leurs projets
« de fanatisme, de trahison et de sédition; ainsi nous fixerons
« dans nos cités, dans nos atteliers, dans nos hameaux, l'abon-
« dance et la paix, le bonheur domestique et la prospérité gé-
« nérale. »

Le Conseil du département, dirigé par les considérations énoncées dans l'adresse ci-dessus, considérant encore que la répartition des 2400 hommes doit être faite suivant la loi, en raison de la population individuelle de chaque district ; considérant enfin que celle du Directoire du département, dans sa séance du 4 août, relative au 800 volontaires, a été calculée à l'égard des districts de Lyon et de St-Etienne, sur d'autres bases, parce qu'un grand nombre de citoyens s'étant engagés dans ces deux districts, préalablement à cet arrêté, le Directoire a cru devoir faire participer la campagne d'un avantage proportionné à cet empressement, ouï un de MM., faisant les fonctions de Procureur Général Syndic, en ses conclusions, il a été arrêté 1° que les 2400 grenadiers, chasseurs, dragons et canoniers demandés, pour le présent, par M. Montesquiou, général en chef de l'armée du Midi, par la décision qu'il a donnée à MM. les commissaires du département, le 18 du présent mois, seront répartis ainsi qu'il suit entre les six districts, savoir : 1er district de Lyon, 600 hommes ; 2° district de St-Etienne, 400 hommes ; 3° district de Montbrison, 350 hommes ; 4° district de la Campagne de Lyon, 350 hommes ; 5° district de Villefranche, 350 hommes ; 6° district de Roanne, 350 hommes ; total, 2400 hommes ; 2° les deux mille quatre cents hommes ci-dessus mentionnés partiront pour le camp de Cessieux, près Bourgoin, le jour fixé par l'arrêté du Conseil du département, du 9 août, armés, équipés et habillés à leurs frais, à l'exception de ceux des districts de Lyon et de la campagne de Lyon, qui, vu le court délai, ne partiront que le mercredi 29 août ; 3° les districts feront la répartition du nombre d'hommes qui leur est demandé, dans la forme la plus prompte et les proportions que leur sagesse jugera les plus convenables aux localités ; 4° les procureurs syndics des districts aviseront, sous huit jours, le suppléant du Procureur Général Syndic du département, de l'exécution de l'arrêté du 9 août. Le présent arrêté sera imprimé, envoyé aux districts et, par eux, transmis aux municipalités de leurs ressorts, pour être lu, publié, affiché et exécuté suivant sa forme et teneur, et un exemplaire d'icelui envoyé à chaque chef de légion et commandant de bataillon ; ce dont les procureurs des communes certifieront aux procureurs syndics des districts et ceux-ci au suppléant du Procureur Général Syndic, qui en rendra compte au Conseil du département.

TILLARD DE TIGNY, président. GONON S.-F., secrétaire général.

Le mardi vingt-un août 1792, l'an 4e de la Liberté, MM. les administrateurs composant le Conseil Général du département de Rhône-et-Loire, en surveillance permanente, réunis en séance, y étant MM. Tillard-Tigny, président par intérim, Mauzerand, Ravel, Ferrand, Grand, Desportes, Mussieu, Romany, Comarmond, Chavanis, Mathé-Beaurevoir, Dubessey-Villechaise, administrateurs, Frossard, faisant les fonctions de procureur général syndic, et Gonon, secrétaire général.

M. le Commandant général de la garde nationale, accompagné de 4 chefs de légion, de trois adjudans généraux et d'un sous-adjudant, tous de la garde nationale de la ville de Lyon, se sont présentés pour faire visite au Conseil du département. Ils ont témoigné tout le zèle qui les anime pour le maintien de la liberté et de l'égalité et ils ont protesté de leur obéissance aux autorités constituées, dans l'exécution des ordres qu'ils recevront légalement pour défendre les personnes et les propriétés. Le Conseil, applaudissant au patriotisme de MM. les officiers en chef, leur a témoigné toute sa satisfaction par l'organe de M. le Président.

MM. Pressavin, substitut du procureur de la commune, et Perret, officier municipal de Lyon, sont entrés. Ils ont représenté qu'il est survenu quelque difficulté pour l'arrivée des grains et farines destinés pour la consommation de cette ville; que la municipalité a envoyé deux commissaires sur les lieux, pour faire lever les difficultés; mais qu'en attendant, elle prie le Conseil de vouloir autoriser la municipalité à prendre, sur le contingent accordé au district de Lyon, dans la quantité du bled que le Directoire a demandé et que le ministre a accordé par forme de secours aux six districts de ce département telle quantité de sacs qu'elle jugera convenable à ses besoins, aux offres que la municipalité fait de rétablir, dans les greniers où sont déposés lesdits bleds, l'excédent de son contingent, si les circonstances impérieuses obligent la municipalité à prendre cet excédent. Le Conseil, saisissant avec empressement cette occasion de venir au secours des circonstances, après avoir ouï M. Frossard, faisant les fonctions de Procureur Général Syndic, autorise la municipalité de Lyon à prendre, dans les greniers où sont déposés les grains ci-dessus désignés, la quantité de bled qu'elle jugera nécessaire sur la portion afférente au district de la ville de Lyon, à la charge par elle de rétablir, suivant son offre, l'excédent de la quantité qui, dans le partage, aura été mis à la disposition du district de Lyon.

M. Frossard, faisant les fonctions de Procureur Général Syndic, a dit:

« MM.

« La journée du 10 août formera une époque mémorable dans les
« fastes de la Révolution française. Les complots les plus odieux ont
« été déjoués; l'aristocratie a été forcée dans ses derniers retranche-

« mens, et le peuple est sorti vainqueur d'une lutte dont l'issue
« méditée devait anéantir ses droits, ses défenseurs, sa liberté.
« Inébranlable au milieu des plus imminents dangers, le Corps
« Législatif, loin de penser à son salut, ne s'est occupé que de celui
« de la Patrie; il a juré de la sauver, et, déjà, il a accompli ce serment
« par sa contenance héroïque et ses sages dispositions, son sublime
« appel à la souveraineté nationale.

« Il a pris un autre engagement non moins sacré, celui de maintenir
« la liberté et l'égalité ou de mourir en les défendant. Répétons-le,
« MM., avec nos courageux représentans, avec tous les vrais
« citoyens. La liberté, l'égalité, voilà les deux colones qui soutien-
« dront désormais notre système social; voilà le garant certain de
« l'observation des grands principes de la morale, du retour de la
« paix, de la prospérité universelle. Il n'appartient qu'à l'esclave
« égoïste et présomptueux de croire tout posséder quand il a de l'or.
« Un peuple libre est invincible, quand il a des vertus et du feu; le
« véritable ami de la liberté, de l'égalité est toujours un bon soldat,
« un bon citoyen, un bon magistrat; la plus violente des passions
« humaines, l'orgueil, ne le tourmente plus; revêtu d'une autorité
« temporaire, il ne chérit en elle que la faculté de concourir puissam-
« ment au bonheur général; frère de tous, il ne gouverne que le
« sceptre des lois, et, rentré dans la vie privée, il n'ambitionne d'autre
« souvenir de son administration que celui du bien qu'il a fait et de
« l'estime qu'il a méritée.

« La publicité des séances des corps administratifs est la sauve-
« garde des droits du peuple. Par elle, les fonctionnaires vraiment
« patriotes sont maîtres de l'opinion publique, s'ils méritent la con-
« fiance par leurs principes et leurs vertus, le secret, si digne d'inspirer
« les plus justes défiances, n'est point pour le nouvel ordre de choses.
« Ouvrons donc les portes de notre Conseil; invitons-y tous nos
« administrés et fixons, pour cette intéressante convocation, le
« moment très prochain où, selon nos vœux, notre administration
« sera transportée au centre de la cité, et où nous aurons à notre
« disposition une salle assez vaste pour contenir un grand nombre de
« citoyens. Nos principes sont trop purs, notre patriotisme trop vrai,
« pour ne pas être impatiens d'avoir pour témoins de nos travaux tous
« ceux qui, comme nous, ne seront heureux que par le triomphe de
« la liberté, le bonheur du peuple, le retour de la paix et la gloire du
« nom français.

« D'après ces principes, je requiers, etc. »

Sur quoi, la matière mise en délibération, le Conseil du département, considérant que l'Assemblée Nationale, par l'héroïsme de sa
contenance et les sages mesures qu'elle a prises le 10 août et suivants,
pour la sûreté générale de l'empire, a sauvé la Patrie; que le serment
prononcé par elle de maintenir la liberté et l'égalité ou de mourir en
les défendant, doit être répété par tous les vrais patriotes, par tous
les vrais Français; qu'une administration forte de son civisme, de ses
intentions, doit se hater de s'environner de la confiance publique, en
rendant tous ses concitoyens témoins de ses travaux et de ses délibérations, a arrêté d'une voix unanime 1° que le Conseil enverra, par
le courrier de ce jour, à l'Assemblée Nationale, une adresse d'adhésion
à toutes les lois qu'elle a rendues, depuis le 10 août, sur la sûreté

générale de l'empire; 2° qu'elle prononcera sans désemparer et fera prêter à tous les chefs et commis de ses bureaux, le serment de maintenir la liberté et l'égalité ou de mourir en les défendant; 3° que ses séances seront publiques à l'époque très prochaine de sa translation à l'hôtel commun.

Et de suite, tous MM. composant le Conseil du département, présens à la séance, ont prêté le serment mentionné dans l'article 2° ci-dessus.

Et à l'instant, MM. Duparc, Poujols, Anglès, Chenavier, Chintron, Tournachon, Girod, Blond, Guigoud, Foillot, Mussy, Teste, Garnier, Doniols, Dallemagne, Forcrand, Ganin, Gabriel et Roze, ce dernier, absent par congé, ayant envoyé son adhésion, se sont présentés comme chefs, sous-chefs et commis dans les bureaux du département, et ont prêté le serment prescrit dans l'article 2 ci-dessus.

L'un de MM. a fait lecture d'une dénonciation signée Dubessey, grenadier, et Dumas, canonier, contre les prêtres de la congrégation du St-Sacrement, dit de l'Hermitage, à Noirétable, comme fomentant des troubles, etc. Les pétitionnaires demandent que ce rassemblement de prêtres rebelles soit expulsé, les scellés apposés sur leurs effets et papiers, etc. La matière mise en délibération, le Conseil, considérant que la loi du 8 juillet 1792 impose à tous les citoyens l'obligation d'une surveillance active et constante et que c'est aux autorités constituées à chercher, soit dans les moyens ordinaires, soit dans les moyens extraordinaires de la police générale, qui leur est attribuée, ceux qu'il importe de préférer; considérant qu'il existe, dans un lieu apellé l'Hermitage, canton de Cervières, district de Montbrison, un rassemblement de prêtres insermentés qui, par des émissaires et des libelles qu'ils disséminent avec profusion dans les campagnes, attirent chez eux et dans leur église les citoyens des paroisses voisines; considérant que ces prêtres rebelles prêchent, les fêtes et dimanches, à ceux qu'ils ont rassemblés la désobéissance aux lois et aux autorités constituées, de manière à leur ravir le respect et la confiance du peuple; considérant que la religion est le prétexte qu'ils emploient pour jeter l'allarme dans les consciences faibles et faire persécuter les prêtres constitutionnels des environs; considérant le danger qu'il y aurait de laisser exister plus longtemps cette troupe fanatique au milieu des bois, sur les frontières de ce département d'avec celui du Puy-de-Dôme; ouï M. Frossard, faisant les fonctions de Procureur Général Syndic, il a été arrêté 1° que le conseil général du district de Montbrison sera tenu de vérifier sur le champ, et sous sa responsabilité, les délits énoncés; 2° que, provisoirement et en cas d'attroupements, il est autorisé à prendre toutes les mesures que la loi indique et qu'il croira nécessaires pour les dissiper; 3° et enfin que, sous la même responsabilité, il sera tenu de donner, dans trois jours, son avis à l'administration du département.

Un de MM. a représenté que des exoines justifient d'infirmités majeures qui empêchent MM. Comarmond, Mussieu et Chavanis de rester au Directoire. La matière mise en délibération, ouï M. Frossard, faisant les fonctions de Procureur Général Syndic, il a été procédé à un nouveau scrutin pour la formation des membres du Directoire, et le résultat a décidé la pluralité des suffrages en faveur de MM. Romany, Desportes, Ferrand, qui ont accepté, et de M. Mauzerand, absent de cette séance, et enfin de M. Simonet, qui a aussi accepté.

MM. Farjon, Moissonnier et Rullet-Lamurette, pour donner des preuves de leur patriotisme, ont déclaré que, quelque fussent leurs raisons de se dispenser d'accepter, ils ont offert de remplir les fonctions de suppléants jusqu'à ce que l'Assemblée Nationale ait prononcé sur l'admission ou l'inadmission au Directoire de MM. Lecourt, Rouher, Chevassu, en leur qualité de suppléants.

TILLARD DE TIGNY, président. GONON S.-F., secrétaire général.

Le mercredi vingt-deux août 1792, l'an 4e de la Liberté, MM. les administrateurs composant le Conseil Général du département de Rhône-et-Loire, en surveillance permanente, réunis en séance, y étant MM. Tillard-Tigny, président par intérim, Mauzerand, Ravel, Ferrand, Grand, Desportes, Mussieu, Romany, Comarmond, Chavanis, Mathé-Beaurevoir, Dubessey-Villechaise, administrateurs, Frossard, faisant les fonctions de procureur général syndic, et Gonon, secrétaire général.

Deux officiers municipaux et deux notables de la commune de Lyon sont entrés. Ils ont témoigné tout l'empressement que le conseil général de la commune les a chargé de rendre au Conseil du département, pour concerter ensemble les moyens d'obvier aux dangers de la patrie, en présentant aux citoyens de Lyon un point central de forces, d'union et de combinaison. Le Conseil a remercié MM. les députés de la commune de Lyon, et il leur a été observé que le Conseil avait pris un arrêté, le 14 de ce mois, qui constatait de ses intentions, et que cet arrêté a dû leur être communiqué par le district. Le Conseil a encore assuré MM. les députés que, dans toutes les circonstances, le département se ferait un devoir de se concerter avec la commune, pour maintenir la paix, l'obéissance aux lois et assurer le bonheur de leurs administrés. Ces MM. retirés, la matière mise en délibération, il a été arrêté, après avoir ouï M. Frossard, faisant les fonctions de Procureur Général Syndic, en ses conclusions, qu'il sera fait une députation de quatre membres pour se rendre au conseil général de la commune, pour lui exprimer les sentimens de confraternité qui animent l'administration du département; il a été arrêté, en outre, que ces quatre commissaires se concerteraient avec les commissaires que la municipalité nommerait, pour vérifier la possibilité de loger le département à la maison commune.

Procédant ensuite au choix de ces commissaires, MM. Frossard, Desportes, Farjon et Ricard ont été nommés, et ils ont accepté.

TILLARD DE TIGNY, président. GONON S.-F., secrétaire général.

Le jeudi vingt-trois août 1792, l'an 4e de la Liberté, MM. les administrateurs composant le Conseil Général du département de Rhône-et-Loire, en surveillance permanente, réunis en séance, y étant MM. Tillard-Tigny, président par intérim, Mauzerand, Ravel, Ferrand, Grand, Desportes, Mussieu, Romany, Comarmond, Chavanis, Mathé-

Beaurevoir, Dubessey-Villechaize, Simonet, administrateurs, Frossard, faisant les fonctions de procureur général syndic, et Gonon, secrétaire général.

MM. les commissaires, nommés à la séance d'hier pour se rendre à la municipalité, ont rendu compte de leur mission. Le Conseil a remercié MM. les commissaires et les a prié de rédiger un projet d'arrêté sur la translation des bureaux de l'administration à l'hôtel commun, pour, sur le rapport qui en sera fait au Conseil, être pris sur icelui le parti qui sera jugé convenable.

Un de MM. a dit que la retraite de MM. Olivier frères, chefs du bureau national, ecclésiastique et judiciaire, laissant à l'administration la faculté de leur substituer un chef de bureau qui puisse les remplacer, sur la proposition qui a été faite de nommer à cette place M. Ferrand, secrétaire du district de la ville de Lyon, cette proposition a été acceptée à l'unanimité des voix. En conséquence, le Conseil a prié M. Ferrand, administrateur, son frère, de vouloir lui faire part de la décision du Conseil.

Le conseil du département, consulté par la municipalité de Trélins (1), district de Montbrison, sur la question de savoir si les ecclésiastiques, célibataires, doivent être portés dans la matrice du rôle, à la classe supérieure à celle où ils doivent être à raison de leur loyer. Le Conseil, considérant que la loi de l'égalité et celle qui permet le mariage des prêtres, sollicitent à l'envi que ceux-ci payent autant que leurs concitoyens ; ouï M. Frossard, faisant les fonctions de Procureur Général Syndic, il a été arrêté que les ecclésiastiques célibataires doivent être portés dans la matrice de rôle à la classe supérieure à celle où ils doivent être à raison de leur loyer.

Le Conseil, après avoir entendu la pétition du s^r Claude-Madelaine Mathé, juge de paix et de police du canton de St-Germain-Laval, district de Roanne, un des membres de cette administration, tendant à être renvoyé à son poste de juge de paix, pour lequel il aurait opté dès le moment de la promulgation de la loi qui déclare la patrie en danger, et ce conformément à la loi qui ordonne que les juges des tribunaux de district, ceux des tribunaux criminels et les juges de paix ne pourront s'éloigner ni être éloignés de leur poste ; d'après l'exposé du s^r Mathé, par lequel il est constant qu'il est d'une plus grande utilité à son poste de juge de paix qu'à l'administration du département, le Conseil, considérant que la surveillance de juge de police est dans ce moment très conséquente, surtout dans les campagnes ; ouï M. Frossard, faisant les fonctions de Procureur Général Syndic, en ses conclusions, il a été arrêté que, suivant l'article 2 de la loi des 4 et 5 juillet dernier, qui ordonne qu'aucun fonctionnaire public ne pourra s'éloigner ni rester éloigné de son poste, le Conseil acquiesce à l'option faite par M. Mathé, lequel est autorisé à se retirer au plutôt à son poste de juge de paix, pour en remplir les fonctions importantes et notamment celles de police correctionnelle et de sûreté, attendu la nécessité des circonstances.

M. le Président a fait lecture d'une lettre du district de Montbrison, en date du 22 de ce mois, par laquelle cette administration fait le détail le plus allarmant des dégâts que commettent des rassemblemens d'hommes armés, sans cependant désigner aucun fait particulier,

---

(1) *Il y avait d'abord :* Arthun.

ce district finit par demander des moyens répressifs. Sur quoi, ouï M. faisant les fonctions de Procureur Général Syndic en ses conclusions, le Conseil a arrêté qu'il serait écrit au conseil du district de Montbrison, pour lui recommander l'exécution de la loi du 3 août 1791, qui fixe les mesures à prendre pour arrêter les désordres et les excès qui se manifestent dans ce district.

TILLARD DE TIGNY, président. GONON S.-F., secrétaire général.

———

Le vendredi vingt-quatre août 1792, l'an 4ᵉ de la Liberté, MM. composant le Conseil du département de Rhône-et-Loire, en surveillance permanente, réunis en séance, y étant MM. Tillard-Tigny, président par intérim, Mauzerand, Ravel, Ferrand, Grand, Desportes, Mussieu, Romany, Simonet, Farjon, Comarmond, Chavanis, Dubessey-Villechaize, administrateurs, Frossard, faisant les fonctions de procureur général syndic, et Gonon, secrétaire général.

Un de MM. a proposé une mesure nécessaire pour l'organisation provisoire du Directoire, celle de nommer un président par intérim autre que le doyen d'âge qui a présidé jusqu'à présent. La matière mise en délibération, ouï M. faisant les fonctions de Procureur Général Syndic, il a été arrêté qu'il serait sur le champ procédé à la nomination du président. Le scrutin fait, la pluralité s'est réunie en faveur de M. Tillard-Tigny, qui a accepté.

M. Ferrand, nommé chef du bureau contentieux, ecclésiastique et judiciaire, s'est présenté et a prêté le serment prescrit par la loi. Un de MM. a proposé d'augmenter les appointemens de MM. Girod et Tête, secrétaires commis dans les bureaux de l'administration, d'après les bons témoignages qu'en ont rendu MM. du Directoire, dans leur arrêté du 20 décembre 1791. La matière mise en délibération, ouï M. faisant les fonctions de Procureur Général Syndic en ses conclusions, il a été arrêté que la proposition restait ajournée à la prochaine séance du Conseil Général, où les talens et le mérite de ces deux secrétaires auront sans doute les recommandateurs et les suffrages que méritent leur zèle et leur activité.

MM. les commissaires, nommés pour aller concerter avec la municipalité sur la translation de l'administration du département à l'Hôtel commun, ont fait le rapport dont ils ont été chargé par le Conseil sur cet objet, dans sa séance d'hier. La matière mise en délibération, vu la loi du 30 janvier 1791, qui porte, article 11 : « Les Hôtels-de-Ville « continueront à appartenir aux villes où ils sont situés ; et lorsqu'ils « seront assez considérables pour recevoir le directoire du district ou « celui du département, ou tous les deux à la fois, lesdits directoires « s'y établiront ; ils se réuniront dans la même enceinte quand le « local pourra le permettre et seront tenus des réparations pour la « partie de l'édifice qui sera par eux occupée. » Vu une lettre de la municipalité de Lyon, du 18 janvier 1791, portant ces mots : « Nous « vous prions, MM., d'agréer l'offre que nous vous faisons pour votre « administration, d'un pavillon au nord de la cour de l'Hôtel commun. » Vu une lettre du ministre de l'Intérieur, à la date du 2 janvier 1792, dans laquelle il observe « qu'il serait avantageux pour le soulagement

« des administrés, que les corps administratifs se fixassent dans les
« Hôtels-de-Ville toutes les fois qu'il n'y aurait pas d'impossibilité
« absolue. » Vu enfin l'affiche de vente des propriétés de la commune
de Lyon, dans laquelle il est dit que la maison occupée par l'administration du département doit être adjugée le 4 septembre prochain. Le Conseil, considérant que, suivant le rapport des commissaires, la municipalité leur a paru parfaitement disposée à recevoir l'administration, à lui céder dans sa totalité le pavillon situé au nord, depuis les archives jusqu'à la place de la Comédie, et qu'elle a ajouté que, considérant que cet emplacement ne contient aucune salle assez vaste pour les séances publiques, elle offre avec le plus sincère empressement la salle de son conseil général, et que les deux administrations se concerteront pour les jours et les heures où elles pourraient l'occuper; considérant que la loi du 30 janvier 1791 impose aux administrations de se réunir dans les Hôtels communs des villes de leur résidence, lorsqu'ils seront assez considérables pour les recevoir; que toutes les convenances d'économie et d'harmonie se combinent pour déterminer le département à accepter l'offre de la municipalité de Lyon : d'économie, puisqu'il est impossible qu'il acquerre l'immeuble où son administration est actuellement située, puisque l'estimation est portée à 180.000 livres, et que le prix montera vraisemblablement à une somme beaucoup plus considérable; puisqu'à l'Hôtel commun, l'administration ne sera tenue à aucune autre dépense de logement, qu'aux réparations urgentes, à l'entretien des bâtimens qu'elle occupera et aux contributions auxquelles ils pourront être taxés, si l'Hôtel commun en totalité est imposé; d'harmonie, puisqu'il résultera les meilleurs effets de la réunion des trois administrations dans la même enceinte; que les communications fraternelles et loyales en seront plus fréquentes et plus aisées, et que l'on verra enfin s'opérer, sous tous les rapports, cette union des fonctionnaires publics, si vivement désirée par les vrais citoyens et si avantageuse au bonheur général; que si le local désigné par la municipalité, à l'administration du département, ne renferme aucune salle assez vaste pour permettre à celle-ci de tenir des séances publiques, la municipalité a levé cette difficulté en lui offrant l'usage alternatif de la salle du conseil général de la commune; qu'il importe que la translation de l'administration se fasse très promptement, puisque la maison qu'elle occupe actuellement doit être vendue le 4 septembre prochain, et que le local qui est à sa disposition à l'Hôtel commun exige de nombreux et indispensables agencemens; ouï M. le Procureur Général Syndic en ses conclusions, le Conseil arrête : 1° qu'acceptant avec reconnaissance l'offre faite à plusieurs reprises par le corps municipal de Lyon, le siège de son administration sera transféré, sous le plus court délai, à l'Hôtel commun; 2° qu'à cet effet, la municipalité est invitée de céder à l'administration le pavillon situé au nord, depuis la salle des archives jusqu'à la place de la Commédie, dans sa totalité; 3° que MM. Comarmond et Desportes sont nommés par le Conseil pour déterminer définitivement cette affaire avec la municipalité; 4° qu'aussitôt que la translation sera arrêtée, le Directoire est autorisé à ordonner les réparations les plus nécessaires, avec économie et célérité; 5° que la municipalité sera invitée à accorder à l'administration, dans le bref d'adjudication de l'hôtel qui doit être vendu le 4 septembre, le temps nécessaire pour opérer, soit les réparations de son logement à

l'Hôtel commun, soit la translation de ses bureaux et archives ; 6° que l'administration offre à la municipalité ses remercîmens pour la salle publique dont elle lui promet la jouissance en commun avec le conseil général de la commune.

TILLARD DE TIGNY, président. GONON S. F, secrétaire général.

Le samedi vingt-cinq août 1792, l'an 4° de la Liberté, MM. les administrateurs composant le Conseil Général du département de Rhône-et-Loire, en surveillance permanente, réunis en séance, y étant MM. Tillard-Tigny, président par intérim, Ricard, Mauzerand, Ravel, Ferrand, Desportes, Mussieu, Romany, Simonet, Farjon, Servan, Comarmond, Chavanis, Dubessey-Villechaise, Moissonnier, administrateurs, Frossard, faisant les fonctions de procureur général syndic, et Gonon, secrétaire général.

M. le prince de Hesse s'est présenté en qualité de lieutenant-général attaché à l'armée du Midi; il a demandé que sa commission, qu'il a déposée sur le bureau, fut enregistrée et à prêter le serment prescrit par la loi. Sur les conclusions de M. faisant les fonctions de Procureur Général Syndic, le Conseil a arrêté que lad. commission serait enregistrée, et dans le même instant, M. le Prince de Hesse a prêté son serment. Suit la teneur de lad. commission :

« De par le Roi,

« Sa Majesté, jugeant utile au bien du service d'employer le s' Prince
« de Hesse, en son grade de lieutenant-général, à l'armée du Midi,
« commandée par le s' Montesquiou ; elle le commet, ordonne et
« établit pour remplir à ladite armée du Midi les fonctions de son
« grade, ainsi qu'il lui sera ordonné par le s' Montesquiou. Enjoint Sa
« Majesté aux troupes qui la composent, aux maréchaux de camp
« employés près d'elle, aux officiers d'artillerie, du génie, aux com-
« missaires des guerres et à tous autres qu'il appartiendra, de
« reconnaître le s' Prince de Hesse en qualité de leur commandant,
« subordonné au général de l'armée du Midi, et de lui obéir et faire
« obéir sans difficulté par ceux étant sous leurs ordres, en tout ce
« qu'il leur prescrira pour le bien du service, à peine de désobéissance.
« Fait à Paris, le 27 juillet 1792, l'an 4° de la Liberté. Signé : Louis ;
« et plus bas : Dabancourt. »

M. Gabriel, membre du conseil général de la commune de St-Chamond, est entré, il a dit qu'il était député pour sa commune, pour solliciter auprès du département, l'exécution de la délibération du conseil du district de St-Etienne, qui attribue à la commune de St-Chamond 250 quintaux de bleds sur la quotité qui a été fixée aud. district, par le Directoire du département. M. Gabriel a observé que les marchés de St-Chamond manquaient d'approvisionnement, parce que les cultivateurs refusaient de battre leurs bleds dans l'espérance d'une hausse ; que cet objet, qui a excité toute la surveillance de sa commune, est digne de l'attention la plus particulière de la part du département ; et que, chargé du vœu de ses concitoyens, approuvé par le district de St-Etienne, il espérait d'obtenir incessamment le bled qui en était l'objet. Sur quoi, la matière mise en délibération, le Conseil, considérant que le Directoire a arrêté que celui du district de St-Etienne aurait mille quintaux sur les 11 mille accordés au département; que la municipalité de Lyon a exprimé dans ces derniers jours, au Conseil, les allarmes les plus vives sur les approvisionnemens de la cité, alléguant que tous les bleds étaient arrêtés sur la Saône, du côté de Chalons; que si, dans les circonstances actuelles, les citoyens s'appercevaient qu'on transporte du bled hors d'une ville menacée à chaque instant d'en manquer, cette mesure pourrait donner lieu aux plus funestes mouvemens et à des troubles que les autorités constituées ont eu jusqu'ici le bonheur d'éloigner de cette cité; que la ville de St-Chamond, par sa position, n'est pas dans le cas de se livrer à la crainte de manquer de subsistance. Ouï M. faisant les fonctions de Procureur Général Syndic, le Conseil arrête que le conseil général de la commune de St-Chamond est invité à prendre, dans sa sagesse, les mesures les plus convenables pour approvisionner de bled cette cité, sans avoir recours, pour le moment, aux 250 quintaux qui lui ont été accordés par le district de St-Etienne; le Conseil du département se réservant de statuer sur cet objet dans la huitaine, époque à laquelle il espérait que les justes allarmes de la municipalité de Lyon seront appaisées.

TILLARD DE TIGNY, président. GONON S.-F., secrétaire général.

Le dimanche vingt-six août 1792, l'an 4ᵉ de la Liberté,

MM. composant le Conseil Général du département de Rhône-et-Loire, en surveillance permanente, réunis en séance, il ne s'est rien présenté qui ait pu exciter sa surveillance.

TILLARD DE TIGNY, président. GONON S.-F., secrétaire général.

Le lundi vingt-sept août 1792, l'an 4ᵉ de la Liberté, MM. les administrateurs composant le Conseil Général du département de Rhône-et-Loire, en surveillance permanente, réunis en séance, y étant MM. Tillard-Tigny, président par intérim, Mauzerand, Ferrand, Desportes, Mussieu, Romany, Simonet, Farjon, Servan, Commarmond, Chavanis, Dubessey-Villechaise, Moissonnier, Ricard, Rullet-Lamurette, administrateurs, Frossard, faisant les fonctions de procureur général syndic, et Gonon, secrétaire général.

Un des membres a proposé d'organiser provisoirement l'expédition des affaires, et qu'à cet effet, chacun de MM. fut nommé commissaire, attaché à chacun des 4 bureaux National, de Contributions, Militaire et d'Etablissemens publics, et procédant au choix, après avoir ouï M. faisant les fonctions de Procureur Général Syndic, MM. Romany et Farjon ont été désignés pour le bureau des Contributions; MM. Simonet et Lamurette, pour le bureau Militaire; MM. Desportes et

Ferrand, pour le bureau National ; MM. Ricard et Moissonnier, pour le bureau des Etablissemens publics.

Un de MM. a fait lecture d'un arrêté du directoire du district de Roanne, en date du 23 août présent mois, relatif à une plainte adressée au Conseil par des citoyens de la paroisse d'Arcinges, contre le s' Auclerc, officier municipal, et le maire dud. lieu d'Arcinges. Vu, par le Conseil, le procès-verbal et les arrêtés du conseil général du district de Roanne, en séance permanente des 22, 23 et 24 de ce mois, au sujet des insultes, menaces, exactions et violences commises dans la paroisse d'Arcinges ; considérant qu'il est important de réprimer toutes infractions aux lois, et tout ce qui peut nuire aux propriétés et à la tranquillité publique ; que les délits commis à Arcinges sont d'autant plus répréhensibles qu'ils l'ont été par des citoyens qui se sont voués à la défense des frontières et ont juré de maintenir les lois, en présence d'un officier public qui aurait dû, au lieu d'applaudir à ces désordres et même y coopérer, les rapeller à l'ordre, arrête, après avoir ouï M. faisant les fonctions de Procureur Général Syndic, qu'il approuve les sages mesures du conseil général du district de Roanne, soit dans la suspension du s' Auclerc, officier municipal d'Arcinges, soit dans les précautions qu'il a prises pour le maintien de l'ordre, sans nuire aux droits et poursuites réservés aux particuliers qui ont éprouvé des dommages, lesquels se pourvoiront, s'ils le jugent à propos, par-devant les juges compétens.

TILLARD DE TIGNY, président. GONON S.-F., secrétaire général.

Le mardi vingt-huit août 1792, l'an 4º de la Liberté, MM. les administrateurs composant le Conseil Général du département de Rhône-et-Loire, en surveillance permanente, réunis en séance, y étant MM. Tillard-Tigny, président par intérim, Mauzerand, Ferrand, Desportes, Mussieu, Romany, Simonet, Farjon, Servan, Comarmond, Chavanis, Dubessey-Villechaize, Moissonnier, Ricard, Rullet-Lamurette, administrateurs, Frossard, faisant les fonctions de procureur général syndic, et Gonon, secrétaire général.

M. Muguet, receveur du district de St-Etienne, est entré ; il a représenté qu'à la forme de la loi du 12 août présent mois, art. 14, le district de St-Etienne, comme administration principale du lieu du rassemblement de l'assemblée électorale, est autorisée à délivrer les ordonnances nécessaires pour l'acquittement de l'indemnité due aux électeurs, sauf à faire le remplacement dans les caisses des districts sur le produit des sous additionnels du département ; que sa caisse ne peut fournir au montant de cette indemnité, puisqu'elle se trouve en avance de plus de 30.000 liv. ; que, dans les circonstances où il se trouve, il prie l'administration d'ordonner qu'il sera versé dans sa caisse une somme de 35.000 liv., pour subvenir au payement de l'indemnité ordonnée par la loi du 12 du présent mois ; vu pareillement une pétition signée par plusieurs citoyens de Lyon, tendante au même objet ; la matière mise en délibération, le Conseil, considérant que le s' Muguet aurait dû rapporter un procès-verbal du district de St-Etienne, qui constate au vrai l'état de sa caisse ; qu'en cas de déficit, c'était au district à en référer au département, pour être statué; mais, considérant que l'urgence ne permet pas d'attendre que toutes ces mesures aient été prises; ouï M. faisant les fonctions de Procureur Général Syndic en ses conclusions, le Conseil arrête qu'il sera expédié à M. Muguet une ordonnance de 35.000 liv. sur la caisse de M. Verset, receveur du district de Lyon, à prendre sur les fonds destinés à l'arriéré des frais de culte des années 1790 et 1791; laquelle somme de 35.000 liv. sera remplacée dans la caisse dud. s' Verset par les sous additionnels du département, à mesure de recouvrement.

MM. de l'ancien Directoire sont entrés et, après avoir prononcé un discours par l'organe de M. Mayeuvre, ils ont offert d'envoyer copie de leur compte. Sur quoi, ouï M. faisant les fonctions de Procureur Général Syndic en ses conclusions, le Conseil a arrêté que, sur l'envoi qui sera fait dud. compte, le Conseil délibérera.

M. le Président a fait lecture d'une lettre en date de ce jour, à lui adressée par M. de Hesse, lieutenant-général commandant à Lyon, par laquelle il annonce qu'il va faire part aux ministres de la Justice et de la Guerre du refus qui lui a été fait de l'entrée du couvent de Ste-Marie, pour la visite et la vérification de cette maison pour un entrepôt militaire, quoique accompagné d'un administrateur du département. Sur quoi, ouï M. faisant les fonctions de Procureur Général Syndic en ses conclusions, le Conseil a arrêté qu'il serait envoyé à M. de Hesse la réquisition suivante :

Les administrateurs, etc., autorisons M. Charles de Hesse, lieutenant-général, commandant à Lyon, de se rendre avec M. Moissonnier, administrateur du département, ou tout autre administrateur, ou tout seul en cas d'urgence, au couvent de Ste-Marie de Bellecourt, à l'effet de vérifier si le local peut convenir à l'établissement d'un entrepôt militaire, et, en cas de refus, d'user de tous les pouvoirs qui lui sont confiés pour procéder à cette vérification.

Un membre a fait part d'une lettre du district et de la municipalité de Roanne, qui demande son contingent dans les bleds fournis par le gouvernement, qui sont arrivés ou qui doivent arriver à Lyon. La matière mise en délibération, ouï M. faisant les fonctions de Procureur Général Syndic en ses conclusions, le Conseil a arrêté qu'il serait écrit à la municipalité de Lyon, pour qu'elle donne avis si ses sollicitudes pour l'approvisionnement de cette ville subsistent toujours et s'il est convenable de délivrer actuellement les portions de grains qui reviennent à chaque district.

Deux commissaires du district de Lyon sont venus exprimer leurs sentimens de patriotisme et de confraternité. Ces messieurs retirés, il a été arrêté que MM. Farjon et Moissonnier, nommés commissaires, se transporteront au district de Lyon, pour témoigner aux administrateurs les sentimens fraternels de reconnaissance du département.

MM. les commandant et officiers du 6e bataillon des volontaires de la Gironde se sont présentés ; ils ont exprimé les sentimens les plus patriotiques, et le Conseil, par l'organe de M. le Président, leur a témoigné l'expression de sa reconnaissance.

Un de MM. a fait lecture d'une pétition présentée par s' Benoît Courtois, par laquelle il expose qu'il travaille dans les bureaux de l'administration depuis le mois de décembre dernier; en conséquence, il demande qu'il lui soit fixé des appointemens depuis cette époque. Sur quoi, la matière mise en délibération, vu l'arrêté du Conseil

Général du 14 décembre 1791, qui fixe le nombre de secrétaires à 20; considérant qu'au moyen de la retraite de plusieurs secrétaires, le nombre en est réduit à 19, et que la multiplicité des affaires exigerait que le nombre de 20 fut augmenté; ouï M. faisant les fonctions de Procureur Général Syndic en ses conclusions, il a été arrêté que le s' Courtois entrerait en activité à compter du 1er septembre prochain, aux appointemens annuels de 800 fr., sauf au s' Courtois à se pourvoir, pour son indemnité, à la prochaine séance du Conseil Général.

TILLARD DE TIGNY, président. GONON S.-F., secrétaire général.

Le mercredi vingt-neuf août 1792, l'an 4° de la Liberté, MM. les administrateurs composant le Conseil Général du département de Rhône-et-Loire, en surveillance permanente, réunis en séance, y étant MM. Tillard-Tigny, président par intérim, Mauzerand, Ferrand, Desportes, Mussieu, Romany, Simonet, Servan, Farjon, Commarmond, Chavanis, Dubessey-Villechaise, Moissonnier, Ricard, Rullet-Lamurette, administrateurs, Frossard, faisant les fonctions de procureur général syndic, et Gonon, secrétaire général.

M. Bruys-Vaudran, inspecteur général des droits de patentes, s'est présenté pour prêter le serment prescrit par la loi; de suite il a été admis à le prêter et a juré de maintenir la liberté et l'égalité ou de mourir en les défendant; le Conseil a donné acte à M. Bruys-Vaudran de sa prestation de serment.

M. le Président a dit qu'il venait de lui être remis, par M. Populle, une somme de 300 liv., savoir un assignat de 200 liv., un autre de 50 liv. et une reconnaissance de M. Riche, pour M. Verset, d'une somme de 50 liv., pour être destinées aux frais de la guerre, et que cette somme provenait des dons faits, savoir : par M. Ducreux-Trezette, lieutenant-colonel de la gendarmerie, de la somme de 50 liv., objet de la reconnaissance de M. Riche par M. Ravel, administrateur, 200 liv., et par M. Comarmond, aussi administrateur, de 50 liv. Le Conseil a arrêté, après avoir ouï M. faisant les fonctions de Procureur Général Syndic en ses conclusions, qu'il était donné acte à M. Populle de la remise de lad. somme et que M. le Secrétaire Général demeure chargé de faire l'envoi demain à l'Assemblée Nationale, de celle de 250 liv., le s' Verset demeurant chargé de celle de 50 liv. mentionnée en la reconnaissance du s' Riche (1).

MM. Durand et Turin, architectes, nommés par le Directoire du département, se sont présentés et ont prêté le serment requis de

---

(1) Je soussigné, receveur du district de Lyon, reconnois avoir reçu de Monsieur Populle, la somme de cinquante livres qu'il m'a déclaré lui avoir été remise par l'administration du département de Rhône-et-Loire; à laquelle elle avait été donnée par M. Detrezette, lieutenant-colonel de la gendarmerie nationale de cette ville, à titre de don pour la patrie, et pour subvenir aux frais de la guerre ; de laquelle somme je décharge mondit sieur Populle. A Lyon, le dix-sept août mil sept cent quatre-vingt-douze. Par procuration de M. Verset, RICHE.
Le 30 août 1792, j'ai envoyé à l'adresse de M. le Président de l'Assemblée Nationale les deux cents cinquante livres, conformément à l'arrêté du jour d'hyer. GONON S.-F., secrétaire général.

bien et fidèlement remplir leurs fonctions, de laquelle prestation de serment le Conseil leur a donné acte.

TILLARD DE TIGNY, président. GONON S.-F., secrétaire général.

Le jeudi trente août 1792, l'an 4° de la Liberté, MM. les administrateurs composant le Conseil Général du département de Rhône-et-Loire, en surveillance permanente, réunis en séance, y étant MM. Tillard-Tigny, président par intérim, Mauzerand, Ferrand, Desportes, Mussieu, Romany, Simonet, Servan, Farjon, Comarmond, Chavanis, Dubessey-Villechaise, Moissonnier, Ricard, Rullet-Lamurette, administrateurs, Frossard, faisant les fonctions de procureur général syndic, et Gonon, secrétaire général.

M. le Président a fait lecture d'une lettre, en date du jour d'hier, et qu'il vient de recevoir, adressée par M. le Président du district de Lyon, par laquelle il invite le Conseil du département à envoyer des commissaires pour assister à la formation du bataillon des grenadiers, canoniers, etc. du district de Lyon. La matière mise en délibération, ouï M. faisant les fonctions de Procureur Général Syndic en ses conclusions, il a été arrêté que MM. Chavanis et Rullet-Lamurette sont nommés commissaires, à l'effet de se rendre sur-le-champ à la maison commune de Lyon, pour assister à la formation des compagnies dont est question.

Un des membres du comité militaire a fait le rapport de plusieurs difficultés qui se présentent pour l'exécution de l'envoi au général de l'armée du Midi des différens corps de grenadiers, canoniers, etc., qu'il a requis conformément à la loi du 25 juillet dernier, led. rapport portant en substance 1° que les 2400 grenadiers, canoniers, etc., dont M. le général de l'armée du Midi s'est contenté jusqu'à présent, ont tous été choisis ou désignés par le sort dans leurs divers bataillons ; 2° que 400 environs sont arrivés hier et aujourd'hui à Lyon, pour se former en compagnies ; 3° que les 600 fournis par le district de Lyon, se rassemblent aujourd'hui pour le même objet ; 4° que 350 du district de la campagne de Lyon se rendront demain au chef-lieu du département, pour la même opération ; 5° que les 600 grenadiers, chasseurs, etc., du district de Lyon et ceux de beaucoup de bataillons des autres districts, sont habillés, équipés et même armés ; 6° qu'un grand nombre de grenadiers de la campagne sont habillés, mais n'ont aucune arme et aucun moyen de s'en procurer, leurs communes n'en ayant pas ou refusant de se dessaisir du petit nombre qu'elles possèdent ; 7° qu'un nombre de grenadiers moins considérable, désignés par le sort ou autrement de leurs bataillons, arrivent sans uniforme, sans armes et sans argent pour s'équiper, alléguant qu'il n'a point été fait de souscription dans leurs communautés, et qu'ils n'ont pas les facultés de se livrer à une telle dépense ; 8° que si les grenadiers équipés et non armés restent dans Lyon jusqu'à ce que les administrations leur aient procuré des fusils, ils perdront leurs mœurs et se livreront à une funeste oisiveté ; 9° qu'il convient enfin, sous tous les rapports, de les faire passer de suite dans le camp de Cessieux, où ils pourront se former aux marches et évolutions, se soumettre à toutes les règles de la discipline militaire et se préparer à remplir dignement la confiance de leurs concitoyens. Le Conseil, considérant qu'il importe de répondre sous le plus court délai à la réquisition de M. le général en chef, quant aux 2400 hommes dont il s'est contenté pour le moment présent ; que les campagnes déjà épuisées par le nombre considérable de volontaires qu'ils avaient fourni, et dont la plupart étaient grenadiers, sont actuellement sans uniforme et sans arme, et la plupart sans argent pour s'en procurer ; que celles qui sont dans ces cas-là se trouvent par là-même dans la cruelle alternative, ou de manquer cette nouvelle occasion de prouver leur civisme, ou de se voir contraintes à des sacrifices bien au-dessus de leurs forces, surtout après tous ceux que leur patriotisme leur a déjà dicté ; que l'administration n'a que des moyens lents de procurer des armes à ces braves volontaires, par l'épuisement des manufactures de fusils ; qu'il importe cependant, sous tous les rapports, que les grenadiers et chasseurs qui arrivent à Lyon pour s'y former en compagnies, quittent promptement cette ville, où tant de corruptions énervent les jeunes gens de la campagne, et se rendent au camp de Cessieux, quoiqu'ils n'auraient pas des armes et même qu'ils ne seraient pas équipés. Qu'ils y emploieront utilement le temps qui s'écoulera jusqu'à ce que l'administration puisse leur procurer des fusils, soit aux marches et évolutions, soit à se soumettre aux règles d'une sévère discipline, tandis qu'à Lyon, ils s'énerveraient, détruiraient leurs mœurs et se livreraient à d'inutiles dépenses. Ouï M. faisant les fonctions du Procureur Général Syndic en ses conclusions, il a été arrêté 1° que MM. Desportes, administrateur, et Frossard, procureur général syndic, se rendront de suite au camp de Cessieux, pour faire au général en chef toutes les observations et représentations relatives, soit à l'impossibilité de procurer sur-le-champ des armes aux grenadiers qui en manquent, soit à la nécessité de les envoyer sans délai au camp, ainsi que d'arrêter définitivement et de concert avec M. le général, tout ce qui concerne la levée, rassemblement et départ des grenadiers et canoniers demandés au département, pour, sur leur rapport et réponse, ordonner ce qu'il appartiendra ; 2° que les districts, qui ont envoyé des grenadiers ou canoniers sans armes, autoriseront M. Ravel, administrateur du département, commis par l'administration pour recevoir à St-Etienne les armes qui seront livrées pour le compte de la Nation, en vertu de la loi du 8 juillet dernier, à acheter les fusils et sabres nécessaires à l'armement de leurs volontaires, comme ils sont autorisés à le faire par la loi du 28 juillet 1792 ; 3° M. Ravel sera invité par l'administration d'employer les moyens les plus économiques et surtout les plus prompts, pour acquérir, en vertu de la loi du 28 juillet, pour le compte de la Nation et au profit des districts qui le requerront, toutes les armes dont ils croiront avoir besoin pour concourir à la défense de la Patrie et notamment armer leurs grenadiers ; 4° les districts sont autorisés, lorsque l'état des armes qui leur seront nécessaires sera approuvé par le Conseil du département, à prendre par provision, dans les caisses de districts, les sommes nécessaires pour les payer.

TILLARD DE TIGNY, président. GONON S.-F., secrétaire général.

Le vendredi trente-un août 1792, l'an 4e de la liberté,

MM. les administrateurs composant le Conseil du département de Rhône-et-Loire, en surveillance permanente, réunis, la séance a été occupée à entendre différentes pétitions verbales faites par plusieurs officiers municipaux, chefs de légion, commandants de bataillons, relativement à différentes difficultés survenues pour l'exécution de la réquisition faite par M. Montesquiou de la moitié des grenadiers, chasseurs, etc.

TILLARD DE TIGNY, président. GONON S.-F., secrétaire général.

Le samedi premier septembre 1792, l'an 4e de la Liberté,

MM. les administrateurs composant le Conseil Général du département de Rhône-et-Loire, en surveillance permanente, réunis en séance, il ne s'est rien présenté qui ait pu exciter la surveillance.

TILLARD DE TIGNY, président. GONON S.-F., secrétaire général.

Le dimanche deux septembre 1792, l'an 4e de la Liberté.

MM. les administrateurs composant le Conseil Général du département de Rhône-et-Loire, en surveillance permanente, réunis, la séance a été uniquement employée à répondre aux différentes pétitions militaires qui ont été faites verbalement.

TILLARD DE TIGNY, président. GONON S.-F., secrétaire général.

Le lundi trois septembre 1792, l'an 4e de la Liberté, MM. les administrateurs, composant le Conseil Général du département de Rhône-et-Loire, en surveillance permanente, réunis en séance, y étant MM. Tillard-Tigny, président par intérim, Mauzerand, Ferrand, Desportes, Mussieu, Romany, Simonet, Servan, Farjot, Comarmond, Chavanis, Dubessey-Villechaise, Moissonnier, Ricard, Chevassu, Rullet-Lamurette, administrateurs, Frossard, faisant les fonctions de procureur général syndic, et Gonon, secrétaire général.

MM. Desportes et Ferrand ont rendu compte de leur mission à M. Montesquiou. Ils ont fait part des réponses écrites de ce général, dont la teneur suit, sur les différentes questions qui lui ont été faites. Le Conseil, par l'organe de M. le Président, a remercié MM. les commissaires de leur zèle et de leur activité.

« *Réponses de M. Montesquiou, général en chef de l'armée du Midi, à
« diverses questions que lui ont faites MM. les députés de l'admi-
« nistration du département de Rhône-et-Loire.*

1° Les compagnies de grenadiers et canoniers du département de
« Rhône-et-Loire se formeront en bataillons, avant leur départ
« de Lyon;

« 2° Il sera attaché à chaque bataillon un certain nombre de
« canoniers ;
« 3° Les grenadiers non armés pourront partir avec ceux qui le
« sont ; mais sous l'expresse condition qu'il leur sera incessamment
« fourni des fusils, sabres et gibernes, par les districts auxquels ils
« appartiennent ;
« 4° Les grenadiers non habillés et qui n'ont point la faculté de le
« faire, ne seront point admis dans l'armée, et leur nombre sera
« soustrait du total des 2.400 hommes ;
« 5° Les bataillons se rendront dans les divers cantonnemens qui
« leur seront fixés, jusqu'à ce qu'ils puissent être reçus au camp.

Cantonnemens.

« 1er Bataillon.......... Bourgoin et environs.
« 2° Bataillon.......... Crémieux et environs.
« 3° Bataillon.......... Chatonay, St-Jean-de-Bournay et St-George.
« L'avis du jour du départ de Lyon, sera indiqué la veille, par un
« exprès à M. Dubreuil, adjudant général au camp de Cessieu :
« Au camp de Cessieu, ce 1er septembre 1792, l'an 4° de la Liberté.
« Le général de l'armée du Midi, signé : Montesquiou. »

M. le Président a fait lecture d'une lettre de M. Rolland, ministre de l'Intérieur, en date du 29 août dernier, par laquelle il charge l'administration de prendre les plus promptes mesures pour lui procurer l'achat de trois mille fusils dans les manufactures de St-Etienne, et d'en conclure les marchés aux meilleures conditions possibles. La matière mise en délibération, ouï M. faisant les fonctions de Procureur Général Syndic en ses conclusions, le Conseil a arrêté qu'il serait écrit au district de St-Etienne, avec invitation délégatoire de se concerter avec M. Ravel pour la plus prompte expédition des ordres pressans du ministre de l'Intérieur. En conséquence, le Conseil, considérant qu'il importe au salut de la Patrie que les ordres de M. le ministre de l'Intérieur soient exécutés avec la plus grande promptitude et la plus grande intelligence, arrête que M. Ravel, membre de l'administration, est et demeure chargé, conjointement avec un commissaire que le Conseil du district de St-Etienne voudra bien désigner, de toutes les dispositions, traités, achats et autres opérations relatives à la commission donnée par M. le ministre de l'Intérieur. Le Conseil recommande à M. Ravel, dont il connaît le zèle et la prudence, ainsi qu'au commissaire du district de St-Etienne, de mettre la plus grande célérité dans cette importante mission et de lui rendre compte chaque courrier de leurs succès.

M. de Rostaing, inspecteur général d'artillerie, avec d'autres officiers sont entrés ; ils ont exprimé à l'administration leurs sentiments patriotiques pour la défense de la liberté et de l'égalité.

M. Vitet, maire de la ville de Lyon, est entré. Ce magistrat avait prévenu le Conseil de sa visite par une lettre dont la teneur suit :

Lyon le 3 septembre 1792, l'an 4° de la Liberté et le premier de l'Egalité.

« MM.,

« J'ai l'honneur de vous envoyer copie de l'interprétation du Conseil
« Exécutif sur sa proclamation du 14 août. Vous aurez la bonté de

« vérifier les arrêtés du département de Rhône-et-Loire qui ont
« donné lieu aux griefs contenus dans les rapports faits par MM. Fau-
« chet et Thévenin, de prendre les noms des membres qui les ont
« délibérés et signés, pour que je puisse vérifier le tout et en dresser
« procès-verbal dans l'assemblée du Conseil Général du département
« de Rhône-et-Loire, que vous voudrez bien convoquer pour le
« 3 septembre, à quatre heures après midi.

« Agréez les assurances de la plus intime fraternité. Signé : Vitet,
« maire et commissaire du Conseil Exécutif National. »

Dans cette lettre était inséré une copie certifiée d'une proclamation dont la teneur suit :

« Vu par le Conseil Exécutif provisoire, l'arrêté pris par le Conseil
« Général du département de Rhône-et-Loire, portant qu'il sera référé,
« sans délai, à l'Assemblée Nationale et au Conseil du pouvoir
« exécutif national, sur la question de savoir si la proclamation du
« 14 du courant s'applique, ou non, au Président du Conseil,
« aux trois suppléans et aux trois administrateurs qui ont signé tem-
« porairement des actes du Directoire, et sur la nécessité urgente de
« pourvoir au remplacement des membres retirés pour cause de
« suspension, maladie et autres; que l'Assemblée Nationale et le
« Pouvoir exécutif sont instamment priés de considérer que le
« département de Rhône-et-Loire comporte six districts, 600 muni-
« cipalités et une population de plus de 600.000 âmes, dans une
« étendue de 270 lieues quarrées ; que, par conséquent, le nombre des
« administrateurs que la loi lui donne sont tous nécessaires pour une
« administration aussi compliquée.

« Vu la proclamation du 14 de ce mois, qui suspend les membres
« composant le Directoire du département de Rhône-et-Loire,
« ensemble le Procureur Général Syndic.

« Vu le décret de l'Assemblée Nationale du lendemain 15 août, qui
« destitue lesdits Directoire et Procureur Général Syndic, qui
« approuve la municipalité de Lyon et renvoie avec honneur le
« sr Chalier dans ses fonctions.

« Vu les rapports faits à l'Assemblée Nationale, au nom du comité
« de Surveillance, par M. Fauchet, évêque du Calvados, et au
« nom du même comité, à lui réuni celui de Division, fait par
« M. Thévenin.

« Le Conseil exécutif provisoire, considérant que le Directoire du
« département de Rhône-et-Loire a été suspendu et destitué à raison
« des griefs contenus sur les susdits rapports, et auxquels les arrêtés
« dénoncés par la municipalité de Lyon ont donné lieu; que, par
« conséquent, la suspension doit tomber sur tous les membres qui
« ont coopéré auxdits arrêtés et qui les ont signés.

« Le Conseil exécutif provisoire, interprétant en tant que de besoin
« sa proclamation du 14 de ce mois, déclare n'avoir compris dans sa
« proclamation que les membres qui ont délibéré et signé les arrêtés
« du Directoire du département de Rhône-et-Loire, qui ont donné
« lieu aux griefs contenus dans les rapports faits par MM. Fauchet et
« Thévenin.

« Enjoint, en conséquence, au Conseil Général du département
« de Rhône-et-Loire de se faire représenter lesdits arrêtés, de prendre

« les noms des membres qui les ont délibérés et signés, pour, ladite
« vérification faite et procès-verbal dressé en présence du s' Vitet,
« maire de Lyon, qui est à ces fins continué commissaire, être
« procédé, en conformité de ladite proclamation, au remplacement pro-
« visoire dont il s'agit.

« Faisant droit sur la demande du Conseil Général du département,
« relative à la désorganisation dudit Conseil, pour cause de démission,
« destitution et autrement, le Conseil exécutif provisoire ordonne que,
« dans la prochaine assemblée électorale convoquée pour la Convention
« Nationale, il sera procédé à l'élection des membres et du Procureur
« Général Syndic démis ou destitués, conformément aux formes
« prescrites par les lois, pour le complément dud. Conseil Général ;
« et sera la présente proclamation, imprimée, publiée, affichée et
« transcrite sur les registres des délibérations du Conseil Général du
« département de Rhône-et-Loire.

« Fait au Conseil Exécutif provisoire, le 29 août 1792, l'an 4° de la
« Liberté. Signé : Servan, Roland, Monge, Clavière, Lebrun, Danton.
« Par le Conseil Exécutif provisoire, signé : Grouvelle, secrétaire.
« Pour copie collationnée sur l'original, le ministre de l'Intérieur,
« signé : Roland. Certifié conforme à l'original qui m'a été envoyé
« par le ministre de l'Intérieur, Lyon, le 3 septembre 1792, signé :
« Vitet, maire.

Après la lecture de ladite proclamation, M. Vitet a demandé la représentation des registres du Directoire, à l'effet de constater l'état des membres de l'administration, qui, en qualité de membres du Directoire, de suppléants ou d'administrateurs du Conseil, ont signé les registres des arrêtés du Directoire, ainsi qu'il est exprimé dans la susdite proclamation. Examen fait par M. le Maire desd. registres, il en est résulté que MM. Janson, président du département, Rouher et Lecourt, en qualité de suppléants, ont signé avec les membres du Directoire et le Procureur Général Syndic quelques-uns des arrêtés désignés dans la proclamation. En conséquence, M. le Maire a notifié qu'en exécution de ladite proclamation, il y avait huit places vacantes au Directoire, outre celle de Président, celle de Procureur Général Syndic et celles de deux suppléants, en sorte que le nombre des administrateurs du département à remplacer se porte à douze. M. le Président a observé qu'il y avait encore deux places vacantes dans l'administration, celles de MM. Orizet et Gonon St-Fresne, qui avaient donné leur démission.

Dans le même instant, il a été décacheté une lettre de M. Chavanis, administrateur, en date du jour d'hier, par laquelle il prie MM. du Conseil, attendu l'état de sa santé, qui ne lui permet plus de remplir les fonctions d'administrateur, de vouloir bien accepter sa démission. M. le Président a été chargé d'exprimer à M. Chavanis tout le regret que le Conseil éprouve de la perte d'un collègue aussi attaché à ses devoirs.

Cette démission acceptée, le nombre des administrateurs à remplacer se trouve porté à 15, y compris M. le Procureur Général Syndic. Et sur les conclusions de M. le Procureur Général Syndic par intérim, il a été arrêté que la proclamation du Pouvoir exécutif ci-dessus transcrite sera imprimée, publiée, affichée et envoyée à tous les districts, pour la transmettre aux municipalités de leur ressort, et qu'expédition du présent procès-verbal sera remise à M. le Maire, en sa qualité de commissaire du Conseil Exécutif provisoire. Et procédant à la rédaction d'un arrêté à l'effet de faire procéder par l'assemblée électorale, séante à St-Etienne, à la nomination et au remplacement des membres ci-dessus désignés, le Conseil, considérant que vérification faite en présence de M. le Maire de Lyon, commissaire en cette partie, des membres qui ont délibéré et signé les arrêtés du Directoire du département de Rhône-et-Loire, qui ont donné lieu aux griefs contenus dans les rapports faits par MM. Fauchet et Thévenin à l'Assemblée Nationale, il résulte de cet examen, ainsi que de quelques démissions préalables, que le nombre des administrateurs composant actuellement le Conseil du département est réduit à vingt-deux, savoir : MM. Comarmond, Servan, Mussieu, Romany, Farjon, Dugas, Simonet, Grand, Tigny, Mathé, Lamurette, Desportes, Mauzerand, Ricard, Chevassu, Moissonnier, Frossard, Villechaise, Ravel, Laroa, Richard et Ferrand; considérant qu'en vertu de la proclamation du Conseil Exécutif provisoire, l'assemblée électorale du département, séante actuellement à St-Etienne, sera invitée de compléter l'administration suivant les formes prescrites par les lois ; ouï M. Frossard, procureur général syndic par intérim, le Conseil arrête 1° que l'assemblée électorale est et demeure invitée de nommer, après l'élection des députés à la Convention Nationale, des suppléants et de deux hauts jurés, un Procureur Général Syndic et 14 administrateurs pour compléter le Conseil du département; 2° que les administrateurs élus dans l'assemblée électorale, se réuniront sans délai au Conseil du département en surveillance permanente, pour travailler sans relâche au triomphe de la liberté et de l'égalité; que le présent arrêté sera imprimé dans la nuit, pour être envoyé sans délai à l'assemblée électorale, séante à St-Etienne, par un courrier extraordinaire, ainsi qu'aux districts, pour être transmis aux municipalités du département.

L'un de MM. a fait le rapport d'un avis du district de la Campagne de Lyon, sur la pétition d'un nombre de citoyens gardes-nationaux de la commune de Givors, tendant à autoriser lad. commune à imposer sur tous les contribuables du bataillon une somme de 3.200 liv., au profit des grenadiers, canoniers, etc., requis en exécution de la loi du 25 juillet dernier, et qui se disposent à voler à la défense des frontières. Le Conseil, considérant que la loi du 25 juillet dernier, qui autorise les généraux à requérir une partie des gardes nationales, n'indique aucun moyen pour la levée, ni aucune contribution ; considérant que les législateurs ont été convaincus que tous les citoyens s'empresseraient de déférer à une telle réquisition et voleraient aux frontières pour le salut de la Patrie et le maintien de la liberté et de l'égalité, sans autre récompense que celle de bien mériter de la Patrie; considérant que, par l'arrêté du Conseil du département du 20 août dernier, les grenadiers, chasseurs, canoniers et dragons ont été invités à se nommer et choisir entre eux comme bon leur semblerait; considérant, d'après cela, que si tous les citoyens du bataillon de Givors, pour encourager leurs frères qui se destinent à marcher contre nos ennemis, veulent volontairement leur faire un don pécuniaire, on ne peut qu'applaudir à leur zèle et leur civisme ; mais que l'administration ne peut ni ne doit autoriser de contributions forcées, qu'en vertu de la loi, et qu'il n'en existe aucune dans les circonstances présentes; ouï M. faisant les fonctions de Procureur Général Syndic, le Conseil arrête que les bataillons de la commune de Givors ont pu prendre pour la formation de leurs grenadiers, etc., tous les moyens que leur sagesse a pu leur suggérer, sans blesser la loi et sans attaquer les personnes et les propriétés, mais qu'il n'y a lieu d'accorder l'homologation requise.

Vu un extrait de la loi du 21 août dernier, concernant la réquisition de la gendarmerie nationale à cheval; vu aussi la lettre du ministre de la Guerre en date du 27 du même mois d'août dernier, reçue ce jour-d'huy. Ouï M. faisant les fonctions de Procureur Général Syndic en ses conclusions, il a été arrêté que, séance tenante, l'extrait de lad. loi et copie de la lettre du ministre de la Guerre seront envoyés au lieutenant-colonel de la gendarmerie de ce département, avec réquisition de donner des ordres pour que quatre gendarmes de chacune des vingt brigades déjà formées dans ce département, soient rendus à Roanne montés et équipés le 9 du courant, pour se rendre de là au lieu de leur destination; que le conseil général du district de Roanne est autorisé à nommer un commissaire dans son sein, pour passer en revue lesd. gendarmes nationaux, prendre note des armes qui pourraient leur manquer, la transmettre sans nul délai à M. le ministre de la Guerre, remettre aux gendarmes l'ordre de route pour Fontainebleau et leur faire payer par le receveur du district une somme équivalente à un mois d'appointement, pour subvenir aux frais de leur déplacement. M. le commissaire remettra au détachement une copie de la lettre du ministre de la Guerre et un extrait de la loi du 21 août, pour lui servir de règle; qu'il sera procédé sans délai au remplacement des gendarmes nationaux qui seront partis, et ce, conformément au vœu de la loi; que copie du présent arrêté sera envoyé à M. de Trezette, lieutenant-colonel de la gendarmerie, et au conseil général du district de Roanne, pour, par ce dernier, le transmettre au commissaire qu'il aura choisi.

TILLARD DE TIGNY, président. GONON S.-F., secrétaire général.

Le mardi quatre septembre 1792, l'an 4ᵉ de la Liberté, MM. les administrateurs composant le Conseil Général du département de Rhône-et-Loire, en surveillance permanente, réunis en séance, y étant MM. Tillard-Tigny, président par intérim, Mauzerand, Ferrand, Desportes, Mussieu, Romany, Simonet, Servan, Moissonnier, Ricard, Chevassu, Rullet-Lamurette, administrateurs, Frossard, faisant les fonctions de procureur général syndic, et Gonon, secrétaire général.

M. le Président a fait lecture d'une lettre, en date du 1ᵉʳ de ce mois, adressée par M. le Président du département du Jura, par laquelle il prie MM. les administrateurs du département de Rhône-et-Loire, de vouloir nommer un commissaire, à l'effet d'inspecter la fabrication des six pièces de canon que ce département vient de commettre au sieur Frère-Jean, manufacturier à Lyon. Sur quoi, ouï M. faisant les fonctions de Procureur Général Syndic en ses conclusions, il a été arrêté qu'il serait écrit à MM. les administrateurs du département du Jura, pour leur témoigner que l'administration acceptait avec plaisir cette marque de confiance et, en conséquence, M. Chevassu a été nommé commissaire pour surveiller cette commission et en rendre compte.

L'un de MM. a fait le rapport d'une pétition présentée par un grand nombre d'habitans de St-Martin-en-Haut, à la municipalité de Lyon, par laquelle ils réclament son assistance pour solliciter, auprès des corps administratifs, les mesures convenables pour faire cesser les persécutions qu'un grand nombre de leurs concitoyens, égarés par un aveugle fanatisme, ne cesse d'exercer contre les amis de la liberté et de l'égalité. Lecture faite de lad. pétition, ensemble de l'avis du conseil général de la commune de Lyon, en date de ce jour, portant qu'il est urgent de développer toute la sévérité des lois pour ramener à leur exécution les citoyens égarés de St-Martin-en-Haut. Lecture pareillement faite de l'avis du conseil d'administration du district de la campagne de Lyon, en surveillance permanente. Le Conseil, considérant que les habitans de la paroisse de St-Martin en-Haut, sont dans une insurrection continuelle aux lois, depuis l'époque mémorable où le peuple français a secoué toute espèce de despotisme; considérant que, dans plusieurs occasions, les autorités constituées ont été obligées d'employer des voies de répression contre la résistance d'une partie de ses habitans à l'exécution des lois; que le Conseil Général du département, à la date du 30 juillet dernier, s'est vu forcé de destituer le maire, les officiers municipaux, procureur de la commune et plusieurs notables dud. lieu, qui s'étaient permis de mettre des restrictions au serment exigé des fonctionnaires publics; considérant les vexations exercées par la majeure partie des citoyens de St-Martin-en-Haut, et de quelques paroisses voisines, contre les citoyens courageux de ce canton, qui partagent, avec tous les bons Français, l'horreur du despotisme et du fanatisme religieux; ouï M. le Procureur Général Syndic par intérim, le Conseil arrête 1° qu'un commissaire pris dans son sein se transportera à St-Martin-d'en-Haut, pour, conjointement avec un commissaire nommé par le conseil d'administration du district de la campagne de Lyon et le commissaire nommé par le conseil général de la commune de Lyon, y faire informer contre les auteurs, fauteurs, complices et adhérents des troubles qui désolent ce canton; les dénoncer à l'officier de police et faire poursuivre les coupables conformément aux loix; 2° que le Conseil accepte les 200 hommes de gardes nationales de Lyon, offerts par le conseil général de la commune, accompagnés par MM. les commissaires, pour prêter main-forte, en cas de besoin, à l'arrestation des coupables; 3° que les commissaires emploieront les voies toujours efficaces de la persuasion, pour rétablir la paix et l'harmonie dans ce canton; arracher, autant qu'il sera en eux, jusqu'au dernier germe de la discorde et ramener les habitans aux principes du patriotisme et à l'amour de la liberté; 4° que M. Chevassu, administrateur, est nommé par le Conseil commissaire pour exécuter le présent arrêté, conjointement avec M.... le commissaire du district de la campagne de Lyon, et M. Sallier, commissaire du conseil général de la commune de Lyon; 5° que les commissaires sont autorisés à convoquer l'assemblée de la commune de St-Martin-en-Haut, pour y faire procéder à la nomination des maire, officiers municipaux, procureur de la commune et notables qui doivent remplacer ceux qui ont été destitués.

TILLARD DETIGNY. GONON S.-F., secrétaire général.

Le mercredi cinq septembre 1792, l'an 4e de la Liberté,

MM. les administrateurs composant le Conseil Général du département de Rhône-et-Loire, en surveillance permanente, réunis en séance, il ne s'est rien présenté qui ait pu exciter la surveillance du Conseil.

Le jeudi six septembre 1792, l'an 4e de la Liberté, MM. les administrateurs composant le Conseil Général du département de Rhône-et-Loire, en surveillance permanente, réunis en séance, y étant MM. Tillard-Tigny, président par intérim, Mauzerand, Ferrand, Desportes, Mussieu, Romany, Simonet, Servan, Moissonnier, Ricard, Chevassu, Rullet-Lamurette, administrateurs, Frossard, faisant les fonctions de procureur général syndic, et Gonon, secrétaire général.

Il a été fait lecture d'une lettre, en date du 2 septembre présent mois, écrite par M. le ministre de l'Intérieur, par laquelle il invite et presse d'exécuter la translation de l'administration dans l'Hôtel-Commun de Lyon ; il annonce même que le pouvoir exécutif prendra des mesures de rigueur si cette translation n'est exécutée avant la quinzaine. Sur quoi, ouï M. faisant les fonctions de Procureur Général Syndic en ses conclusions, il a été arrêté que la lettre de M. le ministre de l'intérieur sera communiquée sur-le-champ à la municipalité de Lyon, que copie en sera adressée à tous les districts, en leur annonçant que cette translation sera effectuée avant la fin du présent mois de septembre, et cependant qu'il sera envoyé à M. Rolland, ministre de l'Intérieur, copie de l'arrêté du Conseil du département du 24 août dernier, qui justifie des mesures prises par l'administration pour accélérer sa translation à l'hôtel-commun de Lyon.

TILLARD DETIGNY. GONON S.-F., secrétaire général.

Le vendredi sept septembre 1792, l'an 4e de la Liberté, MM. les administrateurs composant le Conseil Général du département de Rhône-et-Loire, en surveillance permanente, réunis en séance, y étant MM. Tillard-Tigny, président par intérim, Mauzerand, Ferrand, Desportes, Mussieu, Romany, Simonet, Servan, Moissonnier, Ricard, Chevassu, Rullet-Lamurette, administrateurs, Frossard, faisant les fonctions de procureur général syndic, et Gonon, secrétaire général.

Vu une délibération du conseil général de la commune de Lyon sur les étrangers ; vu l'avis du directoire du district de Lyon, en date du 27 août 1792, dans laquelle il demande que l'effet de cette délibération soit étendu à tout le district ; vu enfin une lettre du même Directoire, à la date du 5 septembre présent mois, dans laquelle il renouvelle ce vœu, le Conseil, considérant que dans les circonstances actuelles, la sollicitude des corps administratifs doit être exclusivement dirigée vers le salut public, la tranquillité, la liberté, le bonheur des citoyens qui leur ont accordé leur confiance ; que le danger de la

Patrie impose aux autorités constituées l'obligation de cumuler les moyens les plus propres à écarter de leur territoire toute occasion de trouble, et de dissiper tous les rassemblemens qui auraient pour objet de compromettre la sûreté générale ; que depuis longtemps Lyon est le rendez-vous d'une multitude de citoyens des autres départemens, qui y viennent, les uns pour jouir de la tranquillité qu'une active vigilance y a constamment maintenue ; les autres, on ne peut se se le dissimuler, pour préparer des évènemens bien opposés aux nobles efforts que font tous les vrais Français pour le triomphe des bataillons nationaux ; qu'il existe des preuves incontestables que ces étrangers correspondent avec leurs frères, leurs parents, leurs amis émigrés, qu'ils tiennent les discours les plus scandaleux et annoncent les projets les plus destructeurs de la liberté, de l'égalité ; qu'il n'existe nulle raison de tolérer, de souffrir même, dans un département, où tant de citoyens volent avec intrépidité à la défense de la Patrie, une foule d'hommes sans occupation, sans caractère, dignes des plus justes soupçons, soutenus par des espérances dont on doit détester jusqu'à la pensée ; que dans ce moment où la ville de Lyon et ses environs ne sont que très difficilement approvisionnés de bled, et où les denrées de première nécessité sont portées à un prix excessif, il serait également impolitique et contraire aux intérêts de nos concitoyens d'y conserver une multitude d'êtres qui n'y ont été attirés ni par des affaires avantageuses à la cité, ni par des motifs propres du moins à leur mériter protection, aliment, hospitalité ; que si la voix de l'humanité parle en faveur de ceux qui viennent chercher dans le département un asyle de paix et de sûreté qu'ils n'ont pu trouver chez eux, et qui, depuis qu'ils y séjournent, n'ont autorisé aucun soupçon d'incivisme ou de rébellion, la voix du salut public, cette voix si éloquente pour tous les bons citoyens, ordonne impérieusement aux administrations de rejetter hors de leur ressort tous ces hommes à projets contre révolutionnaires, tous ces agitateurs étrangers, dangereux ennemis de la liberté, cherchant à troubler la paix intérieure et à servir de tout leur pouvoir les projets sacrilèges des ennemis qui les soudoient, ou à ramener ce régime orgueilleux et déprédateur qui leur garantissait leurs titres, leurs bénéfices et les fruits de leurs concussions. Oui M. Frossard, Procureur Général Syndic par intérim, en ses conclusions, le Conseil arrête ce qui suit :

Article premier.

La délibération du conseil général de la commune de Lyon est et demeure homologuée dans sa forme et teneur.

Art. 2.

Les autres municipalités du département renverront de leur territoire, sous le délai de trois jours après la publication du présent arrêté, tous les étrangers qui auront donné des preuves d'incivisme, soit par leurs discours, soit par leur conduite, même ceux auxquels elles soupçonneront de dangereuses intentions sans en avoir la certitude.

Art. 3.

Si quelque municipalité négligeoit de renvoyer les étrangers coupables d'incivisme, ou suspects dans leurs sentimens, qui se sont retirés dans leur territoire, le conseil du district dans lequel elles ressortent, sera tenu d'ordonner leur renvoi, dès qu'il y sera requis par une pétition signée de six citoyens domiciliés dans le district.

Art. 4.

Il sera délivré à tous les étrangers renvoyés en vertu des articles précédents, des passeports pour des lieux hors du département, et il leur sera enjoint d'en suivre la destination.

Art. 5.

Seront exemptés des dispositions du présent arrêté, les négocians étrangers attirés dans ce département pour des affaires de commerce, et ceux qui poursuivent le jugement d'un procès près les tribunaux.

Art. 6.

Le Conseil attend de la surveillance des conseils de district, des conseils généraux des communes et des bons citoyens le prompt éloignement de tous les étrangers suspects et dangereux. Il les invite, d'un autre côté, à concilier avec prudence ce qu'exige d'eux le salut public avec ce qu'ils doivent à l'humanité; et, pour y parvenir, à distinguer soigneusement les étrangers qui ne donnent aucune prise au soupçon, ni par leurs discours, ni par leurs liaisons, qui vivent tranquillement avec leurs épouses et leurs enfants sous l'abri tutélaire des lois, d'avec ces hommes sans liens domestiques, sans motif de séjour qu'ils osent avouer, conspirateurs audacieux qui attendent le désordre pour agir, qui le provoquent même dans l'espoir de profiter de ses commotions pour consommer leurs projets liberticides.

Art. 7.

Le présent arrêté sera imprimé et affiché, envoyé aux six districts et, par eux, aux municipalités de leur ressort, pour être transcrit sur leurs registres, lu, publié, affiché et exécuté suivant sa forme et teneur.

MM. Perret, officier municipal, et Pressavin, substitut du Procureur de la commune de Lyon, étant entrés, ont dit que des discussions s'étant élevées entre le commissaire que le district de la campagne de Lyon a envoyé à St-Martin-en-Haut, et les membres du conseil général de la commune qui y sont de la part du département, la municipalité juge qu'il est indispensable que le département délègue un de ses membres pour se transporter à St-Martin-en-Haut, aux fins de connaître de toutes les mesures prises jusqu'à présent dans cette paroisse et dans celles qui sont adjacentes, pour y rétablir l'ordre public, pour extirper les racines du fanatisme, faire un nouveau choix, d'après un mode plus équitable, des volontaires qui doivent marcher à l'ennemi; enfin prendre, de concert avec les commissaires susdits, toutes les mesures propres à établir dans ces lieux l'empire de la liberté et des lois.

La matière mise en délibération, ouï M. faisant les fonctions de Procureur Général Syndic en ses conclusions, le Conseil arrête que M. Moissonnier, membre de l'administration, est et demeure commis pour se transporter sans délai à St-Martin-en Haut, aux fins de combiner avec les autres commissaires, sur tous les moyens à employer pour rétablir l'ordre, réintégrer les patriotes de cette commune dans leur domicile, former une municipalité et prendre toutes les mesures qu'il jugera propres à substituer l'amour de la liberté et le respect des lois, aux suggestions du fanatisme, ou aux funestes projets de l'aristocratie.

Tillard Detigny. Gonon S.-F., secrétaire général.

Le samedi huit septembre 1792, l'an 4° de la Liberté.
MM. les administrateurs composant le Conseil Général du département de Rhône-et-Loire, en surveillance permanente, réunis en séance, il ne s'est rien présenté qui ait pu exciter leur surveillance.

Tillard Detigny. Gonon S. F., secrétaire général.

Le dimanche neuf septembre 1792, l'an 4° de la Liberté, MM. les administrateurs composant le Conseil Général du département de Rhône-et-Loire, en surveillance permanente, réunis en séance, y étant MM. Tillard-Tigny, président par intérim, Mauzerand, Ferrand, Desportes, Mussieu, Romany, Simonet, Servant, Ricard, Chevassu, Rullet-Lamurette, Grand, administrateurs, Frossard, faisant les fonctions de procureur général syndic, et Gonon, secrétaire général.

Sur les dix heures du matin, MM. les administrateurs du Conseil Général, d'après l'invitation de la municipalité de Lyon, ont assisté à la prestation du serment des gardes nationales, au champ de la Fédération. M. le commandant général, à la tête d'une garde d'honneur, est venu les précéder.

Sur le rapport fait par un des membres, et après avoir ouï M. faisant les fonctions de Procureur Général Syndic, le Conseil a délibéré, à 9 heures du soir, d'envoyer M. Frossard à la municipalité de Lyon, pour lui témoigner toute la part qu'il prend aux évènemens qui viennent de se passer à Pierre-Scize, devant les prisons de Roanne et dans celles de St-Joseph, où l'on s'est porté à massacrer des citoyens. M. Frossard demeure chargé d'exprimer à la municipalité combien le Conseil du département désire de se réunir à elle pour concerter ensemble les mesures à prendre pour prévenir tout ce qui pourrait porter atteinte à la vie et aux propriétés des citoyens; et de suite M. Frossard est parti pour se rendre à la municipalité.

Tillard Detigny. Gonon S. F., secrétaire général.

Le lundi dix septembre 1792, l'an 4° de la Liberté, MM. les administrateurs composant le Conseil Général du département de Rhône-et-Loire, en surveillance permanente, réunis en séance, y étant MM. Tillard-Tigny, président par intérim, Mauzerand, Ferrand, Desportes, Mussieu, Romany, Simonet, Servan, Ricard, Chevassu, Rullet-Lamurette, Grand, administrateurs, Frossard, faisant les fonctions de procureur général syndic, et Gonon, secrétaire général.

M. Frossard a rendu compte de sa mission auprès de la municipalité de Lyon. Le Conseil, justement atterré des horreurs qui se sont commises, a arrêté, par acclamation, de transporter après midi le siège de ses séances à l'hôtel-commun, dans les appartemens qui lui ont été désignés, afin d'être plus à portée de veiller ensemble au salut public et de concerter les moyens de calmer l'effervescence et l'allarme des citoyens.

Sur les 9 heures, M. Henry, officier municipal, a remis une lettre de la municipalité de Lyon, par laquelle elle invite MM. les administrateurs de se rendre, sur les 10 heures du matin, à la maison commune, pour y prendre connaissance des procès-verbaux des évènemens facheux qui se sont passés dans la journée d'hier, la municipalité annonce qu'elle fait la même invitation au district de Lyon. Sur quoi, ouï M. faisant les fonctions de Procureur Général Syndic en ses conclusions, le Conseil arrête que 4 commissaires, pris dans son sein, se transporteraient sur le champ à la municipalité de Lyon et, à cet effet, il a nommé MM. Tillard-Tigny, Simonet, Lamurette et Frossard.

Il a été fait lecture de deux lettres, l'une de M. Dugas et l'autre de M. Chavanis, tous les deux administrateurs du département, qui donnent leur démission, fondée sur le mauvais état de leur santé, justifiée par des certificats de médecins. Le Conseil, considérant que la démission de M. Chavanis ayant déjà été acceptée, il a été pourvu à son remplacement; ouï M. faisant les fonctions de Procureur Général Syndic en ses conclusions, il a été arrêté que copie de la lettre démissionnaire de M. Dugas sera envoyée à M. le Président de l'assemblée électorale, afin qu'il soit procédé à son remplacement par cette assemblée, et qu'il sera écrit à MM. Chavanis et Dugas pour leur témoigner les regrets que le Conseil éprouve de leur perte.

MM. les administrateurs commissaires qui se sont rendu à la maison commune de Lyon, après avoir rendu compte des mesures prises par les trois corps réunis pour maintenir et assurer dans la ville de Lyon la tranquillité qui avait été troublée dans la journée d'hier, ont déposé sur le bureau la copie d'une adresse aux citoyens par les trois corps administratifs réunis. Lecture faite de lad. adresse, ouï M. faisant les fonctions de Procureur Général Syndic, il a été arrêté qu'elle serait transcrite sur le registre des séances du Conseil. Suit la teneur de la dite adresse.

« Citoyens,

« Quelles scènes d'horreur viennent de se commettre! et qu'ils sont
« criminels les agitateurs qui, sous le nom sacré du patriotisme, ont
« commandé des forfaits si propres à renverser l'édifice de la liberté!
« Quoi! cette cité si célèbre par la paix que vos magistrats y ont
« constamment maintenue; cette cité dont les habitans sont si
« humains, si sensibles; cette cité a pu être inondée d'un sang cou-
« pable peut-être, mais réputé innocent tant qu'il n'est pas jugé!
« Quoi! des hommes libres s'érigeraient en bourreaux, et l'accusé
« pourrait tomber sous le même glaive que le criminel!

« Jetons un voile éternel sur ces actes de carnage et de dévastation.
« Bons citoyens, amis sincères de la liberté, de l'égalité, rassemblez-
« vous sous l'étendard sacré de la loi. Mourez avant de permettre
« qu'elle soit encore violée. Voyez quel exemple d'intrépidité ne vous

« donnèrent pas hier vos magistrats! Ils bravaient la mort pour
« sauver les victimes; ils se jettaient sur leurs corps, ils faisaient du
« leur un égide. Ils n'ont pas remporté cette victoire, mais ils ne
« sont point effrayés; nous ne le sommes point; nous mourrons à nos
« postes plutôt que de voir violer la sûreté des personnes et des
« propriétés. Marchez sur leurs traces, bataillons de la Patrie;
« éclairez celui qui est dans l'erreur; épouvantez celui qui cherche à
« égarer les esprits, et l'ordre sera rétabli.

« Voici une loi de l'Assemblée Nationale bien propre à démasquer
« les agitateurs, à rallier les vrais amis de la liberté, à prévenir
« désormais les scènes affreuses que nous déplorons à l'envi. Elle
« sera proclamée solennellement aujourd'hui, à 9 heures du matin, à
« la tête de chaque bataillon sous les armes, par des commissaires
« des trois corps administratifs, réunis fraternellement dans cette
« circonstance vraiment déplorable. Toute la garde nationale et les
« citoyens prêteront le serment de maintenir, de tout leur pouvoir, la
« liberté, l'égalité, la sûreté des personnes et des propriétés et de
« mourir s'il le faut pour l'exécution de la loi.

« Citoyens! n'oubliez jamais que c'est par la paix intérieure seule
« que nous pourrons triompher de nos ennemis extérieurs. Ah! que
« nous serons redoutables à ces tyrans et à leurs esclaves, si les
« Français ne font qu'une famille, s'ils n'ont qu'un même cœur, s'ils
« combattent de concert pour l'égalité seule, si l'anarchie et la licence
« ne prennent pas la place de la liberté et de la loi : *La Loi, l'union,*
« *et la Patrie est sauvée.* »

Des administrateurs de l'hôpital de la Charité de Lyon, se sont
présentés; ils ont détaillé les besoins pressants de cet établissement,
relativement aux subsistances, et ont demandé à être autorisés à
prendre tels arrangemens que l'administration jugera convenable, avec
les sieurs Charvin et Duchamp, pour cet objet. Sur quoi, ouï M. faisant les fonctions de Procureur Général Syndic, le Conseil considérant
que quatre de ses membres sont actuellement réunis à la municipalité
et au district de Lyon, pour aviser aux moyens de maintenir la sûreté
et la tranquillité publique, arrête que MM. les administrateurs de
l'hôpital de la Charité sont invités à se rendre à l'hôtel de la commune
et concerter, avec les trois corps réunis, les mesures qu'ils demandent
à être autorisés d'employer.

TILLARD DETIGNY. GONON S.-F., secrétaire général.

Le mardi onze septembre 1792, l'an 4º de la Liberté, MM. les administrateurs composant le Conseil Général du département de Rhône-et-Loire, en surveillance permanente, réunis en séance, y étant MM. Tillard-Tigny, président par intérim, Mauzerand, Ferrand, Desportes, Mussieu, Romany, Simonet, Servan, Ricard, Chevassu, Rullet-Lamurette, Grand, administrateurs, Frossard, faisant les fonctions de procureur général syndic, et Gonon, secrétaire général.

MM. les commissaires réunis à la municipalité et au district de
Lyon, ont rendu compte qu'il avait été arrêté dans leur séance de ce
jour 1º que, vu le grand nombre de volontaires qui se rendaient des

différents points du département dans cette ville et qui pouvait jeter le trouble et donner de l'inquiétude, il serait fait une réquisition à M. de Hesse, pour qu'il ait à enjoindre aux compagnies, à mesure qu'elles seront formées, de se rendre au lieu du rendez-vous, où l'on fera passer le drapeau lorsque le bataillon sera formé; 2° M. le Procureur Général Syndic par intérim a fait part du désir ardent du Conseil du département d'apeller les citoyens à ses séances, en conformité du vœu qu'il en a exprimé et de la loi qui ordonne que les séances des corps administratifs seront publiques; il a ajouté que la salle destinée au Conseil, dans la distribution du logement qui lui est accordé à l'Hôtel commun, n'est point assez vaste pour contenir un grand nombre de citoyens, et que l'administration attend des sentimens fraternels qui l'unissent au conseil général de la commune qu'il voudra bien lui accorder la jouissance d'une salle propre à l'usage important auquel elle est destinée. Sur quoi, MM. composant le conseil général de la commune ayant renouvellé au département l'assurance de l'union la plus intime et le désir de lui faciliter tous les moyens de rendre ses séances publiques, lui a offert de lui prêter provisoirement la salle du conseil général de la commune, trois jours de la semaine, de manière que la commune y aurait quatre séances publiques et le Conseil du département trois. MM. les administrateurs du département ayant accepté avec empressement et reconnaissance, cette obligeante invitation, il a été arrêté provisoirement, qu'à dater de lundi prochain, 17 septembre, le Conseil du département tiendra ses séances publiques dans la salle du conseil de la commune, les lundi, mercredi et vendredi de chaque semaine, à 4 heures de l'après-midi; et que le conseil de la commune tiendra les siennes dans la même salle, les dimanche, mardi, jeudi et samedi, à l'heure ordinaire.

Le Conseil du département prêtera lundi, publiquement, selon le vœu de la loi, le serment qu'il a déjà prononcé, de maintenir de tout son pouvoir la liberté, l'égalité, la sûreté des personnes et des propriétés, ou de mourir en les défendant.

TILLARD DETIGNY. GONON S.-F., secrétaire général.

Le mercredi douze septembre 1792, l'an 4° de la Liberté, MM. les administrateurs composant le Conseil du département de Rhône-et-Loire, en surveillance permanente, réunis en séance, y étant MM. Tillard-Tigny, président par intérim, Mauzerand, Ferrand, Mussieu, Romany, Simonet, Servan, Ricard, Chevassu, Moissonnier, Rullet-Lamurette, Grand, administrateurs. Frossard, faisant les fonctions de procureur général syndic, et Gonon, secrétaire général.

M. Moissonnier, nommé commissaire pour se rendre à St-Martin-en-Haut et paroisses voisines, de retour, a rendu compte de sa mission et des opérations qu'il a faites, de concert avec MM. les commissaires du district de la campagne de Lyon et de la municipalité de la même ville; en conséquence, il a déposé sur le bureau le procès-verbal desd. opérations, signé de tous MM. lesd. commissaires. Le Conseil, après en avoir pris lecture et rendant hommage au zèle, au patriotisme et à la prudence de M. Moissonnier et de ses collègues dans lesdites opérations, ouï M. faisant les fonctions de Procureur Général Syndic en ses conclusions, arrête que ledit procès-verbal sera transcrit en entier sur le registre des séances du Conseil, pour y avoir recours ainsi qu'il appartiendra, et en être délivré copie à qui de droit. Suit la teneur dudit procès-verbal :

« Nous, Steinman, administrateur du district de la campagne de
« Lyon, Saillier et Curret, officiers municipaux de lad. ville de Lyon,
« tous les trois commissaires civils, nommés par le département de
« Rhône-et-Loire, à la forme de son arrêté du 4 du présent, sommes
« partis de ladite ville à 10 heures du soir, le 5 septembre, avec un
« détachement de la garde nationale, qui, ne devant être que de
« 200 hommes, s'est trouvé composé de 450, par un surcroît de force
« fournie par le zèle des citoyens. Nous nous sommes rendus à Izeron,
« après avoir fait halte à la troupe au Logis-Neuf. Là, nous avons
« divisé nos forces en trois portions: MM. Steinman et Curret ont
« pris la route de St-Martin-en-Haut, avec environ 200 hommes
« commandés par le sr Moulin; M. Saillier s'est transporté à Montro-
« man, avec environ 100 hommes commandés par M. Reverony;
« M. Lacoste est allé à Duerne, avec environ 150 hommes qu'il com-
« mandait et muni d'instructions verbales pour procurer le logement
« aux volontaires. Ces détachemens sont arrivés à leurs destinations,
« jeudi six, à peu près à 9 heures du matin. Le sr Saillier, commis-
« saire, avec le détachement de Montromand, s'est d'abord occupé
« d'assurer le logement et la subsistance, de faire les dispositions
« pour ramener l'ordre et la paix dans cette paroisse; enfin, il y a
« déterminé, pour le dimanche 9, la convocation de la commune pour
« la formation de la municipalité et, après avoir fait ses recomman-
« dations à M. Reverony, chef du détachement, est parti de Montro-
« mand le vendredi 7, de grand matin, pour se rendre à Duerne. Il y
« a trouvé toutes choses dans l'ordre, par les soins du sr Lacoste,
« commandant en ce cantonnement; cet officier lui a communiqué
« quelques renseignemens qu'il s'était procurés sur la retraite des
« prêtres réfractaires et lui annonçant qu'il se proposait de prendre
« des mesures pour leur arrestation. M. Saillier a dirigé ensuite sa
« marche à St-Martin-en-Haut, où il est arrivé sur les 8 heures du
« matin, pour se joindre à ses collègues. Il les a trouvés dans
« l'assemblée de la commune et a appris d'eux les dispositions qu'ils
« avaient prises la veille, pour le logement des troupes et leur
« subsistance, pour faire arrêter les perturbateurs. Déjà, ils avaient
« convoqué pour le même jour, au matin, la garde nationale du
« canton, pour concerter la levée des volontaires que ce pays devait
« fournir; mais le porteur d'ordres ayant été arrêté par méprise, par
« les gardes nationales de Duerne et Montromand, cet incident avait
« fait différer au lendemain lad. convocation. Ils avaient aussi pris
« les mesures convenables pour assembler dans l'après-midi, le même
« jour, les citoyens de la commune, à l'effet de remplacer et com-
« pletter la municipalité suspendue. La commune étant donc réunie à
« l'heure dite, en présence des trois commissaires, ceux-ci leur ont
« fait lecture des arrêtés du district et du département, et les ont
« engagés, par les exhortations les plus pathétiques et les plus propres
« à établir la confiance, à les seconder et à réunir à leurs efforts le
« zèle le plus actif pour le rétablissement de l'ordre et de la paix;

« dénoncer les auteurs, fauteurs et complices des troubles religieux,
« et pour cet effet, ils leur font, sur les demandes réitérées des
« dénonciateurs, lecture des dénonciations portées à la commune de
« Lyon, ensuite à l'administration du département; personne ne
« s'étant présenté pour appuyer ces dénonciations, les commis-
« saires ont pris de là l'occasion d'engager toute la masse des
« habitans à une réconciliation et un pardon général, qu'ils cimente-
« raient et jureraient mutuellement le lendemain, au pied de l'arbre
« de l'union et de la liberté. L'assemblée a applaudi à diverses
« reprises, et de suite on a procédé à la nomination des membres de
« la municipalité, à laquelle les procès-verbaux de nomination ont été
« réunis, signés des nouveaux membres élus et des commissaires;
« elle a été chargée de les faire transcrire pour en envoyer copie au
« district. La séance a été levée à 8 heures du soir.

« Le samedi 8 septembre, les gardes nationales des quatre com-
« munes de St-Martin-en-Haut, Duerne, Montromand et Rochefort, se
« sont assemblées le matin dans l'église paroissiale, suivant l'indica-
« tion donnée la veille. M. Steinman, retenu dans son lit par une
« érisipelle qui lui est survenue à un pied pendant la nuit, n'a pu se
« rendre à la séance. MM. Saillier et Curret s'y étant rendus, ont fait
« lecture à l'Assemblée de l'arrêté du district qui casse les premières
« nominations des volontaires faites au scrutin du 2 du présent et
« les ont exhortés à prendre le parti de recueillir une somme entre
« eux, par la voie des commissaires nommés à cet effet, et de choisir
« des gens de bonne volonté pour former leur contingent. Cette
« mesure est adoptée à l'unanimité et exécutée presque sur-le-champ,
« par le moyen des volontaires qui se présentent, et la municipalité
« prend avec eux des arrangemens conformes aux vœux de l'assem-
« blée. L'opération s'est terminée sur les 11 heures du matin. Alors
« M. Moissonnier, commissaire nommé par le département, par son
« arrêté du 7 de ce mois, est arrivé pour s'associer à nos travaux.
« Nous lui avons fait part de l'état actuel des choses et de tout ce
« que dessus. Après quoi, envisageant avec autant de satisfaction
« que les circonstances pouvaient le permettre l'espoir de parachever
« notre mission et consolider notre ouvrage, sans le concours d'une
« force armée aussi considérable que celle qui se trouvait alors à
« St-Martin ; voyant qu'on s'y disposait à planter l'arbre de la
« liberté et à se réjouir, nous estimâmes convenable de laisser à
« M. Moulin, commandant en ce cantonement, la réquisition de
« disposer de la moitié de sa troupe pour la renvoyer le lendemain
« matin à Lyon. Nous lui recommandâmes de plus, de vive voix, de
« veiller sur la conduite des gardes nationales et autres personnes des
« communes voisines, qui se présentaient sans réquisition à chaque
« instant, demandaient et dissipaient des vivres, et de les faire partir
« de suite pour leurs communes respectives, afin d'éviter autant que
« faire se pourrait la confusion et la dépense. Après le dîner, nous,
« Saillier, Curret et Moissonnier, partons pour nous rendre à Duerne,
« où l'assemblée de la commune, pour la formation d'une nouvelle
« municipalité, avait été convoquée pour 2 heures de relevée. Arrivés
« à Duerne, nous trouvons le tout en bon ordre et la troupe contente.
« M. Lacoste nous fait part de l'arrestation qu'il a faite de quatre
« prêtres insermentés trouvés au monastère de l'Argentière ; de celle
« qu'il a faite également du procureur de la commune de Duerne, de

« celui de Montromand et d'un secrétaire-greffier de cette municipalité,
« mal famé dans le pays. Il nous fait part de la recherche et
« découverte de papiers trouvés chez le ci-devant curé de Duerne, au
« domicile duquel les volontaires s'étaient transportés, et lesquels
« papiers le s' Lacoste avait fait passer à la municipalité de Lyon. Il
« nous a aussi représenté un registre de la municipalité de Duerne,
« trouvé dans une paillasse, au domicile du s' Blanchard, ancien
« maire, par lui, commandant. Il nous a fait part que les volontaires
« avaient détruit un autel construit dans une écurie aud. bourg de
« Duerne, et qui était à l'usage des prêtres réfractaires. Il nous a
« déclaré qu'il lui était arrivé, dans la nuit précédente, un renfort de
« 150 hommes environ, envoyés sans aucune réquisition de notre part,
« et qu'il avait été obligé, pour leur fournir les logemens et les subsis-
« tances, d'en envoyer une centaine dans la commune d'Avaize, où des
« troubles religieux s'étaient aussi manifestés, et qu'il avait pourvu
« au surplus. Nous nous sommes rendus à l'église peu après ; là, on
« nous a représenté les prêtres réfractaires et procureurs des commu-
« nes dont on nous avait parlé, et comme l'assemblée devait avoir lieu
« incessamment et se trouvait même formée, nous les avons fait trans-
« férer en lieu sûr, avec les recommandations nécessaires à leur
« sûreté. L'assemblée a commencé par la lecture des arrêtés du
« district et du département, ainsi que nous avions fait à St-Martin-
« en-Haut; nous avons également employé la voie de la prédication
« pour changer les esprits, les disposer à la concorde, et nous avons
« apperçu malheureusement que nous avons à remplir une tâche qui
« n'aura pas à beaucoup près le succès que nous désirons. Nous
« trouvons les esprits mitigés par la crainte, mais étrangement préoc-
« cupés par le fanatisme et l'entêtement ; nous prenons finalement le
« parti de leur indiquer un choix qui réponde aux vues que nous nous
« étions proposées, les laissant libres au surplus dans l'émission de
« leurs vœux. Nous faisons procéder aux élections et nous les termi-
« nons, ainsi qu'il est plus amplement détaillé dans le procès-verbal
« que nous signons avec ceux des membres élus qui savaient écrire,
« et nous le laissons entre les mains de la municipalité, en la chargeant
« de le faire transcrire pour en envoyer un double au district. Nous
« donnons ensuite une réquisition au s' Lacoste de renvoyer le
« lendemain matin la moitié de sa troupe et de celle cantonnée à
« Aveize, d'envoyer les prisonniers sous cette escorte à laquelle il
« aurait soin de recommander les égards et les attentions nécessaires.
« Nous le prévenons que la moitié de la troupe de Montromand se
« réunira à la sienne à Izeron ; que ces détachemens s'attendront au
« rendez-vous pour se rendre ensemble à Lyon. Il était alors 7 heures
« du soir, et nous partons à pied, avec un guide, pour Montromand,
« attendu la difficulté et le danger d'aller à cheval dans une route
« impraticable par les précipices, les torrents et autres obstacles qui
« se rencontrent à chaque pas. Nous arrivons à 9 heures à Montro-
« mand, où tout était tranquille, et nous allons chercher un logement à
« une demi-lieue plus loin, suivis de deux ou trois guides qui
« s'offrirent volontairement pour nous accompagner, et qui nous font
« passer les torrents en nous portant sur leurs épaules. Arrivés à ces
« logemens, nous y rencontrons M. Reverony qui commandait à Mont-
« romand et, harassés de fatigues que nous étions, nous apprîmes
« de lui, avec une douce satisfaction, que par ses soins empressés et

« la bonne conduite de sa troupe, la paroisse était dans les disposi-
« tions les plus favorables pour seconder nos opérations ; que l'arbre
« de la liberté était planté sur la place et même dans des villages
« voisins ; que les habitans s'étaient réconciliés et s'en étaient donné
« mutuellement des preuves attendrissantes ; que la force armée ne
« serait, selon toute apparence, plus nécessaire, ainsi que nous
« pourrions le voir le lendemain par nous-même ; c'est dans cet espoir
« flatteur que nous terminames cette journée.

« Le dimanche 9 septembre, sur les 7 heures du matin, nous retour-
« nons à Montromand ; les citoyens s'assemblent dans l'église, au
« son des cloches et de la caisse ; le curé s'y rend, ainsi que M. Re-
« verony, commandant, et là nous recueillons, après l'annonce de
« notre mission et le discours que nous adressâmes à l'assemblée,
« la confirmation de tout ce qui nous avait été annoncé la veille. Les
« habitans à l'envi nous jurent l'amour de la paix et de la concorde ;
« le curé, la larme à l'œil, y joint une exhortation touchante qui fait
« le meilleur effet sur toute l'assemblée. D'après cette sène édifiante
« et voulant donner à cette commune les marques d'une confiance
« entière et parfaite, nous requérons sur-le-champ M. le commandant
« de partir avec tout son détachement à l'heure même, et d'aller à
« Izeron joindre ceux de Duerne et ceux d'Avaize qui devaient y être
« rendus. Nous procédons de suite à la nomination de la municipalité,
« après avoir préalablement jugé que le maire, qui était présent,
« devait être destitué d'office, ainsi que le procureur de la commune
« qui avait été précédemment arrêté. Ladite nomination s'est para-
« chevée, ainsi que le contient le procès-verbal que nous avons laissé
« entre les mains de la municipalité, ainsi que nous l'avions fait
« ailleurs. Les officiers municipaux ont prêté le serment, ainsi que
« toute l'assemblée l'avait prêté, à l'exception néanmoins du nommé
« Jacques Siméon, commandant de la garde nationale, qui s'est
« refusé à l'invitation que nous lui avons faite de jurer d'être fidèle à
« la Nation et à la loi, de bien et fidèlement remplir ses fonctions
« et de maintenir de tout son pouvoir la liberté et l'égalité, ou de
« mourir en les deffendant. C'est pourquoi, sur les informations défa-
« vorables que nous avions déjà sur son compte et par lesquelle il
« était désigné comme le principal fauteur des troubles, et d'après
« l'indignation qui s'est emparée de l'assemblée, nous l'avons fait
« mettre en état d'arrestation, pour être traduit à Lyon et y être
« duement réprimandé, et nous avons pourvu de suite à ce que le
« commandant en second le remplace provisoirement en ses
« fonctions.

« Nous sommes partis à 1 heure après-midi de Montromand, pour
« nous rendre à Duerne, accompagnés de trois cavaliers de la garde
« soldée, qui conduisaient le nommé Jacques Simeand. Arrivés à
« Duerne, nous nous sommes enquis de l'état des choses. Le com-
« mandant, M. Lacoste, nous a rapporté qu'il avait, conformément à
« notre réquisition, fait partir la moitié des volontaires de Duerne et
« d'Aveize avec les prisonniers. Nous l'avons requis de nouveau de
« renvoyer le restant des troupes de Duerne et Aveize, à l'exception
« de 25 hommes qu'il laisserait à Duerne jusqu'à nouvel ordre. Deux
« officiers municipaux d'Aveize s'étaient rendus à Duerne pour solli-
« citer auprès de nous le renvoi des volontaires qui étaient en gar-
« nison dans leur commune ; nous leur avons promis, pour le

« lendemain au matin, cette faveur, sur la promesse qu'ils nous ont
« faite de maintenir l'ordre et la tranquillité dans leur commune et de
« n'y souffrir la présence d'aucun prêtre réfractaire ; nous les avons
« fortement exhortés à remplir fidèlement leur engagement sous leur
« responsabilité. Nous avons remis led. Jacques Simeand entre les
« mains du sʳ Lacoste, pour le faire transférer à Lyon le lendemain,
« avec le détachement sous sa conduite ; après quoi nous sommes
« partis de Duerne, où l'on se proposait d'élever l'arbre de la liberté
« dans cette même soirée, et nous nous sommes rendus à St-Martin-
« en-Haut, sur les 6 heures du soir, où étant, nous avons trouvé
« M. Steinman, notre collègue, un peu remis de son indisposition et
« en état de poursuivre avec nous nos opérations. Le détachement de
« la moitié des troupes qui s'y trouvait était parti dès le matin, selon
« notre réquisition ; mais nous avons été vivement affectés en prenant
« connaissance du détail des fournitures qui s'y étaient faites et
« consommées, en partie par la garde nationale de Lyon, en partie
« par les gardes nationales voisines, qui, malgré la vigilance et
« l'activité du sʳ Moulin pour les éloigner, réclamaient l'hospitalité et
« à qui on avait délivré des vivres, sur la promesse de repartir
« aussitôt. La plantation de l'arbre de la liberté, faite un jour de
« dimanche, avait attiré des curieux et des voisins, peut-être même
« quelques mal intentionnés, d'après les informations les plus exactes
« que nous avons prises, lesquels affluants de toute part, pour
« prendre part à la fête, se glissaient dans toutes les chambres où les
« tables se trouvaient mises, ce qui n'a pas peu contribué à augmen-
« ter les consommations, les denrées arrivent encore avec profusion ;
« cependant la joye et la danse étaient fort animées autour de l'arbre
« de l'union ; pas la moindre rixe. M. le curé s'était rendu dès le
« matin, avait célébré sa messe, à laquelle la plus grande partie des
« habitans avaient assistés. Nous nous sommes aussitôt occupés
« d'une réquisition instante au sʳ Moulin, pour renvoyer les étrangers
« qui se trouvaient encore répandus dans le bourg, de côté et d'autre,
« et de mettre à exécution les mesures les plus économiques pour
« régler la dépense générale, sans restreindre le nécessaire, et tout
« étant d'ailleurs dans le bon ordre, nous avons terminé la journée.
« Le lundi 10, au matin, nous avons repris, tous les quatre de
« concert, nos opérations ; nous avons parcouru les endroits pour
« faire la recherche des étrangers qui y seraient encore, et renvoyé
« tous ceux que nous avons découverts. Nous avons convoqué la
« municipalité pour l'après-dîné, pour, de concert avec nous, appurer
« les comptes des fournisseurs auxquels nous avons fourni des bons
« sur lad. municipalité ; les mêmes bons ont été fournis, soit à
« Montromand, soit à Duerne et à Avaize et Rochefort, par les com-
« mandants en détachement dans ces diverses paroisses. M. le curé
« de St-Martin ayant lui-même réclamé une indemnité, à raison de ce
« que la garde nationale, manquant de logement, s'était établie au
« presbitère avant son arrivée et de ce que les soldats, casernés chez
« lui au nombre d'environ 80, avaient brisé et égaré diverses usten-
« cilles de cuisine à son usage et autres objets, nous lui avons
« répondu qu'il n'avait qu'à en faire dresser procès-verbal, afin
« d'obtenir l'indemnité et les répétitions qu'il prétend lui être dues.
« Nous avions d'abord projetté de laisser dans le bourg de St-Martin
« 25 à 30 hommes, pour assurer la tranquillité et le règne des lois ;

« mais d'après les observations de M. Moulin, commandant de la
« garde nationale, qui exprimait le vœu des soldats pour partir tous
« ensemble, celle même des habitans qui demandaient le renvoi de la
« totalité de la force armée, et attendu que les vivres étaient déjà
« distribués pour la journée, nous arrêtâmes et fixâmes leur départ
« pour le lendemain 11, à 7 heures du matin. Le reste de la journée
« fut employé à prendre des mesures pour tirer un parti convenable
« des denrées surabondantes que l'on avait ammenées, et principa-
« lement des viandes qui restaient.

« Enfin, ce jourd'hui, 11 du même mois, le détachement aux ordres
« de M. Moulin est parti en totalité à 7 heures du matin, escorté de
« six cavaliers de la garde soldée, en ayant gardé 4 ici jusqu'au
« moment de notre départ. Nous nous sommes occupés toute la
« matinée de l'apurement du compte de divers fournisseurs auxquels
« nous avons fait des bons revêtus de nos signatures. Nous nous
« sommes occupés aussi de la suite de la rédaction du présent procès-
« verbal, et nous allons partir dans l'instant, sur les 11 heures du matin,
« emportant avec nous l'espérance que la paix ne sera plus troublée
« dans ces contrées et que le fanatisme, occasionné par les machina-
« tions des prêtres réfractaires, cédera peu à peu à la saine raison et
« à l'empire des lois. Fait, clos et arrêté les jour, heure et an que
« dessus, et avons signé. Signé : Moissonnier, Saillier, Curet et J.-J.
« Steinman. »

TILLARD DE TIGNY. GONON S.-F., secrétaire général.

Le jeudi treize septembre 1792, l'an 4 de la Liberté,

Il ne s'est rien présenté qui ait pu exciter la surveillance de l'administration.

TILLARD DETIGNY. GONON S.-F., secrétaire général.

Le vendredi quatorze septembre 1792, l'an 4° de la Liberté, MM. les administrateurs composant le Conseil général du département, en surveillance permanente, réunis en séance, y étant MM. Tillard-Tigny, président par intérim, Mauzerand, Ferrand, Mussieu, Romany, Simonet, Servan, Ricard, Chevassu, Moissonnier, Rullet-Lamurelle, Grand, administrateurs, Frossard, faisant les fonctions de procureur général syndic, et Gonon, secrétaire général.

MM. Achard et Dubost, nouveaux administrateurs du département, sont entrés; après avoir prêté serment, ils ont pris séance.

M. Santerre, nouveau directeur des postes à Lyon, est venu faire visite au Conseil; il a protesté de son civisme et de son inviolable attachement aux fonctions de sa place.

M. Nivière-Chol, officier municipal de Lyon, s'est présenté; il a dit que, nommé commissaire près du département de l'Ain, pour inviter cette administration à favoriser, par toutes les forces qui sont en son pouvoir, la libre circulation des grains dont la ville de Lyon a le besoin le plus urgent, que l'administration du département de l'Ain a déjà pris toutes les mesures que lui ont suggérées son zèle; que cependant les grains ont été arrêtés par les citoyens des villes ou villages riverains; que les commerçants n'osent point se livrer à leurs spéculations habituelles; que la ville de Lyon, qui consomme journellement plus de 500 asnées, est à la veille de manquer absolument de grains; ouï le rapport fait par le sʳ Seriziat et le commis du sʳ Pinet, marchands de blé, qui ont dit qu'ils avaient acheté des grains pour l'approvisionnement de la ville de Lyon, mais que les citoyens des villes ou villages de la route par laquelle ils devaient les faire arriver avaient conçu des inquiétudes et des défiances et qu'ils s'opposaient au passage des grains, ce qui pouvait occasionner une disette dans la ville de Lyon, qui n'avait de subsistances que pour quelques jours, le Conseil, considérant combien il est important d'approvisionner une ville aussi peuplée que la ville de Lyon, dont la classe intéressante des artisans commence à souffrir de la cessation du travail et de la cherté des consommations; considérant que la disette des grains pourrait occasionner dans cette ville une effervescence infiniment dangereuse, dont les effets pourraient s'étendre fort au loin; considérant que dans un moment où les Français doivent être unis par les liens de la plus sainte fraternité et se prêter mutuellement les secours respectifs dont ils ont besoin, il ne peut y avoir que des ennemis de la chose publique qui puissent égarer les citoyens qui s'opposent à la circulation des grains; considérant enfin qu'il est très urgent de dissiper, par tous les moyens possibles, les obstacles qui s'opposent à ce que les sources de l'agriculture s'écoulent partout où le besoin se fait sentir; ouï M. le Procureur Général Syndic par intérim en ses conclusions, il a été arrêté : 1° qu'il sera nommé à l'instant un commissaire pris dans le sein de l'administration, pour être envoyé aux administrations des départemens de Saône-et-Loire et de l'Ain, les inviter à développer, en cette occasion, tous les moyens que la loi leur a confiés pour faire circuler les grains dont la dernière récolte a été si abondante dans les départemens de l'Ain, de la Côte-d'Or et du Doubs, qui, dans tous les temps, ont approvisionné la ville de Lyon; 2° que la municipalité de Lyon sera invitée à nommer un commissaire pour, concurremment avec celui de l'administration, employer, auprès de celles des départemens de Saône-et-Loire et de l'Ain, tous les moyens de fraternité qui puissent les déterminer à prendre les voies les plus efficaces pour prévenir les obstacles qui se sont opposés jusqu'à ce jour à la circulation; 3° que le sieur Chevassu, administrateur, est nommé commissaire, avec invitation de se transporter, sans aucun délai, près desdites administrations, à l'effet des présentes.

TILLARD DETIGNY. GONON S.-F., secrétaire général.

Le samedi quinze septembre 1792, l'an 4⁰ de la Liberté et le 1ᵉʳ de l'Egalité, MM. les administrateurs composant le Conseil Général du département de Rhône-et-Loire, en surveillance permanente, réunis en séance, y étant MM. Tillard-Tigny, président par intérim, Mauze-

rand, *Ferrand, Mussieu, Romany, Simonet, Servan, Ricard, Chevassu, Moissonnier, Rullet-Lamurette, Grand, Achard, Dubost, administrateurs, Frossard, faisant les fonctions de procureur général syndic,* et *Gonon, secrétaire général.*

Il a été fait lecture d'une lettre, en date du 14 de ce mois, écrite par MM. Ravel et Pourret, commissaires nommés pour l'inspection et visite des armes à St-Etienne, par laquelle ils donnent avis(1) que le s^r Albert, de Lyon, est chargé de vendre, pour le compte du s^r Pascal, de St-Etienne, 68 fusils, et de voir s'il ne convient pas à l'administration de les acheter. Sur quoi, ouï M. faisant les fonctions de Procureur Général Syndic en ses conclusions, il a été arrêté que M. Simonet, administrateur, se transporterait en qualité de commissaire chez M. Albert, assisté, si bon lui semble, d'un armurier, pour vérifier les dits 68 fusils et les acheter, s'ils sont jugés convenables.

L'un de MM. a fait le rapport d'une pétition de plusieurs citoyens de la section de Porte-Froc, de Lyon, tendant à obtenir une indemnité pour les pertes que leur a occasionnées leur transport à St-Martin-en-Haut et dans d'autres paroisses voisines. Vu l'arrêté du Conseil Général du département, en date du 4 septembre dernier mois; vu la délibération du district de la campagne de Lyon, du 13 de ce mois, ensemble la loi du 25 juillet 1792, relative au remboursement des frais occasionnés par le déplacement de la force publique; le Conseil, considérant que les pétitionnaires qui se sont déplacés pour aller rétablir la tranquillité à St-Martin-en-Haut, Duerne et Montromand, ont droits aux indemnités prononcées par la loi du 25 juillet 1792; considérant qu'à la forme de cette loi, les communes, où des troubles ont pris naissance par le fait de leurs habitans, seront tenus de rembourser au trésor national les avances qui auront été faites et d'en imposer le montant, par sous additionnels, sur les contributions foncière et mobiliaire, sauf leur recours sur les instigateurs et complices desd. troubles; considérant que, si le plus grand nombre des habitans de St-Martin-en-Haut, de Duerne et de Montromand se sont portés à des excès contraires au sentiment de patriotisme qui doit enflammer tous les Français, ils ont été vraisemblablement égarés par des ennemis de la Liberté, sur lesquels doit retomber principalement le fardeau des dépenses qu'a occasionnées le déplacement de la force armée; ouï M. le Procureur Général Syndic par intérim en ses conclusions, il a été arrêté 1° qu'à la forme de la loi du 25 juillet dernier, les pétitionnaires et ceux qui pourraient exercer les mêmes réclamations, seront payés à raison d'une solde de 15 sous par jour pour chaque fusillier, une solde et demi pour chaque caporal, deux soldes pour chaque sergent et pour les autres grades conformément à la loi, sur les certificats du chef qui a commandé le détachement, duement visés par le département; 2° que le receveur du district de la Campagne de Lyon payera, sur le visa du Directoire du département, la solde ci-dessus fixée; qu'il tiendra un état des avances qu'il aura faites à cet égard, pour en être remboursé conformément à la loi du 25 juillet dernier; 3° que le montant des dépenses occasionnées pour le rétablissement de la tranquillité publique, dans les paroisses ci-dessus

(1) *On lit ici sous une rature :* qu'ils envoient, pour le compte du ministre de l'Intérieur, 198 fusils, par la messagerie de St-Etienne. Sur quoi, ouï M. faisant les fonctions...

dénommées, seront imposées par sous additionnels sur les contributions foncière et mobiliaire desd. paroisses, sauf le recours des habitans contre les instigateurs des troubles ; 4° que le présent arrêté sera envoyé au receveur du district de la campagne de Lyon, pour qu'il ait à s'y conformer en ce qui le concerne.

TILLARD DETIGNY. GONON S. F., secrétaire général.

Le dimanche seize septembre 1792, l'an 4° de la Liberté et le 1er de l'Egalité, MM. les administrateurs composant le Conseil Général du département de Rhône-et-Loire, en surveillance permanente, réunis en séance, y étant MM. Tillard-Tigny, président par intérim, Mauzerand, Ferrand, Mussieu, Romany, Simonet, Ricard, Chevassu, Moissonnier, Rullet-Lamurette, Grand, Achard, Dubost, administrateurs, Frossard, faisant les fonctions de procureur général syndic, et Gonon, secrétaire général.

M. Simonet a rendu compte de sa mission, relative à la réception des armes envoyées de St-Etienne par MM. Ravel et Pourret ; en conséquence, après avoir ouï M. faisant les fonctions de Procureur Général Syndic en ses conclusions, il a été arrêté que M. Simonet, en sa qualité de commissaire, signerait la lettre de voiture des 68 fusils, adressés par le coche de cette ville, à M. le ministre de l'Intérieur, auquel il serait écrit pour l'en aviser.

TILLARD DETIGNY. GONON S.-F., secrétaire général.

Le lundi dix-sept septembre 1792, l'an 4° de la Liberté et le 1er de l'Egalité, MM. les administrateurs composant le Conseil Général du département de Rhône-et-Loire, en surveillance permanente, réunis en séance, y étant MM. Tillard-Tigny, président par intérim, Mauzerand, Ferrand, Mussieu, Desportes, Romany, Simonet, Servan, Ricard, Moissonnier, Rullet-Lamurette, Grand, Achard, Dubost, administrateurs, Frossard, faisant les fonctions de procureur général syndic, et Gonon, secrétaire général.

MM. François Blachon et Jean-Louis Couturier, nouveaux administrateurs du département, sont entrés, et après avoir prêté serment, ils ont pris séance.

M. Charles de Hesse est entré, il a fait part à l'administration que des ordres supérieurs l'appellaient hors du département ; il a observé qu'avant de partir, il croyait devoir faire part de l'état actuel de l'arsenal de Lyon ; en conséquence, il a laissé sur le bureau un état des armes et munitions qui existent, et qui peuvent être, dans la circonstance, à la disposition des agens du pouvoir exécutif.

MM. de la municipalité de Lyon ont invité le Conseil de se réunir avec elle pour aviser aux moyens de dissiper les attroupemens qui se forment en différens endroits ou quartiers de la ville. Une partie du Conseil s'y est rendue, et l'autre est restée en séance pour faire droit aux différentes pétitions.

Le danger de la chose publique augmentait et le sang de deux citoyens ayant été répandu, ouï M. faisant les fonctions de Procureur Général Syndic en ses conclusions, il a été arrêté que jusqu'à ce que la tranquillité publique soit rétablie, MM. les administrateurs resteraient cette nuit à leur poste et se relèveraient pendant la nuit.

TILLARD DETIGNY. GONON S.-F., secrétaire général.

Le mardi dix-huit septembre 1792, l'an 4e de la Liberté et 1er de l'Egalité, MM. les administrateurs composant le Conseil Général du département de Rhône-et-Loire, en surveillance permanente, réunis en séance, y étant MM. Tillard-Tigny, président par intérim, Mauzerand, Ferrand, Mussieu, Desportes, Romany, Simonet, Servan, Ricard, Moissonnier, Rullet-Lamurette, Grand, Achard, Dubost, Blachon, Couturier, administrateurs, Frossard, faisant les fonctions de procureur général syndic, et Gonon, secrétaire général.

Se sont présentés, les citoyens Pierre-Alexandre Chartrey et Etienne Michel. Ils ont déposé sur le bureau les commissions dont ils ont été pourvus par le Conseil exécutif provisoire. Ces citoyens commissaires ont requis l'enregistrement desd. commissions et acte de la présentation qu'ils en font. Lecture faite desdites commissions, ouï M. le Procureur Général Syndic par intérim, le Conseil arrête qu'elles seront transcrites sur le registre de ses délibérations et qu'acte leur est octroyé de leur présentation. Suit la teneur desd. commissions :

« Au nom de la Nation, le Conseil exécutif provisoire, en vertu de
« la loi du 28 août dernier et de la décision de ce jourd'hui, commet
« les citoyens Pierre-Alexandre Chartrey et Etienne Michel, officiers
« municipaux de la commune de Paris, qui nous ont été indiqués par
« le conseil général de lad. commune, à l'effet de faire, auprès des
« municipalités, districts et départemens, telles réquisitions qu'ils
« jugeront nécessaires pour le salut de la Patrie.
« En foi de quoi nous avons signé ces présentes, auxquelles nous
« avons fait apposer le sceau de l'Etat. A Paris, le troisième jour du
« mois de septembre 1792, l'an 4e de la Liberté et de l'Egalité le
« premier. Signé : J. Servan, Roland, Clavière, Danton, Monge, Le
« Brun. Par le Conseil, Grouvelle, secrétaire. »

Et de suite, les citoyens commissaires du Conseil exécutif provisoire, en vertu des pouvoirs ci-dessus, ont fait la réquisition suivante :

« Ce jourd'hui, 18 septembre 1792, l'an 4e de la Liberté et le 1er de
« l'Egalité ; nous, officiers municipaux de la commune de Paris et
« commissaires chargés, par le Pouvoir exécutif, pour aviser et faire
« exécuter tout ce qui pourra concourir au salut de la Patrie, requé-
« rons le Conseil du département de Rhône-et-Loire, siégeant à Lyon,
« et celui du district de la même ville, qu'à l'instant 1° tous les
« citoyens armés et en état de marcher se formeront en compagnies
« et, après leur organisation, marcheront sur la ville de (1) Vienne-sur-

(1) *Sous une rature on lit* : Chalons-sur-Saône.

« Rhône, où là, ils attendront les ordres du Pouvoir exécutif. On
« enrôlera les citoyens célibataires, depuis l'âge de 16 ans jusqu'à 45.
« Le district de Villefranche fera marcher son contingent conjointte-
« ment avec ceux des autres districts dudit département de Rhône-et-
« Loire; 2° que tous les citoyens qui ne partiront pas seront tenus
« de céder leurs habits uniformes et déposer leurs armes entre les
« mains de leurs magistrats, lesquels en feront la distribution à tous
« ceux qui volent au secours de la Patrie; 3° que, vu la proximité des
« frontières et conséquemment de l'ennemi, les citoyens armés de la
« ville de Lyon, qui ne marcheront pas, seront tenus de faire la décla-
« ration de leurs armes, sous leur responsabilité individuelle, sauf à
« les représenter, en tant que de besoin; 4° que tous chevaux
« d'agrément, de luxe, de main et autres, à l'exception seulement de
« ceux qui sont employés à la culture des terres et aux travaux
« nécessaires de la ville et des campagnes, seront mis sous la main
« de la Nation, pour servir aux défenseurs de la Patrie ou à traîner
« leurs bagages et munitions; 5° chaque corps de troupe armée
« emmènera avec lui des farines pour six semaines, en proportion
« des hommes dont il sera composé, ayant attention de n'en point
« consommer en route, s'il est possible; emmènera aussi ce corps
« des fourrages et avoines pour les chevaux de bagages et attirail, et,
« s'il ne pouvait les emporter en totalité, le Directoire est requis d'en
« faire faire l'emmagasinement dans la ville du département la plus
« proche de Paris, pour là, y recevoir des ordres à cet égard; 6° les
« habits, les armes, les chevaux, qui seront fournis volontairement,
« seront payés aux propriétaires, à l'effet de quoi il sera tenu des
« registres par chaque municipalité. Toutes les armes et chevaux,
« au moment où il sera fait une visite générale, qui ne seront point
« déclarés, seront confisqués au profit de la Nation; cette visite aura
« lieu à l'instant même de la publication du présent réquisitoire;
« 7° tout citoyen qui aura de la poudre sera tenu de faire sa déclara-
« tion, afin que les magistrats avisent à l'emploi qui devra en être
« fait, faute par lui d'être regardé comme suspect et puni comme tel;
« 8° chaque municipalité fera fabriquer à l'instant un nombre
« suffisant de piques, pour en armer tous les citoyens qui resteront
« dans leurs foyers; 9° les municipaux feront tout ce qui sera
« en leur pouvoir pour découvrir les conspirations contre la Nation
« et feront arrêter les conspirateurs qu'ils découvriront; 10° enjoignons
« de mettre en état d'arrestation toutes les personnes qui seront
« suspectes ou déclarées comme telles par les communes en assemblée
« générale des citoyens; requérons, en vertu de la loi, que les assem-
« blées de sections soient permanentes autant qu'il sera nécessaire;
« 11° que l'ensemencement des terres ne sera point interrompu par la
« privation des hommes qui sont absolument nécessaires aux fermiers
« et laboureurs; il en sera de même à l'égard du service des postes.
« La femme veuve et le vieillard qui n'auront qu'un fils pour faire
« valoir leur commerce ou leur bien, il leur sera conservé; les fonc-
« tionnaires publics seront aussi conservés à leur poste; 12° que s'il
« ne se présentait pas assez de citoyens de bonne volonté, le nombre
« en serait complétté par le sort qui serait tiré parmi les garçons; et
« enfin, toutes les mesures de salut public, et celles qui paraîtront
« aux corps administratifs et municipalités commandées ou expé-
« diantes dans les circonstances actuelles, seront exécutées sur-le-

« champ, sans aucun délai, sous la responsabilité collective et
« individuelle de chaque officier auquel cette expédition sera confiée ;
« ce dont ils justifieront par envoi des procès-verbaux qu'ils adresse-
« ront par duplicata, tant au ministre de l'Intérieur qu'à la commune
« de Paris ; demeure, au surplus, le receveur de ce district autorisé à
« faire toutes avances nécessaires sur le bon de chaque municipalité,
« pour l'exécution des mesures indiquées au réquisitoire ci-dessus ;
« lesquels bons seront alloués en dépense aud. receveur, ainsi qu'il
« appartiendra.

« Tout considéré, le présent réquisitoire sera imprimé et affiché,
« envoyé dans toutes les municipalités du ressort, et avons signé.

« MICHEL, HUGUENIN, CHARTREY. »

Les attroupemens s'étant formés de nouveau ce matin, et quelques magazins ayant été dévastés, MM. de la municipalité ont invité MM. du Conseil de se réunir, pour délibérer de concert sur les mesures à prendre dans les circonstances allarmantes pour la tranquillité publique. A l'instant, la majeure partie du Conseil s'est rendu au conseil général de la commune, et y a été arrêté, d'après le rapport des membres du Conseil rentrés en séance.

« Les corps administratifs réunis requierrent : 1° tous les citoyens
« de se retirer chacun chez eux.
« 2° Les commissaires surveillans, de procéder sans délai à la
« visite domiciliaire.
« 3° Les bataillons armés, de se rendre de suite sur leur place d'armes.

Et une adressse aux citoyens, ainsi conçue :

« Les corps administratifs réunis s'occupent sans relâche des
« mesures à prendre pour faire diminuer le prix des denrées de
« première nécessité ; en conséquence, ils invitent leurs concitoyens
« à s'en rapporter à leur sollicitude, de respecter les propriétés et
« d'attendre avec tranquillité le fruit de leurs efforts réunis pour le
« salut du peuple. »

MM. Jean-Baptiste-Marie Rozier et Charles Laurenson, administrateurs du département, sont entrés, ont prêté serment et ont pris séance.

TILLARD DETIGNY. GONON S.-F., secrétaire général.

Le mercredi dix-neuf septembre 1792, l'an 4º de la Liberté et le 1ᵉʳ de l'Egalité, MM. les administrateurs composant le Conseil Général du département de Rhône-et-Loire, en surveillance permanente, réunis en séance, y étant MM. Tillard-Tigny, président par intérim, Mauzerand, Ferrand, Mussieu, Desportes, Romany, Simonet, Servan, Ricard, Moissonnier, Rullet-Lamurette, Grand, Achard, Dubost, Blachon, Couturier, Rozier, Laurenson, administrateurs, Frossard faisant les fonctions de procureur général syndic, et Gonon, secrétaire général.

MM. de la municipalité de Lyon ont envoyé inviter MM. du Conseil de vouloir se rendre à la salle du conseil général de la commune, pour concerter ensemble sur les mesures à prendre pour rétablir la tranquillité publique ; sur quoi, ouï M. le Procureur Général Syndic par intérim en ses conclusions, il a été arrêté que la séance étant permanente, et le Conseil en entier ne pouvant désemparer, MM. Desportes et Rozier se rendraient à l'invitation de MM. de la municipalité et MM. les commissaires sont partis à l'instant.

Deux de MM. les commissaires du Pouvoir exécutif sont entrés et ont représenté qu'il était instant en ce moment de se réunir ; il leur a été observé que le Conseil du département étant occupé à des discussions concernant les prisons et les subsistances, il ne pouvait se rendre en corps à la commune ; mais qu'il enverrait un plus grand nombre de membres. MM. les commissaires du pouvoir exécutif se sont retirés et six nouveaux commissaires les ont suivis au conseil général de la commune.

M. Desportes, l'un des commissaires du Conseil, est venu rendre compte du résultat des mesures prises par le conseil général de la commune ; il a dit que les visites domiciliaires, ordonnées par l'arrêté du   de ce mois, seraient faites, et qu'un de MM. les commissaires du Pouvoir exécutif, un administrateur du département, un administrateur du district et un officier municipal, tous précédés d'une force armée, allaient en faire la proclamation ; de suite M. Desportes a été nommé en qualité de commissaire pour le département.

TILLARD DETIGNY. GONON S.-F., secrétaire général.

Le jeudi vingt septembre 1792, l'an 4ᵉ de la Liberté et le 1ᵉʳ de l'Egalité, MM. les administrateurs composant le Conseil Général du département de Rhône-et-Loire, en surveillance permanente, réunis en séance, y étant MM. Tillard-Tigny, président par intérim, Mauzerand, Ferrand, Mussieu, Desportes, Romany, Simonet, Servan, Ricard, Moissonnier, Rullet-Lamurette, Grand, Achard, Dubost, Blachon, Couturier, Laurenson, Rozier, administrateurs, Frossard, faisant les fonctions de procureur général syndic, et Gonon, secrétaire général.

L'un de MM. a fait le rapport 1° d'une pétition des citoyens de St-Martin-de-Fontaine, tendante à obtenir la réunion définitive en une seule commune des citoyens de St-Martin et de ceux de Notre-Dame de Fontaine; 2° d'une pétition des citoyens de Notre-Dame de Fontaine, tendante à ce qu'ils soient réunis à telle autre commune que les corps administratifs jugeront convenable, s'il n'était préféré par ceux-ci de les ériger en une commune séparée. Vu l'avis du conseil du district de la Campagne de Lyon, en date du 19 du présent mois de septembre, et les pièces qui y sont rapellées, ledit avis portant que jusqu'à ce qu'il ait été statué par le département sur l'avis du conseil dud. district, du 30 septembre 1790, les citoyens, tant de Notre-Dame que de St-Martin de Fontaine, ne formeront qu'une seule et même commune; le Conseil, considérant que, par arrêté du mois de novembre 1790, le département prononça provisoirement la réunion de St-Martin et de Notre-Dame de Fontaine, jusqu'à ce que, dans son travail sur les municipalités, il statuât définitivement sur la réunion de Rochetaillée, Fontaine et Fleurieu, ou de toute autre commune voisine; considérant qu'étant à présent suffisamment éclairé sur les convenances locales et sur le véritable intérêt des citoyens de Notre-Dame et de St-Martin de Fontaine, il doit les faire jouir incessamment des avantages d'une réunion définitive qui fera cesser les troubles et les prétentions qui les divisaient, ouï M. le Procureur Général Syndic par intérim en ses conclusions, le Conseil arrête définitivement que les citoyens, tant de Notre-Dame que de St-Martin-de-Fontaine, ne formeront à l'avenir qu'une seule et même commune ; en conséquence que MM. les maire, officiers municipaux, procureur de la commune, et notables de Fontaine continueront d'administrer comme par le passé, dans toute l'étendue du territoire de Notre-Dame et de St-Martin-de-Fontaine.

Le Conseil nomme MM. Grand et Rozier, deux de ses membres, commissaires à l'effet de se rendre demain, 21 du courant, avec tels commissaires que le conseil du district de la campagne de Lyon est invité de choisir, au lieu de Fontaine, pour y faire la proclamation du présent arrêté ; invite les citoyens de Notre-Dame et de St-Martin-de-Fontaine à se reconnaître et traiter comme frères ; toutes plaintes qu'ils ont portées respectivement jusqu'à ce jour à l'administration demeurant éteintes. Invite pareillement MM. les maire et officiers municipaux de Fontaine à employer tous les moyens de douceur et de persuasion qui sont en leur pouvoir, pour maintenir l'ordre et la paix et pourvoir à ce que la sûreté des personnes et des propriétés n'éprouve aucune atteinte.

Vu le procès-verbal de la séance du mardi 18 septembre, présent mois, sur la réquisition faite par MM. les commissaires du Conseil exécutif. Le Conseil, considérant que MM. les commissaires du Conseil exécutif ont déclaré que la levée de quatre nouveaux bataillons ne peut permettre aucun délai ; considérant que tous les moyens de sauver la Patrie doivent être cumulés avec le plus intrépide patriotisme ; considérant que la mesure la plus efficace pour terrasser les ennemis de la liberté et de l'égalité, c'est de leur opposer une force imposante, propre à écraser leurs phalanges nombreuses et à obtenir un triomphe aussi prompt qu'éclatant ; considérant, d'un autre côté, que le département de Rhône-et-Loire a déjà fourni un nombre très considérable de valeureux défenseurs et que, dans ce moment même, trois bataillons de grenadiers marchent avec ardeur du côté de Paris ; considérant enfin que l'ensemencement des terres, la récolte des vignes et les autres ouvrages agraires s'opposent à ce que la campagne soit trop dégarnie d'industrieux ouvriers, de bestiaux, chevaux et chariots ; considérant que MM. les commissaires du Pouvoir exécutif ont spécialement requis le directoire du district de Lyon de fournir deux bataillons, soixante hommes de cavalerie, cent chevaux de trait, vingt-deux chariots et quatre pièces de canon, ouï M. le Procureur Général Syndic par intérim en ses conclusions, le Conseil arrête ce qui suit :

ARTICLE PREMIER.

Le district de Lyon est invité à fournir deux bataillons, ci...........................	1600 hommes.
Le district de la campagne, ci...............	300 —
Le district de Montbrison, ci...............	300 —
Le district de Villefranche, ci...............	320 —
Le district de Roanne, ci...................	320 —
Le district de St-Etienne, ci...............	360 —
Total, quatre bataillons ci........	3200 hommes.

Art. 2.

Les volontaires nationaux requis se rendront sans délai dans le chef-lieu de leur district, pour s'y former en compagnies et nommer leurs officiers et sous-officiers, sous la surveillance des commissaires de l'administration du district.

Art. 3.

Les compagnies formées dans les chefs-lieux de districts se rendront au plus tard, le 6 octobre prochain, au chef-lieu du département, pour s'organiser en bataillon et se porter sur Vienne, département de l'Izère, aux fins de fortifier l'armée du Midi.

Art. 4.

Les volontaires rassemblés, en vertu de la réquisition de MM. les commissaires du Conseil exécutif, se présenteront dans le chef-lieu du district, habillés, équipés et armés ; ils seront pris dans tous les bataillons de la garde nationale et suivant les règles établies dans lad. réquisition.

Art. 5.

Ils sont invités à fournir un escadron de cavalerie et cinquante chevaux de traits répartis entre les quatre bataillons, à l'usage desquels les chevaux d'agrément et de luxe, à l'exception de ceux qui sont employés à la culture des terres et aux travaux nécessaires de la ville et des campagnes, seront mis sous la main de la Nation, moyennant une juste et préalable indemnité.

« Citoyens, votre patriotisme s'est déjà manifesté par les plus
« courageux efforts. La Patrie vous en demande un nouveau, il n'est
« pas au-dessus de votre pouvoir, et le salut public sera votre glo-
« rieuse récompense. L'expulsion des satellites du despotisme,
« rappellera autour de vous le règne des arts et tous les genres de
« prospérité. Courage à combattre les tyrans sur les frontières,
« observation des lois dans l'intérieur, et la Patrie est sauvée. Ce
« succès sera l'ouvrage des bons et vrais amis de la liberté, de l'éga-
« lité, qui en propageront au loin les sacrés principes.
« La France libre décidera du sort de l'Europe entière, la révolu-
« tion que la philosophie a commencée, l'intrépidité la cimentera et
« les bataillons qui auront décidé la victoire seront placés dans les
« fastes de la reconnaissance publique, à côté des législateurs qui
« auront mis en pratique la superbe théorie des droits de l'homme, et
« des magistrats qui auront travaillé de tout leur pouvoir à l'exécution
« des lois, à la sûreté des personnes et des propriétés, à la propaga-
« tion des lumières, à l'empire du patriotisme et aux bénédictions de
« la prospérité nationale. »

M. Jacques François Belleville, administrateur, s'est présenté, a prêté le serment et a pris séance.

M. le Président a fait lecture d'une lettre de MM. les commissaires députés aux différens départemens, pour l'approvisionnement de grains pour l'approvisionnement de la ville de Lyon et ses environs. Sur quoi, ouï M. le Procureur Général Syndic par intérim en ses conclusions, il a été arrêté que cette lettre serait imprimée, affichée et envoyée aux districts du département, ainsi qu'au district de Trévoux.

TILLARD DETIGNY. GONON S.-F., secrétaire général.

Le vendredi vingt-un septembre 1792, l'an 4 de la Liberté et le 1ᵉʳ de l'Égalité, MM. *les administrateurs composant le Conseil Général du département de Rhône-et-Loire, en surveillance permanente, réunis en séance tenue publiquement, y étant* MM. *Tillard-Tigny, président par intérim, Mauzerand, Ferrand, Mussieu, Desportes, Romany, Simonet, Servan, Ricard, Moissonnier, Rullet-Lamurette, Grand, Achart, Dubost, Blachon, Couturier, Belleville, Laurenson, Rozier, administrateurs, Frossard, faisant les fonctions de procureur général syndic, et Gonon, secrétaire général.*

M. Gilbert-François Barge, administrateur, est entré, a prêté le serment et a pris séance.

MM. les commandants et officiers du 5ᵉ bataillon du département de la Drôme sont venus rendre visite au Département. M. le Président, au nom du Conseil, leur a témoigné sa satisfaction et les a invité à soutenir avec courage cette ardeur qu'ils développent pour la défense de la liberté et de l'égalité.

TILLARD DETIGNY. GONON S.-F., secrétaire général.

Le samedi vingt-deux septembre 1792, l'an 4° de la Liberté et le 1ᵉʳ de l'Égalité, MM. *les administrateurs composant le Conseil général du département de Rhône-et-Loire, en surveillance permanente, réunis en séance tenue publiquement, y étant* MM. *Tillard-Tigny, président par intérim, Mauzerand, Ferrand, Mussieu, Desportes, Romany, Simonet, Servan, Ricard, Moissonnier, Rullet-Lamurette, Grand, Achart, Dubost, Blachon, Couturier, Belleville, Laurenson, Rozier, Barge, administrateurs, Frossard, faisant les fonctions de procureur général syndic, et Gonon, secrétaire général.*

M. Dugas, administrateur, et M. Benoît-Narcisse Mondon, aussi administrateur, sont entrés, ont prêté serment et ont pris séance.

L'un de MM. a proposé de délibérer sur la fabrication des piques, conformément à la loi du 31 août 1792. En conséquence, vu lad. loi, vu encore un plan d'organisation pour des bataillons de piquiers, arrêté par le Conseil exécutif provisoire ; vu enfin la matrice de pique et son talon, envoyés par le ministre de la Guerre, pour servir de modèle à toutes celles qui doivent être fabriquées ; considérant que les dangers de la Patrie, la nécessité d'armer tous les citoyens, la rareté extrême des fusils, ont dicté cette loi, déterminé son urgence et provoquent de la part des corps administratifs la plus grande activité dans son exécution ; considérant que la pique est l'arme la plus redoutable qu'on connaisse, quand elle est confiée à une troupe courageuse et dont la valeur est guidée par une sagesse intrépide ; considérant que la fabrication de ces piques doit être faite, aux frais du trésor public, dans toutes les municipalités, sur des marchés passés au rabais par les officiers municipaux, sur une simple affiche et après trois jours de publication ; considérant que ces piques doivent, suivant le vœu de la loi, être distribuées à tous les citoyens en état de porter les armes et qui ne sont pas pourvus d'une arme de même espèce, d'un fusil ou d'une carabine, ce dont chaque municipalité s'assurera, conformément au décret qui déclare la Patrie en danger ; considérant que M. le ministre de l'Intérieur, par sa lettre du 15 septembre 1792, informe l'administration que, dans la distribution de la somme de cinq millions à répartir entre les 83 départemens pour la fabrication des piques, celui de Rhône-et-Loire a été compris, à raison de sa population, pour la somme de 105.433 liv. dont il sera fait fonds par la trésorerie nationale à chacun des receveurs de district de la somme particulière que le directoire du département demandera, en justifiant, suivant l'article 7 de la loi du 3 août, de la population de ces districts ; considérant enfin que la loi invite les citoyens à s'exercer fréquemment, sous l'autorisation des officiers municipaux, dans leurs cantons respectifs, au maniement de leurs différentes armes, ouï M. le Procureur Général Syndic par intérim en ses conclusions, le Conseil arrête ce qui suit :

1° Toutes les municipalités du département enverront, dans la huitaine après la publication du présent arrêté, au directoire de leurs districts respectifs, un état exact des armes dont leurs citoyens sont pourvus, ainsi que du nombre de piques qu'elles jugeront nécessaires pour completter l'armement des citoyens.

2° Les directoires de district enverront ces états au Directoire du département, sous trois jours de leur réception.

3° Le Directoire du département fera construire, sous trois jours, six modèles parfaitement exacts de la pique qu'il a reçue du ministre de la guerre, pour les envoyer dans chaque district.

4° Les directoires de district feront fabriquer, sur des marchés passés au rabais et sur une simple affiche, après trois jours de publication, autant de piques, parfaitement ressemblantes au modèle qui leur sera envoyé par le département, qu'ils auront de municipalités.

5° Aussitôt que le Directoire du département aura reçu les états fournis par ces municipalités, avec l'avis des districts, il autorisera les municipalités à faire construire, sous le plus bref délai et par adjudication, le nombre de piques qui leur sera nécessaire pour armer tous les citoyens.

6° En vertu de la loi, le payement desd. piques sera fait par les receveurs de districts, sur le vu du procès-verbal d'adjudication faite dans chaque commune par les maire et officiers municipaux, sur l'acte de réception qu'ils auront fait et d'après l'ordonnance du Directoire du département, sur l'avis des directoires de district.

7° Le Directoire du département est chargé de solliciter auprès de l'Assemblée Nationale et du ministre de l'Intérieur de nouveaux fonds propres à fournir, suivant la loi, de piques, tous les citoyens qui ne sont pas armés.

8° Les citoyens sont invités à s'exercer fréquemment, sous l'autorisation des officiers municipaux, dans leurs cantons respectifs, au maniement de leurs différentes armes.

9° Le présent arrêté sera imprimé, envoyé aux districts, et par eux transmis aux municipalités de leurs ressorts, pour être lu, publié, affiché et exécuté suivant sa forme et teneur ; ce dont les procureurs des communes certifieront aux procureurs syndics des districts, et ceux-ci au Procureur Général Syndic qui en rendra compte au Conseil du département.

MM. de la municipalité ont fait inviter le Conseil du département pour se réunir à la commune, pour aviser aux moyens de maintenir la tranquillité à Lyon ; et, dans cette séance des trois corps administratifs réunis, M. Frossard a été nommé commissaire, conjointement avec d'autres membres, pour l'achat de 10.000 ânées de bled dans le département de l'Ain.

TILLARD DETIGNY. GONON S.-F., secrétaire général.

Le dimanche vingt-trois septembre 1792, l'an 4ᵉ de la Liberté, et le premier de l'Egalité.

MM. les administrateurs composant le Conseil Général du département de Rhône-et-Loire, réunis en séance, il ne s'est rien présenté qui put exciter leur surveillance.

TILLARD DETIGNY. GONON S.-F., secrétaire général.

Le lundi vingt-quatre septembre 1792, l'an 4ᵉ de la Liberté et le premier de l'Egalité, MM. les administrateurs composant le Conseil Général du département de Rhône-et-Loire, en surveillance permanente, réunis en séance publique, y étant MM. Tillard-Tigny, président par intérim, Mauzerand, Ferrand, Mussieu, Desportes, Romany, Simonet, Servan, Ricard, Moissonnier, Rullet-Lamurette, Grand, Achard, Dubost, Blachon, Couturier, Belleville, Laurenson, Rozier, Barge, Dugas, Mondon, administrateurs, Frossard, faisant les fonctions de procureur général syndic, et Gonon, secrétaire général.

M. Pierre-François Meynis, Procureur Général Syndic, est entré, a prêté serment et a pris séance.

TILLARD DETIGNY. GONON S.-F., secrétaire général.

Le mardi vingt-cinq septembre 1792, l'an 1ᵉʳ de la République, MM. les administrateurs composant le Conseil Général du département de Rhône-et-Loire, en surveillance permanente, réunis en séance publique, y étant MM. Tillard-Tigny, président, Mauzerand, Ferrand, Mussieu, Desportes, Romany, Simonet, Servan, Ricard, Moissonnier, Rullet-Lamurette, Grand, Achard, Dubost, Blachon, Couturier, Belleville, Laurenson, Rozier, Barge, Dugas, Mondon, administrateurs, Meynis, procureur général syndic, et Gonon, secrétaire général.

MM. Etienne Place, Jean-Marie Lacroix d'Azolette, et Michel-François Santallier, administrateurs, sont entrés, ont prêté serment et ont pris séance.

TILLARD DETIGNY. GONON S.-F., secrétaire général.

Le mercredi vingt-six septembre 1792, l'an premier de la République, MM. les administrateurs composant le Conseil général du département de Rhône-et-Loire, en surveillance permanente, réunis en séance publique, y étant MM. Tillard-Tigny, président, Mauzerand, Ferrand, Mussieu, Desportes, Romany, Simonet, Servan, Ricard, Moissonnier, Rullet-Lamurette, Grand, Achard, Dubost, Blachon, Couturier, Belleville, Laurenson, Rozier, Barge, Dugas, Mondon, Place, Lacroix, Santallier, administrateurs, Meynis, procureur général syndic, et Gonon, secrétaire général.

MM. Grand et Dubost, nommés commissaires par arrêté du Conseil du 20 de ce mois, pour proclamer et faire exécuter l'arrêté dud. jour, concernant la réunion des communes de St-Martin et de Notre-Dame-de-Fontaines, ont rendu compte de leur mission. Lecture faite du procès-verbal qu'ils ont dressé à ce sujet, le Conseil a témoigné à MM. les commissaires sa satisfaction du zèle et de l'intelligence qu'ils ont employés dans cette opération délicate.

MM. de la municipalité de Lyon ont envoyé des députés de leur sein pour inviter le Conseil du département à assister à la proclamation du décret de la Convention Nationale qui supprime la Royauté.

Il a été proposé, par un des membres, s'il ne serait pas convenable, à l'invitation de plusieurs citoyens, de faire une adresse aux administrés, pour les exhorter à favoriser la libre circulation des subsistances. Sur quoi, ouï M. le Procureur Général Syndic en ses conclusions, il a été arrêté que, dès que la loi relative à cet objet et qui a été annoncée serait parvenue officiellement, on s'occuperait de cette mesure importante.

M. le Président a fait part d'une lettre écrite par M. Trezette, lieutenant-colonel de la gendarmerie nationale de cette division, par laquelle il offre de prêter son serment lorsque la maladie qui le retient dans sa chambre lui permettra de venir, soit au département, soit à la municipalité. Sur quoi, ouï M. le Procureur Général Syndic en ses conclusions, le Conseil, bien convaincu du civisme de M. Trezette, arrête qu'il sera fait mention honorable de sa lettre dans ses registres. Suit la teneur de ladite lettre.

« Lyon, le 26 septembre 1792, l'an 4e de la Liberté et le 1er de « l'Egalité.

« MM.

« Toujours souffrant et sans espoir encore de voir arriver l'instant
« de ma convalescence, je me vois privé, dans ce moment, de l'espoir
« de me réunir à vous et à la municipalité pour y prêter tous les sermens
« ordonnés, et que je consens de prêter moi-même dans toute leur
« étendue. Veuillez, MM., être mon interprète auprès de MM. les

« officiers municipaux, et d'être bien convaincus et eux pareillement,
« de mes sentimens fraternels et du très profond respect avec lequel
« j'ai l'honneur d'être, MM., votre très humble et très obéissant ser-
« viteur. Signé : Trezette. »

TILLARD DETIGNY. GONON S.-F., secrétaire général.

Le jeudi vingt-sept septembre 1792, l'an 1ᵉʳ de la République, MM. les administrateurs composant le Conseil Général du département de Rhône-et-Loire, en surveillance permanente, réunis en séance publique, y étant MM. Tillard-Tigny, président, Mauzerand, Ferrand, Mussieu, Desportes, Romany, Simonet, Servan, Ricard, Moissonnier, Rullet-Lamurette, Grand, Achard, Dubost, Blachon, Couturier, Belleville, Laurenson, Rozier, Barge, Dugas, Mondon, Place, Lacroix, Santallier, administrateurs, Meynis, procureur général syndic, et Gonon, secrétaire général.

M. Nivière-Chol, officier municipal de Lyon, est entré ; il a prévenu MM. du Conseil que la Convention Nationale avait envoyé quatre commissaires en cette ville, et que M. Vitet était du nombre. M. le Président a témoigné à M. le commissaire municipal la reconnaissance du Conseil, pour cette attention fraternelle de la part de la municipalité de Lyon.

M. le Président ayant rendu compte que M. Delhorme, nommé commissaire national près le Tribunal criminel du département, avait envoyé sa démission par lettre dont la teneur suit :

« M.,

« Je remplis, au bureau de paix du district de la ville et à l'hôpital
« de la Charité, des fonctions qui m'ont été confiées par le Directoire
« du département et le conseil de la commune. Ces fonctions, que je
« ne puis me résoudre à abandonner, et mes devoirs comme citoyen,
« comme officier dans la garde nationale et comme père de famille,
« s'opposent à ce que j'accepte aucune autre place ; d'après cela,
« M., j'ai l'honneur de vous prier de vouloir bien faire agréer au
« Conseil du département ma renonciation à celle à laquelle il daigne
« m'apeller et lui présenter le juste hommage de ma reconnaissance.
« Je suis, etc. Signé : Delhorme. Lyon, le 12 septembre 1792, l'an
« 4ᵉ de la Liberté. »

Sur quoi, ouï M. le Procureur Général Syndic en ses conclusions, il a été arrêté qu'il serait procédé à une nouvelle nomination, à laquelle procédant de suite par la voie du scrutin, la pluralité des suffrages s'est réunie en faveur de M. Gaspard Lamareuilhe. M. Lamareuilhe, instruit de sa nomination, en a témoigné ses sentimens de reconnaissance à l'administration par sa lettre de ce jour.

M. Arnaud Tison, officier municipal, accompagné de M. Lecamus, secrétaire-greffier de la municipalité, est entré, il a annoncé MM. Vitet, Boissy d'Anglas et Legendre, commissaires nommés par la Convention Nationale pour venir établir l'ordre et la tranquillité à Lyon. MM. Vitet, Boissy d'Anglas et Legendre sont entrés, ils ont fait part de leur mission, et, à cet effet, ils ont remis sur le bureau un décret de la Convention Nationale. Lecture faite dudit décret, M. le Procureur Général Syndic a conclu à ce qu'il fut enregistré. M. le Président a pris l'avis de l'assemblée, et il a été arrêté que ce décret serait transcrit dans le registre des séances du Conseil, pour être exécuté selon sa forme et teneur. Suit la teneur dudit décret :

« Décret de la Convention Nationale du 23 septembre 1792, l'an
« premier de la République Française.

« La Convention Nationale décrète que les citoyens Vitet, Boissy
« d'Anglas et Legendre se transporteront à Lyon, en qualité de
« commissaires de la Convention, pour y établir l'ordre et la tran-
« quillité, les autorise, en conséquence, à faire exécuter les disposi-
« tions que les circonstances exigeront de leur sagesse, et met à cet
« effet la force publique à leur disposition. La Convention autorise
« pareillement lesd. commissaires à employer les mêmes moyens
« pour rétablir l'ordre public dans les lieux de leur passage où il
« serait troublé.

« Collationné à l'original par nous, président et secrétaires de la
« Convention Nationale. A Paris, le 22 septembre 1792,
« l'an 1er de la République Française. Signé : Petion,
« J.-P. Rabaud, Lassource, Verniaud, Camus, secrétaires. »

MM. les commissaires ayant, chacun par un discours, témoigné combien ils étaient satisfaits de l'union des différens corps administratifs, de leurs mesures et de leurs démarches pour procurer, rétablir et maintenir la tranquillité publique, la sûreté des citoyens et la protection des propriétés, ont engagé MM. du Conseil à redoubler de zèle et d'efforts pour maintenir cette tranquillité à Lyon et dans tout le département et ils l'ont invité de leur faire part de tous les renseignemens qui peuvent concourir à l'exécution de leurs pouvoirs. Le Conseil s'est empressé d'assurer MM. les commissaires de son zèle à concourir à tout ce qui pourra manifester son dévouement au salut de la chose publique. MM. les commissaires retirés, il a été arrêté que le Conseil, dans la majorité de ses membres, irait rendre visite à MM. les commissaires de la Convention Nationale. Ces MM., de retour, ont déclaré que MM. les commissaires étaient absents.

TILLARD DETIGNY. GONON S.-F., secrétaire général.

Le vendredi vingt-huit septembre 1792, l'an 1er de la République Française, MM. les administrateurs composant le Conseil Général du département de Rhône-et-Loire, en surveillance permanente, réunis en séance publique, y étant MM. Tillard-Tigny, président, Mauzerand, Ferrand, Mussieu, Desportes, Romany, Simonet, Servan, Ricard, Moissonnier, Rullet-Lamurette, Grand, Achard, Dubost, Blachon, Couturier, Belleville, Laurenson, Rozier, Barge, Dugas, Mondon, Place, Lacroix, Santaillé, administrateurs, Meynis, procureur général syndic, et Gonon, secrétaire général.

M. Pierre-Benoît Rousset, administrateur, est entré, a prêté serment et a pris séance.

M. le Procureur Général Syndic a représenté qu'à la forme de la proclamation du Conseil exécutif provisoire, du 14 août 1792, et de celle dud. Conseil, du 29 du même mois, il a été procédé à la formation d'un nouveau Directoire; mais comme il s'élevait des doutes sur le mode d'organisation ; que la plupart des membres présentaient des moyens pour ne point accepter, le Conseil a pris le parti d'en référer à MM. Vitet, Boissy d'Anglas et Legendre, commissaires de la Convention Nationale, qui ont engagé le Conseil, par la considération que tout ce qui avait été arrêté, en vertu des proclamations des 14 et 29 août dernier, ne pouvait être regardé que comme des mesures provisoires, à procéder à une nouvelle nomination, tant du Président, que des membres du Directoire et des suppléants. Le Conseil, déférant à l'avis de MM. les commissaires, a arrêté de procéder sur-le-champ à cette nouvelle nomination. Le scrutin fait, conformément à la loi, la pluralité des suffrages s'est réunie en faveur de M. Tillard-Tigny, pour la place de président; en faveur de MM. Romany, Simonet, Desportes, Servan, Ferrand, Belville, Santallier et Couturier, pour composer les huit administrateurs du Directoire; en faveur de MM. Dubost, Frossard, Barge et Mondon, pour les places des quatre suppléants, et pour substitut de M. le Procureur Général Syndic, M. Desportes.

Procédant ensuite à la nomination des membres du Directoire qui doivent, en qualité de commissaires, être attachés à chacun des quatre bureaux de l'administration, il a été arrêté que MM. Ferrand et Couturier étaient nommés commissaires pour le bureau National Ecclésiastique, Municipal et Contentieux; MM. Belville et Santallier, pour le bureau des Contributions publiques; MM. Simonet et Servan, pour le bureau Militaire et des Travaux Publics; MM. Romany et Desportes, pour le bureau des Etablissemens publics, de Bienfaisance et de la Comptabilité.

M. le Procureur Général Syndic a fait part d'une proclamation arrêtée entre MM. les commissaires de la Convention Nationale et les corps administratifs réunis; lecture faite de cette proclamation, il a été arrêté qu'elle serait transcrite sur le registre des délibérations du Conseil, envoyée à l'impression, publiée et affichée demain à Lyon, et de suite envoyée à tous les districts pour la transmettre aux municipalités de leur ressort. Suit la teneur de lad. proclamation :

« Citoyens,

« Les commissaires, chargés par l'Assemblée Conventionnelle de
« rétablir la paix et la tranquillité dans cette ville, ont vu, avec la plus
« vive satisfaction, que le calme y avait devancé leur arrivée; mais ils
« ont considéré avec douleur que les causes qui avaient produit ces
« fermentations intestines, ces mouvemens tumultueux, ces agitations
« secrètes qui excitent à l'anarchie et à la discorde, n'ont pas été
« entièrement assoupies, et qu'il importe à l'objet de leur mission
« d'éclairer le peuple sur ses véritables intérêts, de lui parler le
« langage de la raison et de la liberté.

« Les amis du peuple et de la paix n'amènent point parmi leurs
« concitoyens l'appareil imposant de la force dont la loi les entoure;
« la persuasion sera l'arme unique dont ils se serviront pour les
« ramener de l'oubli de leurs devoirs à leur caractère d'hommes
« libres; et c'est ainsi, qu'après les avoir instruits de leurs droits et

« de leurs obligations, ils emporteront avec eux la douce certitude
« d'avoir éteint les derniers germes de la division.

« Peuple de Lyon, vous êtes libre, oui vous l'êtes sans doute ;
« mais gardez-vous de croire que cette liberté puisse vous autoriser à
« attenter à celle de vos frères, de vos concitoyens ! Vous êtes libre,
« mais votre liberté est enchaînée sous l'empire de la loi, et cette loi
« vous dit que vous respecterez les propriétés, que vous les défendrez
« de tout votre pouvoir.

« Vous êtes libres ! mais n'est-ce pas conspirer contre votre liberté,
« contre votre propre sûreté, lorsque vous attaquerez dans vos
« concitoyens, et leur fortune, par des taxations arbitraires de leurs
« denrées, et leurs personnes, par les violences auxquelles vous les
« exposerez.

« Songez que c'est par le désordre et l'anarchie que vous vous
« exposez à perdre cette liberté précieuse qui vous a coûté tant de
« soin et de travaux.

« Ne croyez pas, citoyens, qu'en vous parlant le langage de la loi, vos
« mandataires compromettent vos intérêts ; cet intérêt, au contraire,
« vous commande impérieusement de faciliter dans votre ville l'approche
« de toutes les provisions, de tous les comestibles qui s'y consom-
« ment ; sa population est immense, ce ne sont pas seulement vos
« campagnes voisines qui fournissent à vos besoins et à vos subsis-
« tances ; les contrées les plus éloignées s'empressent d'apporter
« dans vos murs leurs plus riches récoltes. Eh ! quel ne sera pas le
« découragement que vous inspirerez à ces citoyens généreux, si,
« baissant, au gré du caprice et sans proportion, la valeur des objets
« qu'ils vous destinent, vous ne laissez un libre cours au commerce
« et si vous entravez la marche de l'industrie et de l'importation.

« Cette mesure imprévoyante a manqué perdre notre ville ; les
« étrangers ont tremblé de l'approcher, la disette s'est fait sentir ; que
« cette épreuve funeste vous garde donc à jamais de pareilles erreurs
« qui, en compromettant votre repos, ne tendent qu'à ranimer les
« espérances de vos plus cruels ennemis.

« Le prix des denrées est excessivement cher ; le monopole et
« l'agiotage accroissent d'une manière effrayante la misère du peuple ;
« on ne peut se dissimuler ces deux grandes vérités ; mais, citoyens,
« rassurez-vous, l'Assemblée Conventionnelle va s'occuper de vos
« maux et de vos plaintes ; incessamment, vous verrez des lois sages
« et réprimantes contre ces infâmes agioteurs qui trafiquent de sa
« substance. Le pauvre ne sera plus à la discrétion de l'homme riche,
« les accaparemens seront prohibés sous des peines sévères, malheur
« à celui qui, désormais, contreviendra à la loi.

« Citoyens, c'est au nom de la Patrie qui vous est chère que vos
« mandataires, vos administrateurs, vous recommandent la paix et
« l'union ; que le règne de l'égalité qui commence soit aussi le règne
« de la loi. Vos législateurs, occupés du soin de votre bonheur, de
« vous donner un gouvernement libre, se reposent sur vos soins et
« votre courage à le maintenir. Vous l'avez juré, votre serment ne
« sera pas vain.

« Et vous, timides habitans des campagnes que ces événemens
« malheureux ont éloigné de ces murs, qui avez été témoins ou
« victimes des agitations qui ont déchiré cette malheureuse ville,
« cessez de vous allarmer, le peuple de Lyon est digne de votre

« confiance et de votre estime ; si, ceddant aux impulsions criminelles
« des ennemis de votre liberté, il a pu s'égarer un instant, docile à la
« voix de la Patrie et de la persuasion, il est aussi prompt à abjurer
« ses erreurs qu'il a eu de facilité à s'y laisser entraîner. Si l'horison
« de la liberté a pu s'obscurcir, c'est un nuage passager qu'ont
« entièrement dissipé les rayons éclatans de la raison et de la
« vérité.

« Citoyens généreux, revenez dans cette cité, ramenez-y les secours
« et l'abondance ; venez-y jouir des douceurs de vos bienfaits ; vos
« frères, vos amis, vous tendent les bras ; c'est dans votre sein, c'est
« par leurs embrassemens qu'ils désirent vous prouver que leurs torts
« ont été involontaires.

« Par ces considérations, nous cassons et annullons toute taxation
« arbitrairement faite, autres que celles dont la taxe appartient aux
« corps constitués, comme contraire à la liberté et l'égalité ; ordon-
« nons que toute espèce de marchandises seront vendues comme par
« le passé, suivant le cours ordinaire du commerce ; enjoignons aux
« municipalités des villes et campagnes de favoriser et protéger par
« tous les moyens qui sont en leur pouvoir la libre circulation des
« denrées.

« Au nom de la liberté, de l'égalité et du bonheur public, invitons
« tous les citoyens à concourir de tous leurs moyens à l'exécution et
« publication de la présente proclamation. »

LEGENDRE, BOISSY, PACQUET GERY, secrétaire. TILLARD DETIGNY,
président. GONON S.-F., secrétaire général.

L'un de MM. a dit que, dans la même séance des corps administratifs réunis, il avait été fait lecture d'une pétition signée par un grand nombre de commandants de bataillons et officiers de la garde nationale de Lyon, par laquelle ils réclament, de la justice des corps administratifs, de détruire, par la voie de l'affiche, les bruits calomnieux qui se manifestent dans le public que, le 17 de ce mois, les citoyens étaient en rassemblement sur leur place d'armes sans réquisition légale. Lecture faite pareillement de la réquisition dont suit la teneur :

« Les trente-six bataillons de la garde nationale feront battre la
« caisse sur le champ, pour avertir tous les citoyens de se transporter
« en armes sur leurs places d'armes respectives. Le commandant de
« la garde nationale. Signé : Julliard. »

Considérant que le bruit répandu dans le public que les commandants des bataillons et officiers de la garde nationale de Lyon avaient rassemblé, le 17 de ce mois, leurs frères d'armes de leurs bataillons respectifs, sans réquisition légale, ne peut tendre qu'à troubler la tranquilité publique, altérer la paix et la concorde qui doivent constamment régner entre tous les citoyens de cette ville ; qu'à faire envisager la garde nationale de Lyon comme un corps qui se croirait indépendant et se refuserait à obéir aux ordres des autorités constituées ; qu'il importe que de pareils bruits, propagés sans doute par des personnes mal intentionnées, soient promptement détruits ; les corps administratifs réunis ont arrêté que la pétition présentée par les commandants des bataillons et officiers des compagnies de la garde nationale de Lyon, ensemble la réquisition du commandant général, seront imprimées, publiées et affichées dans toute l'étendue du district de la même ville, pour détruire les soupçons que les ennemis du bien public cherchent à répandre sur la garde nationale et qui ne tendent qu'à désunir les citoyens de cette cité; les corps administratifs réunis, voyant avec satisfaction le zèle et l'activité qui animent les citoyens soldats, les invitent à continuer leur exactitude dans le service, en obéissant aux réquisitions qui leur seront légalement faites.

Tillard de Tigny. Gonon S.-F., secrétaire général.

Le présent registre, faisant suite aux délibérations et arrêtés du Conseil Général du département de Rhône-et-Loire, en surveillance permanente, en vertu de l'acte du Corps Législatif du 11 juillet 1792, qui déclare que la Patrie est en danger contenant quatre-vingt-dix-neuf feuillets, formant cent quatre-vingt-dix-huit pages, a été numéroté et paraphé par nous, Président du département de Rhône-et-Loire, à chaque feuillet. Fait en Conseil du département, à Lyon, le 29 septembre 1792, l'an 1er de la République Française.

Tillard de Tigny.

Le samedi vingt-neuf septembre 1792, l'an 1er de la République Française, MM. les administrateurs composant le Conseil Général du département de Rhône-et-Loire, en surveillance permanente, réunis en séance publique, y étant MM. Simonet, vice-président, Mauzerand, Ferrand, Mussieu, Desportes, Romany, Farjon, Servan, Ricard, Moissonnier, Rullet-Lamurette, Grand, Achard, Dubost, Blachon, Couturier, Belville, Laurenson, Rozier, Barge, Dugas, Mondon, Place, Lacroix, Santalier, Rousset, administrateurs, Meynis, procureur général syndic, et Gonon, secrétaire général.

Un membre a présenté un projet d'adresse à tous les citoyens du département, pour leur rapeller l'obéissance qu'ils doivent à la loi et le serment qu'ils ont prêté de maintenir et de défendre les personnes et les propriétés. Lecture faite de lad. adresse, ouï le Procureur Général Syndic, elle a été adoptée dans tout son contenu et il a été arrêté qu'elle serait imprimée, adressée aux districts, à l'effet de la transmettre aux municipalités de leur ressort. Suit la teneur de ladite adresse :

« Citoyens,

« Il est temps que le règne de la loi soit reconnu et que vous ne
« prêtiez plus l'oreille aux ennemis de la liberté, aux ennemis de
« votre bonheur. L'exemple de Charlieu, où les terriers de la nation
« et autres titres renfermés dans ses archives ont été pillés, livrés
« aux flammes, est sans doute un des fruits de leur haine pour le bien
« public, et le glaive de la loi qui n'en a pas encore atteint les auteurs,
« la cause du renouvellement de ces scènes qui encourage leurs efforts.
« Déjà de nombreux attroupemens ont eu lieu dans la paroisse de
« St-Denis-de-Cabane; ces hommes égarés se sont portés chez le
« sr Boulard-Gatelier; ils ont obligé son chargé d'affaires de leur livrer
« tous ses papiers, qui n'ont pas plutôt été en leur pouvoir qu'ils les

« ont brûlés; dans leur délire, ils ont sacrifié sa bibliothèque, le fruit
« précieux des connaissances humaines, ce dépôt des hommes illus-
« tres qui ont enrichi l'humanité de connaissances utiles. Citoyens,
« que ces désordres soient les derniers dont les lois et votre intérêt
« personnel aient à gémir, que tous vos mouvemens soient désormais
« réglés pour le bonheur commun et d'après la voix de vos magis-
« trats; c'est le seul moyen d'éviter les nouveaux écarts auxquels vous
« avez tant d'intérêt de ne vous livrer jamais.

« Ne devez-vous pas craindre que ceux dont les terriers ont été
« enlevés à main armée ne viennent vous dire: Dans les terriers que
« vous avez lacérés, brûlés, dont il n'existe plus de vestige aujour-
« d'hui, je soutiens qu'il y était constaté, de la manière la plus
« authentique, que votre fonds, pour lequel vous m'avez payé publi-
« quement un cens annuel, m'était réellement dû; que votre fonds
« était vraiment une propriété et que je ne m'en suis détaché en votre
« faveur, ou en celle de vos ayeux, que sous cette condition. Mais en
« vain avez-vous violé à mon égard le serment que vous avez fait de
« respecter les personnes et les propriétés; la loi veille, elle saura
« bien vous contraindre à réparer votre injustice.

« Rapellez-vous bien que la loi, dont la sagesse a proscrit les cens
« et servis qui laissaient le moindre louche sur leur origine, a conservé,
« par le même esprit, ceux qui étaient prouvés avoir pour origine la
« concession bien constatée d'un fonds, qu'elle les a expressément
« réservés; reposez-vous sur la Convention Nationale, de sa sollici-
« tude, pour completter votre bonheur; c'est le seul objet qu'elle ait
« en vue.

« Citoyens, la liberté, l'égalité, que tous les Français ont jurées, ce
« régime précieux qui doit faire leur bonheur, ne peut s'asseoir sur
« des bases solides, qu'autant que le respect pour les personnes et les
« propriétés sera religieusement observé; que chaque Français,
« observateur rigoureux de la loi, empêchera qu'on n'y porte aucune
« atteinte.

« Et vous, municipalités, gardes nationales et spécialement juges
« de paix, à qui le droit de police de sûreté est attribué d'une manière
« particulière, que votre exactitude à vous saisir de tous les moyens
« de répression, que la loi a placés dans vos mains, prévienne les
« scènes affligeantes qui retardent le triomphe de la liberté, triomphe
« auquel nous n'arriverons que par l'union, la fraternité, l'oubli de
« toutes les haines particulières, l'obéissance la plus entière à toutes
« les lois et la punition exemplaire de tous ceux qui les ont violées,
« et de la poursuite desquels vous êtes rigoureusement responsables. »

Un membre a exposé qu'un des résultats des délibérations du conseil général de la commune de Lyon a été de nommer un commissaire pour surveiller l'approvisionnement des charbons de terre dans la ville de Lyon; il a ajouté que le district de Lyon en avait nommé un dans son sein, et, d'après la considération que le concours des trois corps administratifs ne peut que produire le meilleur effet, il a fait la motion qu'il fut nommé un commissaire parmi les membres du Conseil à l'effet de se rendre à Rivedegier et partout où les circonstances l'exigeront, pour, de concert avec MM. les commissaires que le district et la municipalité de Lyon nommeront, prendre toutes les mesures convenables pour assurer à la ville de Lyon l'approvisionnement des charbons de terre nécessaire à sa consommation. Cette motion a été adoptée unanimement et il a été arrêté que M. Frossard, en qualité de commissaire du département, se joindrait avec MM. les commissaires du district et de la municipalité; en conséquence, et sur la réquisition de M. le Procureur Général Syndic, MM. les administrateurs du district de St-Etienne, les maires et officiers municipaux des communes du département, sont invités de protéger par tous les moyens que la loi met en leur pouvoir les mesures à prendre par MM. les commissaires relatives à leur mission.

SIMONET, vice-président. GONON S.-F., secrétaire général.

———

Le dimanche trente septembre 1792, l'an 1er de la République Française.

MM. les administrateurs composant le Conseil général du département, en surveillance permanente, réunis en séance publique, il ne s'est rien présenté qui ait pu exciter leur surveillance.

———

Le lundi premier octobre 1792, l'an 1er de la République Française, MM. les administrateurs composant le Conseil Général du département de Rhône-et-Loire, en surveillance permanente, réunis en séance publique, y étant MM. Simonet, vice-président, Mauzerand, Ferrand, Mussieu, Desportes, Romany, Farjon, Servant, Ricard, Moissonnier, Rullet-Lamurette, Grand, Achard, Dubost, Blachon, Couturier, Belleville, Laurenson, Rozier, Barge, Dugas, Mondon, Place, Lacroix, Santallier, Rousset, administrateurs, Meynis, procureur général syndic, et Gonon, secrétaire général.

Un membre a dit :

« MM.

« L'accroissement progressif des écritures de bureau, résultat des
« opérations de votre commissaire à la formation et organisation des
« volontaires nationaux, présente pour longtemps encore un travail
« auquel un secrétaire seul ne peut suffire. Cette partie du service
« public a, de plus, en une seule main, l'inconvénient de consumer
« dans des transcriptions sans nombre, un temps que mon secrétaire
« immédiat emploierait plus précieusement au travail de l'exécution.
« Il me semble important, pour l'ordre et la célérité, d'adjoindre à ce
« secrétaire un copiste dont l'unique et continuelle occupation serait
« de mettre au net les rédactions du moment, de recueillir les
« minutes, de tenir des états, de mettre en masse régulière les
« travaux de votre commissaire, d'écrire enfin sous la dictée. Il ne
« faut, pour ces fonctions, qu'une plume ; un talent fait serait déplacé
« à ce poste, et d'ailleurs, en conciliant l'économie avec l'utilité de
« votre administration, un jeune homme qui n'offrirait au juste pour
« cette place subalterne que l'intelligence qu'elle exige et qui serait
« satisfait d'un salaire de 5 à 600 liv., me semble le sujet de choix.

« Si vous adoptez cette mesure, je vous préviens qu'il m'a été pro-
« posé un jeune homme d'un âge encore tendre et qui a de bons
« principes en écriture et que chaque jour d'exercice perfectionnera
« encore. A sa propre recommandation, à la mienne, si elle peut vous
« être agréable, j'ajouterai, mes chers collègues, pour dernier motif,
« que ce jeune homme est le fils d'un de vos secrétaires qui, depuis
« l'établissement de l'administration, n'a point démenti la confiance
« qu'on a eue de sa capacité, sa conduite et son assiduité. »

La matière mise en délibération, le Conseil, considérant qu'on ne peut rien ajouter aux motifs de convenance et d'utilité développés dans l'exposé ci-dessus, pour l'admission de ce nouveau commis, ouï M. le Procureur Général Syndic en ses conclusions, le Conseil arrête que le s^r Victor Guigoud est et demeure reçu et admis au nombre des commis employés dans les bureaux de l'administration, se réservant le Conseil Général de statuer ultérieurement sur la fixation des appointemens qui devront être alloués aud. Victor Guigoud.

SIMONET, vice-président. GONON S.-F., secrétaire général.

Le mardi deux octobre 1792, l'an 1er de la République française,

MM. les administrateurs composant le Conseil Général du département de Rhône-et-Loire, en surveillance permanente, réunis en séance publique, il ne s'est rien présenté qui ait pu exciter la surveillance de l'administration.

Le mercredi trois octobre 1792, l'an 1er de la République Française.

MM. les administrateurs composant le Conseil Général du département de Rhône-et-Loire, en surveillance permanente, réunis en séance publique, il ne s'est rien présenté qui ait pu exciter la surveillance de l'administration.

Le jeudi quatre octobre 1792, l'an 1er de la République Française, MM. les administrateurs composant le Conseil Général du département de Rhône-et-Loire, en surveillance permanente, réunis en séance publique, y étant MM. Simonet, vice-président, Mauzerand, Ferrand, Mussieu, Desportes, Romany, Farjon, Servan, Ricard, Moissonnier, Rullet-Lamurette, Grand, Achard, Dubost, Blachon, Couturier, Belleville, Laurenson, Rozier, Barge, Dugas, Mondon, Place, Lacroix, Santalier, Rousset, administrateurs, Meynis, procureur général syndic, et Gonon, secrétaire général.

Le commissaire nommé par le Conseil du département, le 29 septembre dernier, pour se rendre à Rivedegier et surveiller l'approvisionnement des charbons de terre pour la ville de Lyon, a rendu compte de sa mission. Il a déposé sur le bureau une dénonciation faite par le citoyen Richard fils, dans le conseil général de la commune de Rive-de-Gier, où etaient les commissaires envoyés par les trois corps administratifs pour l'approvisionnement de charbon de terre pour la ville de Lyon. Lecture faite de lad. dénonciation (1), ensemble de la délibération du conseil général de la commune de Rivedegier étant à la suite de lad. dénonciation, où étaient un grand nombre de propriétaires-extracteurs des mines de charbon de terre, dans laquelle il est dit qu'après s'être assurés des faits qui ont été trouvés vrais, il a été arrêté que la présente dénonciation serait remise aux commissaires des trois corps administratifs, à l'effet de prendre les mesures nécessaires pour faire cesser la conduite illégale des concessionnaires, et, par là, calmer l'esprit des citoyens de Rivedegier et des environs. Vu

(1) Ce jourd'hui trois octobre mil sept cent quatre-vingt-douze, l'an 1er de la République Française, le conseil général de la commune de Rive de Gier, assemblé dans le lieu ordinaire de ses séances, où étoient les citoyens Frossard, administrateur du département, Chappuy, administrateur du district, Sollier, membre du Conseil Général de la commune, tous trois commissaires députés pour l'approvisionnement de charbon de terre pour la ville de Lyon, le citoyen Baptiste Richard, marchand de charbon et exploitateur de mines, a dit que depuis la suppression des privilèges exclusifs, les ci-devant concessionnaires de Rive-de-Gier continuent clandestinement à tenir un registre de tout le charbon qui s'extrait des mines de charbon de terre; non-contents d'aller contre la loi, ils répandent même la terreur dans l'esprit des citoyens en leur insinuant qu'au premier jour la concession rentrera dans ses anciennes prérogatives et que chaque citoyen qui aura extrait sa propriété sera tenu de payer au ci-devant concessionnaire une rétribution onéreuse. Cette alarme qui s'est déjà propagé en partie dans tous les esprits des propriétaires, énerve le courage et ne peut que nous amener incessamment la disette du charbon de terre par le découragement qu'elle a déjà produit et a signé ledit Richard. RICHARD fils.

Le conseil général de la commune, prenant en considération la dénonciation du sr Richard, et après s'être assuré des faits qui ont été trouvés vrais, a arrêté que la présente dénonciation seroit remise à MM. les administrateurs des trois corps du département de Rhône-et-Loire résident à Lyon, à l'effet de prendre les mesures nécessaires pour faire cesser la conduite illégale des concessionnaires et par là calmer l'esprit des citoyens de Rivedegier et des environs, et ont signé avec nous un grand nombre d'habitants de cette commune; fait à la maison commune, les jour et an que dessus.

DONZEL le jeune, Jacques COSTELLE, off., CHEVALLIER, off. m., JAMEN, off., J.-J. PAGIS, off. m., COMMARMOND, officier, J. RICHARME, off., Gaspard DELAY, CHAMBEYRON, A. TEILLARD, Denis RICHARME, Pierre MAJORE, Sébastien DELAY, Jean-Pierre JULLIEN, Antoine THIOLLIÉ, BROSSE, proc., Baptiste MADIGNIER, GUIRAUD, L. COSTE, GILLIBERT, MORTIER, greffier.

La dénonciation ci-dessus et la délibération du conseil général de la commune de Rive-de-Gier ayant été apportée et présentée par le secrétaire-greffier aux commissaires des trois corps administratifs de Lyon dans leur domicile, ceux-ci se sont transportés avec le citoyen maire, le citoyen procureur de la commune et le citoyen secrétaire-greffier, chez le citoyen Jean-Baptiste Albert, receveur des concessionnaires des mines de charbon de terre et, l'ayant rencontré chez lui, lecture lui a été faite de la dénonciation ci-dessus, et, interrogé s'il est vrai que registre est tenu par lui de tout le charbon qui s'extrait des mines de charbon de terre, et s'il existe des marqueurs ou contrôleurs qui vont près des puits tenir note de toutes les bennes qui y sont exploitées à demi-lieue à la ronde de la ville, le citoyen Albert a avoué avec candeur que tous ces faits sont sincères et véritables, de quoi et du tout a été dressé procès-verbal ledit jour 3 octobre 1792, l'an 1er de la République Française dans le domicile dudit Albert, auquel lecture a été faite dudit procès-verbal qu'il a approuvé et signé.

J.-B. ALBERT, B.-S. FROSSARD, adm. du départ. de Rhône-et-Loire, DONZEL le jeune, maire, CHAPUY, adm. du district de Lyon, BROSSE, proc. de la commune, SAILLIER, membre de la commune de Lyon, MORTIER, greffier.

pareillement le procès-verbal du transport des trois commissaires, avec le maire, le procureur de la commune et le secrétaire-greffier de la commune de Rivedegier, chez le citoyen Jean-Baptiste Albert, receveur des ci-devant concessionnaires des mines de charbon de terre ; ledit procès-verbal étant à la suite de la délibération du Conseil général de la commune de Rivedegier. Le Conseil du département, considérant que rien n'est plus propre à jetter l'allarme dans l'esprit des extracteurs des mines que la persévérance des ci-devant commissaires à tenir des registres de leurs opérations et des comptes ouverts de leurs prétendues redevances ; que, si cette obstination de la part des concessionnaires annonce une espérance bien condamnable de rentrer dans leurs anciens privilèges, elle intimide d'un autre côté les citoyens, les empêche de suivre avec la même activité leurs exploitations et les plonge par la terreur, dans l'inaction et le découragement ; que c'est violer, ou du moins mépriser la loi qui fait rentrer les propriétaires dans la jouissance entière de leurs carrières, que de contrôler leurs travaux, de tenir registre de leurs extractions et de conserver contre eux un compte ouvert, comme s'il pouvait exister pour les concessionnaires aucune perspective de rentrer dans leurs privilèges ; ouï M. le Procureur Général Syndic en ses conclusions, il a été arrêté ce qui suit :

Article premier.

Le citoyen Albert, receveur des ci-devant concessionnaires des mines de charbon de terre de Rivedegier est et demeure requis et tenu de remettre à la diligence du Procureur Syndic du district de St-Étienne tous les registres tenus par lui depuis la publication de la loi du   juillet 1791.

Art. 2.

Défenses sont faites au s' Albert, ainsi qu'à tout autre citoyen qui pourrait être proposé par la compagnie des ci-devant concessionnaires, de tenir à l'avenir aucun registre de cette nature et même de prendre aucune copie desdits registres.

Art. 3.

Lesdits registres seront envoyés par le district de St-Etienne aux archives du département, où ils seront déposés jusqu'à ce que la Convention Nationale, à laquelle leur existence sera dénoncée, ait prononcé sur leur destruction.

Art. 4.

Les propriétaires et les extracteurs des mines de charbon de terre de Rivedegier sont invités à suivre leurs travaux avec l'activité et la confiance qui animent tous les vrais patriotes, bien persuadés qu'en se conformant à la loi, leurs intérêts seront consultés dans tout ce que la Convention Nationale et les administrations prononceront à leur égard, rien n'étant plus sacré, dans une république bien organisée, que le droit de propriété, et de plus précieux que l'encouragement de l'agriculture et des arts.

Art. 5.

Le présent arrêté sera de suite envoyé au district de St-Etienne, pour y être imprimé, publié et affiché dans toutes les municipalités de son ressort ; ce dont le Procureur Syndic dud. district certifiera au Procureur Général Syndic, qui en rendra compte au Conseil du département.

SIMONET, vice-président. GONON S.-F., secrétaire général.

Le vendredi cinq octobre 1792, l'an 1er de la République Française, MM. les administrateurs composant le Conseil Général du département de Rhône-et-Loire, en surveillance permanente, réunis en séance publique, y étant MM. Simonet, vice-président, Mauzerand, Ferrand, Mussieu, Desportes, Romany, Farjon, Servan, Ricard, Moissonnier, Rullet-Lamurette, Grand, Achard, Dubost, Blachon, Couturier, Belleville, Laurenson, Rozier, Barge, Dugas, Mondon, Place, Lacroix, Santalier, Rousset, administrateurs, Meynis, procureur général syndic, et Gonon, secrétaire général.

MM. les officiers du bataillon de volontaires nationaux de la ville d'Aix sont venus visiter le Conseil, qui les a invité, par l'organe du président, de redoubler de courage pour vaincre les ennemis de la République.

Le samedi six octobre 1792, l'an 1er de la République Française, MM. les administrateurs composant le Conseil Général du département de Rhône-et-Loire, en surveillance permanente, réunis en séance publique, y étant MM. Simonet, vice-président, Mauzerand, Ferrand, Mussieu, Desportes, Romany, Servan, Ricard, Moissonnier, Rullet-Lamurette, Grand, Achard, Dubost, Blachon, Couturier, Belville, Laurenson, Rozier, Barge, Dugas, Mondon, Place, Lacroix, Santalier, Rousset, administrateurs, Meynis, procureur général syndic, et Gonon, secrétaire général.

Il a été fait lecture d'une lettre en date du 5 du présent mois d'octobre, par laquelle la municipalité de Lyon invite le Conseil du département à nommer un commissaire dans son sein pour, conjointement avec celui qu'elle a nommé et celui que nommera le district, aller de concert faire de nouveaux achats de grains dans le département de la Côte-d'Or. Sur quoi, ouï M. le Procureur Général Syndic en ses conclusions, il a été arrêté que M. Frossard, en qualité de commissaire du département, se joindrait avec MM. les commissaires du district et de la municipalité de Lyon, pour remplir de concert le vœu de la municipalité.

SIMONET, vice-président. GONON S.-F.

Le dimanche sept octobre 1792, l'an 1er de la République Française, MM. les administrateurs composant le Conseil Général du département de Rhône-et-Loire, en surveillance permanente, réunis en séance publique, y étant MM. Simonet, vice-président, Mauzerand, Ferrand, Mussieu, Desportes, Romany, Farjon, Servan, Ricard, Moissonnier, Rullet-Lamurette, Grand, Achard, Dubost, Blachon, Couturier, Belleville, Laurenson, Rozier, Barge, Dugas, Mondon, Place, Lacroix, Santalier, Rousset, administrateurs, Meynis, procureur général syndic, et Gonon, secrétaire général.

MM. les officiers d'un des bataillons de volontaires nationaux du département du Var sont entrés ; ils ont témoigné à l'administration combien ils étaient flatté de concourir à la défense de la liberté. Le Conseil, par l'organe du président, leur en a témoigné toute sa satisfaction.

SIMONET, vice-président. GONON S.-F., secrétaire général.

Le lundi huit octobre 1792, l'an 1er de la République Française, MM. les administrateurs composant le Conseil Général du département de Rhône-et-Loire, en surveillance permanente, réunis en séance publique, y étant MM. Simonet, vice-président, Mauzerand, Ferrand, Mussieu, Desportes, Romany, Farjon, Servan, Ricard, Moissonnier, Rullet-Lamurette, Grand, Achard, Dubost, Blachon, Couturier, Belville, Laurenson, Rozier, Barge, Dugas, Mondon, Place, Lacroix, Santalier, Rousset, administrateurs, Meynis, procureur général syndic, et Gonon, secrétaire général.

MM. Goute, évêque du département de Saône-et-Loire, et Claret se sont présentés en qualité de commisssaires députés dud. département de Saône-et-Loire ; ils ont représenté que M. Colabeau-Juliénas ne pouvait être considéré comme non émigré, puisque son absence, à l'époque du décret, constatait son intention de vivre éloigné de sa patrie ; que son prétendu goût pour les beaux-arts, justifié par les différens certificats qu'il a produits, ne peut le soustraire à la rigueur de la loi qu'il a connue et qu'il n'a tenu qu'à lui d'éviter en se rendant en France ; que d'ailleurs ses biens sont actuellement livrés à la dilapidation et que, sous tous les rapports, il paraissait prudent d'établir un séquestre sur les biens de cet émigré. La matière discutée ; ouï M. le Procureur Général Syndic, il a été arrêté qu'il sera écrit au district de Villefranche pour prendre les mesures les plus efficaces pour faire séquestrer sans délai les biens du sieur Collabeau-Julliennas.

SIMONET, vice-président. GONON S.-F., secrétaire général.

Le mardi neuf octobre 1792, l'an 1er de la République Française,

MM. les administrateurs composant le Conseil Général du département de Rhône-et-Loire, en surveillance permanente, réunis en séance publique, il ne s'est rien présenté qui ait donné lieu à aucun arrêté.

SÉANCES DES 10, 11, 12 ET 13 OCTOBRE 1792. 155

Le mercredi dix octobre 1792, l'an 1ᵉʳ de la République Française,

MM. les administrateurs composant le Conseil Général du département de Rhône-et-Loire, en surveillance permanente, réunis en séance publique, il n'a été pris aucun arrêté.

Le jeudi onze octobre 1792, l'an 1ᵉʳ de la République Française,

MM. les administrateurs composant le Conseil Général du département de Rhône et-Loire, en surveillance permanente, réunis en séance publique, il ne s'est rien présenté qui ait pu exciter leur surveillance.

Le vendredi douze octobre 1792, l'an 1ᵉʳ de la République Française,

MM. les administrateurs composant le Conseil Général du département de Rhône-et-Loire, en surveillance permanente, réunis en séance publique, il ne s'est rien présenté qui ait pu exciter leur surveillance.

Le samedi treize octobre 1792, l'an 1ᵉʳ de la République Française, MM. les administrateurs composant le Conseil Général du département de Rhône-et-Loire, en surveillance permanente, réunis en séance publique, y étant MM. Simonet, vice-président, Mauzerand, Ferrand, Mussieu, Desportes, Romany, Farjon, Servan, Ricard, Moissonnier, Rullet-Lamurette, Grand, Achard, Dubost, Blachon, Couturier, Belville, Laurenson, Rozier, Barge, Dugas, Mondon, Place, Lacroix, Santalier, Rousset, administrateurs, Meynis, procureur général syndic, et Gonon, secrétaire général.

Il a été fait lecture d'une lettre du conseil général de la commune de Lyon, dans laquelle, après avoir exposé le manque allarmant de grains de cette cité, les justes inquiétudes qu'il doit inspirer aux administrations, la nécessité de fournir promptement à cet approvisionnement, soit en sollicitant de nouveau les départemens voisins de rétablir la libre circulation des denrées, soit en achetant pour le compte de la commune une quantité considérable de bled, le conseil général de la commune invite le conseil du département à nommer un de ses membres pour se transporter, de concert avec un commissaire du district et un commissaire du conseil général de la commune, dans tous les départemens où ils pourront acquérir les bleds nécessaires à l'approvisionnement pour l'hiver. Le Conseil, considérant qu'après les moyens de sauver la Patrie, ceux de maintenir la paix et la tranquillité publique doivent exciter, de la manière la plus active, la surveillance des corps administratifs; considérant que les bienfaits de l'ordre intérieur ne pourront être assurés, surtout dans les grandes cités, qu'en pourvoyant avec célérité à leur approvisionnement; considérant que les magasins de bled dans la ville de Lyon, sont absolument dépourvus ; qu'aucun des citoyens qui faisaient habituellement le commerce de cette denrée n'ose le continuer; que l'hiver s'approche à grands pas, que la rivière qui alimente cette ville peut être gelée avant que l'approvisionnement en soit fait, si l'on ne prend les mesures les plus promptes et les plus efficaces pour l'opérer; qu'il résulterait de ce malheur les suites les plus funestes, et que le moyen le plus sûr de le prévenir, est, ainsi que le propose le conseil général de la commune de Lyon, de faire des achats de bleds dans les départemens qui en ont en surabondance, par les soins de commissaires des trois corps administratifs, qui trouveront dans toutes leurs opérations, de la part des administrations de départements, de districts et de municipalités, protection, sûreté et fraternité, ouï le Procureur Général Syndic en ses conclusions, le Conseil arrête ce qui suit:

ARTICLE PREMIER.

En conformité du vœu du conseil général de la commune de Lyon, le citoyen Frossard, administrateur du département, est et demeure nommé pour, conjointement avec un administrateur du district et un membre du conseil général de la commune de Lyon, se transporter, dans tous les départemens qui fournissent habituellement des grains à la ville de Lyon, soit pour y exposer les besoins urgens de la cité, soit pour pourvoir à l'acquisition des bleds qu'ils jugeront nécessaires.

ART. 2.

Les corps administratifs et municipaux que visiteront les susdits commissaires sont invités, par le département de Rhône-et-Loire, au nom de la fraternité et de tous les sentimens de patriotisme qui doivent unir tous les membres de la République Française, de faciliter, par tous les moyens qui sont en leur pouvoir, les achats que la commune de Lyon les charge de faire; de les faire même accompagner dans leurs opérations par des commissaires choisis par ces corps administratifs; en un mot de prendre le plus vif intérêt à l'état actuel de la ville de Lyon, à ses besoins, à ses alarmes, et de favoriser avec générosité les mesures prises par les administrations pour mettre un terme à ces inquiétudes, en fournissant du pain à leurs nombreux concitoyens.

SIMONET, vice-président. GONON S.-F., secrétaire général.

Le dimanche quatorze octobre 1792, l'an 1er de la République Française,

Les administrateurs composant le Conseil Général du département de Rhône-et-Loire, en surveillance permanente, réunis en séance publique, il ne s'est rien présenté qui ait pu exciter sa surveillance.

Le lundi quinze octobre 1792, l'an 1er de la République Française, les administrateurs composant le Conseil Général du département de Rhône-et-Loire, en surveillance permanente, réunis en séance publique, y étant MM. Simonet, vice-président, Mauzerand, Ferrand, Mussieu, Desportes, Romany, Farjon, Servan, Ricard, Moissonnier, Rullet-Lamurette, Grand, Achard, Dubost, Blachon, Couturier, Belleville, Laurenson, Rozier, Barge, Dugas, Mondon, Place, Lacroix, Santallier, Rousset, administrateurs, Meynis, procureur général syndic, et Gonon, secrétaire général.

Le citoyen Ducreux-Trezette, lieutenant-colonel de la 14e division de la gendarmerie nationale, est entré; après avoir témoigné au Conseil le regret qu'il avait éprouvé que sa maladie l'eut empêché d'accomplir plutôt le vœu de la loi, ainsi qu'il est constaté par sa lettre du 26 septembre dernier, il a demandé à prêter son serment, dont il a requis acte, et l'enregistrement de sa commission du 1er octobre 1792. Le Conseil s'étant fait représenter le procès-verbal de sa séance du 26 septembre dernier, dans lequel est fait mention de la lettre du sr Ducreux-Trezette, lecture faite de ladite lettre, ouï le Procureur Général Syndic en ses conclusions, il a été arrêté, qu'acte est octroyé au sr Ducreux-Trezette de la prestation de son serment, et que sa commission sera enregistrée.

Le citoyen Capedeville, lieutenant de la gendarmerie nationale, s'est présenté pour prêter son serment; il a observé qu'il n'avait pu se rendre plutôt au désir que lui dictait son civisme, vu son absence, ayant pour cause son service, d'après les ordres du département. Sur quoi, ouï le Procureur Général Syndic en ses conclusions, il a été arrêté qu'acte est octroyé au sr Capedeville du serment qu'il vient de prêter.

Le citoyen François-Auguste Laussel, curé de St-Bonnet-du-Troncy, est entré; il a dit qu'en vertu de la notification qui lui a été faite d'une lettre signée Roland, ministre de l'Intérieur, datée de Paris, du 10 octobre 1792, portant révocation de l'autorisation qui lui avait été donnée par ce ministre de parcourir ce département, en qualité d'apôtre de la Justice, de la Morale et de la Liberté, il venait remettre entre les mains de l'administration cette autorisation. En conséquence, il a déposé sur le bureau : 1° une commission commençant par ces mots : « Le ministre de l'Intérieur donne au citoyen François-Auguste « Laussel, curé de St-Bonnet-du-Troncy, département de Rhône-et-« Loire, la mission de parcourir les départements, » etc., et finissant ainsi, « et je les recommande à ce titre, en tant que de besoin, aux « bons offices des corps administratifs et des amis de la Patrie. Paris, « le 31 août 1792. » Signé: Roland; scellé du sceau du département de « l'intérieur; 2° d'une copie ayant pour titre : *Instruction destinée à* « *diriger la conduite des commissaires, patriotes envoyés dans les* « *départemens* », composée de 13 articles. Desquelles pièces le prêtre Laussel a demandé acte de la remise qu'il en fait. Le Conseil, ayant pris lecture de la lettre du ministre de l'Intérieur sus-datée, par laquelle il charge l'administration de se faire remettre, par le prêtre Laussel, les pièces ci-dessus détaillées, parce qu'il ne s'acquitte point de sa mission avec la mesure qui lui a été recommandée, et, pour qu'il ne puisse dorénavant s'en prévaloir, de les lui faire passer; ouï le Procureur Général Syndic en ses conclusions, il a été arrêté qu'acte est donné au citoyen François-Auguste Laussel de la remise qu'il vient d'effectuer des deux pièces ci-dessus détaillées et indiquées dans la lettre du ministre de l'Intérieur, en date du 10 octobre 1792, et que, conformément à cette lettre, lesd. pièces lui seront adressées sans délai avec copie du présent arrêté.

Un des administrateurs a dit :

« Citoyens, la loi du 30 janvier 1791 prescrit impérativement que
« les corps administratifs doivent se loger, autant que faire se pourra,
« dans les Hôtels communs; c'est en vertu de l'article 2 de cette loi
« que les administrateurs du Directoire, auxquels nous succédons,
« avaient fait quelques démarches pour faire statuer sur la possibilité
« ou l'impossibilité de l'exécution de la loi; la municipalité de cette
« ville avait désigné et offert une partie des appartemens de l'Hôtel
« commun pour y loger l'administration du département. Quelques
« districts paraissent avoir réclamé contre la translation de cette
« administration de l'hôtel de la ci-devant Intendance, où elle avait
« été provisoirement établie, à la maison commune.

« Les choses en cet état, le ministre de l'Intérieur écrivait à l'admi-
« nistration qu'il était surpris que cette translation ne fut point
« encore consommée. Les motifs insérés dans la lettre du ministre
« vous déterminèrent, citoyens, à presser les mesures de cette trans-
« lation. La municipalité, à qui cette lettre fut communiquée, vous
« ayant offert de vous céder tous les appartemens nécessaires à votre
« administration, le citoyen Frossard, notre digne collègue, et qui
« avait été nommé procureur général syndic par intérim, fit, le
« 11 septembre dernier, une réquisition formelle en ces termes, qu'il
« laissa entre les mains du secrétaire général du département.

« Nous, Procureur Général Syndic du département, requérons
« M. le secrétaire général et MM. les chefs de bureaux de
« mettre la plus grande diligence à la translation des bureaux
« et des papiers à l'Hôtel commun, pour que les travaux de
« l'administration ne soient point interrompus. Lyon, le
« 11 septembre 1792, l'an 4e de la Liberté et le 1er de l'Egalité.
« Signé, B.-S. Frossard. »

« Le même jour, 11 septembre, le secrétaire général, les chefs de
« bureaux et tous les commis se rendirent à l'Hôtel commun; le
« déménagement des bureaux, secrétaires, armoires, meubles et
« ustenciles nécessaires à votre administration, celui de l'immensité
« des cartons, liasses, registres, etc., fut entrepris et a été continué
« sans interruption jusqu'à ce jourd'hui; on a employé les fourgons
« des vivres déposés dans la cour de la ci-devant Intendance, les
« chevaux d'artillerie avec leurs conducteurs et, comme ceux-ci ont
« reçu ordre dans l'intervalle de se rendre à l'armée du Midi, on a été
« forcé d'employer les voitures du citoyen Escharlod.

« Vous présumerez bien, citoyens, qu'un déménagement aussi
« considérable n'a pu se faire qu'à grand frais, malgré toute l'économie
« que votre secrétaire général chargé de la surveillance de cette
« opération y a pu mettre; mais une autre considération bien impor-
« tante que vous avez sans doute entrevue, c'est que tous les
« appartemens qui doivent former actuellement vos bureaux n'ayant
« jamais eu qu'une détermination propre à un logement particulier,
« il faudra nécessairement établir des divisions, boucher des portes et
« fenêtres, en ouvrir d'autres, former des communications, mettre

« enfin tous les appartemens dans le cas de servir à l'usage journalier
« de l'administration.

« Peut-être penseriez-vous qu'il aurait fallu faire un devis de toutes
« ces différentes réparations et constructions et procéder ensuite à
« l'adjudication; mais il est des circonstances qui font exception à la
« loi : ce sont celles où nous nous trouvons. La masse des réparations
« à faire ne présente, ni dans son ensemble, ni dans ses rapports,
« une suite d'opérations fixes, elles dépendent d'abord de l'emploi
« utile des matériaux pris dans une partie et remis dans l'autre,
« ensuite de l'usage et des ressources qu'on peut tirer de tous les
« bois, rayons, placards et autres agencemens que l'on a fait enlever
« de l'administration, à la ci-devant Intendance, pour les faire servir
« ici ; il faut le coup-d'œil juste d'un architecte éclairé pour diriger cet
« emploi économique de matériaux, afin que l'on puisse profiter de
« tout ; d'où il paraît résulter que la voie du devis et de l'adjudication
« était impraticable. Il aurait fallu vendre les vieux agencemens et
« matériaux de l'ancienne administration, qui n'auraient presque rien
« rendu, tandis qu'en les faisant tous servir au nouvel emplacement,
« on évitera une dépense considérable.

« Il est encore un objet important que j'ai cru devoir vous sou-
« mettre, citoyens, il existe, dans trois appartemens de la ci-devant
« Intendance, une masse considérable de papiers, de registres et de
« cartons que vous jugerez sans doute inutiles, tels que ceux qui con-
« cernent la capitation, les livres de compte de milice, les contestations
« pour les jurandes, les correspondances des intendants avec les
« ministres et subdélégués, les états d'élections, de tribunaux, de
« commissions, les comptes-rendus par les gardes ou syndics des
« arts et métiers, les régisseurs des poudres, convois militaires, dépôt
« de mendicité, les contestations sur les francs-fiefs, les domaines
« engagés, leur vente ou revente, le passage des bleds, les bacs, les
« péages, la contrebande sur les cartes, la marque des cuirs et autres
« matières fiscales dont la connaissance avait été attribuée aux
« intendants.

« J'ai lieu de penser que vous ne surchargerez point vos archives
« de ce fatras inutile de papiers, sur lesquels l'heureuse révolution, qui
« nous rend à notre liberté première, a jeté un vernis de proscription
« éternelle. Il en est cependant quelques-uns qui sont dans le cas
« d'être conservés: ceux qui peuvent constater des propriétés
« légitimes, publiques ou particulières ; il faut en faire le choix et les
« classer dans vos archives.

« D'après le tableau que je viens de mettre sous vos yeux, j'aurai
« l'honneur de vous proposer l'arrêté suivant.

« Le Conseil Général du département de Rhône-et-Loire, en sur-
« veillance permanente.

« Vu la loi du 30 janvier 1791, la lettre de M. Rolland, ministre de
« l'Intérieur, en date du

« Vu la réquisition de M. le Procureur Général Syndic par intérim,
« en date du 11 septembre dernier, signée Frossard.

« Considérant que la translation du Département, de l'hôtel de la
« ci-devant Intendance, à l'Hôtel Commun de la ville de Lyon, ne s'est
« opérée qu'en exécution de la loi du 30 janvier 1791, d'après les
« invitations de la municipalité de lad. ville et de la cession amicale
« de sa part des appartemens de l'Hôtel Commun qui pouvaient con-

« venir à l'emplacement de l'administration, avec offre qu'elle a faite
« et réitérée de faire jouir le département de tous ceux qui lui
« seraient nécessaires.

« Considérant que, pour effectuer cette translation, il est nécessaire
« de faire plusieurs réparations urgentes et absolument indispensa-
« bles aux différentes pièces de l'Hôtel Commun destinées au service
« de l'administration du Département; qu'il paraît plus convenable et
« plus économique d'employer, pour ces réparations, les matériaux,
« bureaux, placards, meubles, poêles, tables, ustenciles dont l'ad-
« ministration jouissait à l'ancien hôtel de l'Intendance que de les
« vendre au profit de la Nation, parce que, d'une part, ils ne pourraient
« l'être qu'à vil prix, et que l'autre, ayant une destination qui leur est
« propre, leur usage ne peut servir qu'à une administration publique.

« Considérant que ces réparations n'ont pu faire la matière d'un
« devis, ni être soumises aux règles ordinaires de l'adjudication,
« parce qu'elles ne présentent point une masse fixe d'opérations,
« qu'elles dépendent du plus ou du moins de talents de l'architecte,
« pour faire servir et employer à propos les objets déplacés des
« bureaux de la ci-devant Intendance.

« Considérant qu'il existe, dans les archives de la ci-devant Inten-
« dance, plusieurs registres, liasses et cartons de papiers que la
« nouvelle constitution française a heureusement rendus inutiles,
« tels que les registres des droits supprimés et abolis et autres de ce
« genre; mais qu'il en est de très essentiels à conserver, tels que ceux
« qui peuvent constater les propriétés légitimes, publiques ou parti-
« culières.

« Il a été arrêté : 1° que le citoyen Durand, architecte, demeure
« commis et autorisé à faire faire et surveiller toutes les réparations
« absolument nécessaires et indispensables qui lui seront indiquées par
« le secrétaire général du département, pour l'établissement et le ser-
« vice de l'administration du département de Rhône-et-Loire, transféré
« à l'hôtel commun de la ville de Lyon, depuis le 11 septembre der-
« nier; à cet effet, débattre et arrêter les comptes des ouvriers qui
« seront employés auxd. réparations, pour, sur la présentation desdits
« comptes, qui sera faite au Directoire du département, être payé
« ainsi qu'il appartiendra; 2° que le citoyen Gonon St-Fresne, secré-
« taire général du département, est autorisé à faire le choix et le
« triage des papiers inutiles d'avec ceux qu'il importe à l'intérêt
« public de conserver dans les archives de l'administration; à cet
« effet, le secrétaire général remettra dans des cartons tous les papiers
« et documens qu'il jugera devoir être conservés, et les fera trans-
« porter dans les archives du département, qu'il est autorisé à faire
« arranger à ces fins. Les papiers de rebut seront vendus au plus
« offrant et dernier enchérisseur, par le citoyen Leclerc, huissier pri-
« seur, commis pour cette opération, en présence du citoyen Achard,
« administrateur, commissaire nommé à cet effet; pour le prix en
« provenant être employé jusqu'à concurrence au payement des frais
« de déménagement et des réparations à faire pour le nouvel empla-
« cement de l'administration à l'hôtel commun. Et, comme il importe
« que les administrés soient instruits, tant des motifs qui ont déter-
« miné l'administration du département à se transporter à l'hôtel-
« commun, que des mesures subséquentes que le Conseil a prescrites,
« le présent arrêté sera imprimé, envoyé aux districts et par eux

« transmis aux municipalités de leur ressort, pour être lu, publié et
« affiché, ce dont les procureurs syndics certifieront le Procureur
« Général Syndic. »

La matière mise en délibération, ouï le Procureur Général Syndic en ses conclusions, il a été délibéré que le projet d'arrêté ci-dessus est et demeure adopté dans tout son contenu, qu'il sera consigné dans le registre des délibérations du Conseil, à l'effet d'être exécuté suivant sa forme et teneur.

SIMONET, vice-président. GONON S.-F., secrétaire général.

Le mardi seize octobre 1792, l'an 1er de la République Française,

Les administrateurs composant le Conseil du département de Rhône-et-Loire, en surveillance permanente, réunis en séance publique, il ne s'est rien présenté qui ait pu exciter leur surveillance.

Le mercredi dix-sept octobre 1792, l'an 1er de la République Française,

Les administrateurs composant le Conseil du département de Rhône-et-Loire, en surveillance permanente, réunis en séance publique, il ne s'est rien présenté qui ait donné lieu à aucune délibération.

Le jeudi dix-huit octobre 1792, l'an 1er de la République Française,

Les administrateurs composant le Conseil Général du département de Rhône-et-Loire, en surveillance permanente, réunis en séance publique, il ne s'est rien présenté qui ait pu exciter leur surveillance.

Le vendredi dix-neuf octobre 1792, l'an 1er de la République Française, les administrateurs composant le Conseil Général du département de Rhône-et-Loire, en surveillance permanente, réunis en séance publique, y étant les citoyens Romany, président en l'absence, Mauzerand, Ferrand, Mussieu, Desportes, Simonet, Servan, Ricard, Moissonnier, Rullet-Lamurette, Grand, Achard, Dubost, Blachon, Couturier, Belville, Laurenson, Rozier, Barge, Dugas, Mondon, Place, Lacroix, Santallier, Rousset, administrateurs, Meynis, procureur général syndic, et Gonon, secrétaire général.

Le citoyen Nivière-Chol, procureur de la commune de Lyon, est entré et a dit que les batteaux destinés à aller charger, à Rivedegier, les charbons pour l'approvisionnement de la ville de Lyon, étaient arrêtés à l'entrée du canal de Givors par des manœuvres dont il a été difficile de suivre le fil ; que différens prétextes contraires à la libre circulation des objets de consommation, allégués par les conducteurs de batteaux, et que des conventions faites entre eux suspendent l'activité des approvisionnements ; qu'il est cependant urgent de lever tous les obstacles aux approches d'une saison qui suspend très souvent la navigation du canal ; qu'il a reçu, par une lettre, l'avis que Thomas Morel, conducteur d'un batteau chargé de bled, pour l'approvisionnement du district de St-Etienne, a été arrêté à la troisième écluse ; que les halleurs augmentent encore le désordre en faisant composer les conducteurs de batteaux; que ces obstacles, contraires à l'ordre public et à la propriété, pourraient occasionner, dans cette ville, la disette d'un objet de première nécessité. Le Conseil, considérant que la dénonciation faite par le Procureur de la commune de Lyon doit fixer l'attention et la surveillance des corps administratifs et qu'il est urgent de faire cesser de pareils désordres, ouï le Procureur Général Syndic en ses conclusions, il a été arrêté 1° que deux commissaires, l'un pris dans le sein de l'administration du département, l'autre pris dans le conseil général du district de la campagne de Lyon, seront envoyés, sans délai, à l'embouchure du canal de Givors, pour y lever les obstacles qui s'opposent à la navigation libre des batteaux sur led. canal ; 2° que les deux commissaires sont autorisés à requérir la force armée, dans le cas où ils le jugeraient nécessaire, pour dissiper toute résistance qu'on opposerait à la libre navigation, à prendre toutes les mesures convenables pour mettre sous la protection de la loi la liberté des personnes et des propriétés, à prendre toutes les informations qui pourraient conduire à la découverte des complots qui ont été dénoncés ; 3° que copie du présent arrêté sera envoyé au district de la campagne de Lyon, pour qu'il ait à s'y conformer en ce qui le concerne ; 4° que le citoyen Chevassu est nommé commissaire à l'effet de se transporter sur les lieux, avec le commissaire qui sera nommé par le conseil du district de la campagne de Lyon.

Dans la séance du même jour, les officiers municipaux et les administrateurs du district de Lyon, réunis avec les administrateurs du Conseil du département, le commandant du 4° bataillon du Var étant entré, a dit qu'il avait reçu l'ordre du général Anselme de se rendre en cette ville avec sa troupe et y rester jusqu'à ce qu'il reçut des ordres pour une destination nouvelle ; que tous les soldats qui composent le bataillon sont dans un état de dénuement absolu des choses de premiers besoins, n'ayant ni habits, ni vestes, manquant même de chemises, ainsi que d'une infinité de gibernes et autres choses, sans lesquelles il serait impossible aud. bataillon, malgré son amour pour la Patrie et la République, de lui être d'aucune utilité à l'approche de l'hiver, si on ne lui fait une avance pour se les procurer. Vu, par les trois corps administratifs réunis, l'ordre donné le 11 septembre dernier par le général Anselme, au 4° bataillon du Var, de se rendre à Lyon, ensuite de la réquisition qui lui avait été faite par les commissaires de l'armée du Midi, de faire passer dans les départemens du centre quatre bataillons de volontaires nationaux ; vu la commission donnée à Toulon, le 7 décembre 1791, par les s^{rs} Isnard, Thiboud, Sulée, intéressés à l'entreprise de l'habillement des troupes nationales de l'armée du Var, au s^r Bernard Senequier, l'un de leurs associés, pour les achats relatifs aud. habillement ; le certificat du s^r Barthélemy, commissaire du département des Bouches-du-Rhône, délivré à Aix le 3 du présent mois, portant que le sieur Senequin, négociant de Toulon, a été par lui chargé de faire des achats pour l'habillement et équipement de l'armée marseillaise et de celle du département des Bouches du-Rhône; vu la pétition précédemment faite à la municipalité de Lyon par les commandans dud. bataillon; la délibération prise, en conséquence, le 18 dudit mois, par le corps municipal, ensemble l'avis du Directoire du district de Lyon du 19 du même mois; considérant qu'à l'approche d'une saison qui peut être rigoureuse, il est de la justice et de l'humanité de venir au secours des citoyens-soldats qui se dévouent généreusement à la défense de la République Française; ouï le Procureur Général Syndic en ses conclusions, arrêtent qu'il sera fait au 4° bataillon du Var, une avance de la somme de 40.000 liv. pour être employés, sous la surveillance du département, au payement de parties des fournitures qui leur seront faites pour l'habillement et autres choses nécessaires, pour se trouver prêts à marcher au premier moment de besoin et que, pour la surveillance desdites fournitures, le citoyen Servan, administrateur, demeure nommé commissaire à cet effet; qu'en conséquence et d'après les comptes détaillés que ledit s^r Senequier produira des fournitures, tant faites qu'à faire, il lui sera expédié une ordonnance de la somme de 40.000 liv. sur le s^r Deschamps, payeur général du département de Rhône-et-Loire; arrête, en outre, qu'expédition du présent arrêté sera adressée au ministre de la Guerre, avec invitation de pourvoir au remplacement de ladite somme de 40.000 liv. dans la caisse dudit payeur général.

ROMANY, président en l'absence. GONON S.-F., secrétaire général.

Le samedi vingt octobre 1792, l'an 1er de la République française, les administrateurs composant le Conseil Général du département de Rhône-et-Loire, en surveillance permanente, réunis en séance publique, y étant les citoyens Romany, président en l'absence, Mauzerand, Ferrand, Mussieu, Desportes, Simonet, Servan, Ricard, Moissonnier, Rullet-Lamurette, Grand, Achard, Dubost, Blachon, Couturier, Belville, Laurenson, Rozier, Barge, Dugas, Mondon, Place, Lacroix, Santalier, Rousset, administrateurs, Meynis, procureur général syndic, et Gonon, secrétaire général.

Le Président a fait lecture d'une lettre de la municipalité de Lyon, en date de ce jour, par laquelle elle réclame que procès-verbal soit dressé de l'état du mobilier et des effets qui peuvent être à la ci-devant Intendance, d'où l'administration du département s'est transféré, depuis le 11 septembre dernier, à l'hôtel de la commune de Lyon, et ce en présence du citoyen Delglat, acquéreur de la ci-devant Intendance, d'un commissaire de la municipalité et d'un membre de l'administration du département. Le Conseil, considérant que les meubles et effets dont il s'agit, et qui excitent la juste vigilance de la municipalité de Lyon, étant devenus une propriété nationale, et les agencemens nécessaires à faire pour l'administration du département à l'hôtel commun devant être supportés par la Nation, il est plus économique d'employer, pour ces agencemens et réparations, tous les effets mobiliers de l'ancienne Intendance qui peuvent servir à l'administration et qui, attendu leur vétusté, ne pourraient se vendre qu'à vil prix, que d'en acheter ou d'en faire de neufs, qui, dans les circonstances, coûteraient fort chers à la Nation, ouï le Procureur Général Syndic en ses conclusions, il a été arrêté que le citoyen Achard, un des administrateurs du département, est nommé pour, en qualité de commissaire, assister au procès-verbal requis, dans lequel il est autorisé à déclarer que tous les meubles, bureaux, effets mobiliers, placards et autres agencemens de la ci-devant Intendance qui ont pû convenir à l'établissement nécessaire de l'administration du département, ont été transportés et posés dans les appartemens de lad. administration et que là, il sera loisible à la municipalité de Lyon d'en venir faire le recollement, si besoin est.

ROMANY, président en l'absence. GONON S.-F., secrétaire général.

Le dimanche vingt-un octobre 1792, l'an 1er de la République Française,

Les administrateurs composant le Conseil Général du département de Rhône-et-Loire, en surveillance permanente, réunis en séance publique, il ne s'est rien présenté qui ait pû exciter sa surveillance.

Le lundi vingt-deux octobre 1792, l'an 1er de la République Française,

Les administrateurs composant le Conseil Général du département de Rhône-et-Loire, en surveillance permanente, réunis en séance publique, il ne s'est présenté aucun objet qui ait donné lieu à délibération.

Le mardi vingt-trois octobre 1792, l'an 1er de la République Française,

Les administrateurs composant le Conseil Général du département de Rhône-et-Loire, en surveillance permanente, réunis en séance publique, il ne s'est rien présenté qui ait pu exciter sa surveillance.

Le mercredi vingt-quatre octobre 1792, l'an 1er de la République Française, les administrateurs composant le Conseil Général du département de Rhône-et-Loire, en surveillance permanente, réunis en séance publique, y étant les citoyens Romany, président en l'absence, Mauzerand, Ferrand, Mussieu, Desportes, Simonet, Servan, Ricard, Moissonnier, Rullet-Lamurette, Grand, Achard, Dubost, Blachon, Couturier, Belville, Laurenson, Rozier, Barge, Dugas, Mondon, Place, Lacroix, Santalier, Rousset, administrateurs, Meynis, procureur général syndic, et Gonon, secrétaire général.

Le Président a fait lecture d'une lettre datée de St-Etienne, du 22 de ce mois, écrite par le citoyen Ravel, administrateur, qui, déjà chargé de la confiance de l'administration pour surveiller la fabrication des armes à St-Etienne, pense ne pouvoir accepter la nouvelle commission que lui a donnée l'administration, pour se rendre dans les différentes municipalités qui refusent de déposer les matrices des rôles des contributions foncière et mobiliaire. Le conseil, considérant que la présence du citoyen Ravel est absolument nécessaire à St-Étienne pour surveiller une fabrication aussi importante que celle des armes, surveillance dans laquelle cet administrateur met tout le zèle et l'intelligence dont son patriotisme bien connu est capable, ouï le Procureur Général Syndic en ses conclusions, arrête que le citoyen Blachon, administrateur, est nommé commissaire pour se rendre dans les différentes municipalités du district de St-Etienne, à l'effet de presser la confection et le dépôt des matrices de rôles des contributions foncières et mobiliaires, dans lesdites municipalités en retard, et dresser tous procès-verbaux nécessaires pour iceux rapportés être statué ce qu'il appartiendra. En conséquence, le Président est invité d'écrire aux citoyens Ravel et Blachon, pour leur faire part de la détermination du conseil.

ROMANY, président en l'absence. GONON S.-F., secrétaire général.

Le jeudi vingt-cinq octobre 1792, l'an 1ᵉʳ de la République Française, les administrateurs composant le Conseil Général du département de Rhône-et-Loire, en surveillance permanente, réunis en séance publique, y étant les citoyens Romany, président en l'absence, Mauzerand, Ferrand, Mussieu, Desportes, Simonet, Servan, Ricard, Moissonnier, Rullet-Lamurette, Grand, Achard, Dubost, Blachon, Couturier, Belville, Laurenson, Rozier, Barge, Dugas, Mondon, Place, Lacroix, Santallier, Rousset, administrateurs, Meynis, procureur général syndic, et Gonon, secrétaire général.

Le Président a fait lecture d'une lettre écrite par le receveur du district de la ville de Lyon, qui avise le Conseil que le citoyen Valesque n'a point versé dans sa caisse les 43237 liv. 2 s. 9 d., montant de sa recette des économats, conformément à l'art. 5 de la loi du 29 août 1792. Sur quoi, ouï le Procureur Général Syndic en ses conclusions, le Conseil arrête, vu ladite loi, vu le bordereau fourni par le citoyen Valesque et déposé au secrétariat, le 18 du présent mois d'octobre, que le citoyen Valesque sera invité de se rendre en la séance de ce jour, pour y donner les causes de son refus.

Sur la lettre écrite par le Président, le citoyen Valesque s'est présenté. Il a observé qu'il n'était comptable que de 40.319 liv. 14 s. 10 d., conformément à son bordereau, au lieu de celle de 43.237 liv. 2 s. 9 d.; qu'il est vrai que, suivant le procès-verbal dressé par les commissaires du Département, en date du 15 octobre présent mois, l'état de sa caisse se monte à 43.237 liv. 2 s. 9 d., mais que, suivant son bordereau, il n'était comptable que de celle de 40.319 liv. 14 s. 10 d. et que c'est de cette dernière somme dont il doit faire le versement, à la forme de l'art. 5 de la loi du 29 août 1792. En conséquence, ouï M. le Procureur Général Syndic en ses conclusions, le Conseil arrête que le citoyen Valesque versera, d'après son bordereau, la somme de 40.319 liv. 14 s. 10 d. et qu'il en sera donné avis au receveur du district de la ville de Lyon, qui sera tenu de lui fournir décharge valable.

ROMANY, président en l'absence. GONON S.-F., secrétaire général.

Le vendredi vingt-six octobre 1792, l'an 1er de la République Française,

Les administrateurs composant le Conseil Général du département de Rhône-et-Loire, en surveillance permanente, réunis en séance, il ne s'est rien présenté qui ait pu exciter leur surveillance.

Le samedi vingt-sept octobre 1792, l'an 1er de la République Française, les administrateurs composant le Conseil Général du département de Rhône-et-Loire, en surveillance permanente, réunis en séance publique, y étant les citoyens Romany, président en l'absence, Mauzerand, Ferrand, Mussieu, Desportes, Simonet, Servan, Ricard, Moissonnier, Rullet-Lamurette, Grand, Achard, Dubost, Blachon, Couturier, Belville, Laurenson, Rozier, Barge, Dugas, Mondon, Place, Lacroix, Santallier, Rousset, administrateurs, Meynis, procureur général syndic, et Gonon, secrétaire général.

Le citoyen Frossard, administrateur, a rendu compte de la mission dont il a été chargé par notre arrêté du 6 du présent mois d'octobre. Il a observé que, d'accord avec les commissaires du district et de la municipalité, ses collègues, il avait été écrit une lettre aux corps administratifs de cette ville, pour leur faire part des peines et des obstacles qu'ils éprouvaient dans l'exécution de leur mission, ainsi que des moyens qui leur paraissaient propres pour les faire cesser. Qu'il est surpris que cette lettre n'ait pas été remise à sa destination, d'autant mieux que sur son adresse, elle avait été recommandée à un officier municipal. Sur quoi, ouï le Procureur Général Syndic en ses conclusions, le Conseil a témoigné ses regrets de n'avoir point reçu cette lettre, ainsi que toute sa reconnaissance pour le zèle et le civisme que le citoyen Frossard a mis dans les opérations dont il a été chargé, et sur son invitation, il a été arrêté que des commissaires se rendraient à la commune, pour entendre le compte que le citoyen Frossard est prêt de lui rendre, de l'opération dont il doit lui présenter les résultats.

Vu le rapport du comité des Etablissemens Publics, sur l'état de la maison appellée Dépôt de Mendicité, située à la Quarantaine ; vu la démission du sr Devitri, directeur général dud. dépôt, en date du 14 septembre dernier ; vu la lettre du ministre de l'Intérieur du 18 du présent mois d'octobre, le Conseil, considérant que, par l'effet de la révolution, la destination et l'usage de cette maison ont éprouvé divers changemens ; que son administration actuelle est vicieuse sous plusieurs rapports ; considérant qu'elle est susceptible de différentes améliorations, si elle est confiée aux soins paternels de plusieurs citoyens recommandables par leur désintéressement et leur intégrité ; considérant enfin qu'il est urgent de procurer une nouvelle régie à un établissement dont l'utilité peut s'accroître chaque jour ; ouï le Procureur Général Syndic en ses conclusions, il a été arrêté ce qui suit :

Article premier.

L'emploi du directeur de la maison, exercé jusqu'à ce jour par le sr Devitri, est et demeure supprimé à compter du premier novembre prochain.

Art. 2.

Il sera nommé séance tenante, et par la voie du scrutin, cinq administrateurs choisis parmi les citoyens de la ville de Lyon, notoirement connus par leur civisme, leur désintéressement et leurs vertus sociales.

Art. 3.

Les nouveaux régisseurs exerceront gratuitement une surveillance générale, sur toutes les personnes employées dans la maison. Ils pourront répudier et destituer celles dont la conduite serait reconnue, dangereuse, nuisible ou suspecte. Ils seront spécialement chargés de faire tous les approvisionnemens nécessaires, de conclure tous traités et conventions avec les fournisseurs des vivres, de pourvoir à toutes les réparations urgentes et indispensables, enfin, de rechercher et proposer tous les moyens d'améliorer le sort des malades et des détenus, sans augmenter sensiblement la dépense, même de les mettre à exécution, après avoir obtenu l'agrément du Conseil ou Directoire.

Art. 4.

Les statuts et règlemens existants ne seront point obligatoires pour les nouveaux administrateurs ; mais ils seront tenus de les consulter pour éclairer toutes leurs démarches, et de faire exécuter ceux des articles relatifs à la police intérieure, qui ne se trouveront point contraires aux principes de nos nouvelles loix et à l'humanité.

Art. 5.

Le bénéfice résultant de la suppression de l'emploi du directeur, pourra être employé de suite à la réparation des lits, presque tous dépourvus des choses les plus nécessaires pour en rendre l'usage supportable.

Art. 6.

Conformément aux intentions du ministre de l'Intérieur, le citoyen Letellier, controlleur actuel, continuera d'exercer ses fonctions, de percevoir les émolumens y attachés, de jouir du logement qu'il occupe, à la charge par lui, d'apporter tout le zèle et les soins possibles à la régie intérieure et journalière de toutes les parties de la maison, sous l'inspection des nouveaux administrateurs, auxquels il donnera tous renseignemens et documens nécessaires pour les mettre à même d'agir avec succès.

Art. 7.

Les uns et les autres dresseront concurremment, à la fin de chaque mois, un état ou bordereau des dépenses, pour être arrêté par le Directoire et envoyé au ministre de l'Intérieur.

Art. 8.

Dans le nombre des cinq administrateurs, il en sera choisi un pour remplir les fonctions de trésorier, auquel on fera remettre les fonds nécessaires à l'acquit des dépenses constatées par les états ci-dessus prescrits.

Art. 9.

Copie du présent arrêté sera donnée aux citoyens administrateurs désignés ci-après, ainsi qu'au citoyen Letellier, controlleur, pour qu'ils s'y conforment, chacun en ce qui les concerne.

Art. 10.

Les présentes dispositions seront communiquées au ministre de l'Intérieur.

Et de suite, procédant au scrutin pour la nomination des cinq administrateurs dud. dépôt, la pluralité des suffrages s'est réunie en faveur des citoyens Marduel aîné, Claude Bourdin, Jogand aîné, Claude-Alexis Champereux et Griffe, ci-devant négociant.

Romany, président en l'absence. Gonon S.-F., secrétaire général.

Le dimanche vingt-huit octobre 1792, l'an 1ᵉʳ de la République Française,

Les administrateurs composant le Conseil Général du département de Rhône-et-Loire, en surveillance permanente, réunis en séance publique, il ne s'est rien présenté qui ait pu exciter sa surveillance.

Le lundi vingt-neuf octobre 1792, l'an 1ᵉʳ de la République Française,

Les administrateurs composant le Conseil Général du département de Rhône-et-Loire, en surveillance permanente, réunis en séance publique, il n'a été pris aucun arrêté.

Le mardi trente octobre 1792, l'an 1ᵉʳ de la République Française, les administrateurs composant le Conseil Général du département de Rhône-et-Loire, en surveillance permanente, réunis en séance publique, y étant les citoyens Romany, président en l'absence, Mauzerand, Ferrand, Mussieu, Desportes, Simonet, Servan, Ricard, Moissonnier, Rullet-Lamurette, Grand, Achard, Dubost, Blachon, Couturier, Belville, Laurenson, Rozier, Barge, Dugas, Mondon, Place, Lacroix, Santallier, Rousset, administrateurs, Meynis, procureur général syndic, et Gonon, secrétaire général.

Vu la loi du 22 septembre dernier, sur le renouvellement des corps administratifs municipaux et judiciaires; vu également celle du 19 octobre suivant, sur le mode d'exécution relatif audit renouvellement; délibérant sur les circonstances particulières où se trouve l'administration du département, à raison du renouvellement partiel qui a été fait de quelques-uns de ses membres, depuis l'époque mémorable du 10 août dernier; considérant que, par l'art. 2 de la loi du 19 octobre, les administrateurs fonctionnaires publics nommés par les assemblées électorales primaires et des communes, depuis le 10 août dernier, sont exceptés du renouvellement; qu'il importe de faire connaître le nombre des places qui, par l'effet de la nomination qui en a été récemment faite, ne sont point sujettes à un remplacement; considérant que, d'après les procès-verbaux de nomination de l'assemblée électorale du département tenue à St-Etienne, le 2 septembre dernier et jours suivans, le nombre des administrateurs élus à cette époque s'élève à quatorze, ce qui réduit celui des membres à nommer à vingt-deux, pour completter l'administration générale du département; considérant que la place de Procureur Général Syndic du département, à laquelle il a été pourvu par la nomination qui en a été faite par la précédente assemblée électorale, tenue à St-Etienne le 2 septembre dernier, se trouve exceptée du renouvellement; considérant encore qu'il est important de déterminer, d'une manière précise, le lieu où doit être convoquée, pour les prochaines élections, l'assemblée électorale, par la délégation du chef-lieu de district qui suit, dans l'ordre du tableau, celui où ont été tenues les précédentes assemblées électorales, et que dans l'ordre du tableau, la ville de Montbrison suit immédiatement le district de St-Etienne où s'est réunie l'assemblée électorale précédente; considérant enfin que dans le renouvellement à faire des différens corps administratifs municipaux et judiciaires, il est nécessaire de déterminer, d'après la loi, le nombre des places vacantes pour achever ce renouvellement, ouï et ce requérant le Procureur Général Syndic, le Conseil arrête que les électeurs du département, nommés en exécution de la loi du 12 août dernier, sont invités à se rassembler le 11 novembre prochain, en la ville de Montbrison, à l'effet de procéder à la nomination et élection dans les formes prescrites par les lois : 1° de huit administrateurs pour composer le Directoire du département, à laquelle élection pourront néanmoins concourir les membres nommés au département de la précédente assemblée électorale ; 2° de quatorze administrateurs pour completter le conseil du département, et, dans le cas où quelques uns des membres déjà nommés dans la précédente élection se trouveraient appelés au Directoire, l'assemblée électorale sera tenue de procéder à leur remplacement dans le Conseil, en proportion de leur nombre; 3° d'un président au tribunal criminel du département ; 4° d'un accusateur public près led. tribunal, et enfin d'un greffier dud. tribunal. Immédiatement après leur nomination, les nouveaux élus, au nom de la Patrie en danger et en vertu de l'art. 13 de la loi du 19 octobre, sont invités à se rendre à leurs fonctions respectives. Et au surplus et d'après l'achèvement des élections ci-dessus, les assemblées électorales se retireront, dans le délai fixé par l'art. 10 de lad. loi, au chef-lieu de l'administration de leur district, pour y procéder aux renouvellemens ordonnés par led. art. 10 de la loi du 19 octobre de lad. année. Successivement les assemblées primaires se retireront, dans le délai prescrit par l'art. 11 de lad. loi, dans les chefs-lieux de leur canton, à l'effet d'y procéder aux élections des places, en conformité dud. article. Et sera, le présent arrêté, imprimé, publié et affiché, envoyé aux directoires des districts, à l'effet de le transmettre aux municipalités, pour y être publié et affiché, ce dont les officiers municipaux seront tenus de certifier aux procureurs syndics des districts dans la huitaine, et ceux-ci au Procureur Général Syndic, huitaine après.

ROMANY, président en l'absence. GONON S.-F., secrétaire général.

Le mercredi trente-un octobre 1792, l'an 1er de la République Française.

Les administrateurs composant le Conseil Général du département de Rhône-et-Loire, en surveillance permanente, réunis en séance publique, il ne s'est rien présenté qui ait pu exciter la surveillance de l'assemblée.

Le jeudi premier novembre 1792, l'an 1er de la République Française,

Les administrateurs composant le Conseil Général du département de Rhône-et-Loire, en surveillance permanente, réunis en séance publique, il n'a été pris aucune délibération.

Le vendredi deux novembre 1792, l'an 1ᵉʳ de la République Française,

Les administrateurs composant le Conseil Général du département de Rhône-et-Loire, en surveillance permanente, réunis en séance publique, il ne s'est rien présenté qui ait pu exciter la surveillance de l'assemblée.

Le samedi trois novembre 1792, l'an 1ᵉʳ de la République Française, les administrateurs composant le Conseil Général du département de Rhône-et-Loire, en surveillance permanente, réunis en séance publique, y étant les citoyens Simonet, président en l'absence, Romany, Mauzerand, Ferrand, Mussieu, Desportes, Servan, Ricard, Moissonnier, Rullet-Lamurette, Grand, Achard, Dubost, Blachon, Couturier, Belville, Laurenson, Rozier, Barge, Dugas, Mondon, Place, Lacroix, Santallier, Rousset, administrateurs, Meynis, procureur général syndic, et Gonon, secrétaire général.

Les citoyens Vitet, Boissy-d'Anglas et Alquier, commissaires nommés par décrets de la Convention Nationale des 28 et 29 octobre dernier sont entrés. Ils ont fait part des motifs de leur mission, dont le principal objet est le rétablissement de la tranquillité publique à Lyon. Le Procureur Général Syndic a observé que les principales causes des agitations proviennent de la rareté des subsistances de première nécessité, dont les malveillants profitent pour faire naître des désordres ; ils jettent dans l'âme des manufacturiers, dont les bras se trouvent oisifs, par la cessation des travaux que le luxe alimentait, un germe de désespoir qui ne leur laisse entrevoir, pour la saison rigoureuse de l'hiver, que l'image déchirante de mille besoins qu'ils ne pourront satisfaire. Les citoyens commissaires ont observé que la récolte de cette année était abondante, mais que l'usage des départemens qui avoisinent celui du Rhône-et-Loire, étant de ne battre leurs bleds qu'en hiver, il était possible d'imaginer que la pénurie des subsistances ne durerait pas longtems ; qu'au surplus, la Convention Nationale viendrait au secours de la calamité publique, et qu'il y avait lieu d'espérer qu'on devait même en être sûr, qu'elle rendrait un décret sur la libre circulation des subsistances, dont l'exécution sévère ramènerait l'abondance dans toutes les parties de la République Française. Sur tout ce que dessus, et sur quelques autres objets présentés à la décision des commissaires de la Convention Nationale, il a été arrêté qu'il serait convoqué une assemblée générale des corps administratifs ; que là, il serait discuté sur les différentes positions qui peuvent ramener la tranquillité publique ; que des commissaires pris dans le sein de lad. assemblée y seraient nommés, pour en rédiger le mémoire ; que ce mémoire serait remis aux commissaires de la Convention Nationale, pour en instruire le ministre de l'Intérieur, à l'effet d'en faire part à la Convention Nationale.

Les commissaires retirés, il a été arrêté, à l'unanimité, que les citoyens Richard, Belville, Dubost et Barge, administrateurs, se rendraient au logement de ces MM. pour leur faire une visite.

SIMONET, vice-président, GONON, S.-F. secrétaire général.

Le dimanche quatre novembre 1792, l'an 1ᵉʳ de la République Française.

Les administrateurs composant le Conseil Général du département de Rhône-et-Loire, en surveillance permanente, réunis en séance publique, il n'a été pris aucun arrêté.

Le lundi cinq novembre 1792, l'an 1ᵉʳ de la République Française, les administrateurs composant le Conseil Général du département de Rhône-et-Loire, en surveillance permanente, réunis en séance publique, y étant les citoyens Simonet, président en l'absence, Romany, Mauzerand, Ferrand, Mussieu, Desportes, Servan, Ricard, Moissonnier, Rullet-Lamurette, Grand, Achard, Dubost, Blachon, Couturier, Belville, Laurenson, Rozier, Barge, Dugas, Mondon, Place, Lacroix, Santallier, Rousset, administrateurs, Meynis, procureur général syndic, et Gonon, secrétaire général.

D'après l'arrêté pris dans la séance publique du 3 de ce mois, les citoyens Vitet, Boissy-d'Anglas et Alquier, commissaires de la Convention Nationale, sont entrés précédés des membres du conseil du district de Lyon et de la municipalité de la même ville. Les commissaires ont pesé l'état des différentes questions qui devaient former l'objet de la conférence; on a discuté trois principaux points : le moyen de ramener la tranquillité publique, en déjouant les intrigues des malveillants; le mode d'établir l'abondance des subsistances de première nécessité; enfin, la manière de procurer aux ouvriers des manufactures, paralisées par l'effet des circonstances, une occupation qui, convenable à leur existence, pût les mettre à l'abri des rigueurs de l'indigence et des funestes effets d'une oisiveté volontaire ou forcée. Sur les subsistances, il a été proposé de faire un emprunt, de solliciter à cet égard l'autorisation de la Convention Nationale et la bienveillance du ministre de l'Intérieur; on a observé à ce sujet que les fonds promis ou versés par les citoyens dans la caisse de la société fraternelle ne se portaient qu'à environ 300.000 liv.; que cette somme ne présentait qu'à peine le quart de celle nécessaire pour l'achat des grains. On a mis en question, s'il ne conviendrait pas de faire part aux principaux citoyens capitalistes de cette ville de cette détresse publique et de la perspective effrayante qu'elle leur offrait pour l'avenir, à l'effet de stimuler leur patriotisme et leur humanité. L'ouverture de cet avis a été applaudi sous tous ses rapports. Relativement à la tranquillité publique, on a remarqué que si la partie nombreuse d'ouvriers était fixée dans ses ateliers par l'abondance du travail, les malveillants perdraient le principal aliment de leurs intrigues ; parce que, quand un peuple, aussi bon par essence que l'est celui de cette cité, gagne par son travail une subsistance aisée, il néglige de se prêter aux impulsions de ceux qui voudraient s'en servir pour fomenter les troubles et le porter à l'insurrection. Tranquile dans ses foyers, où l'amour du gain le retient, il s'en rapporte aux soins de ses magistrats sur l'administration de la chose publique ; il ne reste que quelques étrangers à craindre, et c'est aux corps administratifs à les surveiller. A cet égard, il a été proposé de conférer avec les principaux chefs des maisons de commerce de cette ville, qui seraient invités de se rendre à l'Hôtel commun, pour aviser aux moyens les plus convenables de procurer du travail aux différens ateliers. On a ensuite présenté différens moyens d'occuper les ouvriers, soit à des travaux publics, tels qu'un poligone ou autres constructions publiques, mais on a objecté que le défaut d'ouvrage ne se faisant principalement sentir que dans les manufactures de soye, il était à craindre que les ouvriers attachés à ces fabriques ne perdissent, dans les mouvemens d'un travail trop dur, cette délicatesse, cette légèreté de doigts nécessaires à la fabrication des étoffes de soye ; que, d'ailleurs, les ouvriers de cette classe, menant presque tous une vie sédentaire, ne supporteraient pas longtems un travail d'action qui pourrait compromettre leur santé et nuire à la partie du commerce des étoffes de soye qui distingue la ville de Lyon, comme la plus célèbre de l'Europe dans les manufactures de ce genre. On a ensuite discuté s'il convenait de donner des secours en argent ou en nature. On a observé que les secours en argent avaient souvent l'inconvénient de ne servir qu'aux maris, qui allaient le consommer au cabaret, tandis qu'en le donnant en nature, il tournait au profit de toute la famille.

D'après une discussion aussi intéressante sur tous ces objets importants, l'assemblée, qui a désiré prendre le temps nécessaire pour réfléchir sur les différentes questions, s'est ajournée à mercredi prochain, sept du présent mois, quatre heures de relevée, dans la grande salle de la commune, en s'environnant des lumières des principaux citoyens de cette ville, dont elle demandera l'opinion, elle se réserve de prendre une détermination sur tous les points qui fixent aujourd'hui sa juste sollicitude.

SIMONET, vice-président. GONON S.-F., secrétaire général.

Le mardi six novembre 1792, l'an 1er de la République Française, les administrateurs composant le Conseil Général du département de Rhône-et-Loire, en surveillance permanente, réunis en séance publique, y étant les citoyens Simonet, président en l'absence, Romany, Mauzerand, Ferrand, Mussieu, Desportes, Servan, Ricard, Grand, Achard, Dubost, Richard, Blachon, Couturier, Belville, Laurenson, Rozier, Barge, Dugas, Mondon, Place, Lacroix, Santallier, Rousset, administrateurs, Meynis, procureur général syndic, et Gonon, secrétaire général.

Un des administrateurs a fait lecture d'un mémoire contenant des questions sur la solution desquelles le citoyen Mournand, maire, consulte le Conseil du département. Sur quoi, ouï le Procureur Général Syndic en ses conclusions, le Conseil arrête que lesd. questions seront transcrites à mi-marge dans le registre de ses délibérations et que les réponses seraient transcrites à côté, dans la forme suivante :

QUESTIONS.	RÉPONSES.
Première.	Première.
Si le concours des deux municipalités doit avoir lieu pour recevoir les comptes du s' Laffai, ancien fabricien de Trelins et pour administrer à l'avenir ladite fabrique.	La municipalité où est situé le clocher doit seule recevoir les comptes et administrer la fabrique.
Deuxième.	Deuxième.
Comme il est constant que le s' Laffai refuse de rendre compte de sa gestion, comme aussi de remettre les clefs des archives, quels sont les moyens à prendre pour exécuter la loi ?	Au refus de rendre compte, le fabricien doit être appelé par devant les tribunaux, pour être condamné à rendre compte devant la municipalité, conformément à la loi ; et où il y aurait des comptes déjà rendus par devant les tribunaux, ceux-ci seront tenus de les renvoyer aux corps administratifs.

SIMONET, vice-président. GONON S.-F., secrétaire général.

Le mercredi sept novembre 1792, l'an 1ᵉʳ de la République Française, les administrateurs composant le Conseil Général du département de Rhône-et-Loire, en surveillance permanente, réunis en séance publique, y étant les citoyens Simonet, président en l'absence, Romany, Mauzerand, Ferrand, Mussieu, Desportes, Servan, Ricard, Grand, Achard, Dubost, Richard, Blachon, Couturier, Belville, Laurenson, Rozier, Barge, Dugas, Mondon, Place, Lacroix, Santallier, Rousset, administrateurs, Meynis, procureur général syndic, et Gonon, secrétaire général.

L'un des administrateurs a fait lecture d'une pétition faite et signée par les citoyens Talon, oncle, et André, négociants à Lyon, par laquelle ils exposent qu'ayant passé, le 3 octobre dernier, un marché avec les citoyens Benoît Michaud et Joseph Mareschal, officiers du neuvième bataillon des volontaires du département du Jura, fondés des pouvoirs dud. bataillon, pour l'achat de 358 habits complets, sur lequel achat ils devaient compter auxdits s' Talon et André, une somme de 12.000 livres, sur la fin dud. mois d'octobre ; et, comme le bataillon n'envoie que 5.000 livres à-compte de ladite somme, lesdits s^rs Talon et André prient l'administration de nommer un commissaire pour être présent à la livraison desdits habits, dresser procès-verbal et en donner acte auxd. s^rs Talon et André. Vu la copie du marché ci-dessus énoncé, ouï le Procureur Général Syndic en ses conclusions, le Conseil arrête que le citoyen Richard, administrateur, est et demeure nommé commissaire, à l'effet d'assister à la livraison des habits mentionnés dans la pétition des s^rs Talon, oncle, et André, dresser procès-verbal, pour icelui rapporté, servir et valoir ainsi qu'il appartiendra.

SIMONET, vice-président. GONON S.-F., secrétaire général.

Le jeudi huit novembre 1792, l'an 1er de la République Française, les administrateurs composant le Conseil Général du département de Rhône-et-Loire, en surveillance permanente, réunis en séance publique, y étant les citoyens Simonet, président en l'absence, Romany, Mauzerand, Ferrand, Mussieu, Desportes, Servan, Ricard, Grand, Achard, Dubost, Richard, Blachon, Couturier, Belville, Laurenson, Rozier, Barge, Dugas, Mondon, Place, Lacroix, Santallier, Rousset, administrateurs, Meynis, procureur général syndic, et Gonon, secrétaire général.

Le citoyen Richard, administrateur, a rendu compte de la mission dont il avait été chargé par arrêté du jour d'hier; il a déclaré que les citoyens Talon, oncle, et André, avaient délivré ce jourd'hui, au citoyen Michaud, commandant en second du 9° bataillon du Jura, la quantité de trois cent cinquante-huit habits complets, vestes et culottes, et que le citoyen Michaud en avait donné sa décharge.

SIMONET, vice-président. GONON S.-F., secrétaire général.

Le vendredi neuf novembre 1792, l'an 1er de la République Française,

Les administrateurs composant le Conseil Général du département de Rhône-et-Loire, en surveillance permanente, réunis en séance publique, il n'a été pris aucun arrêté.

Le samedi dix novembre 1792, l'an 1er de la République Française,

Les administrateurs composant le Conseil Général du département de Rhône-et-Loire, en surveillance permanente, réunis en séance publique, il ne s'est rien présenté qui ait pu exciter sa surveillance.

Le dimanche onze novembre 1792, l'an 1ᵉʳ de la République Française,

Les administrateurs composant le Conseil Général du département de Rhône-et-Loire, en surveillance permanente, réunis en séance publique, il ne s'est ouvert aucune discussion pour objet de surveillance.

Le lundi douze novembre 1792, l'an 1ᵉʳ de la République Française,

Les administrateurs composant le Conseil Général du département de Rhône-et-Loire, en surveillance permanente, réunis en séance publique, il ne s'est rien présenté qui ait pu exciter sa surveillance.

Le mardi treize novembre 1792, l'an 1ᵉʳ de la République Française,

Les administrateurs composant le Conseil Général du département de Rhône-et-Loire, en surveillance permanente, réunis en séance publique, il n'a été pris aucun arrêté.

Le mercredi quatorze novembre 1792, l'an 1ᵉʳ de la République Française, les administrateurs composant le Conseil Général du département de Rhône-et-Loire, en surveillance permanente, réunis en séance publique, y étant les citoyens Simonet, président en l'absence, Romany, Farjon, Mussieu, Desportes, Servan, Ricard, Grand, Dubost, Richard, Blachon, Couturier, Belville, Laurenson, Rozier, Barge, Dugas, Mondon, Place, Lacroix, Rousset, administrateurs, Meynis, procureur général syndic, et Gonon, secrétaire général.

Le président a fait lecture d'une lettre qui lui a été adressée par les citoyens commissaires du Pouvoir Exécutif, relative aux plaintes des meuniers de Lyon, sur les obstacles que les différentes alluvions du Rhône opposent au service journalier des moulins. Cette lettre invite l'administration de vouloir nommer des commissaires qui, avec ceux que nommeront le district et la municipalité, puissent examiner les causes de ces obstacles, et, sur l'avis de l'ingénieur, les faire cesser. Ouï le Procureur Général Syndic en ses conclusions, le Conseil, déterminé par l'importance de l'objet, a, sur-le-champ, nommé les citoyens Romany et Desportes, administrateurs, pour se rendre sur les rives du Rhône, assistés de l'ingénieur, du tout dresser procès-verbal, sur lequel rapporté, il sera statué.

SIMONET, vice-président. GONON S.-F., secrétaire général.

SÉANCES DES 15, 16, 17, 18 ET 19 NOVEMBRE 1792.

Le jeudi quinze novembre 1792, l'an 1ᵉʳ de la République Française,

Les administrateurs composant le Conseil Général du département de Rhône-et-Loire, en surveillance permanente, réunis en séance publique, il ne s'est rien présenté qui ait pu exciter sa surveillance.

Le vendredi seize novembre 1792, l'an 1ᵉʳ de la République Française,

Les administrateurs composant le Conseil Général du département de Rhône-et-Loire, en surveillance permanente, réunis en séance publique, il n'a été pris aucun arrêté.

Le samedi dix-sept novembre 1792, l'an 1ᵉʳ de la République Française,

Les administrateurs composant le Conseil Général du département de Rhône-et-Loire, en surveillance permanente, réunis en séance publique, il n'a été pris aucun arrêté.

Le dimanche dix-huit novembre 1792, l'an 1ᵉʳ de la République Française,

Les administrateurs composant le Conseil Général du département de Rhône-et-Loire, en surveillance permanente, réunis en séance publique, il ne s'est rien présenté qui ait pu exciter la surveillance de l'administration.

Le lundi dix-neuf novembre 1792, l'an 1ᵉʳ de la République Française, les administrateurs composant le Conseil Général du département de Rhône-et-Loire, en surveillance permanente, réunis en séance publique, y étant les citoyens Simonet, président en l'absence, Romany, Farjon, Ferrand, Mussieu, Desportes, Servan, Ricard, Grand, Achard, Dubost, Richard, Blachon, Couturier, Belville, Laurenson, Rozier, Barge, Dugas, Mondon, Place, Lacroix, Santallier, Rousset, administrateurs, Meynis, procureur général syndic, et Gonon, secrétaire général.

Le citoyen Fricaud, administrateur du département de Saône-et-Loire, s'est présenté. Il a été précédé par les citoyens députés commissaires de la Convention Nationale; il a remis au président l'extrait d'un arrêté du département de Saône-et-Loire, qui l'autorise à se rendre à Lyon, auprès des commissaires de la Convention Nationale, pour se disculper sur une imputation que les commissaires ont faite à la conduite des administrateurs du département de Saône-et-Loire, dans une lettre qu'ils ont écrite à cette administration; ensuite, de justifier aux corps administratifs de Lyon 1° des efforts constants des administrateurs de Saône-et-Loire pour maintenir la libre circulation des grains, qui n'a jamais souffert d'obstacles dans la partie de ce département qui fournit à l'approvisionnement de la ville de Lyon; 2° des précautions particulières qu'il a prises pour seconder le zèle des différens commissaires envoyés de la ville de Lyon pour faire différens achats de grains; enfin, d'assurer les corps administratifs de Lyon, que si leurs commissaires envoyés dans le département de Saône-et-Loire n'ont pas eu le succès désirable, on ne peut l'attribuer à autre cause qu'à la modicité du prix qu'ils ont voulu mettre aux grains qui se vendent dans le département même beaucoup plus chèrement qu'ils n'offraient de les acheter. Le citoyen Fricaud, pour justifier les motifs de sa mission, ainsi que le zèle des administrateurs du département de Saône-et-Loire, a remis au président l'extrait d'un arrêté du 15 octobre dernier, pris en session du Conseil du département de Saône-et-Loire. Les commissaires de la Convention Nationale ont observé que leur intention, en écrivant aux administrateurs du département de Saône-et-Loire, avait été moins de les inculper que de les engager, par tous les moyens que la loi met en leur pouvoir, à favoriser la libre circulation des grains nécessaires à la subsistance d'une population aussi immense que celle de Lyon et à donner par là des preuves non équivoques de cet esprit de patriotisme et de fraternité qui doit réunir toutes les parties de la République Française. Ils ont observé qu'il ne leur paraissait pas convenable de charger de la commission des subsistances aucun marchand de bled; que les vues et les procédés des citoyens dont l'état est de faire hausser ou baisser, au besoin de leur commerce, les denrées de première nécessité, donnent aux propriétaires de grains un éveil d'intérêt qui semble éloigner cet esprit de bienfaisance nécessaire pour faciliter l'exportation et le transit des subsistances, de la localité qui en surabonde à celle qui en a la pénurie; que le parti le plus prudent paraît être de confier les soins de l'approvisionnement à des administrateurs eux-mêmes, qui, se conciliant avec les administrateurs du département qui fournit, prendront les mesures que la loi seule autorise et auxquelles on ne pourra imputer aucune vue d'intérêt particulier. Alors les habitans des campagnes, ne voyant que l'intérêt général, dont le tableau leur sera présenté par des concitoyens honorés de leur choix et dont ils sont accoutumés à chérir les procédés, s'empresseront d'ouvrir leurs greniers et d'imiter l'exemple mémorable donné par les citoyens d'Orléans à leurs frères de la ville de Tours. Le citoyen Fricaud a protesté, au nom de ses collègues, que le département de Saône-et-Loire serait toujours très empressé de donner aux administrés de la ville de Lyon toutes les preuves de zèle et de confraternité qu'on a droit d'attendre de dignes membres d'une République. Il a prié les administrateurs qu'expédition lui fut délivrée du procès-verbal de cette séance. Sur quoi, ouï le Procureur Général Syndic, il a été arrêté qu'expédition serait délivrée, conformément au vœu du citoyen Fricaud, que le Conseil invite d'assurer les administrateurs de Saône-et-Loire de tout leur empressement à leur exprimer tout ce qu'ils ont droit d'attendre de confrères entièrement dévoués à la chose publique, aux plus grands intérêts de leurs administrés respectifs et à tout ce qui peut faire prospérer les différentes parties de la République Française.

Simonet, vice-président. Gonon S.-F., secrétaire général.

Le mardi vingt novembre 1792, l'an 1er de la République Française, les administrateurs composant le Conseil Général du département de Rhône-et-Loire, en surveillance permanente, réunis en séance publique, y étant les citoyens Simonet, président en l'absence, Romany, Farjon, Ferrand, Mussieu, Desportes, Servan, Ricard, Grand, Achard, Dubost, Richard, Blachon, Couturier, Belville, Laurenson, Rozier, Barge, Dugas, Mondon, Place, Lacroix, Santallier, Rousset, administrateurs, Meynis, procureur général syndic, et Gonon, secrétaire général.

Le citoyen Arnaud-Tison, officier municipal, précédé du citoyen Vitet, commissaire député de la Convention Nationale, est entré; le citoyen Vitet a observé que la souscription pour l'emprunt de trois millions faisait concevoir les espérances les plus flatteuses; qu'il paraissait nécessaire que les trois corps administratifs se concertassent pour discuter et arrêter quelques mesures ultérieures à prendre, et notamment en ce qui concerne le receveur de la caisse et son traitement. En conséquence, il a invité l'administration de nommer dans son sein deux commissaires, pour assister, demain, à la séance qui se tiendra à l'hôtel-commun, relativement à cet objet. Ouï le Procureur Général Syndic en ses conclusions, le Conseil nomme, pour ses commissaires, les citoyens Ferrand et Simonet, administrateurs.

Simonet, vice-président. Gonon S.-F., secrétaire général.

Le mercredi vingt-un novembre 1792, l'an 1er de la République Française, les administrateurs composant le Conseil Général du département de Rhône-et-Loire, en surveillance permanente, réunis en séance publique, où étaient les citoyens Simonet, président en l'absence, Romany, Farjon, Ferrand, Mussieu, Desportes, Servan, Achard, Dubost, Richard, Blachon, Couturier, Belville, Laurenson, Rozier, Barge, Dugas, Mondon, Place, Lacroix, Santallier, Rousset, administrateurs, Meynis, procureur général syndic, et Gonon.

Il ne s'est rien présenté qui ait pu exciter la surveillance de l'administration.

Le jeudi vingt-deux novembre 1792, l'an 1er de la République Française,

Les administrateurs composant le Conseil du département de Rhône-et-Loire, en surveillance permanente, réunis en séance publique, il n'a été pris aucun arrêté.

Le vendredi vingt-trois novembre 1792, l'an 1er de la République Française,

Il ne s'est rien présenté qui ait pu exciter la surveillance de l'administration.

Le samedi vingt-quatre novembre 1792, l'an 1er de la République Française, les administrateurs composant le Conseil du département de Rhône-et-Loire, en surveillance permanente, réunis en séance publique, où étaient les citoyens Ferrand, président en l'absence, Romany, Farjon, Mussieu, Desportes, Servan, Achard, Dubost, Richard, Blachon, Couturier, Belville, Laurenson, Rozier, Barge, Dugas, Mondon, Place, Lacroix, Santallier, Rousset, administrateurs, Meynis, procureur général syndic, et Gonon, secrétaire général.

Le Président a fait part d'une lettre des citoyens commissaires de la Convention Nationale, dont la teneur suit :

« Lyon, le 24 novembre, l'an 1er de la République Française.

« Nous sommes informés, citoyens, que les propriétaires des mines
« de charbon spécialement affectées à l'approvisionnement de Lyon,
« éludent les obligations qu'ils ont contractées. Non seulement on
« parle de lenteurs et de retards dans l'approvisionnement de cette
« importante denrée, on parle encore d'intelligences coupables avec
« les marchands, et même d'accaparements. Nous vous recomman-
« dons de surveiller sans délay et de faire cesser l'existence de cet
« abus, qui ne peut qu'ajouter à la misère de vos concitoyens.
« Nous vous chargeons, sous votre responsabilité, d'accélérer l'ap-
« provisionnement de la ville de Lyon, et nous informons la Conven-
« tion Nationale de la réquisition formelle que nous vous faisons.
« Vous voudrez bien nous écrire à Montpellier, pour nous faire part
« de ce que vous aurez fait et nous apprendre quel aura été le succès
« de vos démarches. Vous ne manquerez pas sans doute, citoyens,
« d'observer aux propriétaires des mines que le plus léger obstacle
« apporté à l'approvisionnement de Lyon, entraînerait inévitablement
« et sans retour la cessation de l'exploitation des mines pour leur
« compte. Les députés commissaires de la Convention Nationale à
« Lyon. Signé : Vitet, Boissy et Alquier. (1) »

La matière mise en délibération, le Conseil, attendu l'urgence, s'est occupé de suite d'une affaire aussi importante et, après avoir ouï le Procureur Général Syndic, il a été arrêté qu'il serait fait une procla-

---

(1) L'original est intercalé dans le registre.

mation pour engager les propriétaires des mines, les marchands et les voituriers de charbons de terre, à procurer sur le champ les approvisionnements nécessaires à la subsistance de la ville de Lyon. En conséquence, un des membres s'est retiré pour rédiger lad. proclamation. Revenu en séance, il a fait lecture du projet, et elle a été adoptée en ces termes :

« Vu la réquisition des citoyens Vitet, Boissy-d'Anglas et Alquier,
« députés de la Convention Nationale et commissaires envoyés pour
« le rétablissement de l'ordre à Lyon ;
« Le Conseil, considérant que les obstacles qui se sont opposés à
« l'approvisionnement du charbon de pierre pour la ville de Lyon,
« proviennent de deux causes; la première, du prix excessif auquel
« l'ont porté les propriétaires des mines; la seconde, de la coupable
« indifférence des marchands à faire conduire dans cette ville la
« quantité de charbons qu'ils ont coutume d'y faire amener annuelle-
« ment;
« Considérant qu'il serait impolitique qu'une ou deux communes
« de ce département pussent, au gré de leurs intérêts, porter à un
« prix inabordable pour l'indigent une denrée de première nécessité
« et abuser ainsi d'une propriété, qu'elles tiennent des bienfaits de la
« révolution, d'une propriété que la nation a le droit de réclamer,
« d'une propriété enfin dont il est bien étonnant que la jouissance
« actuelle soit plus préjudiciable au public qu'elle ne l'était sous le
« régime odieux d'une concession privilégiée;
« Considérant que l'approvisionnement de charbon, pour une ville
« aussi considérable que celle de Lyon, ne peut éprouver d'obstacles
« sans compromettre la tranquillité et l'ordre public; que le salut
« public légitime toutes les mesures sévères que les circonstances
« difficiles prescrivent au zèle et à la surveillance des administrations;
« Considérant que l'approvisionnement de charbon pour la ville de
« Lyon ne saurait dépendre du caprice des citoyens qui ont coutume
« de le faire; que, dans les temps difficiles, tout citoyen se doit tout
« entier à la Patrie; que cesser des opérations habituelles dans un
« moment où cette cessation peut exposer le salut public, c'est fouler
« aux pieds les sentiments d'humanité, de justice, de fraternité qui
« doivent caractériser un peuple libre et vertueux ;
« Ouï le Procureur Général Syndic en ses conclusions, il a été arrêté
« 1° que, si les propriétaires des mines ne réduisent pas incessamment
« le prix du charbon à un taux raisonnable, l'administration se pour-
« voira pardevant la Convention Nationale, afin qu'elle revendique une
« propriété dont la nation usera mieux pour l'intérêt public ; 2° que
« la municipalité de Lyon fera convoquer tous les marchands qui
« font habituellement le commerce du charbon et leur enjoindra, sous
« leur responsabilité, de faire amener dans cette ville, et dans le plus
« bref délai, la quantité de charbons qu'elle jugera nécessaire pour ses
« besoins actuels; 3° la municipalité de Lyon et les municipalités rive-
« raines du Rhône, depuis Lyon jusqu'à Givors, enjoindront sans délai,
« à tous propriétaires de batteaux et de chevaux de hallage, de les
« fournir, sur leurs réquisitions, aux voituriers, marchands ou patrons
« désignés dans lesd. réquisitions, pour fournir à l'approvisionnement
« de charbon de pierre pour la ville de Lyon ; 4° que lesdits proprié-
« taires de chevaux de hallage et de batteaux propres au transport du

« charbon, ne pourront, sous aucun prétexte, les refuser aux munici-
« palités requérantes, qu'en justifiant qu'ils les emploient eux-mêmes
« à l'approvisionnement de la ville de Lyon ; 5° que cette réquisition
« sera permanente, jusqu'à ce que la municipalité de Lyon ait re-
« connu les approvisionnemens suffisans ; 6° que le présent arrêté sera
« imprimé, publié et affiché dans toutes les communes riveraines du
« Rhône, depuis Lyon jusqu'à Givors, dans les communes riveraines
« du canal et dans toutes celles où s'exploitent le charbon de pierre,
« dont les entrepôts se font à Rivedegier ou dans les environs ».

Le Président a été chargé d'écrire aux officiers municipaux, pour leur intimer la réquisition des commissaires ci-devant énoncée, leur faire sentir combien il leur importe de coopérer à son exécution, et par le tableau d'une perspective désagréable pour eux et pour les propriétaires, marchands et voituriers de Rivedegier, les engager à faire cesser tous les obstacles qui s'opposent à l'apport des charbons de pierre en cette ville. Il a été arrêté, en outre, qu'attendu la responsabilité énoncée dans la réquisition des citoyens députés, ci-devant transcrite, copie de la lettre écrite par le Président sera pareillement consignée dans le registre des délibérations du Conseil. Suit la teneur de la lettre écrite par le Président aux officiers municipaux de Rivedegier.

« Citoyens,

« Nous voyons avec une inquiétude bien alarmante les approvi-
« sionnements en charbons de terre s'effectuer avec une lenteur peu
« ordinaire, ou pour mieux dire, nous appercevons avec douleur que
« les obstacles et les entraves que l'on cherche à apporter à la circu-
« lation de ce combustible sont le présage d'une calamité affreuse,
« si l'on ne prend les précautions les plus actives pour arrêter les
« progrès des accaparemens.

« Nous avons considéré l'établissement des concessions, sous le
« point de vue unique de l'intérêt général, et tel est le motif de la loi
« qui les a maintenu. Nous avons pensé, d'après cette base, qu'une
« des premières obligations des concessionnaires était de fournir à
« l'approvisionnement d'une cité dont la population est extrêmement
« pressée et abondante. Nous avons pensé que ce serait y manquer,
« si, par des prétextes frivoles ou des causes qui n'ont pas l'air de
« leur être personnelles, ils pouvaient se dispenser de fournir à la
« ville de Lyon, sur une substance vraiment nationale, une quantité
« proportionnelle à ses besoins et à son défaut de ressources pour le
« chauffage.

« D'après ces considérations inspirées par la réquisition des com-
« missaires de la Convention Nationale, dont nous vous faisons passer
« copie, nous avons pris la résolution de vous écrire en dernier
« résultat et de vous prévenir que si vous profitiez de la circonstance
« malheureuse où se trouve la ville de Lyon, pour augmenter le prix
« et le taux ordinaires de vos charbons, que la Nation mit à votre
« disposition pour une utilité générale ; si, par quelque prétexte que
« ce puisse être, vous vous dispensiez de tenir votre engagement et
« la principale condition de votre concession, vous vous convaincrez
« de l'inutilité ou plutôt de l'abus des concessions particulières ; et
« que, par ces motifs, vous nous mettrez dans la nécessité d'en réclamer

« la suppression à la Convention. Le vœu des commissaires vous est
« assez connu pour que vous ne deviez pas douter que, si, dans des tems
« de calamité, on ne peut espérer de vous aucune espèce de secours,
« on ne détruise un corps parasite qui s'isole de l'intérêt public.
  « Nous vous prions de nous donner, dans le plus bref délai, une
« réponse précise sur vos dispositions, sur celles des concession-
« naires, sur les mesures que vous êtes dans l'intention de prendre,
« sur la quantité de charbons que vous pouvez fournir, indépendam-
« ment de l'approvisionnement de la société fraternelle, le tems de
« leur livraison, et enfin les moyens de les conduire dans nos ports.
  « Ce ne sera que d'après les renseignemens positifs que vous nous
« donnerez, que l'administration se décidera à prendre des résolu-
« tions ultérieures que l'intérêt de cette ville attend de sa prudence et
« de sa sollicitude.

« FERRAND, président en l'absence. »

Le dimanche vingt-cinq novembre 1792, l'an 1er de la République Française,

Les administrateurs composant le Conseil du département de Rhône-et-Loire, en surveillance permanente, réunis en séance publique, il n'a été pris aucun arrêté.

Le lundi vingt-six novembre 1792, l'an 1er de la République Française,

Les administrateurs composant le Conseil du département de Rhône-et-Loire, en surveillance permanente, réunis en séance publique, il ne s'est rien présenté qui ait pu exciter la surveillance de l'administration.

Le mardi vingt-sept novembre 1792, l'an 1er de la République Française,

Les administrateurs composant le Conseil du département de Rhône-et-Loire, en surveillance permanente, réunis en séance publique, il n'a été pris aucun arrêté.

Le mercredi vingt-huit novembre 1792, l'an 1er de la République Française,

Les administrateurs composant le Conseil du département de Rhône-et-Loire, en surveillance permanente, réunis en séance publique, il n'a été pris aucun arrêté.

Le jeudi vingt-neuf novembre 1792, l'an 1ᵉʳ de la République Française,

Les administrateurs composant le Conseil du département de Rhône-et-Loire, en surveillance permanente, réunis en séance publique, il ne s'est rien présenté qui ait donné lieu à aucune discussion ni à aucun arrêté.

Le vendredi trente novembre 1792, l'an 1ᵉʳ de la République Française, les administrateurs composant le Conseil du département de Rhône-et-Loire, en surveillance permanente, réunis en séance publique, où étaient les citoyens Simonet, président en l'absence, Romany, Ferrand, Mussieu, Desportes, Servan, Achard, Dubost, Richard, Blachon, Couturier, Belville, Laurenson, Rozier, Barge, Dugas, Mondon, Place, Lacroix, Santallier, Rousset, administrateurs, Meynis, procureur général syndic, et Gonon, secrétaire général.

Le citoyen Achard, administrateur, a rendu compte de la mission qui lui avait été donnée par le Conseil, par arrêté du 15 octobre dernier, à l'effet d'assister à la vente de vieux registres et papiers mis au rebut, provenant de l'ancienne Intendance et déposés dans une chambre de ce ci-devant hôtel. Il a fait lecture du procès-verbal de vente qui en a été dressé les 17 et 18 octobre dernier (1), vente à laquelle

---

(1) Procès-verbal de vente de vieux papiers. — Cejourd'hui dix-septième octobre mil sept cent quatre-vingt-douze, l'an premier de la République, trois heures de relevée, nous, Joseph Achard, l'un des administrateurs du Directoire du département du Rhône-et-Loire, commissaire nommé à l'effet de faire procéder en ma présence à la vente au plus offrant et dernier enchérisseur, d'une partie de papiers tant imprimés, écrits que blanc, étant dans une chambre dépendante des appartements du département, sciz place de Bellecourt, et ce à la diligence du procureur général sindic du Directoire; nous sommes transporté avec le citoyen Antoine Clerc, ancien huissier priseur, commis pour recevoir le présent procès-verbal, dans la chambre dont est ci-dessus parlé, où étant un grand nombre de citoyens survenus ensuite des avis imprimés et affichés trois différentes fois en cette ville, portant que cedit jour et à la présente heure, il serait procédé à la vente des papiers dont il s'agit ; il a été déclaré par ledit Clerc que tous les papiers étant dans la présente chambre seroient vendus au quintal, à la charge de tout prendre et de payer la moitié des frais du poid. Plusieurs citoyens ayant vu et examiné lesdits papiers, il a été procédé à la vente d'iceux au profit du plus offrant et dernier enchérisseur à la manière acoutumée, ainsy et comme il suit : Premièrement, le sʳ Janet a offert dud. papier la somme de dix-huit livres du quintal, aux conditions cy-dessus énoncées ; le sieur Besson, celle de dix-neuf livres ; — le sieur Jacquemetton, celle de vingt livres ; — le sieur Chavagnieux, celle de vingt livres dix sols ; — le sieur Cochet, celle de vingt-deux dix sols ; — le sʳ Jacquemetton, celle de vingt-trois livres ; — le sieur Cochet, celle de vingt-quatre livres ; — le sʳ Bonnand, celle de vingt-quatre livres dix sols ; — le sʳ Jacquemetton, celle de vingt-cinq livres ; — le sʳ Cochet, celle de vingt-cinq livres 5 sols ; — le sʳ Bergeon, celle de vingt-cinq livres 10 sols ; — le sʳ Cochet, celle de vingt-six livres ; — le sʳ Jacquemetton, celle de vingt-six livres deux sols ; — le sʳ Chavagnieux, celle de vingt-six livres cinq sols ; — le sʳ Tavernier, celle de vingt-six livres dix sols ; — le sʳ Cochet, celle de vingt-huit livres ; — le sʳ Tavernier, celle de vingt-huit livres deux sols ; — le sʳ Cochet, celle de vingt-huit livres quatre sols ; — le sʳ Jacquemetton, celle de vingt-huit livres cinq sols ; — le sʳ Javel, celle de vingt-huit livres six sols ; — le sʳ Tavernier, celle de vingt-huit livres dix sols ; — le sʳ Jacquemetton, celle de vingt-huit livres douze sols ; — le sʳ Chavagneux, celle de vingt-huit livres quinze sols ; — le sʳ Tavernier, celle de vingt-neuf livres ; — le sʳ Chavagnieux, celle de vingt-neuf livres cinq sols ; — le sʳ Tavernier, celle de vingt-neuf livres dix sols ; — le sʳ

il a été procédé par l'huissier Clerc, commis à cet effet, par l'arrêté du 15 octobre dernier. Duquel procès-verbal il résulte qu'il y a eu 65 quintaux et 80 livres de papier payable, déduction faite de la tarre des cordes, balles et saches ; et que lesdits 65 quintaux et 80 livres ayant été adjugés à la bougie éteinte, au citoyen Cochet, moyennant la somme de 30 liv. 18 s. le quintal, cette vente a produit la somme de 2033 liv. 4 s. que le citoyen Cochet promit de payer dans la quinzaine. Le Conseil, considérant que cette somme de 2033 liv. 4 s., conformément à l'arrêté du 15 octobre dernier, doit être versée entre les mains du citoyen Verset, receveur général du département, pour être employée jusqu'à concurrence à payer les dépenses des réparations qu'a nécessité la translation de l'administration à l'hôtel-commun ; ouï le Procureur Général Syndic en ses conclusions, le Conseil, après avoir remercié le citoyen Achard de son zèle et de ses soins ; vu l'arrêté du 15 octobre dernier et le procès-verbal sus-énoncé, arrête que le citoyen Clerc sera tenu de verser, si fait n'a été, entre les mains du citoyen Verset, receveur général des fonds à la disposition du département, la somme de 2033 liv. 4 s. montant de l'adjudication faite au citoyen Cochet, pour le payement de laquelle le citoyen Verset est autorisé de faire, au nom du Procureur Général Syndic, toutes poursuites et diligences requises et nécessaires ; arrête, en outre, que le citoyen Clerc se retiendra, en déduction de la susdite somme de 2033 liv. 4 s., celle de 28 liv. 15 s. pour le montant de ses

Chavagnieux, celle de vingt-neuf livres quinze sols ; — le sr Tavernier, celle de trente livres ; — le sr Cochet, celle de trente livres cinq sols ; — le sr Tavernier, celle de trente livres quinze sols ; — le sr Cochet, celle de trente livres seize sols ; — le sr Tavernier, celle de trente livres dix-sept sols ; — le sr Cochet, celle de trente livres dix-huit sols.

Personne n'ayant couvert l'enchère cy-dessus quoique différentes fois proclamée, l'heure de cinq et demi sonnée, nous avons vendu et adjugé définitivement lesdits papiers audit sieur Cochet, pour le prix et somme de trente livres dix-huit sols le quintal et déclaré que demain, huit heures du matin, il sera procédé à la pesée du papier ci-dessus vendu, par les peseurs du poids de Saint-Pierre, dont et du tout nous avons fait et rédigé le présent procès-verbal, pour servir et valoir ce que de raison, qui a été signé du citoyen Achard et de moi, huissier susdit.

ACHARD, CLERC.

Cejourd'hui dix-huit octobre mil sept cent quatre-vingt-douze, l'an premier de la République, huit heures du matin ; nous, administrateur du Directoire du département de Rosne-et-Loire, à l'effet de faire procéder en notre présence à la pesée des papiers vendus par le procès-verbal cy-dessus, nous sommes transporté avec le citoyen Clerc, huissier commis, dans la chambre où se trouve renfermé lesdits papiers, où étant, est survenu le sieur Cochet, acquéreur desd. papiers, le pezeur du poid de ville et six affaneurs qui ont renfermé les papiers dans des balles et saches ; d'après quoy il a été procédé à la pezée, par l'événement de laquelle il a été reconnu que lesdits papiers étoient du poid ensemble de soixante-cinq quintaux et quatre-vingt livres, déduction faite de la tare des balles et saches ; au moyen de quoy le produit desdits papiers se trouve monter à la somme de deux mille trente-trois livres quatre sous, que le sieur Cochet a promit payer dans la quinzaine, cy... 2033 l. 4 s. — Lesquels papiers ledit Cochet a fait de suite enlever. Dont et du tout a été rédigé le présent procès-verbal pour servir et valloir ce que de raison, qui a été signé dudit citoyen Achard, commissaire susdit, et de moy dit huissier commis, dont acte. ACHARD, CLERC.

Mémoire des vacations et déboursés dûs à Clerc pour le procès-verbal de vente des autres parts. — Premièrement, pour deux séances employées tant à la vente qu'à la pesée à 6 l. par séance, ci... 12 l. Payé pour la moitié des frais de pesée y compris les affaneurs, ci.... 16 l. 15. (total) 28 l. 15 s. (Original intercalé dans le registre).

vacations au procès-verbal de vente desdits papiers, et le remboursement des frais par lui avancés pour leur pesée.

SIMONET, vice-président. GONON S.-F., secrétaire général.

Le samedi premier décembre 1792, l'an 1ᵉʳ de la République Française,

Les administrateurs composant le Conseil du département de Rhône-et-Loire, en surveillance permanente, réunis en séance publique, il n'a été pris aucun arrêté.

Le dimanche deux décembre 1792, l'an 1ᵉʳ de la République Française,

Les administrateurs composant le Conseil du département de Rhône-et-Loire, en surveillance permanente, réunis en séance publique, il ne s'est rien présenté qui ait pu exciter la surveillance de l'administration.

Le lundi trois décembre 1792, l'an 1ᵉʳ de la République Française, les administrateurs composant le Conseil du département de Rhône-et-Loire, en surveillance permanente, réunis en séance publique, où étaient les citoyens Ferrand, président en l'absence, Romany, Desportes, Mussieu, Farjon, Couturier, Belville, administrateurs, Meynis, procureur général syndic, et Gonon, secrétaire général.

Se sont présentés les citoyens Grang-Champ, Bonnamour, Grange, Richard, Borde, Achard, Servan et Marion, administrateurs du département de Rhône-et-Loire, en conséquence de la lettre de convocation qui leur a été écrite par le Procureur Général Syndic, ils ont offert de prêter serment. Sur quoi, ouï le Procureur Général Syndic, et du consentement des citoyens administrateurs ci-dessus dénommés, il a été arrêté que, pour rendre l'initiation de la formation du conseil plus imposante, la cérémonie de la prestation du serment des membres du Conseil et leur installation, la séance serait prorogée jusqu'à trois heures de relevée, par la considération flatteuse que jusqu'alors il pourrait arriver, des différens districts, plusieurs membres.

Le même jour, sur les trois heures de relevée, les citoyens Rozier, Laurenson, Dubost et Pipon, membres de l'administration du département, se sont présentés et ont offert de prêter serment. Par les mêmes considérations que dessus, et après avoir ouï le Procureur Général Syndic, du consentement de MM. les administrateurs, l'initiation de la formation du Conseil a été prorogée à demain, 9 heures du matin.

FERRAND, président en l'absence. GONON secrétaire général.

Le mardi quatre décembre 1792, l'an 1ᵉʳ de la République Française, les administrateurs composant le Conseil du département de Rhône-et-Loire, en surveillance permanente, réunis en séance publique, où étaient les citoyens Ferrand, président en l'absence, Romany, Farjon, Belville, Couturier, Santallier, membres du Directoire, Grand-Champs, Bonnamour, Grange, Richard, Borde, Rozier, Laurenson, Servan, Marion, Pipon, Achard, administrateurs, Meynis, procureur général syndic, et Gonon, secrétaire général.

Par les mêmes considérations développées dans la séance d'hier, après avoir ouï le Procureur Général Syndic en ses conclusions, il a été arrêté que l'installation des membres sera prorogée à demain, neuf heures du matin, et que le Procureur Général Syndic était invité d'écrire à tous les membres absents, par la voie de la gendarmerie nationale, et les inviter à redoubler de zèle et d'efforts pour se rendre à leur poste.

    Ferrand, président en l'absence. Gonon, secrétaire général.

Le mercredi cinq décembre 1792, l'an 1ᵉʳ de la République Française, avant midi, les administrateurs composant le Conseil du département de Rhône-et-Loire, en surveillance permanente, réunis en séance publique, où étaient les citoyens Couturier, Belville, Bonamour, Ferrand, Santallier, Grandchamp, Grange, Dubost, Richard, Borde, Achard, Rozier, Laurenson, Servan, Marion, Pipon, Meynis, procureur général syndic, et Gonon, secrétaire général.

Se sont présentés les citoyens Durieux, Lacroix, Beysson, Mottin, administrateurs, qui ont offert de prêter serment.

L'Assemblée, à l'unanimité, a renvoyé à trois heures de relevée l'ouverture de la séance, et tous les membres présens ont été invités de s'y trouver.

Le même jour, après midi, les citoyens administrateurs du département de Rhône-et-Loire, élus par les assemblées électorales tenues à St-Etienne et à Montbrison, en conformité des proclamations du Conseil exécutif provisoire, des 14 et 29 août dernier, et de la loi du 19 octobre suivant, rassemblés dans le lieu ordinaire des séances de l'administration, s'étant trouvés au nombre de dix-neuf, se sont constitués en conseil général, et à l'heure de six de relevée, le citoyen Jacques-Fleury Mottin, le plus ancien d'âge, a occupé le fauteuil pour exercer provisoirement les fonctions de Président. Les citoyens Jean-Marie Lacroix, Jean-François Bonamour et Antoine Grange ont été désignés pour remplir celles de scrutateurs, et le citoyen Jean-François Dubost pour celles de secrétaire.

Le bureau ainsi formé, il a été procédé à la nomination du Président du conseil d'administration; dépouillement fait du premier scrutin, la pluralité absolue des suffrages s'est réunie en faveur du citoyen Joseph-Louis Grandchamp, qui a accepté avec reconnaissance ce témoignage précieux de la confiance de l'assemblée.

De suite, l'on s'est occupé de la nomination du secrétaire général. Dépouillement fait du premier scrutin, il a été reconnu que le citoyen

Antoine Gonon St-Fresne, secrétaire de l'administration précédente, avait obtenu la pluralité absolue des suffrages pour continuer et remplir les mêmes fonctions.

Le Procureur Général Syndic a de suite requis la prestation de serment prescrit par la loi ; le président, s'étant levé, l'a prêté en ces termes : « Je jure de maintenir la liberté et l'égalité, l'unité et l'indi-
« visibilité de la République, la sûreté des personnes et des
« propriétés, ou de mourir en les défendant, et enfin de remplir avec
« zèle et courage les fonctions qui me sont confiées. »

Le même serment a été prêté individuellement par les membres qui se sont trouvés présens à la séance, savoir par les citoyens Couturier, Belville, Bonnamour, Santallier, Grandchamp, Grange, Ferrand, Borde, Achard, Rozier, Laurenson, Dubost, Servan, Marion, Pipon, Durieux, Lacroix, Mottin, Beysson, Meynis, procureur général syndic, et Gonon, secrétaire général.

Après ces opérations préliminaires, le Conseil s'est occupé de la nomination de celui des administrateurs qui doit avoir une voix prépondérante, en cas d'égalité, sur les différentes questions qui sont mises en délibération. Dépouillement fait du scrutin, la pluralité des suffrages s'est réunie en faveur du citoyen Jean-François Dubost, fonction dont il s'est chargé.

Enfin, on a procédé à la nomination du suppléant du Procureur Général Syndic. Dépouillement fait du scrutin, le citoyen Borde a réuni la pluralité absolue des suffrages, pour remplir et exercer cette fonction, dont il s'est également chargé.

Et attendu l'absence des membres de l'ancienne administration, la séance a été levée, pour être reprise demain, neuf heures du matin, à l'effet de recevoir leurs comptes.

GRANDCHAMP, président. J.-F. MOTTIN, DUBOST, secrétaire.

Le jeudi six décembre 1792, l'an 1er de la République Française, les administrateurs composant le Conseil du département de Rhône-et-Loire, en surveillance permanente, réunis en séance publique, où étaient les citoyens Grandchamp, président, Couturier, Belville, Bonamour, Santallier, Grange, Borde, Achard, Rozier, Laurenson, Dubost, Servan, Marion, Pipon, Durieux, Lacroix, Mottin, Beysson, administrateurs, Meynis, procureur général syndic, et Gonon, secrétaire général.

Le citoyen Sauzeas, administrateur du Directoire, s'est présenté ; il a prêté serment et a pris séance.

Le Président a ouvert la séance et a dit :

« Citoyens et Collègues,

« Nous avons tous l'ardent désir, la passion de faire le bien, mais
« la manière de l'opérer contribue beaucoup à sa perfection.

« Pour parvenir à ce but, je propose quelques vues que je soumets
« à votre sollicitude et à votre délibération.

« Pour travailler avec fruit, il faut travailler avec ordre et commo-
« dément ; la distribution actuelle de notre local s'y oppose impérieu-
« sement.

« Dans un moment où toutes les autorités constituées sont renou-
« vellées sur la surface de la République, les ennemis ont apperçu,
« non sans fondement, un nouveau moyen qui sera, sans doute, aussi
« illusoire que les autres ; ils ont apperçu une circonstance favorable
« à leurs projets désorganisateurs, car ce n'est qu'ainsi qu'ils osent
« espérer nous vaincre, en le tentant par nos propres mains. Des
« agitations, des troubles, des insurrections à point nommé au
« moment des élections et au sujet des grains, ne peuvent avoir que
« ce but de scélératesse, de nous effrayer, de nous étourdir dans le
« commencement de nos fonctions publiques, et nous les faire livrer à
« la merci des événemens.
« Que faire donc pour déjouer avec sang-froid et succès ces téné-
« breux complots ? citoyens et collègues, nous environner de toute la
« force de l'opinion publique, de toute la sévérité de la loi, de
« multiplier tous nos efforts pour réveiller, augmenter, entretenir
« l'esprit public, prendre notre base la plus inébranlable sur cette
« opinion. Je n'ai pas besoin de vous le dire, nous n'existons politi-
« quement que par l'opinion publique ; nous avons besoin d'en être
« soutenus et éclairés, et pour me servir de l'expression heureuse et
« énergique de Mirabeau, nous sommes, par nos commettans bien
« éclairés, de puissants géants, et sans l'opinion publique nous ne
« sommes que des pygmées.
« Il est donc instant, et il n'y a pas un moment à perdre, d'arrêter
« dès à présent quelques mesures qui donnent au peuple, le plutôt
« possible, une grande idée, une idée saine et juste de nos opérations
« et de notre zèle.
« Pous toucher à ce terme où nous aspirons tous, je propose
« d'arrêter :
« 1° Que députation soit faite à la municipalité pour lui exposer vive-
« ment le besoin que nous avons d'une augmentation de local pour
« empêcher que nous ne soyons à tout instant distraits d'objets les
« plus pressants.
« 2° Que dans le courant de la semaine prochaine, il soit fixé un
« jour dans lequel le peuple invite par affiche les corps constitués, etc.,
« de se rendre dans la grande salle, apprenent à connaître leurs
« administrateurs et leurs opérations.
« 3° Enfin, que chacun de nous, ou quelques-uns, aient pour ce
« jour-là quelque sujet prêt à offrir au peuple, dans le sens de nos
« fonctions.
« J'attache un grand prix à ces mesures ; le peuple a été trompé
« dans tous les sens, égaré sur tous les points. La défiance surveille
« et s'inquiète ; il faut nous délivrer, il faut délivrer le public de toutes
« ces entraves morales qui, tôt ou tard, affaibliraient dans nos mains
« les puissants ressorts des lois, respect, estime, obéissance. »

L'assemblée, après avoir applaudi au zèle de son Président, a arrêté, ouï le Procureur Général Syndic en ses conclusions, que son discours serait transcrit dans le registre de ses délibérations, et que de suite le citoyen Président écrirait à la municipalité de cette ville une lettre qui lui exprimerait le vœu du Conseil.

Il a été ensuite procédé à la nomination des commissaires, pour entendre et vérifier les comptes des administrateurs qui ont précédé le renouvellement ; ouï le Procureur Général Syndic en ses conclusions, il a été arrêté que les citoyens Achard, Dubost, Durieux, Rozier, Laurenson, Beysson, Sauzeas et Mottin, étaient nommés commissaires à l'effet d'examiner et vérifier lesd. comptes, pour, sur le rapport qui en sera fait au Conseil par l'un des commissaires, être statué ce qu'il appartiendra.

GRANDCHAMP, président. GONON S.-F. secrétaire général.

Le vendredi sept décembre 1792, l'an 1ᵉʳ de la République Française, les administrateurs composant le Conseil du département de Rhône-et-Loire, en surveillance permanente, réunis en séance publique, où étaient les citoyens Grandchamp, président, Couturier, Belville, Bonamour, Santallier, Grange, Borde, Achard, Rozier, Laurenson, Dubost, Servan, Marion, Pipon, Durieux, Lacroix, Mottin, Beysson, Sauzéas, administrateurs, Meynis, procureur général syndic, et Gonon, secrétaire général.

Le Conseil s'est occupé, sur l'invitation du Procureur Général Syndic, de la nomination des membres du Directoire, qui doivent, en qualité de commissaires, être attachés à chacun des quatre bureaux principaux de l'administration. Il a été arrêté que les citoyens Belville et Santallier étoient nommés commissaires pour le bureau des Contributions publiques; les citoyens Ferrand et Borde, pour le bureau National, Ecclésiastique, Municipal et Contentieux; les citoyens Couturier et Bonamour, pour le bureau Militaire et des Travaux publics; et les citoyens Achard et Sauzeas, pour le bureau des Etablissemens publics, de Bienfaisance et de Comptabilité. Il a été arrêté, en outre, qu'extraits, tant de cette nomination que de l'organisation définitive de l'administration du département, seront imprimés, publiés, affichés, envoyés à tous les districts et, par eux, transmis aux municipalités, afin d'en instruire les administrés du département.

Les citoyens Place et Blachon, administrateurs, se sont présentés, ont prêté serment et ont pris séance.

Le citoyen Président a fait lecture d'une lettre adressée par les officiers municipaux de la ville de Lyon, en date de ce jour, dans laquelle ils annoncent qu'ils nommeront incessamment deux commissaires pour déterminer les différentes pièces de l'Hôtel commun, nécessaires à l'administration du département. Sur quoi, ouï le Procureur Général Syndic en ses conclusions, la matière mise en délibération, il a été arrêté que les citoyens Ferrand et Belville étaient nommés commissaires, pour, avec ceux que nommera la municipalité de Lyon, procéder à la fixation définitive des appartemens de l'Hôtel commun qui seront définitivement attribués et délaissés à l'administration du département, pour, sur le procès-verbal qui en sera dressé et rapporté, être pris tel parti qu'il conviendra.

GRANDCHAMP, président. GONON S.-F., secrétaire général.

Le samedi huit décembre 1792, l'an 1ᵉʳ de la République Française,

Les administrateurs composant le Conseil du département de Rhône-et-Loire, en surveillance permanente, réunis en séance publique, il ne s'est rien présenté qui ait pu exciter sa surveillance.

Le dimanche neuf décembre 1792, l'an 1ᵉʳ de la République Française.

Les administrateurs composant le Conseil du département de Rhône-et-Loire, en surveillance permanente, réunis en séance publique, il n'a été pris aucun arrêté.

Le lundi dix décembre 1792, l'an 1ᵉʳ de la République Française, les administrateurs composant le Conseil du département de Rhône-et-Loire, en surveillance permanente, réunis en séance publique, où étaient les citoyens Grandchamp, président, Couturier, Belville, Bonamour, Santallier, Grange, Borde, Achard, Rozier, Laurenson, Dubost, Servan, Marion, Pipon, Durieux, Lacroix, Mottin, Beysson, Sauzéas, Place, Blachon, administrateurs, Meynis, procureur général syndic, et Gonon, secrétaire général.

Le Président a fait part d'une lettre adressée au Conseil par les maire et officiers municipaux de la ville de Lyon, par laquelle ils dénoncent un arrêté pris par le département de la Côte-d'Or, le 3 décembre présent mois, qui défend aux communautés riveraines de la Saône de son arrondissement de laisser descendre aucun bled, avant la confection du rôle des subsistances, ordonné par l'article 4 de la loi du 16 septembre 1792. La municipalité de Lyon y a joint un extrait de sa délibération du 9 de ce mois, par laquelle elle arrête que, vu l'influence qu'un pareil arrêté peut avoir sur les approvisionnemens de la ville de Lyon, il en sera référé, sur-le-champ, aux corps administratifs, pour prendre, de suite et d'accord avec eux, les mesures que les circonstances exigeront. Le Conseil, justement allarmé des suites que peut avoir, pour les subsistances de cette ville et de tout le département, l'exécution de l'arrêté du département de la Côte-d'Or, ouï le Procureur Général Syndic en ses conclusions, il a été arrêté qu'une copie de l'arrêté du Directoire du département de la Côte-d'Or serait envoyée au ministre de l'Intérieur et une autre aux citoyens Chalon et Frossard, députés extraordinaires de la ville de Lyon auprès de la Convention Nationale, à l'effet d'obtenir des secours pour l'approvisionnement de cette ville, et que copie du présent arrêté serait envoyée au département de la Côte-d'Or, pour le prévenir des dispositions prises à son égard.

Deux membres du Tribunal du district de la ville de Lyon sont entrés; ils ont invité l'administration de vouloir assister à l'installation de ce tribunal, qui doit avoir lieu demain. Sur quoi, ouï le Procureur Général Syndic en ses conclusions, il a été arrêté que communication sera faite de cette invitation à la municipalité de Lyon, séance tenante, et que pour répondre à l'empressement du Tribunal du district de la ville de Lyon, les citoyens Dubost, Belville, Mottin et Achard, se rendront en qualité de commissaires députés du Conseil du département, demain neuf heures du matin, à l'Hôtel commun, pour aller de suite au lieu des séances du Tribunal.

Les citoyens administrateurs du district de la ville de Lyon sont venus témoigner à l'administration du département les sentimens d'union et de fraternité dont ils sont animés.

GRANDCHAMP, président. GONON S.-F., secrétaire général.

Le mardi onze décembre 1792, l'an 1er de la République Française, les administrateurs composant le Conseil du département de Rhône-et-Loire, en surveillance permanente, réunis en séance publique, où étaient les citoyens Grandchamp, président, Couturier, Belville, Bonamour, Santallier, Grange, Borde, Achard, Rozier, Laurenson, Dubost, Servan, Marion, Pipon, Durieux, Lacroix, Mottin, Beysson, Sauzéas, Place, Blachon, administrateurs, Meynis, procureur général syndic, et Gonon, secrétaire général.

Le secrétaire général a rendu compte qu'hier au soir, un instant après la levée de la séance, les citoyens administrateurs du district de la ville de Lyon sont entrés et ont annoncé qu'ils venaient faire une visite fraternelle à l'administration du département; sur ce rapport, et après avoir ouï M. le Procureur Général Syndic, il a été arrêté que les citoyens Président, Borde, Lacroix et le Procureur Général Syndic étaient nommés députés pour rendre au district de Lyon la réciprocité des sentimens fraternels de l'administration.

Les citoyens Grégoire, Simon, Hérault et Jagot, députés de la Convention Nationale, accompagnés du citoyen Barlow, député de la société d'Angleterre, qui a fourni 6,000 paires de souliers aux troupes de la République Française, sont entrés; les commissaires députés ont dit qu'ils se rendaient en qualité de commissaires de la Convention Nationale, auprès de la nation Allobroge, pour y organiser, d'après son vœu sanctionné par le décret de la Convention Nationale, le département du Mont-Blanc. Ils ont ajouté qu'ils étaient très empressés de partager avec l'administration le peu d'instans que leur laisse leur passage en cette ville. Le Conseil a témoigné à ces cinq citoyens tout le plaisir que lui procure la douce satisfaction de leur présence.

Ces citoyens retirés, ouï le Procureur Général Syndic en ses conclusions, il a été arrêté que les citoyens Président, Borde, Lacroix et le Procureur Général Syndic étaient invités d'aller, de la part de l'administration, exprimer aux commissaires députés de la Convention Nationale, combien l'administration a été sensible aux témoignages de bienveillance et d'honnêteté qu'elle en a reçus.

Le Président a fait part d'une lettre du ministre de l'Intérieur, en date du 6 décembre, présent mois, à laquelle était jointe une copie certifiée par ce ministre d'une proclamation du Conseil exécutif de la République Française du 3 de ce mois, qui casse l'arrêté pris le 16 février dernier, par le Directoire de ce département, et ordonne que le s' Enay reculera le mur de face de la maison nationale qu'il a acquise, de 18 pieds nationaux, à l'embouchure de la rue du Plâtre, et, à défaut par le sieur Enay de se conformer, dans le délai de trois mois, à ce reculement, autorise la municipalité de Lyon à le faire exécuter. La matière mise en délibération, ouï le Procureur Général Syndic en ses conclusions, il a été arrêté qu'à la diligence du Procureur Général Syndic, copie de cette proclamation serait de suite envoyée à la municipalité de Lyon et au district de la même ville, avec invitation de pourvoir, dans sa sagesse, à son exécution, ensuite que, conformément au dispositif de cette proclamation, copie d'icelle sera émargée dans le registre des délibérations du Directoire, sous la surveillance du secrétaire général, qui sera tenu d'en justifier dans le jour, et, pour parvenir à l'exécution du même emmargement dans le registre des délibérations du directoire du district de la ville de Lyon, et à la transcription de ladite proclamation dans les registres de la municipalité de la même ville, le tout conformément aux dispositions de lad. proclamation, le Conseil a nommé le citoyen Dubost pour, en qualité de commissaire, dresser procès-verbal, tant desdits emmargements que de la transcription, afin que copie d'icelui soit envoyée au ministre de l'Intérieur, à qui le Conseil doit justifier de l'exécution de lad. proclamation.

Les citoyens Vallette et Buiron-Gaillard, administrateurs, sont entrés ; ils ont prêté serment et ont pris séance.

En conséquence du vœu exprimé par le Conseil, d'après le discours du Président, prononcé le 6 de ce mois, il a été arrêté, ouï le Procureur Général Syndic en ses conclusions, que, jeudi treize du présent mois, il serait tenu une séance publique extraordinaire, dans la grande salle de l'Hôtel commun de cette ville, à laquelle tous les corps administratifs et judiciaires de cette ville seront invités, par lettre, d'assister ; et que, pour en prévenir le public, il serait imprimé des affiches indicatives, qui seront apposées dans les places et lieux ordinaires de cette ville.

GRANDCHAMP, président, GONON S.-F., secrétaire général.

Le mercredi douze décembre 1792, l'an 1er de la République Française, les administrateurs composant le Conseil du département de Rhône-et-Loire, en séance permanente, réunis en séance publique, où étaient les citoyens Bonamour, président en l'absence, Couturier, Belville, Santallier, Grange, Borde, Achard, Rozier, Laurenson, Dubost, Servan, Marion, Pipon, Durieux, Lacroix, Mottin, Beysson, Sauzéas, Place, Blachon, Valette, Buiron-Gaillard, administrateurs, Meynis, procureur général syndic, et Gonon, secrétaire général.

Le citoyen Jean-Jacques Tardy, administrateur du département, est entré, a prêté le serment et a pris séance.

Un membre a fait le rapport d'une pétition faite par le citoyen Boyer, imprimeur à St-Etienne, tendant à être payé de différens frais d'impression commandée par l'assemblée électorale de St-Etienne, tenue le 2 septembre dernier et jours suivants, lesdits frais se montant à la somme de sept cents vingt livres. Le rapporteur, après avoir rendu compte qu'en conséquence de l'arrêté du Directoire en date de ce jour, le citoyen Milanois, imprimeur, nommé commissaire par cet arrêté, avait réglé lesdits frais d'impression à six cents cinquante livres, conclud au payement de lad. somme en faveur du citoyen Boyer. La matière livrée à la discussion, le Conseil a arrêté que, sans tirer à conséquence, après avoir ouï M. le Procureur Général Syndic, le citoyen Boyer sera payé de la somme de six cents cinquante livres, à laquelle le compte a été réduit par l'avis du citoyen Millanais, sur les sous additionnels de ce département ; en conséquence, qu'ordonnance de pareille somme lui sera délivrée en la manière accoutumée ; et cependant le Procureur-Général Syndic est chargé d'insérer dans les convocations d'électeurs qui pourrraient être faites à l'avenir, une invitation aux assemblées électorales de se conformer à la loi qui leur défend toute délibération et d'ordonner aucune dépense publique.

BONAMOUR, président en absence, GONON S.-F., secrétaire général.

Le jeudi 13 décembre 1792, l'an 1er de la République Française, les administrateurs composant le Conseil du département de Rhône-et-Loire, en surveillance permanente, réunis en séance publique extraordinaire, sur les quatre heures de relevée, où étaient les citoyens Grandchamp, président, Bonamour, Couturier, Belville, Santallier, Grange, Borde, Achard, Rozier, Laurenson, Dubost, Servan, Marion, Pipon, Durieux, Lacroix, Mottin, Beysson, Sauzéas, Place, Blachon, Valette, Buiron-Gaillard, Tardy, administrateurs, Meynis, procureur général syndic, et Gonon, secrétaire général.

D'après l'invitation faite à tous les corps administratifs et judiciaires séants dans la ville, fauxbourgs et banlieue de Lyon, tous lesd. corps sont entrés dans la grande salle de l'hôtel commun de cette ville.

La salle garnie d'une multitude de citoyens invités par affiches mises aux places publiques de cette ville, le citoyen Grandchamp, président, a ouvert la séance, sur la réquisition du Procureur Général Syndic. Il a entretenu l'assemblée de l'esprit public qu'il a défini par ses principes et ses effets ; les crimes du despotisme le font naître ; les corporations libres, les autorités légalement constituées, le propagent et l'entretiennent ; le gouvernement républicain en est l'effet. Le Procureur Général Syndic, après avoir demandé la parole, a fait un discours dans lequel il a comparé notre état civil et moral, depuis le fondement de la monarchie, avec notre existence depuis la révolution. De là, il est entré dans le détail des différens objets de l'administration: contributions, dégrèvement, établissemens publics, travaux publics, approvisionnemens, etc.

Le Président du district de Lyon a pris la parole ; il a invité à conserver l'union dans tous les corps de magistrats.

Le Procureur Syndic du district de Lyon, dans le discours qui a suivi, a fait connaître combien il était important d'éviter tout ce qui peut diviser. Il a établi que ce que nous avions de plus à craindre, c'était un ennemi intérieur, l'anarchie; que pour maintenir la paix, il fallait payer les contributions, pour aider à subvenir aux dépenses nécessitées pour la conservation de notre liberté.

Le Président du Tribunal du district de Lyon a demandé que toutes les séances des corps administratifs et judiciaires soient publiques, conformément aux décrets; c'est le seul moyen, a-t-il ajouté, de distinguer les vrais patriotes de ceux qui en affectent le jargon et les manières.

Le citoyen maire de Lyon a pris la parole, après avoir défini les gradations des différens pouvoirs, il a protesté, au nom de la commune, de ne suivre et de n'obéir qu'aux loix. Il a présenté à la sollicitude de l'administration du département plusieurs objets importans pour la commune, tels que les digues et travaux sur le Rhône, la voirie, les prisons et maisons de détention, l'établissement d'une bourse pour le commerce.

Le Procureur de la commune a formé des vœux pour que tous les corps remplissent leurs devoirs; il a protesté de ne vivre et de ne travailler que pour le peuple, du bonheur duquel il a sans cesse été occupé.

Le substitut du Procureur de la commune a félicité la cité de l'union qui va régner dans tous les corps.

Le juge de paix du canton de la Halle-au-bled a exprimé les mêmes sentimens et a protesté que les juges de paix y coopèreront de tout leur pouvoir.

Le commissaire national près le Tribunal du district de Lyon a fait part du décret qui punit de mort tous ceux qui voudraient rétablir la royauté. Il a demandé s'il ne conviendrait pas de dresser un acte solennel d'adhésion à ce décret.

Le Président a demandé si quelqu'un s'opposait à la motion proposée par le commissaire national; le Procureur Général Syndic y a conclu; le Procureur de la commune y a conclu; le Président du Tribunal du district de Lyon a demandé que, séance tenante, l'acte d'adhésion fut rédigé et signé sans désemparer; il a ajouté qu'il demandait à ce que l'hymne des Marseillais fut chantée en signe d'allégresse.

Un membre a proposé de nommer le rédacteur de l'adresse.

Le Procureur Général Syndic a demandé que l'on joignit à l'adresse un vœu d'organiser le pouvoir exécutif; cette motion débattue et discutée, il a été arrêté que le citoyens Hiddins, commissaire national, serait chargé de rédiger l'adresse avec le vœu arrêté.

Pendant la rédaction de l'adresse, le citoyen Chevalier, notable, a chanté l'hymne de la liberté.

Lecture faite de l'adresse, après quelques amendements, elle a été rédigée, approuvée et signée ainsi qu'il suit:

« Législateurs,

« Votre premier décret sur l'abolition de la Royauté vous a mérité
« la reconnaissance publique; un nouveau décret frappe de mort tous
« ceux qui tenteraient de la reproduire sous de nouvelles formes.
« Vous avez cherché à extirper le germe de toutes les factions liber-
« ticides; en prévenant nos vœux, vous avez bien mérité de la Patrie.
« Mais vous n'avez frappé que le tronc de la Royauté; les racines
« peuvent pousser encore des rejetons mortifères. Qu'importe que
« des ministres agissent au nom de la Nation ou d'un Roi, s'ils ont
« les mêmes pouvoirs et s'ils peuvent également en abuser.

« Pesez ces réflexions et jugez s'il n'est point urgent d'organiser
« promptement un Conseil Exécutif national.
« Le vœu sur l'unité et sur l'indivisibilité de la République
« Française est unanime, et nous sommes tous de vrais sans culottes.
« Agréez nos sentiments fraternels. Signé : le Président du Conseil
« Général du département de Rhône-et-Loire, Grandchamp ; Angelot,
« président du district; Nivière-Chol, maire de Lyon ; Petit ; Chalier,
« président du Tribunal du district de Lyon ; Pécollet, président du
« district de la campagne de Lyon ; Ferrand, Mottin, Santallier, Cou-
« turier, Sauzéas, Buiron-Gaillard, Bonamour, Marion, Plasse, Pipon,
« Delacroix, Richard aîné; Meynis, procureur général syndic ;
« Tardy ; Bertholon, substitut du Procureur de la commune; Matheron,
« membre du directoire du district de Lyon; Milon, Dodieu, juge;
« Sautemouche, officier municipal; Fernex, juge au tribunal du district;
« Fillon, Bourbon, procureur syndic du district de Lyon; Dubois, offi-
« cier municipal; Roch, officier municipal; Perrodon ; Feuillet, juge de
« paix; Bocard ; Jullien, membre du conseil du district; Hidims, com-
« missaire national près le Tribunal du district de Lyon; L. Bedon ;
« Favre, administrateur du district de la campagne de Lyon ; Forest,
« administrateur du district de la campagne de Lyon ; Sanseigne, Baon;
« Berlachon, membre du directoire du district de la ville de Lyon ;
« Martinière, procureur syndic du district de la campagne de Lyon ;
« Laurenson, juge; Rigardier, juge; Macabeo cadet, administrateur ;
« Ferlin, juge du Tribunal du district de la campagne, Bussat, juge du
« Tribunal du district de la ville de Lyon ; Gautier fils, notable ;
« Rozier, juge du Tribunal du district de la campagne de Lyon ;
« Sériziat, juge de paix; Turin, officier municipal ; Chalamel, com-
« missaire national du district de la campagne de Lyon ; Boivin,
« Borde, Ampere ; Gravier, officier municipal; Bernard, Achard,
« Pipon, Belville, Durieu ; Perrodon, juge de paix; Carteron, notable ;
« Grivet, Viteas, Berlié, notable et greffier du Tribunal de Lyon,
« Villard, Richard, Trichard, Willermoz, Destefanis ; Bergeon, admi-
« nistrateur du district ; Richard ; Gachet, notable ; Fabry, notable;
« Chevalier, notable. »

Un citoyen a demandé que le procès-verbal de cette séance soit imprimé, affiché et envoyé aux 84 départemens. Le Procureur Général Syndic a observé que l'administration étant déjà chargée de beaucoup de dépenses, l'impression devenait onéreuse. Le citoyen Chalier a demandé que l'analyse du procès-verbal soit imprimé et envoyé aux 84 départemens. Il a été arrêté que l'impression, tant du procès-verbal que des discours, serait imprimés aux frais individuels de chaque membre des corps ici présents.

Un membre a fait la motion que les séances extraordinaires fussent tenues tous les deux mois. Le Procureur Général Syndic a dit qu'il fallait laisser à la sagesse des corps d'indiquer les séances pour les affaires dont la discussion était d'une utilité publique. Il a été arrêté que, tous les deux mois, il y aurait une séance publique extraordinaire, indiquée huit jours d'avance à la diligence du secrétaire général.

Une députation du comité central des sociétés populaires de Lyon s'est présentée. Admise à la séance, l'orateur a dit que le comité central venait de recevoir une lettre dont le contenu méritait, par son importance, d'être entendu et d'être pris en grande considération.

Cette lettre, après un succinct exposé de l'espèce d'abandon où les maniaques sont délaissés, conclud à ce qu'adresse soit faite aux corps administratifs, pour autoriser les hôpitaux à recevoir ces malheureuses victimes des calamités humaines. Un juge de paix s'est joint et a demandé que la lettre fut convertie en motion. Le Président a demandé la lettre, afin que le Conseil y fît droit dans sa sagesse. Il a été arrêté que, demain, cette pétition serait mise au registre du Département le plus à l'ordre du jour, afin d'accorder des ressources provisoires aux malheureux attaqués des différentes espèces de manie.

La séance a été levée à huit heures et demie.

GRANDCHAMP, président. GONON S.-F., secrétaire général.

Le vendredi quatorze décembre 1792, l'an 1er de la République Française,

Les administrateurs composant le Conseil du département de Rhône-et-Loire, en surveillance permanente, réunis en séance publique, il ne s'est rien présenté qui ait pu exciter la surveillance de l'administration.

Le samedi quinze décembre 1792, l'an 1er de la République Française, les administrateurs composant le Conseil du département de Rhône-et-Loire, en surveillance permanente, réunis en séance publique, où étaient les citoyens Grandchamp, président, Couturier, Belville, Achard, Bonamour, Ferrand, Borde, Santallier, Sauzéas, Servan, Durieu, Mottin, Dubost, Plasse, Blachon, Delacroix, Rozier, Laurenson, Buiron-Gaillard, Tardy, Richard aîné, Pipon, administrateurs, Meynis, procureur général syndic, et Gonon, secrétaire général (1).

Une députation du comité central des sociétés populaires de cette ville est entrée ; elle s'est plaint que, depuis quelques mois, on avait discontinué la distribution des sous de cuivre fabriqués à l'hôtel des monnoies ; que les citoyens avaient d'autant plus lieu de s'en plaindre, qu'à la veille de voir supprimer les cartons monnoies qui favorisent les transactions journalières entre les habitans de cette cité, qu'ils manquaient de petite monnoie, il pourrait en résulter des effets funestes à la tranquillité publique. La matière prise en considération, ouï le Procureur Général Syndic en ses conclusions, il a été arrêté que les citoyens Dubost, Pipon et Richard, administrateurs, se transporteront incessamment à l'hôtel des monnoies de cette ville, à l'effet de prendre connaissance de la quantité de petite monnoie qui y a été fabriquée depuis six mois ; de l'emploi que le directeur en a fait ou dû faire ; de l'époque et des causes de la cessation de la distribution aux différentes sections de la ville de Lyon, du tout dresser

(1) *Les noms suivants ont été biffés* : Marion, Valette, Buyasson, Grange.

procès-verbal, pour, sur le rapport qui en sera fait au Conseil, être statué sur la pétition présentée par la députation ci-dessus.

Les citoyens Chinard et Rater, membres de l'école de peinture française établie à Rome, se sont présentés. Ils ont témoigné à l'administration toute leur reconnaissance pour l'intérêt que le département a pris à l'événement qui avait occasionné leur injuste détention dans les prisons papales, à Rome. Le Conseil a paru désirer connaître les causes et les suites de cette infraction au droit des gens. Le citoyen Rater, invité d'en faire le précis au Conseil, a dit que, suivant le cours de leurs études, ils avaient dans leur attelier, entre autres sujets, une statue de la liberté qui semblait protéger la France. Sur la dénonciation qui en fut faite sans doute au gouvernement, une troupe de sbires fondit dans leur domicile, les lièrent aux pieds et aux mains et les jettèrent dans un cachot infecté par le passage d'un sac de latrines; ils y restèrent huit jours, dénués de tout secours, d'où ils furent transférés au château St-Ange. Après quelques jours de détention, un officier du Pape vint leur dire qu'ils étaient libres, mais que le peuple romain exigeait qu'ils sortissent sur-le-champ des états du Pape, sans qu'ils eussent la liberté d'aller dans leur domicile faire leur paquet. Ils furent obligés de se fier à un italien qui leur a rendu ce service; ils se sont empressés de fuir cette terre inhospitalière pour venir jouir des douceurs d'une patrie qui s'est si essentiellement intéressée à leur sort.

GRANDCHAMP, président. GONON S.-F., secrétaire général.

Le dimanche seize décembre 1792, l'an 1er de la République Française, les administrateurs composant le Conseil du département de Rhône-et-Loire, en surveillance permanente, réunis en séance publique, où étaient les citoyens Grandchamp, président, Couturier, Belville, Achard, Bonamour, Ferrand, Borde, Santallier, Sauzéas, Servan, Durieu, Mottin, Dubost, Plasse, Blanchon, Delacroix, Rozier, Buiron-Gaillard, Tardy, Richard aîné, Pipon, administrateurs, Meynis, procureur général syndic, et Gonon, secrétaire général (1).

Le citoyen Kellermann, général en chef des armées de la République, est entré. Il a présenté la commission du Conseil exécutif provisoire qui le nomme général en chef de l'armée des Alpes et des 7e, 8e et 19e divisions militaires et du département de l'Ain. Lecture faite de ladite commission, ainsi que de la lettre du citoyen ministre de la Guerre au citoyen général en chef Kellermann; ouï le Procureur Général Syndic en ses conclusions, il a été arrêté que ladite commission serait enregistrée ez registres des délibérations du Conseil, pour y avoir recours si besoin est. Suit la teneur de ladite commission:

« Au nom de la République Française,
« Le Conseil exécutif provisoire, ayant à pourvoir au commande-
« ment de l'armée des Alpes, persuadé que le citoyen Kellermann,
« général en chef des armées de la République, justifiera l'opinion

(1) Sont biffés les noms: Marion, Valette, Laurenson, Beysson, Orange.

« qu'on a conçue de son patriotisme et de ses talens militaires, lui a
« conféré et confère le commandement en chef de l'armée des Alpes,
« ainsi que celui des 7°, 8°, 19° divisions militaires et du départe-
« ment de l'Ain.

« En conséquence, il fera, pour la défense de la République, pour
« le maintien de la discipline, de la liberté et de l'égalité, tout ce
« qu'il jugera convenable ou tout ce qui lui sera prescrit par les
« ordres ou instructions du Conseil exécutif provisoire. Il fera vivre
« les troupes sous son commandement, en bonne police et discipline,
« et se conformera, quant aux réquisitions qui pourront lui être faites
« par les corps administratifs, à ce qui est prescrit à cet égard par
« les décrets de l'Assemblée et de la Convention Nationale.

« Mande et ordonne le Conseil exécutif provisoire aux troupes
« composant l'armée des Alpes, aux officiers généraux, aux officiers
« de l'Etat-major, à ceux de l'artillerie et du génie, aux commissaires
« des guerres et à tous autres employés près d'elle, de recon-
« naître led. général Kellermann pour leur commandant en chef, et
« de lui obéir en tout ce qu'il leur ordonnera pour le bien du service
« et le succès des armes françaises.

« Fait au Conseil exécutif provisoire, à Paris, le 10 novembre 1792,
« l'an 1ᵉʳ de la République Française. Signé: Monge, président, et
« plus bas, Pache. »

GRANDCHAMP, président. GONON secrétaire général.

Le lundi dix-sept décembre 1792, l'an 1ᵉʳ de la République Française, les administrateurs composant le Conseil du département de Rhône-et-Loire, en surveillance permanente, réunis en séance publique, où étaient les citoyens Grandchamp, président, Couturier, Belville, Achard, Bonamour, Ferrand, Borde, Santallier, Sauzéas, Servan, Durieu, Dubost, Plasse, Blachon, Delacroix, Rozier, Buiron-Gaillard, Tardy, Richard aîné, Pipon, administrateurs, Meynis, procureur général syndic, et Gonon, secrétaire général (1).

Les citoyens commissaires députés de la Convention Nationale, Vitet, Boissy-d'Anglas et Alquier, sont entrés. Après avoir reçu et rendu des témoignages réciproques avec l'administration du plaisir de les revoir dans son sein, les commissaires députés ont demandé quelle était la situation actuelle de Lyon, relativement à sa tranquillité; qu'il était deux objets qui devaient exciter leur surveillance, le premier, l'état actuel des subsistances; le second, les mesures à prendre pour les cartons-monnoies qui devaient prendre fin au premier janvier prochain.

Sur le premier objet, le Procureur Général Syndic a observé que, relativement aux subsistances, d'après les communications amicales et officielles que le Conseil a eu soin d'entretenir avec la municipalité; d'après les soins donnés par les citoyens Frossard et Chalon, députés extraordinaires auprès de la Convention Nationale; d'après les secours promis par le ministre de l'Intérieur; d'après, enfin, l'heureux effet de

(1) *Sont biffés les noms :* Marion, Valotto, Mottin, Laurenson, Beysson, Orange.

l'emprunt de trois millions effectué dans cette ville, pour subvenir à tous les genres de subsistance, il était à présumer jusqu'à présent que les subsistances seraient assez communes dans cette ville, pour ne pas craindre que leur pénurie occasionnât aucun mouvement dangereux. Sur l'article des cartons-monnoies, le Conseil n'a pas dissimulé que si le délai fixé par la loi au 1er janvier prochain n'était prorogé, l'affluence de ces cartons dans une ville, chef-lieu d'un département, couverte de manufactures de tous les genres, ne pouvant retourner assez tôt aux différens points de la République d'où ils sont parvenus dans cette cité, il pourrait arriver que plusieurs personnes se trouvant, à l'époque du premier janvier, nanties d'une quantité considérable de ces mandats et ne pouvant plus les faire circuler dans le commerce, les mécontentemens que leur intérêt leur commanderait pourraient, en cumulant les réclamations, former un noyau de murmures qu'il est essentiel de prévoir. En conséquence, le Conseil a fait part, qu'entraîné par des considérations d'une aussi grande importance, il a adressé à la Convention Nationale différentes vues relatives aux cartons-monnoies; il en attend le succès et, en l'obtenant, il croit pouvoir flatter les commissaires députés que cet objet ne favorisera point les intrigues ordinaires de la malveillance.

Les commissaires députés ont invité le Conseil de prendre en grande considération l'existence à Lyon de la plupart des chefs de contrerévolution des départemens voisins, de veiller à la fabrication du pain, dont tout le monde se plaint avec justice. Sur ces considérations, il a été ouvert différens avis et, en dernier résultat, après avoir ouï le Procureur Général Syndic en ses conclusions, il a été arrêté que le Département veillerait sans cesse à ce que les municipalités de son ressort exécutassent, à l'égard, soit des fournisseurs des différentes subsistances, soit des domiciliés suspects, tout ce que la loi leur donne de force, d'activité et de surveillance. Il a été proposé s'il ne conviendrait pas d'autoriser la municipalité de cette ville à faire nommer, par des assemblées primaires, un plus grand nombre de commissaires de sections pour surveiller la police et la sûreté générale de cette ville. L'effet de cette proposition a été laissé à la sagesse des députés pour en aviser la Convention Nationale.

Les citoyens députés ont demandé que l'administration leur présentât la note des frais d'impression depuis le 1er janvier 1791. Le Conseil a promis de la faire faire incessamment.

GRANDCHAMP, président. GONON S.-F., secrétaire général.

Le mardi dix-huit décembre 1792, l'an 1er de la République Française, les administrateurs composant le Conseil du département de Rhône-et-Loire, en surveillance permanente, réunis en séance publique, où étaient les citoyens Grandchamp, président, Couturier, Belville, Achard, Bonamour, Ferrand, Borde, Santallier, Sauzéas, Buiron-Gaillard, Tardy, Richard aîné, Dubost, administrateurs, Meynis, procureur général syndic, et Gonon, secrétaire général.

Le Procureur Général Syndic a dit qu'à la forme de la loi, le Conseil du département aurait dû tenir une session générale dès le

3 novembre dernier, dans laquelle il se serait occupé des différentes vues présentées par le résultat des sessions générales des districts et aurait fait droit sur les différentes réclamations portées dans les procès-verbaux de session de ces mêmes districts; qu'il paraît qu'aucun district n'a tenu lui-même cette session générale de son conseil, prescrite par la loi; que le seul obstacle que l'on peut présumer avoir été la cause de l'inexécution de la loi, n'a d'autre source que dans les mouvemens qui ont eu lieu dans les administrations, qui, s'étant renouvellées à l'époque fixée par la loi pour la tenue des sessions générales du département et des districts, n'ont pu s'occuper des grandes mesures que présente la tenue de ces sessions; que les commissaires députés de la Convention Nationale en cette ville, à qui il en a été fait part, ont pensé qu'attendu les circonstances, il fallait s'adresser au Pouvoir exécutif pour le prier de fixer l'époque de la tenue des sessions générales; en conséquence, la matière mise en délibération, ouï et ce requérant le Procureur Général Syndic, il a été arrêté que le Procureur Général Syndic consulterait le Pouvoir exécutif pour fixer l'époque de la session générale du département et des districts, et qu'il écrirait aux procureurs syndics, afin de préparer leur travail et de se tenir prêts pour l'époque qui leur sera fixée.

GRANDCHAMP, président.

Le mercredi dix-neuf décembre 1792, l'an 1er de la République Française, les administrateurs composant le Conseil du département de Rhône-et-Loire, en surveillance permanente, réunis en séance publique, où étaient les citoyens Grandchamp, président, Couturier, Belville, Achard, Bonamour, Ferrand, Borde, Santallier, Sauzéas, Buiron-Gaillard, Tardy, Richard aîné, Dubost, administrateurs, Meynis, procureur général syndic, et Gonon, secrétaire général.

Le citoyen Jacques-Jean Farjon, administrateur du département, s'est présenté, a prêté serment et a pris séance. Il n'a été pris aucun arrêté relatif à la surveillance.

GRANDCHAMP, président. GONON S.-F., secrétaire général.

Le jeudi vingt décembre 1792, l'an 1er de la République Française,
Les administrateurs composant le Conseil du département de Rhône-et-Loire, en surveillance permanente, réunis en séance publique, il ne s'est rien présenté qui ait pu exciter la surveillance de l'administration.

GRANDCHAMP, président.

Le vendredi vingt-un décembre 1792, l'an 1er de la République Française, les administrateurs composant le Conseil du département de

Rhône-et-Loire, en surveillance permanente, réunis en séance publique, où étaient les citoyens Grandchamp, président, Couturier, Belville, Achard, Bonamour, Borde, Ferrand, Santallier, Sauzéas, Laurenson, Dubost, Buiron-Gaillard, Tardy, Richard aîné, administrateurs, Meynis, procureur général syndic, et Gonon, secrétaire général.

Le Procureur Général Syndic a fait lecture d'une lettre du Procureur Général Syndic du département de Saône-et-Loire; ce magistrat invite le Conseil du département de Rhône-et-Loire à nommer un commissaire pour procéder, avec celui nommé par le département de Saône-et-Loire, par arrêté du 13 de ce mois, aux délimitations des départemens respectifs. Ouï et ce requérant le Procureur Général Syndic, il a été arrêté que, conformément au vœu du Conseil du département de Saône-et-Loire, il sera procédé de suite aux délimitations des deux départemens de Rhône-et-Loire et de Saône-et-Loire; à cet effet, que le citoyen Delacroix, administrateur, est nommé commissaire pour procéder, avec les commissaires qui seront nommés par le département de Saône-et-Loire, à la fixation des limites des deux départemens. En conséquence, copie du présent arrêté sera incessamment remise et envoyée, tant au département de Saône-et-Loire qu'au citoyen Delacroix et au district de Villefrance.

Sur l'observation faite par un membre qu'il s'élevait des difficultés sur la forme des certificats de civisme exigés par les décrets des 17 octobre et 1er novembre 1792, sur quoi, ouï le Procureur Général Syndic en ses conclusions, le Conseil arrête que, conformément aux décrets des 17 octobre et 1er novembre 1792, tous certificats de civisme seront donnés et souscrits par la majorité absolue des membres du conseil général de la commune du lieu où résident ceux qui les requerront, visés et approuvés par les directoires de district et de département. Ces certificats, comme toutes les délibérations municipales, suivant le décret du 11 février 1790, seront rédigés et signés, conseils généraux tenant, et contiendront les noms de tous les délibérans et la mention de ceux qui signeront, refuseront ou déclareront ne savoir signer; les directoires des districts et du département ne viseront et n'approuveront aucun de ces certificats, qu'il ne soit en tout conforme aux présentes dispositions. Sont spécialement chargés, les Procureurs des communes, les Procureurs syndics de districts et Procureur Général Syndic du département, de veiller et de tenir la main à la plus entière exécution du présent arrêté; et sera le présent arrêté imprimé, adressé aux districts et par eux transmis aux municipalités de leur ressort, pour être exécuté suivant sa forme et teneur.

Le Procureur Général Syndic a observé qu'il était instant de s'occuper de l'organisation des bureaux de l'administration et de n'y laisser que ceux qui, par leur civisme, méritent d'être employés dans les différentes parties des travaux de l'administration. Cette observation applaudie, il a été arrêté 1° que la nomination des chefs de bureaux aura lieu demain vingt-deux; 2° que chaque chef de bureau donnera l'état nominatif des objets de son bureau; 3° que chaque chef de bureau assignera le nombre de commis qui lui est nécessaire; 4° ces mesures remplies, il sera procédé à la fixation des appointemens de tous ceux qui, dans les bureaux, seront jugés nécessaires à l'administration.

Le citoyen André-Gilbert Maillan, administrateur, est entré; il a prêté serment et a pris séance.

GRANDCHAMP, président. GONON S.-F., secrétaire général.

Le samedi vingt-deux décembre 1792, l'an 1er de la République Française, les administrateurs composant le Conseil du département de Rhône-et-Loire, en surveillance permanente, réunis en séance publique, où étaient les citoyens Grandchamp, président, Couturier, Belville, Achard, Bonamour, Ferrand, Borde, Santallier, Sauzéas, Laurenson, Dubost, Buiron-Gaillard, Richard aîné, Pipon, Tardy, Maillan, administrateurs, Meynis, procureur général syndic, et Gonon, secrétaire général.

Lecture a été faite d'une lettre du citoyen Ravel, administrateur, qui, attendu le mauvais état de sa santé, demande qu'on lui donne un successeur pour remplir à sa place les fonctions de membre de la commission des armes établie à St-Etienne, conformément à la loi du 8 juillet 1792. La matière mise en délibération, ouï le Procureur Général Syndic en ses conclusions, il a été arrêté que le citoyen Blachon, administrateur, se rendrait à St-Etienne pour remplacer le citoyen Ravel dans ses fonctions; en conséquence, qu'expédition du présent arrêté serait envoyée, tant au citoyen Blachon qu'au citoyen Ravel.

Sur la réquisition du Procureur Général Syndic, il a été procédé au renouvellement et à l'organisation des bureaux de l'administration. Chaque membre ayant mis son billet dans l'urne, dépouillement fait, il en est résulté que le citoyen Poujol a été nommé chef du bureau des Contributions Publiques, à l'unanimité des suffrages. Même opération pour la nomination du chef du bureau Contentieux, National et Ecclésiastique; le scrutin dépouillé, le citoyen Ferrand a été nommé, à l'unanimité, chef de ce bureau. Il a été procédé de la même manière à la nomination du chef du bureau des Travaux publics; le scrutin dépouillé, le citoyen Duparc a été nommé, à l'unanimité, chef de ce bureau. Enfin, il a été procédé à la nomination du chef du bureau des Établissemens publics, dans les mêmes formes, et l'unanimité des suffrages s'est réunie en faveur du citoyen Anglès, qui a été nommé chef de ce bureau. A l'instant, les quatre chefs de bureaux ci-dessus dénommés étant entrés, ont prêté le serment requis par la loi. L'organisation définitive des bureaux a été renvoyée à demain, dix heures précises du matin.

Un des administrateurs, parlant au nom de la commission chargée de l'examen des comptes, a fait le rapport de celui de l'administration, dont les fonctions ont cessées le 28 août dernier, et par suite, le résultat, ainsi que celui des administrateurs qui l'ont remplacée, jusqu'au 30 novembre suivant, et a dit :

« Citoyens,

« La loi qui ordonnait le renouvellement des corps administratifs
« exigeait impérieusement que ceux qui quitteraient leurs fonctions
« rendraient un compte à ceux qui leur succéderaient; elle avait
« prescrit un délai à cet égard; mais les deux administrations qui se

« sont succédées si rapidement ont été arrêtées dans leurs marches
« par une foule d'évènemens attachés aux circonstances. Les membres
« qui composent actuellement le Conseil n'ont pas pu se rendre à
« leur poste aussitôt qu'ils l'auraient désiré; le plus grand nombre est
« encore absent; mais votre devoir et votre amour pour l'ordre ne
« vous permettent plus de retarder cet examen, et votre commission
« vient s'acquitter de la tâche que vous lui avez confiée.

« Les anciens administrateurs vous ont rendu un compte moral,
« dans lequel ils ont parcouru rapidement tous les objets qui inté-
« ressent essentiellement l'administration; ils vous ont entretenu
« 1° de la situation des opérations relatives aux contributions foncière
« et mobiliaire, au moment où ils se sont séparés. Le tableau qu'ils
« ont dressé vous fera connaître le nombre des municipalités dont
« les rôles sont en recouvrement et celles qui ne s'en étaient pas
« encore occupées à cette époque. Des contraintes ont été décernées
« contre les officiers municipaux en retard, en exécution de la loi du
« 26 mars 1792, et des proclamations qui en ont été la suite. La
« seconde partie de leur compte moral vous fera connaître les pré-
« cautions que ces administrateurs avaient prises pour la fixation des
« limites des communes qui sont limitrophes avec d'autres départe-
« mens. Vous trouverez, dans la troisième partie, des résultats avec
« des détails satisfaisants sur le recouvrement des contributions de
« 1791, et ils ont réuni dans un tableau cette opération, qui vous fera
« connaître ce qui reste encore dû. Ils vous entretiennent ensuite des
« démarches qu'ils ont faites pour obtenir un dégrèvement sur les deux
« contributions, dont le fardeau surcharge ce département. Si leurs
« bonnes intentions n'ont pas été remplies, nous ne devons pas moins
« leur en savoir gré; ils vous entretiennent ensuite du supplément des
« rôles des ci-devant privilégiés, qui étaient à la décharge des culti-
« vateurs; l'exécution de la loi du 19 juillet 1792, relative aux impo-
« sitions arriérées, les a également occupés. Ils vous rendent compte
« d'un arrêté pris en Conseil pour opérer la vérification des déclara-
« tions relatives à la contribution patriotique, et ils s'étonnent avec
« justice que cette imposition ne soit pas toute rentrée, quoique le
« dernier terme en fut échu en avril dernier. Ils passent ensuite à tout
« ce qui concerne les patentes, et deux tableaux vous présentent
« la situation de cette imposition.

« Ils achèvent leur ouvrage en vous rendant un compte fidèle de ce
« qu'ils ont fait pour obtenir le remplacement des droits supprimés
« par l'Assemblée Constituante, qui nous a délégué une portion de
« 1.449.100 liv. 5 s. environ.

« Voilà, citoyens, une analyse raccourcie de leurs travaux. Tous ces
« objets doivent fixer vos regards dans la prochaine session générale,
« et vous soumettrez sans doute au Conseil tous les objets qui
« peuvent intéresser les administrés. Vous ne perdrez pas de vue
« qu'un gouvernement quelconque ne peut pas exister sans contribu-
« tions et que la chose publique dépend de l'exactitude à les acquitter.
« Vous savez aussi que si elles servent à vivifier le commerce et
« l'industrie, quand elles sont justement proportionnées, elles les
« frappent de mort quand elles sont trop fortes. Vous ferez tous vos
« efforts pour en obtenir la réduction. Votre commission va mainte-
« nant suivre avec vous les calculs de la précédente administration,
« pour ce qui concerne la comptabilité.

« Sur la somme de 355.500 liv. avancée par le gouvernement, avant l'établissement des sous additionnels, il restait dans la caisse du receveur du district, à l'entrée de cette administration.................................... 114.864 l. 2 s. 4 d.

« Depuis l'établissement des sous additionnels, les six districts ont versé dans la caisse du receveur, pour ceux du département...................................... 177.557　15　7

　　　　　　　　　　　　　　　　292.421 l. 17 s. 11 d.

Dépenses sur cette somme.

« Traitement des administrateurs en 1791, non compris dans le compte précédent............................ 24.897　10　»

« Traitement des administrateurs en 1792............................ 14.450　»　») 233.217　18　5

« Ordonnances délivrées pour différens genres de dépenses arrêtées par le dernier Conseil du département........................... 193.870　8　5

　　　　« Reste en caisse.....　　　　　59.203　19　6

« Nous avons ajouté à cette somme pour un double emploi de deux ordonnances dans la dépense, la première............ 196 l. 16 s.

« Pour six mois de logement à la gendarmerie de S*t*-Symphorien.

« Id. à celle de Beaujeu　175　»

　　　　　　　　　371 l. 16 s.　ci.　　　　371　16　»

　　　　　　　　　　　　　　　　　　　　59.575　15　6

« Cette somme de cinquante-neuf mille cinq cents soixante et quinze livres, quinze sous, six deniers, ne se trouverait point en caisse, parce que, suivant une délibération du il a été avancé à la commune de Lyon, pour sacs de bled et frais de voiture, celle de douze mille cinq cents livres dont elle est débitrice, ci.　　12.500　»　»

　　　　　　　　　　　　　　　　　　　　47.075　15　6

« Doit la commune de Lyon, 12.500 l.

« La précédente administration ne trouvait en caisse que............. 46.703　19　6

« En y ajoutant l'erreur ci-dessus..　371　16　»

　　　　« Balance....　47.075　15　6

Fonds des Travaux des routes.

« Il avait été mis à la disposition de l'administration, lors de son entrée, pour les travaux des routes, y compris les fonds imposés sur 1792.... 390.057 10 2

« Il a été délivré par cette administration, aux cinq districts (celui de Lyon n'y étant pas compris), des ordonnances pour une somme de.... 212.540 7 11

« Il restait à la disposition de l'administration, à l'époque du 28 août, cent soixante-dix-sept mille cinq cents dix-sept livres, deux sous, trois deniers disponibles sur les impositions de 1792, ci................ 177.517 2 3

« Votre commission s'est occupée ensuite de la vérification des deux tableaux qui vous ont été présentés par la nouvelle administration. Le premier, où sont relatées les ordonnances fournies sur les fonds destinés aux travaux publics, qui s'élèvent à quarante-un mille quatre cent soixante-quatre livres dix-neuf sous un denier, ci...................... 41.464 19 1

« Le second tableau présente les différentes dépenses ordonnancées par la nouvelle administration, jusqu'au 30 novembre dernier, dont voici le détail :

« Tribunal criminel..............	5.959	»	»	
« Idem......................	1.008	7	»	
« Dépenses imprévues..........	6.677	15	»	
« Dépenses relatives à la gendarmerie.................	12	10	»	52.709 3 7
« Secours d'humanité et de bienfaisance..................	1.160	»	»	
« Frais d'administration et dépenses variables...............	35.208	4	11	
« Idem......................	2.683	6	8	

« Ces deux tableaux forment tout le rendement de compte de l'administration à laquelle vous avez succédé, et on ne peut le considérer que comme une simple note, puisque la recette n'y est pas comprise.

Pont de Roanne.

« Le ministre a fait fond pour cet objet, en 1787 et 1790, de........ 125.647 10 7

« Ladite somme est compensée par appoint par les ordonnances fournies, ci..................... 125.647 10 7

En 1791.

« Le ministre a envoyé en diverses fois pour le même objet, ci....... 200.000 » »

« Les ordonnances fournies s'élèvent à la même somme, ci............ 200.000 » »

En 1792.

« Les envois de fonds par le ministre ont été jusques et y compris celui du 26 juillet, de.................. 152.200 » »
« Il n'a été délivré en ordonnances par les rendans compte, jusqu'au 28 août, que.................. 39.200 » »

364.847 10 7 477.847 10 7
« Il restait donc en caisse au 28 août 113.000 » »

« Balance...... 477.847 10 7

« Fonds restant en caisse pour le pont de Roanne à l'époque du 28 août.................. 113.000 » »

« Voilà, citoyens, l'examen que nous avons fait; nous vous garantissons l'exactitude des calculs; mais, si nous pouvons nous exprimer ainsi, c'est moins la comptabilité qui doit occuper une administration, que le soin de surveiller toutes les parties qui peuvent concourir au bonheur de la République. On retrouve dans tous les bureaux les bases de la comptabilité; mais un instant perdu pour la chose publique ne se retrouve jamais. C'est vous qui devez donner le mouvement à toutes les administrations subalternes; vous êtes responsables de leurs lenteurs dans le recouvrement des contributions publiques, et c'est à vous que l'exécution de la loi est spécialement déléguée. Votre commission vous propose les dispositions suivantes pour arrêter le compte dont elle vient de vous faire le rapport :

« 1° Le compte-rendu par l'administration, dont toutes les fonctions ont cessées le 28 août, sera visé et paraphé par le Président et le secrétaire général, ainsi que toutes les pièces y annexées, pour être déposées aux archives et y avoir recours au besoin.

« 2° Ledit compte est appuré, conformément au rapport qui vient d'en être présenté, et suivant lequel il est reconnu 1° qu'en ajoutant au solde qui restait en caisse sur les sous additionnels, à l'époque du 28 août, la somme de trois cents soixante et onze livres seize sous pour les deux ordonnances qui ont été employées deux fois dans la dépense du présent compte, il restait à cette époque quarante-sept mille soixante et quinze livres quinze sous, six deniers, ci.................. 47.075 l. 15 s. 6 d.

« 2° Que la somme qui est disponible à la même date sur les fonds destinés aux travaux publics, s'élèverait à cent soixante-dix-sept mille cinq cents dix-sept livres deux sous trois deniers, ci.................. 177.517 2 3

« 3° Qu'il y avait en caisse cent treize mille livres restant sur les fonds destinés à la reconstruction du pont de Roanne, ci...... 113.000 » »

« 3° Il a encore été reconnu que les ordonnances fournies par la nouvelle administration que vous avez remplacée, s'élevaient jusqu'à la fin de novembre dernier, savoir :
« celles sur les sous additionnels à la disposition du département, à 52.709 3 7
« Celles sur les fonds destinés aux travaux publics, à............................... 41.464 19 1

« Les deux tableaux dans lesquels sont détaillées ces ordonnances seront réunis aux pièces du précédent compte, après avoir également été visés et paraphés par le président et le secrétaire général et déposés aux archives pour y avoir recours au besoin.
« 4° Il a été également reconnu que la commune de Lyon était débitrice d'une somme de douze mille cinq cents livres pour avance qui lui a été faite, pour achat de sacs de bleds et frais de voiture; ladite somme prélevée sur les sous additionnels à la disposition du département. »

Ouï le Procureur Général Syndic en ses conclusions, les dispositions proposées par la commission chargée de l'examen des comptes, étant à la suite de son rapport, ont été adoptées pour arrêté; en conséquence, le Conseil arrête qu'elles seront transcrites sur le registre de ses délibérations, ainsi que ledit rapport.

GRANDCHAMP, président. GONON S.-F., secrétaire général.

Le dimanche vingt-trois décembre 1792, l'an 1ᵉʳ de la République Française, les administrateurs composant le Conseil du département de Rhône-et-Loire, en surveillance permanente, réunis en séance publique, où étaient les citoyens Grandchamp, président, Couturier, Belville, Achard, Bonamour, Ferrand, Borde, Santallier, Sauzéas, Laurenson, Dubost, Buiron-Gaillard, Richard, Pipon, Tardy, Maillan, administrateurs, Meynis, procureur général syndic, et Gonon, secrétaire général.

Sur les une heure après midi, s'est présenté le citoyen Ampère, juge de paix du canton de la Halle-aux-Bleds de cette ville de Lyon, lequel a dit qu'il avait reçu une lettre du Procureur Général Syndic, à laquelle était jointe copie de celle du ministre de la Justice au Procureur Général Syndic, dans laquelle lettre du Procureur Général Syndic, il était invité de procéder sur-le-champ à la levée des scellés apposés, tant dans l'étude et le cabinet du citoyen André que dans ses différentes habitations, et à la vérification des papiers qui s'y trouveront; mais qu'il ne se croyait pas suffisamment autorisé à procéder à cette vérification, sans une autorisation expresse de l'administration; il a ajouté qu'il croyait convenable de lui donner deux commissaires pris dans le sein de l'administration; il a observé que ses fonctions de juge de paix se bornaient en ce moment à reconnaître les scellés, à dresser procès-verbal de leur état et à se retirer. Sur cette observation, il lui a été représenté que, soit la lettre du ministre de la Justice, soit celle du Procureur Général Syndic, l'autorisaient non seulement à procéder à la levée des scellés, mais à la vérification de tous les papiers qui se trouveraient, tant dans l'étude que dans les différentes habitations du citoyen André; mais, comme le citoyen Ampère persistait dans son opinion, et attendu que la plupart des membres du Conseil et du Directoire s'étaient déjà retirés et que le Conseil ne se trouvait pas suffisamment garni pour délibérer, il a été répondu que, dans le jour, le Conseil délibérerait sur sa proposition et qu'il lui en serait fait part; le juge de paix s'est retiré en assurant l'assemblée qu'il viendrait lui-même savoir la décision du Conseil. Depuis et le même jour, le Conseil n'ayant pu se former, attendu qu'il n'avait pu être prévenu de la pétition du juge de paix, les membres en séance permanente ont renvoyé à en délibérer au lendemain, neuf heures.

GRANDCHAMP, président. GONON S.-F., secrétaire général.

Le lundi vingt-quatre décembre 1792, l'an 1ᵉʳ de la République Française, les administrateurs composant le Conseil du département de Rhône-et-Loire, en surveillance permanente, réunis en séance publique, où étaient les citoyens Grandchamp, président, Couturier, Belville, Achard, Bonamour, Ferrand, Borde, Santallier, Sauzéas, Laurenson, Dubost, Buiron-Gaillard, Richard, Pipon, Tardy, Maillan, administrateurs, Meynis, procureur général syndic, et Gonon, secrétaire général.

Le Directoire s'étant formé, la pétition du juge de paix Ampère ayant été mise en délibération, il y a été arrêté que copie certifiée de la lettre du ministre de la Justice sera, sur-le-champ, adressée aux juges de paix dans le ressort desquels se trouvent les différens appartemens occupés par le citoyen André et sur lesquels les scellés ont été apposés, avec invitation de procéder de suite à la reconnaissance et levée desd. scellés et à la vérification des papiers qui s'y trouvent; lors de laquelle vérification, qui sera faite en présence du citoyen Achard, administrateur et commissaire nommé par le département, et d'un commissaire qui sera nommé par la municipalité de Lyon et pris dans son sein, tous les papiers qui seront reconnus pouvoir concerner la Nation seront mis à part, annexés au procès-verbal du juge de paix, et le tout adressé par l'administration au ministre de la Justice.

Le citoyen Achard, commissaire nommé par l'arrêté du Directoire, en date de ce jour, a rendu compte au Conseil que s'étant présenté sur l'heure de 4 du soir, chez le citoyen Ampère, juge de paix, pour lui faire part des intentions de l'administration, avec le citoyen Roch, commissaire pris dans le sein de la municipalité, il ne l'avait point trouvé chez lui; que, sur l'invitation de la sœur du citoyen Ampère, il s'était rendu à la police correctionnelle, où elle l'avait assuré qu'il était; que là, le juge de paix lui avait dit qu'il avait commencé la levée des scellés et la vérification des papiers dans le domicile où étaient l'étude et le cabinet d'André, notaire. Le citoyen Achard a ajouté qu'après avoir observé au juge de paix combien sa conduite paraissait inconvenante pour n'avoir pas attendu la décision du département, qu'il avait lui-même sollicitée, avant de commencer ses opérations, il lui a déclaré qu'il protestait de tout ce qui avait été fait par le citoyen Ampère, qu'il venait en rendre compte au conseil, afin qu'il prît dans sa sagesse le parti qui conviendrait. Le citoyen Achard a remis sur le bureau le procès-verbal signé de lui et du citoyen commissaire de la municipalité, dont la teneur suit :

« Ce jourd'hui, vingt-quatrième jour de décembre, l'an 1ᵉʳ de la
« République Française, nous soussignés, commissaires du départe-
« ment de Rhône-et-Loire et de la municipalité de Lyon, nommés l'un
« et l'autre par une délibération, l'une du Directoire de l'administra-
« tion dud. département, l'autre du Conseil de lad. municipalité, pour
« nous transporter chez le citoyen d'Ampère, juge de paix du canton
« de la Halle-aux-Bleds, à l'effet d'assister à la levée des scellés mis
« sur les papiers du sʳ André, notaire, par ordre du ministre et en
« vertu d'un décret de l'Assemblée Conventionnelle, sur les quatre
« heures de cette après dînée, nous étant transportés chez le susd.
« juge de paix, n'y ayant trouvé que son épouse, laquelle nous a dit
« que son mari était à la police correctionnelle, nous y avons été, où
« l'y ayant trouvé, parlant à lui et lui demandant quelle heure il
« voulait nous donner pour commencer la susd. levée des scellés,
« nous a répondu, qu'ayant quelques petites affaires à juger, il nous
« priait d'attendre au moins une heure, tems qu'il lui fallait pour être
« entièrement à nous. Pendant ce temps, nous ayant plusieurs fois
« adressé la parole, nous a dit qu'hier, s'étant présenté au départe-
« ment pour savoir quelles mesures il avait à prendre pour lad. levée
« de scellés, et ayant, sur ce qui lui fut répondu, demandé que l'on
« nomma deux commissaires pris dans le sein de l'administration et
« de la municipalité, voyant que l'on paraissait indécis sur sa
« demande, il s'était retiré et s'était cru suffisamment autorisé par la
« lettre du ministre pour faire lad. opération. Lui ayant demandé
« alors de quels témoins il était assisté pour une opération si délicate,
« nous a répondu qu'hier, le frère du sʳ André l'était venu sommer
« de lever les scellés, et qu'il avait cru ne pouvoir s'y refuser;
« qu'aussitôt, il avait été commencer l'opération avec le frère André
« et le sʳ Coinde, servant de témoins; que les scellés avaient été
« levés de dessus l'étude du sʳ André, notaire, ainsi que sur une
« partie du cabinet, et qu'il n'y avait rien trouvé d'analogue aux
« motifs pour lesquels on avait arrêté le sʳ André; qu'il en avait
« dressé procès-ver... et avait signé, ainsi que les témoins. Lui ayant
« alors observé qu'il n'aurait pas dû commencer ladite opération sans
« le consentement de l'administration, a répondu qu'il avait besoin
« d'une provocation pour son ministère; que le frère André l'avait
« faite et qu'il s'était cru suffisamment autorisé. Sur quoi, lui avons
« répondu que cette démarche étant défectueuse, avons déclaré que
« nous protestions contre le tout et que nous allions nous retirer, en
« lui demandant néanmoins son heure pour, le lendemain, assister à
« la continuation de la levée des scellés, et que nous allions en rendre
« compte à l'administration; sur quoi, il nous a donné l'heure de
« deux de relevée et nous sommes retirés. A Lyon, ce 24 décembre
« 1792, l'an 1ᵉʳ de la République. Signé : Achard, administrateur du
« département, et Roch, officier municipal. (1) »

(1) L'original est intercalé dans le registre.

Soit que cette déclaration du citoyen Achard au juge de paix ait fait faire à ce dernier des réflexions intérieures, soit par tous autres motifs, sur les huit heures du soir, le citoyen Ampère s'est présenté au Conseil, accompagné du citoyen André, frère du notaire André et du citoyen Coindre, avoué, il a présenté la minute de son procès-verbal qui développe les motifs qui l'ont déterminé à y procéder. Le Président lui a témoigné combien il était surprenant, qu'après être venu lui-même déclarer qu'il ne se croyait point suffisamment autorisé à procéder à la vérification des papiers qui pourraient se trouver sous les scellés apposés dans les appartemens du citoyen André, après avoir demandé une autorisation expresse de l'administration, même des commissaires pris dans son sein, après s'être retiré sur la déclaration expresse qui lui fut faite que sa pétition serait référée au Conseil assemblé et qu'il lui serait fait part du résultat, après avoir promis de venir lui-même savoir ce résultat, il était surprenant que, sans attendre, sans avoir connaissance de ce résultat, il eut passé outre à la levée des scellés et à la vérification des papiers. Le Conseil a invité le juge de paix à se retirer quelques instans, il lui a été déclaré, par le citoyen Président, que le Conseil allait délibérer et qu'il lui serait fait part, sans désemparer, de son arrêté. Le juge de paix, le frère d'André et le citoyen Coinde retirés, la matière mise en délibération, ouï le Procureur Général Syndic en ses conclusions, il a été arrêté que la levée des scellés et la vérification des papiers d'André seraient continuées par le juge de paix en présence du citoyen Achard, commissaire, et des citoyens Couturier, Borde et Belville, commissaires adjoints, nommés par le Conseil et que copie du présent arrêté, ainsi que du procès-verbal du juge de paix et de tous autres procès-verbaux, serait envoyée au ministre de la Justice, pour justifier des diligences et des mesures prises par le Conseil pour l'exécution de ses ordres; le juge de paix rentré, il lui a été annoncé que demain, les quatre commissaires ci-dessus se rendraient avec le commissaire pris dans le sein de la municipalité, conformément à l'arrêté du Directoire, en date de ce jour, dix heures, dans son domicile, pour aller procéder à la vérification ordonnée par le ministre sur les papiers d'André.

GRANDCHAMP, président. GONON S.-F., secrétaire général.

Le mardi vingt-cinq décembre 1792, l'an 1er de la République Française,

Les administrateurs composant le Conseil du département de Rhône-et-Loire, en surveillance permanente, réunis en séance publique, il ne s'est rien présenté qui ait pu exciter la surveillance de l'administration.

Le mercredi vingt-six décembre 1792, l'an 1er de la République Française, les administrateurs composant le Conseil du département de Rhône-et-Loire, en surveillance permanente, réunis en séance publique, où étaient les citoyens Grandchamp, président, Couturier, Belville, Achard, Bonamour, Ferrand, Borde, Santallier, Sauzéas, Laurenson, Dubost, Buiron-Gaillard, Richard aîné, Pipon, Tardy, Maillan, administrateurs, Meynis, procureur général syndic, et Gonon, secrétaire général.

La municipalité de Lyon a fait prévenir le Conseil qu'une affaire urgente commandait la réunion des trois corps administratifs, et elle a fait proposer en quel lieu ils s'assembleraient. Il a été fait réponse que, si la municipalité voulait se donner la peine de venir au Conseil du Département et de prévenir le district de la ville de cette mesure, le Conseil se ferait un vrai plaisir de voir les trois corps administratifs dans son sein. Quelques instans après, le citoyen maire, les officiers municipaux et les administrateurs du district de la ville de Lyon, sont entrés.

Le citoyen Karcaradec, maréchal de camp sous les ordres et chargé des pouvoirs du général Kellermann, accompagné du citoyen Delagrée, commandant les troupes à Lyon, et d'un aide de camp, ont pris séance. Le maire a fait part au Conseil que le bataillon levé à Lyon, sous le nom de bataillon de la République, venant de Châlon, approche, qu'il est à Mâcon; qu'il ne paraît pas qu'il y eut eu aucun ordre de route envoyé par le pouvoir exécutif; que l'arrivée inopinée de ce bataillon semble exiger qu'on prenne des mesures qui, convenables à l'état des circonstances, puissent rassurer la tranquillité publique. Il a été fait lecture 1° d'une lettre du citoyen Siauve, faisant les fonctions de commissaire ordonnateur, qui rend compte de l'état où il a trouvé ce bataillon à Mâcon; 2° d'une lettre du Procureur Général Syndic du département de Saône-et-Loire, signée Merle, en date du 23 décembre présent mois, adressée aux administrateurs de Rhône-et-Loire. Cette lettre fait part des motifs qui ont déterminé l'administration de Saône-et-Loire à faire repartir le bataillon pour Lyon; 3° un extrait de la pétition de la municipalité de Châlon, au directoire du district de la même ville, à la suite duquel est un extrait de l'arrêté de ce district, au bas duquel est l'arrêté du département de Saône-et-Loire, portant que le bataillon du département de Rhône-et-Loire quittera la ville de Châlon pour se rendre à celle de Lyon, d'où il est parti, et que, dimanche prochain, il se rendra en la ville de Tournus, lundi en celle de Mâcon, et mardi à Villefranche et de là à Lyon. Le citoyen Karcaradec a fait part qu'incessamment on recevrait des ordres pour faire partir ce bataillon pour Gap. Mais il a été observé que ce bataillon avait présenté une pétition tendant à se procurer les habillemens et équipemens qu'il dit lui manquer. Lecture a été faite de cette pétition, sur laquelle il a été donné différens renseignemens tendant à éclaircir les motifs de la formation de ce bataillon, les différentes mesures prises pour l'armer et l'équiper.

Une députation des officiers de ce bataillon s'est présentée; il lui a été fait part que le Conseil s'occupait en ce moment de leur pétition; mais que pour y statuer avec toute la justice qu'ils ont droit d'attendre, ils étaient invités à donner l'état de ce qui leur manque et à présenter un mémoire de ce que la loi les met dans le cas d'exiger.

La députation retirée, ouï le Procureur Général Syndic en ses conclusions, le Conseil arrête 1° que l'ordre du général Kellermann, au bataillon de la République, pour se rendre à Gap, sera délivré et exécuté de suite ; 2° deux commissaires pris dans le sein de la municipalité, avec un commissaire des guerres, se transporteront avec le porteur de l'ordre à Mâcon, où, avec le conseil du bataillon, il sera fait revue de ce qui manque pour completter l'armement et l'équipement promis au bataillon par la commune de Lyon, ce qu'elle remplira sous un délai suffisant ; 3° il sera, par le bataillon, nommé huit commissaires pris dans son sein, à raison d'un par compagnie, qui resteront à Lyon pour presser, veiller et faire promptement passer à Gap le complément des promesses de la commune.

GRANDCHAMP, président. GONON S.-F., secrétaire général.

Le jeudi vingt-sept décembre, l'an 1er de la République Française,

Les administrateurs composant le Conseil du département de Rhône-et-Loire, en surveillance permanente, réunis en séance publique, il n'a été pris aucun arrêté.

Le vendredi vingt-huit décembre 1792, l'an 1er de la République Française, les administrateurs composant le Conseil du département de Rhône-et-Loire, en surveillance permanente, réunis en séance publique, où étaient les citoyens Grandchamp, président, Couturier, Belville, Achard, Bonamour, Ferrand, Borde, Santallier, Sauzéas, Maillan, Pipon, administrateurs, Meynis, procureur général syndic, et Gonon, secrétaire général.

Un des membres a observé que les citoyens Ferrand et Teste, ayant occupé depuis le 20 août dernier, époque de la retraite des frères Olivier, secrétaires, les places que remplissaient les citoyens Olivier dans les bureaux de l'administration, et leur traitement n'ayant point été arrêté, il paraissait juste de s'en occuper et de le fixer provisoirement. La proposition mise en délibération, ouï le Procureur Général Syndic en ses conclusions, il a été arrêté que provisoirement le citoyen Ferrant jouira du traitement de deux mille quatre cents livres, et le citoyen Teste du traitement de dix-huit cents livres, pour en être payés à compter de l'époque où lesdits citoyens Ferrand et Teste ont occupé les places des frères Olivier.

Un membre a rendu compte qu'hier au soir, sur les huit heures, il se présenta une députation de citoyennes qui vinrent inviter l'administration à vouloir assister à une distribution publique de prix, qu'elles entendent faire au club central demain, entre 4 et 5 heures du soir, à de jeunes citoyens qu'elles ont élevés dans les principes de la liberté et de l'égalité. Le Conseil, empressé de donner au public de nouvelles preuves de l'intérêt qu'il prendra toujours à la propagation des lumières qui doivent entourer le berceau d'une République naissante, a arrêté, après avoir ouï M. le Procureur Général Syndic en ses conclusions, que les citoyens Pipon et Maillan se rendraient demain, en qualité de commissaires du Département, pour assister à la distribution des prix dont il s'agit.

GRANDCHAMP, président. GONON S.-F., secrétaire général.

Le samedi vingt-neuf décembre 1792, l'an 1ᵉʳ de la République Française, les administrateurs composant le Conseil du département de Rhône-et-Loire, en surveillance permanente, réunis en séance publique, où étaient les citoyens Grandchamp, président, Couturier, Belville, Achard, Bonamour, Ferrand, Borde, Santallier, Sauzéas, Pipon, Maillan, administrateurs, Meynis, procureur général syndic, et Gonon, secrétaire général.

Vu la délibération du conseil général du district de St-Etienne, en date du 14 septembre 1792, tendant à ce qu'il soit prononcé 1° que le département de Rhône-et-Loire a seul pu et dû répartir les contributions foncière et mobiliaire de 1791 et 1792, sur les communes de Riotor, St-Ferriol et Oriol ; qu'en conséquence, ces communes seront tenues de déposer sans délai, au secrétariat du district de St-Etienne, les matrices des rôles de ces contributions pour lesdites années, pour qu'ils puissent être expédiés ; 2° qu'attendu la distraction de ces paroisses du département de Rhône-et-Loire, et leur union à celui de Haute-Loire, ce premier département et, par suite, le district de St-Etienne, doit être déchargé pour 1793 de la somme de 31.745 liv., montant des contributions foncière et mobiliaire réparties sur ces trois communes en 1792. Vu les pièces mentionnées en ladite délibération ; considérant que, suivant le procès-verbal de division des départemens, arrêté par l'Assemblée Constituante, les communes de St-Ferriol et de Riotor, dépendent du département de Rhône-et-Loire ; que dans ce procès-verbal elles sont nominativement comprises dans le nombre de celles qui composent le canton de Firmigny, du district de St-Etienne, et qu'elles sont rappelées dans la désignation de celles qui forment les limites en dedans dudit département ; que la collecte d'Oriol est une parcelle de la paroisse de St-Ferriol, et que, d'après le principe consacré par ledit procès-verbal, que le clocher emportera avec lui tous les fonds qui en dépendent, cette parcelle est incontestablement du département de Rhône-et-Loire ; considérant que, d'après l'art. 2 de la loi du 28 juin 1791, les limites des départemens et des districts, telles qu'elles sont déterminées dans les procès-verbaux de division de la France et qu'elles ont été décrétées par l'Assemblée Nationale, doivent subsister ; qu'en conséquence, les communes doivent continuer de faire partie des départemens et des districts auxquels elles ont été réunies ; que, par l'art. 3 de la même loi, l'Assemblée Nationale a déclaré nulles et comme non-avenues toutes réserves portées aux procès-verbaux de division des départemens et des districts, ainsi que tous arrêtés des corps administratifs contraires à la fixation de leurs limites respectives, et a décrété que toutes les communautés qui auraient pu se détacher du département ou du district dont elles dépendaient d'après ladite fixation, seront tenues de s'y réunir sans délai; considérant que, d'après des faits aussi constans, des dispositions aussi précises, il n'a pu voir qu'avec le plus grand étonnement que l'Assemblée Législative, après avoir décrété, le matin du 8 juin 1792, que ces paroisses resteront incorporées au département de Rhône-et-Loire, ait, le soir, rapporté ce décret et statué, en l'absence de la plus grande partie des députés de ce département, que lesdites communes de St-Ferriol, Riotor et leurs dépendances demeureraient définitivement unies au département de Haute-Loire; que, quelques soient les motifs qui ont déterminé l'Assemblée Législative à décréter cette réunion, l'administration du département de Rhône-et-Loire, pénétrée de ses devoirs, s'y conformera sans réclamation. Mais, considérant que les impositions de 1790 ont servi de base pour le répartement que l'Assemblée Constituante a fait des contributions de 1791 et que, pour celles de 1792, il n'y a eu aucun changement; que le Directoire du département de Rhône-et-Loire a compris le montant des impositions de ces paroisses dans l'état général des impositions de 1790 de ce département, qu'il a adressé au ministre, et qu'il y a lieu de présumer que le département de Haute-Loire n'en a pas fait mention dans l'état qu'il a envoyé de son côté, fait qu'il est facile de vérifier dans les bureaux du ministre des contributions publiques; que jusqu'au moment où la loi du 8 juin a désuni ces communes de son territoire, le département de Rhône-et-Loire était d'autant plus fondé à leur répartir les contributions, tant foncière que mobiliaire qu'elles devaient supporter, qu'il en était grevé; que le département de Haute-Loire n'a pu, sans injustice, vouloir imposer à la décharge de ses contributions des paroisses qui ne dépendaient pas de son département et dont les impositions de 1790 n'ont point été comprises, ainsi qu'on le croit, dans l'état général de celles de ce département qui ont déterminé la portion des contributions de 1791 et 1792 qui lui a été assignée; considérant qu'il est, par conséquent, d'une justice de rigueur que les contributions desdites communes soient recouvrées au profit du département de Rhône-et-Loire pour les années 1791 et 1792, et que décharge lui en soit accordée pour l'avenir; ouï le Procureur Général Syndic en ses conclusions, le Conseil du département de Rhône-et-Loire arrête qu'il réclame avec confiance la justice de la Convention Nationale, à l'effet d'obtenir que les communes de St-Ferriol, Riotor et Oriol, seront tenues de déposer sans délai au secrétariat du district de St-Etienne, les matrices de rôles des contributions foncière et mobiliaire, pour qu'ils puissent être incessamment expédiés et mis en recouvrement, et ledit recouvrement versé dans la caisse du receveur du district de St-Etienne, et ce pour les années 1791 et 1792; que sur le montant des contributions que supportera ce département pour les années suivantes, il sera sollicité une décharge de 25.780 liv. en contribution foncière et de 5.965 liv. en contribution mobiliaire, sommes auxquelles ces communes ont été reconnues devoir être imposées par le district de St-Etienne; arrêté enfin, qu'expédition du présent arrêté sera adressé à la Convention Nationale, par l'intermédiaire du ministre des contributions publiques, et qu'une autre expédition sera envoyée aux députés de ce département à la Convention Nationale, lesquels sont priés de faire valoir les motifs de sa juste réclamation et de provoquer la plus prompte émission du décret qui y est relatif

Un des commissaires nommés pour assister à la reconnaissance des scellés apposés sur les papiers du citoyen André, notaire de cette ville de Lyon, et à la vérification d'iceux, a rendu compte de la mission des commissaires, et d'après son rapport et après avoir ouï le Procureur Général Syndic en ses conclusions, il a été arrêté que l'expédition remise par le juge de paix Ampère, celle envoyée par le juge de paix de Montluel, extrait des séances de l'administration des 23 et 24 présent mois, et l'extrait du procès-verbal dressé par les citoyens Achard, administrateur, et Roch, officier municipal, seront envoyés au ministre de la Justice, pour justifier de l'empressement de l'administration et des mesures qu'elle a prises pour l'exécution de ses ordres.

GRANDCHAMP, président, GONON S.-F., secrétaire général.

Le dimanche trente décembre 1792, l'an 1ᵉʳ de la République Française,

Les administrateurs composant le Conseil du département de Rhône-et-Loire, en surveillance permanente, réunis en séance publique, il n'a été pris aucun arrêté.

Le lundi trente-un décembre 1792, l'an 1ᵉʳ de la République Française, les administrateurs composant le Conseil du département de Rhône-et-Loire, en surveillance permanente, réunis en séance publique, où étaient les citoyens Grandchamp, président, Couturier, Belville, Achard, Bonamour, Dubost, Ferrand, Borde, Santallier, Sauzéas, Maillan, Pipon, administrateurs, Meynis, procureur général syndic, et Gonon, secrétaire général.

Il a été fait lecture d'une lettre des commissaires de la Trésorerie nationale, qui autorise l'administration à arrêter l'état de comptabilité de la caisse du citoyen Deschamp, ci-devant payeur général du département; ouï le Procureur Général Syndic en ses conclusions, il a été arrêté qu'il serait procédé à cette opération par les citoyens Couturier et Dubost, qu'il a nommé à cet effet et qui ont accepté.

GRANDCHAMP, président. GONON S.-F., secrétaire général.

1793

Le mardi premier janvier, 1793, l'an 2ᵉ de la République Française.

Il ne s'est rien présenté qui ait pu exciter la surveillance de l'administration.

Le mercredi 2 janvier 1793, l'an 2ᵉ de la République Française, les administrateurs composant le Conseil du département de Rhône-et-Loire, en surveillance permanente, réunis en séance publique, où étaient les citoyens Grandchamp, président, Couturier, Belville, Achard, Bonamour, Ferrand, Borde, Santallier, Sauzéas, Dubost, Maillan, Pipon, administrateurs, Meynis, procureur général syndic, et Gonon, secrétaire général.

Les citoyens Duchambon et Denervo se sont présenté; ils ont déposé sur le bureau chacun une commission du Conseil exécutif provisoire, savoir celle du citoyen Duchambon, en date du 25 novembre 1792, qui le nomme à la place de commissaire ordonnateur des guerres de la 19ᵉ division militaire, et celle du citoyen Denervo, en date du 9 novembre 1792, qui le nomme commissaire des monnoies de Lyon. Ces deux citoyens ont ensuite demandé à être admis à prêter serment, dont ils ont requis acte, ainsi que de l'enregistrement de leurs commissions. Lecture faites desd. commissions, ouï le Procureur Général Syndic, le Conseil arrête que lesd. commissions seront enregistrées et que les citoyens Duchambon et Denervo sont admis à prêter serment, qu'ils ont prononcé individuellement en ces termes : « Je jure d'être fidèle à la Nation, de maintenir la liberté et l'égalité ou de mourir en les défendant. » Dont et du tout acte a été octroyé aux citoyens Duchambon et Denervo pour leur servir et valoir ainsi qu'il appartiendra.

GRANDCHAMP, président. GONON S.-F., secrétaire général.

Le jeudi trois janvier 1793, l'an 2ᵉ de la République Française, les administrateurs composant le Conseil du département de Rhône-et-Loire, où étaient les citoyens Grandchamp, président, Couturier, Belville, Achard, Bonamour, Ferrand, Borde, Santallier, Sauzéas, Dubost, Maillan, Pipon, administrateurs, Meynis, procureur général syndic, et Gonon, secrétaire général.

Sur l'observation faite par un membre qu'il était important de fixer d'une manière invariable les parties d'appartement que l'administration doit occuper à l'hôtel commun, ouï le Procureur Général Syndic en ses conclusions, il a été arrêté que le Président était invité d'écrire au maire, afin d'obtenir le plus promptement possible cette détermination.

Sur la pétition faite d'un logement au Palais pour le greffier du district, ouï le Procureur Général Syndic en ses conclusions, il a été arrêté que le citoyen Pipon, administrateur, était nommé commissaire pour vérifier et prendre tous les renseignemens relatifs à cet objet.

GRANDCHAMP, président. GONON S.-F., secrétaire général.

Le vendredi quatre janvier 1793, l'an 2º de la République Française, les administrateurs composant le Conseil du département de Rhône-et-Loire, en surveillance permanente, réunis en séance publique, où étaient les citoyens Grandchamp, président, Couturier, Belville, Achard, Bonamour, Ferrand, Borde, Santallier, Sauzéas, Dubost, Maillan, Pipon, administrateurs, Meynis, procureur général syndic, et Gonon, secrétaire général.

Le Président a fait lecture d'une lettre du maire de cette ville de Lyon dont la teneur suit :

« Lyon, le 3 janvier 1793, l'an 2º de la République.

« Citoyen Président,

« La municipalité, après avoir bien examiné tous les appartemens
« de l'Hôtel commun, se trouve dans l'impossibilité de vous fournir
« les neuf pièces que vous lui demandés, à moins que les citoyens
« administrateurs du district ne consentent à vous relâcher une partie
« de celles qui sont de leur dépendance. Veuillez donc, citoyen, en
« conférer avec eux ; quand à nous, nous désirons bien sincèrement
« que vous puissiez trouver à vous arranger, de manière à avoir un
« local tel qui vous est nécessaire, n'ayant rien de plus à cœur que de
« vous conserver près de nous.
« Agréez l'assurance de mes sentiments fraternels, le maire de la
« ville de Lyon. Signé : Nivière-Chol, maire. »

Sur quoi ouï le Procureur Général Syndic en ses conclusions, il a été arrêté que le Président écrirait sur le champ au maire pour lui faire part de l'intention ultérieure du Conseil. Le Président s'est de suite occupé de la rédaction de sa réponse. Lue au Conseil elle a été adoptée en ces termes :

« Lyon, le 4 janvier 1793, l'an 1er de la République.

« Citoyen, j'ai fait part à l'administration du département du con-
« tenu de votre lettre, sur l'impossibilité où vous êtes de nous donner
« les pièces nécessaires aux travaux du Directoire.
« Tous les membres du Conseil ont pensé que la municipalité,
« pouvant seule disposer de l'Hôtel commun, et ayant désiré y
« réunir les trois corps administratifs, elle pouvait seule accueillir
« ou rejetter notre demande. C'est par une suite de ces principes qu'il
« a été arrêté que le district serait invité par vous à nous céder tous
« leurs appartemens, ou à les garder. Dans le premier cas, nous
« les occuperons le plutôt possible ; dans le second, nous nous
« hâterons de chercher ailleurs un local convenable et nécessaire.
« Les administrateurs, en leur particulier, regretteraient beaucoup
« d'être obligés de s'éloigner des autres corps administratifs ; mais
« les devoirs pressans que nous avons à remplir et trop accumulés,
« nous font une loi de presser les moyens d'être logés pour les rem-
« plir. Nous ne regretterions pas moins que le district éprouvât cet
« inconvénient ; mais encore une fois, la nécessité nous parle impé-
« rieusement ; c'est à la municipalité seule à lui répondre pour
« ce qui regarde l'hôtel de la commune, et il faut que dans le
« jour nous sachions à quoi nous en tenir positivement par une réponse

« claire et dernière, en vous répétant que c'est d'après votre promesse
« de nous donner les appartemens nécessaires que nous sommes
« venus nous réunir à vous dans l'hôtel de la commune.

« Agréez les sentiments fraternels avec lesquels je suis. Le
« Président du Conseil Général de l'administration du département
« de Rhône-et-Loire. Signé: Grandchamp. »

Le citoyen Dubourg, maréchal de camp, est entré, il a présenté une lettre du général Kellermann dont la teneur suit :

« Au quartier général de Chambéry, le 26 décembre 1792, l'an 1er
« de la République Française.

« Le général de l'armée des Alpes, au maréchal de camp Dubourg.

« Le besoin du service exigeant qu'un officier général soit employé à
« Lyon, pendant le quartier d'hiver, pour veiller sur les différens dépôts
« des effets et munitions nécessaires à l'armée des Alpes, et commander
« tout ce qui intéresse le service dans cette ville importante, par le
« rassemblement des grands magasins et par le passage fréquent des
« troupes, je vous ai choisi, général, pour remplir cet emploi im-
« portant ; je suis bien assuré que votre présence et vos soins y
« maintiendront le bon ordre et que vous vous concerterez, dans
« toutes les circonstances, avec les autorités constituées, pour la
« tranquillité de cette ville.

« Vous voudrez bien me rendre des comptes fréquens sur les
« divers objets de service dans cette ville, où je vous prie de vous
« rendre incessamment. Signé: Kellermann. »

Sur quoi, ouï le Procureur Général Syndic en ses conclusions, il a été arrêté que lad. lettre, portant commission, sera transcrite sur le registre des délibérations, pour y avoir recours ainsi qu'il appartiendra, et, sur les offres faites par le citoyen Dubourg de prêter serment, il a juré d'être fidèle à la nation, de maintenir la liberté et l'égalité ou de mourir en les défendant. Dont acte lui a été octroyé.

Le citoyen Pommiers, présenté par le citoyen Karcaradec, maréchal de camp, pour exercer les fonctions de commissaire des guerres à Lyon, s'est présenté ; en cette qualité, il a prêté serment d'être fidèle à la nation, de maintenir la liberté et l'égalité ou de mourir en les défendant. Dont acte lui a été octroyé, sur la réquisition du Procureur Général Syndic.

GRANDCHAMP, président. GONON S.-F., secrétaire général.

Le samedi cinq janvier 1793, l'an 2º de la République française, les administrateurs composant le Conseil du département de Rhône-et-Loire, en surveillance permanente, réunis en séance publique, où étaient les citoyens Grandchamp, président, Couturier, Belville, Achard, Bonamour, Ferrand, Borde, Servan, Santallier, Sauzéas, Dubost, Pipon, Maillan, administrateurs, Meynis, procureur général syndic, et Gonon secrétaire général.

Le Conseil Général, dont la sollicitude tend uniquement à concourir à une bonne et saine administration, s'étant fait représenter 1º le règlement pour l'ordre intérieur des bureaux du département, en date du 25 novembre 1790, porté sur le registre des délibérations du Conseil Général dans la session de ladite année ; 2° le tableau d'organisation desd. bureaux, fait par le directoire, en date du 20 décembre 1791 ; considérant que, pour éviter qu'il ne s'élève des rivalités ou mécontentemens parmi les secrétaires, sous prétexte d'ancienneté, pour le remplacement des chefs, sous-chefs et premiers commis, il conviendrait que ce remplacement ne fut fait que relativement au mérite et aux talents ; considérant encore que, pour éviter des erreurs ou omissions d'enregistrement qui peuvent arriver par l'embarras et la surcharge qu'éprouve celui qui tient seul ce registre, il serait à propos qu'on établit dans chaque bureau un registre pour y porter les arrêtés y relatifs, sous la surveillance néanmoins du secrétaire général ; considérant enfin qu'attendu la multiplicité des affaires, il serait essentiel, pour l'avantage du public, de former trois bureaux de plus, indépendamment des quatre principaux bureaux déjà établis, savoir : un sous la dénomination de bureaux des Volontaires Nationaux, additionnel au bureau militaire ; un bureau d'Enregistrement, etc. ; un troisième sous la dénomination de bureau des Lois, etc. ; ouï le Procureur Général Syndic en ses conclusions, le Conseil a arrêté, d'après le rapport des citoyens Ferrand et Servan, commissaires nommés à cet effet.

1° Qu'il sera formé sept bureaux, sous la dénomination ci-après, savoir : 1er Bureau d'Enregistrement ; 2° Bureau de Finances et des Contributions publiques ; 3° Bureau National et Ecclésiastique : 4° Bureau Militaire et des Travaux publics ; 5° Bureau des Établissemens publics, de bienfaisance et de comptabilité ; 6° Bureau des Lois ; 7° bureau des Volontaires nationaux, temporaire additionnel au bureau militaire.

2° Procédant ensuite au règlement pour l'ordre intérieur des bureaux, il a été pareillement arrêté ce qui suit :

Article premier.

Le secrétaire général sera chargé seul de la rédaction des délibérations de l'intérieur du Conseil et du Directoire, et il ne pourra transcrire lesd. délibérations sur ses registres, qu'au préalable la minute n'ait été signée par les administrateurs.

Art. 2.

Les chefs de bureaux, sous la surveillance du secrétaire général, seront tenus de faire transcrire, dans un registre ouvert à cet effet dans leurs bureaux respectifs, les arrêtés qui concernent les affaires dont ils sont chargés ; et ces arrêtés ne pourront également être transcrits dans leurs registres qu'au préalable la minute n'ait été signée par les administrateurs ; et, après cette transcription, les arrêtés seront reportés au bureau d'enregistrement, pour y recevoir la date et l'analyse de l'arrêté et celle du renvoi aux districts.

Art. 3.

Le secrétaire général, en sa qualité d'inspecteur en chef des archives, aura la surveillance de tous les titres de l'administration, et les administrateurs s'adresseront à lui pour avoir les papiers dont ils auront besoin.

Art. 4.

L'ordre du travail sera donné aux chefs de bureaux par le secrétaire général; il leur remettra les affaires qui devront les occuper, ce dont ils donneront connaissance aux citoyens rapporteurs, pour ensuite les expéditions être portées, par les chefs de bureaux, aux administrateurs, pour les faire signer.

Art. 5.

Si, par erreur, il était remis aux chefs des bureaux des affaires qui ne fussent pas de leur ressort, ils seront tenus sur le champ de les porter au secrétaire général, qui les remettra au bureau auquel elles sont destinées.

Art. 6.

Le secrétaire général sera tenu de suivre exactement les ordres du Conseil et du Directoire, sans qu'ils puissent souffrir de contrariété ou de retard par aucun administrateur en particulier.

Art. 7.

Tous les secrétaires commis du département se rendront à leurs bureaux, savoir, en été ou au 1er avril, depuis sept heures du matin jusqu'à midi et depuis deux heures de relevée jusqu'à sept; et en hiver ou au 1er octobre, depuis huit heures jusqu'à une heure et depuis trois heures jusqu'à huit heures.

Art. 8.

Aucun des secrétaires commis ne pourra s'absenter sans en avoir obtenu l'agrément de l'administration.

Art. 9.

Aucun secrétaire commis ne pourra transmettre aux administrés les divers arrêtés et pièces, sur lesquelles seront intervenues les décisions du département, cette remise ne devant être faite que par la médiation des districts; celui qui en serait convaincu sera remercié.

Art. 10.

Il sera nommé chaque semaine un membre de l'administration, pour surveiller l'exécution du présent règlement.

Art. 11.

Dans le cas où quelques secrétaires contreviendraient aux articles de ce règlement, le commissaire de semaine reprendra le délinquant en particulier; en cas de récidive, le commissaire en rendra compte au Directoire, en présence duquel sera repris celui qui aura commis une faute et, à la troisième fois, il sera remercié.

Art. 12.

Les places d'employés à l'administration continueront d'être données au mérite et aux talens, sans égard pour l'ancienneté de service, qui ne pourra servir de titre à la concurrence pour les émolumens.

ART. 13.

Le présent règlement sera imprimé au nombre de cent exemplaires, pour être affiché dans chaque bureau, à l'effet, par les secrétaires ou commis, de s'y conformer.

Procédant ensuite au classement du travail et des appointemens des secrétaires chefs, sous-chefs et commis de ces bureaux, le Conseil a arrêté qu'à compter du premier janvier de la présente année 1793, le classement et les appointemens des secrétaires sont et demeurent fixés ainsi qu'il suit :

Le citoyen Gonon, secrétaire général, en sus de son traitement fixé par la loi, cent livres, ci 100 liv.

Bureau d'enregistrement. — Guigoud père, deux mille livres, ci 2.000 liv.

Bureau des contributions publiques. — Poujol, chef, deux mille six cents livres, ci 2.600 liv.; Roze, sous-chef, dix-huit cents livres, ci 1.800 liv.; Blond, dix-huit cents livres, ci 1.800 liv.; Faillot, quinze cents livres, ci 1.500 liv.; Butteau-Mussy, quinze cents livres, ci 1.500 liv.; Odérieux, douze cents livres, ci 1.200 liv.

Bureau national et ecclésiastique. — Ferrand, chef, deux mille six cents livres, ci 2.600 liv.; Teste, sous-chef, dix-huit cents livres, ci 1.800 liv.; Delorme, quinze cents livres, ci 1.500 liv.; Doniol, quinze cents livres, ci 1.500 liv.; Valentin, quinze cents livres, ci 1.500 liv.; Courtois, douze cents livres, ci 1.200 liv; ce commis, actuellement employé près le citoyen Bruys, inspecteur général des patentes, prendra son poste au bureau national dès que son service auprès de l'inspecteur général des patentes, déjà supprimé, cessera; jusques-là, il y sera remplacé par le surnuméraire Forcrand, qui ne sera payé qu'en raison du tems qu'il aura été utile, sur le pied de cent livres par mois, soit par an douze cents livres.

Bureau militaire et des travaux publics. — Duparc, chef, trois mille livres, ci 3.000 liv.; Chenavier, sous-chef, dix-huit cents livres, ci 1.800 liv.; Chaintron, dix-huit cents livres, ci 1.800 liv.; Henry, douze cents livres, ci 1.200 liv.

Bureau des établissemens publics et de comptabilité. — Anglès, chef, deux mille six cents livres, ci 2.600 liv.; Girod, sous-chef, dix-huit cents livres, ci 1.800 liv.; Dallemagne, quinze cents livres, ci 1.500 liv.; Ganin, mille livres, ci 1.000 liv.

Bureau additionnel à celui militaire. — Garnier, dix-huit cents livres, ci 1.800 liv.; Guigoud fils, six cents livres, ci 600 liv.

Bureau des lois. — Tournachon, dix-huit cents livres, ci 1.800 liv.; Gabriel, dix-huit cents livres, ci 1.800 liv., ainsi fixé par la considération qu'outre les occupations que lui donne le Procureur Général Syndic, il se trouve chargé de celles que le Président voudra bien lui confier.

Commis aux archives. — Ce commis sera choisi par le secrétaire général et agréé par l'administration, recevra son traitement tel qu'il aura été fixé après sa réception.

Il a été arrêté, en outre, que les traitemens ci-dessus fixés seront payables de mois en mois et commenceront à courrir depuis le premier janvier présent mois, à l'exception du citoyen Victor Guigoud, qui en sera payé depuis le premier octobre dernier, suivant l'arrêté dud. jour. A l'égard des citoyens Amyot et Forcrand (1), surnuméraires, arrêté qu'il sera fait emploi de leurs talens à la première vacance, et suivant le vœu et les besoins de l'administration.

GRANDCHAMP, président. GONON S.-F., secrétaire général.

Le dimanche six janvier 1793, l'an 2º de la République Française, les administrateurs composant le Conseil du département de Rhône-et-Loire, en surveillance permanente, réunis en séance publique,

Il n'a été pris aucun arrêté.

Le lundi sept janvier 1793, l'an 2º de la République Française, les administrateurs composant le Conseil du département de Rhône-et-Loire, en surveillance permanente, réunis en séance publique,

Il ne s'est rien présenté qui ait pu exciter la surveillance de l'administration.

Le mardi huit janvier 1793, l'an 2º de la République Française, les administrateurs composant le Conseil du département de Rhône-et-Loire, en surveillance permanente, réunis en séance publique, où étaient les citoyens Grandchamp, président, Couturier, Belville, Achard, Bonamour, Ferrand, Borde, Santallier, Sauzéas, Dubost, Servan, Pipon, Maillan, administrateurs, Meynis, procureur général syndic, et Gonon, secrétaire général.

Vu la délibération du conseil général de la commune de Lyon, du 1er janvier courant, ayant pour objet de solliciter auprès de la Convention Nationale un secours de trois millions, en forme d'emprunt, pour soulager les nombreux artisans de cette ville, dépourvus de tous moyens de subsistance, par le défaut de travail; vu l'avis du conseil du district de Lyon sur cette demande, en date du 5 du présent mois de janvier, le Conseil, considérant que depuis longtems les fabriques de la ville de Lyon sont dans une inertie effrayante; qu'une multitude d'ouvriers de tout sexe sont dans l'état le plus affligeant et le plus déplorable par le défaut d'ouvrage; considérant que toutes les ressou...ces locales ont été épuisées pour secourir cette classe précieuse des citoyens; que malgré les efforts et les sacrifices qui ont été faits par les âmes sensibles et vertueuses, les fonds versés dans la Société fraternelle et de bienfaisance sont presque totalement absorbés; considérant que les évènemens politiques n'offrent pour l'avenir aucun espoir d'une amélioration prochaine sur le sort des fabriques lyon-

---

(1) Il a été pris un arrêté ultérieur en faveur des srs Forcrand, Amyot et Prost. Voyez le registre n° 12 du Directoire, affaires générales, fol. 184.

naises, presque toutes consacrées aux objets de luxe; considérant que, dans le milieu de la rigoureuse saison, les besoins deviennent plus pressants et plus considérables; considérant enfin que, dans les tems de révolution et de calamité publique, on est forcé d'avoir recours à des moyens extraordinaires, pour soustraire l'indigent aux horreurs de la faim; ouï le Procureur Général Syndic en ses conclusions, le Conseil arrête qu'il joint son vœu à celui de la commune de Lyon, à l'effet d'obtenir de la Convention Nationale les trois millions qu'elle réclame.

Grandchamp, président. Gonon S.-F., secrétaire général.

Le mercredi neuf janvier 1793, l'an 2ᵉ de la République Française, les administrateurs composant le Conseil du département de Rhône-et-Loire, en surveillance permanente, réunis en séance publique, où étaient les citoyens Grandchamp, président, Couturier, Belville, Achard, Bonamour, Ferrand, Borde, Santallier, Sauzéas, Dubost, Servan, Pipon, Maillan, administrateurs, Meynis, procureur général syndic, et Gonon, secrétaire général.

S'est présenté le citoyen Destekel, officier de la légion des Alpes, qui a dit qu'il avait besoin de fonds pour solder et faire vivre des recrues qu'il a faites pour cette légion, et ce, jusqu'au passage de cette légion; il a ajouté qu'il s'était rendu chez les commissaires des guerres, à la municipalité, au district, et que partout on lui avait répondu que la loi du 15 novembre dernier leur interdisait tout moyen d'ordonner une dépense et disposer d'aucuns fonds appartenant à la Nation qui se trouvent dans les caisses publiques, pour les dépenses relatives à la défense de la République; vu le décret du 15 novembre dernier, ouï le Procureur Général Syndic en ses conclusions, le Conseil arrête, par les mêmes motifs énoncés dans l'avis du district, dont deux commissaires sont venus faire part à l'assemblée, en date de ce jour, qu'il n'y a lieu à délibérer sur la pétition du citoyen Destekel, officier de la légion des Alpes.

Grandchamp, président. Gonon, secrétaire général.

Le jeudi dix janvier 1793, l'an 2ᵉ de la République Française, les administrateurs composant le Conseil du département de Rhône-et-Loire, en surveillance permanente, réunis en séance publique, où étaient les citoyens Grandchamp, président, Couturier, Belville, Achard, Bonamour, Ferrand, Borde, Santallier, Sauzéas, Dubost, Servan, Pipon, Maillan, administrateurs, Meynis, procureur général syndic, et Gonon, secrétaire général.

Le Président a fait lecture de deux lettres des commissaires de la Trésorerie nationale, en date des 3 et 4 du présent mois de janvier, par lesquelles ils demandent que l'administration leur envoie le plutôt possible une copie du procès-verbal de vérification de caisse 1° chez le citoyen Guillot d'Ecussol, ci-devant chargé, sous la comptabilité du citoyen Randon de la Tour, du payement des rentes des communautés d'arts et métiers, depuis le 1ᵉʳ juillet 1788 jusqu'au 31 décembre 1790 ; 2° chez le citoyen Boin, ci-devant chargé à Lyon, sous la comptabilité du citoyen Randon de la Tour, en qualité de trésorier, et chargé du service des ponts et chaussées, à compter du 1ᵉʳ juillet 1788 jusqu'au 31 décembre 1790. Vu la loi du 21 décembre 1792, ouï le Procureur Général Syndic en ses conclusions, le Conseil arrête que ladite vérification sera faite par les citoyens Dubost et Mailland, administrateurs, de laquelle ils dresseront procès-verbal, pour icelui rapporté, être passé outre à l'exécution de la loi du 21 décembre 1792.

GRANDCHAMP, président.

Le même jour jeudi dix janvier 1793, l'an 2° de la République Française, en séance publique,

Les citoyens Matheron, administrateurs, et Bourbon, procureur syndic du district de la ville de Lyon, sont entrés ; ils ont fait part au Conseil d'un extrait d'une délibération du conseil municipal de la ville de Lyon, en date du 7 janvier présent mois, à la suite de laquelle est l'extrait d'un arrêté du conseil du district de la même ville, en date de ce jour, dont la teneur suit :

« Ce jourd'hui sept janvier 1793, l'an 2° de la République, en « séance du conseil municipal, tenue dans la maison commune de « Lyon.

« Sur la demande faite par l'administration du département de « Rhône-et-Loire, tendant à ce que la municipalité lui cède un plus « grand nombre de pièces devenues nécessaires à son administration, « le conseil municipal, considérant que la multiplicité des affaires se « reproduit à chaque instant ; que les divers bureaux nécessaires aux « fonctions municipales et autres établissemens indispensables, étant « déjà très resserrés, il ne reste de ressource pour remplir les vues de « l'administration du département, que de la mettre à même d'étendre « ses bureaux, jusques et compris le pavillon de la maison commune, « faisant l'angle de la place de la Comédie et de la rue Lafont, « actuellement occupé par l'administration du district et ses bureaux ; « en conséquence, le procureur de la commune ouï, le corps muni- « cipal a arrêté que l'administration du district de Lyon sera invitée à « transférer ses bureaux, le plutôt qu'il lui sera possible, dans le « bâtiment national, ci-devant dit abbaye de St-Pierre, comme local « plus rapproché de la maison commune, plus convenable à la prompte « expédition des affaires publiques et à l'harmonie que la municipalité « désire maintenir avec les corps administratifs ; arrête, en outre, que « l'administration du département sera invitée concourir à l'arran- « gement proposé, et qu'extrait du présent arrêté sera incessamment « adressé à l'une et à l'autre des deux administrations, ne doutant « pas qu'elles ne s'empressent à en faciliter l'exécution. Fait à Lyon, « les jour et an susdits. Extrait collationné. Signé : Magot, secrétaire- « greffier.

« Dans la séance publique du conseil du district de Lyon, du
« 10 janvier 1793, l'an 2° de la République, où étaient Angelot, pré-
« sident, Matheron, Thonion, Bertachon et Macabeo, Pipon, Truchard,
« Gaspardy, Bergeon, Irez, Chatelain, Bourbon, procureur syndic, et
« Burellier, secrétaire. Vu la délibération de la commune de Lyon,
« attendu que le département se plaint de ce qu'il est trop resserré
« dans le local qui lui a été donné pour son logement, dans l'Hôtel
« commun de cette ville, il était de toute nécessité de lui céder celui
« qu'occupe le district; qu'il était arrêté que l'administration du
« district se transporterait dans la maison des ci-devant religieuses
« de St-Pierre, un membre a observé que, pour conserver cette union
« qui doit toujours régner entre des corps administratifs qui ne veulent
« que le bonheur des administrés, l'administration devait de suite
« souscrire à l'arrêté de la commune de Lyon; mais qu'il convenait
« cependant que deux commissaires fussent nommés, à l'effet de se
« rendre près de l'administration du département, pour lui représenter
« et les frais immenses qu'entraînerait un déménagement aussi consi-
« dérable que celui du district, soit par les papiers qui lui sont
« propres, soit par les papiers et titres de toutes les communautés
« déposés dans les archives; représenter que ce serait interrompre le
« cours d'une administration chargée, dans cet instant, de travaux
« multipliés; représenter enfin, qu'à la veille d'une nouvelle constitu-
« tion qui supprimera peut-être les départemens et districts, ce serait
« bien peu consulter les intérêts de la Nation et de la commune de
« Lyon, que de faire un déplacement aussi grand pour un instant
« peut-être. Le Procureur Syndic ouï, le Conseil nomme les citoyens
« Bourbon et Matheron, commissaires à l'effet de se rendre près
« du département pour lui faire les observations ci-dessus, et
« l'assurer, dans le cas où le déplacement demandé fut reconnu
« nécessaire, de l'entier dévouement de l'administration du district à
« souscrire à tout ce qui peut tourner à l'avantage des corps admi-
« nistratifs et au bien des administrés. Extrait collationné. Signé :
« Burellier, secrétaire. »

Le Conseil du département, après avoir témoigné aux commissaires administrateurs du district tous leurs sentimens pour les égards qu'ils mettent dans leurs procédés, les a prié d'assurer l'administration du district que, si les différentes opérations dont ils sont chargés n'exigeaient pas aussi impérieusement le surplus d'appartemens qu'ils ont demandés à la municipalité, comme indispensables à la tenue de leur administration, ils verraient avec la plus grande peine, que les circonstances exigeassent la retraite du district hors de l'Hôtel commun; que la plus grande ambition du département a toujours été de resserrer le plus près possible les nœuds qui réunissent les autorités constituées dans le même hôtel; qu'au surplus, l'occupation des appartemens à l'Hôtel commun, demandés par le département, dépendait du tems où le Conseil général se divisera en comité pour la tenue de la séance générale; et cette époque ne pouvant arriver que dans le courant du mois de février prochain, le Conseil du département voyait avec plaisir que cette prolongation laisse au district les moyens d'établir leur déplacement sans que l'intérêt des administrés en souffrît. Enfin, le Conseil a prié les commissaires administrateurs de vouloir être bien persuadés de tout l'empressement que le département mettra toujours à concourir à toutes les mesures qui pourront convenir à l'administration du district, pour le plus grand avantage de la chose publique.

GRANDCHAMP, président. GONON S.-F., secrétaire général.

Le vendredi onze janvier 1793, l'an 2º de la République Française,

Il ne s'est rien présenté qui ait pu exciter la surveillance de l'administration.

Le samedi douze janvier 1793, l'an 2º de la République Française, les administrateurs composant le Conseil du département de Rhône-et-Loire, en surveillance permanente, réunis en séance publique, où étaient les citoyens Grandchamp, président, Couturier, Belville, Achard, Bonamour, Borde, Santallier, Sauzéas, Dubost, Servan, Pipon, Maillan, administrateurs, Meynis, procureur général syndic, et Gonon, secrétaire général.

Le Président a fait lecture d'une lettre qu'il vient de recevoir du maire de la commune de Lyon, dont la teneur suit :

« Lyon, le 12 janvier 1793, l'an 2º de la République.

« Citoyens,

« La municipalité s'empressant de répondre au vœu manifesté par
« plusieurs députations, d'inviter les corps administratifs et judiciaires
« à se réunir, vous invite à vous trouver demain, 13 du courant, à
« 11 heures du matin, dans la grande salle de l'Hôtel commun, pour
« être informés, par lesd. députations, d'une affaire très importante.
« Agréez l'assurance de mes sentimens fraternels. Signé : Nivière-
« Chol, maire. Et par souscription : Aux citoyens administrateurs du
« département de Rhône-et-Loire. »

Sur quoi, ouï le Procureur Général Syndic en ses conclusions, le Conseil a arrêté que ses intentions seraient communiquées au citoyen maire par une lettre qui lui serait adressée par le Président ; et à l'instant, le Président s'étant occupé de la rédaction de cette lettre, communiquée au Conseil, elle a été adoptée et envoyée de suite au maire, dans la forme suivante :

« Le 12 janvier 1793, l'an 2º de la République Française.

« Citoyen,

« Je viens de faire au conseil général d'administration assemblé
« lecture de votre lettre, portant invitation de la municipalité, aux
« administrateurs, de se réunir demain 13, à tous les corps consti-
« tués de cette ville, pour être informés, par des députations, d'une
« affaire très importante.

« Le Conseil environné, occupé et, pour ainsi dire, accablé d'affaires
« importantes, a senti néanmoins qu'il était quelques fois des occu-
« rences majeures qui nécessitaient le rapprochement simultané de
« tous les corps administratifs et judiciaires, pour faire face, par
« cette réunion morale et matérielle, à un grand danger présent,
« imprévu, ou repousser des ennemis puissants.

« Le Conseil, n'ayant aucune connaissance de pareils motifs,
« mettant individuellement tout intérêt de vanité de corps de côté,
« désirant plus que jamais l'harmonie dans les corps et dans
« l'exercice de leurs devoirs, mais sentant, comme Conseil adminis-
« tratif supérieur, l'impérieuse nécessité d'obéir en tout à la loi, qui
« doit être pour tous la seule puissance qui commande, a arrêté, à
« l'unanimité, qu'avant de se rendre à votre invitation, vous seriez
« engagé à nous communiquer et les motifs de cette invitation et les
« causes détaillées qui y ont donné lieu, pour délibérer préliminaire-
« ment sur leur nature. Il m'a chargé de vous communiquer sa déci-
« sion, et je m'acquitte du devoir qu'il me charge de remplir. Agréez,
« citoyen, l'assurance des sentimens fraternels du Conseil et des
« miens en particuliers. Le Président du Conseil Général d'adminis-
« tration de département de Rhône-et-Loire. Signé : Grandchamp. »

GRANDCHAMP, président. GONON S.-F., secrétaire général.

Le dimanche treize janvier 1793, l'an 2ᵉ de la République Française, les administrateurs composant le Conseil du département de Rhône-et-Loire, en surveillance permanente, réunis en séance publique, où étaient les citoyens Grandchamp, président, Couturier, Belville, Achard, Bonamour, Ferrand, Borde, Santallier, Sauzéas, Dubost, Servan, Pipon, Maillan, administrateurs, Meynis, procureur général syndic, et Gonon, secrétaire général.

Le Président a fait part d'une lettre qui vient de lui être adressée par le maire de Lyon, dont la teneur suit :

« De dimanche 13 janvier, l'an 2 de la République.

« Citoyen Président,

« Je crois devoir vous instruire que les objets qui vont être traités
« dans l'assemblée pour laquelle la municipalité avait invité l'admi-
« nistration à vouloir bien se réunir aux autres corps administratifs,
« sont principalement les moyens qu'on pourrait employer pour
« exécuter la loi concernant les certificats de résidence. Des citoyens
« se proposent aussi de présenter un projet d'adresse à la Conven-
« tion, concernant le prompt jugement de Louis seize.

« J'attendrai, pour ouvrir la séance, que vous veuillez bien faire
« connaître si nous aurons l'avantage d'avoir quelques membres de
« votre administration.

« Agréez mes salutations. Signé : Nivière-Chol, maire. »

Sur quoi, ouï le Procureur Général Syndic en ses conclusions, le Conseil a nommé pour commissaires, à l'effet de se rendre à l'invitation du maire, les citoyens Grandchamp, président, Dubost, Sauzéas, Pipon et Maillan, administrateurs. Un membre ayant observé qu'il paraissait convenable de fixer le vœu que ces commissaires porteraient à l'assemblée et la discussion s'étant ouverte à ce sujet, ouï le Procureur Général Syndic en ses conclusions, il a été arrêté que la députation s'exprimerait ainsi, par l'organe du Président, commissaire, dans le cas où l'on exigerait le vœu du département :

« Citoyens,

« Le Conseil Général de l'administration du département de Rhône-
« et-Loire m'a chargé de vous dire que, comme administrateurs, ils
« ne pouvaient émettre aucun vœu qui lierait les administrés sans les
« avoir consultés. Les six districts nous couvriraient de blâme, les six
« districts retireraient la confiance dont ils nous ont investis, si nous
« nous engagions à leur insçu dans une délibération à laquelle ils
« sont sensés devoir participer comme membres du corps social.

« Mais, comme particuliers, nous nous empresserons de satisfaire
« au vœu général qui se trouve d'accord avec le nôtre. »

GRANDCHAMP, président. GONON S.-F., secrétaire général.

Le lundi quatorze janvier 1793, l'an 2 de la République Française, les administrateurs composant le Conseil du département de Rhône-et-Loire, en surveillance permanente, réunis en séance publique, où étaient les citoyens Grandchamp, président, Couturier, Belville, Achard, Bonamour, Ferrand, Borde, Santallier, Sauzéas, Dubost, Servan, Pipon, Maillan, administrateurs, Meynis, procureur général syndic, et Gonon, secrétaire général.

Le citoyen Président a rendu compte de la députation du jour d'hier à l'assemblée convoquée par la municipalité de Lyon ; il a dit : « Nous avons entendu la lecture d'une adresse à la Convention Nationale, exprimant le désir, le vœu des corps administratifs de Lyon, de la commune et du peuple, de voir que la Convention Nationale juge le ci-devant Roi en dernier ressort, et la crainte que, si ce jugement était renvoyé aux assemblées primaires, ce ne fut le signal d'une guerre civile. » Le Président a ensuite communiqué une copie de cette adresse, dont suit la teneur :

« Adresse à la Convention Nationale.

« Mandataires,

« Vous avez juré de purger la France de sa tyrannie, et Louis le
« tyran respire ; tenez votre serment..... Vous-mêmes prononcez le
« jugement du scélérat. Le renvoyer aux assemblées primaires, ce
« serait embraser la République des feux de la guerre civile !.....
« Prononcez ! le peuple vous contemple ! indigné que la journée du
« 10 août soit encore à venger ! »

La députation du département, interrogée si elle adhérait à cette adresse, le Président a demandé la parole et a dit :

« Citoyens,

« Le Conseil général de l'administration du département de Rhône-
« et-Loire m'a chargé de vous dire que, comme administrateurs, ils
« ne pouvaient émettre un vœu qui lierait les administrés sans les
« avoir consultés; les six districts nous couvriraient de blâme; les
« six districts retireraient la confiance dont ils nous ont investis, si
« nous nous engagions à leur insçu dans une délibération à laquelle
« ils sont sensés devoir participer comme membres du corps social.
« Mais comme particuliers, nous nous empresserons de satisfaire
« au vœu général, qui se trouve d'accord avec le nôtre. »

Le Président a rendu compte de la sensation défavorable que cette opinion du département avait faite sur l'assemblée. Il a dit, de plus, qu'ayant rempli l'objet de la députation, il avait émis son vœu individuel, qu'il avait signé, portant adhésion pleine et entière à l'adresse. Il a ajouté ensuite que l'adhésion générale de l'assemblée ayant été manifestée, chaque corps avait nommé un député pour la porter à la Convention Nationale; mais que la députation du département étant limitée dans ses pouvoirs, ci-dessus exprimés, n'avait pu prendre sur ce dernier objet qu'une mesure provisoire, en désignant le citoyen Achard comme député pour se joindre à ceux des autres corps. D'après le rapport du Président, le Conseil Général l'a remercié d'avoir exprimé à l'assemblée convoquée par la municipalité le véritable vœu du Conseil du département.

GRANDCHAMP, président. GONON S.-F., secrétaire général.

Le mardi quinze janvier 1793, l'an 2ᵉ de la République Française, les administrateurs composant le Conseil du département de Rhône-et-Loire, en surveillance permanente, réunis en séance publique, où étaient les citoyens Grandchamp, président, Couturier, Belville, Achard, Bonamour, Ferrand, Borde, Santallier, Sauzéas, Dubost, Servan, Pipon, Maillan, administrateurs, Meynis, procureur général syndic, et Gonon, secrétaire général.

Le Procureur Général Syndic a fait part des observations que vient de lui faire remettre la municipalité de Lyon, au sujet des difficultés qui se présentent pour l'exécution du décret du 20 décembre dernier, concernant la forme des certificats de résidence déterminée par les articles 5, 6 et 7 de ce décret. A la suite de ces observations est l'avis du conseil du district, en date du jour d'hier. La matière mise en délibération, ouï et ce requérant le Procureur Général Syndic, le Conseil, déterminé par les considérations énoncées dans les observations de la municipalité, mais ne pouvant qu'applaudir aux motifs exprimés dans l'avis du district, arrête que la municipalité pourra se pourvoir à la Convention Nationale, pour obtenir des modifications sur l'exécution du décret ci-dessus; mais, attendu que le Conseil ne peut aucunement suspendre ou atténuer l'effet des lois dont l'exécution leur est confiée, arrête que la municipalité de Lyon procédera à la délivrance des certificats de résidence conformément au décret du 20 décembre dernier.

Le Procureur Général Syndic a dit :

« Citoyens administrateurs,

« Si le repos et le bonheur du peuple sont des dépôts confiés à
« votre surveillance, cette confiance vous fait un devoir impérieux
« d'écarter de lui tout ce qui peut compromettre son salut et altérer
« sa tranquillité.

« Vous avez cette double satisfaction, c'est que les mesures qui
« se présentent à votre sollicitude concilient à la fois la justice et
« la sévérité de la loi, avec l'intérêt public.

« Nous ne pouvons nous le dissimuler, la patrie a couru des
« dangers, la liberté publique a été menacée, et c'est à deux sortes
« d'hommes que nous devons les calamités qui nous affligent et les
« frais énormes d'une guerre injuste et meurtrière.

« Lorsque le territoire français fut évacué par cette caste orgueil-
« leuse pour qui l'égalité était un supplice; lorsqu'une déportation
« salutaire eut banni du sol de la liberté ces prêtres hypocrites et
« séditieux, qui prêchaient au nom du ciel le meurtre et le carnage, il
« semblait que l'horizon, dégagé des vapeurs contagieuses qui
« l'avaient obscurci, avait repris son azur et sa sérénité, que les beaux
« jours d'Athènes et de Sparte allaient enfin luire sur le peuple fran-
« çais, après dix-huit siècles d'esclavage.

« Mais, citoyens, nous avons cru trop légèrement peut-être à ces
« illusions séduisantes; nous avons cru éteint un feu qui n'était
« qu'assoupi. Le levain des divisions qui ont désolé toutes les parties
« de la République, cache toujours une fermentation dont le germe
« tend à se développer et se reproduire sous de nouvelles formes et
« attirer sur nous tous les fléaux que les précautions de la sagesse
« ont conjurés jusqu'à présent.

« Tant que les émigrés, les armes à la main, ont figuré parmi nos
« ennemis ostensibles, la Patrie n'a pas eu à craindre les efforts
« impuissants de leur haine homicide. Tant que le fanatisme a été
« dispersé, qu'il n'a pu secouer parmi nous les torches de la ven-
« geance et du désespoir, nous avons respiré en paix l'air de la
« liberté.

« Mais lorsque tous ces événemens semblaient présager des
« momens heureux, lorsque du sein même du calme et de la tranquil-
« lité, nous voyons s'envoler les plus belles espérances, quand nous
« voyons se réfugier dans nos cités une foule d'étrangers de tous les
« genres, pour y cacher leur honte ou leurs projets criminels; quand
« nous voyons s'élever sur les débris d'une faction puissante, des
« milliers de factions liberticides; quand nous voyons enfin des hom-
« mes pervers appeler de toute part l'anarchie et la dissolution du
« corps politique, nous ne pouvons nous défendre d'un sentiment
« funeste que de nouveaux complots se méditent et se préparent.

« C'est donc ainsi que le peuple, toujours souffrant, toujours mal-
« heureux, après avoir été la proie des séductions artificieuses de
« ceux qui s'en emparent, en deviendrait incessamment l'esclave et
« la victime, si les défenseurs de ses droits et de sa liberté ne le
« garantissait des pièges insidieux que lui tendent les agitateurs.

« Citoyens administrateurs, si nous pénétrons la cause de tous ces
« nouveaux troubles, il est encore tems de les faire cesser et de
« couper le fil des trames qui s'ourdissent contre la liberté et le salut

« du peuple. Vous avez une grande mesure à prendre, mais l'intérêt
« de ce même peuple le commande, mais les lois en ont prononcé la
« nécessité; ce n'est qu'en conciliant ces deux puissants motifs, que
« vous ferez gouter à vos concitoyens les fruits de l'union et de la
« fraternité.

« La cause de nos troubles, ce sont les prêtres fanatiques, ce sont
« encore les émigrés. Le remède à nos maux, ce sont les lois des 26
« août et 23 octobre de l'année dernière.

« L'article 1ᵉʳ de la loi du 26 août, assujettit tous les prêtres
« rebelles à la loi du serment de sortir du Royaume dans quinzaine,
« à compter de la publication de la loi. L'art. 3 porte que ceux qui,
« dans le délai prescrit, n'auront pas obéi à la disposition ci-dessus,
« seront déportés à la Guianne française, et seront conduits, de brigade
« en brigade, aux ports de mer les plus voisins, qui seront indiqués
« par le Conseil exécutif provisoire.

« L'art. 5 s'énonce ainsi : Tout ecclésiastique qui serait resté dans
« le royaume après avoir fait sa déclaration de sortir et obtenu passe-
« port, ou qui rentrerait après être sorti, sera condamné à la détention
« pendant dix ans.

« Par l'art. 6. Tous autres ecclésiastiques non sermentés, séculiers
« et réguliers, prêtres, simples clercs minorés ou frères-lais, quoi-
« que non assujettis au serment prescrit par les lois des 26 décembre
« 1790 et 17 avril 1791, sont soumis aux mêmes peines, lorsque, par
« quelques actes extérieurs, ils auront occasionné les troubles venus
« à la connaissance des corps administratifs, ou lorsque leur éloigne-
« ment sera demandé par six citoyens domiciliés dans le même dé-
« partement.

« Si les différentes dispositions de cette loi eussent eu leur exé-
« cution dans toute l'étendue du département, nous n'aurions pas eu à
« en déployer de nouveau la sévérité ; mais telle a été l'insouciance, ou
« plutôt l'aveugle complaisance des municipalités, que, dans le nombre
« de ceux dont l'éloignement était prononcé par la loi, il en est qui
« n'ont pas subi la peine de la déportation, d'autres sont rentrés
« après avoir feint de sortir du royaume et d'autres enfin, qui,
« connus et dénoncés pour avoir excité des troubles, ont tranquille-
« ment restés dans leurs habitudes de tyranniser les consciences et
« de souffler le feu de la dissenssion.

« Par la loi du 23 octobre, les émigrés sont à jamais bannis du
« territoire français ; et depuis les émigrés sont rentrés en foule dans
« le sein de la République. Dispersés dans des lieux où leur existence
« et leurs forfaits sont ignorés, ils échappent ainsi au glaive de la loi,
« en même temps qu'ils poursuivent leurs projets de vengeance.

« Faites cesser, citoyens, les inquiétudes du peuple ; pénétrez dans
« les retraites obscures qui servent de repaire à ces êtres proscrits,
« ennemis de l'humanité ; arrachez-les de ces réduits ténébreux, dont
« ils [ne sortent] que pour exhaler le poison de leur rage ; livrez-les à
« la rigueur de la loi. En les retranchant de la société, vous les mettez
« dans l'impuissance de lui nuire, vous étouffez toutes les factions
« qui la déchirent.

« Le Procureur Général Syndic requiert, en conséquence, qu'en
« vertu de la loi du 26 août et de celle du 23 octobre dernier, tous les
« prêtres qui seront sortis du royaume en conformité des articles 1, 5
« et 6 de la loi du 26, ainsi que ceux qui seront notoirement connus

« pour avoir émigré et qui seront rentrés dans le territoire de la
« République, soient dénoncés au juge de paix du canton de leur
« domicile, pour être jugés suivant l'exigence des cas ».

Sur quoi, la matière mise en délibération, le Conseil Général, considérant combien il importe à la tranquillité de la République d'éloigner de son sein tout ceux qui, par leurs intentions malveillantes, pourraient conspirer contre elle ; considérant que si les prêtres fanatiques et rebelles à la loi de l'Etat, sont dans ce cas, c'est qu'ils n'ont cessé de manifester leur haine contre la révolution, en semant le germe des troubles qui ont agité la France ; considérant que les émigrés qui ont lâchement abandonné leur patrie pour se joindre à ses ennemis, pour les provoquer à s'armer contre elle, sont indignes à jamais du nom Français qu'ils ont deshonoré ; que coupables auteurs d'une guerre désastreuse, leur mort ne vengera jamais assez la patrie du sang qu'ils ont fait répandre ; considérant que l'éloignement des prêtres, jugé nécessaire par la volonté nationale, ne saurait être éludé sous aucun prétexte ; que la peine de mort prononcée contre les émigrés est une juste punition de leurs attentats contre la Nation ; considérant que, dès que la loi a prononcé, des administrateurs ne sauraient être partagés entre leur devoir, qui leur impose l'obligation étroite d'en surveiller l'exécution, et des considérations particulières ; considérant que, s'il existe des divisions et des troubles dans plusieurs villes de la République, la présence de ces individus peut en être ou le prétexte ou l'occasion ; considérant enfin que, dans la cité du chef-lieu et dans les principales villes du département, il existe une foule d'étrangers que leur travestissement soustrait à la rigueur des lois et qui, par ce motif, propagent et alimentent le feu de la haine et de la dissention ; le Conseil Général arrête 1° que la loi du 26 août, sur la déportation des prêtres, sera exécutée suivant sa forme et teneur. En conséquence, tout prêtre compris dans la disposition de l'art. 1er de ladite loi, qui ne serait pas sorti du royaume dans la quinzaine de la publication d'icelle, sera déporté conformément à l'art 3 de lad. loi. Tous ceux qui, après avoir fait leur déclaration de sortir et obtenu un passeport de leur municipalité, ne seraient point sortis du territoire de la République, ou ceux qui, après en être sortis, y seraient rentrés, seront dénoncés et poursuivis par le juge de paix du canton des lieux où ils seront dénoncés, pour être jugés et punis en conformité de l'art. 5 de lad. loi ; 2° la loi du 23 octobre dernier contre les émigrés sera pareillement exécutée. En conséquence, toute personne convaincue d'émigration, qui serait rentrée dans le territoire de la République, en contravention de lad. loi, sera dénoncée et poursuivie par-devant le juge de paix du canton devant qui la dénonciation aura été portée. Au nom de la patrie et du salut de l'Etat, tous les citoyens sont invités à dénoncer, soit aux municipalités, soit devant l'officier de police, tous étrangers non connus, ainsi que tous ceux qui se trouveraient dans les cas ci-dessus. Les municipalités du ressort sont invitées et requises de redoubler de zèle et de vigilance dans la recherche des coupables et des gens sans aveu, de poursuivre devant les juges compétens tous ceux qui, au mépris des lois de l'Etat, auraient encourus les peines ci-dessus, sous peine d'être responsables de leur défaut de diligence, et d'être déclarées complices de conspiration contre l'Etat ; leur recommande, au surplus, la plus rigoureuse exécution des lois sur la police de sûreté ; ordonne que le présent arrêté sera imprimé, publié et affiché dans toutes les municipalités du ressort, avec invitation au Procureur Syndic de chaque district et aux procureurs des communes des municipalités de tenir la main à son exécution et de justifier des mesures qu'elles ont prises jusqu'à ce jour pour la sûreté publique, et tous les mois, de celles qu'elles prendront en exécution du présent arrêté ; savoir, les municipalités à l'administration de leur district, et les administrations de district à celle du département.

GRANCHAMP, président. GONON S.-F., secrétaire général.

Le mercerdi seize janvier 1793.

Il ne s'est rien présenté qui ait pu exciter la surveillance du département.

Le jeudi dix-sept janvier 1793.

Il n'a été pris aucun arrêté en conseil.

Le vendredi dix-huit janvier 1793, l'an 2 de la République Française, les administrateurs composant le Conseil du département de Rhône-et-Loire, en surveillance permanente, réunis en séance publique, où étaient les citoyens Grandchamp, président, Couturier, Belville, Achard, Bonamour, Ferrand, Borde, Santallier, Sauzéas, Dubost, Servan, Pipon, Maillan, Rozier, Laurenson, administrateurs, Meynis, procureur général syndic, et Gonon, secrétaire général.

Vu 1° la pétition présentée par plusieurs citoyens de la section de Pierre-Scize, tendant à faire réparer le pavé de la rue de Bourgneuf, depuis les portes de Vaize jusqu'à la montée du pont de Pierre ; 2° la délibération du conseil général de la commune de Lyon du 7 mars 1792, concernant la voierie en général, dans la ville de Lyon ; 3° les observations de l'ingénieur Astier, présentées sur le même objet au district de Lyon, led. jour 7 mars dernier ; 4° l'avis du directoire du district de Lyon, en date du 28 avril 1792 ; 5° les observations de l'ingénieur en chef du département, présentées au Directoire le 18 mai 1792 ; 6° l'arrêté du district de Lyon, en date du 30 juin 1792, sur les divers objets relatifs au service de la grande et petite voierie dans la ville de Lyon ; 7° l'état, par apperçu, des ouvrages à exécuter en 1792, sur les routes, rues et chemins dépendans de la grande voierie, dans l'étendue du district de la ville de Lyon, présenté par le citoyen Astier, ingénieur ordinaire dud. district ; 8° l'ordonnance du 9 janvier 1793, portant que led. état sera communiqué à l'ingénieur en chef, pour faire part au Directoire du département de ses vues et observations ; 9° le rapport de l'ingénieur en chef, concernant les dépenses à faire pour les relevés-à-bout et entretien du pavé des rues de la ville de Lyon faisant partie de la grande voierie; 10° et enfin, les lettres des 6 septembre et 24 octobre derniers, par lesquelles la municipalité de Lyon sollicite auprès du Directoire le prompt rétablissement du pavé de la rue de Bourgneuf, canton de Pierre-Scize; le Conseil, considérant 1° que les grandes routes sont établies pour la plus grande facilité des communications dans toutes les parties de la République, et en particulier pour vivifier son commerce; 2° que ce n'est que par la situation heureuse du sol que les villes se sont formées, qu'elles continuent de s'aggrandir et que les propriétés foncières y deviennent plus précieuses, en raison et du passage et du commerce que ce même passage y occasionne; 3° que les villes, même inférieures, attirent à elles tout le commerce des communes qui les environnent: que celui de la ville de Lyon s'étend dans toute l'Europe et au-delà; qu'il n'est soutenu et alimenté que par les grandes routes et les rivières navigables; que ce n'est qu'à la faveur de toutes ces facilités qu'il a acquis l'étendue et la célébrité dont il jouit; 4° que l'impôt public que nécessite l'entretien des routes est supporté par toutes les communes qui composent le département; qu'à plus forte raison les villes doivent-elles y contribuer, puisqu'elles profitent plus qu'aucune autre commune des communications; 5° que les nouvelles lois concernant la police et la voierie dans les villes n'ayant point abrogé les anciennes, les propriétaires des maisons des villes doivent, sur toute la latitude de façade de leurs maisons, entretenir à leurs dépens, à 15 pieds de largeur, les pavés des rues dont lesd. maisons sont riveraines; que, néanmoins, le pavé des rues servant à la traversée des grandes routes dans cette ville est d'un entretien plus considérable que celui des autres quartiers de la ville, il paraît juste que ce surcroit de dépenses soit supporté par la masse entière de la ville, de manière que les propriétaires joignant la rue de passage n'aient à faire, pour l'entretien de leurs pavés, qu'une dépense égale à ceux des propriétaires des autres cantons de la ville; 6° considérant enfin que les quais et places publiques ne servent qu'à l'utilité et même à la décoration des villes, c'est à elles à les entretenir, ainsi que les pavés; ouï le Procureur Général Syndic en ses conclusions, il a été arrêté que la pétition des citoyens du canton de Pierre-Scize, pour réparation de pavé, sera renvoyée aux citoyens municipaux de la ville de Lyon, qui demeurent autorisés à faire dresser les devis nécessaires pour parvenir à la plus prompte adjudication des réparations desdits pavés; pour la dépense desd. réparations être, suivant l'usage, payée par chacun des propriétaires des maisons riveraines de la rue dont le pavé est dégradé, et sur la largeur de quinze pieds; en sorte que, si la rue servant à la grande voierie se trouvait avoir plus de 30 pieds, le surplus de dépense qu'occasionnerait ce pavé deviendrait à la charge de l'impôt public.

GRANDCHAMP, président. GONON S.-F., secrétaire général.

Le samedi dix-neuf janvier 1793, l'an 2 de la République Française, les administrateurs composant le Conseil du département de Rhône-et-Loire, en surveillance permanente, réunis en séance publique, où étaient les citoyens Grandchamp, président, Couturier, Belville, Achard, Bona-

mour, Ferrand, Borde, Santallier, Sauzéas, Dubost, Servan, Pipon, Rozier, Laurenson, Maillan, administrateurs, Meynis, procureur général syndic, et Gonon, secrétaire général.

Le citoyen Henri, aide-commissaire des guerres, a présenté une commission qui lui a été donnée par le conseil exécutif provisoire, le 25 novembre dernier, pour se rendre à Clermont, département du Puy-de-Dôme, en qualité de commissaire extraordinaire des guerres ; il en a demandé l'enregistrement et a offert de prêter le serment ; sur quoi, ouï le Procureur Général Syndic en ses conclusions, le Conseil a arrêté que les provisions du citoyen Henry seront enregistrées, et lui donne acte du serment qu'il vient de prêter en ces termes : « Je « jure d'être fidèle à la Nation, de maintenir la liberté et l'égalité ou « de mourir en les défendant. »

GRANDCHAMP, président. GONON S.-F., secrétaire général.

Le dimanche vingt janvier 1793, l'an 2 de la République Française,

Il ne s'est rien présenté qui ait pu exciter la surveillance du Conseil.

Le lundi vingt-un janvier 1793, l'an 2 de la République Française, les administrateurs composant le Conseil du département de Rhône-et-Loire, en surveillance permanente, réunis en séance publique, où étaient les citoyens Grandchamp, président, Couturier, Belville, Achard, Bonamour, Ferrand, Borde, Santallier, Sauzéas, Dubost, Servan, Pipon, Maillan, Rozier, Laurenson, administrateurs, Meynis, procureur général syndic, et Gonon, secrétaire général.

Le Président a fait part d'une lettre qui vient de lui être remise par le citoyen Gautier, demeurant en cette ville, place de la Fédération, pour et au nom du citoyen Georges-Marie Giraud-Montbelet ; lecture a été faite de cette lettre, dont la teneur suit :

« A Anse, le 20 janvier 1793, l'an 2 de la République.

« Citoyens administrateurs,

« J'offre à la Patrie une action de trois mille livres, n° 228, de
« l'emprunt des bleds de Lyon, pour les frais de nos armemens mari-
« times, et quatre douzaines de paires de bas, quatre douzaines de
« chemises, quatre douzaines de paires de souliers pour nos braves
« soldats qui combattent aux frontières.
« Je vous salue fraternellement. Signé : Giraud. (1) »

A cette lettre était joint le récépissé, signé Couderc, valant action de 3.000 liv. sur l'emprunt des trois millions, pour l'achat des bleds de la ville de Lyon, ce récépissé cotté n° 228, contresigné Desmartain-Talon, caissier, ainsi conçu :

(1) L'original est intercalé dans le registre.

SÉANCE DU 21 JANVIER 1793.

« N° 228. Reçu du citoyen Georges-Marie Giraud-Montbellet, la
« somme de trois mille livres, en six assignats de
« 500 liv., pour sa souscription à l'emprunt des trois
« millions pour l'achat des bleds.
« Lyon, ce deux janvier 1793, l'an 2⁰ de la Répu-
« blique française. Signé : Couderc, commissaire tréso-
« rier, et E. Desmartain-Talon, caissier. »

Au dos dudit récépissé est écrit : « Je cède les droits résultants de
« la quittance ci-derrière aux administrateurs du Directoire du dépar-
« tement de Rhône-et-Loire. Fait à Anse, district de Villefranche, le
« vingt janvier 1793, l'an 2 de la République française. Signé :
« Georges-Marie Giraud. »

Lecture finie, le citoyen Gauthier a fait remettre une malle, dans
laquelle il a été reconnu qu'elle contenait les quatre douzaines de
paires de bas de laine, quatre douzaines de chemises, quatre douzaines de paires de souliers, le tout neuf. Le Conseil, plein des sentiments
d'une juste reconnaissance pour cette nouvelle preuve du civisme du
citoyen Giraud, a arrêté, à l'unanimité, 1° qu'il serait donné par le
secrétaire général, au citoyen Gauthier, décharge, tant de la lettre
dans laquelle s'est trouvé inséré le récépissé ci-dessus, valant action
de 3.000 liv., que des quatre douzaines de paires de bas de laine, des
quatre douzaines de chemises et des quatre douzaines de paires de
souliers ; 2° que l'original de la lettre du citoyen Giraud serait annexée
et transcrite dans ses registres ; 3° que tant le récépissé valant action
de 3.000 liv. ci-dessus transcrit, que les chemises, bas et souliers,
seraient déposés entre les mains du secrétaire général, pour, sur
l'avis qui en sera donné à la Convention Nationale et au Pouvoir
Exécutif, être remis ainsi qu'il sera statué ; 4° que le Président écrira
au citoyen Giraud pour lui exprimer le haut témoignage qu'il s'empresse de rendre au civisme et à la générosité bien connus du citoyen
Giraud ; 5° que le procès-verbal de cette séance sera imprimé, publié,
affiché et transmis à toutes les municipalités du département, par
l'intermédiaire des districts, qui seront tenus d'en justifier au Procureur Général Syndic ; 6° enfin, qu'un exemplaire imprimé du présent
procès-verbal sera envoyé au citoyen Giraud, avec invitation à cet
estimable citoyen de vouloir le conserver comme un titre bien mérité
à la bienveillance de la Patrie.

Le citoyen Président, s'étant occupé sur le champ de la rédaction
de la lettre au citoyen Giraud, lecture faite de son projet, il a été
adopté dans les termes suivants, et le secrétaire général chargé de lui
faire expédier la lettre par le premier courrier.

Suit la teneur de la lettre écrite par le Président du département
de Rhône-et-Loire au citoyen Giraud-Montbellet, le 21 janvier 1793,
l'an 2⁰ de la République Française :

« C'est avec l'enthousiasme de la reconnaissance, citoyen, que
« l'administration du département de Rhône-et-Loire a reçu votre
« généreux don civique. L'emploi le plus respectable des dons de la
« fortune est sans doute de contribuer au soutien de la cause immor-
« telle de notre liberté ; mais que ce sentiment est encore rare ! Vous
« êtes fait, citoyen, pour donner à la classe opulente un exemple

« d'autant plus précieux, que ce n'est pas le premier qui émane de
« votre âme patriote. Recevez nos félicitations et nos remercîmens.
« Autant qu'il peut dépendre de nous, votre action sera publiée, et
« nous vous prions de recevoir l'arrêté que nous venons de prendre à
« votre sujet, comme une marque de notre sollicitude et de votre
« gloire.

« Les administrateurs du Conseil Général de l'administration du
« département de Rhône-et-Loire. Signé : Grandchamp, président.

« P. S. — Le procès-verbal vous sera envoyé lorsque l'impression
« y aura mis le sceau de la publicité. »

GRANDCHAMP, président. GONON S.-F., secrétaire général.

Le mardi vingt-deux janvier 1793, l'an 2 de la République Française,

Il n'a été pris aucun arrêté.

Le mercredi vingt-trois janvier 1793, l'an 2 de la République Française,

Il ne s'est rien présenté qui ait pu exciter la surveillance du Conseil.

Le jeudi vingt-quatre janvier 1793, l'an 2 de la République Française,

Il ne s'est rien présenté qui ait pu exciter la surveillance du Conseil.

Le vendredi vingt-cinq janvier 1793, l'an 2 de la République Française,

Il n'a été pris aucun arrêté par le Conseil en surveillance.

Le samedi vingt-six janvier 1793, l'an 2 de la République Française,

Il n'a été pris aucun arrêté par le Conseil en surveillance.

Le dimanche vingt-sept janvier 1793, l'an 2 de la République Française,

Il n'a été pris aucun arrêté par le Conseil en surveillance.

Le lundi vingt-huit janvier 1793, l'an 2 de la République Française, les administrateurs composant le Conseil du département de Rhône-et-Loire, en surveillance permanente, réunis en séance publique, où étaient les citoyens Grandchamp, *président,* Couturier, Belville, Achard, Bonamour, Ferrand, Borde, Santallier, Sauzéas, Dubost, Servan, Pipon, Maillan, Rozier, Laurenson, *administrateurs,* Meynis, *procureur général syndic, et* Gonon, *secrétaire général.*

Le citoyen Jean-Humbert Bernavon s'est présenté; il a remis une commission du Conseil Exécutif provisoire, du 16 janvier 1793, qui le nomme à l'effet d'exercer les fonctions de graveur de la monnoie de Lyon, de laquelle présentation il a requis acte, ainsi que de l'enregistrement de lad. commission. Lecture faite de cette commission, ouï le Procureur Général Syndic, il a été arrêté que lad. commission serait enregistrée et qu'acte en serait donné au citoyen Bernavon.

Vu la lettre du citoyen Gueriot, de la section de la Croix-Rouge, à Paris, adressée aux citoyens maire et procureur de la commune de la ville de Lyon, contenant dénonciation du séjour des nommés Lambert père et fils, en cette ville, et qui les présente comme gens très suspects, et invite à prendre des mesures à l'effet de s'assurer de leurs relations avec les émigrés; laquelle lettre a été à l'instant déposée sur le bureau par les citoyens Richard et Noël, officiers municipaux de Lyon, qui ont annoncé que, sur les recherches faites par le comité de police, il avait été instruit que les nommés Lambert père et fils se trouvent actuellement sur le territoire de la municipalité de Ste-Foi-lès-Lyon; le Conseil, considérant que le danger de la Patrie exige une surveillance très attentive sur les individus soupçonnés de relations avec les émigrés; que la dénonciation du citoyen Gueriot est assez expresse pour autoriser l'administration à s'assurer de la personne et des papiers des nommés Lambert père et fils; ouï le Procureur Général Syndic en ses conclusions, il a été arrêté que les citoyens Maillan et Pipon, administrateurs commissaires nommés à cet effet, se transporteront sur-le-champ sur le territoire de la commune de Ste-Foi-lès-Lyon, y requéreront la force publique et, conjointement avec la municipalité du lieu, feront mettre en état d'arrestation les nommés Lambert père et fils, et de suite procéderont, en la présence de ces derniers, à la vérification de leurs papiers.

(Est annexée ci-joint la lettre du citoyen Gueriot.)(1).

Grandchamp, *président.* Gonon S.-F., *secrétaire général.*

---

(1) Aux citoyens maire et procureur sindic de la ville de Lion, département de Rône-et-Saune, à Lyon. — Paris, le 6 janvier 1793. Citoyens, vous êtes prévenus par cette petite letre que vous avez dans votre ville de Lion deux fameux partisans et coquins de l'ancien régime dans la personne du nommé Lambert, jadis ex-contrôleur général et son fils, un petit bossu et bancal, sous le nom de Dufrêne, jadis conseiller au Parlement de Paris, dont les trois autres frères, fils du père Lambert, par conséquent, sont émigrés et dont deux sont attachés à ce brigand de d'Artois, frère du cy-devant roi, je crois qu'ils sont sous d'autre noms, mais ils loge ou mange souvent chez les citoyens Bertier, négociant aux Broteaux par de là le pont Morant, et chez M. Fulchiron, aussi négociant mais pas aristocrate, comme ces Lambert qui ont eu correspondance avec les ennemis du bonheur de la France, tel que le cy-devant Vte de Mirabeau, Castillon, procureur général du Parlement d'Aix, Galifet, d'Aix aussi, et d'autres Lambert, leurs parents. Si la justice a lieu il faut vi-

Le mardi vingt-neuf janvier 1793, l'an 2e de la République Française, les administrateurs composant le Conseil du département de Rhône-et-Loire, en surveillance permanente, réunis en séance publique, où étaient les citoyens Grandchamp, président, Couturier, Belville, Achard, Bonamour, Ferrand, Borde, Santillier, Sauzéas, Dubost, Servan, Pipon, Maillan, administrateurs, Meynis, procureur général syndic, et Gonon, secrétaire général.

S'est présenté le citoyen Jean-François Perret; il a remis une commission du Conseil exécutif provisoire, du 16 janvier 1793, qui le nomme à l'effet d'exercer les fonctions d'essayeur de la monnoie de Lyon, de la présentation de laquelle commission il a requis acte, ainsi que de son enregistrement. Lecture faite de ladite commission, ouï le Procureur Général Syndic, le Conseil arrête que lad. commission sera enregistrée, et qu'acte est donné au citoyen Perret de la présentation qu'il en a faite.

GRANDCHAMP, président. GONON S.-F., secrétaire général.

Le mercredi trente janvier 1793, l'an 2e de la République Française,

Il ne s'est rien présenté qui ait pu exciter la surveillance du Conseil.

Le jeudi trente-un janvier 1793, l'an 2e de la République Française, les administrateurs composant le Conseil du département de Rhône-et-Loire, en surveillance permanente, réunis en séance publique.

Il n'a été pris aucun arrêté.

Le vendredi premier février 1793, l'an 2e de la République Française,

Il n'a été pris aucun arrêté en Conseil de département.

Le samedi deux février 1793, l'an 2e de la République Française,

Il ne s'est rien présenté qui ait pu exciter la surveillance du département.

---

siter leur portefeuille on y trouvera à coup sûr des indices de relation avec les émigrés, le scellés et mis à Paris chez eux ; ainsi vous voyez qu'il sont suspect. Au nom et de la part d'un citoyen de la section de la Croix-rouge, nommé GUÉRIOT.

Agréez, mes chers citoyens, le patriotisme le plus vrays pour votre prospérité ainsi que de tous les vrays patriotes de la France. (*Original intercalé dans le registre*).

SÉANCES DES 3 ET 4 FÉVRIER 1793.

Le dimanche trois février 1793, l'an 2° de la République Française, les administrateurs composant le Conseil du département de Rhône-et-Loire, en surveillance permanente, réunis en séance publique, où étaient les citoyens Grandchamp, président, Couturier, Belville, Achard, Bonamour, Ferrand, Borde, Santallier, Sauzéas, Dubost, Servan, Richard, Pipon, Maillan, administrateurs, Meynis, procureur général syndic, et Gonon, secrétaire général.

Le citoyen Président a fait lecture d'une lettre de la municipalité de Lyon, qui invite le département à assister, sur la place de la Fédération, à la cérémonie funèbre destinée à célébrer la mort du citoyen Le Pelletier-St-Fargeau, victime de son amour pour les principes de la Liberté; sur quoi, ouï le Procureur Général Syndic, il a été arrêté que tout le Conseil assisterait en corps à cette cérémonie, et, sur la proposition qui a été faite au citoyen Président d'y faire un discours analogue aux circonstances, le Président a accepté l'invitation, il a rédigé le discours suivant, dont il a fait part au Conseil et qui a été généralement applaudi.

Discours du citoyen Président.

« Mes vœux sont satisfaits; je meurs pour avoir défendu la
« liberté de ma Patrie; j'espère que ma mort contribuera à
« affermir la République Française.

« Telles sont les dernières paroles de Pelletier expirant. Citoyens,
« le même jour que la hache de la loi a frappé le tyran, le couteau
« d'un vil assassin a donné la mort au digne législateur que nous
« pleurons; ainsi donc, par un contraste frappant et gravé à jamais
« dans la mémoire des hommes libres, le vice et la vertu ont été placés
« au plus haut degré; d'une part, les crimes d'un Roi parjure et
« conspirateur ont été punis avec éclat, et de l'autre, la sublime
« récompense d'un patriote vertueux a été solennellement proclamée.
« Quelle profonde leçon! A l'heure qu'il est, sur le piédestal même
« d'un despote, repose le cénotaphe triomphant d'un républicain.
« Quelle leçon pour les Rois! Quelle leçon pour les peuples!
« Citoyens, ne l'oublions jamais, nous la transmettrons à nos enfans,
« à toute la terre; nous aspirerons tous à la même gloire, aux
« mêmes honneurs. Citoyens, c'est être immortel que de mourir pour
« sa Patrie. »

GRANDCHAMP, président. GONON S.-F., secrétaire général.

Le lundi quatre février 1793, l'an 2° de la République Française, les administrateurs composant le Conseil du département de Rhône-et-Loire, en surveillance permanente, réunis en séance publique, où étaient les citoyens Grandchamp, président, Couturier, Belville, Achard, Bonamour, Ferrand, Borde, Santallier, Sauzéas, Servan, Dubost, Richard, Pipon, Maillan, administrateurs, Meynis, procureur général syndic, et Gonon, secrétaire général.

Le citoyen Procureur Général Syndic a fait part au Conseil qu'il existait un abus dans l'admission des secrétaires des bureaux qu'il était de la justice du Conseil de faire cesser. Il a dit:

« Lorsqu'une place dans les bureaux vient à vaquer, il est d'usage
« de faire remplir cette place par un des surnuméraires qui travaillent
« sans appointemens dans les bureaux, s'y forment au genre de
« travail qui leur est propre, et tachent par leur exactitude, leur zèle
« et leur intelligence, d'avoir la préférence de l'administration sur
« leurs concurrens. Cet usage, pratiqué de tout tems dans les admi-
« nistrations, a été interverti ; un citoyen Delorme, qui n'a jamais
« travaillé dans les bureaux, qui est inconnu de la plupart des admi-
« nistrateurs, se trouve placé dans le bureau national aux appointe-
« mens annuels de quinze cents livres. De quelque talent dont ce
« jeune homme puisse être doué, ce n'est pas une raison pour inter-
« vertir un ordre que commande l'usage, fondé sur des principes de
« justice, de faire concourir les surnuméraires employés dans les
« bureaux à la place vacante.

En conséquence, le citoyen Procureur Général Syndic a conclu à ce que le citoyen Delorme délaisse la place qu'il occupe et que, pour la remplir, le Conseil donnera son suffrage en faveur des surnuméraires ou de tous autres pétitionnaires qu'il appartiendra. La matière mise en discussion, il a été arrêté que le citoyen Delorme délaisserait sa place, mais que, conformément à l'arrêté du 5 janvier dernier, il serait payé du tems qu'il a travaillé, à raison de quinze cents livres par an, sur l'état donné par le citoyen Ferrand, chef du bureau, et, pour faire droit sur les pétitions des citoyens Amiot et Prost, surnuméraires, tendant à obtenir la place occupée par le citoyen Delorme, les citoyens Belville et Pipon, administrateurs, sont invités de vouloir prendre des renseignemens précis, sur le rapport desquels le Conseil fixera demain l'admission et les appointemens des commis dont il aura jugé indispensable d'augmenter l'état actuel des bureaux. Il a été arrêté, en outre, que le citoyen Amiot serait payé du tems qu'il a travaillé dans les bureaux de l'administration, à raison de huit cent livres par année, sur l'état qui sera donné par le citoyen Ferrand, chef du bureau national.

Le Président a observé à l'Assemblée que le décret de la Convention Nationale du 1er janvier 1793, consigné dans les registres du département, le 30 du même mois, qui détermine les départemens dont les conseils généraux doivent rester en état de surveillance permanente, n'a point désigné celui de Rhône-et-Loire ; en conséquence, il a déclaré à l'assemblée que la surveillance permanente du Conseil du département de Rhône-et-Loire cessait dès ce moment et que le présent registre demeurait clos à la séance de ce jour, quatre février 1793, l'an 2 de la République Française, au folio 50, verso.

GRANDCHAMP, président. GONON S.-F., secrétaire général.

1793

SESSION PERMANENTE

6 AVRIL — 8 AOUT

En exécution du décret de la Convention Nationale du 18 mars 1793 qui rétablit la permanence des conseils d'administration, les séances du Conseil Général du département de Rhône-et-Loire ont été continuées sur le présent registre ouvert à cet effet. Fait en conseil du département, à Lyon, le six avril 1793, l'an 2 de la République Française.

GONON S.-F., secrétaire général.

Le samedi six avril 1793, l'an 2 de la République Française, les administrateurs composant le Conseil Général du département, en surveillance permanente, réunis en séance publique, où étaient les citoyens Grandchamp, président, Couturier, Belville, Achard, Bonamour, Borde, Santallier, Sauzéas, Pipon, Maillan, administrateurs, Meynis, procureur général syndic, et Gonon, secrétaire général.

Il n'a été pris aucun arrêté.

Le dimanche sept avril 1793, l'an 2 de la République Française, les administrateurs composant le Conseil Général du département de Rhône-et-Loire, en surveillance permanente, réunis en séance publique, où étaient les citoyens Grandchamp, président, Couturier, Belville, Achard, Bonamour, Borde, Santallier, Sauzéas, Pipon, Maillan, administrateurs, Meynis, procureur général syndic, et Gonon, secrétaire général.

Il n'a été pris aucun arrêté.

GONON S.-F., secrétaire général.

Le lundi huit avril 1793, l'an 2 de la République Française, les administrateurs composant le Conseil Général du département de

Rhône-et-Loire, *en surveillance permanente, réunis en séance publique, où étaient les citoyens Grandchamp, président, Couturier, Belville, Achard, Bonamour, Borde, Santallier, Sauzéas, Pipon, Maillan, administrateurs, Meynis, procureur général syndic, et Gonon, secrétaire général.*

Deux membres de la commune de Lyon sont entrés sur les sept heures du soir ; ils ont invité l'administration, au nom des députés commissaires de la Convention Nationale, de se rendre au conseil général de la commune, pour y prendre des mesures auxquelles son intervention était nécessaire. Sur quoi, ouï le Procureur Général Syndic en ses conclusions, les membres présens à la séance s'y sont rendus sur-le-champ. Les membres de retour et formés en séance, il a été arrêté, après avoir ouï le Procureur Général Syndic en ses conclusions, qu'il serait fait sur-le-champ une proclamation qui, en annonçant les nouveaux dangers de la Patrie, inviterait les citoyens à se tenir calmes et à se confier aux autorités constituées. Lecture faite du projet de la proclamation, elle a été adoptée en ces termes :

« Citoyens,

« De grands dangers menacent encore la liberté publique ; des
« traîtres que vous avez vus masqués du patriotisme, conspiraient dans
« les ténèbres, pendant que vous vous reposiez sur eux dans une
« fausse sécurité, et machinaient la perte de la République ; heureu-
« sement, citoyens, le voile de l'hypocrisie est tombé avant que ses
« funestes complots aient eu leur succès ; il ne faut plus que du
« courage pour les déjouer et faire rentrer dans la poussière les
« monstres qui oseraient tenter de nous asservir.

« Mais, citoyens, que ce courage soit calme, il n'en sera que plus
« terrible pour tous les ennemis de notre liberté ; que la loi soit votre
« point d'appui, les autorités légitimes votre ralliement, et la Patrie
« sera sauvée. Comptez sur la vigilance et l'infatigable activité de
« vos magistrats ; reposez votre confiance sur les mesures que les
« circonstances vont leur dicter ; leur devoir les attache à leur poste,
« leur devoir est de défendre votre précieuse liberté, leur devoir est
« de vous donner l'exemple de la fermeté et du courage, leur devoir
« enfin est de sauver la Patrie ou de mourir en la défendant. »

GRANDCHAMP, président. GONON S.-F., secrétaire général.

Le mardi neuf avril 1793, l'an 2 de la République Française, les administrateurs composant le Conseil Général du département de Rhône-et-Loire, en surveillance permanente, réunis en séance publique, où étaient les citoyens Grandchamp, président, Bonamour, Sauzéas, Maillan, Couturier, Belville, Achard, Borde, Santallier, Servan, Richard, Pipon, administrateurs, Meynis, procureur général syndic, et Gonon, secrétaire général.

Un membre a observé que ce n'était point assez de presser le recrutement prescrit par la loi, qu'il paraissait convenable de préparer les jeunes citoyens à devenir un jour le soutien de la Patrie, en les invitant de se former aux exercices des armes afin d'assurer les triomphes qui doivent garantir notre liberté. La matière mise en délibération, ouï le Procureur Général Syndic, il a été arrêté qu'il serait fait une adresse aux jeunes citoyens, dans le sens de l'observation ci-dessus, et le projet en ayant été présenté et discuté, l'adresse a été adoptée dans les termes suivants :

« Jeunes citoyens,

« La Patrie, victime de sa trop grande confiance, éprouve dans ce
« moment de nouveaux revers, d'autant plus terribles que le traître
« qui en est la cause paraît avoir combiné avec les ennemis de la
« République le coup fatal par lequel il prétend l'anéantir.
« Dumouriez, le traître Dumouriez peut être sans égal pour le
« crime, mais il ne l'est pas du côté des talents militaires ; les res-
« sources de la République sont inépuisables à cet égard.
« Il nous reste encore d'habiles généraux, connus par leur patrio-
« tisme pur et par leurs talens éprouvés.
« C'est sous ces grands maîtres que nous invitons les jeunes
« citoyens des villes à aller se former au métier de la guerre, comme
« dans l'art le plus sublime, le plus honorable et le plus utile à l'Etat,
« dans ces circonstances.
« Jeunesse florissante, vous à qui la nature a donné la taille, la
« force et le courage, cessez d'épuiser la fortune de vos parents pour
« vous exempter du service militaire, tout système de représentation
« en pareil cas est déshonorant pour vous, parce qu'il fait supposer
« que vous n'avez du goût que pour l'oisiveté et la mollesse ; laissez
« parler vos cœurs et suivez leurs mouvemens ; si vous êtes de vrais
« républicains, ils vous inspireront que, dans les circonstances
« critiques où se trouve l'Etat, vous devez voler à son secours ; que
« l'honneur et la gloire ne peuvent s'acquérir que dans les camps et
« dans les combats, et que jamais il ne fut un plus beau moment pour
« signaler votre courage et bien mériter de la Patrie.
« Nous invitons donc les jeunes gens des villes de ce département,
« autres que ceux ordinairement occupés à l'agriculture, à la fabri-
« cation des armes et dans les administrations, de l'âge de 18 ans
« jusqu'à 30 ans inclusivement, à se rassembler au moins deux fois
« par semaine, dans leurs sections respectives, sous l'inspection du
« commandant général de la garde nationale et des chefs de légion,
« pour se fortifier dans le maniement des armes et les évolutions ; de
« se pourvoir d'équipement et de se mettre en état de répondre au
« premier signal qui pourroit leur être fait, moins que leur zèle, dont
« nous ne doutons pas, ne les portât, sans attendre aucune réquisition,
« à demander de l'emploi.
« Nos frères qui partent chaque jour pour se rendre aux frontières,
« apprendront avec satisfaction qu'on se prépare à les soutenir, et
« que bientôt ils n'auront que la gloire d'avoir marché les premiers
« contre l'ennemi. »

GRANDCHAMP, président. GONON S.-F., secrétaire général.

Le mercredi dix avril 1793, l'an 2 de la République Française, les administrateurs composant le Conseil Général du département de Rhône-et-Loire, en surveillance permanente, réunis en séance publique, où étaient les citoyens Grandchamp, président, Couturier, Belville, Achard, Bonamour, Borde, Santallier, Sauzéas, Pipon, Servan, Maillan, Richard, administrateurs, Meynis, procureur général syndic, et Gonon, secrétaire général.

Le Procureur Général Syndic a fait part de deux dépêches reçues du ministre de l'Intérieur par courrier extraordinaire ; l'une est un décret de la Convention Nationale, du 6 avril 1793, numéroté 705, qui met en état d'arrestation tous les individus de la famille des Bourbons. Lecture faite dudit décret, sur la réquisition du Procureur Général Syndic, il a été arrêté qu'il en serait donné de suite copie à la municipalité de Lyon, par l'intermédiaire du district de la même ville, avec invitation de le faire exécuter sur-le-champ ; arrêté, en outre, qu'il sera consigné dans les registres tenus à cet effet ; qu'il sera imprimé, adressé aux districts et par eux transmis aux municipalités de leur ressort, pour être pareillement consigné dans leurs registres respectifs, lu, publié, affiché et exécuté suivant sa forme. L'autre est une lettre du ministre de l'Intérieur du 7 avril, dont la teneur suit :

« Je suis informé, citoyens administrateurs, que Dumouriez prépare
« un espèce de manifeste in-4° ; que ce manifeste s'imprime à
« St-Amand, et que le traître se propose de le répandre avec profusion
« dans tous les départemens.

« J'ignore la voie qu'il prendra pour remplir ce but ; mais il importe
« de ne pas laisser circuler un écrit qui peut circonvenir la faiblesse
« et l'ignorance des uns, favoriser les vues et les efforts de nos
« ennemis intérieurs et secrets, et fomenter les divisions intestines.

« J'abandonne donc à votre sollicitude de prendre les moyens les
« plus prompts et les plus surs d'en faire arrêter tous les exemplaires
« qu'on tentera d'introduire dans la République, soit par la voie des
« messageries des postes, soit par celle de voitures ordinaires ; ainsi
« donnez des ordres, citoyens administrateurs, aux districts, aux
« municipalités, aux préposés aux douanes, aux gardes nationales,
« en un mot à tous les bons citoyens de votre département, pour
« déjouer le projet de ce nouveau conspirateur, et soyez exacts à me
« faire part du succès des mesures que vous aurez prises. Signé :
« Garat. »

Sur quoi, ouï et ce requérant le Procureur Général Syndic, il a été arrêté que copie de cette lettre serait envoyée aux six districts avec un exemplaire de l'arrêté du Conseil du département, dont la rédaction présentée par le Procureur Général Syndic a été adoptée en ces termes :

« Le Conseil Général du département de Rhône-et-Loire, ayant
« considéré que, dans les circonstances critiques où se trouve le
« salut public, que, dans un moment où les ennemis de l'extérieur de
« notre liberté, coalisés avec ceux de l'intérieur, entretiennent des
« communications perfides par tous les moyens qui peuvent anéantir
« la chose publique, en fomentant la haine et la division parmi les

« citoyens ; il est instant d'arrêter les progrès de ces projets liberti-
« cides ; ayant considéré surtout que les lâches partisans d'un général
« justement abhorré par les noires trahisons dont il s'est rendu
« coupable envers la Nation ; que le traître Dumouriez lui-même
« entretient des correspondances criminelles pour propager les prin-
« cipes odieux de son système infernal et lier à son sort et à ses
« complots contrerévolutionnaires tous ceux qui, par égarement,
« faiblesse ou dessein perfide, pourroient se prêter à ses vues ; qu'on
« ne sauroit prendre enfin de moyens trop prompts pour découvrir ou
« les desseins homicides qui se préméditent, ou les auteurs qui les
« enfantent ou les disséminent dans l'étendue de la République ;
« arrête, comme mesure de sûreté générale, que dans toutes les
« postes aux lettres et messageries, tant par terre que sur eau, de
« l'étendue du département, les paquets et correspondances ne seront
« ouverts et distribués au public, qu'après que la vérification en aura
« été faite, dans la ville de Lyon, en présence d'un administrateur du
« département, un de celui du district et un membre de la muni-
« cipalité de Lyon ; dans les chefs-lieux des autres districts, d'un
« administrateur et d'un officier municipal, et dans les autres com-
« munes, en présence de deux officiers municipaux, lesquels, dans le
« cas où les paquets, par leur poids, leur étendue, leur grosseur ou
« leur adresse, pourroient inspirer quelques soupçons, seront tenus
« d'en faire l'ouverture et de les retenir, si les soupçons conçus se
« réalisoient en certitude et annonçoient quelque projet suspect, à la
« charge par eux d'en dresser procès-verbal, dont ils enverront
« immédiatement copie à l'administration du département, avec copie
« des correspondances ; à cet effet, invite tous les corps administratifs
« et municipalités de tenir la main et à prendre les mesures les plus
« actives pour assurer l'exécution du présent arrêté, s'en reposant
« sur la sagesse et la prudence des administrateurs et municipaux,
« pour ne point interrompre le cours ordinaire du service des postes
« et des correspondances. Le présent arrêté sera imprimé et envoyé
« aux directoires de districts, à l'effet de le transmettre aux munici-
« palités de leur ressort, pour être publié et affiché ; ce dont les
« officiers municipaux seront tenus de certifier aux procureurs
« syndics des districts, dans la quinzaine ; et ceux-ci, au Procureur
« Général Syndic, quinzaine après. »

GRANDCHAMP, président. GONON S.-F., secrétaire général.

Le jeudi onze avril 1793, l'an 2º de la République Française, les administrateurs composant le Conseil Général du département de Rhône-et-Loire, en surveillance permanente, réunis en séance publique, où étaient les citoyens Grandchamp, président, Couturier, Belville, Achard, Bonamour, Borde, Santallier, Sauzéas, Servan, Pipon, Maillan, Richard aîné, Grange, administrateurs, Meynis, procureur général syndic, et Gonon, secrétaire général.

Il n'a été pris aucun arrêté.

GONON S.-F., secrétaire général.

Le vendredi douze avril 1793, l'an 2º de la République Française, les administrateurs composant le Conseil Général du département de Rhône-et-Loire, en surveillance permanente, réunis en séance publique, où étaient les citoyens Grandchamp, président, Couturier, Belville, Achard, Bonamour, Borde, Santallier, Sauzéas, Servan, Pipon, Maillan, Richard, Laurenson, administrateurs, Meynis, procureur général syndic, et Gonon, secrétaire général.

Il ne s'est rien présenté qui ait pu exciter la surveillance de l'administration.

Le samedi treize avril 1793, l'an 2º de la République Française, les administrateurs composant le Conseil Général du département de Rhône-et-Loire, en surveillance permanente, réunis en séance publique, où étaient les citoyens Grandchamp, président, Couturier, Belville, Achard, Bonamour, Borde, Santallier, Sauzéas, Servan, Pipon, Maillan, Richard, Rousset, administrateurs, Meynis, procureur général syndic, et Gonon, secrétaire général.

Un courrier extraordinaire est arrivé à sept heures du matin ; il a apporté le décret pour presser le recrutement, et de suite il a été fait part aux districts de ces dépêches. Un second courrier extraordinaire est venu ; il a apporté les ordres de l'adjoint de la 4ᵉ division du département de la guerre, concernant les précautions à prendre pour la sûreté de la famille des Bourbons, dans la translation de leurs personnes à Marseille. Sur quoi, ouï le Procureur Général Syndic en ses conclusions, il a été arrêté qu'il serait de suite donné communication de ces dépêches aux districts et à la municipalité, et que réquisition serait faite au commandant de la gendarmerie pour l'exécution de la partie de ces ordres qui peut le concerner.

GRANDCHAMP, président. GONON S.-F., secrétaire général.

Le dimanche quatorze avril 1793, l'an 2º de la République Française, les administrateurs composant le Conseil Général du département de Rhône-et-Loire, en surveillance permanente, réunis en séance publique, où étaient les citoyens Grandchamp, président, Couturier, Belville, Achard, Bonamour, Borde, Santallier, Sauzéas, Servan, Pipon, Maillan, Richard, Rousset, administrateurs, Meynis, procureur général syndic, et Gonon, secrétaire général.

Il n'a été pris aucun arrêté.

GONON S.-F., secrétaire général.

Le lundi quinze avril 1793, l'an 2º de la République Française, les administrateurs composant le Conseil Général du département de Rhône-et-Loire, en surveillance permanente, réunis en séance publique, où étaient les citoyens Grandchamp, président, Couturier, Belville, Achard, Bonamour, Borde, Santallier, Sauzéas, Servan, Pipon, Maillan, Richard, Roussel, Mottin, administrateurs, Meynis, procureur général syndic, et Gonon, secrétaire général.

Lecture a été faite d'une lettre des officiers municipaux de Mâcon, en date du 14 avril présent mois, dont la teneur suit :

« Citoyen Procureur Général,

« Jeudi dernier, 11 du courant, le commandant de la gendarmerie
« nationale de votre département, en conséquence d'une réquisition
« de votre part, a traduit dans nos prisons sept particuliers, sortans
« de celle de Lyon, savoir : Gerer, Gilibert, Dauxal, Roux, Adam,
« Bayle et Dechassey; ayant appris que la translation de ces détenus
« avait pour objet qu'ils soient présentés au juré d'accusation, nous
« en avons, sur-le-champ, donné connaissance au directeur, pour
« qu'il eût à remplir ses fonctions, mais il n'a pu le faire, attendu que
« la procédure n'était point parvenue.

« Cette procédure, ainsi que les pièces de conviction, si aucunes il
« y a, devait, suivant la règle, accompagner les prévenus, et nous
« avons vu avec surprise, que non seulement elle n'ait point été
« apportée avec eux, mais encore que depuis quatre jours elle ne
« soit point arrivée.

« Cependant, les prévenus ont dû être interrogés dans les vingt-qua-
« tre heures, cependant la loi nous défend de les détenir plus longtems
« dans cette situation, sans qu'on s'occupe de leur procès, et ils
« réclament l'exécution de la loi; le soupçon de quelque oubli, erreur
« ou équivoque sur l'envoi de cette procédure, et plus encore nos
« égards et notre respect pour la réquisition de votre département,
« dans laquelle il est fait mention qu'elle émane de celle des citoyens
« commissaires de la Convention Nationale, nous a empêché, jusqu'à
« présent, de les mettre en liberté ; mais, ne pouvant pas demeurer plus
« longtems en contradiction avec la loi, nous venons d'arrêter, en
« Conseil Général, que nous vous prierions et inviterions instamment par
« la présente, qui vous sera remise par un exprès, de tenir la main à ce
« que cette procédure parvienne sur-le-champ à sa destination, sans
« quoi les détenus seront élargis sous la responsabilité de ceux par le
« fait desquels la procédure peut être retenue. Les officiers munici-
« paux de Mâcon. Signé : Gris, Dutroncy père, Bracoquié, Large,
« Rambaud et Buvêt. »

Sur quoi, ouï le Procureur Général Syndic en ses conclusions, il a été arrêté que, sur-le-champ, la municipalité de Lyon, ainsi que le district de la même ville, seront invités de se rendre de suite dans le sein du département, pour conférer ensemble sur les mesures convenables et relatives à la lettre ci-dessus. Le citoyen maire de la ville de Lyon, ainsi qu'un administrateur du district, s'étant rendus à l'invitation du département, il leur a été fait lecture de la lettre ci-dessus et de la réquisition dont la teneur suit :

« Nous, administrateurs et Procureur Général Syndic du départe-
« ment de Rhône-et-Loire, en conséquence de la réquisition à nous
« faite par les citoyens Rovere, Basire et Legendre, commissaires

« députés de l'Assemblée Nationale pour le rétablissement de l'ordre
« dans l'étendue de ce département, en date du six du présent,
« requérons le commandant de la gendarmerie nationale du départe-
« ment de Rhône-et-Loire, de faire conduire et transférer dans la
« maison de justice de Mâcon, département de Saône-et-Loire, les
« cy-après dénommés, savoir : Louis Girer, épicier; les nommés Guy,
« commandant du bataillon de Place Neuve ; Coinde, avoué;
« Audobé, commandant du bataillon de Saonne; George-Albert
« Doxat, commandant des volontaires de Loire, natif de la ville
« d'Yverdun, canton de Berne; Jean-Baptiste Bayle, commandant en
« chef du bataillon de Rue Neuve ; François-Marie-Thérèze Jolicler,
« curé de St-Nizier ; le nommé Parcin, grenadier du bataillon de Porte
« Froc ; Jean-François Roux, demeurant à Lyon, rue Neuve ; Simon-
« Jean Adam, avoué ; Claude-François Roux, négociant à Lyon, rue
« Mulet; le nommé Bonnard, tailleur, rue de la Barre ; Jean-Emmanuel
« Gilibert, médecin ; le nommé Jean Gilibert aîné, et enfin le nommé
« Dechassey, fabricant de bas, demeurant à Lyon, rue St-Dominique,
« détenus dans les prisons de Roanne et St-Joseph. L'invitons et
« requérons de prendre, sur-le-champ, toutes les mesures nécessaires
« pour assurer la prompte arrivée des dénommés ci-dessus dans la
« maison de justice, et en cas d'insuffisance de la gendarmerie,
« l'autorisons à requérir, sans qu'il soit besoin d'autre réquisition,
« l'assistance d'un nombre de dragons suffisans pour protéger l'escorte
« et la conduite, jusques en la ville de Mâcon, sera tenu, le commandant
« du détachement, de rapporter expédition de l'écrou ou un récépissé
« du concierge de la maison de justice de Mâcon, de tous ceux qui y
« auront été transférés et d'en certifier l'administration immédiatement
« après l'arrivée du détachement en cette ville. »

Sur quoi, ouï le Procureur Général Syndic en ses conclusions, il a été arrêté et le citoyen maire a promis d'aller en conférer sur-le-champ à la commune, et il a fait espérer pour résultat que les pièces ci-dessus seraient portées demain, sous bonne et sure garde, à l'accusateur public du Tribunal criminel de Mâcon; en conséquence, il a été délibéré que copie de la lettre des officiers municipaux de Mâcon serait, sur-le-champ, communiquée officiellement au district de Lyon, pour, sur la communication qu'il en fera à la municipalité, être pris telles mesures qui puissent mettre à couvert la responsabilité du département.

GRANDCHAMP, président. GONON S.-F., secrétaire général.

Le mardi seize avril 1793, l'an 2 de la République Française, les administrateurs composant le Conseil du département de Rhône-et-Loire, en surveillance permanente, réunis en séance publique, où étaient les citoyens Grandchamp, président, Couturier, Belville, Achard, Bonamour, Borde, Santillier, Sauzéas, Pipon, Servan, Maillan, Richard aîné, Motlin, Rousset, administrateurs, Meynis, procureur général syndic, et Gonon, secrétaire général.

Le citoyen Maurin fils s'est présenté. Il a fait lecture d'une réquisition des commissaires de la Convention Nationale, tendant à lui faire délivrer une expédition de pièces ; sur quoi, ouï le Procureur Général Syndic en ses conclusions, il a été arrêté que le citoyen Maurin laissera sur le bureau lad. réquisition, pour y délibérer, et à l'instant le citoyen Maurin s'est retiré, sans vouloir remettre sa réquisition.

GRANDCHAMP, président. GONON S.-F., secrétaire général.

Le mercredi dix-sept avril 1793, l'an 2 de la République Française, les administrateurs composant le Conseil du département de Rhône-et-Loire, en surveillance permanente, réunis en séance publique, où étaient les citoyens Grandchamp, président, Couturier, Belville, Achard, Bonamour, Borde, Santallier, Sauzéas, Servan, Pipon, Maillan, Richard aîné, Mottin, Rousset, Farjon, Place, administrateurs, Meynis, procureur général syndic, et Gonon, secrétaire général.

Il n'a été pris aucun arrêté.

GONON S.-F., secrétaire général.

Le jeudi dix-huit avril 1793, l'an 2 de la République Française, les administrateurs composant le Conseil du département, en surveillance permanente, réunis en séance publique, où étaient les citoyens Grandchamp, président, Couturier, Belville, Achard, Bonamour, Borde, Santallier, Sauzéas, Servan, Pipon, Maillan, Richard aîné, Mottin, Rousset, Farjon, Place, Durieu, administrateurs, Meynis, procureur général syndic, et Gonon, secrétaire général.

Le Président a fait lecture d'une lettre du Procureur Général Syndic du département de l'Ardèche, qui envoit à l'administration quatre pièces relatives à des projets révolutionnaires qui sont imputés aux citoyens Charousset, Degrospierre et Jean Boisson de Vagnus ; la matière mise en délibération, ouï le Procureur Général Syndic en ses conclusions, il a été arrêté que les pièces ci-dessus seraient communiquées en original au Comité du salut public de cette ville, pour y rester jusqu'à demain, et ensuite être statué.

Le président a fait part qu'il venait de lui être remis un paquet envoyé par la voye de la gendarmerie à l'administration, par les administrateurs du département de l'Ain, qui ont écrit et joint à leur lettre sept pièces contenant les motifs de l'arrestation de deux citoyens de Lyon, nommés Grand et Faton ; la matière mise en délibération, ouï et ce requérant le Procureur Général Syndic, il a été arrêté que lesdites pièces seraient également remises au Comité de salut public en original, pour y rester déposées jusqu'à demain midi et ensuite être prises en considération.

Un membre a fait part d'une autre lettre écrite de Limoges, par les administrateurs de la Haute-Vienne, au Directoire de Rhône-et-Loire, concernant les citoyens de cette ville. Sur la réquisition du Procureur Général Syndic, le Conseil a arrêté que les mêmes mesures ci-dessus seraient prises à l'égard de la lettre des administrateurs de la Haute-Vienne; en conséquence, le Président et le Secrétaire général se sont rendus, sur l'invitation de l'administration, au Comité de Salut public, pour y faire le dépôt des pièces ci-dessus. Elles ont été toutes cottées et paraphées, au nombre de quinze, par le secrétaire général, qui en a retiré le récépissé signé des citoyens Maillan, Achard et Roch, commissaires du comité.

Sur les huit heures du soir, les citoyens Amard et Merlino, deux députés, commissaires de la Convention Nationale pour le département de l'Ain et autres adjacents, se sont présentés. Ces honorables membres de la Convention ont témoigné combien ils étaient empressés de venir visiter fraternellement l'administration, et, après avoir développé avec énergie les excellents principes qui ont guidé leurs démarches dans le cours de leur mission, pour faire prospérer la République et déjouer l'espoir des malveillans, ils ont pris congé du Conseil en ne lui laissant que des regrets, bien justement mérités, de ne pouvoir les conserver plus longtems dans son sein.

Sur le rapport fait par un membre de l'administration, que les districts de Montbrison, Roanne et Villefranche ont écrit au département qu'ils ont employé tous les moyens que la loi a mis en leur pouvoir pour faire rentrer tous les fusils appartenans à la République et distribués aux différens citoyens, chacun dans leurs districts respectifs, que cette mesure n'ayant pas suffi pour s'en procurer un nombre assez considérable pour armer tous les volontaires destinés à la défense de la Patrie; qu'il est cependant d'un intérêt majeur de faire partir aux frontières toutes les forces que la Convention Nationale a jugé nécessaires pour défendre, avec avantage, le territoire de la République, contre les puissances coalisées; que le département a employé de son côté, auprès du district de Lyon, qui semblait présenter plus de ressources par rapport à la ville de Lyon, toutes les voyes capables de s'en procurer; qu'il est allé jusqu'à lui enjoindre, par un arrêté, de fournir dans les trois jours, sous sa responsabilité, 1350 fusils nécessaires pour le complément d'armes suffisantes pour ne pas laisser dans l'oisiveté les volontaires destinés à partir; que cette mesure a été jusqu'ici infructueuse; le Procureur Général Syndic entendu, le Conseil arrête que, pour compléter le nombre de fusils qui manquent aux volontaires du département de Rhône-et-Loire, levés en exécution de la loi du 24 février dernier, il sera fourni, par la commission de vérification des armes de la ville de Saint-Étienne, la quantité de 1350 fusils de guerre; lesquels seront répartis et distribués, savoir: 800 pour le district de Montbrison, 350 pour le district de Villefranche, et 200 pour celui de Roanne, et seront délivrés aux administrateurs du département les citoyens Durieux et Sauzéas, délégués à cet effet, lesquels seront chargés de faire expédier le plus promptement possible le contingent assigné à chaque district, comme aussi de prendre avec l'administration du district et la municipalité de St-Etienne, les mesures les plus convenables pour accélérer la vérification des armes destinées au service de la République, nommer provisoirement tel nombre d'experts qu'ils jugeront à propos, pour faciliter le progrès de ladite vérification, jusqu'au moment où les armes fabriquées seront toutes vérifiées, moyennant le salaire et la rétribution ordinaire des experts actuellement en activité de service; autorise au surplus lesdits commissaires à passer, en faveur de la commission, toutes décharges et donner tous récépissés de délivrance qui leur seront faites, à la charge, par ceux-ci, de justifiier de l'expédition desdites armes aux districts, charge la responsabilité de ladite commission dans le cas où, par son refus ou son retard à délivrer ladite quantité, le départ des volontaires destinés à la défense de la République pourroit éprouver quelque retard.

GRANDCHAMP, président. GONON S.-F., secrétaire général.

Le Procureur Général Syndic a fait part d'une lettre de la municipalité de Lyon, qui fait part de l'envoi des pièces de procédures contre les citoyens de cette ville traduits devant le tribunal criminel de Mâcon; elle est conçue en ces termes :

Lyon, le 17 avril 1793, l'an 2 de la République Française,

« Citoyens,

« Je vous transmets copie de la lettre de la municipalité de Lyon,
« laquelle m'annonce que le citoyen Achard, membre de votre Direc-
« toire, a été chargé de porter les procédures au Tribunal de Mâcon,
« et qu'il doit y être arrivé actuellement.
« Le substitut du procureur syndic du district de Lyon. Signé : Matheron.

« Copie de la lettre écrite de Lyon, le 17 avril 1793, l'an 2 de la
    « République Française, par le Procureur de la commune
    « par intérim, au procureur syndic du district de ladite
    « ville. »

« Citoyen,

« J'ai, reçu par votre lettre datée du 16 du courant, la copie de la
« lettre des officiers municipaux de Mâcon, ensemble celle du dépar-
« tement, relativement à l'envoi des procédures instruites contre les
« prévenus de délits commis à Lyon dans les journées des 18 et 19
« février dernier. Je vous préviens que le citoyen Achard, membre du
« département et du Comité de salut public, doit être actuellement
« arrivé à Mâcon, à l'effet d'y déposer toutes les procédures dont il
« est question. Le Procureur de la commune par intérim. Signé :
« Villard, officier municipal.

GRANDCHAMP, président. GONON S.-F., secrétaire général.

Le vendredi dix-neuf avril 1793, l'an 2ᵉ de la République Française, les administrateurs composant le Conseil du département de Rhône-et-Loire, en surveillance permanente, réunis en séance publique, où étaient les citoyens Grandchamp, président, Couturier, Belville, Achard, Bonnamour, Borde, Santallier, Sauzéas, Servan, Pipon, Maillan, Richard aîné, Mottin, Rousset, Place, Durieu, administrateurs, Meynis, procureur général syndic, et Gonon, secrétaire général.

Il ne s'est rien présenté qui ait pu exciter la surveillance de l'administration.

Gonon S.-F., secrétaire général.

Le samedi vingt avril 1793, l'an 2ᵉ de la République Française, les administrateurs composant le Conseil du département de Rhône-et-Loire, en surveillance permanente, réunis en séance publique, où étaient les citoyens Grandchamp, président, Couturier, Belville, Achard, Bonamour, Borde, Santallier, Servan, Pipon, Maillan, Richard aîné, Mottin, Rousset, Farjon, Place, administrateurs, Meynis, procureur général syndic, et Gonon, secrétaire général.

Un membre a observé que l'établissement du Comité de Salut Public en cette ville, composé de deux membres choisis dans les 3 corps administratifs est une mesure que les circonstances impérieuses où se trouve la République ont nécessité, pour surveiller les malveillants, il paraît convenir à la dignité de l'administration supérieure, chargée de la correspondance immédiate avec le Pouvoir exécutif, d'avoir une communication journalière des résultats d'opérations de ce comité. Cette observation ayant été convertie en motion, appuyée et discutée, ouï le Procureur Général Syndic en ses conclusions, le Conseil a arrêté que tous les matins, les commissaires du Comité de Salut public seront tenus d'envoyer à l'administration un bulletin contenant l'état et le résultat de leurs opérations, signé et certifié par lesdits commissaires, pour, sur ledit bulletin, être établi la correspondance exigée par le ministre, relativement aux troubles de l'intérieur et aux mesures que l'administration aura prises.

Grandchamp, président. Gonon S.-F., secrétaire général.

Le dimanche vingt un avril 1793, l'an 2 de la République Française, les administrateurs composant le Conseil du département de Rhône-et-Loire, en surveillance permanente, réunis en séance publique, où étaient les citoyens Grandchamp, président, Couturier, Belville, Achard, Bonamour, Borde, Santallier, Pipon, Servan, Maillan, Richard aîné, Mottin, Rousset, Farjon, Place, administrateurs, Meynis, procureur général syndic, et Gonon, secrétaire général.

Il n'a été pris aucun arrêté.

Gonon S.-F., secrétaire général.

Le lundi vingt-deux avril 1793, l'an 2 de la République Française, les administrateurs composant le Conseil du département de Rhône-et-Loire, en surveillance permanente, réunis en séance publique, où étaient les citoyens Grandchamp, président, Couturier, Belville, Achard, Bonamour, Borde, Santallier, Servan, Pipon, Maillan, Richard aîné, Mottin, Rousset, Farjon, Place, administrateurs, Meynis, procureur général syndic, et Gonon, secrétaire général.

Il a été fait lecture d'une lettre des citoyens Sauzéas et Durieu, administrateurs commissaires à St-Etienne, pour procurer des armes aux volontaires qui en manquent. Sur quoi, ouï le Procureur Général Syndic, le Conseil a arrêté qu'il s'occuperait incessamment de cet objet.

Un membre a fait lecture d'une lettre signée Magot, secrétaire-greffier, dont la teneur suit :

« Lyon, le 22 avril 1793, l'an 2 de la République.

« Citoyens,

« La municipalité, assemblée, vient d'arrêter que vous êtes invités à
« vous rendre sur-le-champ dans la salle du Conseil, pour vous com-
« muniquer un objet urgent qui intéresse la tranquillité publique.
« Signé : Magot, secrétaire g. »

Le Conseil, considérant que, depuis quelque tems, la municipalité de Lyon ne communique pas, dans la plupart des affaires, avec le Département par les voyes officielles indiquées aux autorités constituées ; qu'elle se borne à inviter l'administration à se rendre au conseil général de la commune, sans lui annoncer les motifs de sa convocation et les objets à délibérer, que le procédé est subversif de la marche hiérarchique des pouvoirs ; considérant que le Département ne peut jamais abandonner le cours ordinaire de ses travaux et perdre un tems précieux aux administrés et à la République, quitter le lieu et la série de ses séances, que dans le cas seul où la tranquillité publique est menacée ou troublée ; que sa prompte réunion aux autres autorités n'a pour objet que de repousser le danger du moment et d'assurer le succès des mesures employées pour le salut de la chose publique, que les lenteurs d'une communication officielle pourroient rendre souvent infructueuses ; considérant que, lorsqu'il existe des troubles et que la nécessité commande des mesures extraordinaires, les municipalités doivent en informer les autorités supérieures par des députations et les voyes les plus promptes, mais qu'elles ne peuvent, sans motifs connus, requérir leur déplacement et leur réunion qui, dans toutes les circonstances, retardent essentiellement la décision des opérations dont est surchargé ce département ; considérant qu'il serait forcé d'abandonner la suite de ses travaux, cesser la permanence ordonnée par les lois, s'il devait se rendre aux invitations de toutes les municipalités de son arrondissement ; que, dans les cas d'une nécessité urgente, c'est aux municipalités à se présenter dans le sein de l'administration supérieure, pour se concilier avec elle sur les mesures de sûreté publique ; que la surveillance qu'exerce le département sur toutes les municipalités, qui ont un droit égal à ses soins vigilants, ne lui permet pas d'accéder à des invitations ou réquisitions particulières; ouï le Procureur Général Syndic, arrête que, dans aucun tems et notamment pendant ceux de la permanence ordonnée par la loi, l'administration ne quittera pas le lieu de ses séances et que, dans le cas de nécessité urgente, les municipalités et autres autcrités constituées se rendront dans son sein pour aviser aux mesures de sûreté publique. En conséquence, que le présent arrêté sera envoyé aux districts pour le transmettre sans délai aux municipalités.

GRANDCHAMP, président. GONON S.-F., secrétaire général.

Le mardi vingt-trois avril 1793, l'an 2 de la République Française, les administrateurs composant le Conseil du département de Rhône-et-Loire, en surveillance permanente, réunis en séance publique, où étaient les citoyens Grandchamp, président, Couturier, Belville, Achard, Bonamour, Borde, Santallier, Sauzéas, Pipon, Maillan, Servan, Richard aîné, Mottin, Roussel, Farjon, Place, administrateurs, Meynis, procureur général syndic, et Gonon, secrétaire général.

Il a été fait lecture d'une lettre des citoyens représentans du Peuple, membres du Comité de salut public, signée Guyton, Cambon et Lindet, qui prévient l'administration que des courriers, se disant porteurs d'ordres de la Convention Nationale, parcourent le département de l'Aube, défendent le recrutement, en disant que l'armée de Dumouriez est rentrée en France et que, par cette réunion, la République a plus de troupes qu'il ne lui en faut. Sur quoi, ouï le Procureur Général Syndic, le Conseil arrête que cette lettre sera imprimée et de suite envoyée à tous les districts, pour, par eux, la transmettre aux municipalités de leur ressort, à l'effet de les prévenir et déjouer, par tous les moyens que la loi leur donne, ces perfides complots, faire mettre en état d'arrestation tous les porteurs de faux ordres, de fausses nouvelles, tous les machinateurs qui usurpent un caractère qui ne leur appartient pas, pour égarer l'esprit public et trahir la Patrie.

Un membre a fait le rapport des mesures demandées et à prendre pour l'exécution de la commission donnée aux citoyens Sauzéas et Durieu à St-Etienne. La matière mise en délibération, le Conseil, considérant que les circonstances actuelles nécessitent de plus en plus l'exécution des lois et règlemens concernant la manufacture nationale d'armes de St-Etienne et font un devoir aux administrations d'y surveiller; considérant que, loin de se conformer aux dispositions de ces différentes loix et règlemens, les marchands et les manufacturiers d'armes détournent une partie des armes qu'ils fabriquent et ne les soumettent point à l'inspection de la commission de vérification; considérant que le prix des fusils porté, modèle de 1777, à quarante-huit livres, et modèle n° 1 à quarante livres, s'accorde avec l'intérêt des manufacturiers et l'économie sévère des deniers de la République; considérant enfin que la Convention Nationale, comptant sur le produit des armes de la manufacture nationale de St-Etienne, lui a déjà accordé des encouragemens et des exemptions; qu'elle se propose de rendre de plus en plus florissante cette manufacture, en augmentant les eaux du Furens, et qu'elle a droit de tout attendre du civisme des ouvriers et manufacturiers des armes, dans ce moment surtout où le salut de la République est en quelque sorte attaché à leur prompte fabrication; le Procureur Général Syndic ouï, arrête ce qui suit : 1° Les lois des 8 juillet, 19 août, 13 octobre et 12 avril derniers, ainsi que les arrêtés des commissaires de la Convention, Romme, Soubrany et Jamon, publiés et affichés à St-Etienne, seront exécutés suivant leur forme et teneur ; en conséquence, il est défendu à tout fabriquant de fabriquer d'autres armes à feu que pour le compte de la République, comme aussi d'en fabriquer d'autres que celles du n° 1777 et du n° 1 ; à tous marchands et entrepreneurs, d'en vendre à qui que ce soit que pour l'armement des défenseurs de la Patrie, d'en disposer que d'après la permission du pouvoir exécutif, départemens et autres autorités constituées, qui seront individuellement responsables des ordres qui tendroient à changer par une destination nuisible aux intérêts de la République, l'emploi desdites armes ; 2° les commissaires députés par l'administration du Département se concerteront avec le conseil d'administration du district et le conseil général de la commune de St-Etienne, à l'effet d'inviter tous les fabriquans et entrepreneurs et tous autres dépositaires d'armes, autres que celles à leur usage, d'en faire la remise au bureau de la commission de vérification, lesquelles leur seront payés, après la vérification ordinaire, savoir, pour le n° 1, à raison de la somme de quarante livres, pour celles du n° 1777, à raison de quarante-huit livres, conformément à l'art. 7 de la loi du 2 avril dernier ; à défaut, par les citoyens fabriquans, entrepreneurs et dépositaires desd. armes, d'en faire le dépôt à la commission de vérification, dans la journée qui suivra la publication du présent arrêté, le conseil d'administration du district, conjointement avec la municipalité, feront les perquisitions nécessaires dans les domiciles des fabriquans et entrepreneurs d'armes de la ville de St-Etienne et chés tous les citoyens qu'ils soupçonneront en avoir, les feront vérifier par les experts attachés à la commission de vérification, en ordonneront le payement conformément à la loi et suivant les modèles qui seront présentés, et les mettront à la disposition de la commission qui sera tenue de les délivrer aux commissaires de l'administration du département pour être, par eux, distribués aux districts de Roanne, Villefranche et Montbrison, conformément à notre arrêté du 18 avril 1793 ; 3° le Conseil Général d'administration du département, au nom du danger de la Patrie, invite tous les citoyens de concourir de tous leurs moyens à l'exécution du présent arrêté, en faisant volontairement le sacrifice des armes inutiles dont ils sont dépositaires, moyennant le prix déterminé par la loi du 2 avril 1792 ; 4° le présent arrêté sera envoyé immédiatement à l'administration du district, pour le transmettre aux municipalités de l'arrondissement où il existe des fabriquations de fusils et en surveiller la plus active exécution, sous leur responsabilité respective, ce dont elles rendront compte dans le plus bref délai, savoir, celles-ci au directoire du district et l'administration du district à celle du département.

GRANDCHAMP, président. GONON S.-F., secrétaire général.

Le mercredi vingt-quatre avril 1793, l'an 2 de la République Française, où étaient les citoyens Grandchamp, président, Couturier, Belville, Achard, Bonamour, Borde, Santallier, Servan, Pipon, Maillan, Richard aîné, Mottin, Rousset, Farjon, Place, administrateurs, composant le Conseil du département, en surveillance permanente, réunis en séance publique, Meynis, procureur général syndic, et Gonon, secrétaire général.

Le Président a fait lecture d'une lettre du Comité de sûreté générale et de surveillance de la Convention Nationale, aux administrateurs du département de Rhône-et-Loire, du 23 avril 1793, dont la teneur suit :

« Citoyens,

« La Convention Nationale, satisfaite de votre zèle pour le maintien
« de la liberté et de l'égalité, nous a chargé de vous faire part des
« sentimens qui l'animent, et nous vous invitons à continuer ce zèle
« et la surveillance, seuls moyens de déjouer les trames et les corres-
« pondances criminelles des enemis publics. Les membres du comité
« de sûreté générale, signé : Drouel, Ouchin et Ingrand. »

Le Conseil, pénétré de cette grande vérité que toute administration, qui a mérité des suffrages aussi précieux que ceux de la Convention Nationale, ne pourrait trop s'empresser, pour éclairer l'opinion publique sur ses procédés, de répendre et annoncer à ses administrés que leurs administrateurs sont dignes de la confiance dont ils les ont honorés, après avoir ouï le Procureur Général Syndic, a arrêté que cette lettre sera transcrite dans ses registres.

GRANDCHAMP, président. GONON S.-F., secrétaire général.

Le jeudi vingt-cinq avril 1793, l'an 2ᵉ de la République Française, les administrateurs composant le Conseil du département de Rhône-et-Loire, en surveillance permanente, réunis en séance publique, où étaient les citoyens Grandchamp, président, Couturier, Belville, Achard, Bonamour, Borde, Santallier, Servan, Pipon, Maillan, Richard aîné, Mottin, Rousset, Farjon, Place, administrateurs, Meynis, procureur général syndic, et Gonon, secrétaire général.

Il n'a été pris aucun arrêté.

GONON S.-F., secrétaire général.

Le vendredi vingt-six avril 1793, l'an 2ᵉ de la République Française, les administrateurs composant le Conseil du département de Rhône-et-Loire, en surveillance permanente, réunis en séance publique, où étaient les citoyens Grandchamp, président, Couturier, Belville, Achard, Bonamour, Borde, Santallier, Servan, Pipon, Maillan, Richard aîné, Mottin, Farjon, Place, administrateurs, Meynis, procureur général syndic, et Gonon, secrétaire général.

Il n'a été pris aucun arrêté.

GONON S.-F., secrétaire général.

Le samedi vingt-sept avril 1793, l'an 2ᵉ de la République Française, les administrateurs composant le Conseil du département de Rhône-et-Loire, en surveillance permanente, réunis en séance publique, où étaient les citoyens Grandchamp, président, Couturier, Belville, Achard, Bonamour, Borde, Santallier, Servan, Pipon, Maillan, Richard aîné, Mottin, Farjon, Place, administrateurs, Meynis, procureur général syndic, et Gonon, secrétaire général.

Un membre de l'administration a fait le rapport de l'objet de la délibération prise par le conseil général de la commune, le 20 du présent, par laquelle il paroit qu'une députation de la Société des Jacobins ayant demandé l'enlèvement, sur la place de la Fédération, des ouvrages d'ornement dont elle était décorée, ainsi que des décombres provenus de la démolition de la statue équestre qu'y avoit élevée jadis l'idolâtrie du despotisme, pour la rendre plus propre aux exercices militaires, le Conseil Général a donné son assentiment à la proposition, en invitant la députation à en prévenir le département, à l'effet d'obtenir son autorisation. Vu lad. délibération dud. jour 20 du présent; vu également l'avis et la délibération du conseil général du district de la ville de Lyon, par lequel, en applaudissant aux motifs qui peuvent déterminer le changement de la destination actuelle de la place de la Fédération, pour en former une place d'armes propre aux exercices militaires des phalanges françaises, il estime que la place de la Fédération doit être dégagée de tous ses ornemens superflus, et qu'au surplus, défenses soient faites à tous citoyens de couper, détruire, arracher ou endommager les arbres étant sur la place de la Fédération, sous peine d'être dénoncés et punis comme perturbateurs. Le Conseil Général, délibérant sur les objets énoncés en la pétition, tant sur l'arrêté du conseil général de la commune que dans l'avis de celui du district; informé que les mesures prises par les citoyens qui ont travaillé à dépouiller la place de la Fédération de ses ornemens superflus, ont devancé la décision et l'autorisation des corps administratifs, et averti, par la dénonciation de l'administration du district, qu'on se proposait d'abattre incessamment les arbres qui garnissent une partie de la place de la Fédération; considérant que, dans un moment où la Patrie est en danger, où la fortune publique et particulière est menacée par les ennemis de tout genre, qui se proposent de l'envahir, il s'agit moins d'affecter les monumens publics et les ouvrages de l'art à des objets d'agrément, que de les faire servir à un objet d'utilité publique et de défense générale; considérant que la place de la Fédération peut utilement être consacrée à l'émulation et aux exercices militaires de ceux qui se dévouent au service de la patrie, et qu'en la destinant à former un champ de Mars ou une place d'armes, les ornemens qui l'encombrent et l'embarrassent sont d'autant plus superflus, que les agrémens qu'ils pouvoient présenter ont cessé par la destruction du monument odieux de notre esclavage; considérant que l'enlèvement des banquettes existantes dans l'intérieur de la place, et le comblement des bassins, deviennent absolument indispensables pour donner à la place de la Fédération plus de développement et plus d'espace aux manœuvres militaires; considérant, néanmoins, que le travail des citoyens qui se sont employés à cette opération auroit du être précédé de l'autorisation des corps administratifs; que, par cette précipitation, qui ne peut être excusée par la légitimité même du motif qui a pu l'exciter, les citoyens n'ont pas montré toute la confiance que devoient leur inspirer les autorités constituées des administrations populaires uniquement dirigées au but de l'intérêt général et du bonheur public; considérant que le dépouillement de la place de la Fédération de ses ornemens superflus ne peut et ne doit point s'étendre aux arbres qu'elle renferme dans sa partie méridionale; que le projet dénoncé de les faire abattre serait un attentat d'autant plus criminel sur une propriété communale, que rien n'autoriseroit une voye de fait pareille, puisqu'elle seroit, d'une part, sans nécessité et sans motif d'intérêt public, que ce serait, d'autre part, ôter toute la régularité de la plus belle place et du plus beau monument de l'Europe, en même temps que ce seroit priver tous les citoyens et les soldats, fatigués de l'exercice, de l'avantage de respirer la fraîcheur de leur ombrage dans les chaleurs de l'été, et qu'indépendamment de cette promenade, la place de la Fédération est assez spacieuse pour toutes les évolutions que la masse entière des citoyens propres au métier des armes voudroit y faire ; considérant enfin qu'aucun motif raisonnable n'excuseroit les administrations de leur négligence à surveiller une propriété aussi précieuse et aussi salutaire pour tous les habitans de la commune de Lyon, si elle ne prenoit toutes les mesures pour la garantir de toute atteinte ; ouï le Procureur Général Syndic, arrête que tous les monuments et ornements superflus qui encombrent la place de la Fédération, seront enlevés, que les bassins seront comblés, à l'effet de rendre ladite place propre aux évolutions et exercices militaires ; en conséquence, que tous les matériaux qui en proviendront, tels que la ferrure, les pierres de taille, les blocs de marbre, les canaux en plomb, et généralement tout ce qui sera enlevé, seront recueillis par la municipalité, qui est invitée à faire faire ce travail de la manière la plus économique, à veiller à leur conservation et empêcher qu'ils ne soient soustraits et enlevés par des malfaiteurs ; que cependant, en conséquence de la dénonciation faite à l'administration du district et d'après l'avis de cette dernière, qui sera exécuté suivant sa forme et teneur, défenses sont faites à tous citoyens de couper, détruire, arracher ou porter atteinte, en quelque manière que ce soit, aux arbres de ladite place de la Fédération, sous peine d'être poursuivis comme perturbateurs et punis suivant la rigueur de la loi ; requiert les district et municipalité d'user de tous les moyens qui sont en leur disposition pour réprimer et empêcher ceux qui tenteroient d'endommager la propriété de la commune.

GRANDCHAMP, président. GONON S.-F., secrétaire général.

Le dimanche vingt-huit avril 1793, l'an 2ᵉ de la République Française, les administrateurs composant le Conseil du département de Rhône-et-Loire, en surveillance permanente, réunis en séance publique, où étaient les citoyens Grandchamp, président, Couturier, Belville, Achard, Bonamour, Borde, Santallier, Servan, Pipon, Maillan, Richard aîné, Mottin, Farjon, Durieu, administrateurs, Meynis, procureur général syndic, et Gonon, secrétaire général.

Il n'a été pris aucun arrêté.

GONON S.-F., secrétaire général.

Le lundi vingt-neuf avril 1793, l'an 2ᵉ de la République Française, les administrateurs composant le Conseil du département de Rhône-et-Loire, en surveillance permanente, réunis en séance publique, où étaient les citoyens Grandchamp, *président*, Couturier, Belville, Achard, Bonamour, Borde, Santallier, Servan, Pipon, Maillan, Richard aîné, Dubost, Mottin, Farjon, Durieu, *administrateurs*, Meynis, *procureur général syndic*, et Gonon, *secrétaire général*.

Vu le projet d'organisation d'un corps de troupes révolutionnaires à lever par la voye de l'inscription volontaire; l'arrêté des corps administratifs du 9 du présent mois; la réquisition du procureur de la commune à Lyon, et la délibération du conseil général de cette commune, en date du 26 du mois d'avril, au bas de laquelle est le visa du district; considérant que les corps administratifs doivent redoubler d'efforts pour le salut de la République et recueillir avec empressement tous les moyens présentés pour opposer une force imposante aux ennemis coalisés contre nous; considérant que le vœu de la loi du 24 février dernier sur le recrutement, qui a fixé à chaque département le nombre de soldats qu'il devait fournir, les a cependant invité à en fournir le plus grand nombre possible; qu'elle a même déclaré d'avance que les départemens qui auroient excédés leur contingent auroient bien mérité de la Patrie; considérant que le département de Rhône-et-Loire, après avoir donné des preuves de son civisme par les nombreuses levées de volontaires qu'il a fourni, doit redoubler de zèle au moment où la liberté est menacée et tâcher d'obtenir le glorieux témoignage d'avoir bien mérité de la Patrie; le Procureur Général Syndic ouï, le Conseil, en adhérant aux vues qui ont dicté l'arrêté du 9 du présent mois d'avril, arrête que, vu les bonnes dispositions des citoyens de la ville de Lyon, les corps administratifs manifesteront au Pouvoir Exécutif l'intention où ils sont de faire une levée de volontaires en sus du contingent assigné à ce département, pour voler soit à la défense de la Patrie, soit dans les départemens de l'intérieur, et partout où les dispositions du Pouvoir Exécutif exigeront leur présence utile; qu'à cet effet, le Pouvoir Exécutif sera prié de faire les fonds nécessaires pour l'armement, habillement et équipement d'un corps de 2.000 hommes, lequel, étant à la disposition du Pouvoir Exécutif, sera organisé d'après le mode qu'il adoptera ou qui sera arrêté par la Convention Nationale.

GRANDCHAMP, *président*. GONON S.-F., *secrétaire général*.

Le mardi trente avril 1793, l'an 2ᵉ de la République Française, les administrateurs composant le Conseil du département de Rhône-et-Loire, en surveillance permanente, réunis en séance publique, où étaient les citoyens Grandchamp, président, Couturier, Belville, Achard, Bonamour, Borde, Santallier, Servan, Pipon, Maillan, Richard aîné, Dubost, Mottin, Farjon, Durieu, administrateurs, Meynis, procureur général syndic, et Gonon, secrétaire général.

Il n'a pas été pris d'arrêté.

GONON S.-F., *secrétaire général*.

Le mercredi premier mai 1793, l'an 2e de la République Française, les administrateurs du Conseil du département de Rhône-et-Loire, en surveillance permanente, réunis en séance publique, où étaient les citoyens Grandchamp, président, Couturier, Belville, Achard, Bonamour, Borde, Santallier, Servan, Pipon, Maillan, Richard aîné, Dubost, Mottin, Farjon, Durieu, administrateurs, Meynis, procureur général syndic, et Gonon, secrétaire général.

Sur une seconde lecture qui a été faite de la lettre du ministre de l'Intérieur, en date du 22 avril, dont la teneur suit :

« J'ai reçu, citoyens, votre réponse du 30 mars, au sujet des traite-
« mens à accorder aux officiers municipaux de Lyon et relativement
« aux certificats de résidence délivrés par cette municipalité. Je vais
« soumettre à la Convention Nationale la demande en traitement
« formée par les maire, officiers municipaux et procureur de la com-
« mune ; mais jusqu'à ce qu'elle ait statué sur cette demande, il ne
« doit être rien payé à ces magistrats, et vous voudrez bien défendre
« au trésorier d'acquitter aucun mandat libellé pour cet objet. Je vous
« charge même, citoyens administrateurs, de faire vérifier par com-
« missaires l'état de la caisse municipale, d'en faire mention sur les
« registres du trésorier, de constater s'il y a lieu quelques payemens
« d'effectués en faveur des membres de la municipalité et de m'en
« informer. Quant à ce qui concerne les faux certificats de résidence,
« je vais éclaircir le fait auprès de la Convention, afin de pouvoir
« régler ma conduite en conséquence. Signé : Garat. »

La matière mise en délibération, ouï le Procureur Général Syndic, il a été arrêté que les citoyens Dubost et Mottin sont nommés commissaires, à l'effet de se transporter chez le trésorier de la commune de Lyon, pour y vérifier l'état de la caisse municipale, en faire mention sur le registre du trésorier, constater, s'il y a lieu, quelques payemens d'effectués en faveur des membres de la municipalité ; faire défenses au trésorier d'acquitter aucun mandat libellé, relatif au traitement des maire et officiers municipaux et procureur de la commune de Lyon ; du tout, dresser procès-verbal, pour sur icelui et sur le compte qui en sera rendu par les commissaires, être statué en exécution de la lettre ci-dessus.

Il a été fait lecture d'une lettre du ministre de l'Intérieur, en date du 20 avril 1793, dont la teneur suit :

« Si jamais l'administration générale de l'intérieur de la République
« doit redoubler de soins et de surveillance, sans doute c'est en ce
« moment où l'ennemi menace nos frontières, tandis que des rebelles
« qu'il fait agir portent le désordre au dedans, soit le fer et la flamme
« à la main, comme des brigands, soit par des manœuvres désorgani-
« satrices qui se pratiquent lâchement dans l'ombre, même sous le
« voile imposant d'un patriotisme hypocrite. Pénétré de l'étendue de
« mes devoirs dans ces circonstances difficiles, j'ai consacré toute
« mon existence au salut de la chose publique, et je saurai multiplier
« mes efforts en proportion du besoin commun ; mais ma volonté
« seule est insuffisante pour des travaux dont le succès dépend du
« concours de vos lumières, de la célérité et de l'exactitude de vos
« renseignemens. Il est surtout indispensable qu'un rapprochement

« journalier de tout ce que chaque département présente d'important
« puisse me mettre sans cesse à portée de mesurer les besoins aux
« ressources, les instructions aux intrigues, les dispositions de tout
« genre aux tentatives sans nombre des conspirateurs audacieux ou
« des mal intentionnés secrets; car ce n'est que dans un grand
« ensemble qu'il est possible d'apprécier exactement cette corrélation
« de menées, ces intelligences perfides qui s'étendent, on n'en peut
« douter, sur la France entière et qu'il faut rompre ou déjouer par
« des mouvemens comparés. J'ai pensé que l'envoi exact, par chacun
« des Directoires de département, d'un bulletin manuscrit et journa-
« lier, autant que le service ordinaire des postes le permettrait,
« serait pour moi d'un grand secours, si vous vouliez m'informer par
« ce moyen, d'une manière laconique, mais précise, de tout ce qui
« doit fixer l'attention du ministre, soit relativement aux mouvemens
« hostiles du dehors, soit au sujet des troubles intérieurs et de tout
« ce qui a trait à ces objets, ainsi qu'à l'objet important des subsis-
« tances. Le département du Nord ayant déjà prévenu et exécuté ce
« projet d'envoi d'un bulletin journalier, je pense que ma demande,
« fondée sur l'intérêt général, vous trouvera empressés de l'accueillir,
« et je vous prie de me faire jouir, le plutôt possible, de cette utile
« correspondance. Signé : Garat. »

Sur quoi, ouï le Procureur Général Syndic en ses conclusions, il a été arrêté que le citoyen président est invité à se charger de la rédaction et de l'envoi du bulletin journalier demandé par le ministre, après qu'il aura été chargé par l'administration.

Un membre a observé qu'à la forme de l'article 12 du décret du 6 février dernier, relatif à l'organisation du ministère de la Guerre, l'administration doit surveiller l'état et la manutention des magasins militaires de tout genre, afin de pouvoir obvier aux déprédations dont l'existence causerait le plus grand tort à la République. Le Conseil, animé du zèle que l'on doit attendre de son administration, s'est empressé d'accueillir l'observation d'un de ses membres ; en conséquence, ouï le Procureur Général Syndic en ses conclusions, il a été arrêté que les citoyens Pipon et Durieu se rendraient, en qualité de commissaires, dans les différens magasins militaires, pour en constater l'état, dresser tous les procès-verbaux nécessaires, sur lesquels rapportés, il sera ultérieurement statué.

GRANDCHAMP, président. GONON S.-F., secrétaire général.

Le jeudi deux mai 1793, l'an 2º de la République Française, les administrateurs composant le Conseil Général du département de Rhône-et-Loire, en surveillance permanente, réunis en séance publique, où étaient les citoyens Grandchamp, président, Couturier, Belville, Achard, Bonamour, Borde, Santallier, Servan, Pipon, Maillan, Richard aîné, Dubost, Mottin, Farjon, Durieu, administrateurs, Meynis, procureur général syndic, et Gonon, secrétaire général.

Le citoyen Dubost, un des commissaires nommés par l'arrêté du jour d'hier, pour aller vérifier l'état de la caisse de la municipalité, a rendu compte de cette opération et a laissé sur le bureau le procès-verbal qui en a été dressé. Le Conseil, délibérant sur le procès-verbal, a arrêté, ouï le Procureur Général Syndic en ses conclusions, que le procès-verbal sera annexé et transcrit sur ses registres; qu'itératives deffenses seraient faites au citoyen Régny, en sa qualité de séquestre et trésorier des deniers de la commune, de payer et acquitter aucun mandat pour le traitement des maire, officiers municipaux et procureur de la commune de Lyon, à peine d'en répondre en son propre et privé nom, et qu'expéditions, tant du procès-verbal que du présent arrêté, seraient de suite envoyées au ministre de l'Intérieur. Suit la teneur du procès-verbal :

« Ce jourd'hui deux mai mil sept cent quatre-vingt-treize, l'an deux
« de la République Française, nous, J.-F. Dubost et J.-F. Mottin,
« administrateurs du département de Rhône-et-Loire, commissaires
« nommés par le Conseil Général, à l'effet de vérifier sur les registres
« du trésorier de la commune de Lyon, s'il a été payé quelques
« sommes aux officiers municipaux de lad. ville, à titre de traitement
« ou autres dénominations; déclarons et certifions nous être trans-
« portés chez le citoyen Régny, place de la Comédie, séquestre et
« trésorier des deniers de lad. commune, où étant et lui ayant exhibé
« nos qualités et pouvoirs, il nous a exhibé un registre journal, sur
« lequel sont inscrites toutes les dépenses courantes de la municipalité
« qui sont acquittées en vertu de mandats délivrés par elle; que, pour
« nous conformer aux ordres du ministre de l'Intérieur, nous avons
« commencé nos recherches sur ledit registre au cinq décembre
« dernier, époque de l'installation des officiers municipaux actuelle-
« ment en exercice; qu'ayant compulsé tous les articles de dépenses
« jusqu'à ce jour, il résulte de cette vérification 1° qu'à la date du
« 26 mars dernier, il a été délivré, par le corps municipal, aud.
« trésorier, une autorisation de payer la somme de 11.061 l. 1 s. 2 d.
« aux officiers municipaux qui le composent, dont la distribution est
« faite nominativement à chacun d'eux, en raison de la durée de leurs
« fonctions municipales, jusques et compris le 31 mars susdit; 2° que
« sur cette somme de 11.061 l. 1 s. 2 d., il n'a été payé jusqu'à ce
« jour que celle de 9.449 l. 19 s. 2 d., dont la distribution a été faite
« de la manière suivante :

« A Nael, officier municipal, pour 3 mois 26 jours, à raison de
« 2.000 livres par année, à compter du 5 décembre dernier, jusques
« et compris le 31 mars... .... 644 8 10
« A Saute-Mouche,   Id. 644 8 10
« A Chazot,   Id. 644 8 10
« A Richard,   Id. 644 8 10
« A Roch,   Id. 644 8 10
« A Bedord,   Id. 644 8 10
« A Dubois,   Id. 644 8 10
« A Milon,   Id. 644 8 10
« A Turin,   Id. 644 8 10
« A Boyer,   Id. 644 8 10
« A Francallet,   Id. 644 8 10
« A Villard,   Id. 644 8 10
« A Bicon,   Id. 644 8 10
« A Destefanis,   Id. 644 8 10

« A Carteron, pour quarante jours, à compter
« du 21 février............................... 222 4   5
« A Bouchenu, pour vingt jours, à compter du
« 11 mars.... .... 111 2   3
« A Eisen, pour dix-sept jours, à compter du
« 14 mars..................................... 94   8   10

« Total des payemens effectifs 9.449 19 2

« 3° Et enfin, que le traitement annuel de tous les officiers munici-
« paux, du maire, du procureur de la commune et de son substitut,
« fixé pour chacun d'eux à deux mille livres, a été voté et consenti
« dans la séance du conseil général de la commune, du 8 décembre
« dernier, et que la délibération qui en est résultée, a été approuvée le
« 18 mars par les citoyens Rovère, Bazire et Legendre, tous commis-
« saires de la Convention Nationale pour le rétablissement de la
« tranquillité publique dans la ville de Lyon, dont et du tout avons
« dressé le présent procès-verbal pour servir et valoir ce que de
« raison, les jour et an que dessus, et a le citoyen Régny, signé avec
« nous. Signé : Dubost, J.-F. Mottin et E. Le Landoz, par procu-
« ration du citoyen Regny, séquestre des revenus de la commune. »

GRANDCHAMP, président. GONON S.-F., secrétaire général.

Le vendredi trois mai 1793, l'an 2º de la République Française, les administrateurs composant le Conseil Général du département de Rhône-et-Loire, en surveillance permanente, réunis en séance publique, où étaient les citoyens Grandchamp, président, Couturier, Belville, Achard, Bonamour, Borde, Santallier, Servan, Pipon, Maillan, Richard aîné, Dubost, Mottin, Farjon, Durieu, Plasse, administrateurs, Meynis, procureur général syndic, et Gonon, secrétaire général.

Une députation de la société des Jacobins de Lyon est entrée. L'orateur a représenté que les dangers de la Patrie devenant plus imminens, il était du devoir du peuple de s'adresser aux autorités constituées pour leur faire part de ses craintes. Les troubles de la Vendée et des départements voisins offrent un exemple frappant de ce que peuvent la malveillance des mécontens, le fanatisme des prêtres et les chimères des nobles. C'est le moment d'arrêter tout ce qui peut tendre à forcer le peuple à se faire justice. Plein de confiance à la sagesse et aux lumières des administrateurs de son choix, il leur propose d'adopter les mesures prises par le département de l'Héraut ; en conséquence, d'établir un corps de troupes armées, équipées et soldées aux frais du département, pour se porter dans tous les points du département où les agitateurs voudraient troubler la tranquillité publique et favoriser les pernicieux desseins des malveillans et de nos ennemis communs. La députation retirée, le Conseil, après la plus sérieuse discussion sur tous les objets de la pétition ci-dessus, a arrêté, ouï le Procureur Général Syndic en ses conclusions, qu'il serait fait une proclamation dont le projet, présenté par un membre, allait être livré à la discussion, lorsqu'il a été observé que cette mesure tenant à la tranquillité plus immédiate de la ville de Lyon, qui a fait part de ses justes craintes à l'administration par l'organe de la députation ci-dessus annoncée, il était convenable de ne prendre aucun parti déterminé sans en avoir délibéré avec les corps administratifs séans en cette ville. Cette observation motivée a décidé le Conseil à prier deux de ses membres de vouloir se rendre aux districts de la ville et de la campagne de Lyon, et à la municipalité de Lyon, les inviter à vouloir assister au Conseil Général dans la séance du soir, afin de leur faire part des motifs et des circonstances qui ont provoqué la proclamation ci-dessus, ouvrir fraternellement avec les corps administratifs une discussion lumineuse sur sa rédaction et la présenter ensuite aux administrés du département, comme le résultat des efforts combinés des administrations qui approchent le plus près du sein du département, pour déjouer les malveillans et faire triompher la cause de la liberté et de l'égalité.

Sur les trois heures et demie, la séance du Conseil formée, sont entrés les président, procureur syndic et autres membres du district de la ville de Lyon, deux députés du district de la campagne de Lyon, les maire, procureur de la commune, officiers municipaux et autres membres de la commune de Lyon. Après avoir pris place, le Président a fait part des motifs qui ont déterminé le Conseil à les inviter de se rendre dans son sein; lecture a été faite du projet de proclamation ci-dessus, et, après une discussion la plus approfondie sur tous les articles de sa rédaction, elle a été adoptée dans la forme suivante :

« L'an mil sept cent quatre-vingt-treize, le deuxième de la République
« Française et le troisième jour du mois de mai, en Conseil Général et
« permanent du département de Rhône-et-Loire, dans lequel ont été
« appellés les districts de la ville et de la campagne de Lyon et
« la municipalité de cette ville, pour délibérer sur les objets mis en discussion, un membre a dit :

« C'est en vain, citoyens, que le peuple français, en général et celui
« de ce département en particulier, a éprouvé depuis quatre ans une
« révolution pénible par tous les genres de sacrifices qui étaient en
« son pouvoir; c'est en vain qu'il a prodigué son repos, son industrie, sa fortune et son sang. Il a bravé toutes les persécutions; il a
« supporté la misère et les maux qui en sont la suite; il a tout fait
« pour vaincre ses ennemis, et cependant son courage, loin de s'affoiblir, prend une nouvelle force; le feu sacré de la liberté l'enflamme,
« le soutient; mais sa patience se lasse.....

« Nous, citoyens, ses magistrats, ses mandataires, ses administra-
« teurs; nous, responsables de tous événemens ultérieurs, que nous
« n'aurions ni su prévoir, ni empêcher par tous les moyens que la
« confiance du peuple et les loix ont placé dans nos mains, n'écoutons
« plus seulement les leçons de la prudence, la marche des formes;
« unissons à elles la voix impérieuse de la nécessité; en un mot, s'il
« dépend de nous d'assurer le repos de nos administrés, agissons et
« ne délibérons plus.

« Vous le savez, citoyens, nos ennemis les plus dangereux ne sont
« pas ceux qui, en face de nous, sur les frontières, s'annoncent avec
« éclat; nos phalanges guerrières et républicaines sauront les combattre et les vaincre; ce sont les ennemis intérieurs qui sont à

« craindre. Ceux du dehors seraient-ils assez insensés pour attaquer
« la masse des Français, s'ils n'avaient compté sur des divisions
« établies parmi eux et par les ennemis perfides du dedans? Non, non,
« citoyens, des généraux profondément artificieux n'auraient point
« trahi la République, qu'ils avaient juré de deffendre; des généraux
« douteux ne méditeraient point encore peut-être de suivre de si
« funestes exemples, si les armes des despotes conjurés avaient été
« jugées suffisantes pour nous asservir; il fallait que les plus grands
« de tous les crimes, la trahison, le parjure, entrassent chez eux
« parmi les moyens de nous donner des loix.

« C'est donc dans le sein de ce département que doivent se porter
« toute notre sollicitude, toute notre attention; c'est donc ces ennemis
« intérieurs qu'il faut épier, surprendre, enchaîner et punir. S'ils sont
« une fois asservis, nos ennemis extérieurs imploreront la paix.

« Déjà nous sommes convaincus qu'une force révolutionnaire res-
« pectable est le seul levier avec lequel vous renverserez cette masse
« impure de contre-révolutionnaires, d'insoucians et d'égoïstes. Vous
« les forcerez par là à ne plus faire de mal, et vous les contraindrez
« à devenir, par leurs richesses, l'instrument même du bien et de la
« paix; par là aussi, vous aurez travaillé à leurs véritables intérêts.

« Citoyens, le moment est pressant, mais il est favorable. Notre
» Comité de salut public nous guidera; il connaît tous nos ennemis.
« L'expérience des départemens de la Vendée, Loire-Inférieure et
« autres, nous instruit. Une noble ardeur enflamme nos concitoyens.
« Qu'une partie des fortunes monstrueuses, élevées par les mains
« même de ceux qui ont contrarié ou méconnu la révolution, serve à
« la conduire à une heureuse fin; n'attendons pas les réponses du
« Pouvoir Exécutif. De nouvelles et justes demandes nous sont faites;
« des observations judicieuses, et que nous nous empresserons
« toujours de solliciter et d'accueillir, nous sont présentées par le
« peuple. Ne laissons point languir ni rasseoir un aussi beau mouve-
« ment; levons une armée révolutionnaire; allons en avant, bien
« certains, bien convaincus que, faisant portion du peuple, soutenus
« par la confiance du peuple, unis sans cesse au peuple, nous aidant
« mutuellement dans nos travaux, nos moyens, nos maux et nos
« intérêts communs, nous recevrons les témoignages de satisfaction
« de la Convention Nationale et mériterons les applaudissemens de
« la République entière. »

Sur quoi, la matière mise en délibération, le Procureur Général
Syndic du département, les procureurs syndics des districts et le
procureur de la commune ouïs, les corps administratifs réunis ont
arrêté, à l'unanimité, les articles suivants :

Article premier.

Il sera fait incessamment, dans le département de Rhône-et-Loire,
une levée de cinq mille hommes par la voie de l'inscription volontaire,
lesquels seront formés en bataillons, au fur et mesure d'inscription,
pour rester dans le chef-lieu du département et pouvoir se porter,
d'après les ordres des autorités constituées, partout où sa présence
sera jugée nécessaire.

Art. 2.

Il sera établi, dans chaque section des villes et au pied des arbres de la liberté, un registre pour recevoir les noms des soldats volontaires qui viendront se faire inscrire; pareil registre sera ouvert dans chaque commune du département.

Art. 3.

Les soldats révolutionnaires, à fur et à mesure d'inscription et sous huitaine après, seront tenus de se rendre au chef-lieu du département, pour être formés en bataillons, lorsqu'ils seront en nombre suffisant.

Art. 4.

Les soldats qui se seront rendus dans la huitaine de leur inscription et qui, par leur conformation, auront été jugés en état de porter les armes, recevront vingt sous par jour, à compter de leur inscription; dans les cas où ils seraient jugés incapables de servir, ils ne recevront que trois sous par lieue, du lieu de leur domicile, sans pouvoir rien exiger pour leur retour.

Art. 5.

L'entretien de cette force armée sera supporté par la totalité des citoyens riches du département et selon le mode adopté par le département de l'Hérault, et approuvé par la Convention Nationale.

Art. 6.

Il sera, à cet effet, ouvert un registre dans la municipalité de Lyon et dans chaque commune des autres districts, pour recevoir les souscriptions et dons pécuniaires.

Art. 7.

Pour un objet aussi important, la somme étant, par apperçu, fixée à cinq millions, il sera accordé 8 jours pour remplir volontairement cette somme; au bout des huit jours, dont le commencement demeure fixé au moment de cette proclamation, si la somme susdite n'était point acquise, il sera fait une taxation par la voie de la désignation individuelle, par le conseil de chaque commune, sur les citoyens reconnus riches et opulents; lesdits conseils restans responsables des négligences, injustices ou faveurs qui seraient contraires au présent article.

Art. 8.

Les contributions ou taxations seront faites dans toutes les communes, selon les biens que chaque citoyen possède dans cette commune, à proportion de la valeur de ces biens.

Art. 9.

Les sommes provenant des inscriptions et taxations seront versées dans le plus bref délai, dans les mains du receveur de chaque district, pour de là être transmises de suite dans la caisse du payeur général du département, le tout sur des récépissés.

Art. 10.

Il sera pris incessamment des mesures tendantes à assurer aux femmes et enfants des soldats révolutionnaires, les secours que l'absence de leurs maris ou pères leur rendraient nécessaires.

Art. 11.

Il sera fait dimanche prochain, dans la ville de Lyon, une lecture publique de la présente proclamation, par les corps administratifs réunis, précédés et suivis d'une force militaire ; ce qui aura lieu dans les chefs-lieux de district et généralement dans toutes les communes.

Art. 12.

Le présent arrêté sera envoyé sur le champ à tous les districts, pour le transmettre sans délai aux communes du département, qui seront tenus d'en certifier le Procureur Général Syndic.

Art. 13.

Il en sera pareillement adressé un exemplaire à la Convention Nationale et aux quatre-vingt-six départements.

Et pour rendre la publicité plus imposante et plus digne de la majesté du peuple, ouï le Procureur Général Syndic, il a été arrêté qu'elle serait proclamée dans toutes les places publiques de cette ville, au son des instruments et de la musique guerrière, par tous les corps administratifs réunis.

GRANDCHAMP, président. GONON S.-F., secrétaire général.

Le samedi quatre mai 1793, l'an 2º de la République Française, les administrateurs composant le Conseil Général du département de Rhône-et-Loire, en surveillance permanente, réunis en séance publique, où étaient les citoyens Grandchamp, président, Couturier, Belville, Achard, Bonamour, Borde, Santallier, Servan, Pipon, Maillan, Richard aîné, Dubost, Farjon, Durieu, Plasse, administrateurs, Meynis, procureur général syndic, et Gonon, secrétaire général.

Le citoyen Dangeny est entré ; il a présenté une commission du Conseil exécutif provisoire, qui l'emploie extraordinairement en qualité d'aide commissaire des guerres et l'autorise en même temps à remplir provisoirement les fonctions de commissaire des guerres à Lyon ; il a prié l'administration de vouloir faire enregistrer lad. commission et lui donner acte du serment qu'il offre de prêter ; le conseil, lecture faite de ladite commission, a reçu le serment du citoyen Dangeny, qui a juré de maintenir la liberté et l'égalité, l'unité et l'indivisibilité de la République et de mourir en les déffendant, de s'acquitter fidèlement et avec courage des fonctions qui lui sont confiées, et le Procureur Général Syndic ouï, a arrêté que ladite commission sera enregistrée pour y avoir recours au besoin. Suit la teneur de la commission.

« Au nom de la République Française,

« Le Conseil exécutif provisoire, jugeant utile au bien du service
« d'employer extraordinairement le citoyen Dangeny en qualité d'aide
« commissaire des guerres, et de l'autoriser en même tems à remplir
« provisoirement les fonctions de commissaire des guerres, il lui

« enjoint de se rendre à Lyon pour exercer les fonctions qui lui sont
« attribuées en ladite qualité, près les troupes de la 19e division
« militaire de l'armée, dont il a confié le commandement au citoyen,
« ....et l'administration générale au citoyen Duchambon, commissaire
« ordonnateur des guerres; s'employer, dans l'étendue du départe-
« ment de Rhône-et-Loire, à tout ce qui concerne la subsistance,
« police, logement, fourages et autres fournitures ordonnées aux
« troupes de ligne et gardes nationales volontaires, qui y seront en
« garnison ou en quartier; en faire les montres et revues; tenir la
« main à ce qu'elles soient régulièrement payées de leur solde;
« veiller à ce que les hôpitaux soient fidèlement administrés et bien
« servis, et s'employer généralement à tout ce qui concerne les fonc-
« tions de commissaire ordinaire, ainsi qu'il lui sera plus particulière-
« ment ordonné par le commissaire ordonnateur de ladite division;
« le tout suivant les loix de la République.

« Mande et ordonne, le conseil exécutif provisoire, aux corps
« administratifs, à l'officier général, commandant en chef ladite
« division, aux officiers généraux qui y sont ou seront employés,
« aux commandans des troupes, à ceux de l'artillerie et du génie,
« aux commissaires ordonnateurs et ordinaires des guerres et à tous
« autres qu'il appartiendra, de reconnaître et faire reconnaître led.
« citoyen Dangeny en ladite qualité de commissaire des guerres.

« Fait à Paris, le 31 janvier mil sept cent quatre-vingt-treize, l'an
« second de la République française.

« Le conseil exécutif provisoire. Signé : Pache et Garat. »

Sur l'agrément donné par le Conseil au citoyen Gonon, secrétaire général, de se rendre à St-Galmier pour affaires d'administration, il a été arrêté, ouï le citoyen Procureur Général Syndic, que le citoyen Garnier, sous-chef du bureau additionnel au bureau militaire, est autorisé à signer les expéditions de l'administration en qualité de suplèant le secrétaire général.

Un membre a dénoncé une lettre écrite aux sections de cette ville, dont le but paraît être de nommer dans chaque section un juge pour former un tribunal révolutionnaire; une démarche de cette importance a paru mériter la plus sérieuse attention, d'autant mieux qu'elle paroit porter dans l'esprit de cette cité une sorte d'inquiétude et des craintes qui peuvent menacer la tranquillité publique. Ouï le Procureur Général Syndic, il a été arrêté que les districts de la ville et de la campagne et la municipalité de Lyon seraient invités à se rendre sur-le-champ dans le sein du Conseil du département, pour aviser et concerter ensemble aux moyens d'empêcher que la paix dont jouit cette cité ne fut troublée par aucun évènement que la loi ne saurait approuver.

Deux commissaires s'étant rendus au district de la ville et à la municipalité, ainsi qu'au district de la campagne de Lyon, quelques instans après sont entrés les administrateurs des deux districts et les officiers municipaux et ont pris séance. Le Président a fait part du motif de la réunion des corps administratifs; la discussion s'est ouverte sur la formation d'un tribunal révolutionnaire, sur sa nécessité, sur le mode et les motifs de sa création. Chaque membre ayant fait part de ses vues et de ses lumières, il a été généralement arrêté, ouï le Procureur Général Syndic, que des commissaires, au nombre de huit, se transporteront sur-le-champ dans l'assemblée des Jacobins, pour faire part à la portion du peuple assemblée, des intentions des corps administratifs, l'inviter à l'observation des loix et lui faire sentir l'inconvénient qui pourrait résulter si l'on précipitait des mesures qui n'auraient point l'assentiment des autorités constituées, pour ensuite, sur le rapport desd. commissaires, être pris le parti convenable. A l'instant, les citoyens Dubost, Couturier, Bourbon, Angelot, Villard et Millon, se sont rendus à l'assemblée des Amis de la Liberté, dite des Jacobins.

GRANDCHAMP, président. GONON S.-F., secrétaire général.

Le dimanche cinq mai 1793, l'an 2 de la République Française, les administrateurs composant le Conseil Général du département de Rhône-et-Loire, en surveillance permanente, réunis en séance publique, où étaient les citoyens Grandchamp, président, Couturier, Belville, Achard, Bonamour, Borde, Santallier, Servan, Pipon, Maillan, Richard aîné, Dubost, Mottin, Farjon, Durieu, Plasse, administrateurs, Meynis, procureur général syndic, et Gonon, secrétaire général.

Il n'a été pris aucun arrêté.

Le lundi six mai 1793, l'an 2 de la République Française, les administrateurs composant le Conseil Général du département de Rhône-et-Loire, en surveillance permanente, réunis en séance publique, où étaient les citoyens Grandchamp, président, Couturier, Belville, Achard, Santallier, Borde, Servan, Pipon, Maillan, Dubost, Mottin, Farjon, Durieu, administrateurs, Meynis, procureur général syndic, et Gonon, secrétaire général.

Une députation des Jacobins s'est présentée avec des membres de la municipalité de Lyon, pour inviter l'administration à se rendre à la commune pour y délibérer sur l'établissement du Tribunal révolutionnaire. La matière mise en délibération, ouï le Procureur Général Syndic, il a été arrêté que les membres ici présens se rendraient à l'invitation. Les membres revenus de la séance ont rapporté à l'administration qu'il avait été unanimement arrêté que le département appuyerait la pétition du Tribunal révolutionnaire.

Le citoyen Blachette fils, payeur général du département de la Drôme, s'est présenté en exhibant une lettre des commissaires de la trésorerie nationale à l'administration, dont la teneur suit :

« Paris, le 24 avril 1793, l'an 2 de la République.

« Les commissaires de la Trésorerie nationale, aux administrateurs
« du département de Rhône-et-Loire.

« Nous vous donnons avis que des motifs d'intérêt public nous ayant
« déterminé à faire faire la vérification de la caisse du citoyen Des-
« champs, payeur général de votre département, nous avons chargé le
« citoyen Blachette fils, payeur du département de la Drôme, de

« remplir cette mission, en lui donnant nos pouvoirs pour continuer
« provisoirement le service de payeur de Lyon.

« Nous vous prions de l'aider à remplir cette mission en lui procu-
« rant les secours et la protection immédiate dont il pourrait avoir
« besoin. Signé : Gaudin, Nevaine, Dutremblay et Remua. »

Plus une autre lettre des mêmes commissaires à Blachette fils; plus des instructions pour ledit Blachette fils. Conformément à la lettre desdits commissaires, de la trésorerie nationale à l'administration, il a été arrêté, ouï le Procureur Général Syndic, que le citoyen Dubost, administrateur, est nommé commissaire à l'effet d'assister le citoyen Blachette dans son opération chez le citoyen Deschamps.

Le citoyen Bouillet, chargé d'une mission pour vérifier et hâter le progrès des armes dans les fabriques de plusieurs départemens et notamment dans celles de St-Etienne, s'est présenté et a fait part à l'administration de lad. commission, soit du ministre de la Guerre, soit du Comité de salut public. Le Conseil, empressé de concourir de tous ses moyens à ce qui peut assurer le succès de cette importante mission, a donné au citoyen Bouillet l'assurance que, sur les indications et les vues qui lui seraient présentées, il donnerait tous les éclaircissemens et prendrait toutes les mesures qu'exigent l'urgence et la nécessité des circonstances.

Un membre a fait lecture de la loi du 21 mars dernier, portant qu'il sera établi dans chaque commune et dans chaque section de commune un comité composé de douze citoyens, nommés à la pluralité des suffrages, pour recevoir la déclaration de tous les étrangers qui y résident; il a observé que cette loi si salutaire et d'une nécessité indispensable, dans les circonstances où tant de malveillants déchirent le sein de la patrie, n'avait pas encore été exécutée dans la ville de Lyon ; que le Conseil Général n'avait point convoqué les assemblées de section, conformément à l'article premier de cette loi, pour la formation du comité. Le Conseil Général, considérant que, dans un tems où les ennemis de la République s'introduisent dans toutes les grandes villes pour y troubler l'ordre et la tranquillité publique, il importe d'exercer une surveillance active sur tous les étrangers qui y affluent dans la ville de Lyon; considérant enfin que l'exécution de la loi du 21 mars ne peut être retardée plus longtems, ouï le Procureur Général Syndic en ses conclusions, arrête 1° que tous les citoyens de la commune de Lyon, ayant droit de voter, seront convoqués dimanche prochain 13 du courant, dans leurs sections respectives, à la diligence de la municipalité ou du conseil général de la commune, à l'effet de procéder à la formation d'un comité de surveillance, conformément aux art. 2 et 3 de la loi précitée et du décret interprétatif du 30 mars pour l'exécution dud. article 3, portant que sur mille citoyens ayant droit de voter dans les sections, il faudra les suffrages de cent pour l'élection des membres qui doivent composer le comité ; 2° qu'immédiatement après les élections, la municipalité fera remettre aux membres de chaque comité un registre pour recevoir les déclarations de tous les étrangers qui résident ou qui arrivent dans l'arrondissement des sections ; 3° que tous les citoyens, appelés à la formation des comités, seront tenus de se conformer avec exactitude aux art. 4, 5 et 6 de la loi, et de communiquer à la municipalité tous les renseignemens qu'ils obtiendront et qui pourront intéresser l'ordre public; que le présent arrêté sera envoyé à l'administration du district pour en surveiller la pleine et entière exécution.

GRANDCHAMP, président.

Le mardi sept mai 1793, l'an 2 de la République Française, les administrateurs composant le Conseil Général du département de Rhône-et-Loire, en surveillance permanente, réunis en séance publique, où étaient les citoyens Grandchamp, président, Couturier, Belville, Achard, Bonamour, Santallier, Borde, Sauzéas, Mottin, Farjon, Durieu, Laurenson, Delacroix, Valette, administrateurs, Meynis, procureur général syndic, et Garnier, supléant le secrétaire général.

Le Conseil, considérant que les corps administratifs de cette ville, auxquels était joint le district de la campagne de Lyon, ont arrêté que pour maintenir l'ordre, la tranquillité et la paix dans l'intérieur du département et faire triompher la liberté, il serait, par la voie de la souscription volontaire, levé une force armée respectable, laquelle serait entretenue aux frais des personnes riches et opulentes; considérant que cette mesure extraordinaire est commandée par le pressant besoin de sauver la patrie, que son succès dépend de la vigilance et de la fermeté des corps administratifs; considérant que rien ne doit arrêter la formation de cette force militaire et de tout ce qui est nécessaire pour la rendre utile, particulièrement à ce département et généralement à la République, lorsque, pour cet effet, elle sera légalement requise; considérant qu'il est des moyens secondaires et indispensables à employer pour que l'ordre, l'économie, la justice et l'humanité président à son établissement; considérant enfin que tous les citoyens du département, et particulièrement ceux dont une partie de la fortune sera consacrée à l'entretien de ces nouveaux deffenseurs de la République, doivent être instruits dans le plus grand détail de l'emploi des fonds qui seront faits pour cet objet, le Procureur Général Syndic ouï, arrête,

ARTICLE PREMIER.

Que pour parvenir à l'organisation de cette force armée, qui doit être levée dans toute l'étendue du département, il sera incessamment formé un conseil d'administration militaire, composé d'un membre de chaque administration de district; mais, vû que les enrollemens dans la ville de Lyon paraissent se faire avec célérité et qu'il est instant de composer les bataillons à mesure que le nombre des enrollés sera suffisant, il sera, provisoirement, et en attendant la formation du conseil dont on vient de parler, composé un conseil d'administration de deux membres du département, de deux de chacun des districts de la ville et de la campagne de Lyon, et enfin de deux de la municipalité ou du conseil général de la commune de cette ville, lequel sera dissous dès que les membres des différens districts seront réunis pour la même opération, sauf néantmoins à ce conseil à prendre des renseignemens auprès des municipalités.

Art. 2.

Ce conseil ou celui provisoirement formé arrêteront, à la pluralité des voix, toutes les opérations relatives à l'enrollement, réception, habillement, équipement, armement, cazernement, formation de bataillons, dans le compte et dans l'ordre suivi jusqu'à présent pour les autres bataillons de la République, en un mot, tout ce qui regarde les achats et emplois des sommes nécessaires.

Art. 3.

Tous les mandats de payement seront dressés par le conseil d'administration militaire et, néantmoins, le payeur général ne sera tenu d'en solder le montant que lorsqu'ils seront souscrits de la signature des membres de tout le conseil, au moins de six d'entre eux.

Art. 4.

Tous les quatre jours, à compter de sa formation, le conseil militaire enverra un état détaillé, signé de tous ses membres, des recettes et dépenses par lui faites, au Conseil Général du département, qui le rendra public par la voie de l'impression.

Art. 5.

Les frais relatifs à ces impressions seront supportés par la caisse militaire et l'imprimeur en fera un état particulier.

Art. 6.

Pour l'exécution de l'art. 10 de la proclamation faite par les corps administratifs, concernant les secours promis aux femmes et aux enfans que l'absence des pères ou maris mettraient dans le besoin et pour que cette dépense soit faite avec justice et économie, les femmes et enfans qui se trouveront dans le cas du besoin prévu, seront tenus de se présenter dans leurs communes respectives pour se faire inscrire sur des registres qui seront ouverts à cet effet ; desquelles inscriptions, les communes formeront chaque mois des états qu'elles enverront avec leurs observations au directoire de leur district, lesquels les feront parvenir avec leur avis au Directoire du département, pour être par lui statué ce qu'il appartiendra et délivrer aux requérans les attestations nécessaires pour se procurer le payement des sommes que leurs besoins exigeront, lesquelles, sur le vû desdits certificats, leur seront comptées par le conseil d'administration militaire.

Art. 7.

Le conseil général du district de la ville de Lyon demeure particulièrement chargé de désigner et céder provisoirement les maisons nationales situées dans cette ville et inhabitées, pour le cazernement jugé nécessaire par le conseil militaire aux nouveaux volontaires, durant le temps de la formation des bataillons.

Art. 8.

Au fur et à mesure de formation des bataillons, il seront sous les ordres immédiats de l'administration du département qui pourra, suivant l'exigence des cas, les diviser et cantonner dans toute son étendue, sans néantmoins rien préjudicier à l'exécution des ordres du Conseil Exécutif.

ART. 9.

Dès l'instant que l'armée révolutionnaire sera organisée et que le Conseil Exécutif en aura pris la direction générale, le conseil d'administration militaire sera dissous, et les membres dont il se trouvait composé rentreront de suite dans leurs administrations respectives.

GRANDCHAMP, président. **GONON** S.-F., secrétaire général.

Le mercredi huit mai 1793, l'an 2ᵉ de la République Française, les administrateurs composant le Conseil Général du département de Rhône-et-Loire, en surveillance permanente, réunis en séance publique, où étaient les citoyens Grandchamp, président, Couturier, Achard, Borde, Bonamour, Sauzéas, Santallier, Mottin, Farjon, Dubost, Delacroix, Valette, administrateurs, Meynis, procureur général syndic, et Garnier, supléant le secrétaire général.

Une députation de la section de la Croisette s'est présentée, pour déposer dans le sein de l'administration ses inquiétudes sur ce qu'elle a appris que la journée de demain devait être troublée par des malveillans et ennemis de l'ordre public. Il leur a été répondu qu'on s'occupait des mesures à prendre pour que la tranquillité des citoyens ne fut point troublée. La députation retirée, ouï le Procureur Général Syndic en ses conclusions, il a été pris l'arrêté dont la teneur suit :

Les administrateurs du Conseil du département de Rhône-et-Loire, considérant que, d'après les différens rapports qui lui ont été faits, la journée de demain peut être suivie de quelques évènemens fâcheux; que, s'agissant d'un rassemblement considérable qui doit se former demain, au champ de la Fédération, pour y faire un banquet civique, et qu'à ce titre il peut s'introduire, dans le nombre de ceux qui le composeront, des malveillans qui pourraient profiter de la circonstance de cette réunion pour fomenter et exciter des désordres ; considérant que des mesures de sûreté et de précaution, dans des circonstances de cette nature, appartiennent à la prévoyance et à la sollicitude des administrations ; qu'elles seraient coupables d'une négligence criminelle, si elles n'usaient de tous les moyens qui sont à leur disposition pour maintenir la paix et le repos des citoyens ; requièrent les administrateurs du district de donner les ordres nécessaires pour l'établissement d'une force armée et suffisante dans tous les quartiers et postes de la ville de Lyon, les requièrent, à cet effet, de donner les ordres nécessaires et suivant les circonstances, soit à la troupe de ligne, soit à la gendarmerie nationale à pied et à cheval, pour qu'au moindre mouvement la force armée sur pied puisse se porter partout où le besoin l'exigera, même de mettre en état de réquisition permanente toute la garde nationale, déclarant qu'ils chargent la responsabilité de l'administration du défaut de mesures à prendre en pareille circonstance, faute par elle de veiller à l'exécution de la réquisition ci-dessus.

Le Conseil, en conformité à la loi du 28 mars dernier, après avoir revu toutes les pièces concernant l'affaire du citoyen Gabriel-Henry-Benoît Dassier, le nouveau mémoire du citoyen Laurencin et le certificat de résidence délivré audit Dassier par la municipalité de Strasbourg, le 11 mars dernier, visé par le district et le département du Bas-Rhin le 13, notre arrêté du 18 du même mois ; vu les art. 31 et 32 de lad. loi du 28 ; ouï le Procureur Général Syndic, arrête que les biens du citoyen Dassier seront de nouveau séquestrés, sauf à lui à se pourvoir, dans les délais déterminés par la loi, pour en obtenir la main levée sur des certificats de résidence dans la forme prescrite, à l'effet de quoi, le présent arrêté sera envoyé, avec toutes les pièces, au directoire du district de Villefranche, qui demeure chargé de le mettre à exécution dans le plus bref délai.

Une députation de la municipalité de Lyon s'est présentée et a dit que la ville était à la veille de manquer de subsistances et qu'il conviendrait de prendre des mesures efficaces pour éviter des calamités.

Une nouvelle députation de la Croizette s'est présentée, en annonçant que leurs craintes sur la journée de demain jeudi étaient toujours les mêmes, attendu qu'ils venaient d'apprendre que les Jacobins tenaient dans ce moment, leur séance secrète. L'administration les a tranquillisé, en assurant qu'on venait de prendre les précautions nécessaires pour qu'il n'arrivât aucun événement fâcheux.

GRANDCHAMP, président, GONON S.-F., secrétaire général.

Le jeudi neuf mai, 1793, l'an 2° la République Française, les administrateurs composant le Conseil Général du département de Rhône-et-Loire, en surveillance permanente, réunis en séance publique, où étaient les citoyens Grandchamp, président, Couturier, Bonamour, Santallier, Sauzéas, Farjon, Richard, Laurençon, Delacroix, Mottin, Place, administrateurs, Meynis, procureur général syndic, et Garnier, supléant le secrétaire général.

Sur de nouvelles craintes annoncées à l'administration, par un nombre de citoyens, que la tranquillité publique fut troublée aujourd'hui, le conseil, délibérant, a donné une nouvelle réquisition à l'administration du district de la ville dont la teneur suit :

Les administrateurs composant le Conseil du département de Rhône-et-Loire requièrent les administrateurs du district de la ville de Lyon, sous leur responsabilité, de mettre sur-le-champ à exécution la réquisition qui leur fut adressée le jour d'hier, à l'effet de mettre sur pied, une force armée suffisante pour maintenir la tranquillité dans la ville de Lyon, et, en conséquence, de prendre des mesures de précaution et des forces plus capables de contenir les mouvemens qui pourraient avoir lieu, d'augmenter le nombre de la force armée et de mettre tous les bataillons en activité de service, ainsi que les troupes soldées, tant à pied qu'à cheval ; ladite réquisition envoyée séance tenante, par extrait signé du secrétaire général.

S'est ensuite présentée une députation de sept à huit personnes, ayant à leur tête les citoyens Roullot, notable de la commune de Lyon, et Gaillard, juge du tribunal de la même ville ; cette députation a été reçue par les citoyens administrateurs Bonamour et Delacroix, l'assemblée s'étant pour un moment séparée. L'administration réunie, les deux citoyens administrateurs ont demandé à l'instruire de ce qui venait de se passer dans la salle du Directoire, et l'un d'eux a dit :

« Citoyens, nous trouvant seuls au Directoire, est entrée une députation composée de 7 à 8 personnes, à la tête desquelles étaient les citoyens Roullot, notable de la commune de Lyon, et Gaillard, juge d'un tribunal de la même ville, les autres nous étant absolument inconnus; cette députation s'est présentée d'une manière despectueuse et menaçante. Le citoyen Roullot, portant la parolle, a dit qu'ils venaient de la part du peuple souverain, assemblé dans ce moment dans l'intérieur de la maison commune, inviter l'administration du département de se rendre auprès de lui pour installer le tribunal révolutionnaire, qu'il était tems qu'il fut organisé. Il leur a été répondu que, n'étant pas en nombre suffisant, il n'était pas possible de délibérer sur leur demande et encore moins de se rendre à leur invitation. Cette réponse ne leur ayant pas paru satisfaisante, ils se sont tous répandus en injures contre l'administration et ont fini par dire que, puisqu'ils ne pouvaient obtenir justice, ils se la feraient eux-mêmes; qu'au surplus, ils allaient planter l'arbre de la liberté qui était la guillotine. Le citoyen Gaillard, prenant la parolle, nous a demandé nos noms et nous a forcé à les décliner, déclarant qu'ils allaient dénoncer le surplus des administrateurs qui n'étaient pas à leur poste, et qu'ils en dresseraient procès-verbal; que ceux qui n'étaient pas en séance devaient rendre l'argent qu'ils recevaient comme administrateurs, assurant qu'ils reviendraient ce soir; que le peuple souverain était levé, qu'ils voulaient la guillotine en permanence, et se sont retirés. »

Le Conseil sur le point de délibérer, est entré, sur les 9 heures du soir, séance tenante, une députation de la société des Jacobins de cette ville, ayant à leur tête le citoyen Gaillard, juge du tribunal de Lyon, et St-Amant, comédien; l'un d'eux portant la parolle, a dit qu'ils se présentaient à l'administration pour lui témoigner qu'ils avaient appris avec douleur qu'on les avait desservis auprès d'elle, en leur prêtant de mauvaises intentions sur la tranquillité publique; qu'ils n'avaient, au contraire, d'autres vues que de concourir au bonheur de leurs concitoyens; que, s'ils avaient manifesté leur opinion sur la nécessité d'un tribunal révolutionnaire, ils attendraient, comme ils le devaient, la décision que voudra bien porter la Convention, auprès de laquelle on avait député; ils ont fini par demander l'établissement d'un comité de Salut public, à quoi il leur a été répondu que l'administration s'occupera de cet objet, et se sont retirés, et ensuite, ouï le Procureur Général Syndic, il a été arrêté qu'il serait écrit une lettre au ministre de l'Intérieur pour l'instruire de tout ce que dessus.

GRANDCHAMP, président. GONON S.-F., secrétaire général.

Le vendredi dix mai 1793, l'an 2ᵉ de la République Française, les administrateurs composant le Conseil Général du département de Rhône-et-Loire, en surveillance permanente, réunis en séance publique, où étaient les citoyens Couturier, Achard, Bonamour, Borde, Santallier, Sauzéas, Servan, Pipon, Maillan, Dubost, Mottin, Place, administrateurs, Meynis, procureur général syndic, et Garnier, supléant le secrétaire général.

Il n'a été pris aucun arrêté.

Le samedi onze mai 1793, l'an 2° de la République Française, les administrateurs composant le Conseil Général du département de Rhône-et-Loire, en surveillance permanente, réunis en séance publique, où étaient les citoyens Grandchamp, président, Couturier, Achard, Bonamour, Borde, Santallier, Sauzéas, Servan, Pipon, Maillan, Dubost, Motlin, Plasse, administrateurs, Meynis, procureur général syndic; et Garnier, supléant le secrétaire général.

Les citoyens Nioche et Gauthier, députés à la Convention Nationale, se sont présentés à l'administration, séance tenante, et ont annoncé qu'ils étaient envoyés près l'armée des Alpes, avec deux de leurs collègues, les citoyens Albite et Dubois de Crancé; que, par suite des opérations dont ils sont chargés, il était de la plus grande importance de connaître et vérifier les magasins et arsenaux de cette ville; ils invitèrent l'administration du département de nommer l'un de ses membres pour assister avec eux à cette visite; un membre a répondu que l'administration saisirait toujours avec empressement l'occasion de concourir à l'intérêt et au maintien de la République. Le Procureur Général Syndic ouï, il a été arrêté que le citoyen Pipon assistera, comme commissaire, le citoyen représentant du peuple dans la visite dont il s'agit.

Les membres de l'administration au comité de Salut Public, créé le   ont exposé que les diverses opérations et travaux de ce comité nécessitaient des dépenses journalières et divers menus frais, dont le remboursement était urgent; que, si on ne met sur-le-champ à leur disposition une somme de cinq mille livres, ils seront forcés d'abandonner le travail important qui leur est confié; le Conseil, considérant que, dans les circonstances actuelles, il y aurait du danger pour la chose publique de ralentir, par le défaut de fonds, l'activité d'une surveillance devenue nécessaire; après avoir ouï le Procureur Général Syndic en ses conclusions, arrête 1° qu'il sera mis à la disposition des membres composant le comité de Salut Public, une somme de dix-huit cent livres, à la charge, par ledit comité, rendre compte et en justifier l'emploi à l'administration; 2° que cette somme sera puisée, provisoirement et par forme d'avance, sur le produit des sous additionnels du département, sauf à déterminer, par la suite et sur le vu de l'état des frais, la caisse qui devra opérer le remboursement.

COUTURIER, président en l'absence. GONON S.-F., secrétaire général.

Le dimanche douze mai 1793, l'an 2° de la République Française, les administrateurs composant le Conseil Général du département de Rhône-et-Loire, en surveillance permanente, réunis en séance publique, où étaient les citoyens Bonamour, Couturier, Achard, Santallier, Sauzéas, Maillan, Richard, Lacroix, Tardy, Plasse, Meynis, procureur général syndic, et Garnier, supléant le secrétaire général.

Une députation de la société populaire de la Croizette, composée de plusieurs personnes, est entrée; l'orateur a dit qu'ils étaient envoyés auprès de l'administration pour lui exprimer leur indignation sur la dénonciation qu'ils ont appris avoir été portée contre elle, hier soir, dans la société des Jacobins, fondée sur ce que, disent-ils, les administrations du département ont perdu la confiance de leurs concitoyens; qu'ils viennent assurer l'administration de leur obéissance à la loi; qu'ils resteront à leur poste et se joindront aux bons citoyens, qui sont en grand nombre, pour déjouer les manœuvres secrettes des malveillans et préserver des administrateurs, qu'ils estiment, des mauvaises imputations que les ennemis du bien public pourraient lui faire.

L'un des membres a dit que, forts de leurs principes, aucune circonstance ne les fera varier qu'ils resteront à leur poste, espérant qu'environnés de l'opinion des bons citoyens, ils parviendront à maintenir l'ordre et à faire observer les loix.

Le citoyen Grandchamp, président du département, a fait passer à l'administration une lettre par laquelle il donne sa démission d'administrateur et de président, en date de ce jour, dont la teneur suit :

« Lyon, le 12 mai 1793, l'an 2ᵉ de la République Française.

« Je remets, citoyens, au Conseil Général du département, la place
« d'administrateur et celle de président à laquelle il m'avait élevé,
« le mauvais état de ma santé, la crainte de perdre absolument mon
« état, se joignant aux mille raisons qui me forcent à prendre ce
« parti et dans lesquelles il serait inutile que j'entrasse. Je suis, avec
« respect, votre concitoyen. Signé : Grandchamp. »

———

Le lundi treize mai 1793, l'an 2ᵉ de la République Française, les administrateurs composant le Conseil Général du département de Rhône-et-Loire, en surveillance permanente, réunis en séance publique, où étaient les citoyens Bonamour, Santallier, Sauzéas, Couturier, Maillan, Richard, Lacroix, Tardy, Achard, Plasse, administrateurs, Meynis, procureur général syndic, et Garnier, supléant le secrétaire général.

Les représentans du peuple envoyés près l'armée des Alpes, de séjour à Lyon, font passer à l'administration la lettre dont la teneur suit :

« Lyon, le 12 mai 1793, l'an 2ᵉ de la République.

« Les représentans du peuple envoyés près l'armée des Alpes par
« la Convention Nationale, aux membres composant le Conseil
« Général, Procureur Général et Directoire du département, à Lyon.
« Nous vous requérons de vous trouver demain lundi, treize du
« présent mois, à dix heures du matin, dans la salle de la maison
« commune de cette ville, où notre intention est de tenir une séance
« publique, pour nous concerter avec les autorités constituées sur des
« mesures de salut public que les circonstances exigent. Signé :
« Dubois-Crancé, Albite, Gaultier et Nioche. »

D'après cette réquisition, les membres se sont rendus dans le lieu ci-dessus désigné. De retour dans la salle du Directoire, l'un des membres a annoncé qu'il a été arrêté en conseil général de la commune, par les commissaires représentans du peuple, en présence des corps administratifs, 1° qu'il serait levé 6.000 hommes dans le district de Lyon; 2° qu'il serait fait un emprunt forcé de six millions sur les riches dudit district; 3° qu'il serait fait une proclamation dont la rédaction a été renvoyée à demain.

COUTURIER, président en l'absence. GONON S.-F., secrétaire général.

Le mardi quatorze mai 1793, l'an 2° de la République, les administrateurs composant le Conseil Général du département de Rhône-et-Loire, en surveillance permanente, réunis en séance publique, où étaient les citoyens Bonamour, Couturier, Achard, Santallier, Sauzéas, Maillan, Richard, Lacroix, Tardy, Plasse, administrateurs, Meynis, procureur général syndic, et Garnier, supléant le secrétaire général.

Le Conseil a été occupé tout le jour au conseil général de la commune, en présence des commissaires de la Convention, à la rédaction de la proclamation, pour être affichée incessamment.

GONON S.-F., secrétaire général.

Le mercredi quinze mai 1793, l'an 2° de la République Française, les administrateurs composant le Conseil Général du département de Rhône-et-Loire, en surveillance permanente, réunis en séance publique, où étaient les citoyens Bonamour, Borde, Couturier, Achard, Santallier, Sauzéas, Maillan, Tardy, Plasse, administrateurs, Meynis, procureur général syndic, et Garnier, supléant le secrétaire général.

L'un des membres ayant remis sous les yeux de l'administration la démission du citoyen Grandchamp, dont les affaires générales n'ont pas permis de s'occuper jusqu'à présent, le Conseil s'est occupé de la nomination d'un président, et le citoyen Buiron-Gaillard, administrateur du département, ayant été désigné pour remplir ces fonctions, il a de suite été fait un scrutin, ledit citoyen Buiron-Gaillard a réuni l'unanimité des suffrages et a été proclamé Président; l'assemblée, bien satisfaite de ce choix, a arrêté, le Procureur Général Syndic ouï, qu'il lui serait sur-le-champ écrit une lettre, dont la teneur suit :

« Lyon, le 16 mai 1793, l'an 2° de la République.

« Citoyen Collègue,

« Depuis la lettre-circulaire écrite par l'administration à tous les « membres qui composent le Conseil, elle vient de perdre son Président;

« D'après la démission de son Président, le Conseil d'administra-
« tion du département vient de s'occuper du choix d'un nouveau
« Président. Je suis chargé de vous annoncer que le vœu unanime de
« vos collègues vous a désigné pour en remplir les fonctions; ce
« témoignage qu'ils rendent à vos lumières et à votre civisme leur fait
« espérer que vous répondrez à leur confiance en acceptant une place
« à laquelle vous attache le sentiment de vos devoirs, autant que le
« danger de la Patrie et la crise actuelle des circonstances. Il est
« inutile de vous parler de l'empressement de tous vos collègues à
« vous posséder dans leur sein, c'est le moindre des motifs qui
« doivent vous engager à vous rendre incessamment à votre poste.
« Signé : le Procureur Général Syndic. »

Est entrée une députation de la section de rue Tupin de cette ville, composée de plusieurs citoyens; l'un d'eux a dit qu'ils venaient témoigner à l'administration leur empressement à concourir au salut de la chose publique, leur soumission et leur respect pour les loix; que, fidèles à leur serment, ils mettront tout en usage pour repousser tous les malveillans et ennemis de l'ordre et du bonheur de la République. Le Conseil, satisfait des sentimens vraiment patriotiques des citoyens de la Société populaire de la section de rue Tupin, les a invités à redoubler de zèle et à porter leurs concitoyens à suivre leur exemple, sûr moyen pour déjouer toutes les intrigues des ennemis secrets.

COUTURIER, président en l'absence. GONON S.-F., secrétaire général.

Le jeudi seize mai 1793, l'an 2° de la République Française, les administrateurs composant le Conseil Général du département de Rhône-et-Loire, en surveillance permanente, réunis en séance publique, où étaient les citoyens Bonamour, Santallier, Borde, Achard, Couturier, Sauzéas, Maillan, Tardy, Richard, Plasse, administrateurs, Meynis, procureur général syndic, et Garnier, supléant le secrétaire général.

Est entré le citoyen Buiron-Gaillard, administrateur du département, lequel a annoncé qu'il avait reçu, venant à Lyon pour ses affaires particulières, la lettre, qu'elle lui a écrite pour l'engager à accepter la place de Président du département, à laquelle il avait été nommé. Il annonce en même tems combien il en coûte à son cœur de ne pouvoir se rendre au vœu de ses collègues, les motifs de son refus sont consignés dans la lettre dont la teneur suit :

« Citoyens,

« J'ai rencontré, en me rendant ici, le gendarme qui m'apportait la
« lettre du citoyen Procureur Général Syndic, par laquelle il
« m'annonce que le Conseil d'administration m'a nommé son Prési-
« dent, en remplacement du citoyen Grandchamp, qui a donné sa
« démission. Je suis très sensible à la confiance du Conseil Général
« et, si je ne consultais que ma bonne volonté, j'accepterais sans
« hésiter; mais je suis trop attaché à mes devoirs pour accepter une

« place sans avoir la certitude de remplir tous ceux qu'elle impose; il
« me serait de toute impossibilité de rester ici, puisque je suis seul à
« la tête d'une maison considérable de commerce et la santé de mon
« frère, avec qui je partageois ce fardeau, est dans un état qui ne laisse
« aucune espérance; celle de mon père me donne aussi des inquiétudes,
« et je lui dois des consolations; je ne vous parle pas de mes intérêts
« personnels et j'en ferais volontiers le sacrifice à la chose publique.
« Je sais que, dans ce moment difficile, tous les bons citoyens doivent
« se dévouer à la République, et je prends ici l'engagement solennel
« de venir partager vos travaux, lorsque cela me sera possible et que
« le recrutement pour l'armée du Rhin sera achevé dans notre district.
« Je me suis chargé de tout ce qui concernait la dépense, parce que
« je suis plus familier dans cette partie, et je vous promets que cette
« comptabilité sera parfaitement en règle; je vous prie d'agréer
« l'assurance de mes sentimens fraternels. Signé : Buiron-Gaillard. »

Le Conseil, après avoir exprimé au citoyen Buiron-Gaillard le regret qu'elle a de ne pouvoir le posséder en qualité de président, s'est occupé de nommer à cette place; l'un des membres (le citoyen Dubost) ayant été désigné, l'assemblée a accueilli cette proposition; en conséquence, il a été fait un scrutin, lequel, après avoir été ouvert et recensé, il en est résulté que le citoyen Dubost a réuni l'unanimité des suffrages et a été proclamé président du département; à cet effet le Procureur Général Syndic ouï, il a été arrêté qu'il lui serait sur-le-champ donné avis de sa nomination par une lettre dont la teneur suit :

« Lyon, le 16 mai 1793, l'an 2° de la République.

« Le Procureur Général Syndic du département de Rhône-
« et-Loire au citoyen Dubost,

« Le citoyen Grandchamp ayant donné sa démission de président
« du département de Rhône-et-Loire, l'administration a procédé à
« son remplacement en lui donnant pour successeur le citoyen
« Buiron-Gaillard; ce dernier n'a pu remplir cette fonction, à laquelle
« son zèle et son civisme l'appelent, mais que des raisons plausibles
« l'autorisent à refuser; en conséquence, elle a crû devoir procéder à
« une seconde nomination de son président, et elle a vu avec plaisir
« que l'unanimité des suffrages s'était réunie sur un collègue dont
« lumières, les talents et le civisme lui sont parfaitement connus.
« Elle me charge donc de vous annoncer que vous êtes nommé son
« Président et je m'empresse de vous prévenir, persuadé que vous
« voudrez bien occuper une place à laquelle elle vous a appelé avec
« confiance. »

Une députation de la Croisette a présenté une pétition, par laquelle il appert qu'il a été commis des voies de fait dans le lieu de leur séance, le 14° du présent mois.

Couturier, président en l'absence. Gonon S.-F., secrétaire général.

Le vendredi 17 mai 1793, l'an 2° de la République Française, les administrateurs composant le Conseil Général du département de

Rhône-et-Loire, réunis en séance publique, où étaient les citoyens Bonamour, Couturier, Borde, Santallier, Sauzéas, Buiron-Gaillard, Richard aîné, Tardy, Delacroix, Plasse, administrateurs, Meynis, procureur général syndic, et Garnier, supléant le secrétaire général.

Le citoyen Dubost, administrateur du département, a fait passer au citoyen Procureur Général Syndic une lettre contenant sa démission de la place de président du département, à laquelle il avait été nommé; après la lecture de cette lettre, le Procureur Général Syndic ouï, il a été arrêté qu'elle serait transcrite sur les registres.

Suit la teneur de ladite lettre :

« Lyon, 16 mai 1793, l'an 2ᵉ de la République.

« Je viens de recevoir votre lettre de ce jour, où j'apprends avec la
« plus grande surprise que le citoyen Grandchamp abandonne le
« poste honorable qui lui avait été désigné par l'administration et
« qu'il avait accepté. Je vois aussi que le Conseil a procédé à son
« remplacement et que les suffrages se sont réunis sur ma personne.
« Il est flatteur pour moi d'obtenir ce nouveau témoignage de
« confiance, mais ma position bien connue de tous les administrateurs
« ne me permet pas de me rendre à leur vœu. Seul, chargé de tous
« les détails et des travaux contentieux d'une profession pénible,
« qui exige ma présence du matin au soir, je me vois forcé de vous
« envoyer ma démission. Veuillez, citoyen, la faire agréer au Conseil,
« et lui faire connaître que les motifs de mon refus ne sont pas con-
« trouvés. Je me ferai toujours un devoir d'être utile à l'administra-
« tion, mais je ne saurais consentir à accepter un poste au-dessus de
« mes forces et incompatible avec mon état.

« Recevez l'assurance de mes sentimens fraternels. Signé :
« Dubost. »

A l'instant est entré un courrier extraordinaire, envoyé par le ministre de l'Intérieur, qui apporte un décret de la Convention Nationale, du quinze du présent mois, relativement à la création d'un tribunal extraordinaire.

Suit la teneur dudit décret :

« Décret de la Convention Nationale du quinze mai 1793, l'an 2 de
« la République Française, qui déclare nulle et comme non avenue
« toute création du Tribunal extraordinaire faite, sans aucune autori-
« sation expresse de la Convention Nationale.

« La Convention Nationale, après avoir entendu la lecture d'une
« pétition des citoyens de la ville de Lyon, pour s'opposer à l'érection
« d'un tribunal extraordinaire dans lad. ville, qui ne serait pas établi
« en vertu d'un décret de la Convention Nationale et dans les formes
« prescrites par une loi, et, sur la motion d'un membre, renvoye la
« pétition au comité de législation pour en rendre compte lors du
« rapport qui doit être fait sur les évènemens de Lyon ; et, à cet
« effet, ajourne à mardi midi.

« Déclare nulle et comme non avenue toute création de tribunal
« extraordinaire qui aurait pu ou qui pourrait être faite dans laditte ville
« ou dans toutes les autres villes de la République, sans une autori-
« sation expresse par un décret émané d'elle ; fait défense à tous
« ceux qui auroient pu ou qui pourroient être nommés pour en faire

« les fonctions, d'en exercer aucunes, à peine de mort, permet aux
« citoyens que l'on voudrait y traduire de repousser la force par la
« force ; charge la municipalité de Lyon et les corps administratifs,
« sous leur responsabilité, de les protéger et de requérir la force
« armée, et ordonne à celle-ci de déférer à leurs réquisitions pour
« soustraire les citoyens aux exécutions qu'on voudrait tenter contre
« eux.

« Décrète que l'armée de cinq mille hommes, dont la levée a été
« décrétée par les corps administratifs, ne pourra être employée dans
« le département que sur les réquisitions des autorités constituées,
« et, hors du département, que sur les ordres du conseil exécutif pro-
« visoire, ou sur les réquisitions des représentans du peuple près les
« armées, addressées aux corps administratifs.

« Le présent décret sera envoyé dans le jour au département de
« Rhône-et-Loire, par un courrier extraordinaire.

« Visé par l'inspecteur des procès-verbaux. Signé : Joseph Beker.

« Collationné, etc. Au nom de la République, etc., etc. »

Le Procureur Général Syndic entendu, il a été arrêté que ledit décret serait sur-le-champ transmis au district, et par ce dernier à la municipalité ; qu'il serait en outre publié et affiché à la manière ordinaire.

Le citoyen Procureur Général Syndic a fait remise sur le bureau d'un acte signé Dussurgey, notaire, portant promesse de mariage entre le citoyen Jacques Henry, domicilié à Lyon, et la citoyenne Pierrette Magdinier, fille de Jean Magdinier, citoyen habitant à Feurs, laquelle a été publiée le 12 avril dernier, à la messe paroissiale, par le citoyen Vaudemont, curé de lad. paroisse, ainsi qu'il appert par l'attestation qu'il en a donnée. Le Procureur Général a observé que l'infraction commise à la loi du 20 septembre de l'année dernière, sur le mode de constater l'état civil des citoyens, le mit dans la nécessité de poursuivre la réparation de l'outrage et de la violation de la loi. Le mandat d'arrêt lancé contre lui, le 13 du présent, ayant resté sans exécution, il requiert à ce que ledit Vaudemont soit dénoncé et traduit par devant les tribunaux compétens, pour être poursuivi et jugé suivant les rigueurs de la loi. Sur quoi, vu les promesses de mariage entre Jacques Henry et Pierrette Magdinier et la publication qui en a été faite par le citoyen Vaudemont ; vu une lettre de la municipalité de Feurs, du 15 de ce mois, et le certificat de civisme délivré par le conseil général de cette commune le 15 dud., par lequel elle atteste que le citoyen Vaudemont n'a cessé de prêcher l'ordre et la soumission aux lois de la République et qu'il a toutes les qualités civiques ; vu la proclamation du conseil exécutif provisoire, du 22 janvier dernier, le Conseil Général de département, considérant que le citoyen Vaudemont, en empiétant sur les fonctions civiles qui sont prohibées aux ministres du culte, a encouru toute la sévérité de la loi ; considérant qu'en laissant subsister le germe des troubles religieux, qui sont la cause des divisions intérieures qui nous agitent, ce serait se prêter aux vues des ennemis de la République qui les fomentent et les entretiennent ; arrête qu'à la diligence du Procureur Général Syndic, ledit Vaudemont sera dénoncé et traduit par-devant le juge de paix du canton de Feurs, pour être jugé et puni comme réfractaire à la loi et être procédé contre lui ce qu'il appartiendra ; à cet effet, que les promesses et publications de mariage des citoyen Henry et citoyenne Magdinier lui seront directement adressées, avec copie du présent arrêté, ainsi que le certificat de civisme expédié aud. Vaudemont par le conseil général de la commune de Feurs.

L'un des membres ayant remis sous les yeux de l'administration la pétition des citoyens de la Société populaire de la Croizette, et la matière mise en délibération, ouï le Procureur Général Syndic en ses conclusions, il a été arrêté qu'il en serait communiqué au comité de Salut Public, pour fournir ses observations dans le jour, et de suite elle a été remise au comité de Salut Public.

Le citoyen Dubost, administrateur du département, est entré; il a renouvellé à l'assemblée les motifs de son refus pour la présidence, l'un des membres prenant la parole, a répondu que le Conseil était loin d'accepter sa démission; qu'il l'invitait de nouveau, au nom de ses collègues, à se rendre à leur vœu et concourir avec eux, aidés de ses lumières, au bonheur et à la tranquillité publique. Le citoyen Dubost, vivement touché de toutes ces marques de confiance, en a témoigné au Conseil toute sa reconnaissance et a pris le fauteuil.

Les représentans du peuple auprès de l'armée des Pyrénées-Orientales, de séjour à Lyon, chargés pour remplir une mission, aussi pressée qu'importante, de visiter les manufactures d'armes, fonderies et magasins pour les armées qui peuvent fournir des secours à celle auprès de laquelle leurs fonctions les appellent, font passer au Procureur Général Syndic une invitation par écrit, signée Bonnet et Fabre, par laquelle ils demandent que l'administration nomme deux de ses membres pour concerter leurs opérations et se réunir à cet effet, sur les trois heures de l'après-midi, avec le commissaire ordonnateur. Lecture faite de cette invitation et la matière mise en délibération, il a été arrêté, le Procureur Général Syndic ouï, que les citoyens Servan et Couturier demeurent nommés commissaires pour assister les citoyens représentants dans les visites qu'ils se proposent de faire dans les manufactures, fonderies et magasins, et qu'ils sont invités de se rendre aux heures ci-dessus indiquées. Les citoyens Couturier et Servan, de retour au Directoire, ont annoncé à l'assemblée qu'ils s'étoient transportés, avec les citoyens représentants, Fabre et Bonnet, assistés d'un inspecteur, 1° dans le dépôt ou batimens des ci-devant Ste-Claire; 2° dans la fonderie située à Perrache; 3° dans le magasin des subsistances, assistés du directeur, et que les citoyens représentants avoient pris, par devers eux, note de toutes ces inspections.

Couturier, président en l'absence. Gonon S.-F., secrétaire général.

Le samedi dix-huit mai 1793, l'an 2 de la République, les administrateurs composant le Conseil Général du département de Rhône-et-Loire, réunis en séance publique, où étaient les citoyens Dubost, président, Sauzéas, Couturier, Bonamour, Tardy, Richard aîné, Meynis, procureur général, et Garnier, suplèant le secrétaire général.

Le Conseil Général du département instruit, par un de ses membres, que l'assemblée des sections convoquées pour demain, à l'effet de procéder, en exécution de la loi du 21 mars dernier, à la formation d'un comité pour recevoir les déclarations des étrangers, se trouvoient suspendue, faute par le conseil de la commune d'avoir indiqué l'heure de l'assemblée ; ayant considéré les mouvemens et les dangers qui pouvoient résulter d'une erreur qui pourroit être la cause ou le prétexte de quelque trouble, a délibéré et arrêté de faire, à l'administration du district la réquisition suivante :

Les administrateurs composant le Conseil du département de Rhône-et-Loire, considérant que la loi du 21 mars dernier, portant établissement, dans les communes et dans chaque section de commune, d'un comité composé de douze membres, pour recevoir la déclaration des étrangers qui y résident, suspendue et inexécutée jusqu'à ce jour, exige la prompte formation de ce comité, dans les moments critiques de la chose publique ; considérant que le Conseil Général, par son arrêté du 6 du présent, avait prévu la nécessité de cette organisation, en ordonnant la convocation des sections de la commune de Lyon, à la diligence du conseil général de la commune, pour dimanche 12 du présent ; considérant que le conseil général de la commune, convaincu lui-même de cette nécessité, avait fait la convocation pour demain 19 ; que cependant cette convocation ne contient point l'heure à laquelle les citoyens doivent, en exécution de l'art. 1 de lad. loi, se réunir et se rassembler ; considérant qu'il importe essentiellement au maintien de la paix et de la tranquillité publique, que l'exécution de la loi que les autorités constituées ont elles-mêmes provoquée et à laquelle tous les citoyens ont lieu de s'attendre, ne soit pas plus longtems suspendue ; qu'il serait même dangereux de la renvoyer à d'autres moments, par la fermentation que pourrait occasionner ce retard parmi les citoyens ; ont délibéré et arrêté que l'administration du district est invitée et requise, sous sa propre responsabilité, de prendre les mesures qui sont à sa disposition pour que la convocation des sections soit effectuée pour demain, onze heures du matin, conformément à l'arrêté du conseil général de la commune, de faire la convocation elle-même, à défaut ou à refus du conseil général de la commune, de faire cette convocation pour l'heure ci-dessus indiquée, arrêtent, en conséquence, que le présent arrêté sera sur-le-champ envoyé à l'administration du district, avec réquisition de justifier dans demain huit heures du matin, de sa diligence.

Le citoyen Maillan a fait part à l'administration des inquiétudes dans lesquelles se trouvait le comité de Salut Public, à l'occasion de la convocation des sections, et a invité le Conseil à délibérer s'il ne conviendrait pas de prendre des mesures de sûreté concurremment avec les corps constitués. Le Président lui a répondu au nom de l'administration, que le Conseil s'était occupé de cet objet et que l'arrêté qu'il venoit de prendre lui serait incessamment communiqué par la voye du district.

Lecture a été faite d'une lettre du commissaire national au Procureur Général Syndic, qui lui donne avis que des malveillants se proposent de se porter aux prisons. Il a été, en conséquence, pris la réquisition suivante, pour être adressée au district.

Les administrateurs du Conseil du département de Rhône-et-Loire, instruits par une lettre adressée au Procureur Général, par le commissaire national, reçue ce jourd'hui à 8 heures et demie du soir, que des malveillants avoient l'intention de se porter sur les prisons, et, convaincus qu'il importe à la sûreté des détenus qu'une garde suffisante en repousse les malfaiteurs ou les contiennent, requièrent les citoyens administrateurs du district de Lyon, de donner les ordres les plus prompts pour que le poste des prisons de Roanne, St-Joseph et Pierre-Scize soit renforcé de manière à garantir les détenus de toute atteinte, de surveiller l'exécution de leurs ordres avec la plus active célérité, les chargeant de toute leur responsabilité du défaut d'exécution de la présente réquisition. Suit la teneur de la lettre du commissaire national :

« Lyon, le 17 mai 1793, l'an 2ᵉ de la République.

« Citoyen Procureur Général Syndic,

« La présente est pour vous inviter à redoubler de vigilance
« d'activité pour prévenir les troubles et les attentats que des mal
« intentionnés veulent absolument exciter dans notre cité ; veillez
« surtout à la sûreté des prisons ; des bruits divers se répandent sur
« cet objet, les uns avancent que des ennemis de la révolution veulent
« s'y porter, afin de favoriser l'évasion des détenus pour cause d'inci-
« visme ; d'autres disent que les patriotes y veulent renouveler les
« scènes du mois de septembre à Paris et faire évader les prévenus
« de concussion municipale ; sous tous les rapports, il est urgent de
« prévenir les complots des pervers aristocrates ou des faux patriotes,
« et d'empêcher la calomnie d'atteindre les patriotes sincères et
« incorruptibles. Salut. Signé : Hidins. »

DUBOST. GONON S.-F., secrétaire général.

Le dimanche dix-neuf mai 1793, l'an 2ᵉ de la République, les administrateurs composant le Conseil Général du département de Rhône-et-Loire, en séance publique, où étaient les citoyens Dubost, président, Bonamour, Sauzéas, Couturier, Tardy, Richard aîné, Meynis, procureur général, et Garnier, secrétaire général.

Deux membres du district de la campagne de Lyon sont venus annoncer qu'il était survenu des troubles dans l'étendue de leur district ; que plusieurs communes se sont permis des dégats dans les bois et propriétés nationales ; que ces faits ayant été dénoncés à leur administration, le Directoire, sur les procès-verbaux qui ont été rédigés sur les lieux, a donné son avis le jourd'hier, portant que le procès-verbal et l'arrêté à intervenir sera adressé, à la diligence du Procureur Syndic, au directeur du juré d'accusation du district de la campagne de Lyon, pour être, par lui, procédé conformément à la loi, etc. La matière mise en délibération, le Conseil a pris l'arrêté suivant : Vu par nous, administrateurs du Conseil du département de Rhône-et-Loire, en surveillance permanente 1º les procès-verbaux dressés par le juge de paix du canton de Vaugnerai, les 16 et 17 dud. mois, desquels il résulte que cet officier de police, s'étant rendu à Chevinay, seul, à l'invitation de la municipalité du lieu, le maire et le procureur de la commune lui ont dit que, depuis que le directoire du district de la campagne de Lyon a fait faire les publications de la vente du bois de Bagny, appartenant à la Nation, situé à Chevinay, un grand nombre de personnes de différentes paroisses circonvoisines sont venues et viennent continuellement en troupe, pour les couper et les enlever, soit à dos d'hommes, soit à chars et charrettes ; que, si l'on n'y met ordre, cette propriété sera entièrement dilapidée ; que la municipalité avait requis la brigade de gendarmerie nationale de Larbresle de venir à Chevinay, pour s'opposer à une voye de fait, et qu'elle invitait l'officier de police à se joindre à elle pour faire respecter les bois et propriétés nationales et poursuivre les délinquants ; d'après quoi, le maire et le procureur de la commune se sont transportés dans le bois de Bagny ; que deux gendarmes nationaux ont ensuite amené devant l'officier de police le nommé Drivon, domestique du citoyen Bibost, de St-Pierre-Lapalud, lequel Drivon a déclaré être venu au bois de l'ordre de son maître ; que les gendarmes ont saisi deux vaches liées au joug, qui étoient attelées à une charrette trouvée dans led. bois ; que ces deux gendarmes ont déclaré à l'officier de police que, lors de l'arrestation de Drivon, une grande quantité de personnes qui étaient dans le bois et qu'ils coupaient, se sont sauvés en emmenant leurs chars et charrettes ; que, n'étant que deux, ils n'avoient pu les poursuivre à travers le bois ; qu'au surplus, on avait fait un dégât immense ; que, si on ne s'y opposait efficacement, il serait entièrement dévasté dans quelques jours ; sur quoi, il a été à l'instant délivré des réquisitions, tant à la gendarmerie qu'à la garde nationale de Chevinay ; que le lendemain 17 mai, la gendarmerie nationale et la garde nationale de Chevinay s'est rendue, avec les officiers municipaux, dans le bois de Bagny ; que la force armée a conduit, peu de tems après, par devant l'officier de police, trois citoyens de St-Pierre-Lapalud, pris en flagrant délit dans le bois, et que la force armée a déclaré à l'officier de police, qu'elle n'avoit pu arrêter plusieurs autres personnes qui s'occupaient à couper le bois et qui s'étoient enfoncés dans icelui, notamment Jean-Marie Bergeron, officier municipal, et Guinemard, procureur de la commune de St-Pierre-Lapalud, le nommé Farge, frère d'un de ceux arrêtés en flagrant délit et le frère de Bergeron, que, pendant que l'officier de police procédoit à interroger les trois personnes traduites devant lui, la garde nationale est venu l'avertir qu'une grande troupe de personnes venoit pour enlever de force les trois individus arrêtés ; qu'aussitôt la gendarmerie et la garde nationale ayant pris les armes, cette troupe d'hommes, qui ont été reconnus être tous de St-Pierre-Lapalud, s'étant approchés, ont insolemment demandé que les trois hommes arrêtés leur fussent rendus sur-le-champ, à défaut de quoi ils useraient de la force ; que Bergeron, officier municipal, et Guinemard, procureur de la commune de St-Pierre-Lapalud, à la tête de ce rassemblement, ont dit qu'il n'y avait point de loi qui pût empêcher de couper et d'enlever les bois appartenant à la nation ; que si on voulait opposer la force, tous les citoyens de leur commune se réuniroient et iroient armés pour couper le bois de Bagny ; qu'on avoit tord d'arrêter trois citoyens de leur commune ; qu'il falloit absolument les relâcher ; qu'autrement ils les feroient rendre de gré ou de force. Sur quoi l'officier de police, après en avoir conféré avec la municipalité de Chevinay, considérant que la garde nationale de Chevinay n'étoit pas suffisamment armée pour s'opposer efficacement à une semblable rébellion et qu'il étoit à craindre que la maison où il procédoit ne devint l'objet de la vengeance de ceux qui fouloient ainsi aux pieds les lois et les autorités ; considérant encore qu'il était possible de retrouver des moyens plus sûrs pour mettre sous le glaive de la loi les auteurs et fauteurs des délits commis dans le bois de Bagny ; après avoir terminé son procès-verbal d'interrogatoire, a renvoyé les détenus et a requis, au nom de la loi, les personnes attroupées de se retirer, ce à quoi ils n'ont pas obéi de suite, mais après avoir tenu plusieurs propos ; sur le tout, la municipalité de Chevinay, voyant que le peu de force qui était à sa disposition ne lui permet pas d'empêcher la dévastation du bois de Bagny, dévastation si considérable que led. jour 17 mai, nonobstant la force armée, on a enlevé plus de cinq charrettées de bois, et que si on ne s'y oppose efficacement, il ne restera pas une plante sur pied ; voyant qu'un officier municipal et le procureur de la commune de St-Pierre-Lapalud menacent eux-mêmes de venir en force pour favoriser ce brigandage, a arrêté, conjointement avec l'officier municipal, qu'il en serait référé à l'administration du district de la campagne de Lyon, pour être statué ce qu'il appartiendra ; 2° l'avis du conseil du district de la campagne de Lyon, en date du 18 de ce mois, portant que ledit procès-verbal et l'arrêté à intervenir sera adressé, à la diligence du procureur syndic, au directeur du juré d'accusation du district de la campagne de Lyon, pour être, par lui, procédé, conformément à la loi, contre les auteurs des dévastations commises dans le bois de Bagny, leurs fauteurs, complices et adhérants, et notamment contre le citoyen Bergeron, officier municipal, et ledit Guinemard, procureur de la commune de St-Pierre-Lapalud, lesquels sont suspendus provisoirement de leurs fonctions ; qu'il sera envoyé sur le champ à Chevinay un détachement de 25 dragons, lequel, avec la brigade de gendarmerie nationale de résidence à l'Arbresle, protégera la sûreté des personnes et des propriétés, pour la direction de laquelle force armée, le citoyen Favre, administrateur, à lui joint le citoyen Martinière, procureur syndic, ont été nommés commissaires, comm'aussi à l'effet de faire toutes visites et recherches nécessaires relativement aux dévastations commises ; ouï le Procureur Général Syndic, adoptant les motifs développés aud. avis, arrêtons que les dispositions dud. avis seront exécutées suivant leur forme et teneur ; en conséquence, qu'il sera adressé une réquisition au commandant des troupes de ligne à Lyon, à l'effet de fournir un détachement de vingt-cinq dragons, aux fins de l'exécution du présent arrêté. Suit la teneur de la réquisition ci-dessus énoncée. Les administrateurs du département de Rhône-et-Loire, en surveillance permanente, requièrent le commandant des troupes de ligne à Lyon, de fournir un détachement de vingt-cinq dragons, qui devra partir demain matin, pour se rendre à Chevinay, St-Pierre-Lapalud et lieux circonvoisins, et agir sur les réquisitions qui seront adressées à l'officier qui commandera ce détachement par le citoyen Favre, administrateur du district de la campagne de Lyon, ou du citoyen Martinière, procureur syndic dud. district, tous deux commissaires nommés par arrêté du Conseil du département en date de ce jour, à l'effet de rétablir l'ordre et la paix et le respect dû aux personnes et aux propriétés.

Il a ensuite été fait lecture d'une lettre que le citoyen Lagrée, commandant la troupe de ligne à Lyon, a fait passer à l'administration, renfermant copie de celle qu'a adressé, aud. citoyen Lagrée, le citoyen Frannere, capitaine commandant l'escadron du 9me régiment de dragons.

Suit la teneur des deux lettres :

« Lyon, ce dix-neuf mai 1793, l'an 2e de la République Française.

« Citoyens administrateurs,

« Je joins ici copie de la lettre du citoyen Frannere, capitaine
« commandant l'escadron du 9e régiment de dragons, en réponse à
« l'ordre que je lui ai donné aujourd'hui, en conséquence de votre
« réquisition de ce jour. Le chef de brigade commandant les troupes
« de ligne. — Signé : C.-F. Delagrée.

Copie de la lettre écrite par le citoyen Frannere, capitaine commandant l'escadron du 9e régiment de dragons, au citoyen Lagrée :

« Lyon, le dix-neuf mai 1793, l'an 2e de la République.

« Citoyen,

« J'ai reçu la réquisition datée de ce jour, qu'un gendarme national
« vient de me remettre, laquelle m'enjoint de faire partir demain,
« 25 hommes pour St-Pierre-Lapalud, etc. Je vous observe que le
« 9e régiment de dragons, étant ici sous la seule disposition du
« comité de Salut Public, je ne puis et ne dois faire exécuter que les
« réquisitions qui émaneront de lui, tels sont les ordres précis que
« j'ai reçu, il m'est impossible de m'en écarter.

« Je suis très parfaitement, citoyen, avec fraternité. Signé : Fran-
« nere, capitaine commandant l'escadron du 9e régiment de dragons.

« Pour copie conforme. Le chef de brigade commandant la troupe
« de ligne. Signé : C. F. Lagrée. »

Le Conseil, délibérant sur le contenu de ces lettres, a arrêté, le Procureur Général Syndic ouï, que les membres composant le comité de Salut Public seraient invités de donner des ordres, pour que le détachement de 25 dragons requis, partiroient demain pour se rendre sur les lieux désignés dans notre réquisition au commandant des troupes de ligne. Sur l'observation d'un des membres qu'il conviendrait de donner avis au ministre de l'Intérieur des dégats commis sur les propriétés de la Nation, dans l'étendue du district de la campagne de Lyon, et du refus du capitaine commandant l'escadron du 9e régiment de dragons, il a été écrite la lettre suivante :

« Du 21 mai 1793, l'an 2e de la République.

« Les administrateurs du département de Rhône-et-Loire au ministre de l'Intérieur.

« Il s'est élevé quelques troubles, ces jours passés, dans l'étendue
« du district de la campagne de Lyon ; des communes entières, qui se
« portoient sur les domaines et bois nationaux et qui en faisoient des
« dégats considérables, ont nécessité des mesures de répression de
« la part de l'administration de ce district ; ayant eu besoin, pour leur
« exécution, d'une force armée pour accompagner les commissaires
« qu'elle avoit nommés, elle s'est adressée au département, qui a
« requis le chef de brigade commandant la troupe de ligne de faire
« partir un détachement de 25 hommes de l'escadron du 9e régiment
« de dragons, en garnison dans cette ville. Sur la réquisition qui en a

« été faite au capitaine commandant de cet escadron, il a répondu
« que l'escadron ayant été mis à la disposition du comité de Salut
« Public, il ne pouvoit exécuter que les réquisitions qui émaneroient
« de lui.
« Nous ne vous ferons aucune réflexion sur les suites de la désobéis-
« sance du commandant de l'escadron qui n'a pas voulu déférer à une
« autorité supérieure à celle du comité de Salut Public et qui prouve
« de plus en plus [que] la mauvaise organisation d'un comité composé de
« la réunion de trois corps, pourrait à chaque instant paralyser toutes
« les opérations de l'administration ; vous jugerez par vous-même
« de la nature du délit de l'officier et du peu de respect qu'il a montré,
« dans cette circonstance, pour une autorité constituée supérieure,
« puisqu'il n'a exécuté la réquisition que d'après la permission qui lui
« en a été donné par le comité, qui lui-même ne s'est décidé à la
« donner que parce que l'administration l'a menacée de le requérir,
« et que sa responsabilité aurait été compromise dans le cas où les
« troubles se seroient continués, faute de mesures.

Les représentants du peuple auprès de l'armée des Pyrénées-Orientales, de séjour à Lyon, ont fait passer à l'administration la réquisition ci-après :

« Nous, Bonnet et Fabre, représentants du peuple auprès de
« l'armée des Pyrénées-Orientales, en vertu des pouvoirs à nous
« délégués par le décret de la Convention Nationale du 30 avril 1793,
« l'an 2º de la République Française, requérons les administrateurs
« du département de Rhône-et-Loire de faire partir à l'instant un
« gendarme pour porter les dépêches annexées à la présente réquisi-
« tion aux représentants du peuple auprès de l'armée des Alpes et nous
« rapporter la réponse.
« Fait à Lyon, le 19 mai 1793, l'an 2º de la République. Signé :
« Fabre et Bonnet. »

L'assemblée s'est empressée à exécuter ladite réquisition et a ordonné que les dépêches dont il s'agit seroient remises sur-le-champ, pour partir dans ce jour, à un gendarme de la ville de Lyon, ceux du département étant tous absents.

DUBOST, président. GONON S.-F., secrétaire général.

Le lundi vingt mai 1793, l'an 2 de la République, les administrateurs composant le Conseil du département de Rhône-et-Loire, en séance publique, où étoient les citoyens Dubost, président, Bonamour, Couturier, Sauzéas, Borde, Tardy, Richard aîné, Servan, Meynis, procureur général syndic, et Garnier, supléant le secrétaire général.

Sur les huit heures du matin est entré un courrier extraordinaire, envoyé par le ministre de l'Intérieur, apportant le décret de la Convention Nationale nº 864, relatif à l'exécution de toutes les mesures et de toutes les dispositions arrêtées, soit par le comité de Salut Public, soit par le conseil provisoire, led. décret en date du 16 du présent mois.

SÉANCE DU 20 MAI 1793.

Le citoyen Procureur Général Syndic étant entré, a dit :

« Nous avons à vous proposer des mesures d'exécution de la loi du 4 mai sur les subsistances.

« Déjà, depuis longtems et depuis très longtems, le peuple souffroit de la cherté excessive d'une denrée dont le prix ne s'accroissoit que par le monopole et l'agiotage des riches propriétaires et des marchands opulents.

« L'Assemblée Législative, par un décret du 16 septembre dernier, avoit crû remédier à ce mal en ordonnant le recensement des grains et n'avoient point complétté par d'autres dispositions le soulagement de la classe indigente. En vain, par votre arrêté du 6 octobre dernier, aviez-vous ordonné le recensement des grains et farines dans toutes les communes du département ; l'avarice des propriétaires et marchands, l'insouciance ou la nonchalence des municipalités, ont détruit l'effet salutaire d'une loi que l'intérêt du peuple avoit dictée, mais qui le laissoit aux prises avec l'ambition et l'intérêt des spéculations.

« Enfin, la Convention vient de decretter le maximum du prix de cette denrée, qui au lieu d'augmenter ira en décroissant, et telle sera du moins, pour les citoyens, cette heureuse perspective qu'au lieu de concevoir des craintes sur l'avenir, ils auront l'espérance certaine d'une diminution proportionnelle dans sa valeur.

« Vous avez déjà pris des mesures de précaution pour déterminer, dans le département le maximum du grain et des farines, comparativement à ce qu'ils ont valu dans les 4 premiers mois de cette année, vous avez arrêté que, sur le rapport des évaluations du prix des grains qui vous seront rapportés par les administrations de district, vous arrêterez aussi cette fixation, ainsi que la décroissance qu'elle doit avoir dans les tems déterminés par la loi ; mais ces moyens seroient insufisants si vous ne preniez la résolution d'ordonner, dans toutes les communes, un recensement sévère et exact de tous les grains, farines, de quelque nature que ce soit, et si, dans le plus court délai, vous ne vous mettez à portée de connaître, par l'état des subsistances, l'état des besoins des habitants du département. »

La matière mise en délibération et le Procureur Général Syndic ouï, le Conseil Général, considérant combien il est important d'accélérer l'exécution d'une loi qui, en détruisant le monopole et l'agiotage, ne peut que soulager la classe des citoyens la plus souffrante ; considérant que c'est à ces deux fléaux que l'on a dû, jusques à présent, la cherté progressive de cette denrée et les malheurs qui en ont été la suite ; considérant que cette mesure, trop longtems retardée, ne peut qu'entretenir et favoriser l'abondance, dissiper les inquiétudes ; considérant que la vente des grains et farines dans les marchés publics facilitera les approvisionnements des citoyens et la libre circulation des grains et que, par cette facilité, le commerce n'en prendra que plus d'activité, sans nuire à l'intérêt des consommateurs ; considérant enfin qu'il est urgent de calculer les besoins du département de Rhône-et-Loire, sur l'état de ses ressources pour les subsistances, a délibéré et arrêté 1° que pour être procédé à la fixation du maximum du prix des grains, les administrations du district enverront dans trois jours, à compter de la publication du présent arrêté, le tableau des mercuriales des marchés de leur arrondissement, depuis le 1er juin jusqu'au 1er mai; 2° pour connaître l'état des subsistances, dans trois jours, à compter de la publication de l'arrêté ci-dessus, tout marchand propriétaire de grains et farines fera sa déclaration à la municipalité du lieu de son domicile, de la quantité et nature de grains et farines qu'il aura en son pouvoir et, par approximation, de ce qui lui reste de grains à vendre, ordonne aussi que, pour la plus prompte exécution de cette mesure, il sera nommé, dans chaque district, des commissaires qui se transporteront dans les communes; 3° huit jours après, les officiers municipaux ou les commissaires qui seront par eux délégués vérifieront les déclarations faites et en dresseront le résultat, dont ils enverront immédiatement le tableau aux districts, et ceux-ci au département, qui le fera passer dans un tableau général au ministre de l'Intérieur; 4° ceux qui n'auraient point fait de déclaration de leurs grains et farines, ou dont les déclarations seroient reconnues fausses et infidèles, seront punis par la confiscation, au profit des pauvres de la commune, de tous les grains et farines non déclarés, en conformité de l'art. 5 de la loi; 5° il est défendu à tout marchand, cultivateur, propriétaire, de vendre leurs grains et farines ailleurs que dans les marchés publics ou ports où l'on est en usage d'en vendre, sous les peines portées par l'art. 6 de ladite loi; sont néantmoins exceptés de cette disposition, ceux qui, pour s'approvisionner dans leur canton, conformément à l'art. 7, rapporteront un certificat de leur municipalité, constatant qu'ils ne font point de commerce et que la quantité qu'ils entendent acheter n'excède pas la consommation d'un mois. A cet effet, il sera ouvert par chaque municipalité un registre pour recevoir les dites déclarations, cottées au numéro correspondant à celui qu'ils délivreront. L'état et le recensement des grains une fois constaté, les administrateurs de district et les officiers municipaux, et dans le cas d'insuffisance dans l'approvisionnement des marchés, pourront requérir tout marchand, cultivateur ou propriétaire de grains ou farines, de les faire conduire au marché le plus voisin et même, si besoin est, ils pourront requérir des ouvriers pour battre les grains en gerbes, en cas de refus des propriétaires. Dans le cas de refus de la part d'aucuns des citoyens à qui les réquisitions seront adressées, il sera procédé à la confiscation de tous les bleds, grains et farines qui excéderont leur consommation jusqu'à la récolte; ordonne, au surplus, à tous ceux qui voudront continuer ou entreprendre le commerce des bleds et farines, de se conformer aux art. 15, 16, 17 et 18 de ladite loi, enjoint à toutes les municipalités de favoriser la libre circulation des grains, lorsque les formalités prescrites par lesdits articles auront été fidèlement observées; arrête, au surplus, que le présent arrêté sera imprimé, publié dans le jour, envoyé de suite aux districts, pour être immédiatement transmis et par exprès à toutes les communes du ressort, avec réquisition aux administrateurs et procureur syndic de district de tenir la main à son exécution et être procédé à l'état et recensement ci-dessus dans les délais prescrits et les tableaux envoyés sur le champ à l'administration du département.

Dubost, président. Gonon S.-F., secrétaire général.

Du mardi vingt-un mai 1793, l'an 2° de la République, les administrateurs composant le Conseil Général du département de Rhône-et-Loire, en séance publique, où étoient les citoyens Dubost, président, Bonamour, Couturier, Sauzéas, Borde, Tardy, Richard aîné, Servan, Meynis, procureur général syndic, et Garnier, suppléant le secrétaire général.

Il n'a été pris aucun arrêté.

Gonon S.-F., secrétaire général.

Du mercredi vingt-deux mai 1793, l'an 2° de la République, les administrateurs composant le Conseil du département de Rhône-et-Loire, en séance publique, où étoient les citoyens Dubost, président, Bonamour, Sauzéas, Couturier, Borde, Tardy, Richard aîné, Servan, Meynis, procureur général syndic, et Garnier, supléant le secrétaire général.

Est entré le citoyen Clément Gonchon, habitant de Paris, muni d'une commission du Pouvoir Exécutif, pour les départements de Rhône-et-Loire, Saône-et-Loire et l'Ain, laquelle commission il a exibé à l'administration pour être visée et enregistrée, ce qui a été fait, ainsi qu'il suit. Après avoir pris lecture de ladite commission et le Procureur Général Syndic ouï :

« Commission,
« Au nom de la République Française,
« Liberté, Egalité.

« A tous les corps administratifs, officiers civils et militaires, gardes
« nationales et à tous autres qu'il appartiendra, chargés du maintien
« de l'ordre public, accordez passage, accueil et assistance au citoyen
« Clément Gonchon, habitant à Paris, rue Ste-Barbe, n° 5, âgé de
« 42 ans, taille de 5 pieds 6 pouces, yeux bruns, cheveux et sourcils
« chatains, cicatrice sous le nez, visage plein, menton rond, allant
« dans les départements de Rhône-et-Loire, Saône-et-Loire et l'Ain,
« prendre, au nom du Pouvoir Exécutif, des renseignemens sur
« l'agriculture, les arts et l'instruction publique, et sur les moyens de
« les faire fleurir dans ces trois départemens ; c'est pourquoi nous
« requérons les autorités constituées de seconder le citoyen Clément
« Gonchon de tout leur pouvoir, pour l'exécution de sa mission.
« A Paris, le 10 mai 1793, l'an 2 de la République Française.
« Par le Conseil Exécutif provisoire, le ministre de l'Intérieur,
« signé : Garat.
« Vu par nous, membres du Comité de Salut Public, le 11 mai, l'an
« 2° de la République Française. Signé : B. Barrère, Delacroix,
« Cambon fils aîné, A. Lindet, J.-F.-B. Delmas et C. Gryson. »

Vu et enregistré au département de Rhône-et-Loire, en séance publique, Lyon, le 22 mai, l'an 2 de la République Française.

Dubost, président. Gonon S.-F., secrétaire général.

Du jeudi 23 mai 1793, l'an 2º de la République, les administrateurs composant le Conseil du département de Rhône-et-Loire, en séance publique, où étoient les citoyens Dubost, président, Bonamour, Couturier, Sauzéas, Borde, Tardy, Richard, Laurenson, Meynis, procureur général syndic, et Garnier, secrétaire suppléant.

Il n'a été pris aucun arrêté.

Du vendredi 24 mai 1793, l'an 2º de la République, les administrateurs composant le Conseil du département de Rhône-et-Loire, en séance publique, où étaient les citoyens Bonamour, vice-président, Couturier, Borde, Sauzéas, Tardy, Mottin, Richard, Meynis, procureur général syndic, et Gonon, secrétaire général.

Le citoyen Gonchon est entré sur les sept heures du soir; il a dit qu'il venait d'être témoin d'un attroupement considérable de femmes, dans la rue de la Barre, que l'on avait violé le domicile du citoyen Sthouder, où la troupe assemblée s'étant emparé de plusieurs masses de beurre, la vendoit à 10 et 12 sous la livre; qu'il y a vû le maire faire les plus grands efforts pour éclairer le peuple et dissiper l'attroupement, qu'il paroissoit disputer toutes les remontrances qu'on lui faisoit; que lui Gonchon s'étoit réuni au citoyen maire et que toutes les représentations paraissoient inutiles; qu'il étoit à craindre que la nuit arrivant, les ouvriers, à la fin de leur journée, ne se réunissent à l'attroupement et n'excitassent quelques mouvements d'insurrection qu'il[ne] serait possible de faire cesser; sur le champ, le Conseil a arrêté que le secrétaire général se rendroit chez le commandant général pour l'inviter à se rendre dans son sein, et de suite que deux administrateurs iroient inviter les administrateurs du district, pour aviser de concert au parti qu'il convenoit de prendre dans les circonstances.

Des administrateurs du district sont entrés, le citoyen commandant général s'est présenté, on a fait part du récit des faits que le citoyen Gonchon venoit de dénoncer à l'administration, et il a été arrêté qu'il seroit fait de suite, au nom des deux corps réunis, une réquisition au commandant de troupe de ligne et de la gendarmerie, pour se porter au lieu du rassemblement et veiller à le dissiper. En conséquence, le commandant général de la garde nationale a été invité de doubler les postes en nombre suffisant, et il s'est retiré en déclarant qu'il alloit commander des forces imposantes. Un gendarme a été chargé de porter aux citoyens Gassendi et Trezette, commandants des troupes de ligne et de la gendarmerie nationale, une réquisition de mettre leurs forces respectives sur pied.

Sur les huit heures, l'administration ayant désiré savoir si la gendarmerie soldée de la ville de Lyon avait été requise par la municipalité de se porter sur les lieux de l'attroupement, le commandant de cette troupe s'est présenté et a déclaré qu'il n'avait reçu aucune réquisition. De suite, de l'avis des deux corps administratifs réunis, il a été fait et remis au commandant de la gendarmerie soldée, une réquisition de se porter avec ses troupes au lieu du rassemblement, pour le dissiper.

Dubost, président. Gonon S.-F., secrétaire général.

Du samedi 25 mai 1793, l'an 2° de la République, les administrateurs composant le Directoire du département de Rhône-et-Loire, en séance publique, où étoient les citoyens Bonamour, vice-président, Sauzéas, Couturier, Borde, Tardy, Mottin, Richard, Blachon, Meynis, procureur général syndic, et Gonon, secrétaire général.

Un membre a observé qu'il avoit été affiché un arrêté du conseil général de la commune, en date du 23 mai présent mois, dont il a laissé un exemplaire sur le bureau. Le Conseil s'étant formé en comité pour délibérer sur son contenu, un membre a fait un rapport général sur la situation de la ville de Lyon, suivi d'un exposé des différentes contestations qui se sont élevées sur le mode et la tenue des assemblées de sections, convoquées dimanche dernier. Il a fait lecture 1° d'une pétition des citoyens de la section de Guillaume Tell, sur laquelle ils exposent que le 21 du courant, étant paisiblement et légalement assemblés pour terminer les opérations relatives à la formation du comité de surveillance, conformément à la loi et en conséquence de la convocation du 12 courant, des officiers municipaux sont venus suspendre les opérations pour lesquelles ils étoient convoqués, et qu'ils ont fait dissoudre l'assemblée avant que ces opérations fussent terminées; 2° d'un arrêté du conseil général de la commune, du 23 du courant, concernant les assemblées de toutes les sections; 3° d'une pétition des citoyens de la section de Rousseau, contenant des réflexions saines et lumineuses sur les dispositions dudit arrêté, ainsi que des réclamations de la majorité des sections; 4° de la loi des 21 et 30 mars, sur la formation des comités de surveillance, rappellée dans notre arrêté du 6 courant; 5° de celle du 28 dud. mois contre les émigrés, portant article 26, section sixième, les dispositions suivantes: « Dans les villes divisées en sections, les certi-
« ficats de résidence seront délivrés dans les assemblées générales de
« sections de la résidence à certifier; ils seront visés et vérifiés par les
« conseils généraux des communes, des directoires de districts et dépar-
« temens, ils seront signés par six membres au moins, tant des assem-
« blées générales des sections, que des conseils généraux des com-
« munes, etc., etc. »; 6° d celle du 4 courant qui autorise des secours aux familles des militaires de toute arme et marins au service de la République, portant article six : « Il sera ouvert dans chaque municipalité
« et dans chaque section des villes divisées en sections, pendant un
« mois, à compter de la publication du décret, un registre où se
« feront inscrire ceux qui croiront avoir droit à ce secours, etc. »;
7° deux lettres-circulaires du ministre de l'Intérieur, en forme d'instruction pour l'exécution de cette dernière loi. Le Conseil général, considérant que l'arrêté du conseil de la commune contient une exposition erronnée des principes et des motifs qui ont provoqué la loi des 21 et 30 mars, que les dispositions finales de cet arrêté sont diamétralement opposées aux vues de la Convention Nationale et à l'exécution de ses décrets; considérant que les officiers municipaux et autres membres de la commune de Lyon ne se sont point assés pénétrés de la nécessité de faire concourir tous les bons citoyens à une surveillance active et générale sur tous les ennemis de la République et les perturbateurs de l'ordre; considérant que la réunion de la majorité des citoyens dans leur section ne peut inspirer aucun soupçon légitime qu'il est même de la sollicitude des administrateurs de les inviter à redoubler de zèle

et de surveillance; considérant que le conseil de la commune a mal saisi l'esprit et le vrai sens de la loi du 21 mars, en disant que les comités dont elle ordonne la formation ne doivent point être considérés comme comités de surveillance, tandis que, par ce décret interprétatif du 30 même mois, ils portent précisément cette dénomination; considérant que l'existence de deux comités dans la même section, projettée et adoptée par les membres de lad. commune, est une seconde erreur qu'il importe de relever; que ce seroit une monstruosité dans l'ordre administratif, une pomme de discorde entre les citoyens, enfin un objet d'incertitude d'où il pourroit résulter les plus grands inconvénients; considérant que l'exécution pleine et entière de la loi des 21, 28 mars et 4 courant, exigeant fréquemment la réunion des citoyens dans leur section, ils ont incontestablement le droit de s'assembler; considérant enfin qu'il importe au salut de la cité de mettre fin à tous les débats qui ont eu lieu entre lesd. sections et le corps municipal; qu'il est urgent de terminer et prévenir toutes les contestations nées ou à naître, en un mot tous les actes arbitraires, le Procureur Général ouï en ses conclusions, le Conseil Général arrête ce qui suit :

Article premier.

L'arrêté du conseil général de la commune de Lyon, en date du 23 courant, est déclaré nul et de nul effet.

Art. 2.

Dans le jour de la publication du présent arrêté, les différents comités de surveillance formés dans toutes les sections de la ville de Lyon, en conformité de la loi des 21 et 30 mars, se mettront en activité et la municipalité leur fournira les registres et papiers nécessaires à l'exercice de leurs fonctions.

Art. 3.

Dans le même jour, les comités provisoires de sections, nommés par la municipalité sous quelque dénomination que ce puisse être, cesseront toutes les fonctions qui leur étoient attribuées, lesquelles seront remplies par les citoyens légalement élus par le peuple; en conséquence, tous les registres, papiers et documents qui sont à la disposition des comités provisoires seront remis à ceux formés d'après la loi, qui en donneront décharge.

Art. 4.

Les citoyens composant ces nouveaux comités auront les plus grands soins de remplir tous les devoirs qui leur sont imposés; ils exerceront une surveillance active sur tous les étrangers qui résident où qui arriveront dans leur arrondissement et dénonceront, sous leur responsabilité personnelle, à la municipalité, toutes les personnes suspectes qui sont dans le cas de l'expulsion du territoire de la République.

Art. 5.

Pour l'exécution des art. 26, 27 de la 6° section du décret du 28 mars dernier, contre les émigrés, et à compter du 1ᵉʳ juin prochain, les certificats de résidence désignés par cette loi seront délivrés par les assemblées générales de sections, et pour cet effet, la municipalité fournira à chaque bureau des formules imprimées avec des registres *ad hoc*, ainsi que toutes les instructions nécessaires pour cette opération importante.

ART. 6.

Conformément à la loi du 4 courant et aux instructions fournies par le ministre de l'Intérieur, il sera ouvert dans chaque section, et à la même époque, un registre pour inscrire, dans le mois, tous ceux qui croiront avoir droit aux secours accordés aux familles des militaires servant dans les armées et sur les vaisseaux de la République.

ART. 7.

Pour guider cette opération, il sera remis dans chaque bureau de section un exemplaire de la loi, de la lettre instructive du ministre de l'Intérieur, ainsi que des modèles de rôles qui doivent être dressés, certifiés et envoyés au directoire de district.

ART. 8.

En conformité de toutes les lois précitées et pour l'exécution d'icelles, tous les citoyens sont autorisés à se rassembler dans leurs sections respectives; ils pourront en outre être convoqués par les douze membres du comité de surveillance, soit au son de la caisse, soit par affiche; en conséquence, défenses sont faites à la municipalité et à tous dépositaires de la force armée d'y former opposition et de troubler ces assemblées.

ART. 9.

Que le présent arrêté sera imprimé et affiché dans l'étendue de la municipalité de Lyon, sera sur-le-champ envoyé à la Convention Nationale, au Conseil exécutif et au district de Lyon, avec injonction à ce dernier de tenir la main à son exécution.

Il a été fait lecture d'une lettre datée de Vesoul, en date du 15 mai 1793, dont la teneur suit :

« Vesoul, le 15 mai 1793, l'an 2ᵉ de la République.

« Les administrateurs du département de Haute-Saône aux citoyens
« administrateurs du département de Rhône-et-Loire, à Lyon.
« Nous avons arrêté de faire l'acquisition de douze pièces de
« canons, du calibre de quatre; les Frèrejean frères, de votre ville,
« nous ont fait l'offre de nous les fournir, mais aucunes conditions
« n'ont encore été déterminées, soit pour la fourniture, soit pour le
« prix; désirant que la livraison de ces canons soit faite dans le plus
« bref délai, nous vous prions de vouloir député un commissaire de
« votre administration, pour règler avec les Frèrejean les conditions
« du traité que nous voulons faire avec eux, soit pour la fourniture
« des douze pièces de canons, soit pour leur qualité, réception, soit
« enfin pour le prix d'iceux et les termes de payement. Lorsque ces
« conditions seront adoptées et signées des Frèrejean, vous voudrez
« bien nous les envoyer pour être par nous approuvées, s'il y a lieu.
« Nous espérons, chers collègues, que vous ne nous refuserés pas ce
« service essentiel, vous promettant réciprocité en toutes circontances.
« Nous sommes, avec la plus intime fraternité. Signé : Boisson, vice-
« président, Joly, Perrin, Froidot et Seguin. »

Pour répondre à la confiance des administrateurs de la Haute-Saône, le Conseil a nommé pour commissaires, à l'effet de traiter avec lui et les Frèrejean, les citoyens Servan et Bonamour, administrateurs.

Une députation de la section, appellée de la Convention, est venue remercier l'administration et offrir le nouvel hommage de sa soumission aux loix.

Les citoyens Bonamour et Servan ont rendu compte de leur mission et ont présenté au Conseil le traité qu'ils venoient de conclure avec les citoyens Frèrejean, au nom du département de la Haute-Saône, pour la fourniture de douze pièces de canon ; il a été arrêté que copie de ce traité seroit envoyée au ministre de la Guerre et le double des conventions aux administrateurs du département de la Haute-Saône.

La section de St-Nizier est venue, par députation, féliciter l'administration sur sa fermeté dans l'exécution des loix.

Le citoyen Procureur Général Syndic a fait lecture d'une lettre du Procureur Syndic du district de Villefranche, en date du 21 du présent mois, dont la teneur suit :

« A Villefranche, le 21 mai 1793, l'an 2ᵉ de la République Française.

« Citoyen,

« Je m'empresse de vous adressser, et je vous prie de communiquer
« au Conseil Général du département, la délibération prise par le
« directoire de ce district, en conséquence du dépôt fait, le 18 de ce
« mois, par le citoyen Giraud, d'une somme de 3.000 liv. et de
« vingt-deux plats d'argent pesant 78 marcs, six onces, six deniers.
« Le Procureur Syndic du district de Villefranche. Signé : Varenard. »

Suit aussi la teneur d'un extrait des registres du même district.

« Extrait des registres du directoire du district de Villefranche,
« Dans la séance publique du 18 mai 1793, l'an 2ᵉ de la République
« Française, où étaient les citoyens Goutallier, Tricaud, Carrand,
« Dechavanne, administrateurs, Varenard, procureur syndic, et Bredon, secrétaire.

« Lecture faite d'une lettre adressée à cette administration, sous la
« date du 17 de ce mois, par le citoyen George-Marie Giraud, domicilié
« à St-Trys, canton d'Anse, dont la teneur suit :

« Citoyens administrateurs, s'il y a lieu, dans ce département, à une
« contribution de guerre sur les riches, voici un à compte de ma
« cotte, 3.000 l. et 22 plats d'argent, pezant 78 marcs, 6 onces,
« 6 deniers.

« Si la contribution n'a pas lieu, je demande que ce don soit em-
« ployé aux frais de l'expédition contre la Vendée, signé : G.-M.
« Giraud.

« Le directoire, à lui joint le Procureur Syndic, en applaudissant au
« civisme et au zèle exemplaire dont le citoyen Giraud a déjà donné
« des preuves multipliées, ensemble le récépissé du receveur de ce
« district et le procès-verbal, déposés l'un et l'autre, visés par le
« Directoire, seront adressés de suite au citoyen Giraud, arrête
« 1° qu'à la forme de la loi du 23 mars 1793, la somme de 3.000 l.
« actuellement déposée, de sa part, sera versée de suite dans la caisse

« du receveur de ce district, dont le récépissé, visé par le directoire,
« sera adressé aud. citoyen Giraud, et que les 22 plats d'argent qui
« viennent d'être reconnus par le citoyen Nugot, orfèvre de cette
« ville, être du poids de 78 marcs, 6 onces, 6 deniers, seront envoyés,
« le plus incessamment possible, au directeur de la Monnoye de
« Lyon.
 « Qu'il sera prélevé, sur ladite somme de 3.000 liv., les frais de
« transport à Lyon desdits 22 plats et l'honoraire de l'orfèvre qui les a
« pesés.
 « Que transcription de la lettre du citoyen Giraud, ainsi que du
« récépissé du receveur et du procès-verbal de pezée, sera faite sur le
« registre tenu au directoire de ce district, en exécution de l'art. 2 de
« la loi du 23 mars dernier, et qu'expédition de ces trois pièces et
« du présent arrêté seront, dans les premiers jours de la semaine
« prochaine, envoyés, tant au département, qu'au ministre de la
« Guerre. Signé sur le registre Goutallier, Tricaud Carrand, Decha-
« vanne, Varenard, procureur syndic, et Bredon, secrétaire. Extrait
« collationné. Signé : Bredon. »

Ledit extrait transcrit ici, comme un monument public du civisme du citoyen Giraud.

La section de la Liberté est venu remercier l'administration et a déclaré qu'elle conserveroit la paix dans son arrondissement, qu'elle ne vivroit que pour la loi et ne mourroit que pour elle.

La section de l'Egalité est venu témoigner les mêmes sentimens.

Un citoyen de la section de Rousseau est venu faire part que l'on devoit, demain, rassembler la troupe révolutionnaire du département, au son de la caisse, et que ce bruit répandu allarmoit les citoyens. Le Conseil a, en conséquence, arrêté que, par une lettre écrite de suite au citoyen commandant général, il seroit invité de se rendre sur-le-champ dans le sein du Conseil, pour, par les renseignements qu'il donneroit, être statué.

La section de la Liberté est venu, par députation, témoigner à l'administration combien l'énergie qu'elle témoigne à l'exécution de la loi doit lui mériter la confiance des bons citoyens.

La section de ruë Buisson s'est présentée pour exprimer au Conseil les sentiments de sa reconnaitsance.

Deux membres de la municipalité sont entrés pour inviter le Conseil à se rendre au conseil général de la commune, pour affaires qui concernent l'intérêt général.

Plusieurs citoyens sont entrés et ont demandé que l'administration voulut bien les éclairer sur la contrariété qui résulte de l'arrêté du département, affiché ce soir, et les arrêtés pris ci-devant par les corps administratifs réunis ; ils ont demandé si l'administration, par son arrêté, avoit entendu donner aux comités la faculté de donner des cartes de civisme. Il leur a été répondu que ce droit appartenoit, d'après la loi, aux conseils généraux des communes, mais que la délivrance des cartes de section paroissoit être de la compétence des comités de section, comme étant à même de connoitre ceux qui résident près d'eux. Ces citoyens retirés, le Conseil, considérant qu'il est essentiel de rendre public les véritables motifs qui l'ont décidé à faire publier son arrêté de ce jour, convaincu qu'il ne doit point laisser d'équivoque sur ses principes ni sur la manière d'exécuter la loi ;

après avoir ouï le Procureur Général Syndic, déclare, en interprettant l'art. 3 dud. arrêté, qu'il n'entend point priver le conseil général de la commune des pouvoirs qui lui sont attribués, en sorte que les nouveaux comités établis en conformité de la loi du 21 mars, n'auront d'autres fonctions que celles qui leur sont spécialement déléguées par ladite loi, et les sections celles que leur attribuent les lois des 21, 28 et 30 mars et 4 mai, ce qui explique que la remise des registres, papiers et documents ne peut avoir lieu que pour ceux qui seront relatifs aux opérations des nouveaux comités, et que la cessation des travaux des comités provisoires ne peut s'étendre qu'aux fonctions dont la loi investit les comités formés en vertu de la loi du 21 mars.

DUBOST, président. GONON S.-F., secrétaire général.

Du dimanche 26 mai 1793, l'an 2 de la République, les administrateurs composant le Conseil du département de Rhône-et-Loire, en séance publique, où étaient les citoyens Bonamour, vice-président, Farjon, Blachon, Sauzéas, Couturier, Borde, Tardy, Mottin, Richard, Meynis, procureur général syndic, et Gonon, secrétaire général.

Un membre a dénoncé qu'il venoit d'être affiché un placard dont la teneur suit :

« Le conseil général de la commune à ses concitoyens,
« Vu, dans la séance du 25, la délibération du département, en date
« du même jour, le Conseil a arrêté, ouï le Procureur de la commune,
« qu'il seroit déclaré à ses concitoyens que, ne pouvant plus suivre
« le cours des opérations qu'il avoit projettées pour la tranquillité et
« le salut de la ville, il dépose sur le département la responsabilité
« de tous les évènements que sa délibération pourroit entraîner.
« Arrêté en conseil général, le 25 mai, l'an 2° de la République
« Française, par extrait. Signé : Magot, secrétaire greffier. »

Une députation de la section de rue Tupin s'est présentée pour remercier l'administration de son zèle au maintien et à l'exécution des lois.

Une autre députation du Port du Temple est venu exprimer les mêmes sentimens.

Une députation de la section de Guillaume Tell et une autre députation de la section de Brutus, viennent exprimer les mêmes sentimens.

Une députation de la seconde section de la Côte s'est présentée pour le même objet.

Une députation de la section de rue Tupin s'est aussi présentée et a invité l'administration de tenir ferme dans l'exécution des lois, ainsi que dans son arrêté d'hier.

Une députation de la section Rousseau vient exprimer sa reconnaissance pour le zèle de l'administration et l'invite à ne rien changer dans son arrêté d'hier.

Une députation du corps municipal est entrée, elle a invité l'administration de vouloir se rendre, ainsi qu'il en a été convenu, à l'assemblée des corps réunis à la maison commune. Il a été répondu par le Président et le Procureur Général Syndic, que l'administration, se trouvant dans ce moment occupée d'affaires de la dernière importance et qui intéresse le salut public, elle ne peut, quant à présent, se rendre à l'invitation, mais que, comm'ils s'empressent toujours de fraterniser, elle va nommer trois commissaires pour se rendre à l'assemblée.

La députation retirée, les citoyens Bonamour, Mottin et Farjon se sont rendus, en qualité de commissaires, à l'assemblée de la maison commune.

Une députation de la section Rousseau est venu représenter qu'attendu la déclaration que venoit de faire la municipalité dans le Conseil Général, de ne vouloir plus surveiller la tranquillité publique, le département voulut bien donner des ordres et requérir la force publique pour assurer cette tranquillité. Le Président a répondu en donnant lecture de la réquisition dont la teneur suit :

« Nous, administrateurs du département de Rhône-et-Loire, requé-
« rons l'administration du district de donner à la municipalité de Lyon
« une réquisition précise, à l'effet de prendre les mesures convena-
« bles à la situation de la ville, empêcher tous rassemblements qui
« pourroient contrarier l'ordre public et mettre sur pied une force
« armée prise dans tous les bataillons de la ville, assés imposante
« pour contenir les malveillants, chargeant, tant la responsabilité du
« district que celle de la municipalité, s'il survenoit des événements
« faute d'avoir pris des précautions nécessaires; requérons, au sur-
« plus, l'administration du district de veiller à ce que toutes ces
« mesures soient prises pour cinq heures du soir, que les postes
« soient doublés dans tous les endroits importants, aux prisons, à
« l'Hôtel-commun, au magasin à poudre, à l'arsenal, et que, pour cet
« effet, il sera adressé une réquisition soit aux dragons, à la gendar-
« merie nationale et à celle de la ville, et, à défaut par la municipalité
« d'exécuter lesdites mesures, autorisons l'administration de district
« et la requérons d'adresser directement sa réquisition au comman-
« dant général de la garde nationale, chefs de légion, commandants
« de bataillons et tous dépositaires de la force armée, et de rendre
« compte, dans trois heures, des mesures qu'elle aura prise. Ladite
« requisition, en date de ce jour 26 mai, à 1 heure de relevée. Signé
« Dubost, président, Borde, Sauzéas, Richard aîné, Tardy. »

Cette réquisition a été de suite envoyée au district, à 2 heures de relevée.

Les citoyens Bonamour, Mottin et Farjon sont rentrés en séance ; ils ont dit qu'arrivés dans le sein du conseil général de la commune, ils ont eu lieu de croire qu'ils étoient convoqués pour délibérer sur des objets qui pouvoient concerner le salut public; qu'ils étoient dans cette espérance, lorsque plusieurs citoyens, membres même du conseil général de la commune, et autres se sont portés à des vociférations, à des inculpations, à des calomnies contre l'administration du département; en vain les commissaires du département ont voulu ramener les esprits, les assistants n'ont été que plus ardents à despecter les commissaires, en sorte que la convocation des membres de l'administration, des membres du département ne paroissoit avoir été préméditée que pour la couvrir d'opprobres. Le Conseil, justement indigné d'un procédé aussi injuste, considérant que les réunions des corps étant, par leur nature, destinées à la discussion de mesures importantes pour le salut public, ce seroit perdre un tems précieux que de l'employer à des diffamations et des divagations particulières, fruit de la haine et des personalités; considérant que, toutes les fois que l'administration s'est trouvée dans pareille circonstance, elle a essuyé les mêmes scènes et les mêmes dégouts, sans que l'intérêt général ait eû plus d'avantage, arrête que, pour éviter à l'avenir l'occasion de perdre une séance qu'elle doit employer plus utilement qu'en discussions d'injures et de déclamations, elle suspend, en ce qui le concerne, l'exécution de l'arrêté portant que les corps administratifs se réuniront tous les dimanches, à onze heures du matin, vû que cette heure est le moment urgent de ses travaux et de sa correspondance, sauf à opérer cette réunion dans des moments plus calmes et où les esprits, moins prévenus, connaîtront le prix de magistrats fidèles à leurs devoirs et à l'exécution des lois.

La section du Port-du-Temple est venu témoigner son indignation sur ce que des citoyens sont venus hier pour contrarier l'administration sur son arrêté; elle a assuré le Conseil que la vie et les forces de tous les membres de cette section sont à sa disposition, pour faire régner l'empire des lois et s'opposer aux anarchistes.

Sur les trois heures, les sections de Brutus et de Guillaume Tell sont venues, par députation, faire part des allarmes que leur donnent différents pelotons de citoyens qui paroissent menacer la tranquillité publique; ils ont ajouté qu'ils croyoient important de donner des ordres tels que cette tranquillité ne puisse être troublée.

Le citoyen Président leur a fait part de la réquisition ci-dessus faite au district, et de suite, à l'invitation du Conseil, le secrétaire général s'est rendu au district pour l'aviser des craintes des sections et lui demander en quel état était la réquisition. Le secrétaire général, de retour, a dit qu'il avoit trouvé le district en séance, qu'ayant fait part de sa mission, il lui a été répondu qu'on avait communiqué à la municipalité la réquisition pour y obtempérer, que sous peu d'instants, si la municipalité ne se mettoit en mesure, le district rempliroit ses devoirs.

La section de Porte-Froc est venu faire part de son adhésion à l'arrêté du jour d'hier et a offert le nouvel hommage de sa soumission aux lois.

Sur les cinq heures du soir, le district ne rendant aucun compte, le Conseil a arrêté qu'il lui seroit écrit officiellement pour, d'après sa réponse ou son silence, être statué, et de suite la lettre a été expédiée.

A six heures, le district ne répondant point, et les citoyens de rue Tupin étant venu dénoncer qu'ils avaient été menacés à la mairie, le danger devenait imminent, les citoyens Bonamour et Sauzéas se sont rendus au district pour être plus fructueusement instruits et rendre compte de l'inexécution de la réquisition ci-dessus.

Le citoyen Fournier, officier dans le 9e régiment de dragons, est entré, invité par une lettre de se rendre dans le sein de l'administration; il demande à savoir les motifs de cette invitation. Le Procureur Général Syndic lui a fait lecture d'une lettre, en date du 24 mai présent mois, par lui écrite aux commissaires du district de la campagne de Lyon à la Pallud, dont la teneur suit:

« Copie de la lettre sans date et non cachettée, reçue par les com-
« missaires envoyés à St-Pierre-La-Palud, le 24 mai 1793, l'an 2 de la
« République, à dix heures du soir, en présence du citoyen Molin,
« juge de paix du canton de Vaugneray, et du citoyen Dupin, maréchal
« de logis de la brigade de l'Arbresle, et d'autres particuliers.

« Citoyens,

« L'ordre qui vous a accordé dix dragons étoit motivé et portoit
« expressément que vous renverriez sur-le-champ cette force ; vous
« me l'avez promis vous-mêmes, et il me paroit que vous n'êtes pas
« rigoureusement exacts aux paroles que vous donnez. Du reste, vous
« faites agir la force des armes, là où vous devriez surtout employer
« la force de l'opinion, car enfin quels sont les citoyens contre qui
« vous prenez des mesures de violence, ce sont des agriculteurs
« égarés, de la masse du peuple et des sans-culottes qu'il faut rame-
« ner et non pas massacrer. Réservons nos forces pour l'aristocratie
« des richesses et les satellites des despotes ; et vous, administra-
« teurs, établissés des propagandes, que l'opinion fasse tout, rappellez
« ce principe, que l'administré n'est jamais coupable en masse que
« par la faute de ses administrateurs.

« Des fermentations sourdes se couvent à Lyon, les permanents
« girondins aiguisent leurs poignards ; d'un autre côté, le sans-culotte
« s'aigrit. Dimanche sera peut-être un jour de crise, nous avons
« besoin de toutes nos forces, et je vous poursuivrai devant tous les
« sans-culottes françois dans le cas où, par des mesures prises contre
« un peuple égaré, vous nuiziés à celles qui se prendront ou pourront
« se prendre contre de vrais contrerévolutionaires, ainsi j'espère que,
« sur-le-champ, le détachement rentrera.
« Salut et fraternité. Signé : François Fournier. et (1) »

Copie de la lettre en reponce, écrite par les commissaires, le
24 mai, au moment de la réception de la lettre précédente, au citoyen
Fournier.

« St-Pierre-Lapalud, le 24 mai 1793, l'an 2 de la République.

« Citoyen,

« Investis des pouvoirs des corps administratifs, nous ne devons
« compte qu'à eux de nos démarches ; conformément à votre lettre
« que nous leur communiquerons, nous vous renvoyons les dix
« dragons et vous rendons responsables de tous les évènements qui
« pourront arriver.
« Salut et fraternité. Signé : Favre et Martinière. »

Il a développé les motifs qui l'ont engagé de faire part de ses
craintes et de son opinion, et il les a appuyés sur les précautions
prises dans ce moment par les autorités constituées, pour empêcher
que la tranquillité publique ne soit troublée. Le Conseil a été satisfait
de cette explication.

Les citoyens Bonamour et Sauzéas, revenus du district, ont présenté
la lettre du district dont la teneur suit :

« Lyon, le 26 mai 1793, l'an 2 de la République, à 6 heures et 1/4
« de relevée.

(1) *En marge on lit* : & figuré.

« Citoyens,

« Nous vous faisons passer copie de la lettre que le maire de cette
« ville vient de nous écrire sur la situation de cette cité ; puisse, ce
« qu'il nous marque être vrai sur la tranquillité qui y règne.
« Les administrateurs du district de Lyon. Signés : Trichard, Ber-
« tachon et Bourbon, procureur syndic. »

Suit la teneur de la lettre du maire :

« Lyon, le 26 mai 1793, l'an 2 de la République, à 6 heures 1/4 de
« relevée.

« Citoyens,

« Rassurez-vous, tout paroit tranquille, si l'ordre public est
« troublé, ce ne sera assurément que l'effet des assemblées perma-
« nentes ; au reste, nous avons pris toutes les mesures que la cir-
« constance des choses semble exiger, et, dans tous les cas, nous en
« prendrons de nouvelles.

« Signé : Bertrand, maire. Copie conforme, signé : Burellier,
« secrétaire. »

La section de Saône est venu se plaindre qu'on avoit défendu au tambour de sa section de battre l'ordre de rassemblement. Le Conseil a invité la députation à se relâcher, dans ce moment, du mode de rassemblement de section par le son du tambour qui, dans la circonstance, paroit exciter quelques fermentations dangereuses.

La section du Port-du-Temple est venu se plaindre que leurs commissaires avoient été insultés dans le sein de la municipalité, en présence du maire ; que le citoyen Pelletier avait eu le front d'exciter contr'eux la clameur publique, au point que l'un d'eux a été blessé. Le Conseil a invité ces députés à faire, dans le moment, le sacrifice de cette insulte en faveur de la tranquillité publique, qui pourroit être troublée par des vengeances particulières.

Tous les évènements ci-dessus laissant appercevoir au Conseil quelqu'étincelle d'agitation qui pourroit causer de très grands troubles, a délibéré de faire la réquisition suivante, qu'il a fait passer de suite au district. Suit ladite réquisition :

« Nous, administrateurs du département de Rhône-et-Loire, jugeant
« insuffisantes les mesures que le district annonce avoir été prises
« par la municipalité de Lyon, pour le maintien du bon ordre, peu
« rassurés sur le compte qui a été verbalement rendu de l'état et
« situation de la ville, chargeons de nouveau, et sur sa propre res-
« ponsabilité, l'administration du district d'ordonner, par une mesure
« générale, à toute la force armée de toutes les armes qui se trouvent
« dans la ville, de se tenir en état de réquisition permanente, chaque
« bataillon sur sa place d'armes, et de se porter partout où sa pré-
« sence sera légalement requise et dans tous les endroits où le besoin
« de la force armée sera nécessaire, jusques à révocation de la
« présente réquisition ; requérons, en outre, l'administration du
« district, toujours sous sa responsabilité, de faire passer l'ordre à la
« municipalité, au commandant général de la garde nationale, aux
« chefs de légion, commandant de bataillon, troupes de ligne, gen-
« darmerie à pied et à cheval, pour que la présente réquisition ne

« soit ignorée par erreur, mauvaise volonté ou autrement, d'aucun
« dépositaire de la force armée ; les requérons, en outre, dans le
« dernier cas d'urgence, de faire battre la générale si les mouvemens
« séditieux prenoient un caractère de gravité allarmant pour la tran-
« quillité publique. A Lyon, en séance publique du Conseil Général
« en permanence, l'an 2 de la République Française, le 26 mars 1793,
« sur les sept heures du soir.

Les citoyens de la section St-Georges sont venu se plaindre d'un attentat commis dans leur section ; ils ont réclamé justice et ont, à cet effet, laissé leur pétition sur le bureau. Le Conseil, en accueillant les députés, les a chargé de dire à leur section qu'il prendroit leur pétition en considération, et leur a recommandé que les circonstances exigeoient d'étouffer toutes animosités particulières.

A neuf heures du soir, le Conseil a délibéré, attendu qu'il ne peut, dans la salle actuelle, traiter avec tranquillité d'aucunes affaires et préparer sa correspondance, de se retirer dans un des bureaux du secrétariat ; en conséquence, il en laisse l'indication au secrétaire général, pour être averti de suite de rentrer en séance.

      Dubost, président. Gonon S.-F., secrétaire général.

Du lundi 27 mai 1793, l'an 2 de la République, les administrateurs composant le Conseil du département de Rhône-et-Loire, en séance publique, où étoient les citoyens Bonamour, vice-président, Farjon, Blachon, Sauzéas, Couturier, Borde, Tardy, Mottin, Richard, Meynis, procureur général syndic, et Gonon, secrétaire général.

Le Président a fait lecture d'un procès-verbal dont la teneur suit :

« Nous, commandant général, déclarons avoir reçu la réquisition
« du département transmise par le district, et, à l'instant où nous
« allions la mettre à exécution, avons reçu l'ordre suivant du Comité
« de Salut Public, ensuite du renvoi de la municipalité, dont copie
« suit également.
« La réquisition ci-dessus, renvoyée au Comité de Salut Public,
« comme spécialement chargé des mesures de sûreté et, à cet effet,
« autorisé par les arrêtés des trois corps administratifs et en présence
« des représentans du peuple près l'armée des Alpes ; néantmoins,
« après en avoir conféré avec le maire, aussi réuni et saisi de la
« première autorité pour l'émanation de la force armée, dont le Comité
« de Salut Public s'enquit aussi de concert, dimanche, le 26 mai
« 1793, l'an 2 de la République Française,
« Vû le renvoi du citoyen maire, de la présente réquisition, notre
« comité, considérant qu'il est neuf heures du soir, que nous avons
« déjà pris toutes les mesures nécessaires pour maintenir la tran-
« quillité publique, dont sans doute l'administration du département
« n'avait pas encore connaissance, le Comité de Salut Public de ce
« département ayant arrêté que députation serait aussitôt faite auprès
« du département pour l'instruire de toutes nos mesures ; la députation
« de retour, ayant rapporté qu'elle n'avait point trouvé l'administration

« du département à son poste, nous, membres dud. comité, avons
« arrêté que, jugeant la force armée, que le département requérait,
« inutile, la réquisition resterait sans exécution, jusqu'à ce que nous
« en jugions le cas nécessaire et urgent.
« A Lyon, le 26 mai 1793, l'an 2 de la République Française.
« D'après lequel ordre, nous avons suspendu l'effet de la réquisi-
« tion du département. Lyon, le 27 mai 1793, l'an 2 de la République,
« à une heure et demie du matin. Signé : Julliard, commandant
« général.
« Copie conforme à la minute déposée au secrétariat du district de
« Lyon. Signé : Burellier, secrétaire. »

Le Procureur Général Syndic ouï, le Conseil arrête qu'elle le prendra en considération.

Les sections de l'Egalité, de la Convention, de la Croizette, de rue Buisson, de rue Tupin, de St Vincent, de Rousseau, du Port-du-Temple, de la Liberté, sont venues par députation assurer le département de leur civisme, de leur empressement à obéir aux lois, et elles ont protesté que, pleines de reconnaissance pour son arrêté, elles se feraient un devoir de s'y conformer ; elles ont laissé sur le bureau un arrêté de leurs sections respectives, par lequel, d'après des considérations les plus fortes, elle invite le département à changer le local de ses séances, à s'environner de la force publique prise indistinctement dans tous les bataillons, pour résister aux atteintes qu'on pourrait porter à ses délibérations, à ne jamais se réunir aux autres corps administratifs ni judiciaires, pour prendre des arrêtés communs, afin que les citoyens opprimés puissent avoir un refuge.

DUBOST. GONON S.-F., secrétaire général.

Le mardi vingt-huit mai 1793, l'an 2 de la République Française, les administrateurs composant le Conseil Général du département de Rhône-et-Loire, en surveillance permanente, réunis en séance publique, où étaient les citoyens Dubost, président, Bonamour, Borde, Farjon, Blachon, Sauzéas, Couturier, Tardy, Mottin, Richard aîné, Durieu, Meynis, procureur général syndic, et Gonon, secrétaire général.

Six députés de la section sont entrés, ils ont dit qu'au nom de la majorité des sections, ils venaient inviter l'administration à vouloir les éclairer sur un fait qu'il est pour eux de la dernière importance de faire constater ; ils ont désiré de savoir quelle autorité avait requis la force armée pour dissiper l'attroupement qui se forma le 24 de ce mois devant le domicile du citoyen Sthouder, rue de la Barre. Le Conseil, pour la satisfaction des députés, a fait faire lecture du procès-verbal de la séance dudit jour 24, et, le Procureur Général Syndic entendu, a arrêté, sur leur réquisition, qu'il leur en serait délivré extrait par le secrétaire général.

Une députation de la section de la Convention est entrée ; elle a représenté qu'un gendarme était venu de la part des représentans du peuple, députés à l'armée des Alpes, inviter le président et le secrétaire de cette section à vouloir se rendre auprès d'eux ; qu'ils avaient fait réponse que leur section étant en délibération, elle ne pouvait être privée de ses président et secrétaire ; que cependant ils avaient nommé deux commissaires pour se rendre auprès des représentans, mais qu'ils seraient bien aise de savoir la nature des pouvoirs des représentants, afin de ne rien faire qui puisse compromettre le respect qu'ils doivent au caractère dont ils sont revêtus. Le Procureur Général Syndic a répondu que l'administration ne connaissant point officiellement la nature des pouvoirs des représentans de la nation près l'armée des Alpes, elle ne pouvait rien dire de certain ; mais il a observé que la ville de Lyon, par son approximation de l'armée des Alpes et par sa population, pouvant faire la matière des sollicitudes de la Convention, ses commissaires avaient le droit de veiller à sa tranquillité et à déjouer toutes les manœuvres dont pourraient profiter les malveillans.

Dans l'instant, quatre commissaires du Conseil qui avaient été envoyés en visite aux représentans du peuple sont entrés. Le citoyen Buiron, l'un desdits commissaires, a rendu le compte le plus satisfaisant de l'honnêteté avec laquelle ils ont été reçus ; ils ont ajouté que les représentans les avaient assurés que la cité de Lyon ne devait point s'allarmer du corps de troupe qui doit arriver ces jours-ci dans cette ville ; que la campagne de l'armée des Alpes allant s'ouvrir, le seul motif de la sûreté d'une aussi grande ville avait déterminé l'envoi et le séjour de ces troupes, qui n'y resteroient qu'autant que les circonstances l'exigeraient.

Des députés des sections de rue Tupin, de Brutus, de rue Buisson et de Guillaume Tell, se sont présentés et ont requis l'administration de prendre en considération la pétition qu'ils sont chargés de présenter, d'après la déclaration qu'a faite la municipalité par son affiche, qu'elle ne répondait plus de la tranquillité publique. Ils observent à l'administration et la prient de vouloir se charger de donner des ordres à la force armée, pour veiller à la sûreté publique qui paraît menacée plus que jamais. Il leur a été répondu que, quoique la municipalité ait fait afficher qu'elle ne répondait plus de la tranquillité publique, cette déclaration ne pouvait, aux yeux de la loi, la mettre à couvert de la responsabilité que cette loi lui impose, dans les cas où, suivant l'ordre hiérarchique, elle est requise par les autorités supérieures de prendre les mesures nécessaires pour veiller et protéger la tranquillité publique ; que, d'après ces principes, le département ne peut s'emparer d'un pouvoir que la loi ne lui délègue qu'en cas d'un refus, légal et autorisé par la loi, de la municipalité et du district.

Des députés de la section de la Fédération, de St-Vincent et de rue Terraille, sont venus faire part des allarmes de la cité, fondées sur des menaces faites pour cette nuit ; ils ont invité le Département à accepter une garde suffisante contre les malveillans. Le Président leur a répondu que, forts de leur civisme et de l'amour des administrés, ils ne devaient rien craindre ; que le péril qu'on leur annonçait ne paraissait être que l'effet d'une terreur que les malveillans cherchaient à propager pour, à travers des troubles qu'elle ferait naître, tenter des projets liberticides. Les députés ont été invités à se tenir sages et fermes sur la ligne de la loi et à veiller sans cesse contre les intrigues qu'on ne cesse de pratiquer contre la liberté.

Plusieurs députations de sections se succédant et dénonçant des faits graves constatés par des procès-verbaux, le Procureur Général Syndic ouï, il a été arrêté que deux commissaires se rendraient sur-le-champ auprès des représentans de la Nation qui sont en cette ville, et deux autres auprès des administrations du district, pour les prier de se rendre dans le sein du Conseil Général, pour concerter les mesures à prendre dans les circonstances, et, à l'instant, les citoyens sont partis pour leur commission.

Les sections de Porte-Froc et de Place-Neuve est venue dénoncer que le Département courait des risques; qu'on en voulait à la vie des administrateurs; elles ont demandé qu'il leur fut permis de requérir la force armée de leur section.

La section de St-Vincent, 2° division, accompagnée de trois autres, sont venues dénoncer que des troupes devaient se rendre cette nuit dans la cité, les citoyens, justement allarmés, demandent s'ils doivent craindre et veiller, s'armer ou dormir en sûreté.

Les commissaires envoyés en députation auprès des représentans de la Nation sont rentrés, ils ont dit en présence de toutes les sections ci-dessus. (sic) Cette réponse n'ayant pas paru satisfaire les députations ci dessus, elles ont toutes, au nombre de 26, ainsi qu'elles l'ont assuré, requis le Conseil de prendre sur-le-champ des mesures qui rassurent les justes allarmes de la cité, tant pour le salut du département que pour la tranquillité publique imminement en danger. Le Conseil délibérant, après avoir réfléchi sur l'importance des dénonciations et des objets contenus dans les différentes pétitions, après avoir balancé ce que son devoir lui commande avec l'urgence des circonstances, a crû devoir ne suivre que la ligne seule que la loi lui prescrit. En conséquence, le Conseil, formé des deux administrations du Département et du district, a arrêté, ouï le Procureur Général Syndic, de faire la réquisition dont la teneur suit :

« Lyon, le 28 mai 1793, l'an 2 de la République.

« Les administrateurs du département de Rhône-et-Loire, réunis
« aux administrateurs du district de la ville de Lyon, aux maire et
« officiers municipaux de la ville de Lyon.

« La tranquillité publique paraissant menacée, vous requièrent,
« au nom de la loi, de prendre toutes les mesures qu'elle a mises en
« votre pouvoir pour prévenir tout ce qui pourrait l'altérer; à cet
« effet, de faire renforcer tous les piquets dans chaque section, pris
« dans tous les bataillons de la garde nationale, chargent particuliè-
« rement votre responsabilité du défaut de l'exécution de cette réquisi-
« tion et même du défaut de plus grandes mesures, si les évènemens
« et les circonstances l'exigeoient; nous comptons sur votre zèle et
« votre amour pour la chose publique.

« Signé : Dubost, président, Angelot, président, Fuz, Couturier,
« Buiron-Gaillard, Sauzéas, Mottin, Tardy, Chatelain, Bertachon,
« Matheron, Meynis, procureur général syndic, et Gonon, secrétaire
« général. »

Dubost, président. Gonon S.-F., secrétaire général.

Du mercredi vingt-neuf mai 1793, l'an 2° de la République Française.

Le Conseil Général absent du lieu ordinaire de ses séances, le secrétaire général à son poste, ignorant le lieu du rassemblement des administrateurs, sur les 10 h. et demie du matin, la section de Porte-Froc est venue demander si la communication était interceptée entre le Département et les citoyens; ils ont annoncé que, du moment où le fait serait constaté, la section se lèverait toute entière pour venir la rétablir. Le secrétaire général a répondu que, les administrateurs ayant été arrêtés par les différentes sentinelles, le Conseil n'avait pu former ses séances; et, dès qu'il le serait, il en rendrait compte. Sur les deux heures, il est entré un homme inconnu qui, plein de fureur, a demandé s'il y avait des administrateurs. « Voilà le cruel fruit de son arrêté, où sont-ils ? foutre ! où est ce Jean f... de Dubost ? » Le secrétaire a répondu qu'il voyait qu'il n'y avait personne « Ah ! le bougre de Dubost, si je le tenais je lui mangerais le foye. Vous le cachez, citoyen, dans votre appartement. Voyons-le ! » Le secrétaire général lui a dit: « Il n'y a personne. Donnez-vous la peine de monter ». Arrivé à la porte au-dessus du Directoire, le secrétaire général a dit à l'inconnu, « Voilà la porte ouverte, j'y reste, vous pouvez fouiller. » L'inconnu a cherché partout, jusques dans les armoires, et s'est retiré en faisant des excuses au secrétaire général de l'avoir dérangé. Un instant après, plusieurs coups de canon et de fusil ont été tirés sur la place des Terreaux, des balles ont fracassé une vitre de la croisée et ont pénétré dans la salle du Directoire. Le feu continuant, le secrétaire général a fermé la porte du Directoire et s'est retiré au secrétariat, à son poste, d'où il n'a pas désemparé.

GONON S.-F., secrétaire général.

Le jeudi trente mai 1793, l'an 2º de la République Française, sur les onze heures du matin,

Les administrateurs du département, que le refus des sentinelles avait forcé (1) de se retirer hier à l'Arsenal, sont entrés, accompagnés des citoyens Nioche et Gauthier, représentans du peuple à la Convention Nationale, des membres du district de la campagne de Lyon, et de plusieurs présidents et secrétaires de sections et d'une foule de citoyens de cette ville.

Le citoyen Nioche a porté la parolle; après avoir gémi sur les malheurs de la journée d'hier, a assuré l'assemblée qu'il allait rendre compte à la Convention de toute l'énergie que le peuple Lyonnais avait montré pour réprimer les attentats que l'on avait commis pour lui ravir sa liberté. Le citoyen Gauthier a déclaré qu'il se réunirait à son collègue dans le compte qu'il allait rendre à la Convention, ainsi que des bons principes qui animent les citoyens de cette ville.

Plusieurs citoyens ayant observé que les malveillans avaient pris les devant pour annoncer dans toutes les campagnes et villes des environs, jusques à Grenoble, que la ville était en pleine contre-révolution, qu'il avait même été expédié différens courriers jusques à l'armée des Alpes pour en prévenir le général et demander des forces, il paraissait

(1) *Il y avait d'abord :* informé.

de la plus grande urgence de publier sur-le-champ une proclamation qui instruisit de l'état au vrai des circonstances, toutes les villes et communes qui nous environnent, ainsi que d'envoyer des couriers aux districts et aux départemens voisins, même au général de l'armée des Alpes. Cette proposition ayant été prise en très grande considération, le Procureur Général Syndic ouï, les corps administratifs ont arrêté la proclamation suivante :

« Les administrateurs réunis du Département, du district de la ville
« et la campagne de Lyon, à leurs concitoyens,
« Frères et amis, la malveillance a répandu dans vos contrées des
« impressions désavantageuses sur l'esprit qui anime les habitans de
« Lyon ; on les a peint comme des contre-révolutionnaires qui
« cherchaient à renouveller le sistème de l'ancien régime, et vous avez
« pû croire à ces bruits, sur le récit des événemens fâcheux qui se
« sont passés dans la journée d'hier, mais rassurez-vous, frères et
« amis, les habitans de Lyon n'ont que des intentions pacifiques, ils
« veulent le règne de la tranquillité et des loix, ils veulent la Répu-
« blique une et indivisible.
« C'est pour elle et la liberté qu'ils ont combattu ; s'ils ont triomphé
« soyés convaincus que ce triomphe sera suivi du retour de la paix,
« que des esprits pervers avaient altérée, et que désormais vous pour-
« rez, en toute confiance, vous livrer à leurs embrassemens fraternels
« et partager leurs sentimens.

Et de suite il a été expédié des ordres et des courriers, tant pour Chambéry que pour les villes et districts circonvoisins.
Plusieurs chefs de bataillon des districts voisins, ayant conduit leur force armée, sont venus protester qu'ils seraient toujours prêts à marcher au secours de leurs frères d'armes pour maintenir la cause de la liberté, l'unité et l'indivisibilité de la République. Le Président leur a témoigné combien cette cité était sensible à cette marque de leur civisme et de leur attachement à la cause de la liberté, il leur a observé que la ville ayant repris une sorte de calme qui ne faisait plus craindre autant pour la sécurité publique, ils étaient invités à retourner à leurs foyers.
Les administrateurs du district de Vienne et plusieurs communes des départements voisins ont offert, par des lettres envoyées par des gendarmes, le secours de leurs forces armées, au Département. Le Président a été chargé de les rassurer et de les remercier.

DUBOST. GONON S.-F., secrétaire général.

Le vendredi 31 mai, l'an 2º de la République Française, les administrateurs composant le Conseil du département de Rhône-et-Loire, en surveillance permanente, réunis en séance publique, où étaient les citoyens Dubost, président, Couturier, Bonamour, Sauzéas, Ferrand, Borde, Mottin, Tardy, Farjon, Durieu, Richard aîné, Laurenson, administrateurs, Meynis, procureur général syndic, et Gonon, secrétaire général.

Le général Kellermann est entré ; il a dit que, venant de Paris pour se rendre à l'armée des Alpes, il avait appris en route ce qui venait de se passer en cette ville ; qu'il invitait l'administration de vouloir lui faire part de l'état actuel des choses pour la partie militaire. Le Procureur Général Syndic lui a répondu que des sections de cette ville, opprimées par la ci-devant municipalité, voulant jouir du droit que leur donne la loi du   concernant l'organisation des sections, se sont levées en très grand nombre et sont venues déclarer à l'administration que, la municipalité ayant perdu leur confiance, le Département voulut trouver bon qu'il fut établi une municipalité provisoire, que la municipalité ayant trouvé des partisans dans des mauvais citoyens qui ourdissoient, sous le manteau du patriotisme le plus exalté, une trame abominable, les sections en sont venues aux mains, le sang a été répandu. La bonne cause a triomphé, la paix renaît, le calme se rétablit, et, s'il peut exister encore quelque levain de fermentation, il ne peut être causé que par les bruits qui se répandent qu'il a été envoyé des courriers à l'armée des Alpes pour faire venir dix mille hommes contre la ville de Lyon. Le Procureur Général Syndic a ajouté que, dans le moment, l'arrivée des troupes dans une cité qui ne respire que l'amour de la République une, indivisible, mais qui ne veut que le règne de la loi et la destruction de l'anarchie, pourrait réveiller des mouvemens qu'il importe absolument, pour la tranquillité publique, d'assoupir. Le général Kellerman a dit qu'il séjournerait ici aujourd'hui, exprès pour se faire rendre compte de tout ; que, d'après ses renseignemens, il se rendrait ce soir au Conseil du département.

Les officiers du bataillon de Montblanc sont entrés ; ils ont demandé à se justifier des imputations qu'on leur fait d'avoir suivi le parti de la mauvaise cause; qu'ils avaient prié leur commandant de vouloir se rendre dans le sein du Conseil, qu'il le leur avait promis, qu'ils ne le voient point, qu'ils n'ont fait qu'obéir à leur chef commun, ils le devaient ; mais qu'il lui importe de savoir qui avait donné la réquisition à leur chef, parce que ce chef, qui les avait devancé dans cette ville au moins de huit jours, devait savoir et connaître la véritable autorité dont il devait recevoir, protéger et faire exécuter la réquisition. Le Procureur Général Syndic leur a répondu qu'en obéissant à leurs chefs, ils obéissaient à la loi ; en conséquence, qu'ils ne sçauraient être coupables ; que dans les procès-verbaux qui paraîtraient sur les événemens malheureux qui se sont passés, la réquisition donnée à leur commandant y serait vérifiée et que justice serait rendue à tout le monde.

Des députés de la section de rue Neuve viennent dénoncer qu'il avait été envoyé un courrier au citoyen Dubois-Crancé, pour l'engager à se porter, avec dix mille hommes, sur Lyon.

Les administrateurs du district et de la campagne de Lyon sont entrés et ont déclaré qu'ils venaient partager les travaux et les sollicitudes de l'administration.

Le général Kellerman est entré avec les citoyens Nioche et Gauthier, représentans du peuple.

Le citoyen Gauthier a dit qu'on l'inculpait dans l'opinion publique ainsi que le cit. Nioche, son collègue, et qu'on leur attribuait de faire venir une force armée de dix et même de quinze mille hommes de l'armée des Alpes contre la ville de Lyon ; on leur reproche encore d'avoir coopéré à la proclamation faite le   au nom des trois corps administratifs ; une voix s'est élevée contre le citoyen Albite, autre représentant de la Nation, à qui on a fait le même reproche. Le citoyen Nioche a pris la parolle ; il a dit que les principes du citoyen Albite, son confrère, étaient bons, quoiqu'il eut une opinion à lui ; que s'il avait été le rédacteur de la proclamation du   il lui avait dit qu'elle était entièrement calquée sur l'arrêté du département de l'Hérault, adopté par la Convention Nationale ; que quant à lui, Nioche, il n'a eu aucune connaissance, ny de cette proclamation, ni du procès-verbal qui fut rédigé ; qu'il est vrai qu'il l'a signée comme un ouvrage fait par son collègue, mais qu'il n'y a aucune part ny à tout ce qu'ont pu faire ses deux collègues Albitte et Dubois-Crancé, qu'ils laissèrent à Lyon et qui ne revinrent les rejoindre que deux jours après.

Un membre a observé qu'il était de la loyauté des deux représentans ici présents laisser une déclaration authentique qu'ils n'avaient eu aucune part à la rédaction de la proclamation du   d'autant mieux qu'elle était contraire aux lois. Gauthier, après avoir développé la franchise d'un caractère toujours prêt à avouer ses fautes, a désavoué formellement la proclamation du   attribuée aux citoyens Albite et Dubois-Crancé et revêtue de sa signature et de celle du citoyen Gauthier. Ce représentant a manifesté les sentimens les plus contraires aux inculpations qu'on leur prête et, pour justifier de sa façon de penser ainsi que de celle de son collègue, il a fait lecture de la lettre qu'ils viennent d'écrire à leurs collègues Albite et Dubois-Crancé, par laquelle ils rendent hommage au patriotisme des citoyens de Lyon, qui ne veulent que la République, le règne des lois et la destruction de l'anarchie. Le Procureur Général Syndic a observé que cette lettre ne rassurait point encore suffisamment les citoyens, que leurs inquiétudes étaient fondées sur ce que, les représentans ayant promis de contremander les troupes destinées pour Lyon, les mêmes troupes y sont arrivées ; que cette mesure paraissant être une suite du projet formé par les citoyen Albite et Dubois-Crancé, indiqué dans la proclamation du   qu'ils ont arrachée aux autorités rassemblées, qu'on ne pouvait douter de l'intention perverse de ces représentans du peuple, puisqu'ils n'avaient laissé les troupes et les forces départementales qu'à la seule réquisition du Comité de Salut Public qui, maître d'en disposer, se proposait de les envoyer dans les districts, ce qui pouvait faire naître une guerre civile, dans des païs qui ne chérissent que la République, le règne de l'ordre et des lois ; en conséquence, le Procureur Général Syndic a demandé que les citoyens Nioche et Gauthier laissassent, sur le bureau, une réquisition formelle pour faire rétrograder toutes les troupes. Le citoyen Gauthier a promis de faire cette réquisition et qu'elle serait adressée à tout commandant qui en aurait une de tout autre représentant qu'eux ; en sorte que tout envoi de troupes à Lyon serait supendu jusqu'à ce que la Convention Nationale en ait décidé.

Le général Kellermann a dit qu'en sa qualité de général, il serait instruit du mouvement des troupes ; qu'il n'en avait pas une masse trop forte pour contenir l'audace de nos ennemis ; que dans le moment il ne croyait pas pouvoir en détacher ni dix, ni même deux mille hommes, et qu'à moins que des circonstances impérieuses, qu'on ne peut prévoir, ne lui en fissent un devoir, il donnait sa parolle qu'il n'en serait détaché aucune partie pour Lyon.

Le Procureur Général Syndic a dit qu'il ne fallait pas que, sous prétexte de ces circonstances, on envoyât des troupes, parce que les représentans du peuple pouvaient certifier que les citoyens de Lyon seuls et, en cas de besoin, les mêmes hommes que l'on a vu hier et aujourd'hui se porter avec tant d'empressement, au nombre de plus de vingt mille, pour le maintien de la République, de l'ordre et de la paix, seraient bien capables de maintenir la tranquillité et faire rentrer les malveillans dans le devoir.

Un membre a observé qu'on devait d'autant plus se méfier des intentions de Dubois Crancé, qu'il avait dit hautement à l'assemblée des corps administratifs que « la loi tuait la liberté. »

Un autre membre a pris la parolle et a demandé que le procès-verbal de cette séance fut envoyé à la Convention Nationale et aux 86 départemens, pour faire connaitre quels étaient les principes de Dubois-Crancé et d'Albite. Le citoyen Nioche a voulu faire revenir l'opinion en faveur de Dubois-Crancé et d'Albite; il a dit que, comme homme, il était sujet à se tromper; que la proposition qu'on lui reproche pouvait avoir un sens différent, si on rapportait ce qu'il avait dit avant et après; que cette proposition, souvent soutenue à la tribune de la Convention, pouvait être entendue dans le sens que lorsqu'une loi, dans son exécution, peut nuire à la liberté, alors elle la tue, parce qu'elle peut provoquer à l'insurrection.

Un membre a observé que quand Albite et Dubois-Crancé ont hazardé cette proposition au peuple, le peuple l'a pris à la lettre; comment concilier le sens présenté par le citoyen Gauthier avec cette leçon qu'on ne cesse de prêcher au peuple, que toute loi, fut-elle mauvaise, doit être exécutée.

Le citoyen Gauthier a pris la parolle et a dit que, d'après les explications et le récit des faits ci-dessus, il conseillait aux administrateurs qui avaient signé la proclamation du   de se pourvoir contre la rédaction de la partie qui est contraire aux loix.

Deux membres du département de l'Izère se sont présentés; ils ont dit que le département ayant appris le désordre qui régnait à Lyon, il avait pris sur-le-champ un arrêté dont l'un d'eux a fait lecture. Le citoyen Nioche a remercié, au nom de la République, le département de l'Izère, des sentimens de patriotisme et de fraternité, que contient l'arrêté dont on vient de faire lecture. Le Président a témoigné aux administrateurs députés du département de l'Izère, combien le département de Rhône-et-Loire était sensible à l'attention et au zèle de ses collègues. Le Conseil a arrêté qu'il serait fait mention honorable de l'arrêté du département de l'Izère dans ses registres et qu'expédition en serait remise aux commissaires députés.

Le commandant des volontaires du Montblanc s'est présenté; il a dit qu'il avait été inculpé, ainsi que sa troupe, et qu'il demandait à se justifier. Ce citoyen a pris la parolle et a représenté qu'il est vrai qu'il était en cette ville depuis quinze jours; qu'il fut surpris quand on lui dit, le 28 au soir, que sa troupe arrivait le lendemain; qu'il alla à sa rencontre; qu'à une demie lieue de la ville, il trouva un membre du Comité de Salut Public, un membre de la municipalité et un chef du comité de Légion, qui allèrent au-devant du bataillon; qu'il lui fût alors remis une réquisition signée Gauthier; que sa troupe fit halte au pont Morand; que là, il lui fut distribué des cartouches pour, disait-on, en imposer; qu'ainsi, ayant marché en vertu d'une réquisition, il a dû obéir. Un membre a demandé que ce commandant laissât par écrit, sur le bureau, les observations dont il venait de faire part, afin qu'elles fussent consignées dans le procès-verbal. Le commandant a observé qu'il les avait déjà faites et signées au bureau de surveillance. En conséquence, il a été arrêté, ouï le Procureur Général Syndic, qu'il serait délivré au bataillon de Montblanc une attestation dans la forme suivante :

« Les administrateurs du département de Rhône-et-Loire, des dis-
« tricts de la ville et de la campagne, réunis dans le Direc-
« toire du département, séant à la maison commune, attestent à qui
« il appartiendra, que la conduite du bataillon du Montblanc dans
« cette ville, depuis hier matin, a été celle d'une force armée réelle-
« ment républicaine, et que si, dans la journée d'avant-hier, ce
« bataillon a tourné ses armes contre les patriotes de cette ville, ce
« n'est que par obéissance à un ordre du citoyen Gauthier, député de
« la Convention Nationale, dont il a justifié.

« A Lyon, le 31 mai 1793, l'an 2 de la République Française. »

Des commissaires du département de l'Ardèche se sont présentés ; ils ont rendu compte des mouvements contre-révolutionnaires dans le département de   , où les rebelles se sont emparés de la ville de Marvejols ; ils ont laissé sur le bureau un extrait imprimé de l'arrêté que le Conseil a pris dans la circonstance. Cette nouvelle a affligé le Conseil. Le Président a remercié les commissaires députés, les a assuré de toute la sollicitude du département et les a prié de témoigner au département de l'Ardèche combien il sera empressé d'entretenir une correspondance dont l'effet puisse déjouer les projets de la malveillance.

Le Procureur Général Syndic ouï, le Conseil a arrêté qu'il serait formé un comité composé d'un membre du département, d'un membre du district de la ville et d'un membre du district de la campagne de Lyon, qui sera chargé de fournir un mémoire détaillé qui constate les causes, la nature et les suites des évènemens qui ont affligé cette ville ces jours derniers. Procédant de suite aux choix des commissaires, les citoyens Tardy, procureur général syndic, Macabéo et Picollet ont été nommés et ont accepté.

Il a été fait lecture d'une lettre, arrêtée à la poste, dont la teneur suit ; ladite lettre timbrée de Rheinauzen :

« Obertustat, ce 22 mai 1793.

« Je n'ai rien de plus pressé, mon cher ami, que de venir vous faire
« part de l'affaire que nous avons eu devant Landaw. Elle a eu pour
« nous tout le succès que nous pouvions en espérer, quoiqu'ils eussent
« bien pris leurs dispositions pour nous battre. Ils avaient surpris
« nos avant-postes et pris quatre pièces de canon avant que l'armée
« le sçut, mais aussitôt l'alarme a été répandue dans tous les can-
« tonnemens et nous sommes marchés sur eux, où nous les avons
« repoussé vivement en leur reprenant nos canons et deux des leurs ;
« nous avons perdu cinq cents hommes et eux cinq mille. Dauphin
« cavalerie a été entièrement défait, ainsi que Royal. La déroute a
« été si complète qu'ils n'ont jamais pû se rallier. Le lendemain, les
« Micatovistes ont fouillé les bois ; ils en ont ramassé deux cent

« cinquante, que l'on a amené au quartier général, à Spire. Toute
« leur armée était si dispersée qu'ils n'ont pû que se rallier le lende-
« main; nous avons resté sur le champ de bataille jusqu'à huit heures
« du soir, croyant qu'ils viendraient prendre leur revanche, mais,
« comme des hommes libres, ils ont cherché leur salut dans la fuite.
« Vaincre ou courir. Comme je suis impartial, j'ai voulu vous faire
« part sur le champ de cette affaire, connaissant leur manière de dire
« sur le papier, afin d'induire en erreur le peuple. Vous pouvez
« compter sur la vérité du fait. Je vous prierais d'en faire part à nos
« amis, surtout au chirurgien Guinet, de Nantua, de même qu'à son
« ami Delilia, procureur syndic, afin que cela les mette dans le cas de
« toujours bien servir la bonne cause. Les princes sauront un jour les
« récompenser, ainsi que vous, mon cher ami; tachez toujours de
« vous couvrir du voile du patriotisme pour mieux nous servir; notre
« projet a été fortement gouté du prince au sujet de ce que vous
« savez; si cela peut vous réussir, nous serons trop heureux de
« pouvoir retrouver un honnête homme comme vous. Engagez les
« deux personnes que je vous ai nommées à vous épauler; ils sont à
« même de vous rendre de grands services, selon ce qu'ils m'ont
« marqué. Adieu, mon cher ami, conservez-vous et surtout écrivez-
« moi sur-le-champ, aucun de vos numéros n'ont été égarés; vous
« pouvez toujours m'écrire à la même adresse, et suis pour la vie
« votre ami. Signé : Mis. S^t.V. »

Le Conseil, délibérant sur la découverte du projet infernal dont cette lettre découvre la trame et de laquelle il résulte qu'un complot criminel a été formé pour perdre la République, dans lequel il paraît que le citoyen Lilia, procureur syndic du district de Nantua, et Guinet, du même lieu, sont entrés et réputés complices; le Conseil, délibérant et considérant qu'il importe de s'assurer de la personne des deux citoyens désignés; ouï le Procureur Général Syndic, arrête 1° que le citoyen Couturier, administrateur du département, et le citoyen Matheron, administrateur du district de la ville, se transporteront à Nantua, à l'effet de requérir les autorités constituées de lad. ville de faire mettre sur-le-champ en état d'arrestation le citoyen Lilia, procureur syndic du district, et le citoyen Guinet, chirurgien du même lieu, pour être traduits, sous bonne et sure garde, dans la ville de Lyon.

DUBOST, président. GONON S.-F., secrétaire général.

Des chefs de légions de la campagne sont entrés; ils ont représenté qu'à la forme de la loi, leurs volontaires ont droit à une indemnité pour leur déplacement. En conséquence, ils ont prié l'administration de prendre leur pétition en considération. Sur quoi, le Conseil ayant délibéré, considérant que les troubles survenus dans la ville de Lyon ont nécessité le déplacement des gardes nationales de la campagne, qui sont venus concourir à rétablir l'ordre et la tranquillité; considérant que cette classe précieuse de citoyens n'a pas les facultés nécessaires pour faire gratuitement le sacrifice de son tems, si nécessaire aux travaux de l'agriculture, et supporter les frais de leur déplacement; qu'il est, en conséquence, de toute justice de les faire jouir des avantages accordés par la loi du 25 juillet 1792; ouï le Procureur Général Syndic, arrête qu'il sera expédié un mandat de vingt mille livres sur le payeur général du département, pour être ladite somme versée dans la caisse du comité militaire de la municipalité provisoire de Lyon et employée à acquitter les dépenses résultant du déplacement des gardes nationales de la campagne venues à Lyon, pour concourir au rétablissement de l'ordre et de la paix; lesquelles dépenses ne comprendront que la solde attribuée aux gardes nationales en activité de service.

Un membre a manifesté des craintes au sujet des fonderies de canons, dont l'état actuel devait exciter la vigilance de l'administration. Le Conseil, considérant qu'il existe, dans le district de Lyon, trois fonderies de canons, dans lequel il se trouve ordinairement plusieurs pièces prêtes à servir, qui ne sont point en sûreté; considérant que dans des circonstances où tant de factieux s'agitent pour exciter la guerre civile, il serait dangereux de laisser des armes dans des lieux où ils pourraient facilement s'en emparer; considérant que des armes aussi précieuses que des canons doivent être confiées à la garde des bons citoyens et en lieu sûr; le Procureur Général Syndic ouï, arrête que tous les propriétaires des fonderies de canons établies dans l'isle Perrache, la rue de la Ville et le couvent des ci-devant Ste-Claire, leurs agens ou leurs préposés seront tenus de faire conduire, dans le jour de la notification du présent arrêté, dans l'arsenal de cette ville, tous les canons qui se trouvent dans leurs fonderies respectives; 2° qu'au fur et à mesure des fontes qui seront successivement faites dans chacune desdites fonderies, les pièces seront aussi graduellement déposées dans le même lieu; 3° après le dépôt de chaque pièce, il en sera donné connaissance par l'un des citoyens chargés de la garde des effets d'artillerie dans l'arsenal; 4° lorsque les fondeurs voudront retirer les pièces qui ne sont pas à la disposition du ministre, ils seront tenus de justifier de leur destination aux corps administratifs, qui permettront la remise après avoir été édifiés; 5° que le présent arrêté sera notifié à chaque fonderie et au garde magasin de l'arsenal, par l'administration du district de la ville de Lyon, qui demeure spécialement chargé de son exécution.

DUBOST, président. GONON S.-F., secrétaire général.

Le samedi premier juin 1793, l'an 2° de la République, les administrateurs du département de Rhône-et-Loire, en surveillance permanente, réunis en séance publique, où étaient les citoyens Dubost, président, Couturier, Bonamour, Borde, Sauzéas, Ferrand, Mottin, Durieu, Farjon, Richard aîné, administrateurs, Meynis, procureur général syndic, et Gonon, secrétaire général.

Le citoyen Jean-Denis Ledoyen, adjudant général, chef de brigade de l'armée des Alpes, s'est présenté pour demander un certificat qui constate la bonne conduite qu'il a tenue dans la journée du 29. Sur quoi, ouï le Procureur Général Syndic, le Conseil arrête qu'avant faire droit, le citoyen Ledoyen fera une pétition par écrit, sur laquelle le Conseil statuerait.

Les citoyens représentans du peuple, Nioche et Gauthier, sont entrés avec le général Kellermann. Gauthier, portant la parolle, a dit que leur mission les appelant impérieusement à l'armée des Alpes, ils venaient faire leurs adieux à l'administration; il a ajouté que la conduite franche et loyale qu'il avait tenue, la communication qu'il avait donnée de toute sa correspondance devait convaincre les citoyens de Lyon que les imputations qui leur étaient faites ne pouvaient être que le fruit de l'erreur. Il a invité les citoyens de Lyon, après les avoir félicité de leur triomphe, de conserver l'union, la paix et la soumission aux loix et aux autorités constituées.

Un membre a observé que si le citoyen Gauthier avait tenu ce langage, la cité de Lyon n'aurait pas eu la journée du 29.

Le citoyen Gauthier a répliqué qu'il avait pu être trompé, mais que la communication de sa correspondance établissait combien la ville de Lyon devait être rassurée sur les craintes qu'elle aurait pu concevoir.

Un membre a dit qu'il allait être affiché copie d'une lettre, écrite le 31 mai 1793, par les citoyens Dubois-Crancé et Albitte, aux citoyens Nioche et Gauthier, qui détruisait les inculpations faites à ces représentans sur l'envoi ou la réquisition d'un corps de troupes contre la ville de Lyon.

Le Président a dit que le vœu des sections paraissait prononcé pour inviter les représentans du peuple à rester ici, jusques à ce que le calme fût entièrement rétabli, mais que la conduite franche et loyale qu'ils avaient tenu en communiquant toute leur correspondance, la nécessité de se rendre aux fonctions qui leur sont confiées, pour le salut de la République, sur les frontières des Alpes, nous forcent à les voir partir avec regrets. Les sections ont été prévenues de ces motifs, et dans une visite amicale qui s'est faite ce matin chez les représentans, les sections se sont convaincues que rien ne pouvait, en ce moment, retarder leur destination.

Nioche a dit que si jamais il se développait dans cette ville des germes de discussion qui fissent craindre quelques évènemens désastreux, il viendrait couvrir de sa tête le danger de la cité.

Un membre a observé qu'il se répandait que quelques citoyens égarés ou quelques malveillans, pour jeter une défaveur sur la ville, voulaient s'opposer au départ des citoyens représentans; le Conseil a offert de les accompagner. Nioche a dit que cette mesure inculperait la cité; qu'il croiait être en sûreté parmi ses frères. La proposition n'a pas eu de suite.

Un membre a observé aux représentans qu'avant leur départ, il paraissait essentiel de rétablir dans leur opinion un fait sur lequel elle avait paru s'égarer, on avait sans doute trompé les représentans lorsqu'on leur avait dit que c'était la section Brutus qui, la première, avait fait feu sur les citoyens au milieu de la place des Terreaux.

Une députation de la section de Marseille a demandé que l'instruction des délits de la journée du 29 fut déléguée, par autorisation des représentans ici présents, au tribunal de district de la campagne de Lyon, pour ensuite être renvoyée au tribunal criminel. Le citoyen Nioche a dit que ses pouvoirs, dont il avait donné connaissance à plusieurs sections, ne lui donnaient aucun droit de déléguer un tribunal; que ce droit appartenait à la Convention seule. L'accusateur public a dit que l'orateur de la section de Marseille s'était sans doute trompé; que son intention ne pouvait être que de demander à ce que le directeur du juré fut choisi dans le tribunal de la campagne de Lyon, et non point de lui attribuer des fonctions dévolues par la loi au tribunal criminel, ce qui serait une infraction manifeste à la loi et une injure au tribunal criminel qui, depuis son établissement, a mérité à juste titre la confiance de ses concitoyens. Le président des sections a observé que la loi ne permet point cette attribution, mais qu'elle ne deffend point que les autorités constituées ne nomment provisoirement, dans le district de la campagne de Lyon, le directeur du juré pour faire l'instruction préliminaire, sauf à envoyer un député à la Convention pour autoriser cette mesure provisoire. L'orateur de la section de Marseille a observé que, peu instruit des compétences judiciaires, il a pu confondre les pouvoirs des tribunaux, mais il a protesté qu'il n'a jamais entendu inculper le tribunal criminel, qui jouit d'une réputation méritée. Un député de la section de rue Neuve a dit que, si les coupables de la journée du 29 étaient traduits à Paris, leur jugement traînerait en longueur, ce qui pourrait porter le peuple à des vengeances qu'il importe de prévenir; à cet effet, il a cité une loi qui porte que tout provocateur au meurtre doit être puni dans les 24 heures. Il a été observé que cette loi ne s'appliquait point précisément à l'espèce. Sur cette discussion, le Procureur Général Syndic a observé que les lois rendaient tout juge compétent pour instruire; que ce ne serait qu'après que l'instruction serait faitte, qu'on pourrait fixer la nature du délit et demander à la Convention un décret qui déterminat le tribunal compétent pour appliquer la loi.

Un député de la section de Porte-Froc a présenté une pétition dont l'objet a paru le même que celui de la pétition ci-dessus de rue Neuve. Cette discussion s'est terminée par la lecture de la loi du
qui paraît décider la question.

Les citoyens Nioche et Gauthier, représentans du peuple, et le citoyen général Kellermann, après avoir donné et reçu le baiser fraternel du Président, se sont retirés pour monter dans leur voiture de poste, dans laquelle deux membres les ont accompagnés jusques à l'extrémité du fauxbourg de la Guillotière.

Deux administrateurs du département de Saône-et-Loire sont entrés, ils ont témoigné la part que ce département a pris aux malheureux évènements qui ont affligé cette ville, ont fait lecture d'un arrêté pris en conséquence, qui justifie des pouvoirs de ces commissaires et des offres de service pour rétablir l'ordre et la paix. Le Président a répondu que les commissaires avaient sans doute appris en arrivant que le triomphe des vrais patriotes sur les anarchistes avait ramené le calme, que l'administration n'en était pas moins sensible au zèle bienfaisant du département de Saône-et-Loire et qu'elle espérait que la paix rétablie dans ses murs la dispenserait de profiter des offres de ce département. Le Président a prié les commissaires de vouloir prendre place à la séance.

Il a été fait lecture d'une lettre écrite par le comité de Surveillance de la section du Port St-Paul, contenant une invitation de donner des ordres à la municipalité de Courzieux de faire arrêter quelques personnes suspectes; le Procureur Général Syndic ouï, le Conseil a arrêté que le corps municipal de Courzieu est requis de mettre en état d'arrestation François Guillot, âgé de 39 ans, taille de 5 pieds, visage long, marqué de petite vérole. nez large, bouche grande, yeux gris, cheveux chatains bruns; Jean-Pierre Gerboulet, âgé de 30 ans, taille de 5 pieds 2 pouces, visage ovale, marqué de petite vérole, nez gros et long, bouche moyenne, yeux gris, cheveux chatains; Etienne Rivoire, âgé de 34 ans, 5 pieds 3 pouces 9 lignes, visage ovale, marqué petite vérole, nez bien fait, bouche moyenne, yeux gris, cheveux chatains bruns, et de faire traduire dans la maison dite de Roanne, par la garde ou la gendarmerie nationale, qui seront à cet effet requises, les prévenus signalés cy-dessus, et de se saisir des papiers dont ils pourraient être porteurs, pour être déposés au secrétariat du département et être ensuite procédé contre eux ainsi qu'il appartiendra.

Plusieurs plaintes ayant été portées contre l'organisation du comité provisoire de Surveillance, le Conseil a arrêté, ouï le Procureur Général Syndic en ses conclusions, de faire inviter le maire et le procureur provisoires de la commune, de se rendre dans son sein, pour, d'après les renseignemens pris avec les magistrats, être ultérieurement statué. Ces magistrats se sont rendus à l'invitation; ils ont exposé le véritable état des choses, ont fait part de leurs réflexions sur le Comité provisoire, et le Conseil a renvoyé à statuer définitivement à sa prochaine séance.

DUBOST, président. GONON S.-F., secrétaire général.

Le dimanche deux juin 1793, l'an 2e de la République, les administrateurs composant le Conseil Général du département de Rhône-et-Loire, en surveillance permanente, réunis en séance publique, où étaient les citoyens Dubost, président, Couturier, Bonamour, Borde, Sauzéas, Ferrand, Richard aîné, Durieu, Mottin, Tardy, Farjon père, Meynis, procureur général syndic, et Gonon, secrétaire général, les districts de la ville et de la campagne de Lyon y réunis.

Un membre a représenté qu'il existe, dans la paroisse de Mornant, des mouvemens qui pourraient prendre un caractère allarmant; que des membres de la municipalité avaient été insultés; que des citoyens étaient menacés dans leurs fortunes et leurs propriétés. Le Conseil, considérant qu'il est urgent de faire cesser les effets funestes de l'anarchie qui s'exerce dans la commune de Mornant et dont les auteurs ont indubitablement puisé les principes auprès des coupables que les amis des loix de cette cité viennent de réduire; considérant que les refus du citoyen Souchon, procureur de la commune de Mornant, d'accompagner le maire et l'officier municipal, et d'aller avec eux dissiper les anarchistes attroupés, prouvent, à n'en pas douter, son intelligence coupable avec l'attroupement; considérant que le seul moyen de réduire les brigands attroupés, est d'envoyer sur-le-champ à Mornant une force armée, sous la conduite d'un commissaire administrateur; le Procureur Général Syndic ouï, arrête que le citoyen Forest, administrateur du district de la campagne de Lyon, est nommé commissaire pour se transporter sur-le-champ à Mornant, accompagné d'un détachement de 40 dragons qu'il est autorisé de requérir, ainsi que toute autre force armée et par exprès dix gendarmes à pied, à l'effet de dissoudre l'attroupement, faire restituer les choses enlevées, découvrir les auteurs du pillage et mettre en état d'arrestation, faire amener et conduire dans les maisons d'arrest de cette ville, ceux des attroupés sur qui se réuniront le plus de preuves, ainsi que le procureur de la commune, et de constater du tout par procès-verbal.

Dubost, président. **Gonon** S.-F., secrétaire général.

Le lundi 3 juin 1793, l'an 2ᵉ de la République Française, les administrateurs composant le Conseil Général du département de Rhône-et-Loire, en surveillance permanente, réunis en séance publique, où étaient les citoyens Dubost, président, Couturier, Bonamour, Borde, Sauzéas, Ferrand, Richard aîné, Durieu, Mottin, Tardy, Farjon père, Meynis, procureur général syndic, et Gonon, secrétaire général.

Sur les trois heures du matin, un courrier extraordinaire est arrivé, porteur de dépêches qui accusent la réception d'une lettre écrite par l'administration au ministre de l'Intérieur. Le bruit de l'arrivée de ce courrier s'étant répandu dans cette ville, il s'est présenté des députés de la section de Guillaume-Tell, qui sont venu demander communication de ces dépêches.

De suite copie de ces dépêches a été délivrée aux députés. Le commandant général provisoire de la garde nationale est venu rendre compte de l'état de tranquillité dans laquelle la ville se trouve en ce moment; le Procureur Syndic lui a recommandé de surveiller tous les postes avec la plus grande activité.

Les députés des 32 sections de cette ville sont venus demander que les autorités convocassent les suppléants du district de Lyon, pour former un tribunal compétent, à l'effet d'instruire et juger les coupables de la journée du 29 mai. Sur ce, ouï le Procureur Général Syndic, il a été arrêté que les administrateurs du district seraient invités à se rendre au conseil, les administrateurs arrivés, la pétition des députés, prise en considération, a été mise en discussion.

Des membres de la municipalité provisoire sont entrés, pour prier l'administration de retirer son arrêté par lequel elle nomme le citoyen Dupuy à la place de concierge des prisons de Roanne. Sur les observations faites et discutées, le Procureur Général Syndic ouï, le Conseil, rapportant son arrêté du   dernier, arrête que le conseil général de la commune procédera à la révocation de sa nomination, à la forme de la loi, de trois sujets pour remplir la place de concierge provisoire des prisons de Roanne, dont le résultat a été la nomination du citoyen Dupuy, pour, ensuite du rapport de cette révocation et la présentation de trois nouveaux candidats, être par le Conseil statué.

La discussion a été reprise sur la pétition des 32 sections ci-dessus, et après la discussion la plus approfondie, ouï le Procureur Général Syndic en ses conclusions, il a été arrêté 1° que l'administration du district de la ville de Lyon notifierait aux suppléans de ce tribunal de remplir les fonctions des six juges qui se trouvent absents ou en état d'arrestation, et qu'il leur serait enjoint de se rendre dans la salle d'audience, demain 4 juin, à 10 heures du matin; 2° que deux membres de l'administration susdite s'y rendraient pour constater leur présentation ou leur refus et d'en dresser procès-verbal.

Les citoyens Mondon et Valette, commissaires nommés pour aller à Montbrison, ont rendu compte de leur mission et, sur les procès-verbaux qu'ils ont rapportés, la matière a été mise en discussion.

Dubost, président. **Gonon S.-F.**, secrétaire général.

Le mardi quatre juin 1793, l'an 2º de la République Française, les administrateurs composant le Conseil Général du département de Rhône-et-Loire, en surveillance permanente, réunis en séance publique, où étaient les citoyens Dubost, président, Couturier, Bonamour, Borde, Santallier, Sauzéas, Richard aîné, Durieu, Mottin, Mondon, Vallette, Farjon père, administrateurs, Meynis, procureur général syndic, et Gonon, secrétaire.

Le Président du département de Montblanc s'est présenté; trois membres du département de Saône-et-Loire se sont aussi présentés; ils ont fait part de différentes mesures prises par leurs départements respectifs pour sauver la chose publique en danger, après avoir fait toutes les offres qu'on peut attendre de leur patriotisme, ils ont proposé d'entretenir, entre tous les départemens, une correspondance de surveillance la plus active, afin d'être continuellement en état de déjouer les complots des malveillants. Le Président a répondu que l'administration, sensible aux procédés civiques et fraternels des administrateurs des départemens de Montblanc et de Saône-et-Loire, se félicitait de les voir dans son sein; que toutes les mesures prises pour le salut public étaient une nouvelle preuve de leur attachement à la République, que le département de Rhône-et-Loire s'empresserait d'y concourir.

Les citoyens administrateurs ci-dessus ont été invités à prendre séance.

Le commandant de la première légion du district est venu rendre compte qu'il s'est présenté à Mornand pour y rétablir l'ordre; il dénonce le Procureur de cette commune comme auteur des troubles; il offre les services de tous les volontaires qu'il commande et, pour agir efficacement, il demande qu'il y ait un point fixe où sa légion puisse trouver des armes et des ressources pour réprimer l'audace des malveillans. Le commandant du bataillon formé dans la susdite légion du district de la campagne de Lyon, est venu offrir le zèle et le service de ses gardes nationales; il a déclaré que son bataillon faisait l'abandon d'une somme d'environ 2.500 liv., qui lui revenait pour l'indemnité des dépenses que lui avait occasionné son séjour en cette ville. Le Président a remercié le commandant du zèle avec lequel il était accouru, avec sa légion, au secours de ses frères d'armes; la générosité avec laquelle ils abandonnaient une indemnité que la loi leur accorde est une nouvelle preuve de la pureté de leurs principes et que les sacrifices ne leur coûteront rien pour maintenir la République, la liberté, l'égalité et le règne des lois. Le commandant a été invité à la séance et, sur la réquisition d'un membre, le Procureur Général Syndic ouï, le Conseil a arrêté que mention honorable serait faite dans ses registres de la conduite généreuse de ce bataillon et qu'expédition de la séance serait délivrée sur-le-champ au commandant, pour servir de monument public au patriotisme de son bataillon.

Plusieurs sections sont venues témoigner leurs craintes sur l'envoi des canons que l'on dit avoir été requis pour les armées des Pyrénées. Le Président leur a répondu que le Conseil s'occupait en ce moment de cette grande question et que la cité pouvait être convaincue que son résultat concilierait les intérêts de cette ville avec le secours que l'on doit à nos frères d'armes aux frontières.

Deux députés du district et de la commune de Villefranche sont entrés; après avoir témoigné toute la part que le district de Villefranche avait pris aux évènemens du 29, avec quel zèle toutes leurs forces se portaient au service du département, si elles n'eussent été contremandées, a demandé que le département voulut bien lui procurer des munitions de guerre en poudre et en plomb. Le Président a répondu aux députés qu'elle voyait, avec la plus grande satisfaction, tous les administrateurs et les administrés de leur district s'empresser à l'envi de porter des secours aux braves républicains de cette cité, leur triomphe est une preuve que la cause de notre liberté est sacrée, et tous les bons citoyens en partagent la gloire; quant aux munitions, le Président a promis de prendre la pétition en considération.

La discussion ayant été ouverte sur la pétition des députés de Villefranche sur les munitions de guerre, le Conseil en a ajourné la discussion.

DUBOST, président. GONON S.-F., secrétaire général.

Le mercredi cinq juin 1793, l'an 2ᵉ de la République Française, les administrateurs composant le Conseil Général du département de Rhône-et-Loire, en surveillance permanente, réunis en séance publique, où étaient les citoyens Dubost, président, Couturier, Bonamour, Santallier, Borde, Sauzéas, Maillan, Ferrand, Richard, Farjon père, Durieu, Mottin, Valette, Mondon, administrateurs, Meynis, procureur général syndic, et Gonon, secrétaire général.

En exécution de l'arrêté du Conseil en date du 4 de ce mois, Claude Vincent, nommé concierge des prisons de Pierre-Size, et le citoyen Benot, concierge des prisons de Roanne, se sont présentés au Directoire pour prêter le serment prescrit par l'article 3 du titre 13 de la loi du 29 septembre 1791. Lecture faite par le Président, auxd. Vincent et Benot, de l'arrêté du jour d'hier et de l'article 3 du titre 13 de lad. loi, ils ont prêté le serment prescrit par lad. loi, la main levée à la manière ordinaire, de veiller à la garde de ceux qui lui seront remis et de les traiter avec douceur et humanité. Acte a été donné auxd. Vincent et Benot de leur prestation de serment, pour leur servir et valoir ce que de raison.

Le citoyen Tardy, vice-président, et Jourdan, administrateur du directoire du département de l'Ain, se sont présentés. Ils ont dit que, députés par l'administration de l'Ain, ils venaient offrir leurs bons offices à l'effet de rétablir le calme de la cité et concerter avec tous députés envoyés pour le même effet par d'autres départements; ils ont laissé sur le bureau l'arrêté du département qui constate leurs pouvoirs. Le Président a remercié les députés, leur a exprimé les sentimens fraternels de leur reconnaissance et les a invité de prendre séance.

Un membre a fait la motion de faire imprimer la lettre des citoyens Nioche et Gauthier, représentans de la Nation, datée de Rives, le 2 juin 1793, celle des mêmes représentans, datée de Grenoble, le 3 juin, leur déclaration du même jour, 3 juin, et la réponse du Conseil, en date du 4 juin présent mois. Le Procureur Général Syndic ouï, le Conseil arrête que la publicité de ces pièces ne pouvant que contribuer à maintenir la paix et la tranquillité, non-seulement dans cette cité, mais dans tout le département, ces pièces seraient imprimées pour être jointes au procès-verbal et envoyées aux districts et aux 86 départemens.

Les députés de section se sont présentées pour faire part à l'administration des procès-verbaux des différentes sections. Le Procureur Général Syndic ouï, il a été arrêté qu'il était convenable de les entendre en présence de toutes les autorités constituées; en conséquence, le district de la ville, le district de la campagne et la commune provisoire de Lyon ont été invités à assister à la séance. Sur l'invitation, toutes les autorités s'étant rassemblées, l'orateur des sections a présenté le tableau des causes de l'existence et de la noirceur du malheureux évènement du 29. Il a demandé que l'administration voulut lui donner 1° une note probante de la dilapidation des sommes énormes mises à la disposition de la municipalité de Lyon; 2° une copie autentique de la lettre adressée à Challier et que l'on dit d'une importance majeure; 3° d'une déclaration des trois corps administratifs qui constate que tous les faits énoncés dans le procès-verbal de la municipalité, du 5 février, sont faux, entr'autres, que l'arbre de la Liberté n'a point été brûlé, qu'on n'a point crié vive Louis 17, que l'on n'a arboré ni drapeau blanc ni cocardes blanches. Sur le premier objet, le Procureur Général Syndic a observé que la municipalité avait produit ses comptes et qu'on n'avait pu la contraindre à joindre les pièces justificatives; sur le second objet, que l'original de la lettre avait été remis au juge de paix, le citoyen Ampère; sur le 3° objet, que l'administration se ferait un devoir de donner toutes les attestations que la cité a droit d'attendre de sa justice.

La discussion a été reprise sur le compte-rendu par les commissaires Valette et Mondon et le Conseil, vu l'arrêté du Directoire du département du 22 mai dernier, qui commet les citoyens Valette et Mondon à l'effet de se transporter dans le district de Montbrison, afin de prendre les informations nécessaires pour ramener la tranquillité que l'on disait troublée dans l'étendue du district, connaître la marche des autorités administratives et prendre telles mesures qu'ils croiront nécessaires; les procès-verbaux de leurs opérations; un extrait des registres des délibérations du conseil général de la commune de Montbrison, en date du 2 du présent, signé Jamier, maire, Chantemerle, Latarneye, Dutroncy, Bourg, Thezenas, Brunel, Gerin, Goutorbe, Sione, Duguet, Lambert, Lecomte, Turquais, Faure, Lafond, Maubost, Chapuis, Chabrérial, Granjon, faisant les fonctions de procureur de la commune, et Rousset le jeune, secrétaire, la députation de la municipalité dud. Montbrison entendue, le supléant du Procureur Général Syndic ouï, considérant que le conseil général de la commune de Montbrison a excédé, par sa délibération du 2 du présent, les pouvoirs que la loi lui a confiés, et attenté à ceux des autorités supérieures, en feignant de les méconnaitre en la personne des délégués par le département ; considérant que, quelque répréhensible que soit la conduite de la municipalité de Montbrison, la sollicitude paternelle du département, et sans tirer à conséquence, le porte à ne point user de la rigueur prescrite par les loix ; arrête 1° que la délibération du conseil de la commune de Montbrison, du deux du présent, est nulle et non avenue, comme injurieuse envers les citoyens Mondon et Valette ; défenses sont faites d'en prendre de pareilles à l'avenir, sous peine d'être suspendu de ses fonctions, conformément à l'article 8 de la loi du 27 mars 1791 ; 2° enjoint à la municipalité de biffer laditte délibération et de transcrire en marge d'icelle le présent arrêté ; 3° approuve la conduite des citoyens Mondon et Valette, dont le civisme et les vrais principes de la liberté, de l'égalité, le maintien de la sûreté des personnes et des propriétés, de l'unité et l'indivisibilité de la République, sont connus de l'administration, les rendent dignes de toute sa confiance et doivent leur mériter celle de tous les administrés ; 4° maintient lesdits commissaires dans les pouvoirs qui leur sont délégués par notre arrêté du 22 mai dernier. Arrête, en outre, que le présent sera imprimé, lu, publié et affiché dans toutes les communes de ce département, dont l'administration du district de Montbrison est spécialement chargée.

DUBOST. GONON S.-F., secrétaire général.

Le jeudi six juin 1793, l'an 2° de la République Française, les administrateurs composant le Conseil Général du département de Rhône-et-Loire, en surveillance permanente, réunis en séance publique, où étaient les citoyens Dubost, président, Couturier, Belville, Bonamour, Ferrand, Borde, Santallier, Sauzéas, Tardy, Mottin, Durieu, Farjon, Richard, Valette, Mondon, Farjon, Laurenson, administrateurs, Meynis, procureur général syndic, et Gonon, secrétaire général.

Les députés du département de l'Ain se sont présentés ; ils se sont plaints que, logés à l'hôtel Forêt, ci-devant de la Reine, quai St-Clair, cette nuit, sur les 4 à 5 heures du matin, une troupe armée de pistolets et de sabres nuds sont entrés dans leur appartement, leur a demandé d'exhiber de leurs passeports ; ils l'ont fait ; leur a demandé quelles étaient leurs opinions particulières, ils ont exprimé les sentimens patriotiques qui les ont toujours animé ; les a interrogé sur les sentimens de la société patriotique de Bourg, ont répondu que les sentimens du club de Bourg sont conformes aux principes de vrais républicains. Les députés ont ajouté qu'ils ignorent si ces procédés entrent dans les mesures prises pour la tranquillité publique, mais ils ont crû devoir en faire part à l'administration ; sur quoi, ouï le Procureur Général Syndic, le Conseil a arrêté que le Président écrirait sur-le-champ au commandant général provisoire de la garde nationale, pour, sur ses renseignemens, être statué.

La discussion s'est renouvellée sur la demande formée, le 23 mai dernier, au commandant d'artillerie de cette ville, par le général des armées des Pyrénées-Orientales et Perpignan, tendante à faire transporter dans cette armée toutes les pièces d'artillerie et autres objets de guerre existans dans l'Arsenal.

Le Conseil ayant fait faire lecture 1° d'une réquisition du général de l'armée des Pyrénées-Orientales, adressée au citoyen Gassendi, sous-directeur d'artillerie dans la ville de Lyon, par laquelle il lui est enjoint de faire partir sur-le-champ, pour ladite armée, tous les canons et autres effets de guerre qui se trouvent libres dans l'arsenal de cette ville ; 2° de la lettre du ministre de la Guerre, en date du 10 mars, accompagnée d'une instruction du Conseil exécutif, du premier du mois ; 3° de diverses observations du citoyen Gassendi, relativement aux armes sorties de l'Arsenal dans la journée du 29 mai dernier ; le Conseil Général considérant que la réquisition du général de l'armée des Pyrénées-Orientales n'émanant point directement du ministre de la Guerre, se trouve contraire aux dispositions des instructions du Conseil exécutif du 1er mars ; considérant que l'état de crise dans lequel se trouve la ville de Lyon nécessite des forces et une artillerie capables de prévenir de nouveaux malheurs et de calmer les inquiétudes des citoyens ; considérant cependant qu'il convient de concilier le besoin des armées avec la sûreté de la ville de Lyon, et de laisser au citoyen Gassendi le soin de faire ce qui lui paraîtra convenable pour le salut de la République, sous sa responsabilité, en ce qui concerne la distribution des objets qui lui sont confiés ; considérant enfin que les différentes fonderies et atteliers établis en cette ville offrent chaque jour, par l'activité de leurs travaux, un nombre considérable de pièces toujours prêtes à servir au besoin ; le Procureur Général Syndic ouï, le Conseil Général arrête 1° que, provisoirement et jusqu'à ce qu'il en soit autrement ordonné, vingt pièces de canons du calibre de quatre, montés sur leurs affûts, resteront dans la ville de Lyon, pour être placés dans les lieux qui méritent une garantie particulière ; 2° qu'à compter de demain, il sera libre au citoyen Gassendi de disposer et expédier toutes pièces de canons qui excèdent le nombre ci-dessus, ainsi que de tous autres objets militaires qui ne sont pas nécessaires aux pièces mises en réserve ; 3° qu'il est enjoint à tous les citoyens auxquels il a été livré des pistolets et autres armes dans la journée du 29, de les réintégrer sur-le-champ dans l'arsenal d'où elles ont été soustraites, sous peine d'y être contraints par toutes les voies de droit ; 4° qu'à compter de samedi prochain, 8 du courant, les épreuves de canons continueront d'être faites à la manière ordinaire et dans les lieux accoutumés ; 5° que les canoniers de ligne qui se trouvent dans cette ville continueront d'être en réquisition permanente, sauf le nombre nécessaire aux épreuves ; 6° que le présent arrêté sera imprimé, affiché et transmis au district de Lyon, pour en surveiller l'exécution.

Dubost, président. Gonon S.-F., secrétaire général.

Le présent registre, faisant suite aux délibérations et arrêtés du Conseil Général du département de Rhône-et-Loire, en surveillance permanente, en exécution du décret de la Convention Nationale du 18 mars 1793, qui rétablit la permanence des administrations, contenant quatre-vingt-dix-neuf feuillets, formant cent quatre-vingt-dix-huit pages, a été numéroté et paraphé à chaque feuillet par nous, président du département de Rhône-et-Loire.

Fait en Conseil du département, à Lyon, le sept juin 1793, l'an 2e de la République Française.

Le vendredi sept juin 1793, l'an 2° de la République, les administrateurs composant le Conseil Général du département de Rhône-et-Loire, en surveillance permanente, réunis en séance publique, où étaient les citoyens Dubost, président, Belville, Couturier, Borde, Ferrand, Sauzéas, Santallier, Bonamour, Mottin, Tardy, Richard aîné, Durieu, Maillan, Mondon, Farjon père, Valette, Rozier, Laurenson, administrateurs, Meynis, procureur général syndic, et Gonon, secrétaire général ; les districts de la ville et de la campagne de Lyon y réunis.

Le citoyen Pécolet, président du district de la campagne de Lyon, a observé qu'il était chargé par son district de faire part à l'administration des motifs qu'a eu le district de la campagne de Lyon de rendre son arrêté de cejourd'hui, concernant l'établissement du logement de la brigade de gendarmerie nationale à Izeron ou à Duerne ; le citoyen Pécolet a laissé les pièces et l'arrêté sur le bureau. Sur ce, le Procureur Général Syndic ouï, le Conseil arrête, qu'attendu l'urgence et avant de statuer, le citoyen Couturier se transportera en qualité de commissaire à Duerne, pour, en exécution du décret du 29 avril 1793, y vérifier s'il est possible d'y trouver un logement pour la brigade de gendarmerie et, dans ce cas, y passer tel bail à loyer qui conviendra et, dans le cas où il ne pourrait se trouver aucun logement à Duerne dans le moment actuel, se transporter à Iseron, pour y passer provisoirement un bail de six mois ou un an pour le logement de la même brigade.

Un membre a fait la motion que, dans les circonstances actuelles, les malveillans cherchaient à répandre, dans les districts des bruits pour atténuer ou changer l'opinion publique sur les causes de l'évènement du 29 et répandre des doutes sur les véritables sentimens des administrateurs du département ; qu'il paraissait de la dernière urgence de faire une proclamation qui, en servant de profession de foi de tous les membres des corps administratifs séans en la ville de Lyon, fixe l'opinion publique sur les évènemens du 29 et le véritable esprit qui anime tous les corps administratifs. La matière mise en délibération, le Procureur Général Syndic ouï en ses conclusions, il a été arrêté, à l'unanimité, que cette proclamation devenait d'une nécessité urgente ; en conséquence, un membre ayant été chargé de sa rédaction, elle a été adoptée dans la forme suivante, après en avoir fait part aux administrateurs de la ville et de la campagne de Lyon.

« Un grand mouvement combiné depuis longtems par les vils agens
« d'une faction audacieuse, vient d'éclater dans la ville de Lyon.
« Digne émule de Bordeaux, de Marseille, dirigée comme elles par
« les principes de son amour pour la liberté, elle a combattu et
« terrassé le monstre de l'anarchie; en purgeant son sol de ce fléau
« destructeur, elle a consolidé le règne de l'ordre et de la paix.

« Uniquement pressés du besoin de la concorde et de l'union, les
« citoyens de Lyon et du département de Rhône-et-Loire ne font
« plus qu'un peuple de frères animés des mêmes sentimens, ils ne
« connaissent plus aucun esprit de parti; ils n'ont qu'un même but,
« le règne des lois et l'unité de la République.

« Cependant, les restes impurs de cette horde sanguinaire qui a
« failli perdre la liberté, s'agitent encore dans les efforts impuissans
« de leur rage et de leur désespoir; forcés de renoncer à leurs cou-
« pables espérances, réduits aux tristes ressources de la calomnie, ils
« empoisonnent par des récits mensongers la nature et le cours des
« événemens qui ont changé la face de la cité. Déjà ils ont semé
« partout l'épouvantable nouvelle que le patriotisme avait succombé
« sous les coups de l'aristocratie; déjà ils ont présenté à la France
« entière la ville de Lyon en état de contre-révolution; déjà ils ont
« répandu le bruit que la cocarde blanche est arborée, que l'ancien
« régime est sur le point de renaître, que les mouvemens de Lyon
« sont préparés pour ramener le règne des rois, opérer le retour de
« la noblesse, le rétablissement du clergé avec leurs prérogatives
« odieuses, l'impôt des cens et des dîmes. Que ne disent-ils pas pour
« ternir le triomphe de la liberté sur les intrigans qui l'étouffaient à sa
« naissance?

« Frères et amis, la calomnie peut durer quelques instans, mais
« elle disparaîtra pour faire place à la vérité qui ne passe jamais.
« Bientôt la République entière appréciera les sentimens des hommes
« libres, amis de l'ordre et des loix, et les distinguera des instrumens
« perfides d'une faction hippocrite, qui ne s'est élevée, sous le masque
« du patriotisme, que par l'excès de ses vues et l'impunité de ses
« forfaits. Mais pendant que la malveillance fait les plus grands efforts
« pour diviser les esprits et égarer l'opinon au milieu des faux récits
« que la crainte exagère, que la curiosité recueille avec avidité, que
« les ennemis de la paix propagent avec une assurance maligne;
« défiés-vous de toutes les inspirations qu'on cherche à vous susciter,
« n'anticipez point les évènemens par un jugement précipité, et garan-
« tissez-vous des pièges de la séduction. Les citoyens de Lyon sont
« incapables de conspirer contre leur patrie, d'attenter à vos droits
« qui sont les leurs, de rompre les liens de l'intérêt qui les attache à
« vous; ils sont toujours vos frères, ils sont toujours dignes de l'être,
« par leur courage et leur énergie, par leur amour pour la liberté, par
« leur haine pour les rois et les castes privilégiées, par l'horreur
« enfin qu'ils ont, comme vous, de ce parti désorganisateur qui
« creusait le tombeau de la République.

« Ne croyés pas qu'en terrassant l'anarchie, l'on ait accru les
« espérances de l'aristocratie; croyés, au contraire, qu'elle a perdu sa
« dernière ressource, car les partisans de ce sistème infernal étaient
« ses agens, ses satellites; chaque jour voit s'amonceler les preuves
« de leurs perfides intelligences, tous les jours s'augmente la certitude
« que les projets de sang et de pillage n'avaient été conçus que pour

« ressusciter, au milieu des désordres qu'ils devaient enfanter, l'image
« hideuse de la royauté et toutes les suites inséparables de l'ancien
« despotisme. Mais, citoyens, soyés pleinement rassurés; vos admi-
« nistrateurs, en veillant sur vos droits, vous éclaireront aussi sur les
« dangers auxquels la malveillance peut vous exposer. Jouissez en
« paix d'une révolution que vous avez consolidée par quatre ans de
« peines et de travaux. Le gouvernement républicain, fondé sur les
« bases de la liberté et de l'égalité, vous garantit à jamais la franchise
« de vos propriétés, comme la liberté de vos personnes et de votre
« pensée. Plus de retour désormais pour les droits insolites et
« barbares de la féodalité; plus d'espérance pour la noblesse et le
« clergé, et les privilèges des cens et des dîmes; ne craignés plus la
« domination et l'insolence de l'orgueil, ni les vexations d'un impôt
« inquisitorial; tous ces fléaux du peuple sont passés et votre bonheur
« commence. Mais la Patrie exige de vous, pour le prix des sacrifices
« dont elle vous enrichit, une entière soumission à la loi, elle veut
« qu'à votre tour, vous sacrifiiez à ses besoins; que, dans ses
« moments de danger, vous unissiez tous vos efforts à celui de ses
« enfans, pour la sauver de ses ennemis et des malveillans qui tente-
» raient de dissoudre l'unité de son gouvernement, ou qui préconise-
« raient encore le royalisme ou tout autre sistème contre-révolu-
« tionnaire; elle exige surtout que vous surveilliez ceux qui, sous les
« dehors d'un patriotisme affecté, s'efforcent de vous égarer en
« prêchant la désobéissance aux loix, en provoquant le meurtre et la
« violation des propriétés; nous ne craignons pas de vous le dire,
« ceux-là sont vos plus dangereux ennemis, car le sang est leur
« élément, et c'est pour s'en abreuver qu'ils vous excitent à le répan-
« dre. S'il a coulé dans la fatale journée du 29 mai, c'est que les mons-
« tres, pressés d'une soif brûlante, l'ont provoqué par des assassinats
« qui, bientôt, eussent inondé la ville, sans le courage des citoyens.
« Nous aimons à nous persuader que ce fatal évènement n'a point
« changé vos dispositions amicales et votre amour pour la Républi-
« que; que, défenseurs de la cause de la liberté et de l'égalité, et
« touchés de l'exemple que vous donnent vos frères de Lyon, vous
« maintiendrez de tout votre pouvoir l'intégrité de la République, à
« laquelle est attachée la conservation de tous vos droits. C'est ainsi,
« qu'unis par les liens d'un intérêt commun, vous enlèverez à tous les
« factieux l'espérance et les moyens de troubler votre repos et de
« porter atteinte à votre sûreté individuelle et générale.
« Mandataires du peuple, vous que sa confiance investit, c'est à
« vous particulièrement que s'adressent nos invitations fraternelles,
« c'est à vous que nous recommandons le soin de son bonheur, c'est
« vous que nous chargeons d'éloigner d'auprès de nous tous les
« sujets de son inquiétude et de ses souffrances; préservez-le des
« mouvemens convulsifs, des agitateurs, des partisans de l'anarchie;
« défendez-le contre les poisons du fanatisme et les poignards de
« l'aristocratie; purgés vos communes de tous ces fléaux vomis sur
« la terre pour le malheur de l'humanité, et s'il était des citoyens
« assez lâches pour supporter impatiemment le joug de la loi dans un
« gouvernement républicain, s'il en était d'assez audacieux pour
« susciter le retour des anciens abus, ou pour attenter à l'unité de la
« République, la sévérité des principes républicains exige que vous
« fassiez votre devoir.

« Vous, dépositaires de la force publique, braves gardes nationales
« qui, au bruit des dangers, êtes accourus dans la ville de Lyon au
« secours de vos concitoyens, qui avez donné un exemple si touchant
« à vos frères d'armes, de votre amour pour la liberté, de votre
« obéissance à la loi, de votre union et de vos sentimens fraternels;
« persévérez dans ces heureuses dispositions et vous recueillerez le
« témoignage flatteur de la reconnaissance publique. Plus la confiance
« que vous avez montrée dans vos administrateurs était grande et
« généreuse, plus vous avez contribué au maintien de la paix, plus
« vous avez mérité de vos concitoyens.

« Frères et amis, si vos administrateurs étaient moins convaincus
« de l'étendue de leurs obligations et du besoin qu'ils ont de votre
« confiance, ils ne vous parleraient point des sentimens qui les
« animent; forts du témoignage de leur conscience et de la pureté de
« leurs intentions, au milieu des dangers qu'ils ont couru et des
« obstacles qu'ils ont rencontrés sous leurs pas, ils attendraient
« patiemment le jugement de l'opinion publique; mais dans cette
« diversité d'évènemens, que la calomnie cherche à noircir, ils se
« doivent à eux-mêmes la manifestation authentique des principes qui
« les dirigent. Un enchainement de circonstances a ramené dans la
« ville de Lyon un nouvel ordre de choses. Aux factions qui la déchi-
« raient, a succédé le règne de la paix et de la concorde. Nous
« dissimulerions vainement notre satisfaction intérieure pour un chan-
« gement si désirable. Nous avons juré l'unité de la République, nous
« la maintiendrons de tout notre pouvoir, et nous n'avons vû dans cet
« événement qu'un moyen de plus de l'affermir. Nous avons juré
« l'exécution et l'obéissance de la loi. Nous avons juré de défendre
« les personnes et les propriétés, parce que la conservation de ces
« droits précieux tient aux bases essentielles du gouvernement
« républicain. Nous sommes convaincus, frères et amis, que vous
« partagez nos sentimens. Nous sommes assurés qu'inspirés par le
« désir de voir sortir la République triomphante de tous les dangers
« qui la menacent, vous concourrez à la défense de ses droits. C'est
« ainsi que, secondés mutuellement par une unité de vues et de
« principes, nous aurons l'espérance du retour prochain de la paix et
« du bonheur. »

DUBOST, président. GONON S.-F., secrétaire général.

Le samedi huit juin 1793, l'an 2e de la République Française, les administrateurs composant le Conseil Général du département de Rhône-et-Loire, en surveillance permanente, réunis en séance publique, où étaient les citoyens Dubost, président, Couturier, Belville, Bonamour, Borde, Santallier, Sauzéas, Ferrand, Richard, Mottin, Durieu, Farjon, Laurenson, administrateurs, Meynis, procureur général syndic, et Gonon, secrétaire général.

Une députation composée des principaux commandans, chefs de légion et officiers des gardes nationales de tout le district de Villefranche s'est présentée; elle a offert tous ses bras pour le maintien de la République, la sûreté des personnes et des propriétés. Le Président a répondu que ce n'était pas la première fois que l'administration avait reçu des preuves du zèle et du patriotisme des gardes nationales du district de Villefranche, qu'elle le remerciait du nouvel hommage qu'ils venaient de rendre aux véritables intérêts de la République; que, dans toutes les occasions, l'administration se ferait un devoir de les faire participer au triomphe de la liberté et de l'égalité.

Des députés des sections de la ville sont venus réclamer contre l'arrêté qu'il leur a été annoncé que le département avait pris, sur la réquisition à lui faite de laisser passer les canons et les munitions de guerre.

La matière était livrée à la discussion, lorsqu'un citoyen est entré. Il a dit être représentant du peuple, s'appeller Robert Lindet et être porteur d'un décret de la Convention Nationale qui l'adjoint aux citoyens Nioche et Gauthier pour, de concert avec eux, rétablir le calme à Lyon et de suite retourner à son poste; il a fait lecture du décret et a développé les motifs de sa mission. Le Procureur Général Syndic a observé que, dans les circonstances actuelles, où l'unité de la Représentation Nationale vient d'éprouver la plus dangereuse atteinte par l'arrestation de plusieurs de ses membres, on doit présumer que les membres de la Convention, loin de se répandre dans les départemens, ont le plus grand intérêt de rester à leur poste; que la mission du citoyen Lindet était sans objet, puisque la ville jouissait du plus grand calme et que c'était par ce motif que les citoyens Nioche et Gauthier étaient retournés à leur poste à l'armée des Alpes; que, par toutes ces considérations, il concluait à ce qu'il fut sursis à la vérification des pouvoirs du citoyen Lindet.

Différents membres ont pris la parolle et la discussion s'engageait, lorsque le citoyen Coindre, faisant les fonctions de maire, a observé que la commune invitait l'assemblée à se rendre dans la grande salle de la maison commune, où plusieurs citoyens paraissaient désirer que la discussion fut ouverte en présence des corps administratifs et des députés des sections qui y étaient rassemblés. La plupart des membres du Conseil général s'y sont transportés.

DUBOST, président. GONON S.-F., secrétaire général.

Le dimanche neuf juin 1793, l'an 2º de la République Française, les administrateurs composant le Conseil Général du département de Rhône-et-Loire, en surveillance permanente, réunis en séance publique, où étaient les citoyens Dubost, président, Couturier, Belville, Bonamour, Borde, Santallier, Sauzéas, Richard, Rozier, Farjon, Ferrand, Mottin, Durieu, administrateurs, Meynis, procureur général syndic, et Gonon, secrétaire général.

Le citoyen Robert Lindet s'est présenté au Conseil et y a exprimé combien il désirerait que sa présence dans cette ville put contribuer au raffermissement de la paix et de la tranquillité.

Le citoyen Nugos, président du conseil du district de Trévoux, s'est présenté. Il a dit qu'il était nommé commissaire pour se rendre auprès du département et autres autorités constituées de la ville de Lyon, à l'effet de prendre tous les renseignemens et éclaircissemens relatifs aux complots liberticides qui viennent d'éclater dans la ville de Lyon, qui tiennent infailliblement à des trames ourdies dans une grande partie de la République et dont il importe de découvrir celles qui pourraient exister dans son district. Le Président a remercié le citoyen commissaire du district et lui a dit qu'il pouvait par lui-même juger de la cause de la journée malheureuse du 29 et du triomphe que les vrais partisans de la République, les amis de la liberté, de l'ordre et de la paix, et rendre compte à ses commettans de l'état de calme où il trouvait la cité de Lyon. Le commissaire a été invité à prendre séance.

Il a été décacheté une lettre du citoyen Gassendi, dont la teneur suit :

« Lyon, le 9 juin 93, l'an 2° de la République Française,

« Le chef de bataillon Gassendi, sous-directeur d'artillerie, aux
« citoyens administrateurs du département.

« On s'oppose au départ d'un bateau chargé d'effets d'artillerie
« pour les armées du Var et des Pyrennées, qu'on a débarqué venant
« d'Auxonne au commencement de la semaine dernière, et rembarqué
« de suite à la fin.

« Je vous en instruis pour que vous leviés tout obstacle à cet
« égard. Signé : Gassendi ».

Sur quoi, ouï le Procureur Général Syndic en ses conclusions, le Conseil a arrêté qu'il serait sur-le-champ écrit à la municipalité pour l'inviter à laisser passer et à protéger la libre sortie du bateau désigné ci-dessus, comme n'étant ici qu'en dépôt à Lyon, etc.

Le citoyen Lindet est revenu dans le sein de l'administration, une discussion lumineuse s'est établie entre ce représentant et plusieurs députés de sections, sur les causes des troubles et des agitations de Paris, sur les motifs qui ont pû déterminer la Convention Nationale à décréter l'arrestation de plusieurs représentans et a fini par conjurer de ne prendre aucun parti ultérieur avant que d'avoir reçu l'exposition des motifs que la Convention doit envoyer aux députés, pour les éclairer sur sa conduite.

Le citoyen Lesterpt s'est présenté; il a fait part d'un décret de la Convention Nationale du 30 mai 1793, qui le nomme commissaire près la manufacture d'armes de St-Etienne.

Lecture faite dudit décret et le Procureur Général Syndic ouï, il a été arrêté qu'il serait enregistré pour être exécuté selon sa forme et teneur. Suit la teneur dudit décret :

« Extrait du procès-verbal de la Convention Nationale du 30 mai
« 1793, l'an 2° de la République Française.

« La Convention Nationale, après avoir entendu le rapport de son
« Comité de Salut Public, décrète ce qui suit :

Article premier.

« Le citoyen Lesterpt Beauvais est nommé représentant du peuple,
« député-commissaire de la Convention près la manufacture de St-
« Etienne, pour surveiller les agens du conseil exécutif, afin qu'ils
« accélèrent et augmentent par tous les moyens possibles la fabri-
« cation des armes et qu'ils empêchent qu'aucun corps administratif
« ou municipal, ou tout citoyen, puisse en extraire aucun, sans une
« autorisation expresse du conseil exécutif, et qu'ils accélèrent l'ex-

« pédition et l'envoi des armes aux diverses armées, à mesure des
« demandes qui seront faites d'après les ordres du conseil exécutif,
« ou d'après les réquisitions des représentans du peuple près les
« armées.

ART. 2.

« Le commissaire est autorisé à suspendre et remplacer provisoi-
« rement les agens civils et militaires employés à cette manufacture;
« de requérir les corps administratifs et municipaux et même la force
« armée, s'il y a lieu, pour l'exécution des ordres. Il correspondra
« avec les représentans du peuple près les armées, et avec le Comité
« de Salut Public.
« Visé par l'inspecteur. Signé : Délechoy.
« Collationné à l'original par nous, secrétaires de la Convention,
« à Paris, le 1er juin 1793, l'an 2 de la République Française. Signé :
« Durand, Maillan, secrétaire, Meaulle, secrétaire. »

DUBOST, président. GONON S.-F., secrétaire général.

---

*Le lundi dix juin 1793, l'an 2° de la République Française, les
administrateurs composant le Conseil Général du département de
Rhône-et-Loire, en surveillance permanente, où étaient les citoyens
Dubost, président, Couturier, Belville, Bonamour, Ferrand, Borde,
Santallier, Sauzéas, Mottin, Durieu, Farjon, Laurenson, adminis-
trateurs, Meynis, procureur général syndic, et Gonon, secrétaire.*

Des députés du département du Jura, se sont présentés et ont fait
part des mesures que ce département a prises dans les circonstances
malheureuses où se trouve la représentation nationale violée par
l'incarcération de plusieurs de ses membres.

Le citoyen Lindet s'est présenté et a demandé s'il pourrait passer
quelques instans dans son sein. Le Président lui a répondu que l'administration étant, dans ce moment, occupé d'une discussion particulière avec plusieurs députations des départements voisins, elle le
priait de renvoyer à quatre heures le plaisir qu'aurait l'administration de le recevoir.

Un député du département de Montblanc est entré, il a fait part de
l'état de pénurie où va se trouver ce département, d'où l'on fait partir
la majeure partie des forces qui s'étaient rassemblées pour garantir
les frontières de la République de l'invasion des ennemis.

Le citoyen Lindet est reparu dans l'assemblée, il a prié l'administration de vouloir délibérer sur l'enregistrement du décret qu'il a
présenté et qui l'adjoint aux commissaires Gauthier et Nioche, pour
rétablir la paix à Lyon. Plusieurs membres ont porté la parole et ont
conclu à l'inadmission et au non-enregistrement du décret. Un membre a observé que, dans cette circonstance, il paraissait important de
ne se décider qu'après avoir pris l'avis de tous les corps administratifs. Le citoyen Lindet a présenté ses observations contre les motifs
que le conseil pourrait avoir de refuser l'enregistrement du décret et
l'admission de ses pouvoirs. La matière mise en délibération, il a
été mis aux voix s'il serait sursis à l'enregistrement du décret qui

nomme le citoyen Lindet pour se rendre à Lyon en qualité de commissaire-adjoint.

Pendant que le Président recueillait les voix, il s'est élevé une discussion ; des membres ont insisté et ont dit que, lors de la discussion qui s'ouvrit dans la séance d'avant-hier au département, sur la présentation du décret dont il s'agit, le maire provisoire vint inviter le département et les membres des autres corps administratifs qui y étaient réunis, de se rendre à la grande salle de la commune, pour y délibérer avec la commune et les députés des sections ; qu'il paraissait convenable de renvoyer la délibération actuelle et la discussion qu'elle occasionnera à une assemblée générale des corps administratifs, qui sera convoquée dans la grande salle de l'hôtel commun. Cette proposition convertie en motion et discutée, le Conseil Général a ajourné sur le tout à demain, cinq heures de relevée, pour la délibération être prise par tous les corps administratifs à l'hôtel commun, en présence des sections de cette ville.

Une députation du département de la Côte-d'Or s'est présentée et a déclaré qu'elle voulait prendre part aux mesures que les circonstances où se trouvait la Convention Nationale commandaient pour le salut de la République.

DUBOST, président. GONON S.-F., secrétaire général.

Le mardi onze juin 1793, l'an 2º de la République Française, les administrateurs composant le Conseil Général du département de Rhône-et-Loire, en surveillance permanente, réunis en séance publique, où étaient les citoyens Dubost, président, Couturier, Belville, Bonamour, Santallier, Ferrand, Sauzéas, Richard aîné, Durieu, Mottin, Farjon, Laurenson, Tardy, Maillan, Rozier, administrateurs, Meynis, procureur général syndic, et Gonon, secrétaire général.

Des députés de sections sont venus faire part à l'administration, que la cité s'allarmait sur la nouvelle qui se répandait qu'un courrier extraordinaire était arrivé, qu'il portait des dépêches qui pouvaient être suspectes ou intéresser la paix de la cité ; ils ont demandé que l'administration voulut bien les instruire. Le Président a répondu que l'administration avait reçu un paquet contenant un décret qui nomme des représentans du peuple pour se rendre à Lyon ; à l'effet d'y rétablir la paix. Le Procureur Général Syndic a ajouté que le même courrier était porteur d'une lettre au citoyen Lindet ; que dans l'instant, deux commissaires de l'administration se sont rendus chez le citoyen Lindet, lui ont présenté sa dépêche, il l'a décachetée, la leur a lue, et les commissaires ont rendu compte qu'elle ne contenait que l'envoi d'une ampliation du décret qui l'adjoint pour vérifier les troubles de Lyon ; que le même courrier avait une autre dépêche adressée aux citoyens Albite et Dubois-Crancé, que l'administration n'a pas crû devoir retenir et décacheter.

La discussion s'est ouverte sur l'intérêt que la cité a de connaître le contenu de cette lettre et, sur l'observation faite par un membre qu'il existait un arrêté du département qui autorisait un membre du département, un membre du district et un membre de la municipalité à décacheter toutes les lettres et paquets qui pourraient être suspectés, et que la mesure demandée par les députés n'était qu'une exécution de ce même arrêté, ces considérations adoptées, le Procureur Général Syndic ouï, le Conseil a arrêté que lesdites dépêches seraient ouvertes au comité de police et de sûreté établi près la municipalité provisoire, en présence d'un membre du district et d'un membre de la municipalité de Lyon.

Dubost, président. Gonon S.-F., secrétaire général.

Le mercredi douze juin 1793, l'an 2ᵉ de la République Française, les administrateurs composant le Conseil Général du département de Rhône-et-Loire, en surveillance permanente, réunis en séance publique, où étaient les citoyens Dubost, président, Couturier, Belville, Bonamour, Ferrand(1), Santallier, Sauzéas, Tardy, Mottin, Farjon, Durieu, Maillan, Richard aîné, administrateurs, Meynis, procureur général syndic, et Gonon, secrétaire général.

Un député du département de l'Izère s'est présenté et a témoigné toute la part que le département a prise dans les évènemens qui ont affligé cette cité; il a ajouté que Lyon pouvait être tranquille sur l'envoi annoncé [des] troupes, qu'il n'en viendrait point. Un membre lui ayant observé qu'on lui attribuait d'avoir annoncé qu'il existait, parmi les anarchistes de cette ville, un plan qui ferait au premier jour son explosion, l'honorable député a désavoué et le propos qu'on lui prête et d'avoir jamais eu connaissance d'aucun plan ni complot relatifs à cette cité. Le Président a remercié l'honorable député des sentimens qu'il vient d'exprimer au nom de son département; il l'a prié de témoigner à tous les administrateurs du département de l'Izère combien l'administration était empressée de fraterniser avec eux et de saisir ensemble toutes les mesures qui pourraient faire triompher la liberté de la République.

Des députés du district de Montluel sont entrés; ils ont exprimé, au nom de leur district, les sentimens qui les ont animés au bruit des troubles de cette cité et du triomphe que les vrais amis de la République ont remporté sur l'anarchie. Le Président leur a répondu que l'administration voyait avec la plus grande satisfaction l'intérêt que les départemens étrangers prenaient aux malheureux évènemens de cette cité; il a prié les députés de rendre compte à leurs commettans de la tranquillité dont jouit cette ville et des sentimens de reconnaissance de l'administration.

Il a été fait lecture d'un discours prononcé cejourd'hui 12 juin 1793, en l'église métropolitaine de cette ville, en présence des corps administratifs, par le citoyen évêque de cette ville; les sentimens qu'il exprime ne pouvant que concourir à ramener dans les esprits l'amour de la paix, de l'union et de la liberté, si nécessaire à propager, il a été arrêté, ouï le Procureur Général Syndic en ses conclusions, que ce discours serait imprimé, affiché et envoyé à toutes les municipalités.

(1) A la suite du mot Ferrand, dans cette délibération et celles des 11, 14, 15, 16 juin, un nom a été soigneusement gratté et recouvert d'une couche d'encre.

Un membre a observé que, dans l'état de crise où se trouve la République, dans un instant où les évènemens se succèdent avec rapidité, où les mesures de la prévoyance ne peuvent être calculées et combinées qu'en raison des circonstances, il était intéressant que l'administration s'environnât des lumières particulières et du vœu des administrations des districts; que, par cette réunion, s'établirait une communication rapprochée entre les autorités constituées, dont le département avait déjà ressenti l'heureux effet en s'adjoignant les districts de la ville et de la campagne de Lyon; que cette communication aurait pour objet de concerter, avec toutes les autorités constituées, les mesures que peuvent nécessiter les circonstances actuelles et critiques pour la tranquillité du département en particulier et la sûreté générale de la République, en même tems qu'elle servirait à connaître le vœu des administrés, par l'organe de leurs magistrats immédiats; que cependant, pour ne point arracher à leurs fonctions particulières des administrateurs dont la présence est nécessaire à leur poste, et vu l'éloignement des administrations, il suffirait qu'un membre ou deux de chaque administration s'adjoignît aux opérations importantes que nécessiteront les mesures de salut public, le Conseil Général du département de Rhône-et-Loire délibérant sur la proposition ci-dessus, ouï le Procureur Général Syndic, arrête que, pour se concerter avec les corps administratifs sur toutes les mesures qu'exigent les circonstances impérieuses où se trouve la République et le département, les administrations des districts de Villefranche, Mont-Brison, Roanne et St-Etienne seront invités à nommer deux membres dans le sein de leur administration, soit dans le Directoire, soit dans le Conseil, pour se rendre, immédiatement après sa nomination, au sein de l'administration du département, à l'effet de concourir avec elle au maintien de la sûreté de la République et sur les moyens à prendre dans la triste position où elle se trouve; arrête, en outre, que le présent arrêté sera sur-le-champ transmis aux districts ci-dessus énoncés, avec invitation de s'y conformer le plus incessamment possible.

Le citoyen Jean-Germain Vallot s'est présenté; il a déposé sur le bureau la commission qui lui a été expédiée par le ministre des Contributions publiques (1), pour remplir les fonctions de contrôleur général de la marque d'or et d'argent à Lyon, vacante par la démission du citoyen Blot; ouï le Procureur Général Syndic, le Conseil arrête que lad. commission sera enregistrée, pour être exécutée suivant sa forme et teneur. Suit la teneur de ladite commission :

« Nous, ministre des contributions publiques, considérant qu'il est
« indispensable de commettre à la perception des droits de marque
« et contrôle, sur les ouvrages d'or et d'argent, des préposés dont le
« civisme, les talens et la capacité nous soient connus, avons nommé
« le citoyen Jean-Germain Vallot à la place de controlleur général de
« la marque d'or et d'argent à Lyon, vacante par la démission du
« citoyen Blot. Mandons, en conséquence, le citoyen Denervo, com-
« missaire national de la monnoye, d'installer le citoyen Vallot à
« ladite place. A Paris, le 9 avril 1793, l'an 2° de la République.
« Signé : Clavière. »

(1) *Le texte porte :* ministre de la guerre publique.

Le jeudi 13 juin 1793, l'an 2ᵉ de la République Française, les administrateurs composant le Conseil Général du département de Rhône-et-Loire, en surveillance permanente, réunis en séance publique, où étaient les citoyens Dubost, président, Couturier, Belville, Bonamour, Ferrand, Borde, Santallier, Sauzéas, Maillan, Durieu, Mottin, Farjon, Richard, Laurenson, Tardy, administrateurs, Meynis, procureur général syndic, et Gonon, secrétaire général.

Le citoyen Lindet s'est rendu dans le sein de l'administration, pour y demander le résultat du surcis à la vérification de ses pouvoirs. Le Président lui a répondu que l'administration prendrait sa pétition dans la plus grande considération.

Dubost, président. Gonon S.-F., secrétaire général.

Le vendredi quatorze juin 1793, l'an 2ᵉ de la République Française, les administrateurs composant le Conseil Général du département de Rhône-et-Loire, en surveillance permanente, réunis en séance publique, où étaient les citoyens Dubost, président, Couturier, Belville, Bonamour, Ferrand, Santallier, Sauzéas, Tardy, Mottin, Durieu, Richard, Farjon, Rozier, Maillan, Buiron-Gaillard, Laurenson, administrateurs, Meynis, procureur général syndic, et Gonon, secrétaire général.

Les citoiens Goutallier, administrateur du district de Villefranche, et Varenard, procureur syndic dudit district, commissaires du district de Villefranche, sont entrés et ont été invités à prendre séance au Conseil, pour l'entourer de leurs lumières.
Le citoyen Gonchon, commissaire du Pouvoir Exécutif, est entré. Il a dit que, témoin des malheureux évènemens du 29 et instruit des causes qui y ont donné lieu, il avait cru de son devoir d'en faire part aux habitans du fauxbourg St-Antoine de Paris, qui lui ont toujours témoigné la plus grande confiance; en conséquence, il leur a fait une adresse qu'il leur a envoyée et dont il se propose de faire lecture. Le Président l'ayant invité de vouloir lui en donner communication, le citoyen Gouchon en a fait lecture. L'adresse a été couverte d'applaudissemens et, le Procureur Général Syndic ouï, le Conseil a arrêté que l'exemplaire déposé sur le bureau par le citoyen Gonchon serait réimprimé, au nombre de deux mille exemplaires, pour être affiché et envoyé à toutes les municipalités de son ressort.

Le samedi quinze juin 1793, l'an 2ᵉ de la République Française, les administrateurs composant le Conseil Général du département de

Rhône-et-Loire, en surveillance permanente, réunis en séance publique, où étaient les citoyens Dubost, président, Couturier, Belville, Bonamour, Ferrand, Santallier, Sauzéas, Tardy, Buiron-Gaillard, Mottin, Farjon, Durieu, Maillan, Rosier, Laurenson, Richard aîné, administrateurs, Meynis, procureur général syndic, et Gonon, secrétaire général, les administrations du district de la ville et de la campagne de Lyon et deux membres du district de Villefranche y réunis.

Le citoyen Lindet s'est présenté dans le sein de l'assemblée et il a témoigné combien il était essentiel de savoir la détermination positive du département sur l'enregistrement du décret du 3 du présent mois, qui le nomme commissaire-adjoint. Le Procureur Général Syndic ouï, le Conseil arrête que, sans désemparer, il sera statué sur la pétition du citoyen Lindet, et de suite, la matière mise en discussion, le conseil, délibérant sur la lecture qui lui a été faite par le citoyen Robert Lindet d'un décret du 3 du présent mois, considérant que les motifs qui ont déterminé l'envoi du citoyen Lindet n'existent pas et qu'il n'a eu lieu que sur un faux rapport, puisque depuis que les citoyens Nioche et Gauthier ont quitté la ville de Lyon, elle jouit de la plus parfaite tranquillité; considérant que le souvenir de la malheureuse journée du 29 mai a fait redouter aux citoiens de cette ville la présence de ce nouveau député, avec d'autant plus de raison qu'il a fait route avec un des premiers moteurs des troubles qui l'ont agitée pendant longtems, ce qui a mis les administrations réunies dans la nécessité de satisfaire au vœu du peuple, en suspendant l'examen des pouvoirs du citoyen Lindet; ouï le Procureur Général Syndic, arrête, après avoir entendu le vœu des sections et celui du conseil général de la commune provisoire, que les présentes considérations seront communiquées au citoyen Lindet, afin qu'il soit à même d'effectuer, sans délai, le vœu qu'il a manifesté à l'administration de se rendre à son poste.

Un membre a observé que, dans les circonstances où la chose publique se présente, l'administration recevant journellement des arrêtés de différens départemens, districts et municipalités, des sections et sociétés populaires de tous les points [il était] essentiel, pour ne point entraver les travaux de l'administration et la fixer d'une manière déterminée sur les mesures à prendre dans les circonstances, d'organiser un comité des rapports qui, réunissant dans ses fonctions déléguées l'examen de tous les arrêtés, de toutes les pétitions qui sont parvenues ou seront envoyées au département, avec la faculté de les présenter à l'administration, puisse éclairer le Conseil sur ses opérations ultérieures. Cette observation convertie en motion et appuyée à l'unanimité, l'assemblée, pénétrée de la nécessité de prendre les mesures les plus actives pour assurer la tranquillité générale et particulière, considérant que les dangers de la Patrie, que les évènemens malheureux arrivés dans la ville de Lyon donnent lieu à l'envoi et à la réception d'une multitude d'adresses et de pétitions des districts, des municipalités et des sections de ce département et des autres parties de la République; que chacune d'elles exige un examen particulier et enlève à l'administration un tems précieux; considérant que la plûpart de ces adresses ou pétitions présentent à peu près les mêmes vûes et les mêmes plans; qu'il suffit à l'administration de connaître le résultat des pétitions uniformes et de celles qui présenteraient des vues nouvelles ou opposées ; que son but se trouverait parfaitement rempli, s'il existait dans le sein des administrations réunies un comité chargé uniquement de l'analyse et du rapport des pétitions et adresses qui leur seront faites ; ouï le Procureur Général Syndic, arrête l'établissement et l'organisation d'un comité des rapports, lequel recevra le dépôt de toutes les pétitions, adresses, arrêtés, imprimés, proclamations, observations et notes relatives à la sûreté générale de la République et à la sûreté particulière de ce département. Ce comité est et demeure composé de huit membres, savoir : deux pris parmi les administrateurs de ce département et un dans chacun des six districts, au choix desquels il sera procédé sans délai. Les fonctions attribuées à ce comité se bornent uniquement à faire l'analyse et le rapport de toutes les pièces qui lui seront déposées et qui auront pour objet la sûreté générale ou particulière, et à réduire à des questions ou à des propositions simples, sans pouvoir émettre aucun vœu qui serait le résultat d'une délibération prise dans ce comité, les membres qui le composent ayant la faculté et le droit d'emettre leur opinion particulière, après que lecture aura été faite du rapport dans le sein de l'assemblée générale. Les administrations de districts, les communes et les sections sont invitées à procurer à ce comité tous les renseignemens, plans et mesures qu'elles jugeront nécessaires pour la sûreté générale et particulière, et toutes les pièces à l'appui, en prenant néantmoins la précaution de mettre, sous bande croisée et à l'adresse des administrateurs du département ou du Procureur Général Syndic, les paquets et lettres qu'elles voudraient faire parvenir par la voie de la poste. Le lieu des séances de ce comité sera dans une salle attenante à celle du Directoire du département, afin qu'il existe sans cesse entre elle et lui les relations les plus intimes et les plus promptes. Il sera attaché à ce comité un secrétaire chargé de la garde des titres et papiers qui y seront déposés, de la tenue d'un registre d'annotation des dattes de chaque pétition et adresse. Au besoin, il lui sera adjoint un commis pour la transcription des rapports et, à cet effet, ceux employés dans les bureaux de l'administration seront par elle désignés. Le présent arrêté sera imprimé et adressé à tous les districts, communes et sections de ce département.

Ensuite de l'arrêté ci-dessus, l'assemblée, procédant au choix des membres qui doivent composer le comité des rapports, a nommé les citoyens Buiron-Gaillard et Belville, administrateurs du département ; le citoyen Matheron, du district de la ville de Lyon; le citoyen Pécollet, commissaire du district de la campagne de Lyon; le citoyen Varenard, commissaire du district de Villefranche; le citoyen Dagier, commissaire du district de St-Etienne; le citoyen Bruyas, commissaire du district de Montbrison, et le citoyen Missire, commissaire du district de Roanne. Les citoyens choisis ont accepté. L'assemblée, en désignant les membres de ce comité pris parmi les commissaires des districts, déclare que chacun d'eux a la faculté de se faire supléer par l'autre commissaire, son collègue. Procédant ensuite au choix du secrétaire, l'assemblée a choisi le citoyen Farges et lui a adjoint le citoyen Amyot.

Dubost. Gonon S.-F., secrétaire général.

Le dimanche seize juin 1793, l'an 2° de la République Française, les administrateurs composant le Conseil Général du département de Rhône-et-Loire, en surveillance permanente, réunis en séance publique, où étaient les citoyens Dubost, président, Couturier, Belville, Bonamour, Ferrand, Santallier, Sauzéas, Maillan, Mottin, Richard, Buiron-Gaillard, Farjon, Rozier, Servan, Laurenson, administrateurs, Meynis, procureur général syndic, et Gonon, secrétaire général, auxquels étaient réunis les commissaires députés de tous les districts.

Plusieurs citoiens sont entrés; ils ont dit qu'ils étaient députés de la commune de St-Etienne, pour venir exprimer à l'administration et à toutes les autorités constituées de cette ville la part que les habitans de St-Etienne ont prise aux malheureux évènemens qui ont affligé cette ville dans la journée du 29 mai; en conséquence, ils ont fait lecture d'un arrêté pris par la municipalité de St-Etienne, qui constitue son vœu et dont la teneur suit :

« Extrait du registre des arrêtés du conseil général de la
« commune de la ville de St-Etienne, département de
« Rhône-et-Loire.

« Dans la séance permanente et publique du douze juin mil sept cent
« quatre-vingt-douze, l'an 2° de la République, où étaient les citoyens
« Praire-Royer, maire, Peurière, Regnard, Fromage, Beraud, Jovin,
« Foujol, Granger, Siméon, Dervieu, Lagouvé, officiers municipaux;
« Richard, procureur de la commune; Yvon, substitut du procureur
« de la commune; Long, Neyron, Perronet, Paillon, Guillermin,
« Colcombet, Allary, Penet, Verrier, Sovage, Vernadet, Pleney,
« Clémençon, Chovet, Philibert, Perret, Cavé, Forissier, notables, et
« Chomas, secrétaire.

« Lecture a été faite du procès-verbal des évènements arrivés en la
« ville de Lyon, les vingt-neuf et trente mai dernier.

« Le Conseil général de la commune, considérant que, par le cou-
« rage, le zèle et les soins des bons citoyens de cette ville, les
« complots liberticides qui avaient été tramés par les ennemis de
« la chose publique ont été déjoués.

« Considérant que le triomphe de la liberté et de l'égalité dans
« la ville de Lyon a occasionné des victimes et que le conseil
« général n'ayant pû, suivant ses désirs, contribuer à ce triomphe
« par le concours des citoyens de cette commune, il doit remplir un
« vœu qui lui est bien cher, celui de témoigner à ses frères républi-
« cains son attachement par tous les moyens possibles.

« Ouï le citoyen Ivon, substitut du procureur de la commune, le
« conseil général de la commune arrête 1° qu'il sera fait une dépu-
« tation, prise dans le sein du conseil général de la commune, aux
« administrateurs du département de Rhône-et-Loire, des districts
« de la ville et campagne de Lyon, et aux citoyens remplissant
« provisoirement les fonctions d'officiers municipaux dans ladite
« ville et à ses trente-deux sections, pour leur témoigner la part
« que le conseil général a prise aux évènemens ; et, à cet effet,
« le conseil général de la commune a nommé, par l'organe de son
« président, pour composer la députation, les citoyens Fromage,
« Foujol, Siméon, officiers municipaux, Yvon, substitut du pro-
« cureur de la commune, Neyron, Peyronnet et Chovet, notables;

« 2° qu'il sera ouvert une souscription pour le soulagement de ceux
« qui ont été blessés dans les derniers évènemens de la ville de
» Lyon et des familles de ceux qui y ont péri et qui se trouvent dans
« l'indigence, et de suite la souscription a été ouverte par le citoyen
« Maire, par le citoyen Lesterpt, député de la Convention Nationale
« près cette commune, et, à leur exemple, par une infinité de citoyens,
« laquelle sera continuée de suite; à porter les sommes qu'on aura
« commencé à percevoir à l'époque de leur départ ; 3° que la somme
« de douze cent soixante-huit livres que le receveur des droits d'enre-
« gistrement en cette ville a déclaré avoir perçue sur les certificats
« de patentes délivrés par la municipalité de cette ville pendant
« l'année 1791 et dont le remboursement a été ordonné du consente-
« ment des citoyens, sera également envoyée aux citoyens de la ville
« de Lyon, pour le même objet que celui de la souscription, et que
« dans le cas où cette somme serait perçue avant le départ des
« commissaires, ils en seront également porteurs ; les citoyens de la
« ville de Lyon seront invités de recevoir ces modiques sommes
« comme un faible gage de l'attachement indissoluble qui unira
« toujours les deux cités. Signé : Praire-Royer, maire ; Foujol, offi-
« cier municipal ; J. Fromage, officier municipal, et Thomas,
« secrétaire.

Le citoyen Foujols, l'un des membres de la députation composée des citoyens Foujols, Siméon, Fromage, Peyronnet, Yvon, Neyron et Chovet a dit:

« Aux administrateurs du département. Citoyens administrateurs.
« Députés par la commune de St-Etienne, nous venons vous offrir
« le juste tribut de ses sentimens que nous croyons uniformes aux
« vôtres. Nous apportons également le fruit des efforts qu'elle a
« faits, pour partager les regrets amers et les consolations plus
« douces que nous devons tous aux infortunées victimes de vos
« troubles. Les habitans de St-Etienne brûlent du plus ardent amour
« de la liberté et de l'égalité; ils veulent la République une et indivi-
« sible, et jurent une guerre éternelle aux dictateurs, aux tyrans, aux
« anarchistes de toutes les classes ; soumis aux loix de la majorité
« de la Convention, toutes les fois qu'elle sera libre de délibérer avec
« maturité et sagesse, ils voueront au mépris, à l'indignation publi-
« que, aux supplices qui les attendent ces conspirateurs obscurs, ces
« petits tyrans démagogues, qui n'ont usurpé le pouvoir un instant
« que par des crimes et le masque du patriotisme qu'ils affectent de
« porter. Si les méchans sont plus audacieux, plus entreprenans dans
« les malheureuses (sic); l'indignation, la vengeance des amis du bien,
« plus lents à la vérité à se décider, n'en seront pas moins terribles.
« Levons-nous tous, serrons-nous de près, il est temps de sauver
« la patrie... Prêts à verser tout leur sang pour le maintien de leurs
« droits, nos braves concitoyens de St-Etienne n'attendent que vos
« premières réquisitions pour marcher.

« Citoyens administrateurs, que ce jour mémorable où des amis
« et des frères viennent se réunir d'énergie et de sentimens avec
« vous, soit un nouveau lien pour nos deux cités commerçantes ;
« qu'il soit inscrit dans nos fastes, il fera connaître à nos ennemis
« la force indestructible d'une république une et indivisible ; assurera
« notre gloire et fera le bonheur de nos neveux. »

Le Président a répondu à la députation en lui exprimant combien l'administration était sensible aux preuves de civisme et d'attachement fraternel que vient de donner la commune de St-Etienne; il l'a priée de rapporter à ses concitoyens tous les témoignages de sa reconnaissance; le Procureur Général Syndic ouï, le Conseil a arrêté, que le discours prononcé par le citoyen Foujols serait inscrit dans ses registres; que mention honorable serait faite du don de six mille vingt-cinq livres pour soulager les pères, mères et orphelins des victimes de la journée du 29 mai; à cet effet, que le procès-verbal de la séance de la municipalité de St-Etienne, du 12 de ce mois, serait inscrit à la suite de cette séance et copie d'icelui remise au trésorier des sections de cette ville, pour qu'il ait connaissance du don et procéder à sa distribution.

DUBOST, président, GONON S.-F., secrétaire général.

Le lundi dix-sept juin 1793, l'an 2ᵉ de la République Française, les administrateurs composant le Conseil Général du département de Rhône-et-Loire, en surveillance permanente, réunis en séance publique, où étaient les citoyens Dubost, président, Couturier, Belville, Bonamour, Ferrand, Santallier, Sauzéas, Rozier, Laurenson, Servan, Pipon, Farjon, Maillan, Durieu, Mollin, Buiron-Gaillard, Richard aîné, administrateurs, auxquels étaient réunis des administrateurs députés des six districts du département, Meynis, procureur général syndic, et Gonon, secrétaire général.

Le citoyen Charles Seriziat s'est présenté, il a fait part à l'administration de la commission du Conseil Exécutif provisoire qu'il a laissée sur le bureau. Lecture faite de ladite commission, le Conseil a arrêté qu'elle serait enregistrée pour être exécutée selon sa forme et teneur. Suit la teneur de lad. commission:

« Au nom de la République Française,
« Le Conseil Exécutif provisoire, jugeant qu'il est du bien du
« service d'employer un général de brigade près les troupes qui
« composent l'armée des Alpes, a fait choix du citoyen Seriziat pour
« remplir près lesd. troupes, provisoirement et subordonnément au
« commandant en chef et aux généraux de division employés près
« d'elles, les fonctions de son grade, persuadé qu'il justifiera l'opi-
« nion qu'on a conçue de son patriotisme et de ses talens militaires.
« En conséquence, il fera pour la défense de la République et le
« maintien de la liberté et de l'égalité, tout ce qu'il jugera conve-
« nable ou tout ce qui lui sera prescrit par les ordres et instructions
« du commandant en chef de laditte armée. Il fera vivre les troupes
« sous son commandement, en bonne police et discipline, et se
« conformera, quant aux réquisitions qui pourront lui être faites par
« les corps administratifs, à ce qui est prescrit, à cet égard, par les
« décrets de l'Assemblée et de la Convention Nationale.
« Mande et ordonne, le Conseil Exécutif provisoire, aux troupes

« qui composent l'armée des Alpes, aux officiers de l'Etat-major, à
« ceux de l'artillerie et du génie, aux commissaires des guerres et à
« tous autres employés près d'elles, de reconnaître led. citoyen
« Seriziat pour un de leurs commandans et de lui obéir en tout ce
« qu'il leur ordonnera pour le bien du service et le succès des armes
« françaises.

« Fait au Conseil Exécutif provisoire, à Paris, le 11 juin 1793, l'an
« 2º de la République Française. Signé : Garat et J. Bouchotte. »

Un membre a observé que l'établissement du nouveau comité des rapports exigeait que l'on fixât les heures où, sans entraver les opérations de l'administration, ce comité put lui rendre compte de ses travaux. Cette proposition adoptée, le Conseil a arrêté, ouï le Procureur Général Syndic, que ses séances commençant à neuf heures du matin et à trois heures du soir, le comité pourrra faire ses rapports le matin à onze heures et le soir à sept heures.

Le Président a fait lecture d'une lettre de Dijon, en datte du 12 juin 1793, écrite par le directoire du département de la Côte-d'Or, aux administrateurs du département de Rhône-et-Loire, dont la teneur suit :

« Dijon, le 12 juin 1793, l'an second de la République Française.

« Le Directoire du département de la Côte-d'Or aux admi-
« nistrateurs du département de Rhône-et-Loire.

« Nous vous adressons copie d'une délibération du conseil géné-
« ral de la commune de Dijon, du 10 de ce mois, par laquelle
« plusieurs habitans de cette ville, actuellement à Lyon, nous sont
« dénoncés comme aristocrates contre révolutionnaires et ne cher-
« chant qu'à exciter le trouble et la guerre civile, et cette délibération,
« ainsi que l'avis du district de Dijon, nous invitent à prendre les
« mesures nécessaires pour faire arrêter ces individus.

« Nous ne pouvons remplir les vues de ces deux autorités, dont
« nous reconnaissons la sagesse et la nécessité, que par votre entre-
« mise, et nous nous adressons à vous avec confiance à cet effet.
« Nous vous prions donc, pour l'intérêt de la République et au nom
« de la Patrie, de vouloir bien prendre les mesures que votre zèle,
« votre activité et votre prudence vous suggèreront pour faire arrêter
« et conduire à Dijon ces particuliers.

« Vous êtes déjà instruits que leur correspondance avec les aris-
« tocrates de notre ville tendait à exciter les mouvemens qui
« devaient avoir lieu dans toute la République et sur lesquels
« comptaient les ennemis de la chose publique, mais nous vous
« assurons, ainsi que la commune et le district, que ce sont des gens
« très inciviques et très dangereux, qui n'ont quitté leur résidence
« que parce qu'ils y étaient observés et qu'ils n'y pouvaient agir
« ouvertement, et qu'ils ne sont dans votre ville, où aucune affaire ne
« les appelle, que pour y travailler plus efficacement et plus impu-
« nément à la contre-révolution.

« Nos seconds commissaires vous ont appris qu'ils avaient été
« envoyés, d'après l'avis d'une lettre venant de votre ville, portant
« que ceux qui les avaient précédé avaient été arrêtés comme anar-
« chistes de Dijon. Eh bien, par la vérification de l'écriture, nous
« sommes certains que cette lettre est d'un des Verchère d'Arcelot.

« Vous n'ignorez pas non plus que c'est ce nommé Guyard qui
« a donné lieu à cette erreur, en apostrophant le citoyen Villers,
« notre commissaire, le jour de la bagare à la place des Terreaux.
« Ces preuves et les considérations ci-dessus seront assez puis-
« santes pour vous déterminer aux mesures que nous vous proposons
« contre ces aristocrates, et nous nous empresserons, en pareil cas, à
« déférer aux invitations que vous pourriez nous faire. Signé :
« Thumman, vice-président, J.-B. Philipot, Petit, J. Dagallier, Ant.
« Marand, Viardot, procureur général syndic, Vaillant, secrétaire.

Lecture faite de cette lettre, il en a été décacheté une autre, datée de Nuitz, le 17 juin 1793, dont la teneur suit :

« Citoyens administrateurs du département de Lyon,
« Deux individus de notre ville, déclarés suspects et mis en état
« d'arrestation, se sont réfugiés à Lyon ; ce sont les frères Gillotte,
« l'un notaire et l'autre ci-devant procureur à Nuits, âgés d'environ
« quarante ans, de très petite taille ; nous ignorons leur demeure,
« nous vous invitons de faire remettre un extrait de cette lettre
« au comité des douze de toutes les sections de votre ville, afin
« qu'ils puissent être arrêtés et envoyés ici sous sûre garde. Nous
« sommes fraternellement. Les membres du comité des douze de la
« ville de Nuits. Signé : Jaquinot, président ; Duret, Denis-Jaquinot,
« Fondot, Tisserandot aîné, Fevre, Moissenet, Delorme, Nicole, et
« Arnoult, secrétaire. »

Le Conseil, pénétré de l'importance de déjouer les projets de malveillance que le séjour de personnes suspectes dans cette cité pourrait fomenter contre la tranquillité publique, ouï le Procureur Général Syndic, arrête que copie desd. lettres, ainsi que de l'expédition de l'arrêté de la municipalité de Dijon insérée dans la lettre ci-dessus du Directoire de la Côte-d'Or, sera adressée à la municipalité provisoire de cette ville, avec réquisition de faire mettre les y dénommés en état d'arrestation et d'en rendre compte dans le plus court délai, afin que l'administration puisse répondre sur-le-champ à la confiance du département de la Côte-d'Or. Suit la teneur de l'arrêté :

« Extrait du registre des délibérations du conseil général
« de la commune de Dijon.

« Du lundi dix juin 1793, l'an 2ᵉ de la République Française.
« Le conseil général, considérant que plusieurs aristocrates, habi-
« tans de cette commune, s'en sont successivement absenté ; qu'ils n'ont
« pu avoir d'autres vues que de tramer plus aisément leurs complots
« dans des lieux où ils seront inconnus, et que la sûreté publique
« exige que de tels conspirateurs soient mis dans l'impuissance de
« nuire,
« Ouï le procureur de la commune, délibère que Guyard, ci-devant
« procureur ; Morellet fils, à l'hôtel de Milan, place des Terreaux ;
« les frères Verchère, ci-devant d'Arcelot ; Duluc aîné, Guillaume
« Gros, ci-devant procureur ; Menu, Chouard, Mouzin, Perruchot, ci-
« devant notaires ; Richard, ci-devant de Rusey ; Richard, ci-devant
« d'Estrols, Moussière, Duport fils, ci-devant de l'Oriol ; Mélionat,

« gendre de Duport; Verniete père et fils, ci-devant de la Motte ;
« Vernisy, les frères Gauthier, ci-devant de Brevant ; Guyard, ci-devant
« de Balon ; Penot, ci-devant croix de St-Louis; Guyot, prêtre ;
« Turcot, garde de corps ; Bouguet, Perard, ex-président au ci-
« devant parlement, Legros, ci-devant huissier ; les deux frères
« Haniez, dit Lebrun, cy-devant maîtres de poste, et Testard, ex-
« procureur, tous habitans de Dijon, seront dénoncés aux corps
« administratifs comme aristocrates contre-révolutionnaires et ne
« cherchant qu'à exciter le trouble et la guerre civile dans la Républi-
« que, et qu'en conséquence, les administrations seront invitées de
« prendre les mesures nécessaires pour faire arrêter ces individus
« à Lyon, où le bruit public annonce qu'ils se sont retirés.

« Le registre est signé des membres du conseil général, signé :
« Monguin et Acoqueau fils, officier municipal.

« Vu la dénonciation ci-dessus, ouï le Procureur Syndic, le conseil
« du district est d'avis que le conseil du département se concerte avec
« celui de Rhône-et-Loire, pour faire transférer sûrement à Dijon
« les personnes désignées dans la délibération du conseil général de
« la commune de Dijon, du dix de ce mois.

« Fait à Dijon, séance publique du soir, le onze juin 1793, l'an 2°
« de la République Française. Signé : E.-J. Vault et J.-F.-P. Gillotte,
« secrétaire.

« Vu la présente délibération et l'avis du district à la suite d'icelle,
« ouï le rapport et le Procureur Général Syndic. Le conseil général
« du département de la Côte-d'Or, à lui joint les députés des
« conseils généraux des sept districts du département, a arrêté
« que le Directoire du département de Rhône-et-Loire sera invité
« de faire arrêter et conduire, sous sûre garde, à Dijon, les per-
« sonnes désignées dans laditte délibération de la commune de Dijon,
« et charge en conséquence le Directoire de la lui adresser avec le
« présent arrêté.

« Fait et arrêté en séance publique, à Dijon, le douze juin 1793,
« l'an 2° de la République Française. Signé : Moreau, remplaçant le
« président, et Vaillant, secrétaire. »

Un membre a observé qu'il serait convenable de prévenir la municipalité, afin qu'elle redoublât de soins et de vigilance pour surveiller
tous les étrangers que l'on dit affluer dans cette ville. Sur cette
observation, le Conseil a arrêté qu'il serait de suite écrit une lettre à
la municipalité dont la rédaction a été adoptée ainsi qu'il suit :

« Les administrateurs du Conseil Général de département aux
« membres composant le conseil de la commune provisoire de
« Lyon.

   « Citoyens,

« Nous sommes instruits qu'un grand nombre d'étrangers et
« d'hommes suspects affluent de toutes parts dans cette ville; nous
« savons que, dans les circonstances actuelles, les ennemis de la
« Patrie, les aristocrates de toutes les classes, prennent toutes sortes
« de masques, à la faveur desquels ils s'introduisent dans nos murs
« avec la perfide intention de faire tourner à leur profit l'heureuse
« révolution qui a eu lieu le 29 mai dernier. Des hommes de cette
« trempe ne méritent ni égards ni ménagemens ; il faut les surveiller

« avec une grande activité; il faut que la loi du 21 mars ne soit point
« illusoire, il faut qu'elle soit soigneusement exécutée. Nous vous
« invitons, citoyens, à communiquer au comité de Surveillance de
« chaque section nos sollicitudes et nos observations. Nous vous
« invitons à leur faire sentir combien il importe, au salut de la cité et
« de la République entière, de chasser de son sein tous les êtres mal-
« faisans qui travaillent à sa ruine. Une police sévère, active, devient
« indispensable; surveillés et faire surveiller sans relâche, afin de
« prouver à la Nation entière que, si nous ne voulons pas l'anarchie,
« nous voulons le salut de la République. Le Conseil Général, auquel
« est adjoint une députation des six districts, désire que vous lui
« rendiez, le plus souvent possible, un compte moral sur la situation
« de la ville et sur le succès de vos démarches relatives à sa
« sûreté.

Dubost, président. Gonon S.-F., secrétaire général.

Le mardi dix-huit juin 1793, l'an 2ᵉ de la République Française, les administrateurs composant le Conseil Général du département de Rhône-et-Loire, en surveillance permanente, réunis en séance publique, où étaient les citoyens Dubost, président, Couturier, Belville, Bonamour, Ferrand, Santallier, Sauzéas, Rozier, Laurenson, Servan, Farjon, Maillan, Durieu-Vitry, Mottin, Buiron-Gaillard, Richard et Pipon, administrateurs, Meynis, procureur général syndic, et Gonon, secrétaire général, auxquels étaient adjoints, pour le conseil du district de Lyon, les citoyens Matheron et Trichard; pour le conseil du district de la Campagne de Lyon, les citoyens Picollet et Forest; pour le conseil du district de Villefranche, les citoyens Goutalier et Varenard; pour le conseil du district de Montbrison, les citoyens Bruyas et Langlois; pour le conseil du district de St-Etienne, les citoyens Vanelle et Dagier; pour le conseil du district de Roanne, les citoyens Missire et Desplaces.

Deux administrateurs du département de l'Izère sont entrés; ils ont dit qu'ils étaient nommés commissaires de ce département pour l'exécution d'un arrêté dont ils ont donné lecture et dont la teneur suit.

« Extrait du procès-verbal du conseil général permanent du dépar-
« tement de l'Izère auquel se sont réunis les autorités constituées de
« la ville de Grenoble, du 15 juin 1793, l'an 2 de la République
« Française.
« Un membre a proposé un projet d'arrêté relatif aux circonstances
« critiques où nous nous trouvons et aux propositions présentées
« par les représentans du peuple près les armées des Alpes, concer-
« nant les évènemens arrivés à Lyon et lues dans la séance de ce
« matin. Sur quoi, la matière mise en délibération, ouï le Procureur
« Général Syndic, l'assemblée, considérant que les mouvemens
« séditieux qui ont eu lieu à Paris, dans les journées du 31 mai

« dernier, des 1ᵉʳ et 2 du présent mois de juin, ont mis la liberté en
« danger; que des malveillans cherchent à égarer en tous sens et de
« la manière la plus insidieuse, l'esprit des braves défenseurs de la
« Patrie, sur les circonstances actuelles; qu'il est instant de faire
« connaître aux autorités constituées de la ville de Lyon les sentimens
« des représentans du peuple près l'armée des Alpes, manifestés
« dans les propositions qu'ils ont présentées à l'assemblée et sur
« lesquelles ils l'ont invité à prendre des mesures, déclare que la
« liberté et la sûreté publique (1) sont dans un péril imminent ;

« Arrête : 1° qu'il sera fait une adresse aux troupes qui sont dans
« l'étendue du département, pour les inviter à défendre les frontières
« avec le courage qui les a si glorieusement signalé jusqu'à ce jour,
« pendant que les citoyens veilleront au dedans au maintien de l'ordre
« et de la paix, au maintien de la dignité et de la liberté de la repré-
« sentation Nationale; 2° qu'il sera nommé, sur la présentation du
« comité de Salut Public, deux commissaires pour se rendre à Lyon,
« afin de conférer avec les administrations de cette ville, sur les pro-
« positions des représentans du peuple; 3° que le comité de Salut
« Public sera chargé de donner, auxdits commissaires, des instructions
« nécessaires sur les propositions dont il s'agit et sur les objets
« d'utilité publique, et, qu'à cet effet, tous les citoyens sont invités à
« communiquer audit comité tous les renseignemens qu'ils pourront
« avoir à cet égard. Certifié conforme à l'original, signé : Planta et
« Duport, secrétaire.

« Extrait conforme, signé : C.-S. Orcellet. »

Le Conseil, après avoir délibéré fraternellement avec ces commissaires sur l'état actuel de la chose publique, a ajourné à ce soir, cinq heures, à prendre un parti définitif sur les mesures à prendre dans les circonstances.

A cinq heures après midi, l'assemblée formée, un membre a fait l'exposé général de la situation politique et morale de la République, et, sur sa motion de prêter un serment qui lie les vrais républicains, tous les membres se sont levés par un mouvement spontané et ont juré de maintenir la liberté, l'égalité, l'unité et l'indivisibilité de la République, l'intégrité et l'inviolabilité de la Convention Nationale, la soumission aux loix, la sûreté des personnes et des propriétés, et de mourir plutôt que de violer ce serment. L'assemblée, douloureusement affectée des évènemens désastreux et des complots liberticides qui, en agitant Paris, ont rompu l'unité et violé l'intégrité de la représentation nationale; justement indignée des mouvemens désorganisateurs qui ont donné lieu à l'arrestation de plusieurs représentans du peuple, et forcent la majorité à l'inaction et au silence ; profondément occupée du choix des moyens les plus propres à prévenir le fléau de l'anarchie, à repousser le joug barbare du despotisme qui en serait la suite, à affermir sur des bases inébranlables l'unité et l'indivisibilité de la République; après avoir entendu le rapport des différentes mesures adoptées, dans les circonstance actuelles, par un grand nombre de départemens; considérant que le premier devoir des corps administratifs est d'avertir le peuple des dangers qui le menacent; que c'est au peuple, en exerçant sa souveraineté, à juger la

(1) Le texte porte : que la liberté, la liberté publique.

violation de ses droits, à les rétablir et à sauver la Patrie; considérant que ce n'est que dans des assemblées primaires que [le peuple] souverain peut manifester son vœu et dicter sa volonté; ouï le Procureur Général Syndic, arrête ce qui suit :

Article premier.

Les citoyens de chaque commune de ce département sont invités à se réunir, lundi prochain, 24 du courant, huit heures du matin, et jours suivants, en assemblées primaires de canton, et à prêter, avant de prendre aucun délibéré, le même serment qui a été prêté par les administrateurs dans la présente séance.

Art. 2.

Les assemblées primaires se formeront au chef-lieu de leurs cantons respectifs; elles nommeront autant de députés qu'il se formera de sections, dont la moindre ne pourra être au-dessous de 450 citoyens présens ou absens, et la plus forte au-dessus de 600; elles donneront à leurs députés des pouvoirs suffisans pour prendre toutes les mesures de sûreté générale exigées par les circonstances.

Art. 3.

Les députés se rendront à Lyon, le dimanche 30 du présent mois, pour se réunir en assemblée générale, dans l'église des ci-devant missionnaires, dite de Saint-Joseph, près du quai du Rhône.

Art. 4.

Sera, le présent procès-verbal imprimé, publié et affiché dans toutes les communes du département, et envoyé à tous les autres départemens de la République.

Lecture faite du présent procès-verbal, les délibérans l'ont approuvé et signé.

En conséquence de l'article 4 de l'arrêté ci-dessus, la lettre d'envoi aux 84 départemens a été adoptée dans la forme suivante :

« Lyon, le 19 juin 1793, l'an 2 de la République Française.

« Le Conseil Général du département de Rhône-et-Loire, réuni aux
« administrateurs délégués par les six districts,

« Aux administrateurs de tous les départemens de la République.

« Un grand crime a été commis, les droits les plus sacrés ont été
« violés, et la chose publique est perdue, si le peuple ne se lève pas
« d'un mouvement simultané, pour exercer sa souveraineté à qui,
« chaque jour, il est fait de nouveaux outrages, et fonder sur des
« bases solides l'unité et l'indivisibilité de la République.

« Frères et amis, nous vous adressons l'arrêté que nous venons de
« prendre concernant les mesures extraordinaires que nécessitent les
« circonstances impérieuses où nous nous trouvons; nous ne doutons
« pas que vous n'applaudissiez aux élans de notre patriotisme et à la
« pureté de nos intentions. »

Dubost, président, Maillan, Ferrand, Rosier, Matheron, Langlois, J.-F. Mottin, Santallier, Belville, Meynis, procureur général syndic, Missire, Varenard, Déplace, A. Sauzéas, Bruyas, Pipon, Buiron-Gaillard, Pecollet, président du district de la campagne, Richard aîné, Couturier, Gonon S.-F., secrétaire général.

Le mercredi dix-neuf juin 1793, l'an 2º de la République Française, les administrateurs composant le Conseil Général du département de Rhône-et-Loire, en surveillance permanente, réunis en séance publique, où étaient les citoyens Dubost, président, Couturier, Belville, Bonamour, Ferrand, Santallier (1), Sauzéas, Richard aîné, Farjon père, Durieu-Vitry, Mottin, Buiron-Gaillard, Laurenson, Meynis, procureur général syndic, et Gonon, secrétaire général, les commissaires députés des six districts y réunis.

Sur l'observation d'un membre, qu'il se répandait un bruit que plusieurs étrangers suspects affluaient, soit dans cette cité, soit dans les autres villes du département; qu'il paraissait essentiel de prémunir les administrateurs sur la conduite qu'ils doivent tenir à leur égard, l'observation convertie en motion, il a été arrêté, ouï le Procureur Général Syndic, qu'il serait fait une adresse, dont la rédaction a été adoptée ainsi qu'il suit, et qu'elle serait imprimée, affichée et envoyée à toutes les municipalités.

« Citoyens,
« La loi, qui nous protège tous, nous impose l'obligation d'exercer
« la surveillance la plus active et la plus soutenue pour la prospérité
« de la Patrie, et les maux qui l'impriment en ce moment nous en
« font un impérieux devoir.
« Ces maux, qui ont pris source dans l'insouciance des Français et
« dans la perfidie des faux républicains, doivent vous réveiller sur vos
« propres intérêts. Il en est tems. Songez, citoyens, que vous êtes sur
« le bord du précipice et que nos ennemis s'agitent en tous sens ; il
« ne suffit pas d'avoir étouffé l'anarchie, il faut encore vaincre
« l'aristocratie.
« Les évènemens de Lyon ont été présentés sous de faux rapports ;
« ces rapports circulent avec profusion dans toute la République et,
« à la faveur de cette manœuvre atroce que nous dévoilerons, une
« foule d'étrangers, de malveillans et de gens suspects se répan-
« dent, dit-on, dans ce département pour mettre à profit cette
« heureuse révolution, pour égarer l'esprit public et, par là, favoriser
« quelque conspiration contre la liberté et l'égalité.
« Les loix sur la police municipale, celle du 21 mars dernier,
« relative à l'établissement d'un comité de Surveillance dans chaque
« commune, présentent les moyens de prévenir de nouvelles cala-
« mités ; et c'est principalement de l'exécution de ces différentes loix
« que dépendent, dans les circonstances critiques où nous nous
« trouvons, le salut de la République et la tranquillité de ce dépar-
« tement.
« Membres des comités de Surveillance, pénétrez-vous bien de
« l'importance de vos fonctions ; en respectant les personnes et les
« propriétés, veillés attentivement sur tous les étrangers qui se
« trouvent dans vos communes ou sections ; interrogés-les, informés-
« vous d'où ils sont, ce qu'ils font, d'où ils viennent, qu'elles sont
« leurs facultés, ne les perdés pas de vue ; et s'ils ne sont pas por-
« teurs de bons passeports, ou qu'ils vous paraissent suspects,

---

(1) *Un nom a été biffé et gratté à la suite de celui de Santallier.*

« traduisés-les par devant les corps constitués, pour qu'ils soient mis
« en état d'arrestation.
« Administrateurs de districts, officiers municipaux, veillez de
« votre côté; soyés les sentinelles vigilantes du peuple; stimulez vos
« comités; aidés-les de vos conseils, vous en sentés la nécessité, et
« faites tous vos efforts pour sauver la Patrie des dangers dont elle
« est menacée.
« Quant à nous, fidèles à nos sermens, nous prendrons toutes les
« mesures que nous jugerons nécessaires pour déjouer tous les
« projets liberticides, pour anéantir entièrement l'anarchie, pour
« maintenir la liberté, l'égalité, l'unité et l'indivisibilité de la Répu-
« blique, la sûreté des personnes et le maintien des propriétés. »

La section de l'Egalité s'est présentée par députés; ils ont présenté les volontaires qui se sont empressé les premiers à souscrire pour composer la force armée, s'il est de l'intérêt de la République qu'il en soit levé une dans l'étendue de ce département. Les plus vifs applaudissemens ont couvert cette présentation. Le Président leur a témoigné combien le Conseil était pénétré de satisfaction de voir la section de l'Egalité donner la première l'exemple d'un dévouement qui serait sûrement imité par les autres sections; il les a invité de vouloir communiquer leur démarche aux autres sections. La députation et les volontaires se sont retirés au milieu des applaudissemens.

Le citoyen Micard s'est présenté et a dit que, chargé de la confiance de la municipalité de cette ville pour l'approvisionnement des grains nécessaires à subsistance, il voyait avec douleur que tous ses convois de grains et farines étaient arrêtés sur leur passage dans les différens départemens qui avoisinent cette ville et notamment de celui de la Côte-d'Or; en conséquence, il a prié l'administration de vouloir protéger, autant qu'il est en elle, l'arrivée de ses convois et d'écrire aux corps administratifs de Dijon et autres pour leur assurer le libre passage, conformément à la loi. Le Conseil, considérant combien il est important de pourvoir à l'approvisionnement de la ville de Lyon, et de lui procurer la rentrée des sacs de farines arrêtés par ordre de la municipalité de Dijon, le Procureur Général Syndic ouï, arrête qu'il sera écrit de suite, au nom de l'administration, une lettre au conseil général du département de la Côte-d'Or, à l'effet de l'instruire de l'opposition mise par la municipalité de Dijon à la circulation des farines dont il s'agit, et de l'inviter d'employer son autorité pour faire cesser l'arrestation et protéger le transport des farines, afin qu'elles parviennent à leur destination, dont la municipalité de Lyon surveillera la rentrée et l'emploi.

DUBOST, président. GONON S.-F., secrétaire général.

Le jeudi vingt juin 1793, l'an 2º de la République Française, les administrateurs composant le Conseil Général du département de Rhône-et-Loire, en surveillance permanente, réunis en séance publique, où étaient les citoyens Dubost, président, Couturier, Belville, Bona-

mour, Ferrand, Santallier, Sauzéas, Durieu, Mottin, Farjon, Richard, Buiron-Gaillard, Meynis, *procureur général syndic*, et Gonon, *secrétaire général ; auxquels étaient réunis les commissaires députés de chacun des districts du département.*

Deux députés du département de la Gironde se sont présentés, ils ont rendu compte de l'état de leur département et des mesures qui y ont été adoptées. Le Président leur a témoigné combien il était flatteur pour l'administration de voir dans son sein des députés de Bordeaux, cette ville qui a joué un si beau rolle dans la révolution ; il leur a ajouté que plusieurs départemens avaient déjà manifesté leurs vœux et leurs mesures pour sauver la chose publique en danger ; que celui de Rhône-et-Loire concourrait de toutes ses forces pour adopter et suivre l'exemple de courage et de patriotisme que lui présentent les départemens de la Gironde et de l'Izère, que l'administration a le bonheur de voir réunis à sa séance ; que le Conseil Général avait invité ses administrés à se former en assemblées primaires ; qu'il attendait leur vœu sur toutes opérations intérieures.

Dubost, président. Gonon S.-F., secrétaire général.

Le vendredi vingt-un juin 1793, l'an 2º de la République, les administrateurs composant le Conseil Général du département de Rhône-et-Loire, en surveillance permanente, réunis en séance publique, où étaient les citoyens Dubost, président, Couturier, Belleville, (1) Bonamour, Ferrand, Santallier, Sauzéas, Buiron-Gaillard, Mottin, Richard aîné, Servan, Maillan, Vallette, administrateurs du département, les commissaires députés des six districts, Meynis, procureur général syndic, et Gonon, secrétaire général.

Les citoyens Abel Carron, député pour la section du Midi ; Nugues, député pour la section du Centre, et Colombat, pour la section du Nord de la ville de Vienne, se sont présentés, munis de pleins pouvoirs pour se rendre à Lyon et y fraterniser avec leurs frères de la ville de Lyon. Le Président a remercié les députés des intentions patriotiques que viennent de manifester les sections de la ville de Vienne, et les prie de dire à leurs commettans tout l'empressement que la ville de Lyon mettra toujours à se réunir avec ses frères de la section du Midi de la ville de Vienne.

Un député du département de l'Héraut est entré ; il a dit qu'il était nommé par son département pour venir faire part à l'administration des sentimens fraternels et civiques qui animent les administrateurs de l'Héraut. Le Président a témoigné au député toute l'expression de la reconnaissance de l'administration et l'a invité à prendre séance.

---

(1) *Le nom de Borde a été gratté à la suite de celui de Belleville.*

SÉANCE DU 22 JUIN 1793.

Le samedi vingt-deux juin 1793, l'an 2ᵉ de la République Française, les administrateurs composant le Conseil Général du département de Rhône-et-Loire, en surveillance permanente, réunis en séance publique, où étaient les citoyens Dubost, président, Couturier, Belville, Bonamour, Ferrand, Santallier, Sauzéas, Richard aîné, Mottin, Farjon, Valette, les commissaires des six districts y réunis, Meynis, procureur général syndic, et Gonon, secrétaire général.

Sur l'observation d'un membre que plusieurs personnes se plaignant qu'il se fabrique beaucoup de pièces d'or et d'argent à la monnoye de cette ville, et que cependant on n'en voit aucune en circulation; cette observation ayant paru mériter quelque considération, le Procureur Général Syndic ouï en ses conclusions, le Conseil a arrêté que les citoyens Couturier, administrateur du département, et Matheron, administrateur du district de Lyon, sont nommés commissaires pour se rendre à l'hôtel de la monnoye, y prendre l'état des pièces d'or et d'argent fabriquées, la note de leur destination, pour, sur leur rapport, être statué.

Un membre a dit : « Toutes les caisses de cette ville sont soumises « à votre surveillance, et l'instant critique où nous nous trouvons « doit encore augmenter votre sollicitude ; en conséquence, je « demande que l'administration veuille bien nommer deux commis- « saires, qui se transporteront chez le payeur général de cette ville, « pour s'assurer de l'état de sa caisse, tant en recette qu'en dépense. »

L'assemblée, prenant en considération la pétition ci-dessus, considérant que le payeur général établi dans cette ville est chargé de sommes considérables et qu'il importe essentiellement de connaître sa situation; le Procureur Général Syndic entendu, l'assemblée arrête que les citoyens Dubost, Maillan et Couturier, administrateurs du département, et le citoyen Matheron, membre du district de la ville, sont invités et au besoin requis de se transporter de suite chez le payeur général de cette ville, à l'effet de vérifier l'état et situation de sa caisse, constaté par la représentation de ses registres et la vérification des fonds restant en caisse, exiger du payeur général des bordereaux en forme sur toutes les parties de sa caisse, certifiés par lui, lesquels bordereaux rapportés au département pour être, par ce dernier, statué ce qu'il appartiendra.

Un commissaire du département du Puy-de-Dôme s'est présenté, muni de pleins pouvoirs, qui, après avoir représenté la pénurie des grains dans l'étendue de leur département et les tristes effets qu'elle y a occasionné, est venu solliciter les secours et la protection de l'administration, pour lui procurer des subsistances. Le Président a répondu que déjà deux commissaires s'étaient rendus auprès de l'administration, avec la même mission; que la cité de Lyon, menacée de la même pénurie, n'avait pû leur procurer, ni grains, ni farine, ni riz; que tout ce que l'administration avait pu faire, c'était de s'intéresser en leur faveur auprès des départemens voisins, qui retiennent inhumainement les approvisionnemens destinés pour cette ville et qui, attendu la récolte prochaine, aurait pû refluer dans les départemens voisins.

Un membre, commissaire du district de Villefranche, a fait part d'une lettre sur laquelle le Conseil ayant délibéré et le Procureur Général Syndic ouï, il a été arrêté de faire la réponse suivante :

« Lyon, le 22 juin 1793, l'an 2ᵉ de la République Française.

« Citoiens,

« Nous avons pris lecture, avec autant de peine que de surprise, de
« la lettre en date du jour d'hier, que vous venés de faire parvenir en
« ce moment par un gendarme à vos deux députés. Existerait-il dans
« le sein de votre administration une diversité funeste d'opinion sur
« la mesure nécessaire que les corps administratifs réunis de Rhône-
« et-Loire ont pris dans leur séance du 18 de ce mois, à l'exemple
« d'un grand nombre de départemens.
« Nous nous persuadons qu'animés, ainsi que nous et ainsi que la
« très grande majorité des départemens de la République, du désir
« le plus vif de sauver la patrie, vous vous êtes empressés de faire
« passer à toutes les communes l'arrêté qui convoque les assemblées
« primaires. Nous avons l'intime persuasion que c'est là le moyen
« unique de rétablir l'unité, la liberté et l'inviolabilité de la représen-
« tation nationale.
« C'est au peuple, et au peuple seul, à prononcer et à agir dans les
« circonstances périlleuses où se trouve placée la chose publique.
« Les administrateurs n'ont pu que lui donner l'éveil.
« Nous vous observons que vos députés ont été constamment en
« activité depuis leur arrivée parmi nous; leur absence interromprait
« l'unité d'action qui est établie entre le Conseil du département et
« les députés des cinq autres districts. Les travaux qui nous occupent
« exigent le concours de toutes les volontés et de toutes les lumières;
« nous aurions désiré nous entourer de celles de tous les administra-
« teurs, mais il est absolument indispensable que nous ayons sans
« cesse parmi nous au moins deux députés de chaque district. Une
« partie des membres du département est en tournée, soit pour
« fraterniser avec les autres départemens, soit pour assurer le trans-
« port des subsistances. Les députés des districts les suppléent;
« nous avions espéré garder encore pendant la semaine prochaine
« vos deux députés; ils retournent auprès de vous pour remplir le
« vœu de votre lettre, mais nous vous prions de nous les renvoyer
« demain ou après demain au plus tard.
« Nous devons vous annoncer que nous avons eu hier la satifaction
« de voir réunis dans notre sein vingt députés des départemens de
« l'Est, du Midi et de la Gironde; ces députés se réunissent pour se
« concerter sur les moyens de sauver la République. »

Le dimanche et le lundi 24 juin 1793, l'an 2ᵉ de la République,

Les administrateurs du Conseil Général du département, auxquels étaient réunis les commissaires députés des six districts, n'ont pris aucun arrêté.

Le mardi vingt-cinq juin 1793, l'an 2 de la République Française, les administrateurs composant le Conseil Général du département de Rhône-et-Loire, en surveillance permanente, réunis en séance publique, où étaient les citoyens Dubost, président, Couturier, Belville, Bonamour, Ferrand, Santallier, Sauzéas, Richard aîné, Maillan, Mottin, Delacroix, Rozier, Laurenson, administrateurs, Meynis, procureur général syndic, et Gonon, secrétaire général, les commissaires députés des six districts réunis.

Un citoyen est entré, se disant s'appeller Guillaume Niogret; il a réclamé des pièces qu'il a dit avoir mis entre les mains de l'administration; il lui a été répondu que les pièces dont il parlait étant des dénonciations, elles ne pouvaient lui être remises, qu'on s'occuperait incessamment de la suitte que leur importance commanderait. De suite, le citoyen Niogret a dit qu'il se ferait bien rendre ses pièces, et après avoir reproché au Procureur Général Syndic son insouciance sur les mesures à prendre pour opérer le bien et le profit de la nation, le Président l'a rappelé à l'ordre, en l'invitant à ne pas troubler la séance; le citoyen Niogret, continuant ses clameurs indécentes et menaçantes et troublant l'ordre, le Procureur Général a requis que, conformément à la loi du 17 avril 1791, qui détermine les délits de ceux qui troublent les séances et manquent au respect dû aux autorités constituées, le citoyen Niogret soit conduit devant le juge de paix du canton de l'Hôtel-commun. Le Procureur Général Syndic entendu, le Conseil a de suite arrêté que réquisition serait donnée à la garde de conduire le citoyen Niogret par devant le juge de paix du canton de l'Hôtel-commun.

Les citoyens Despeyroux et   , députés du département de l'Aude, sont entrés. Ils ont fait lecture d'un extrait du procès-verbal du Conseil de ce département, du 14 juin présent mois, qui les nomme commissaires à l'effet de se transporter en cette ville et en celle de St-Etienne, pour s'y procurer un secours d'armes en mousquetons, carabines et pistolets. Le Président a assuré les députés du département de l'Aude que l'administration ferait tous ses efforts pour protéger l'objet de leur mission.

Le citoyen Cerisiat est entré; il a fait une pétition expositive qu'un attroupement considérable se portait au lieu d'Islan, paroisse de Colonges, pour investir ses magasins où sont entreposés les approvisionnemens des armées; en conséquence, il a demandé une force armée pour dissiper cet attroupement et garantir sa propriété. Le Procureur Général Syndic ouï, le Conseil a arrêté qu'il serait fait une réquisition au commandant des troupes de ligne pour, sur les ordres du citoyen Maillan, administrateur du département, commissaire nommé à cet effet, faire marcher 25 dragons du 9° régiment, à l'effet de dissiper l'attroupement et protéger les propriétés du citoyen Seriziat.

L'assemblée, instruite que le conseil général du district de Villefranche a pris un arrêté tendant à faire désarmer plusieurs communes dudit district dénoncées comme suspectes, comme recélant des prêtres sujets à la déportation, et voulant se coaliser pour faire un mauvais parti aux citoyens de la ville de Thisy, en se portant sur cette ville, et désigne, ledit arrêté, à l'effet de le mettre à exécution, les citoyens Dulas et Badet, membres dudit district, lesquels sont, en conséquence, autorisés à se faire assister des gardes nationales de Thisy, d'Amplepuis, de   et de Beaujeu, pour procéder audit désarmement et à la perquisition des prêtres réfractaires. Vû ledit arrêté du 21 juin présent mois, présentement déposé sur le bureau ; considérant qu'à la forme de l'article 2 du décret de 26 mars dernier, c'est aux conseils généraux de chaque commune, spécialement, à remplir les dispositions de ce décret et à faire désarmer les personnes y dénommées, après une délibération de leur part; qu'à la vérité et à défaut par les conseils généraux des communes de faire procéder à ce désarmement, c'est aux administrations à l'ordonner, mais elles ne le doivent qu'autant qu'elles se sont assurées de la négligence desdits conseils généraux ou de leur mauvaise volonté à mettre à exécution le décret précité; considérant que l'administration du district de Villefranche n'a pas pris cette précaution, qu'elle s'en est rapportée, à ce qu'il paraît, à la dénonciation faite par la commune de Thisy, ce qui est imprudent et contraire aux principes de justice, parce que l'on ne doit avoir égard à une dénonciation qu'autant qu'elle est appuyée de pièces justificatives ou que la sincérité des faits dénoncés n'ait été vérifiée et reconnue. Que peut-être des craintes affectées de la part des citoyens de Thizy, ou tout autre motif de cette espèce, ont donné lieu à leur dénonciation, dénonciation insuffisante pour avoir déterminé le district de Villefranche à prendre un arrêté, aussi nuisible à la tranquillité publique et au bon ordre, que dangereux par ses conséquences. Nuisible à la tranquillité publique, en ce que l'envoi dans six communes d'une force armée, aussi considérable que celle accordée aux commissaires du district de Villefranche, allarmera nécessairement les citoyens, pourra faire supposer à tout autre motif que celui dont il s'agit, les déterminera peut-être à repousser cette force armée par la force, et par là exposer une partie de ce district aux suites fâcheuses et sinistres d'une guerre civile. Dangereux par ses conséquences et même impolitique, en ce que le désarmement sollicité, fut-il indispensable, l'on ne devrait employer des gardes nationales voisines des communes à perquiser, telles que celles de Thisy et Amplepuis, ni des commissaires du même pays; ce serait les exposer à des haines et à des vengeances incalculables et qui ne s'oublient jamais ; que peut-être encore profiterait-on de la circonstance pour exercer, envers quelques citoyens des communes où l'on doit aller, des animosités ou vengeances particulières, des vexations et des actes arbitraires qu'il est du devoir de l'administration de prévenir; que, conséquemment, l'on devrait se servir de gardes nationales et de commissaires étrangers; considérant, quant aux prêtres réfractaires, que, si les communes désignées dans l'arrêté du district de Villefranche en recèlent, ce ne serait pas le moyen de les arrêter en employant une force armée aussi nombreuse, dont la marche et les mouvemens sont peu actifs et très bruyants, et qu'il est facile d'adopter des voies infiniment plus fructueuses; considérant d'ailleurs que, dans le moment présent, les travaux de la campagne sont trop urgents pour en distraire une si grande quantité d'individus, qui en dérangeraient infailliblement une plus grande encore ; qu'il est plus que surprenant que l'administration du district de Villefranche n'ait pas senti tous ces inconvéniens et ait aussi légèrement ordonné une expédition de cette importance et de cette délicatesse, qui ne tendrait pas moins qu'à désoler une partie de son territoire, à y propager le désordre et l'anarchie, et nuirait en outre aux opérations des assemblées primaires qui ont lieu dans ce moment et auxquelles il faut assurer la plus parfaite tranquillité; considérant enfin qu'il est pressant d'empêcher l'exécution d'un arrêté aussi extraordinaire que dangereux, et provoqué sans doute par quelques intrigans ; le Procureur Général Syndic ouï en ses conclusions, l'assemblée arrête que la délibération sus rappellée, prise par le conseil général du district de Villefranche, le 21 du courant, est déclarée comme non avenue ; que défenses sont faites à cette administration, et particulièrement aux citoyens Dulas et Badet, administrateurs du district, et ses commissaires pour l'expédition de la ditte délibération, ainsi qu'à tous chefs de garde nationale de la mettre à exécution, sous telles peines qu'il appartiendra, même d'être mis sur-le-champ en état d'arrestation ; arrête, en outre, que défenses sont également faites audit conseil général du district de Villefranche, de prendre à l'avenir de semblables délibérations et des mesures générales, sans l'homologation du département, sauf d'après les renseignemens qui seront donnés à l'administration du département et être par elle pris telles mesures qu'elle avisera ; arrête, enfin, que le présent arrêté sera sur-le-champ envoyé par un gendarme audit district, pour qu'il veille, sous sa responsabilité, à son exécution et ait à le transmettre de suite à ses commissaires et à qui il appartiendra.

Un membre a dit : « Depuis que l'administration est à l'Hôtel-
« commun, elle se plaint, à juste titre, du local resserré qu'elle occupe.
« Ce qu'on ne peut révoquer en doute, ce qui est à la connaissance
« des administrés comme des administrateurs, c'est qu'il ne peut
« suffire aux opérations importantes d'une autorité supérieure.
« Ce défaut d'appartemens nécessaires et indispensables, le bruit
« continuel des tambours qui battent sur la place de la Liberté,
« au-devant de la seule salle qu'aye l'administration, soit pour les
« travaux du Conseil, soit pour ceux du Directoire, les refus faits,
« malgré ses promesses, par la commune de Lyon d'alors, de céder
« au département les pièces qui lui étaient et lui sont, plus [que]
« jamais, absolument utiles, tous ces motifs puissans doivent décider
« le Conseil Général à se pourvoir d'un nouveau local, assez vaste
« pour ses grandes occupations et qui lui donne la facilité de les
« suivre avec succès. » La matière mise en délibération, l'assemblée, considérant que les appartemens actuellement occupés par l'administration, dans la maison commune de la ville de Lyon, sont reconnus insuffisans, ce qui avait été de même constaté par procès-verbal de l'administration précédente ; considérant qu'à la demande formée depuis longtems par le département à la commune de Lyon, de lui fournir les pièces dont l'administration ne peut point se passer, elle a répondu qu'elle était bien loin de pouvoir y accéder, puisque la multiplicité de ses opérations exigerait, au contraire, plusieurs bureaux de plus ; qu'en conséquence, elle se bornait à inviter le département à se concilier avec le district, qui se plaignait aussi d'être logé trop étroitement, à l'effet que l'une des deux administrations cédât ses appartemens à l'autre ; considérant que si le district sortait de l'Hôtel commun, les appartemens occupés par lui ne suffiraient point pour donner et au Département et à la commune les aisances convenables ; considérant qu'en prenant un autre logement, l'administration laissera, par ce moyen, aux deux autorités de la ville de Lyon l'étendue de local nécessaire à leurs travaux ; considérant que la salle du Directoire, trop petite pour ses opérations, ne donne point aux citoyens la facilité d'assister en nombre à ses délibérations ; considérant que, lorsque le Conseil Général

est rassemblé, il n'y a point de salle pour la tenue de ses séances ; qu'il manque aussi celles nécessaires aux différens comités, ainsi que plusieurs bureaux et cabinets ; considérant que ce défaut d'appartemens nuit essentiellement à l'activité des fonctions de l'administration ; considérant qu'examen fait du plan appellé l'Evêché et le rapport verbal des commissaires chargés d'en faire la visite entendu, cet édifice est reconnu contenir les appartemens nécessaires aux opérations importantes de l'administration et n'avoir d'ailleurs besoin d'aucune réparations autres que celles nécessitées pour le placement des bureaux ; le Procureur Général Syndic et les administrateurs des six districts ouïs, l'assemblée arrête qu'à la forme de la loi, le plan de la maison de l'Evêché sera levé ; que l'estimation du produit sera faite, ainsi que le devis des dépenses nécessaires pour la rendre propre à l'administration ; qu'il sera indiqué les moyens qu'a le département pour en payer la location et les réparations, pour le tout être envoyé au ministre de l'Intérieur et transmis à la Convention, à l'effet d'en obtenir l'authorisation ; arrête, néantmoins, vû l'urgence et le besoin pressant d'un local assez vaste pour l'immensité d'affaires dont est chargé ce département, surtout dans un moment où toutes les autorités supérieures de son ressort sont réunies ; que l'administration transfèrera provisoirement ses séances à l'Evêché et le plutôt qu'il sera possible ; arrête que deux administrateurs, les citoyens Ferrand et Sauzéas, sont nommés pour se concilier, au nom de l'administration, avec l'adjudicataire de la maison de l'Evêché et, pour cet effet, sont autorisés à lui offrir un dédommagement jusqu'à concurrence de sept cent livres, pour en avoir la rétrocession ; sont de même autorisés à approuver la location des appartemens qui aurait pu être faite jusqu'à ce jour, tout autant, cependant, que cette location ne nuirait pas aux travaux de l'administration ; arrête que les deux administrateurs cy-dessus nommés sont chargés de prendre incontinent après la rétrocession, les mesures les plus promptes pour la translation des papiers, archives, etc., ainsi que de la distribution des bureaux et enfin de tous autres objets ce concernant.

Dubost, président. Gonon S.-F., secrétaire général.

Le mercredi vingt-six juin 1793, l'an 2° de la République, les administrateurs composant le Conseil Général du département, en surveillance permanente, réunis en séance publique, où étaient les citoyens Dubost, président, Couturier, Belville, Maillan, Bonamour, Ferrand (1), Santallier, Sauzéas, Mottin, Richard, Rozier, Ravel, Delacroix, administrateurs, Meynis, procureur général syndic, Gonon, secrétaire général, et les administrateurs des districts réunis.

Des députés de la section de rue Teraille, de cette ville, se sont présentés ; ils ont dit que, dans l'assemblée primaire de leur section, ils n'ont pas cru pouvoir confier leurs intérêts en meilleures mains qu'en celles du citoyen Girod, l'un des sous-chefs des bureaux du Département, dont le civisme ne doit pas être moins connu de l'admi-

(1) Un nom a été gratté et biffé à la suite de celui de Ferrand.

nistration que de ses frères de sections ; en conséquence, ils prient l'administration de vouloir agréer le choix qu'ils ont fait du citoyen Girod et lui conserver sa place et ses appointemens. Le Président a remercié la députation de sa confiance et de l'hommage qu'elle a rendu à l'administration dans la personne du citoyen Girod, coopérateur de ses travaux et, le Conseil délibérant, le Procureur Général Syndic entendu, a arrêté, par acclamation, que le citoyen Girod, honoré de la confiance de ses commettans, conservera sa place et ses appointemens.

DUBOST, président, GONON, S.-F., secrétaire général.

Le jeudi vingt-sept juin 1793, l'an 2ᵉ de la République Française, les administrateurs composant le Conseil Général du département de Rhône-et-Loire, en surveillance permanente, réunis en séance publique, où étaient les citoyens Dubost, président, Couturier, Belville, Ferrand(1), Santallier, Sauzéas, Richard aîné, Mottin, Maillan, Delacroix, Buiron-Gaillard, Servan, Laurenson, administrateurs, Meynis, procureur général syndic, et Gonon, secrétaire général, les commissaires députés des districts y réunis.

Les citoyens Sauzéas et Ferrand, administrateurs, commissaires nommés pour prendre les mesures nécessaires à la translation des séances et bureaux du Département, de l'Hôtel commun à l'Evêché, en conséquence de l'arrêté du 25 de ce mois, ont rendu compte de leur mission ; ils ont dit qu'ils avaient traité avec le citoyen Camille-Marin Lebossu, et le citoyen Mory, adjudicataire du bail des bâtimens de l'Evêché, ils ont fait lecture du traité inscrit à la suite de l'adjudication et dont la teneur suit :

District de Lyon.

« Bref.

« Bail pour trois années, qui commenceront à la fête de St-Jean-
« Baptiste mil sept cent quatre-vingt-treize et finiront à la St-Jean-
« Baptiste mil sept cent quatre-vingt-seize, du tènement de l'Evêché
« avec ses dépendances, excepté seulement les remises sous la terrasse,
« les bas sur le quay, occupés par la Société populaire et l'ébéniste,
« et le bucher sous la voute, occupé par le citoyen Saunier.
« Le locataire jouira des appartemens en bon père de famille et
« les rendra au même état où ils lui auront été remis. Il aura, ainsi
« que le Directoire, la faculté de la dédite les deux premières années,
« en avertissant trois mois avant le terme.
« Il payera le prix de son bail aux termes ordinaires de St-Jean-
« Baptiste et Noël, entre les mains des receveurs des domaines
« nationaux.
« A l'entrée du locataire, il sera fait un état, entre lui et MM. les
« administrateurs, des agencemens qui pourraient être dans l'apparte-
« ment et qui tiendraient à la propriété.

(1) Deux noms ont été biffés à la suite de ceux de Belville et Ferrand.

« Ledit bail sera donné au plus offrant et dernier enchérisseur,
« à la charge de fournir caution solvable.

« Aujourd'hui, vingt-huit mars mil sept cent quatre-vingt-treize,
« l'an 2ᵉ de la République, dans la séance du Directoire, où étaient
« M. Angelot, président, Matheron, Thonion, Macabeo, Bertachon,
« Bergeron, administrateurs, et Bourbon, procureur sindic.

« Le bref ci-dessus a été lu et déposé sur le bureau, ainsi qu'un
« exemplaire de l'avis imprimé, affiché en cette ville, dans les lieux
« accoutumés, les 3, 10, 17 et 24 du courant, indicatif du bail à
« donner.

« Le Directoire a invité les citoyens présens à faire les offres et
« enchères qu'ils jugeront à propos pour la location dudit appartement.

« M. Mory a offert, pour le prix annuel dud. bail, la somme
« de.. 600 liv.
« Lebossu celle de....................................... 900 —
« Chanel.. 1.150 —
« Michaud.. 1.350 —
« Lebossu.. 1.500 —
« Bussy.. 1.750 —
« Michaud.. 1.800 —
« Lebossu.. 2.000 —

« Et personne n'ayant voulu enchérir par dessus ladite somme, le
« Directoire a retenu M. Camille-Marin Lebossu, architecte, pour
« dernier enchérisseur, et lui a passé, comme il lui passe, bail dudit
« appartement, au prix annuel de deux mille livres et aux charges,
« clauses et conditions énoncées dans le bref.

« Fait double entre le Directoire et le sieur Lebossu.

« A Lyon, le 28 mars 1793, et a, led. Bossu, signé avec les
« citoyens administrateurs. Signé : Angelot, président, Pipon, Mathe-
« ron, Bertachon.

« Je, sousssigné, rétrocède purement et simplement aux citoyens
« administrateurs du département de Rhône-et-Loire, les citoyens
« Sauzéas et Ferrand, deux desdits administrateurs présens et accep-
« tans, le bail ci-dessus et des autres parts écrit, aux mêmes prix, char-
« ges et conditions qu'il renferme, et ce du consentement exprès du
« citoyen Maury à qui j'avais précédemment fait ladite cession, lequel
« s'en départ, à la charge par les administrateurs de toute recherche
« et garantie des sous-locataires désignés dans l'état qu'en a donné et
« signé led. Mory, et en outre moyennant une indemnité de six cent
« livres tout présentement comptée aud. Mory par lesd. citoyens
« administrateurs, dont il se contente et les quitte. Fait et signé
« double à Lyon, le vingt-sept juin mil sept cent quatre vingt-treize,
« l'an 2ᵉ de la République. Signé : A. Sauzéas, Ferrand, Mory et
« Lebossu.

Le Conseil a approuvé toutes les mesures prises par ses commissaires et a arrêté, ouï le Procureur Général Syndic, la pleine et entière
exécution de la rétrocession ci-dessus ; en conséquence, il prie les
citoyens Ferrand et Sauzéas de s'occuper de suite de la translation
des bureaux, papiers, cartons et meubles du Département dans
les appartemens qu'ils jugeront convenables au placement des séances,
bureaux, comités et dépôts du Département, arrête, en outre, qu'il

sera expédié au profit desd. citoyens Le Bossu et Mory, et pour eux le citoyen secrétaire général, la somme de six cent livres sur les fonds destinés aux dépenses de l'administration.

  Dubost, président. Gonon, S.-F. secrétaire général.

Le vendredi vingt-huit juin 1793, l'an 2ᵉ de la République, les administrateurs composant le Conseil Général du département de Rhône-et-Loire, en surveillance permanente et réunis en séance publique, où étaient les citoyens Dubost, président, Couturier, Belville, Bonamour, Ferrand, Santallier, Sauzéas, Buiron-Gaillard, Mottin, Delacroix, Richard aîné, Rozier, Valette, Laurenson, Meynis, procureur général syndic, et Gonon, secrétaire général. Les commissaires députés des six districts y réunis.

Un membre a fait lecture du procès-verbal dont la teneur suit :

« Cejourd'hui vingt-sept juin 1793, l'an 2ᵉ de la République, sur
« les dix heures du soir.
« Les citoyens Dubost, président, Santallier, Bonamour, Couturier,
« Richard, Sauzéas et Rozier administrateurs, sont entrés dans la salle des
« séances du comité de police et sûreté générale de la municipalité de
« Lyon, où ils ont trouvé tous les membres qui le composent, réunis ;
« ils leur ont exposé qu'ils viennent d'être instruits que l'élargissement
« provisoire du citoyen Sautemouche, officier municipal, des prisons
« de Roanne, avait excité des mouvements tumultueux dans le peuple,
« qui s'était porté en foule près desd. prisons ; qu'il y avait à craindre
« que cette effervescence n'eût des suites fâcheuses, si on ne prenait
« des mesures promptes et suffisantes pour dissiper ces attroupe-
« mens. En conséquence, le président de l'administration a invité le
« comité de lui donner l'état de situation de la ville, et notamment
« s'il avait connaissance des mouvements annoncés et des mesures
« pour en arrêter les effets ; sur quoi, le Comité, par l'organe de son
« président, a dit que sur les neuf heures du soir, le Comité a été
« instruit que le peuple, indigné de l'élargissement accordé au
« citoyen Sautemouche, par le tribunal de la police correctionnelle,
« avait tenté de le mettre de nouveau en arrestation ; que ce citoyen
« était parvenu à se soustraire des mains du peuple et s'était réfugié
« dans l'assemblée de la section de Porte-froc ; mais que, voulant
« sortir de ladite assemblée, il avait été de nouveau saisi par le
« peuple attroupé et courroucé, et que, malgré les efforts de la garde
« nationale, qui s'est portée sur les lieux pour protéger sa personne,
« il a été frappé de plusieurs coups de pierre et jetté dans la
« Saône où il avait fait quelques mouvemens, après lesquels il a été
« retiré mort et son cadavre déposé sur le quay, près le pont de
« batteaux ; que, dans l'instant, on avait mis sur pied plusieurs
« bataillons de garde nationale, le corps des dragons, les gendarmes
« à pied et à cheval, ayant des officiers municipaux à leur tête, pour
« garantir les prisons de toute atteinte et faire régner la tranquillité
« publique. Les administrateurs sus-nommés ont resté réunis aux
« membres du Comité de surveillance jusqu'à l'heure où le calme a

« été parfaitement rétabli et les attroupemens dissipés. D'après lequel
« rapport les membres du département ont dressé le présent procès-
« verbal et se sont retirés dans le lieu ordinaire de leurs séances.
« Clos le 28 juin, à une heure du matin. »

Sur quoi, le Procureur Général Syndic ouï, le Conseil a arrêté que le procès-verbal ci-dessus serait transcrit sur ses registres, pour servir au besoin.

Vu l'arrêté de l'administration du district de St-Etienne, en date du 12 juin 1793, tendant à la translation du lieu de ses séances dans le ci-devant couvent de Ste-Catherine ; vû le devis conditionnel des réparations à faire dans quelques appartemens dudit monastère, par le citoyen Delgabio, architecte, en date du 16 juin, même mois ; vû le détail estimatif des ouvrages compris dans le devis conditionnel par ledit Delgabio, montant à la somme de 2.854 l. 4 s. ; le Conseil, considérant qu'il importe que l'administration du district de St-Etienne soit logée de manière à pouvoir tenir ses séances et à faire une distribution convenable aux opérations de ses bureaux ; considérant que les intérêts des administrés seraient nécessairement compromis, si les administrateurs, faute d'un logement convenable, ne pouvaient pas se livrer aux fonctions multipliées qui leur sont déléguées et si les titres n'étaient pas déposés dans un lieu sûr ; ouï le Procureur Général Syndic, arrête, qu'attendu l'extrême urgence, l'administration du district de St-Etienne est autorisée provisoirement à transférer le lieu de ses séances dans le ci-devant couvent de Ste-Catherine, et qu'à cet effet, tant l'arrêté du 12 juin que le devis conditionnel et le détail estimatif des ouvrages à faire dans lesdits appartemens, lesquels montent à la somme de 2.854 liv. 4 s., sont et demeurent confirmés, à la charge par elle de se conformer aux dispositions de la loi du 17 novembre dernier, et notamment à l'article 4. Et, quant à ce qui regarde la vente des grillages en fer dudit couvent, arrête qu'ils seront donnés à l'adjudication à l'enchère, et que le prix qui en proviendra sera versé entre les mains du receveur de l'enregistrement près le bureau de St-Etienne.

DUBOST, président. GONON S.-F., secrétaire général.

Le samedi vingt-neuf juin 1793, l'an 2ᵉ de la République,
Les administrateurs du département de Rhône-et-Loire n'ont pris aucun arrêté.

GONON S.-F., secrétaire général.

Le dimanche trente juin 1793, l'an 2ᵉ de la République, les administrateurs composant le Conseil Général du département de Rhône-et-Loire, en surveillance permanente, réunis en séance publique, où étaient les citoyens Dubost, président, Couturier, Belville, Bonamour, Ferrand, Santallier, Sauzéas, Delacroix, Mottin, Valette, Richard aîné, Ravel, Maillan, Rozier, Laurenson, Meynis, procureur général syndic, et Gonon, secrétaire général, auxquels étaient adjoints les commissaires députés des six districts,

Un membre du Comité des rapports a prévenu le Conseil que, chargé par ce comité de lui présenter le tableau des différentes mesures prises par les différents départemens, ainsi que de l'esprit public qui paraît en être le résultat, il est prêt à en rendre compte. Le Président ayant accordé la parole, le membre du comité des rapports a dit :

« Citoyens administrateurs, vous avés confié à votre Comité des
« rapports le soin de vous présenter l'analyse et le résultat des arrêtés,
« adresses, pétitions et observations qui vous sont parvenus et qui
« vous parviennent chaque jour des divers points de la République,
« depuis l'époque du 30 mai dernier, et qui ont pour objet la sûreté
« générale et particulière. Nous nous sommes livrés sans délai à ce
« travail important. Nous avons vérifié toutes les pièces que vous
« nous avez transmises, nous venons vous en offrir l'extrait fait avec
« toute l'exactitude dont vous répond la pureté des intentions qui
« nous animent et qu'a pu permettre la brièveté du temps qui nous a
« été donné. Nous nous bornerons à une simple analyse, sans mani-
« fester aucunes de nos opinions particulières, vous en avés imposé
« vous même l'obligation à votre comité par votre arrêté du 15 juin,
« qui en a organisé l'établissement.

« Nous ne suivrons d'autre ordre dans ce rapport que celui des
« localités, nous vous présenterons d'abord la notice des évènemens
« désastreux qui se sont passés à Paris dans les fatales journées des
« 29, 30, 31 mai dernier, 1ᵉʳ et 2 juin. Nous mettrons ensuite sous
« vos yeux le précis des mesures prises par les départemens situés à
« la circonférence de la République, et successivement ceux qui, plus
« rapprochés du centre, ont manifesté des opinions plus ou moins
« vigoureuses, de ceux enfin qui ont cherché à justifier l'arrestation
« des représentans du peuple. Si ce recueil vous donne une idée de
« la situation politique et morale de la République dans les circons-
« tances actuelles, nous nous féliciterons d'avoir atteint notre but. »

Un membre a fait lecture d'une lettre écrite par les citoyens Matheron, administrateur du district de la ville de Lyon, et Pécollet, président du district de la campagne de Lyon, dont la teneur suit :

« Citoyens collègues,

« Le représentant Gauthier sort de notre appartement pour la seconde
« fois de cette journée, la manière franche et loyale que nous avons
« cru trouver dans sa conversation nous fait bien augurer sur notre
« sort ; du moins a-t-elle déjà soulagé le poids énorme de notre
« captivité. Il nous a remis deux exemplaires de l'affiche que vous trou-
« verés ci-inclus. Après avoir médité, surtout, la lettre du citoyen Orcel-
« let au citoyen Dumolard, nous ne pouvons pas nous dissimuler que la
« coalition formée entre les commissaires des différens départemens
« et les présidents des sections de Lyon, est d'une conséquence dan-
« gereuse, puisqu'elle conduirait nécessairement au fédéralisme et à
« l'anéantissement de la représentation nationale.

« Rassurés sur l'esprit et les principes qui vous conduisent, nous
« ne doutons pas un instant que vous ne redoublés d'efforts et de
« surveillance pour déjouer un projet aussi désastreux.

« Rappellés aux sections de la ville et à tous nos districts les dan-
« gers de cette coalition, garantissés-les surtout des insinuations

« perfides de ces aristocrates couverts du manteau du patriotisme,
« qui croient que la journée du 29 a plutôt servi leur cause que celle
« du vrai républicanisme démocratique.

« Notre arrestation dans cette ville (1) donne lieu à des bruits sourds
« qui nous allarment; on croit que bientôt une force armée va sortir
« de Lyon pour marcher vers Grenoble. A Dieu ne plaise qu'un
« pareil projet puisse se concevoir, il serait le signal horrible de la
« guerre civile, et certes, nous préférerions mille fois la mort à une
« démarche qui compromettrait l'unité et l'indivisibilité que nous
« avons juré tant de fois de maintenir.

« Les Marseillais, dit-on, vont arriver dans votre ville ; vous con-
« naissés la violence et l'impétuosité de leur caractère ; observés-les
« rigoureusement et craignés surtout qu'ils n'entrainent nos conci-
« toyens à de fausses démarches et à des projets hostiles et désor-
« ganisateurs. Le courrier extraordinaire qui vous porte notre dépêche
« nous presse ; par le prochain, nous vous rendrons compte de notre
« voyage à Chamberry.

« Soyés parfaitement tranquilles sur notre sort, la pûreté de nos
« sentimens nous en est un sûr garant et nous fera toujours braver
« l'orage. Rassurés nos familles et dites-leur que nous les prions et
« invitons à ne pas quitter leurs foyers. Vos collègues, salut et fra-
« ternité. Signé : Pécolet et Matheron. »

Sur quoi, le Procureur Général Syndic ouï, le Conseil a arrêté de leur faire la réponse suivante :

« Citoyens nos collègues,

« Nous avons appris avec une vive indignation la nouvelle de votre
« arrestation et de votre translation à Grenoble ; si quelque chose
« peut adoucir notre douleur et nos regrets, c'est l'assurance que
« vous nous donnés que le poids énorme de votre captivité a été
« allégé, et que vous y avés éprouvé quelques soulagemens.

« Nous ne vous dissimulerons pas que nous ne nous serions jamais
« attendu que vous eussiés pû devenir les victimes d'un acte arbi-
« traire de la part des représentans du peuple à l'armée des Alpes,
« après ce qu'avaient fait les administrations pour les citoyens Nioche
« et Gauthier, lors de leur départ de Lyon. Ce qui nous a le plus
« surpris, c'est le titre et le motif qu'on donne à votre arrestation, en
« accusant nos administrations de vouloir se fédéraliser contre la
« Convention et de chercher à dissoudre la représentation nationale.
« Vous savés, citoyens collègues, quelle a été dans tous les temps et
« quelle est encore aujourd'hui la pûreté de nos intentions ; que nous
« n'avons jamais manifesté d'autre vœu que pour l'unité et l'indivi-
« bilité de la République ; qu'entre nous et ses ennemis, il n'y aura
« jamais de coalition ni de concordat, et qu'à ce titre nous éloignerons
« de nous toutes mesures qui tendraient à une scission entre les
« départemens. Nous ne savons point quelle a été la conduite des
« citoyens Orcellet et Royer, mais vous n'ignorés pas qu'ils ont très
« peu conféré avec notre administration, qu'ils ne se sont présentés
« que pour fraterniser et nous faire part de quelques propositions
« dont ils étaient chargés de la part de leur administration ; mais ils

(1) Grenoble.

« ne nous ont jamais proposé aucun projet tendant au fédéralisme ni
« à aucune scission ; ils ont déploré, comme nous, les funestes effets
« de l'anarchie qui amenait elle-même la dissolution de l'unité de
« notre gouvernement, mais dans ces craintes, on ne peut pas voir un
« crime attentatoire à la République indivisible, quelques soient au
« surplus les procédés des citoyens Orcellet et Royer, nous ne voyons
« pas que l'on doive argumenter de leurs faits personnels pour conti-
« nuer votre détention. D'une part, l'objet de votre mission à Cham-
« berry n'a pas eu ce motif, et nous connaissons trop votre civisme
« pour avoir produit ce système sous une forme quelconque ; d'autre
« part, quelques soient les délits qu'on puisse vous imputer, nous
« présumons qu'ils ne sont pas de nature à différer votre élargisse-
« ment. Le peuple est instruit de votre sort, il est dans la plus grande
« agitation, nous ne vous cacherons pas qu'il demande à grands
« cris votre élargissement et que nous lui avons promis de
« le solliciter avec tout le courage et l'énergie d'hommes libres ; si,
« malgré ces observations, les représentans du peuple persistaient à
« vous retenir en captivité, nous ne répondrons plus des évènemens
« fâcheux qui peuvent [être] le résultat de ce refus qui ne mettrait plus
« en doute leur intention. Nous avons réussi jusqu'à présent à tem-
« pérer les effets de la vengeance et de la colère, mais nos efforts
« peuvent devenir impuissans, et les extrémités auxquelles on peut
« se porter sont incalculables, à en juger par la fermentation qu'a
« produit cet évènement. Cependant, nous vous invitons, citoyens
« collègues, à maintenir dans le calme l'attitude ferme de vrais répu-
« blicains ; soyés convaincus que nous userons de tous les moyens
« légitimes pour vous arracher à votre captivité si, contre le droit
« des gens, les principes de la justice et de l'humanité, votre déten-
« tion se prolonge, la représaille nous servira d'otages de votre
« conservation, en même temps qu'elle vous vengera des persécutions
« qu'on vous aura fait essuyer.

Sur l'observation d'un membre que le général Dornac venait de requérir l'escadron de dragons, étant actuellement à Lyon, de se rendre à Gap, le Conseil, considérant qu'il s'est déjà manifesté, dans quelques communes des environs de Lyon, des mouvemens au sujet de la rareté des subsistances ; que les circonstances exigent le séjour à Lyon d'une force armée à cheval, et que cette nécessité devient encore plus impérieuse pour assurer la circulation des subsistances destinées pour les armées ; que, le 25 du courant, l'administration fut dans le cas de requérir un détachement de dragons pour préserver du pillage des grains ou farines étant à Collonges et destinés pour l'approvisionnement des armées, pillage qui eut eu lieu sans la présence et la fermeté du détachement, ouï le Procureur Général Syndic, a arrêté, que le commandant du détachement de dragons étant à Lyon est requis d'y rester, avec la troupe qu'il commande, jusqu'à ce qu'il ait reçu de nouveaux ordres de la part des autorités constituées du département, et qu'il sera écrit aux généraux Kellermann et Dornac pour les prévenir des motifs de cette réquisition.

Il a été observé que, lors du procès-verbal du conseil du 18 juin dernier, dans lequel a été déterminé l'invitation aux communes du département de s'assembler en assemblées primaires, l'administration crut ne devoir leur présenter d'autre tableau des circonstances actuelles que l'arrêté du département de l'Izère ; il craignit qu'on ne lui reprochât d'avoir prononcé l'opinion publique sur les mesures de salut public, l'intérêt de ses administrés commandait, son devoir seul était de les inviter à s'assembler pour délibérer, la pluspart des communes se sont assemblées, les cantons ont nommé leurs députés; ils arrivent ; c'est donc à l'administration à leur faire part des motifs qui les ont déterminé à cette convocation. Ne serait-il pas de la plus grande urgence de faire une adresse qui, répandue avec profusion dans tous les points de la République, dans toutes les armées, dans tous les départemens, fixât l'opinion publique sur le véritable esprit qui dirige la conduite de l'administration du département, avec d'autant plus de nécessité que des malveillans s'efforcent de faire prendre le change sur la cause des malheureux évènemens du 29 mai, ainsi que sur le triomphe qu'a obtenu la cause de la liberté. L'adresse proposée sera notre profession de foi, et nous la présenterons comme l'écueil où viendront se briser et les imputations et les calomnies auxquelles notre administration est en butte depuis si longtems. La matière mise en délibération, elle a été longtems livrée à la discussion ; un membre ayant fait lecture d'un projet d'adresse, il a été adopté et, le Procureur Général Syndic ouï, il a été arrêté qu'elle serait imprimée, présentée à la municipalité provisoire de cette ville et ensuite communiquée à l'assemblée des députés des cantons du département. Suit la teneur de l'adresse :

« *Adresse aux armées, aux citoyens et à tous les départemens de*
« *la République Française, par les autorités constituées*
« *réunies à Lyon, chef-lieu du département de Rhône-et-*
« *Loire.*

« Nous ne venons point vous retracer les scènes d'horreur et
« d'oppression qui ont violé la représentation nationale, qui l'ont
« forcée à prononcer l'arrestation de trente-cinq de ses membres, qui
« ont assassiné la liberté et outragé la souveraineté du Peuple.....
« Nous ne vous dirons pas que des tribunes insolentes ont réduit la
« majorité à ne plus prendre part aux délibérations, et tout récemment
« à abandonner son poste ;..... qu'une poignée de factieux dictent
« seuls des loix à la Convention, qu'ils interceptent toute correspon-
« dance, qu'ils ne permettent pas à la vérité de pénétrer jusqu'à elle ;
« qu'ils ont à leurs ordres toutes les presses, qu'ils ne donnent de la
« publicité qu'aux journaux et aux écrits adulateurs et mensongers
« qu'ils rédigent......; qu'ils ont fait seuls, en huit jours, une consti-
« tution qui devait être l'ouvrage de tous les représentans délibérant
« librement et avec maturité..... Ces faits sont connus de la France
« entière; ils lui ont été dénoncés par les victimes de ces complots
« désastreux, par des témoins oculaires, et il ne reste pas même aux
« départemens la faculté consolante de pouvoir en douter.
« Pour comble des maux qui désolent la République, des dictateurs,
« revêtus de pouvoirs illimités, parcourent les différens points de ce
« vaste territoire, y exercent des actes arbitraires et oppressifs,
« enchaînent la volonté des administrations et des généraux, et, dans
« l'exercice d'une monstrueuse puissance, emprisonnent les citoyens
« estimables qui ont le courage de dire la vérité; ils stipendient, avec
« l'or le plus pur de la Nation, les scélérats qui la déchirent ; ils tra-

« vaillent à désorganiser les autorités constituées, à pervertir l'opinion
« publique, à faire adopter leur infernal système à cette partie du
« peuple qui croit aisément ce qu'elle espère, qui désire, comme nous,
« la liberté et l'égalité, l'unité et l'indivisibilité de la République, le
« retour de l'ordre et le salut de la Patrie ; mais, qui, confiante et trop
« facile, ne soupçonnant point le crime, ne voit pas le précipice où on
« l'entraîne.

« Nous ne vous rappellerons pas que le sang a coulé dans notre
« ville, sous les yeux de deux représentans du peuple ; qu'un grand
« nombre de citoyens ont péri pour résister à l'oppression d'une
« municipalité perverse et aux projets des brigands qui s'étaient,
« d'avance, partagé nos dépouilles, qui avaient dévoué à la hache des
« assassins quinze mille citoyens honnêtes, domiciliés dans cette cité
« ou dans les campagnes. Jettons avec horreur un voile sur ces
« évènemens déplorables ; le courage des habitans de Lyon a
« triomphé et les coupables ont été réservés à la vengeance des
« loix.

« Mais nous venons dénoncer à nos concitoyens, à nos frères de
« tous les départemens, à la force armée de l'intérieur et à celle qui
« combat sur les frontières, le nouvel attentat que viennent de com-
« mettre, sur deux membres de l'administration, des hommes qui se
« disent les représentans du peuple et qui n'en sont que les tyrans.
« Le citoyen Matheron, administrateur du district de la ville de Lyon,
« et le citoyen Pécollet, président du district de la campagne, sont
« dans les fers à Grenoble. Ils ont été mis en état d'arrestation à
« quatre lieues de Chamberry, sur la réquisition d'Albite et Dubois-
« Crancé, au retour de la mission qui leur avait été donnée pour aller
« fraterniser avec le département du Montblanc. Cette mission n'avait
« pour objet que de manifester, au nom des administrateurs du dépar-
« tement de Rhône-et-Loire, les sentimens fiers et républicains qui
« les animent, le serment qu'ils ont prêté de vivre et mourir libres,
« de maintenir l'unité et l'indivisibilité de la République, l'intégrité et
« l'inviolabilité de la Représentation Nationale, d'abjurer toute idée de
« fédéralisme qui lui serait contraire, de protéger les personnes et les
« propriétés, comme encore de s'informer de l'état de la situation des
« subsistances.

« Ces estimables députés ont rempli cette mission avec honneur ;
« ils ont été accueillis par les administrateurs du département du
« Montblanc, dont les sentimens sont aussi purs, aussi républicains
« que les nôtres ; et c'est au sortir de leurs bras fraternels, qu'ils sont
« frappés par un acte arbitraire et accablés des chaînes du plus
« horrible despotisme.

« Citoyens, et vous soldats de la Patrie, vous, les fiers enfans de la
« liberté, vous n'apprendrés pas sans indignation ce nouveau crime,
« qui vient de souiller une terre hospitalière et généreuse que vous
« aviés conquise à la République par vos vertus, qui, en se réunissant
« à la France, n'avait suivi que l'impulsion de son admiration pour
« vous. Vous ne souffrirés pas que ces deux administrateurs, victimes
« de leur zèle, gémissent dans des cachots qui ne sont réservés qu'à
« l'infamie, à l'opprobre ; vous demanderés à grands cris leur liberté ;
« leur cause est celle de tous les amis de l'ordre et des loix, de tous
« les républicains.

« Nous vous dénonçons de même l'arrestation d'un grand nombre

« de membres du département de l'Izère, qui n'ont d'autres torts
« envers les proconsuls, que d'avoir soutenu avec énergie l'intérêt de
« la chose publique et de leurs administrés ; sept d'entre eux sont
« privés de leur liberté, et les autres ont trouvé leur salut dans la
« fuite.

« Quels sont donc ces lâches despotes qui osent ainsi venir établir dans
« des départemens cette atroce dictature, désorganiser les pouvoirs,
« violer toutes les loix de la justice et de l'humanité, soudoyer
« d'infames agitateurs? et ils se disent les représentans du peuple!
« Quelle est donc cette mission de sang qui leur a été donnée?

« Lorsque vous avez formé une représentation nationale, avez-vous
« entendu que les membres qui la composaient quitteraient leur
« poste et, semblables à une flamme dévorante, parcourraient les
« départemens pour y détruire le germe de tous les bons principes,
« attenter à la liberté publique et particulière, exercer enfin des pou-
« voirs suprêmes qui n'appartiennent qu'à la Convention entière et
« qu'elle ne peut déléguer à personne?

« Ce sont, n'en doutés pas, ces abus révoltans qui pénétrent d'indi-
« gnation les citoyens de tous les départemens de la République;
« consultez les vingt-cinq millions d'individus qu'elle renferme, et
« tous, à l'exception d'une faible minorité, perdue de mœurs, teinte
« de sang, couverte de crimes, vous diront que la mesure des maux
« qu'ils souffrent est à leur comble, qu'il est tems d'arrêter le brigan-
« dage qui nous désole, de relever la statue de la liberté et des loix,
« qu'une horde criminelle foule à ses pieds, que des centum virs
« immolent à leurs parricides complots, et que des scélérats, dont
« Marat est le chef, n'ont d'autre but que de parvenir au despotisme,
« en marchant sur des cadavres et sur les débris de toutes les
« fortunes.

« Citoyens, nos frères, entendez notre voix! c'est celle de la liberté
« et de la vérité. Nous nous honorons de notre courage comme de
« nos principes; oui, nous avons juré et nous jurons de nouveau, à la
« face du ciel et des hommes, « de maintenir la liberté et l'égalité,
« l'unité et l'indivisibilité de la République, l'intégrité et l'inviolabilité
« de la Convention Nationale, la soumission aux loix, la sûreté des
« personnes et des propriétés. »

« Nous avons prêté ce serment librement et unanimement ; il est gravé
« dans notre cœur, il est consigné dans les registres des administra-
« tions et des assemblées légales des citoyens; il est le fruit de nos
« plus profondes réflexions; il a été et il sera la règle invariable de
« notre conduite, nous l'opposerons aux efforts des tyrans de toute
« espèce, des anarchistes comme des aristocrates; nous le placerons
« sur le frontispice de nos monumens publics, sur les drapeaux de
« nos phalanges guerrières ; nous le ferons répéter à nos mères, à nos
« épouses, à nos enfans; il sera le signal et le cri de ralliement de
« tous les citoyens de ce département, comme il l'est déjà de la
« majorité des autres départemens de la République. Nous vaincrons
« sous ces auspices tous les ennemis de la liberté, sous quelque
« forme qu'ils se présentent; et, si elle devait périr malgré tous nos
« efforts, nous saurons mourir avec elle. Pour repousser à jamais et
« prévenir les calomnies que l'on pourrait se permettre et que des
« scélérats chercheraient peut-être à propager contre la pureté de nos
« intentions, nous vous déclarons, en nous servant des expressions

« mêmes consacrées par les autorités constituées d'Ille-et-Vilaine, que
« nous ne voulons point élever deux centres de puissance, constituer
« deux assemblées représentatives, exciter la guerre civile, détruire
« l'unité, l'indivisibilité de la République; nous ne voulons point
« organiser d'insurrection, provoquer la violation des loix, appeler
« de nouveau sur la Patrie les maux de la Révolution.

« Nous ne voulons point dégarnir nos frontières, tourner nos armes
« contre nos frères, rompre le lien qui nous attache à la République;
« nous ne cherchons point à déchirer la République pour la sauver.
« Nous ne désirons, nous ne demandons qu'un centre de puissance,
« qu'une seule assemblée représentative, que la République une et
« indivisible. Comme tous les bons Français, nous reconnaissons l'im-
« portance de laisser à nos frontières nos braves deffenseurs; nous
« chérissons nos frères de tous les départemens; nous n'avons rien de
« plus à cœur, que de resserrer les nœuds qui nous unissent; l'esprit
« de parti ni de vengeance ne nous anime pas. Mais nous voulons que
« ce centre de puissance existe dans toute son intégrité, qu'il ne
« s'élève pas autour de lui des autorités qui le dominent, que cette
« assemblée représentative soit inviolable, que ses membres qui,
« réunis de tous les points de la République, appartiennent à la nation
« entière, ne soient soumis qu'à la volonté générale, et qu'une fraction
« du peuple n'agisse pas sans cesse, comme si elle faisait seule la
« nation toute entière.

« Tels sont nos principes; nous les burinerons sur le bronze, nous
« les soutiendrons dans les camps et dans nos foyers, nous périrons
« tous, plutôt que d'y être infidèles; nous en déposons l'expression
« franche et loyale dans le sein de tous les amis de l'ordre et des
« loix. »

Il a été proposé d'envoyer à l'assemblée des députés du département, une députation pour savoir l'heure et le jour que cette assemblée
voudra recevoir l'administration du département. Cette proposition
agréée, il a été nommé quatre commissaires qui, de retour, ont dit
qu'ils n'avaient trouvé que les commissaires chargés de la vérification
des pouvoirs, qui leur avaient dit qu'ils rendraient compte à l'assemblée de l'honnêteté des démarches du département.

Un membre de la municipalité provisoire de la ville de Lyon est
entré; il a dit qu'il s'est présenté aujourd'hui au comité de police et
de sûreté générale, un citoyen, se disant aide-de-camp du général de
division Charles Hesse, pour faire viser son passeport délivré le seize
mai, à Paris, et ceux de quatre domestiques dudit général; que ce
citoyen ayant paru suspect, on n'a pas voulu viser lesdits passeports
sans, au préalable, avoir examiné ses papiers; en conséquence, deux
membres du comité se sont transportés avec ledit citoyen dans son
hôtel, à la cidevant Douanne, quai du Rhône; qu'arrivés dans son
appartement et ses papiers visités, lesdits deux membres du comité
ont trouvé deux lettres qui ont démontré que les soupçons conçus
contre cet aide-de-camp n'étaient pas sans fondement; qu'il venait
instruire l'administration de tous les détails, lui communiquer lesdites
deux lettres pour qu'elle prît tel parti qu'elle aviserait contre le
citoyen dont il s'agit, et le comparant a, à cet effet, déposé lesdites
lettres sur le bureau. Lecture en ayant été faite et le Procureur Général
Syndic ouï, il a été arrêté que le citoyen aide-de-camp serait amené au

lieu des séances de l'administration, pour être, par le Président, interrogé et ensuite ordonné à son égard ce qu'il appartiendrait. Ce citoyen introduit, on lui a demandé ses noms, prénoms, âge, qualités et demeure. A répondu s'appeler Olivier-Joseph Decaussenne, âgé de trente ans, aide-de-camp du général de division Charles de Hesse, natif de Maroilles, canton d'idem, district d'Avennes, département du Nord, résidant ordinairement au quartier général, à Orléans. Interrogé depuis quand il est en cette ville, pourquoi il y est venu et où il voulait aller, en demandant au Comité de Salut Public à ce qu'il voulut bien viser son passeport; a dit qu'il est arrivé en cette ville le quatre juin présent mois, qu'il venait de Paris, conduisant les équipages du général de Hesse, qui devait aller à l'armée des Alpes; que celui-ci lui ayant mandé, par sa lettre du 23 du courant, qu'il avait reçu ordre de rester à Orléans et de retourner, en conséquence, avec ses équipages dans cet endroit, lui, répondant, se disposait à se conformer à cette invitation; et c'est pourquoi il s'était présenté au comité pour faire viser son passeport et ceux des domestiques conduisant lesdits équipages. A lui demandé ce qu'il a fait pendant son séjour en cette ville et quelles personnes il a fréquentées; a répondu qu'il attendait son général et qu'il n'a vu que quelques citoyens de sa connaissance, entr'autres le citoyen Carrière, maître menuisier, son compatriote. Interrogé s'il reconnaît les deux lettres qui ont été trouvées dans son appartement par les deux membres du comité envoyés pour vérifier ses papiers; si c'est lui qui les a écrites et signées, a répondu, ensuite de l'exhibition à lui faite desdites deux lettres, qu'il les reconnaît pour avoir été écrites et signées de sa main. A lui demandé pourquoi il annonçait dans lesdites deux lettres, adressées l'une à sa tante et l'autre à un de ses amis, ainsi qu'il le paraît, que dans la fête civique qui eut lieu hier en cette ville, l'on avait juré guerre aux Jacobins et à la Montagne, tandis que cela était faux, et que lors du serment prêté et répété à cette fête, l'on avait simplement juré guerre aux anarchistes, aux tyrans et à l'oppression; a dit qu'effectivement il n'a pas entendu que les différens corps administratifs réunis et les gardes nationales entourant l'autel civique eussent juré guerre aux Jacobins et à la Montagne, mais qu'il entendit proférer ce serment à plusieurs citoyens. Interrogé quels sont les motifs qui ont pu lui faire supposer que les départemens du Midi voulaient le fédéralisme et que Lyon se réunissait à eux, ainsi qu'il l'annonçait dans ses deux lettres, a répondu qu'il en a jugé par l'adresse des Marseillais et par différens autres écrits, d'après lesquels, selon lui, il paraît que le Midi de la France voulait se séparer de la République. A lui observé que rien, dans l'adresse par lui citée, ni dans aucun autre écrit, l'on apperçoit le fédéralisme qu'il suppose; que, loin de là, l'on y voit des sentimens contraires; que les Marseillais ne voulaient, ainsi que les Lyonnais, que soutenir l'unité et l'indivisibilité de la République, a répondu que c'est sa manière de voir, et plus n'a été interrogé. Lecture à lui faite du présent interrogatoire et des réponses, a dit, ledit Decaussenne, qu'elles contiennent vérité et qu'il y persiste, et a signé. L'aide-de-camp du général de division Charles Hesse. Signé : Decaussenne.

L'assemblée, considérant que le citoyen Decaussenne a évidemment calomnié les citoyens de Lyon, ainsi que ceux des départemens méridionaux, dans les lettres trouvées chez lui; que le langage qu'il y a tenu décèle des intentions perfides et annonce, de sa part, le projet d'exciter la guerre civile entre les départemens, et qu'il est justement suspect aux yeux des bons citoyens qui veulent la République une et indivisible; le Procureur Général Syndic ouï, le Conseil arrête que ledit citoyen Decaussenne sera mis en état d'arrestation jusqu'à plus amples éclaircissements; mais que les quatre domestiques du général Hesse, qui se trouvent ici avec lui, pourront se rendre à Orléans, conformément aux ordres dudit général, et y conduire ses chevaux et équipages, après que la commune de Lyon en aura fait la visite, à l'effet de reconnaître s'il ne s'y trouve point des pièces à la charge du citoyen Decaussenne ou quelques ouvrages tendant à troubler le repos public; arrête, en outre, que les deux lettres précitées resteront déposées, et annexées à l'interrogatoire ci-joint et le tout transmis à la commune (1).

DUBOST, président. GONON S.-F., secrétaire général.

Le lundi premier juillet 1793, l'an 2ᵉ de la République Française, les administrateurs composant le Conseil Général du département de Rhône-et-Loire, en surveillance permanente, réunis en séance publique, où étaient les citoyens Dubost, président, Couturier, Belville, Bonamour, Ferrand (2), Santallier, Sauzéas, Buiron-Gaillard, Rozier, Richard aîné, Mottin, Maillan, Delacroix, Meynis, procureur général syndic, et Gonon, secrétaire général, les administrateurs députés des districts y réunis.

Un membre a dit que l'épouse du citoyen Gauthier, représentant du peuple, était dans cette ville; que sa présence y était d'autant plus suspecte que son domicile ordinaire était à Bourg. Cette observation convertie en motion, de suite il a été arrêté, ouï le Procureur Général Syndic, que l'épouse du citoyen Gauthier serait mise, ainsi que sa famille, en état d'arrestation; en conséquence, qu'il serait fait une réquisition à la force publique de procéder de suite à ladite arrestation. Suit la teneur de la réquisition :

« Les administrateurs du département de Rhône-et-Loire requièrent
« le commandant général de la garde nationale de Lyon et tous
« autres dépositaires de la force armée, de s'assurer et mettre en état
« d'arrestation la citoyenne Denervo, femme à Gauthier, représentant
« du peuple, ainsi que ses enfans, et les consigne à leurs frais dans
« une maison sûre. A Lyon, le, etc. »

Deux membres de l'assemblée des députés des cantons se sont présentés; ils ont dit que, l'assemblée étant formée, ils étaient chargés d'inviter l'administration du département de se rendre dans la salle de ses séances.

Tous les membres se sont levés et ont suivi les députés dans la salle des séances de l'assemblée générale (3).

(1) *Au dessous on lit:* Rétracté le 19 juillet.
(2) Ici un nom a été gratté.
(3) La signature Dubost, président, a été biffée.

Le mardi deux juillet 1793, l'an 2ᵉ de la République, les administrateurs composant le Conseil Général du département de Rhône-et-Loire, en surveillance permanente, réunis en séance publique, où étaient les citoyens Dubost, président, Couturier, Belville, Bonamour, Ferrand(1), Santallier, Sauzéas, Buiron-Gaillard, Richard aîné, Moltin, Maillan, Rozier, Delacroix, Valette, Laurenson, Meynis, procureur général syndic, et Gonon, secrétaire général, les commissaires députés des districts y réunis.

La section de rue Neuve est venue, par députation, pour remercier l'administration de l'énergie qu'elle a exprimé dans son adresse. Le Président a répondu que l'administration était reconnaissante de l'attention de la section de rue Neuve ; les termes de l'adresse, a-t-il ajouté, ne sont que l'expression du vœu de toutes les sections, de tous les amis de la République, de l'ordre et de la liberté, et le département a dû s'y conformer.

Un député de la Commission Populaire Républicaine et de Salut Public est entré; il a présenté et laissé sur le bureau l'extrait du procès-verbal, dont la teneur suit :

« Extrait du procès-verbal de la Commission Populaire Républi-
« caine et de Salut Public de Rhône-et-Loire.
« Ce jourd'hui 2ᵉ juillet, l'an deux de la République Française,
« La commission autorise la municipalité provisoire de la ville de
« Lyon et requiert le département et les districts de Lyon et de
« St-Etienne de prêter et faire prêter main-forte, à l'effet de s'assurer
« de la personne du citoyen Noël Pointe, député du reste de la
« Convention Nationale, et de le faire traduire en cette ville, pour
« en suite être pris les mesures qu'il appartiendra.
« Pour extrait conforme à l'original. Signé : Gilibert, président ;
« Loyer, secrétaire ; Morillon, secrétaire ; Raymond, secrétaire ;
« et Dutroncy, secrétaire. »

En conséquence, le Conseil a donné la réquisition suivante : Les administrateurs du département de Rhône-et-Loire, à eux réunis les commissaires administrateurs des six districts; vû la réquisition de ce jour, à eux adressée par la Commission Populaire Républicaine et de Salut Public, requièrent, au nom de la sûreté générale et de ladite commission, les administrations de tous les districts du ressort et successivement toutes les municipalités et communes et tous les bons citoyens, à donner les ordres et à protéger, par tous les moyens, l'arrestation du citoyen Noël Pointe, député du reste de la Convention, jugée nécessaire au maintien de la tranquillité publique; à cet effet, le signalement dudit Pointe sera remis au porteur de la présente réquisition.

Vû la lettre du ministre de la Guerre, du 14 mai dernier, aux citoyens députés du département de la Gironde, pour l'achat de 1.500 fusils destinés pour ledit département, portant que, conformément à un arrêté du Comité de Salut Public, il autorise le conseil d'administration de la manufacture de St-Etienne à leur délivrer lesdits 1.500 fusils, dont ils ont fait la commande à ladite

(1) Ici un nom gratté.

manufacture; l'arrêté pris en conséquence par le conseil général du département de la Gironde, le 7 juin dernier, lequel commet le citoyen Lefeuvre, armurier-expert de la commission des armes dudit département, pour se transporter à St-Etienne, à l'effet de prendre livraison desd. 1.500 fusils; vû les observations faites par les citoyens Bouillet et Levayer, commissaires du conseil exécutif près la manufacture d'armes de St-Etienne, après avoir entendu les représentations faites par led. citoyen Lefeuvre; le Conseil du département, ouï le Procureur Général Syndic, arrête que, sans avoir égard aux observations des commissaires ou agens du pouvoir exécutif près la manufacture d'armes de St-Etienne, les ordres du ministre de la Guerre, en date du 14 mai dernier, seront exécutés; que les autorités constituées de St-Etienne sont requises de l'enlèvement et départ desdits quinze cent fusils, les autorisant à employer à cet effet la force armée en cas d'opposition.

DUBOST, président.

Le mercredi trois juillet 1793, l'an 2º de la République, les administrateurs composant le Conseil Général du département de Rhône-et-Loire, en surveillance permanente, réunis en séance publique, où étaient les citoyens Dubost, président, Couturier, Belville, Bonamour, Ferrand, Borde, Santallier, Sauzéas, Buiron-Gaillard, Richard aîné, Rozier, Maillan, Delacroix, Meynis, procureur général syndic, et Gonon, secrétaire général.

Un membre a fait lecture du procès-verbal dressé par la municipalité de St-André-Limonet, de l'interrogatoire subi par les citoyens Gonin et Escosson, courrier de Paris à Lyon; du carnet déposé par ce dernier et par lui paraphé et des autres pièces y jointes; considérant qu'il résulte des différentes pièces que les assignats renfermés dans la boîte enveloppée d'une toile verte étaient adressés et destinés pour le citoyen Jomain, de Lyon; que ceux trouvés sur le citoyen Gonin lui appartenaient; mais que la destination du numéraire que réclame le citoyen Fromental n'est pas prouvée d'une manière précise; considérant qu'il ne résulte aucune indication des lambeaux de la lettre déchirée, que rien ne prouve que c'est le citoyen Gonin qui l'ait déchirée; le Procureur Général Syndic ouï, le Conseil arrête : 1° que la boëte renfermant des assignats sera remise au citoyen Jomain; 2° que le paquet d'assignats sera rendu au citoyen Gonin; 3° que le numéraire sera déposé chez le citoyen Verset, receveur du district de Lyon, jusqu'à ce que le citoyen Fromental ait fourni la preuve de la propriété et destination d'icelui.

Le Président a fait lecture d'une lettre de Grenoble, dont la teneur suit :

« Grenoble, 28 juin 1793, l'an 2 de la République.

« Collègues administrateurs,

« Un ordre des représentans Dubois-Crancé et Gauthier, m'a mis
« en arrestation à quelque distance de Chamberry, mercredi au soir,

« et j'ai été sur-le-champ transféré à Grenoble, où je suis prisonnier
« avec mon collègue Matheron. Mais, fort de ma conscience et de ma
« conduite, je suis calme au milieu de l'orage.

« Je recommande à mon collègue Forest d'instruire ma famille de
« cette catastrophe inattendue et de lui dire surtout de rester chez
« elle; si j'ai besoin de quelque chose, je vous le demanderai.

« Recevés les assurances de fraternité de votre collègue. Pécollet. »

Il a été discuté si cette lettre serait imprimée, et si l'on ne prendrait pas des moyens pour établir la bonne conduite et le républicanisme des citoyens Matheron et Pécollet, et toutes les imputations calomnieuses répandues par affiches contre les administrateurs, par les citoyen Dubois-Crancé, Albite et Gauthier, à la réquisition desquels les citoyens Matheron et Pécollet ont été arrêtés et jettés dans les prisons de Grenoble; ouï le Procureur Général Syndic, il a été arrêté que l'administration s'occuperait de suite de répondre par une adresse à la proclamation des citoyens Dubois-Crancé, Albite et Gauthier, dans laquelle on justifierait le civisme et les procédés des deux administrateurs commissaires du département.

Le citoyen Noël Pointe est entré, accompagné d'un membre de la municipalité provisoire, qui a prévenu le Conseil que la Commission Républicaine et Populaire venait d'arrêter que le citoyen Pointe se présenterait au département, pour, d'après la représentation des pouvoirs dont le citoyen Pointe se dit porteur, être par le Conseil du département statué ce qu'il appartiendrait. Le citoyen Pointe a pris la parolle et a dit qu'il avait passé par cette ville; qu'empressé de se rendre à St-Etienne, son pays natal, et où seulement sa commission s'étendait, il n'a pas crû devoir faire enregistrer ses pouvoirs au département; qu'il croyait que cet enregistrement suffirait, s'il était fait au district et à la municipalité de St-Etienne. Le citoyen Pointe a laissé sur le bureau ses pouvoirs et, sur la question élevée relativement à leur reconnaissance ou enregistrement, un membre a observé que la Commission Populaire Républicaine et de Salut Public a délibéré que, dans la séance de ce jour, elle déciderait si l'on devait accepter ou non les décrets de la Convention depuis le 31 mai; que la reconnaissance des pouvoirs présentés par le citoyen Pointe, tenant à la solution de cette opération, il paraissait convenable de suspendre toutes délibérations à prendre par le département, jusqu'à ce que la commission ait prononcé. Cette observation convertie en motion et discutée; le Procureur Général Syndic ouï, le Conseil a arrêté qu'il serait sursis à la vérification des pouvoirs du citoyen Pointe. Le citoyen Pointe s'est retiré, accompagné de l'officier municipal provisoire.

Le Président a fait part d'une lettre, signée Ginon, vice-président, et Baron, secrétaire de la section de Porte-Froc, qui invite les autorités constituées à souscrire à un ouvrage, intitulé Histoire de la Révolution de Lyon. Le Conseil, considérant qu'on ne saurait trop répandre dans les campagnes l'histoire d'un événement sur lequel les malveillans se plaisent à égarer le peuple, ouï le Procureur Général Syndic, a arrêté que le secrétaire général se rendrait chez les frères Jaquenod, libraires, à l'effet d'y souscrire pour six cens exemplaires qui seraient distribués dans les districts.

Un des secrétaires de la Commission Populaire Républicaine et de

Salut Public est entré et a remis au Conseil un extrait des délibérations de cette commission, dont la teneur suit :

« Extrait des registres des délibérations de la Commission Populaire Républicaine et de Salut Public de Rhône-et-Loire.

« Dans la séance du soir, du 3 juillet 1793, l'an 2ᵉ de la République, il a été arrêté, d'après le rapport du comité de Sûreté Générale, que les trente-six canons de la compagnie de Salva, du 2ᵉ régiment d'artillerie, étant à peine suffisans pour la sûreté du département, les autorités constituées étaient autorisées à conserver jusqu'à nouvel ordre, les canons et la compagnie d'artillerie demandée.

« Extrait conforme à l'original, signé : Loyer, secrétaire; Raymond, secrétaire, et Dutroncy, secrétaire. »

Ouï le Procureur Général Syndic en ses conclusions, le Conseil arrête que copie collationnée serait de suite envoyée au directeur commandant l'artillerie à l'Arsenal.

COUTURIER. (1) GONON S.-F., secrétaire général.

Le jeudi quatre juillet 1793, l'an 2ᵉ de la République, les administrateurs composant le Conseil Général du département de Rhône-et-Loire, en surveillance permanente, réunis en séance publique, où étaient les citoyens Dubost, président, Couturier, Belville, Bonamour, Ferrand, Borde, Santallier, Sauzéas, Buiron-Gaillard, Richard aîné, Delacroix, Meynis, procureur général syndic, et Gonon, secrétaire général.

L'un des secrétaires de la Commission Populaire Républicaine et de Salut Public de Rhône-et-Loire est entré et a remis au Conseil les pièces dont la teneur suit :

« Extrait des registres de la Commission Populaire Républicaine et de Salut Public de Rhône-et-Loire.

« Séance du soir, 4 juillet 1793, l'an 2 de la République.

« La Commission, considérant que l'obligation de rendre la justice est une dette sacrée ;

« Que, dans les dangers où se trouve la Patrie, nul juge ne peut cesser ni abdiquer ses fonctions ;

« Considérant, qu'en conformité de l'arrêté pris dans cette séance par la Commission départementale, aucuns décrets, depuis le 31 mai, n'a fait loi et ne peut arrêter le cours de la justice.

« Enjoint au tribunal criminel du département de Rhône-et-Loire de procéder sans délai à l'instruction et au jugement des procès criminels pendans devant lui, et aux jurés de remplir les fonctions que le sort leur a délégué d'après la loi.

« Rejette toutes récusations et démissions.

« Déclare mauvais citoyens et traîtres à la Patrie, celui ou ceux des juges et jurés de ce tribunal qui ne resteraient pas à leur place et fidèles à leurs fonctions.

(1) La signature Dubost, président, a été biffée.

« Arrête que, sur-le-champ, le présent arrêté sera notifié par la
« voye des corps administratifs au président du tribunal de Rhône-
« et-Loire. Collationné, signé : Raymond, Morillon, Loyer et Dutroncy,
« secrétaires. »

Sur quoi, le Procureur Général Syndic ouï, le Conseil a arrêté qu'extrait de cette délibération serait de suite envoyé au président du tribunal criminel, avec invitation de s'y conformer.

Un des secrétaires de la Commission Populaire est entré, il a remis au Conseil la pièce dont la teneur suit :

« Extrait des registres des délibérations de la Commission Popu-
« laire Républicaine et de Salut Public de Rhône-et-Loire.
« Dans la séance du 4 juillet 1793, la Commission Populaire
« Républicaine et de Salut Public de Rhône-et-Loire, a arrêté que le
« 3ᵉ escadron du 9ᵉ régiment de dragons, en quartier en cette ville,
« qui doit partir le 6 de ce mois pour se rendre à Gap, sur la réquisi-
« tion du citoyen Létandière, commandant provisoire de l'armée des
« Alpes, n'obtempérera pas à laditte réquisition et conservera son
« quartier en cette ville, tant que la sûreté publique l'exigera. Pour
« extrait, signé : Raymond, Morillon et Dutroncy, secrétaires. »

Le Conseil délibérant, est entré le citoyen commandant le détachement de dragons, qui a fait part de l'ordre qu'il avait reçu de se
rendre à Gap; le Procureur Général Syndic ouï, il a été arrêté que
l'extrait ci-dessus de la Commission Populaire serait enregistré; que
copie certifiée en serait remise au citoyen commandant, et qu'il serait
écrit au citoyen Létandière. En conséquence, un membre ayant présenté un projet de lettre, il a été adopté dans la forme suivante :

« Lyon, le 4 juillet 1793, l'an 2ᵉ de la République Française.

« Les administrateurs du département de Rhône-et-Loire, au
« citoyen Létandière, général de brigade, commandant provisoire de
« l'armée des Alpes, à Grenoble.

« Citoyen,

« Le commandant du 3ᵉ escadron du 9ᵉ régiment de dragons,
« accompagné de tous les officiers et de plusieurs sous-officiers et
« soldats de cet escadron de se rendre à Gap, (sic) nous nous empressons
« de vous prévenir que le départ de cette troupe est impossible dans
« les circonstances actuelles; ce corps ne peut quitter le département
« sans les inconvéniens les plus graves. La rareté des subsistances
« occasionne chaque jour des mouvemens populaires que nous ne
« pourrions contenir, surtout sur les rives de la Saône, sans le
« secours d'une cavalerie, et, si nous en étions privés, les approvi-
« sionnemens de l'armée ne pourraient être protégés; ils deviendraient
« la proye des citoyens égarés ou pressés par le besoin. Le général
« Kellermann a si bien senti ces vérités, il en a été tellement pénétré
« lors de son séjour ici, qu'il nous a laissé par écrit la libre disposi-
« tion desdits dragons, le 1ᵉʳ juin dernier.

« D'après toutes ces considérations, citoyen, l'administration et la
« Commission Populaire Républicaine et de Salut Public, a arrêté que
« votre réquisition n'aurait aucun effet, jusqu'à ce que [l'état] des choses

« ait changé. Nous avons déjà fait connaître ces dispositions au
« général Dornac, qui avait précédemment requis la même troupe, et
« nous sommes surpris que vous la demandiés de nouveau. Le
« général Kellermann en a aussi été instruit par nous, il connaît notre
« position, il n'insistera pas.

« Nous vous déclarons enfin que les officiers du régiment ne
« doivent être pour rien dans cette discussion; leur obéissance à vos
« ordres serait prompte et sans réserve, s'il n'y avait eu une opposition
« formelle à leur départ, par les autorités constituées. Ils ont reçu
« ordre, depuis le 3 de ce mois, de ne faire aucun mouvement, aucune
« disposition sans l'autorisation ou la réquisition des mêmes
« autorités; en conséquence, il sont à l'abri de toute responsabilité. »

Un membre de la Commission Populaire est venu inviter le Conseil d'accompagner la proclamation qu'il allait faire dans les places et sur les quais de cette ville; il s'est empressé de se rendre à l'invitation.

Un membre du comité des Subsistances de la municipalité provisoire est venu demander que l'administration voulut bien lui adjoindre un de ses membres pour aller à Dijon, solliciter auprès des autorités constituées le libre transit des subsistances destinées pour l'approvisionnement de Lyon et du département. Le Conseil, pénétré de l'importance des observations ci-dessus, a nommé le citoyen Rozier pour commissaire.

Le Conseil du département, vû l'arrêté du directoire du district de Roanne, du 12 mars dernier, les plaintes et pièces y énoncées; l'arrêté du conseil général du district de Roanne du 25 juin dernier, les plaintes et pièces y énoncées; vu aussi l'expédition signée Larat, secrétaire du district de Roanne, des démissions des citoyens Poutet et Gabiot de leur qualité de notables de lad. commune de St-Germain-Laval et la lettre écrite au citoyen Chassain par les citoyens Michot, Monier, Béal et Barbarin, en date du 29 juin dernier; considérant qu'il est constant que, depuis sa formation, le conseil général de la commune de St-Germain-Laval s'est rendu coupable d'abus d'autorité, d'usurpation et cumulation des pouvoirs, d'emprisonnemens arbitraires et sans écrou et de vexations de tout genre; que le directoire de Roanne a inutilement épuisé les voyes de la conciliation pour le ramener aux bons principes; que ce système d'oppression s'est développé surtout sous prétexte d'exécution de la loi relative au désarmement, du 26 mars dernier; que la déclaration de suspicion prononcée sans motifs contre trente-cinq personnes non nobles ni ecclésiastiques, dont quelques-uns, fonctionnaires publics et dont la pluspart avaient réclamé contre les vexations du conseil ou déposé contre lui, est évidemment l'ouvrage de la haine et de la vengeance; que le désarmement des fonctionnaires publics est une violation manifeste de la loi du 26 mars; que l'appel et l'introduction d'une force armée étrangère, sans avoir constaté la désobéissance de la garde nationale et sans en instruire l'administration du district, est une mesure illégale et dangereuse; que la vente des armes déclarées n'est point un délit; que l'arrêté portant traduction des trois citoyens qui en étaient accusés au Comité de Salut Public de Lyon, était un attentat à la liberté et à la sûreté individuelle et à la hiérarchie des pouvoirs constitués, à la protection desquels on a voulu les soustraire pour investir un comité qui n'en pouvait connaître; que l'obligation qui leur a été imposée de fournir d'autres armes en remplacement, que la vente de ces armes par Bernisset, membre du conseil de la commune, le payement exigé par led. Bernisset des fourrages des chevaux, sont une continuité d'exactions; que les autres peines portées contre eux sont arbitraires et tyranniques, et que l'assentiment et la signature qu'on a extorquée d'eux sont le dernier degré de la violence; que l'arrêté du 12 mai porte, par sa rédaction, l'empreinte d'une suggestion artificieuse et perfide; que cette suite prolongée de vexations a répandu, dans la ville de St-Germain-Laval, la terreur et l'anarchie; que les autorités constituées de la ville de Roanne destituées, craignant les progrès du système désorganisateur auquel elles paraissent tenir, ont dénoncé à la Convention cette ville, comme le séjour de l'anarchie, dans une adresse imprimée; que les réclamations des plaignans, l'information faite par l'administrateur Missire, le cri public, l'acte de démission ou la lettre de six membres du conseil de la commune chargent le citoyen Guyot, procureur de cette commune, d'être l'auteur et l'agent de ce système d'anarchie, d'avoir égaré le conseil de la commune, et que le citoyen Latour, municipal, et Bernuiset, notable, sont accusés de s'être rendus coupables, les autres, les ministres de ces prévarications et de ces violences; qu'il serait dangereux de laisser plus longtems l'autorité entre les mains de magistrats qui en ont fait un abus aussi soutenu; que les circonstances où se trouve le département et toute la République exigent impérieusement qu'on s'assure de tous ceux qui paraissent les agens de ce plan désorganisateur qui désole la France et qu'ils ne puissent échapper à la vengeance des loix; ouï le Procureur Général Syndic, arrête que la suspicion sans motifs prononcée par l'arrêté du conseil général de la commune de St-Germain-Laval, du 25 avril dernier, est injurieux aux dénommés audit arrêté, qu'icelui, ainsi que tous ceux qui ont suivi y relatifs, sont déclarés vexatoires, attentatoires à la liberté et sûreté des personnes, à l'ordre public et à la hiérarchie des pouvoirs constitués; que, dans les 24 heures de la communication du présent, qui sera inscrit sur les registres du conseil général de laditte commune, les armes enlevées aux dénommés aud. arrêté non nobles, leur seront restituées, ainsi qu'aux frères Arthaud de Viry, comme fonctionnaires publics, l'aîné adjudant, et le cadet commandant de la garde nationale; que partie des armes fournies par les citoyens Gubian et La Garde fils, en remplacement de celles par eux vendues, leur ayant été prêtées, icelles, sur leur indication, seront, par ledit conseil général, restituées aux prêteurs; que les autres à eux vendues lors par Bernuiset, ainsi qu'à Deviry aîné, resteront à la charge dud. Bernuiset au dépôt du conseil général de laditte commune, jusqu'à restitution du prix entre les mains de chacun desdits acquéreurs; que ledit arrêté du 25 avril aura, au surplus, son exécution par rapport aux autres y dénommés qui étaient ci-devant nobles. Arrête que les dénommés aux plaintes qui ont provoqué l'arrêté du district de Roanne, du 12 mars dernier, ainsi que ceux dénommés eu l'arrêté dud. district du 25 juin, sont et demeurent autorisés à poursuivre les officiers municipaux, membres du conseil général et procureur de la commune de St-Germain-Laval, pour raison des emprisonnemens arbitraires, exactions et vexations contenues esd. plaintes, restitutions et dommages intérêts, ainsi que tous autres qui auraient concouru à leur exécution par-devant les tribunaux qui en doivent connaître; que le procureur de laditte commune, Lacour et Bernuiset, municipal et notable, demeurent provisoirement suspendus de leurs fonctions ; qu'injonction est faite au conseil général de la commune d'être plus circonspect à l'avenir, de reconnaître la hiérarchie des pouvoirs constitués, de se renfermer dans les limites qui leur sont assignées par les lois, de veiller à la sûreté des personnes et des propriétés, et comm'encore de ne désarmer aucun citoyen non-noble ni éclésiastique, sans que leur suspicion ait été préalablement reconnue. Arrête de plus, comme mesure de sûreté générale, que les citoyens Guyot, procureur, et Bernuiset, notable de la commune dudit St-Germain-Laval, seront, à la diligence du procureur syndic du district de Roanne, qui est requis à cet effet, arrêtés et traduits dans la maison d'arrêt dud. district en la ville de Roanne, jusqu'à ce que, par les tribunaux devant lesquels sont renvoyées lesdittes plaintes, il y ait été fait droit.

Dubost, président. Gonon S.-F., secrétaire général.

Le vendredi cinq juillet 1793, l'an 2ᵉ de la République, les administrateurs composant le Conseil Général du département de Rhône-et-Loire, en surveillance permanente, réunis en séance publique, où étaient les citoyens Dubost, président, Couturier, Belville, Bonamour, Ferrand, Borde, Santallier, Sauzéas, Richard aîné, Buiron-Gaillard, Delacroix, Meynis, procureur général syndic, et Gonon, secrétaire général.

Un des secrétaires de la Commission Populaire s'est présenté et a laissé sur le bureau un extrait des délibérations de cette commission, dont la teneur suit :

« Extrait des registres des délibérations de la Commission Populaire Républicaine et de Salut Public de Rhône-et-Loire.

« Séance extraordinaire de la nuit du 4 au 5 juillet 1793, l'an 2ᵉ de la République.

Article premier.

« La commission ayant déclaré que la Convention Nationale n'est ni libre ni entière, arrête que les corps administratifs et autorités constitués supprimeront tout ce qui en émanera et prendront à cet égard les mesures nécessaires.

« Arrête que lesdites autorités, tant administratives que judiciaires, ne reconnaîtront ni ne transcriront sur leurs registres aucuns décrets ni actes qui leur seraient adressés, rendus depuis le trente-un mai dernier, jusqu'à ce que la représentation nationale ait recouvré sa liberté et son intégralité.

Art. 2.

« Le peuple de Rhône-et-Loire s'étant mis en état de résistance à l'oppression, il sera levé une force départementale et, pour le mode d'exécution, la commission renvoit à ses comités réunis pour lui présenter, dans le jour, un projet à cet égard, ils prendront en conséquence toutes les instructions nécessaires.

Art. 3.

« Les corps administratifs, toutes autorités constituées, ensemble
« toutes les assemblées de section et de commune du département de
« Rhône-et-Loire sont et demeurent, dès à présent, en surveillance
« permanente, et que toutes les autres assemblées sont, par forme de
« sûreté générale, suspendues.

Art. 4.

« Arrête que la fabrication des armes et les arsenaux sont mis sous
« la surveillance immédiate du département de Rhône-et-Loire, du
« district et de la municipalité de St-Etienne, sans qu'ils puissent
« disposer d'aucunes armes avant d'en avoir référé à la commission.

Art. 5.

« Il sera envoyé par l'administration supérieure de ce département,
« aux autorités constituées de la ville de St-Etienne, une force armée,
« pour être à leur disposition et protéger leur surveillance.
  « Collationné. Signé : Loyer, Raymond, Morillon et Dutroncy,
« secrétaire.

   « Extrait des Registres en la Commission Populaire Républicaine
« et de Salut Public de Rhône-et-Loire.
   « Séance du vendredi cinq juillet 1793, l'an 2ᵉ de la République
« Française, 2 heures de relevée.
   « L'Assemblée déclare que toutes les gardes nationales du dépar-
« tement sont mises, dès à présent, en réquisition permanente.
   « Déclare qu'il sera organisé immédiatement une force départe-
« mentale prise dans toute l'étendue du département de quinze cent
« hommes au moins.
   « Déclare que, pour assurer l'arrivée de nos frères du Midi à Lyon,
« le commandant militaire de la garde nationale de la ville de Lyon,
« conjointement avec le comité militaire des sections de laditte ville,
« seront requis d'envoyer où besoin sera une force armée de deux
« mille hommes au moins avec l'artillerie nécessaire.
   « Déclare que, par les autorités constituées réunies de la ville de
« Lyon, il sera immédiatement envoyé des commissaires à Lons-le-
« Saunier et à Bourg, pour demander à chacun de ces départemens
« un bataillon de gardes nationales et leur communiquer les mesures
« que la commission a arrêtées.
   « Extrait collationné. Signé : Raymond et Loyer, secrétaires. »

   Le Procureur Général Syndic entendu, le Conseil a arrêté que les
dittes délibérations seraient enregistrées pour être exécutées ; en
conséquence, il a nommé le citoyen Maillan, l'un de ses membres,
pour se rendre, en qualité de commissaire du département, à Laons-le-
Saunier et à Bourg, à l'effet de remplir la mission ordonnée par l'arrêté
de la commission du cinq juillet ci-dessus.
   Le citoyen Charles Seriziat, général de brigade de l'armée des
Alpes, est entré : il a présenté à l'administration la déclaration dont
la teneur suit :

« Egalité. Liberté.

« Nous, représentans du peuple envoyés près l'armée des Alpes, déclarons que le citoyen Charles Sériziat, général de brigade de l'armée des Alpes, vient de se présenter à nous et nous a exposé que, dans notre proclamation du trois de ce mois, affichée ce jour-d'hui, il est dit que nous jurons d'employer tous les moyens de pacification et de fraternité pour détourner le fléau de la guerre civile; que depuis notre arrivée à Grenoble, nous n'avons cessé de solliciter la ville de Lyon de rentrer dans le devoir; que nous le ferons encore, que nous prendrons pour organe, pour intermédiaire quiconque voudra remplir cette honorable mission; qu'en conséquence, il se présentait pour se rendre immédiatement à Lyon y porter des parolles de paix et de conciliation et engager, soit les citoyens de Lyon, soit les corps administratifs de Rhône-et-Loire, à rentrer dans le devoir.

« Nous, représentans du peuple, avons accepté avec plaisir la proposition du citoyen Seriziat et l'avons autorisé à se rendre de suite à Lyon, à la charge de demander aux corps administratifs de cette ville une réponse prompte et décisive.

« Fait à Grenoble, le 4 juillet 1793, l'an 2° de la République Française. Signé : Dubois-Crancé, Gauthier. »

Le Procureur Général Syndic ouï, le Conseil a arrêté qu'expédition de la déclaration ci-dessus serait de suite envoyée à la Commission Populaire, pour, d'après cette communication et son résultat, être statué ce qu'il appartiendra.

Il a été fait lecture d'une lettre signée Cozon, Marrel et Brochet, dont la teneur suit :

« Lyon, le 5 juillet 1793, l'an 2° de la République.

« Citoyens,

« Le peuple entier du département de Rhône-et-Loire ayant déclaré, par ses représentans, que les décrets, depuis le 31 mai, ne peuvent avoir force de loi ni arrêter le cours de la justice, le tribunal criminel, qui reconnaît la souveraineté du peuple, de qui il tient tous ses pouvoirs, se soumet à l'injonction qui lui est faite. Il déclare, en conséquence, qu'il continue ses fonctions, que tous les prévenus accusés de crimes et dont les procédures sont parvenues au greffe jusqu'à ce jour, seront jugés dans la session de ce mois. Mais deux juges, ceux de Montbrison et de St-Etienne, manquent au Tribunal, il est incomplet depuis le commencement de ce trimestre, nous prions le département de les engager à se rendre à leur poste le plutôt possible et de donner connaissance de cette lettre à la Commission Populaire Républicaine et de Salut Public. Salut et fraternité. Signé : Cozon, président du tribunal criminel, Brochet, accusateur public, et Marel, h. de loi, délégué par le tribunal du district de Lyon pour remplir les fonctions de juge près le tribunal criminel pendant le trimestre. »

Le Conseil, considérant qu'à la forme de l'instruction de l'Assemblée Nationale sur les fonctions des assemblées administratives du

12 aoust 1790, s'il s'agit de prévarications criminelles susceptibles d'une peine afflictive ou infamante, le Directoire doit envoyer l'affaire aux tribunaux ; vu les procès-verbaux rédigés par le département, le district et le comité des sections réunies, des événemens malheureux qui se sont passés dans la journée du 29 mai dernier, les attentats commis contre les autorités constituées, les abus de pouvoir, les complots de conspiration contre les sections de cette ville ainsi que contre la sûreté des propriétés et des personnes, les provocations au meurtre et au pillage qui ont préparé et amené ladite journée, les meurtres qui ont été commis, et attendu que les charges et informations indiquent que les principaux moteurs de ces crimes sont la majorité des membres de la municipalité et du conseil général de la commune qui existait à cette époque, quelques membres du district et du département, tous ceux du tribunal de district de la ville, un commissaire ordonnateur des guerres, des commissaires du pouvoir exécutif; le Procureur Général Syndic ouï, le Conseil arrête que l'accusateur public est autorisé, à la forme de la loi, de les poursuivre devant le tribunal criminel, conformément aux lois.

Vu la délibération du conseil général provisoire de la commune de Lyon, y joint l'avis du district, le Procureur Général Syndic ouï, le Conseil arrête, qu'en persistant à la commise donnée au citoyen Rozier, administrateur de ce département, pour se transporter, avec un membre de la commune de Lyon, près les autorités constituées de Dijon, aux fins d'obtenir la libre circulation et le relâche des grains et farines destinées pour l'approvisionnement de la ville de Lyon, par l'entremise du citoyen Micard, son préposé, qu'en cas de difficultés et d'opposition, la commune de Lyon est et demeure autorisée à intervenir et à intenter instance pour obtenir la main-levée de la saisie énoncée dans la délibération susdite.

COUTURIER. GONON S.-F., secrétaire général (1).

Le samedi six juillet 1793, l'an 2º de la République, les administrateurs composant le Conseil Général du département de Rhône-et-Loire, en surveillance permanente, réunis en séance publique, où étaient les citoyens Dubost, président, Couturier, Belville, Bonamour, Ferrand, Borde, Santallier, Sauzéas, Buiron-Gaillard, Richard aîné, Delacroix, administrateurs, Meynis, procureur général syndic, et Gonon, secrétaire général.

Le Président a décacheté une lettre sous le cachet de la Commission Populaire de cette ville; elle contenait l'envoi d'un arrêté dont la teneur suit :

« Instruit que Dubois-Crancé a donné des ordres pour faire acheter
« à Lyon tous les légumes possibles et les faire passer en toute
« diligence à Valence.

« Instruit qu'il a également donné des ordres à Lyon pour faire
« passer au même endroit tous les objets nécessaires à y former un
« hôpital militaire.

(1) La signature du président Dubost a été biffée.

« Instruit qu'il tient sur la route de Lyon à Valence des satellites,
« avec ordre d'arrêter tous les voyageurs munis de passeports de
« Lyon, ce qui compromet d'autant plus l'ordre public qu'il y a une
« infinité de négocians que leurs affaires appelent nécessairement à
« la foire de Beaucaire.

« Ne pouvant donc douter de l'intention perfide de ce soi-disant
« représentant du peuple de porter toutes les forces possibles et de
« les disposer de manière à empêcher l'arrivée de nos braves frères de
« Marseille.

« Ne pouvant douter que la rage de ce scélérat ne le porte à arrêter
« toutes les provisions quelconques pour son armée particulière, au
« préjudice même des troupes de la République aux frontières ; le
« conseil général de la commune, d'après les instructions qu'elle a
« reçu de son comité de Sûreté Générale,

« Arrête qu'elle s'oppose au passage de tous les objets quelconques,
« soi-disant destinés pour les armées, la sûreté de notre cité le
« demandant impérieusement.

« Cependant, le conseil général a cru devoir différer de donner des
« ordres à cet égard jusqu'à ce que la Commission Populaire Répu-
« blicaine et de Salut Public du département de Rhône-et-Loire y ait
« donné son approbation.

« Le comité de Sûreté Générale, vu l'urgence, attend à cet égard la
« plus prompte détermination.

« Les comités de Sûreté Générale et Militaire réunis, sont chargés
« de le faire savoir de suite à laditte commission.

« Fait en conseil général, le 5 juillet 1793, l'an deuxième de la
« République.

« La conduite en la municipalité approuvée, et sur l'arrêté renvoyé
« au comité de Sûreté Générale pour faire son rapport incessamment,
« et cependant l'arrêté de la municipalité provisoire sera provisoire-
« ment exécuté. 5 juillet 1793, l'an 2º de la République. Signé :
« Raymond.

« Copie conforme, signé : Clerjon, président. »

Ouï le Procureur Général Syndic en ses conclusions, le Conseil arrête qu'il sera enregistré pour être exécuté selon sa forme et teneur.

Délibérant ensuite sur l'exécution de l'arrêté de la Commission Populaire, etc., du jour d'hier, relatif à un envoi de troupes à St-Etienne ; le Procureur Général Syndic ouï, le Conseil a arrêté qu'il serait écrit au district de St-Etienne la lettre suivante :

« Lyon, le 6 juillet 1793, l'an 2º de la République.

« Les administrateurs du département de Rhône-et-Loire aux
« administrateurs du district de St-Etienne.

« Sur la nouvelle qui est parvenue à la Commission Populaire
« Républicaine et de Salut Public de Rhône-et-Loire que votre
« district était en proye à quelques agitations et notamment la ville
« de St-Etienne et ses environs, et, sur la demande qui lui a été faite
« d'une force armée pour protéger l'exécution des mesures que les
« autorités constituées doivent prendre pour assurer la tranquillité
« publique, elle a pris un arrêté qui charge notre administration de

« vous envoyer et de mettre à votre disposition une force armée
« suffisante pour l'exercice de votre surveillance. Nous vous préve-
« nons, qu'en conséquence de cette disposition, nous avons donné
« les ordres nécessaires pour faire partir soixante hommes montés du
« 3° escadron du 9° régiment des chasseurs à cheval, en garnison
« dans cette ville, dont vous pourrés faire usage suivant les circons-
« tances et notamment pour l'exécution de l'article 4 de l'arrêté de
« la commission du 4° et 5° du présent, dont nous vous faisons
« passer copie.
 « Nous vous prions, au surplus, d'apporter la plus active surveil-
« lance à empêcher les effets des discours et propos séditieux qui se
« répandent dans vos campagnes et parmi le peuple de la ville de
« St-Etienne, vous connaissés les dangers où vous exposerait une
« insouciance coupable dans des circonstances aussi impérieuses, où
« le vœu de la commission s'est énoncé d'une manière aussi
« éclatante. »

Et que de suite, il serait donné une réquisition au commandant des dragons de faire marcher 60 hommes montés.

Un des secrétaires de la Commission Populaire a communiqué et laissé sur le bureau trois arrêtés de cette commission, des 2 et 4 de ce mois, dont la teneur suit :

« Extrait des arrêtés de la Commission Populaire Républi-
 « caine et de Salut Public de Rhône-et-Loire, séante à
 « Lyon, le mardi 2 juillet 1793, l'an 2° de la République,
 « à 3 heures de relevée.

« Un membre, au nom des comités réunis, a fait le rapport et a
« présenté le projet d'arrêté suivant, dont la Commission a ordonné
« l'insertion en entier dans son procès-verbal.
 « La Commission Populaire Départementale Républicaine et de
« Salut Public, a renvoyé à son comité de Sûreté Générale deux
« lettres déposées sur son bureau par un membre de l'administration
« du département; une de ces lettres, signée Desparro, directeur des
« transports militaires de la République à Lyon, qui informe les
« citoyens administrateurs du Directoire du département de Rhône-
« et-Loire, qu'il est arrivé dans cette ville et à son adresse, le 27 juin,
« douze mille boulets, venant d'Auxonne et destinés pour l'artillerie à
« Grenoble; le citoyen Desparro témoigne son étonnement sur ce que
« le conseil général de la commune provisoire n'a pas permis que ces
« munitions de guerre sortissent de l'arsenal de cette ville, et que
« cette arrestation pourrait importer essentiellement aux opérations
« de l'armée; il demande que les administrateurs fassent cesser le
« plus promptement possible ces obstacles, en faisant délivrer la
« permission de faire suivre à ces munitions leur destination,
« et que, dans le cas où les administrateurs approuveraient le refus du
« conseil général de la commune, il lui soit délivré expédition des
« arrêtés qui seraient pris à ce sujet, pour la décharge de sa respon-
« sabilité et pour pouvoir rendre compte à l'administration qu'il
« représente de la non exécution de ce transport, dont le ministre l'a
« spécialement chargé. La seconde lettre, signée par les officiers
« municipaux provisoires, Faydi et Royer, et adressée en réponse au

« citoyen Desparro, porte que le conseil général de la commune ayant
« décidé que les douze mille boulets resteraient dans nos murs
« jusqu'à nouvel ordre, elle requérait très expressément de les laisser
« dans les batteaux au port de l'Arsenal, sous la sauvegarde des
« sentinelles.

« Les administrateurs du département, par l'organe d'un de ses
« membres, vous ont témoigné, citoyens, que l'administration regar-
« dant cette affaire comme étant d'une très grande importance dans
« les circonstances actuelles, où le département de Rhône-et-Loire
« est journellement menacé d'hostilités par Dubois-Crancé et Albite,
« elle en référait à la Commission Populaire et Républicaine et de
« Salut Public. Vos comités réunis ont discuté longuement et avec
« chaleur cette affaire importante; prévenus qu'elle avait été de
« même discutée dans les sections de cette cité, ils ont jugé conve-
« nable de faire demander des renseignemens positifs aux deux
« officiers municipaux provisoires, signataires de la lettre; ils ont fait
« réponse que cette arrestation, au moment où elle fut faite, avait
« paru à tous les membres de la municipalité provisoire un moyen de
« sûreté générale. Vos comités réunis ont pesé toutes les raisons pour
« et contre et ont été d'avis que tous les obstacles devaient cesser,
« que les douze mille boulets devaient avoir leur destination, et que
« le département de Rhône-et-Loire ne pouvait plus, sous aucun
« prétexte et sans une responsabilité majeure, arrêter des munitions
« de guerre qui, d'un moment à l'autre, pouvaient devenir d'une
« nécessité absolue pour les armées; qu'en bons républicains, nous
« devions, au contraire, prouver à nos braves frères d'armes sur les
« frontières que nous sommes incapables de mettre le plus léger
« obstacle au succès de nos armes, que nous pensons assez bien des
« troupes républicaines et de nos braves camarades, pour être
« intimement convaincus qu'ils ne feront jamais usage, contre leurs
« frères du département de Rhône-et-Loire et de tous autres dépar-
« temens, des armes dont nous faciliterons de tous nos moyens la
« translation.

« La discussion s'est ouverte; un officier municipal provisoire de
« Lyon, présent à la séance, a demandé qu'il lui fût permis de faire
« lecture de deux lettres qui attestent en tout genre la pénurie de
« l'armée des Pyrennées-Orientales, qui l'a réduite à la nécessité
« affligeante, pour les soldats libres de la République, d'abandonner
« Bellegarde à la soldatesque du tyran d'Espagne.

« Un membre avait demandé la division de l'arrêté proposé par les
« comités, en ce qui concerne l'armée des Pyrennées-Orientales et celle
« de Dubois-Crancé et Albite; mais la commission, forte de ses prin-
« cipes, de sa conscience, de son dévouement à la République, des
« sentimens de ses frères du département et des armées, a adopté
« l'arrêté ci-dessus, proposé par ses comités, et en a ordonné l'im-
« pression et l'envoi aux armées. Extrait collationné, signé Raymond
« et Loyer, secrétaires.

« Séance du 4 juillet 1793, l'an 2ᵉ de la République Française,
« reprise à dix heures et demi du soir.

« La commission, ayant assisté à la promulgation de l'arrêté répu-
« blicain qu'elle a prise dans la séance de ce soir, est rentrée dans la
« salle ordinaire de ses séances, et là, à dix heures et demie de

SÉANCE DU 6 JUILLET 1793.

« relevée, le Président a ouvert une troisième séance pour l'employer
« à prendre des mesures de sûreté générale.

« A l'instant, une députation des sections réunies de la ville de
« Lyon a été introduite, l'orateur, après avoir obtenu du Président la
« parolle, a dit : Citoyens, vous venés de montrer que vous êtes dignes
« de la confiance du peuple, nous venons vous le dire au nom de nos
« sections, non pour vous flatter, mais pour vous encourager. La
« mesure que vous avés adoptée est juste et énergique, c'est la seule
« qui puisse sauver la République, elle frappera nos tyrans de
« terreur, elle versera le baume de l'espérance dans le cœur de nos
« frères opprimés Citoyens, nos ennemis osent encore se montrer,
« ils ne sont forts que de notre indulgence ; il est tems que la sévérité
« de la justice remplace une honorable générosité ; il est tems que le
« glaive de la loi soit tiré de son fourreau ; la calomnie circule en vain
« dans nos campagnes, ses traits s'émoussent contre les vertus des
« cultivateurs ; nos frères nous ont vû, ils ont apprécié nos senti-
« mens, leurs cœurs nous sont ouverts, notre cause est la leur ; les
« anarchistes, au désespoir d'avoir vu le peuple de Lyon rejetter
« l'infame loi du maximum, cette loi injuste qui ruinait le père
« nourricier de la société, le laboureur, veulent faire périr la superbe
« récolte que la saison nous promet ; ils parcourent les campagnes en
« armes et forcent les départemens voisins à se retirer, on dirait
« qu'ils ont juré de perdre la France par la famine ou par la guerre
« civile, le Néron de la Révolution, Dubois-Crancé, nous menace de
« ses troupes qu'il croit avoir corrompues à force de largesses ; nos
« frères du Midi sont arrêtés sur les bords de la Durance par les
« brigands.

« Les voleurs, les Jacobins, que les assassins Rovère, Bazire ont su
« réunir à Avignon, tous ces lâches, chefs ou soldats, tomberont sous
« les coups des braves guerriers, des frères de Marseille ; il nous serait
« bien doux de pouvoir tresser nos couronnes des lauriers du Rhône et
« des lauriers de la Durance ; citoyens, nous venons vous demander une
« force armée départementale et promptement organisée, une surveil-
« lance active dans les campagnes pour arrêter l'effet des calomnies en
« arrêtant les agitateurs, les habitans de Lyon ne peuvent offrir à la
« Patrie que deux choses, leurs bras et leurs fortunes, l'un et l'autre
« sera dévoué au triomphe de la bonne cause ; dites un mot, nous
« marcherons, faites un signe et nos bourses vont s'ouvrir.
« Représentans des campagnes, nos braves frères, voilà ce que nous
« sommes, voilà ce que nous pensons, transmettés à vos commettans
« ce que vous voyés, dites leur que le peuple de Lyon éprouve le
« besoin de la fraternité et de l'égalité, qu'il rejette avec horreur ces
« loix hideuses, ces taxations arbitraires, qui privent l'agriculteur du
« fruit de ses peines et de ses sueurs ; dites leur enfin que nous ne
« connaissons qu'une seule famille, dont nous voulons qu'ils soient
« les fils aînés puisqu'ils sont les plus utiles.

« Citoyens, quand dans le courant d'une année les législateurs
« avaient fait pas une seule fois quelque chose d'utile, la flatterie qui
« dérobe aux yeux du vulgaire les traits hideux de la tyrannie, la
« flatterie, qui s'est réfugiée dans le giron des Jacobins et dans le sein
« de la Convention désorganisée, invente des fêtes pompeuses, des
« réjouissances simulées, vous, en un seul jour, vous avés
« doublement bien mérité de la Patrie, et la seule fête qu'on ait

« commandé, et la récompense que vous obtenés, c'est d'entendre
« le peuple vous dire, par notre organe : Représentans, vous avés fait
« votre devoir, vous avez juré de mourir pour le maintien de la
« liberté, de l'égalité, de la République une, indivisible, de l'intégrité
« de la représentation nationale, des loix protectrices des personnes
« et des propriétés, vos sermens sont les nôtres, nous jurons de les
« maintenir jusqu'au dernier soupir. »

« Le Président a répondu à la députation : Nous ne voulons rien
« faire à demi, les principes de cette assemblée sont connus, ils
« sont arrêtés, ils sont promulgués ; que cette cité se livre encore
« au doux repos du sommeil et, avant que le jour paraisse, nous
« aurons pris la principale mesure de sûreté générale.

« Les habitans des campagnes ont témoigné, par la bouche du
« citoyen Boisse, l'un d'eux, la vive satisfaction qu'ils ressentaient de
« cette union fraternelle qu'ils allaient renouer avec leurs frères de
« la ville, qui assurerait le bonheur du département et celui peut-être
« de la République entière. La députation a reçu, dans la personne de
« son orateur, le baiser fraternel du président de l'assemblée, les
« campagnes ont voulu plus particulièrement encore signaler leur
« union et le citoyen Boil, plus ancien d'âge, a également donné en
« leur nom le baiser fraternel.

« La députation [retirée], la commission a arrêté que le discours
« prononcé par leur orateur et déposé sur le bureau serait imprimé
« avec le procès-verbal de cette séance.

« Différentes députations s'étant présentées pendant que la
« commission assistait à la promulgation de l'arrêté, elles ont été
« privées de la faculté de faire part de leur vœu ; arrêté que les
« membres de cette assemblée, député des sections de l'Egalité et
« rue Neuve qui ont fait lesdites députations, sont priés de témoigner
« à leurs concitoyens la reconnaissance de l'assemblée.

« La discussion s'est de suite engagée sur les mesures de sûreté
« générale à prendre ; un membre a présenté des mesures très salu-
« taires et applicables aux villes de St-Etienne et St-Chamond.
« Différens projets sont approfondis et discutés, l'arrêté suivant est
« pris.

Article premier.

« La commission ayant déclaré que la Convention Nationale n'est
« ni libre, ni entière, arrête que les corps administratifs et autorités
« constitués supprimeront tout ce qui en émanera et prendront à cet
« égard les mesures nécessaires ; arrête que lesdites autorités,
« tant administratives que judiciaires, ne reconnaîtront et ne trans-
« criront sur leurs registres aucuns décrets ou actes qui leur seraient
« adressé, rendus depuis le 31 mai dernier, jusqu'à ce que la représen-
« tation nationale eut recouvré sa liberté et son intégralité.

Art. 2.

« Le peuple de Rhône-et-Loire s'étant mis en état de résistance à
« l'oppression, il sera levé une force départementale et pour le mode
« de recrutement, la commission renvoie à ses comités réunis pour
« lui présenter, dans le jour, un projet à cet égard, ils prendront à
« cet effet toutes les instructions nécessaires.

Art. 3.

« Les corps administratifs et autres autorités constituées, ensemble
« toutes les sections des communes du département de Rhône-et-
« Loire, sont et demeurent, dès à présent, en état de surveillance
« permanente; arrêté que toutes autres assemblées sont, par forme de
« sûreté générale, suspendues.

Art. 4.

« La fabrication des armes et les arsenaux sont mis sous la
« surveillance immédiate du département de Rhône-et-Loire, du
« district et de la municipalité de la ville de St-Etienne, sans qu'ils
« puissent disposer d'aucune arme avant d'en avoir référé à la
« commission.

Art. 5.

« Il sera envoyé, par l'administration supérieure de ce département,
« aux autorités constituées de St-Etienne, une force armée pour être
« à leur disposition et partager leur surveillance.

« Le Président a levé la séance à cinq heures du matin et l'a
« ajournée à ce soir, deux heures de relevée, 5 juillet 1793, l'an
« 2° de la République.

« Pour extrait collationné, signé Loyer et Raymond, secrétaire.

« Extrait des registres de la Commission Populaire Républi-
« caine et de Salut Public de Rhône-et-Loire, séance
« extraordinaire, dans la nuit du 4 au 5 juillet 1793, l'an
« 2° de la République.

« Les corps administratifs et autres autorités constituées, ensemble
« toutes les assemblées de sections et communes du département de
« Rhône-et-Loire, sont et demeurent, dès à présent, en surveillance
« permanente; arrêté que toutes autres assemblées sont, par forme
« de sûreté générale, suspendues.

« Collationné, signé Morillon, Raymond et Dutroncy, secrétaires. »

Le Conseil arrête que les trois arrêtés seront enregistrés, pour être
exécutés selon leur forme et teneur.

Un des secrétaires de la commission a présenté au Conseil un
extrait de ses délibérations dont la teneur suit :

« Extrait des registres de la Commission Populaire Républi-
« caine et de Salut Public de Rhône-et-Loire.

« Séance du samedi 6 juillet 1893, l'an 2° de la République Française.

« La Commission Populaire Républicaine et de Salut Public de
« Rhône-et-Loire, instruite que des hommes perfides se sont
« répandus dans les communes de ce département, pour y pervertir
« l'esprit public et y semer la méfiance sur les principes et les in-
« tentions de la commission ;

« Considérant que le plus sur moyen de sauver la République
« est l'union de tous les citoyens,

« Arrête que l'administration du département sera invitée à ra-
« peller, par l'intermédiaire des districts, à toutes les municipalités de
« son ressort, l'exécution des loix et décrets antérieurs au 31 mai

« dernier et à leur enjoindre de dénoncer et de faire mettre en état
« d'arrestation tout individu qui ne serait pas muni de passeport
« ou qui tenterait de diviser les citoyens en provoquant la désobéis-
« sance auxdittes loix ou à l'exécution des mesures arrêtées par la
« commission pour le maintien de la sûreté publique.

« Pour extrait collationné, signé Loyer, secrétaire ».

Le Procureur Général Syndic ouï, le Conseil arrête que ledit extrait sera enregistré, pour être exécuté selon sa forme et teneur ; en conséquence, que copie d'icelui sera envoyée aux six districts, à l'effet d'en surveiller l'exécution.

Le même secrétaire a remis l'extrait d'une délibération dont la teneur suit :

« Extrait de la séance du samedi au soir, six juillet 1793.

« La Commission Populaire Républicaine et de Salut Public de
« Rhône-et-Loire,

« Arrête qu'il lui sera donné, dans le plus bref délai, par les auto-
« rités constituées, un état des sommes qui se trouveront dans les
« caisses générales du département, pour ensuite être pris par la
« commission tel parti qu'il appartiendra.

« Défenses sont faites aux receveurs généraux et à tous autres de
« verser jusqu'à nouvel ordre aucune somme dans le Trésor national,
« et de disposer d'aucuns deniers sans l'attache du Département, qui
« prendra les précautions convenables pour que le payement des
« fonctionnaires publics et pensionnaires de la République n'éprouve
« aucun retard. La question sur la disposition des fonds est ajournée
« à lundi prochain.

« Extrait collationné, signé : Raymond et Dutroncy, secrétaires. »

Le Procureur Général Syndic ouï, le Conseil arrête qu'il sera enregistré, pour être exécuté ; en conséquence, que copie d'icelui sera envoyée aux receveurs des six districts, avec invitation de s'y conformer.

Un des secrétaires de la commission a présenté un extrait de ses délibérations dont la teneur suit :

« Extrait des registres de la Commission Populaire Républi-
« caine et de Salut Public de Rhône-et-Loire.

« Séance du samedi matin 6 juillet 1793, l'an 2ᵉ de la République
« Française.

« La commission arrête qu'indépendamment de la force armée de
« deux mille hommes, dont elle a ordonné la formation dans sa
« séance d'hier, il y aura une force armée à cheval, dont le nombre et
« toutes les dispositions nécessaires à son organisation seront
« coordonnés par les autorités constituées, de concert avec les auto-
« rités militaires établis en cette ville.

« Arrête que les chevaux séquestrés par son arrêté d'hier et étant
« au pouvoir du citoyen Seriziat, de Vaise, sont et demeurent à la
« disposition desdites autorités constituées, pour être employés à
« l'équipement de la troupe à cheval, comme encore quelles pour-
« ront faire tous les arrangemens, marchés et exécutions convenables

« pour l'organisation et équipement de l'armée, tant à pied qu'à
« cheval, ainsi que pour sa marche et son entretien. Enjoint aux-
« dittes autorités constituées de veiller sans relâche à l'exécution
« du présent arrêté et d'en rendre compte à la commission dans
« le plus bref délai.

« Collationné, signé: Raymond, Dutroncy, Morillon, secrétaires ».

Le Procureur Général Syndic ouï, le Conseil arrête que ledit extrait sera enregistré; en conséquence, que copie en sera envoyée au district pour le faire passer à la municipalité, qui sera chargée d'en surveiller l'exécution.

Le dimanche sept juillet 1793, l'an 2º de la République, les administrateurs composant le Conseil Général du département de Rhône-et-Loire, en surveillance permanente, réunis en séance publique, où étaient les citoyens Dubost, président, Couturier, Belville, Bonamour, Ferrand, Borde, Santallier, Sauzéas, Delacroix, Richard aîné, administrateurs, Meynis, procureur général syndic, et Gonon, secrétaire général.

Un secrétaire de la Commission Populaire a présenté une invitation du comité de sûreté générale de cette commission, dont la teneur suit :

« Le comité de sûreté générale de la Commission Populaire Répu-
« blicaine et de Salut Public du département de Rhône-et-Loire, ayant
« reçu une dénonciation formelle et signée contre le citoyen Jamson,
« maire de St-Simphorien-de-Lay, et les citoyens Ardenne père et
« fils, dudit lieu, a pensé que lesdits citoyens étaient dans le cas
« prévû par l'arrêté de la commission, en date du 7 juillet 1793, l'an
« second de la République Française, et transmis aux administrateurs
« du département. En conséquence, le comité invite les administra-
« teurs à prendre toutes les mesures nécessaires pour faire mettre à
« exécution ledit arrêté, à l'égard des trois citoyens ci-dessus dénom-
« més, et d'en rendre compte à la Commission.

« Le sept juillet 1793, l'an 2º de la République Française. Burtin,
« président, Populle et J. Mestrat. »

Le Procureur Général Syndic ouï, le Conseil a arrêté qu'il serait fait sur-le-champ une réquisition dans la forme suivante : Les administrateurs du département de Rhône-et-Loire requièrent le commandant de la gendarmerie nationale dudit département de donner des ordres aux brigades de ladite gendarmerie pour que le citoyen Jamson, maire de St-Simphorien-de-Laye, et les citoyens Ardenne père et fils, du même lieu, soient mis en état d'arrestation et conduits dans les prisons de Roanne, à Lyon; requièrent, en outre, de mettre la plus prompte diligence et d'employer toute la force nécessaire pour que l'arrestation des ci-dessus nommés soit faite sous le plus court délai. Fait à Lyon, etc.

Le lundi huit juillet 1793, l'an 2° de la République Française, les administrateurs composant le Conseil Général du département de Rhône-et-Loire, en surveillance permanente, réunis en séance publique, où étaient les citoyens Dubost, président, Couturier, Belville, Bonamour, Ferrand, Borde, Santallier, Sauzéas, Delacroix, Richard, Laurenson, Meynis, procureur général syndic, et Gonon, secrétaire général.

Un membre a fait lecture d'une lettre du citoyen Raymond, secrétaire de la Commission populaire, dont la teneur suit :

« Lyon, le 8 juillet 1793, l'an 2° de la République Française.

« Citoyens,

« Nous vous faisons passer une expédition de l'arrêté que la Com-
« mission vient de prendre relativement aux armes à feu de la ville de
« St-Etienne. Vous voudrés bien le faire mettre à exécution dans la
« journée; un officier municipal de St-Etienne, étant aujourd'hui à
« Lyon, en sera le porteur.
« Nous sommes, avec fraternité, vos concitoyens. Signé : Raymond,
« secrétaire.

« Extrait des registres des délibérations de la Commission Popu-
« laire Républicaine et de Salut Public de Rhône-et-Loire.

« Présidence du citoyen Gilibert.

« Séance du lundi 8 juillet 1793.

« 1° Les autorités constituées de la ville de St-Etienne prendront
« les mesures convenables pour faire transférer à l'arsenal de Lyon
« toutes les armes à feu, de guerre, actuellement fabriquées, et pour
« faire transporter tous les huit jours les armes à feu qui seront fabri-
« quées à l'avenir; 2° les autorités constituées de la ville de St-Etienne
« sont provisoirement autorisées à fixer le prix des armes à feu,
« comparativement à la valeur des matières premières et la main-
« d'œuvre; 3° le citoyen Levayer n'ayant pas fait viser sa commission
« au département, il sera tenu de se rendre, dans les vingt-quatre
« heures, auprès du Directoire du département, toutes fonctions lui
« demeurant interdites.

« Collationné. Signé : Florentin Petit et Raymond, secrétaires. »

Le Procureur Général Syndic ouï, le Conseil a arrêté qu'expédition en sera sur-le-champ adressée au district de St-Etienne, pour en surveiller l'exécution, et qu'il sera transcrit sur les registres.

Un secrétaire de ladite commission a présenté et laissé sur le bureau un autre extrait de ladite commission, dont la teneur suit :

« Extrait des registres des délibérations de la Commission Popu-
« laire Républicaine et de Salut Public de Rhône-et-Loire.

« Séance du 8 juillet 1793, l'an 2° de la République.

« Considérant que l'arrêté de la Commission, tendant à faire passer
« les douze mille boulets, peut avoir de grands inconvéniens, en

« raison des dispositions tyranniques et liberticides des proconsuls
« de l'armée des Alpes ;
« Considérant que ces proconsuls ont arrêté la force armée destinée
« pour l'armée des Pyrénées ;
« Considérant qu'il est important que ces munitions arrivent à leur
« véritable destination, c'est-à-dire à la défense des frontières ;
« Arrête que son arrêté du 2 du présent mois, relatif à l'envoi des
« douze mille boulets, sera provisoirement rapporté et qu'il ne sera
« expédié les munitions en question et toutes autres, qu'autant que
« l'arrivée des bataillons du Midi et la dispersion des forces que les
« dictateurs locaux se proposent de leur opposer assureront le pas-
« sage de ces munitions.

« Extrait collationné. Signé : Loyer, secrétaire. »

Le Procureur Général Syndic ouï, le Conseil arrête que ledit extrait sera sur-le-champ transmis à la municipalité de Lyon, par la voye du district, et qu'il sera transcrit sur ses registres.

Plus un autre extrait des délibérations dont la teneur suit :

« Extrait du procès-verbal des séances de la municipalité de Mon-
« tagny, canton de Millery, district de la campagne de Lyon.

« Cejourd'hui premier juillet 1793, l'an 2 de la République Fran-
« çaise, le conseil général de la commune s'étant assemblé dans le
« lieu de ses séances, où se sont trouvés les citoyens Antoine Carron,
« maire, Jean Assada, officier municipal, Robert Morel, Mathieu
« Bernard, Etienne Dusud, Claude Gaudin, Jean Berthaud, tous les
« cinq notables, Rémilly, procureur de la commune, Damien Perret,
« membre de la Commission Populaire.

« Un citoyen a dit que, dans les circonstances où se trouve la Répu-
« blique, il était important de donner la plus grande publicité aux
« délibérations prises par la Commission Populaire et notamment
« aux déclarations qui ont été arrêtées le 4 de ce mois, afin d'éclairer
« les esprits pour les prévenir contre tous les discours des malveil-
« lans. Ledit citoyen pense que la lecture en doit être faite au prône,
« par le citoyen curé, vu que presque tous les citoyens de la commune
« assistent à la messe de paroisse, plutôt que de faire une proclama-
« tion dans les places publiques, parce que la plupart des citoyens se
« rendront, après la messe, dans leurs fonds pour amasser leurs
« récoltes. La matière mise en délibération, il a été arrêté, à l'unani-
« mité, que le citoyen curé serait prié de faire la lecture au prône de
« toutes les délibérations, arrêtés, déclarations, notamment celles du
« 4 juillet, et, en outre, que le citoyen curé inviterait tous les citoyens
« de la commune à exécuter avec exactitude tous les ordres qui
« émaneraient de la Commission Populaire ; la séance a été ajournée
« après la messe.

« Le Conseil Général, ayant repris la séance, a manifesté au citoyen
« curé sa satisfaction sur l'énergie qu'il a mis et dans la lecture et
« dans l'invitation qu'il a faite à toutes les communes de se réunir
« tous autour de la Commission Populaire, de ne faire qu'une seule
« union avec elle et d'exécuter tout ce qui émanerait d'elle.

« Le Conseil Général a déclaré, à l'unanimité, qu'il donnait une
« pleine adhésion à toutes les délibérations, arrêtés et déclarations
« de la Commission Populaire, prie laditte commission de prendre,

« dans les circonstances présentes, les mesures les plus fermes et les
« moyens les plus grands pour assurer le bonheur et la tranquillité
« de la République, offrant pour cela leurs biens et leurs personnes,
« et que les sentimens dont ils sont animés sont ceux de tous les
« vrais républicains, et notamment ceux de la Commission Populaire,
« où on voit dans leurs délibérations cette fermeté, cette énergie qui
« nous rappelle les anciens républicains de Rome, dans les dangers
« les plus grands.

« Au moment où on allait clore la séance, le citoyen maire a dit :
« Citoyens, je dépose sur le bureau un imprimé portant pour
« titre *Projet de constitution du Peuple français*. Il a déclaré
« l'avoir reçu d'un citoyen qui a dit qu'on le lui avait donné au logis
« du Bastion, sans adresse ny enveloppe.

« Le Conseil Général a arrêté que ledit projet de constitution serait
« envoyé de suite à la Commission Populaire, avec le procès-verbal
« de leur séance; qu'aucune lecture ne serait faite dudit projet et
« qu'on tâcherait de prendre des renseignemens pour connaître le
« distributeur dudit projet, et, qu'aussitôt qu'on aurait quelque con-
« naissance, on avertirait la Commission Populaire.

« Fait et arrêté lesdits jour et an que dessus, et ont signé Carron,
« maire, Claude Gaudin, Etienne Dusud, Jean Berthaud, Remilly,
« procureur de la commune; les autres, interpellés de signer, ont
« déclaré ne le savoir. Juliard, secrétaire-greffier.

« 8 juillet 1793, l'an 2° de la République française.

« Séance du citoyen Gilibert.

« La commission arrête que la délibération dont il vient d'être fait
« lecture, sera insérée dans le procès-verbal de la séance; qu'elle
« sera, en outre, imprimée séparément et envoyée, par l'intermédiaire
« des corps administratifs, à toutes les municipalités de ce dépar-
« tement; le Président écrira à la municipalité de Montagny, pour lui
« témoigner la satisfaction de la Commission sur les sentimens qu'elle
« professe. »

Le Procureur Général Syndic ouï, le Conseil arrête que ledit extrait
sera transcrit sur ses registres, pour être exécuté.

Un secrétaire de la Commission a présenté et laissé sur le bureau
un arrêté de cette Commission, dont la teneur suit :

« Extrait des délibérations de la Commission Populaire Répu-
« blicaine et de Salut Public de Rhône-et-Loire, séance du
« 8 juillet 1793, l'an 2 de la République.

« Considérant que les circonstances actuelles exigent impérieuse-
« ment de grandes mesures de sûreté générale et particulière;
« Considérant qu'il est de toute nécessité que les fonctionnaires
« publics soient investis de la confiance;
« Considérant que diverses plaintes graves, énoncées fortement
« dans nombre de pétitions des sections de cette ville, contre le
« citoyen Pilot, directeur de la poste aux lettres, nous ont convaincu
« qu'il n'a point cette confiance, sans laquelle il ne peut occuper cette
« place importante dont dépend peut-être le salut de ce département;
« Considérant que le citoyen Pilot a été porté à cette place par la

« faction désorganisatrice, arrête que le citoyen Pilot sera suspendu
« provisoirement de ses fonctions; charge les corps administratifs de
« faire rendre compte au citoyen Pilot de son administration jusqu'à
« ce jour et de pourvoir à l'exercice provisoire des mêmes fonctions;
« arrête, en outre, que toutes les plaintes et dénonciations faites
« contre le citoyen Pilot seront renvoyées par-devant l'accusateur
« public et les tribunaux qui en doivent connaître, pour ensuite être
« statué ce qu'il appartiendra, et ledit Pilot être destitué s'il y a lieu.

« Extrait collationné. Signé : Loyer, secrétaire. »

Le Conseil, ouï le Procureur Général Syndic en ses conclusions, a arrêté qu'il serait écrit au président de la Commission Populaire [une lettre] dont la teneur suit :

« Les administrateurs du département de Rhône-et-Loire, au
« président de la Commission Populaire Républicaine et
« de Salut Public.

« Nous venons de recevoir l'arrêté qui nous charge de donner un
« successeur provisoire au citoyen Pilot, directeur des postes, dont
« la suspension est prononcée, et d'appurer ses comptes. Nous
« croyons devoir observer que la loi ne nous ayant donné aucun
« pouvoir pour remplacer les directeurs des postes dans aucuns cas,
« elle ne nous permet pas de commettre aucun citoyen pour une
« fonction aussi importante, sans l'agrément du directoire des postes,
« séant à Paris, qui peut seul accepter le cautionnement exigé par la
« loi et en déterminer la quotité. Vous savez que, sur cette partie,
« nous n'avons qu'une simple surveillance à exercer de la ligne qui
« nous est tracée.

« D'après ces principes, citoyen, nous pensons qu'en vertu des
« pouvoirs dont la Commission est revêtue, elle doit pourvoir directe-
« ment au remplacement du directeur des postes et désigner par-
« devant qui ce cautionnement sera reçu. »

Le même secrétaire a présenté et laissé sur le bureau un arrêté de la Commission Populaire, dont la teneur suit :

« Extrait des délibérations de la Commission Populaire Répu-
« blicaine et de Salut Public de Rhône-et-Loire.

« Présidence de Gilibert, du 8 juillet 1793, l'an 2º de la Républi-
« que Française.

« Déclare que, désirant vivre en bonne intelligence avec toutes les
« troupes de la République, elle n'entend point mettre des obstacles
« au passage des convois des subsistances pour les armées et arrête
« qu'elle favorisera, au contraire, par tous les moyens étant en son
« pouvoir, les approvisionnemens qui leur sont destinés, rapporte
« tous les arrêtés qu'elle aurait pû prendre jusqu'à ce jour, en ce
« qu'ils renfermeraient de contraire aux principes que la commission
« vient d'apporter à l'unanimité, enjoint aux corps administratifs
« de veiller à la prompte exécution du présent arrêté, et charge son
« comité de correspondance de faire parvenir, aux généraux des
« armées, la profession de foi de la Commission.

« Extrait collationné, signé Loyer, secrétaire. »

« l'urgence des circonstances, qui [ne] permettent aucun retard dans
« l'exécution des mesures qui intéressent le salut public,
« La commission arrête, à l'unanimité, que son Comité de sûreté
« générale est et demeure autorisé à prendre tous les moyens qu'il
« jugera convenables pour hâter l'exécution de toutes les mesures de
« sûreté générale et particulière ; que le présent arrêté sera de suite
« communiqué aux corps administratifs, afin qu'ils aient à s'y con-
« former.

« Extrait collationné, signé Raymond, Loyer, secrétaires. »

Le procureur général syndic oui, le conseil arrête qu'il sera enregistré pour être exécuté selon sa forme et teneur.

Le sixième dont la teneur suit :

« Extrait des délibérations de la Commission Populaire Républicaine et de Salut Public de Rhône-et-Loire.

« Séance du 9 juillet 1793, l'an 2º de la République.

« La commission, considérant que les loix ont établi sagement une
« ligne de démarcation entre les corps administratifs et les autorités
« judiciaires,
« Considérant qu'il est important au salut public que tous les
« arrêtés pris et à prendre par la commission soient connus légale-
« ment ;
« Considérant que la réunion d'une représentation nationale n'étant
« pas libre et entière, les représentans de ce département réunissent
« tous les pouvoirs nécessaires pour l'administration civile, politique
« et judiciaire du peuple de Rhône-et-Loire, arrête à l'unanimité
« 1º que son Comité de correspondance est autorisé à faire parvenir
« directement aux corps judiciaires tous les arrêtés pris et à prendre
« par la commission ; 2º qu'il est enjoint auxdits corps judiciaires
« de faire lecture, publication, enregistrement et affiche partout où
« besoin sera, dans l'étendue de leur territoire, de tous les arrêtés et
« actes de la commission, qui leur parviendront de la manière
« cy-dessus, pendant tout le tems de sa session et jusqu'à réinté-
« gration d'une représentation nationale libre et entière ; ne pourront,
« lesdits corps judiciaires, entretenir aucune correspondance avec le
« ministre de la Justice, ou tout autre qui le remplacera, jusqu'à la
« réunion d'une représentation nationale libre et entière ; 3º que
« l'administration supérieure du département sera chargée spéciale-
« ment de l'envoi de tous les arrêtés, pris et à prendre par la Com-
« mission, dans les différens districts et municipalités de ce départe-
« tement, et d'en surveiller l'enregistrement, affiche et publication
« dans toute l'étendue de son territoire ; 4º le Comité de correspon-
« dance est spécialement chargé de veiller à l'exécution du présent
« arrêté et d'en rendre compte, à l'effet de quoi il lui sera remis une
« expédition particulière de tous les arrêtés.

« Extrait collationné, signé, Loyer et Raymond, secrétaires. »

Le Procureur Général Syndic ouï, le Conseil arrête quil sera enregistré, pour être exécuté selon sa forme et teneur.

Le Président a fait lecture d'une lettre conçue en ces termes :

« Séance du 9 juillet 1393, l'an 2ᵉ de la République Française, présidence de Gilibert.

« La commission arrête, à l'unanimité, que la fête de la Fédération
« aura lieu le dimanche prochain 14 juillet, dans le chef-lieu du
« département de Rhône-et-Loire ; 2° tous les districts du département
« seront convoqués à cette fête nationale ; 3° on y prononcera les
« trois sermens prêtés par la Commission Populaire dans ses séances
« des 1ᵉʳ, 2 et 4 du présent ; 4° chaque bataillon enverra à ladite
« Fédération trente citoyens soldats, y compris les officiers, sous-
« officiers et tambour ; chaque municipalité y enverra un officier
« municipal ; 5° la commune provisoire de Lyon veillera aux prépa-
« ratifs et à la police de cette cérémonie ; 6° le Comité de sûreté
« générale de la commission présentera incessamment un projet pour
« le cérémonial qui sera observé ; 7° le présent arrêté sera envoyé de
« suite, par des courriers extraordinaires, à tous les chefs-lieux du
« district qui, sans délai, le mettront à exécution et prendront à cet
« égard toutes les mesures nécessaires.

« Extrait collationné, signé Raymond et Loyer, secrétaire. »

Ouï le Procureur Général Syndic en ses conclusions, le Conseil a arrêté que led. arrêté serait sur-le-champ enregistré, imprimé et envoyé par exprès aux districts, pour le faire exécuter dans les municipalités.
Le quatrième conçu en ces termes :

« Extrait des délibérations de la Commission Populaire Répu-
« blicaine et de Salut Public de Rhône-et-Loire.

« Séance du 9 juillet 1793, l'an 2ᵉ de la République Française,
« présidence de Gilibert.

« La Commission arrête qu'il sera à l'instant affiché un ordre pour
« que tous les ouvriers, capables du remuement des terres ou du
« crenellement des maisons, ayent, au moins pendant quatre jours
« consécutifs, à discontinuer tous travaux pour les particuliers et à
« travailler pour le public, sous la direction du citoyen Chenelette,
« chargé de la fortification de la ville de Lyon, lequel demeure
« en outre, conjointement avec le Comité militaire de la ville,
« chargé de régler un émolument en augmentation dudit salaire
« des ouvriers.

« Arrête que le présent arrêté sera sur le champ communiqué à la
« municipalité, qui demeure chargée de son exécution.

« Extrait collationné, signé Loyer, secrétaire. »

Le Procureur Général Syndic entendu, le Conseil a arrêté qu'il sera enregistré pour être exécuté selon sa forme et teneur.
Le cinquième dont la teneur suit :

« Extrait des registres de la Commission Populaire Républi-
« caine et de Salut Public de Rhône-et-Loire.

« Séance du 9 juillet 1793, l'an 2ᵉ de la République Française,
présidence de Gilibert.

« Sur le rapport fait par le Comité de sûreté générale et attendu

« Les commissaires sont autorisés à mettre en état d'arrestation
« toutes personnes suspectes professant l'anarchie et excitant le
« trouble.

« Les commissaires sont chargés de donner protection et sûreté aux
« autorités constituées de la ville et district de St-Etienne ; ils seront
« spécialement chargés d'accélérer l'envoi à Lyon des fusils de guerre
« actuellement fabriqués et de faire accompagner l'envoi par la force
« armée.

« Les commissaires sont autorisés à requérir les autorités consti-
« tuées ainsi que la force armée, auxquelles il est enjoint d'obéir.

« La commission met sous la sauvegarde du peuple de Rhône-et-
« Loire le citoyen Lesterpt, Beauvais, représentans du peuple, en
« commission à St-Etienne, ainsi que les membres non suspects des
« autorités constituées de la ville et district de St-Etienne.

« Extrait collationné, signé Raymond et Loyer, secrétaires. »

Le Procureur Général Syndic ouï, le Conseil a arrêté que ledit extrait serait enregistré. En conséquence, que copie d'icelui serait sur-le-champ envoyée à la municipalité de Lyon, par l'intermédiaire du district, et que réquisition serait faite à l'officier commandant l'arsenal, afin qu'il fut procédé de suite à l'exécution dudit arrêté.

Le second dont la teneur suit :

« Extrait des délibérations de la Commission Populaire Ré-
« publicaine et de Salut Public de Rhône-et-Loire.

« Séance du neuf juillet 1793, l'an 2º de la République Française,

« Sur ce qu'un des membres de cette assemblée a exposé que plu-
« sieurs des citoyens qui la composent sont appelés aux fonctions
« de juré, soit d'accusation, soit de jugement, et qu'ils ne peuvent à
« la fois faire le service de juré et remplir les fonctions importantes
« auxquelles ils sont appelés comme membres de cette commission,

« Arrête que, pendant la tenue de cette assemblée, aucuns des
« citoyens qui la composent n'en pourront être distraits, soit pour le
« service de juré, soit pour aucunes autres fonctions ; en conséquence,
« que ceux des membres qui sont placés sur la liste des jurés en
« seront rayés et remplacés, et sera, le présent arrêté, envoyé au Pro-
« cureur Général Syndic du Département, et par le département aux
« procureurs syndics des districts.

« Extrait collationné, signé Loyer, secrétaire. »

Le Procureur Général Syndic ouï, le Conseil a arrêté qu'il serait enregistré ; en conséquence, que copie d'icelui serait sur-le-champ imprimé et envoyé au procureur syndic de chaque district, pour surveiller son exécution.

Le troisième dont la teneur suit :

« Extrait des registres des délibérations de la Commission
« Populaire Républicaine et de Salut Public de Rhône-et-
« Loire.

Le Conseil arrête qu'il sera enregistré pour être exécuté.

Un secrétaire de la Commission Populaire a présenté et remis sur le bureau, l'arrêté dont la teneur suit :

« Extrait des délibérations de la Commission Populaire Républicaine et de Salut Public de Rhône-et-Loire.

« Séance du 8 juillet 1793, l'an 2ᵉ de la République Française.

« La Commission, d'après tous ses précédens arrêtés sur la force
« départementale et les moyens de résistance qu'elle veut opposer à
« l'oppression, arrête qu'il sera établi un camp sous les murs de la
« ville de Lyon.

« Arrête qu'il y aura un général en chef qui sera chargé de la for-
« mation de son état-major et de la nomination de tous les officiers
« généraux.

« La Commission a nommé et nomme à l'unanimité, pour général
« en chef de l'armée départementale, le citoyen Perrin Pressy.

« Elle charge son comité de sûreté générale de donner, sans
« délai, connaissance du présent arrêté au citoyen Perrin Pressy et
« de mettre à cet égard la plus grande diligence.

« Extrait collationné, signé Loyer, secrétaire. »

Sur ce, le Procureur Général Syndic ouï, le Conseil a arrêté que ledit extrait serait enregistré, pour être exécuté selon sa forme et teneur.

Le lundi neuf juillet 1793, l'an 2ᵉ de la République Française, les administrateurs composant le Conseil Général du département de Rhône-et-Loire, en surveillance permanente, réunis en séance publique, où étaient les citoyens Dubost, président, Couturier, Belville, Bonamour, Ferrand, Borde, Santallier, Sauzéas, Delacroix, Richard aîné, Meynis, procureur général syndic, et Gonon, secrétaire général.

Un des secrétaires de la Commission Populaire a présenté et laissé sur le bureau huit arrêtés. Le premier conçu en ces termes :

« Extrait des délibérations de la Commission Populaire Répu-
« caine et de Salut Public de Rhône-et-Loire.

« Séance du 9 juillet 1793, l'an 2ᵈ de la République Française, présidence de Gilibert.

« La commission, instruite que les anarchistes et malveillans
« oppressent les corps constitués de la ville et du district de St-Etienne ;
« considérant que l'intérêt de la République commande la plus exacte
« surveillance sur les arsenaux et les fabriques d'armes de St-Etienne,
« arrête qu'il sera envoyé sur le champ dans la ville de St-Etienne
« un bataillon, au grand complet, des gardes nationales de la ville de
« Lyon et quatre pièces d'artillerie. Le département est chargé de
« veiller à l'exécution prompte de cet arrêté. Le bataillon sera accom-
« pagné par deux commissaires civils qui seront choisis par le comité
« de Sûreté de la Commission. La force armée sera à leur disposition
« et sous leurs ordres immédiats.

« Du quartier général de Grenoble, le 8 juillet 1793, l'an 2° de
« la République une et indivisible.

« Le général d'armées des Alpes et d'Italie aux citoyens adminis-
« trateurs du département du Rhône-et-Loire.

« Citoyens,

« J'ai appris avec un grand étonnement, à mon retour de cette
« ville, l'opposition que vous mettés à la sortie du 3° escadron du
« 9° régiment de dragons, que je n'avais laissé que momentanément
« à Lyon, et dont la jonction aux deux autres est urgente pour la
« sûreté des frontières de la République.

« L'entrepreneur de la viande pour l'armée m'a instruit que vous
« aviés arrêté et emprisonné un agent de cette administration.

« Le directeur général des hôpitaux militaires m'a également rendu
« compte que vous avés deffendu la sortie des ustensiles d'ambulance
« qu'il avait eu ordre de faire passer à Valence.

« Je me demande quels peuvent être les motifs d'une telle conduite,
« et certes je ne puis les trouver dans le républicanisme que je vous
« ai entendu professer hautement. L'unité, l'indivisibilité de la Répu-
« blique ne tiennent-elles pas à la sûreté des frontières, dans la
« grande cause que nous défendons? Comment des citoyens français,
« des autorités constituées, peuvent-ils entraver les opérations mili-
« taires, contre le texte formel des loix? Ou la responsabilité n'est
« qu'un vain mot (et rien ne doit l'être dans la République), ou nulle
« autorité ne peut entreprendre ce qui nuit à la sûreté générale.

« J'ai donné ordre de transférer sur-le-champ, de Lyon à Grenoble,
« ce qui existe dans cette première ville de subsistances militaires,
« d'armes et munitions de guerre et d'autres effets destinés à l'armée
« des Alpes. Les circonstances ne permettant pas d'approvisionner
« les armées au-delà du nécessaire dans des dépôts de prévoyance,
« il est devenu indispensable de porter aux entrepôts de la frontière
« où elles combattent tout ce qui est acheté et rassemblé pour leurs
« besoins. Je ne doute pas que, loin de mettre des entraves aux ordres
« que je donne pour le service de l'armée des Alpes, vous ne vous
« empressiés d'en assurer l'exécution. Si l'armée manquait des moyens
« qui lui sont nécessaires, je serais forcé de la retirer des frontières et
« de la porter dans le pays où elle serait assurée de trouver ces
« moyens. Pensés même aux désordres qui en pourraient résulter,
« malgré la sévérité de la discipline que je m'efforcerais d'établir;
« serait-il possible de contenir une armée dans un tel état? Vous
« trouvés dans l'histoire tout ce qui en résulte de malheurs.

« Nous avons juré de sauver la République, et nous la sauverons :
« mais ce n'est que par la plus inaltérable union de tous les Français; et
« les magistrats du peuple doivent être les plus pénétrés de cette
« vérité et le prouver, la propager par leurs actions. Quant à moi,
« chef des soldats de la République, je répète, avec toute l'armée que
« je commande, le serment de l'obéissance aux loix et décrets de la
« Convention Nationale. Je me résume et vous demande la libre sortie
« du 3° escadron du 9° régiment de dragons, et pour tous les tems
« celle des subsistances militaires de tout genre et de l'artillerie et
« munitions destinées à l'armée des Alpes. Je suis sûr que vous
« sentirés l'importance de ces mesures et que l'armée ne sera jamais

« réduite, par vos refus, au parti qui seul pourrait lui faire trouver
« ses besoins.

« Vous tenés en arrestation le général Cerisia, l'agent de l'adminis-
« tration de l'entreprise des viandes de l'armée, et divers autres
« membres de l'armée des Alpes; de plus, vous avés arrêté et inter-
« cepté l'envoi des armes que la fabrique de St-Etienne a ordre de
« me fournir, et, par dessus tout, vous avés fait enlever à cette
« manufacture le représentant du peuple chargé d'y veiller, par la
« Convention; quelle peut-être, citoyens, votre intention? Mandés-le
« moi, je vous prie, éclairés-moi, s'il vous plait, sur cette conduite
« incroyable, et par la remise immédiate en liberté des citoyens que
« je réclame et le passage libre des objets relatifs aux besoins de
« l'armée. J'attends votre réponse par le même courier.

« Vive la République une et indivisible. Signé : Kellermann. »

Le Conseil, après en avoir conféré par députation avec le Comité de Rapports et de Sûreté Générale de la Commission Populaire, ouï le Procureur Général Syndic en ses conclusions, a arrêté qu'il serait écrit la lettre suivante au général Kellermann :

« Lyon, le 9 juillet 1793. l'an 2º de la République.

« Les administrateurs du département de Rhône-et-Loire au
« citoyen Kellermann, général de l'armée des Alpes.

« Nous venons de recevoir votre lettre du 8 du courant, dont la lec-
« ture nous a vivement affecté. Vous nous adressés des reproches que
« nous n'avons mérité sous aucun rapport.

« Malgré les inquiétudes des citoyens et le désir qu'ils avaient de
« conserver dans les murs de Lyon une nombreuse artillerie, nous
« avons pris un arrêté, en date du 6 juin dernier, qui laisse au sous-
« directeur d'artillerie la faculté de disposer librement de tous les
« effets de guerre qui se trouvent dans l'arsenal, à la réserve de
« 20 pièces de canon du calibre de 4, qui sont absolument nécessaires
« pour maintenir la tranquillité publique. Vous avés ci-jointe une
« copie de cet arrêté; voilà, citoyen, les seuls objets dont la sortie
« n'a pas été permise.

« Nous n'avons pas connaissance qu'il existe la moindre opposition
« au transport de tout ce qui peut être utile aux armées; nous sentons
« comme vous que le plus léger retard dans leur approvisionnement
« peut avoir les plus dangereuses conséquences, et nous nous ferons
« toujours un devoir de les faciliter par tous les moyens qui sont en
« notre pouvoir.

« C'est dans ces vues, c'est pour protéger efficacement la
« libre circulation des vivres de votre armée et autres objets, que nous
« avons été contraints de conserver ici le 3º escadron du 9º régiment
« de dragons, que vous aviés mis à notre disposition.

« Dans un moment où la loi sur le maximum des grains occasionne
« une disette momentanée, nous avons beaucoup de mouvemens à
« réprimer, et comment le ferions-nous sans moyens coërcitifs; les
« dragons seuls peuvent se porter dans les campagnes et opérer le
« bien public, que nous désirons aussi ardemment que vous.

« D'après ces éclaircissemens, citoyen, nous pensons que vous
« n'hésiterés pas à laisser cette troupe dans notre département. Quant

« aux arrestations dont on se plaint, nous n'en avons aucune connais-
« sance et nous n'y avons eu aucune part. Les citoyens qui se
« plaignent se sont sans doute rendus coupables de quelques délits
« particuliers, qui sont du ressort des tribunaux. En ce qui concerne
« le citoyen Sériziat, nous devons vous dire qu'il n'est point en état
« d'arrestation, mais que la Commission Populaire Républicaine et
« de Salut Public, composée des députés de tous les cantons du
« département, l'a seulement invité à lui faire connaître l'objet de sa
« mission et à rester quelques jours dans la cité pour tranquilliser les
« citoyens et les rassurer sur ses démarches.

« Nous finissons, citoyen, en vous déclarant que, fidèles à nos
« serments, nous maintiendrons l'unité et l'indivisibilité de la Répu-
« blique ; que nos principes n'ont jamais varié sur ce point et que, si
« on vous fait des rapports calomnieux sur notre conduite, vous
« devés les repousser avec indignation, parce que les auteurs ont
« nécessairement des intentions perfides. Comme vous, citoyen, nous
« voulons le salut de la République ; comme vous, nous désirons que
« les armées soient à même de vaincre ses ennemis ; comme vous,
« nous voulons l'union et la paix entre tous les citoyens français, et
« nous espérons que bientôt les divisions cesseront. Toutes nos
« démarches, toutes nos actions tendent à ce but ; c'est la réponse
« que nous faisons à nos détracteurs. La Commission de Salut Public
« professe les mêmes principes et, sans doute, elle ne négligera rien
« de tout ce qui peut intéresser la République et elle vous prouvera
« que si les armées souffrent par défaut de subsistances, on ne pourra
« pas l'accuser d'en être la cause. Cette commission, qui réunit dans
« ce moment tous les pouvoirs, vous écrit par la même occasion pour
« vous satisfaire sur toutes vos demandes.

« Recevés l'assurance de nos sentimens fraternels. »

Le septième conçu en ces termes :

« Extrait des délibérations de la Commission Populaire Répu-
« blicaine et de Salut Public de Rhône-et-Loire, séance
« du 9 juillet 1793, l'an 2° de la République.

« La commission, après avoir mûrement pesé les inconvéniens qui
« pourraient résulter de ne pas renvoyer à leur destination les caisses
« d'assignats provisoirement arrêtées par la municipalité provisoire
« de Lyon, entre les mains du directeur des coches et diligences de
« la même ville, par réquisition du 8 de ce mois,

« Arrête que lesdites caisses d'assignats suivront leurs destinations
« et chaque envoi sera accompagné d'un acquit à caution qui sera
« rapporté dans le délai convenu.

« Le présent arrêté sera, sur-le-champ, remis au département, pour le
« faire parvenir sans délai à la municipalité provisoire de Lyon et autres
« autorités constituées, qui demeurent chargées, chacunes en ce qui
« les concerne, de le faire exécuter selon sa forme et teneur. »

« Extrait collationné. Signé : Loyer et Raymond, secrétaires. »

Le Procureur Général Syndic ouï, le Conseil arrête qu'il sera
enregistré et que copie d'icelui sera envoyée sur-le-champ à la
municipalité de Lyon, pour le faire exécuter selon sa forme et teneur.

Le huitième, dont la teneur suit :

« Extrait des délibérations de la Commission Populaire Répu-
« blicaine et de Salut Public de Rhône-et-Loire.

« Séance du 9 juillet 1793, l'an 2ᵉ de la République.

« Considérant que le chef-lieu du département de Rhône-et-Loire
« est menacé par l'armée à laquelle Dubois-Crancé est attaché comme
« commissaire, qu'il est instant d'y porter le plus de forces possible;
« Considérant, d'autre part, que les campagnes ne peuvent en ce
« moment être dégarnies; que les levées des récoltes y nécessitent la
« présence de tous les habitans;
« Considérant enfin que l'on ne peut dégarnir entièrement les chefs-
« lieux de districts, attendu qu'il serait impolitique de les laisser
« exposer aux projets des factieux qui peuvent s'y répandre,
« Arrête que l'administration du département requérera de suite,
« parmi les gardes nationales des chefs-lieux de district et de cantons
« ou autres villes, bourgs, dont la population excédera deux mille
« âmes, le plus de forces que les circonstances permettront, sans
« toutefois nuire à la sûreté locale, autorisant l'administration à
« faire fournir aux troupes en marche l'étape et les convois usités.

« Extrait collationné. Signé : Loyer et Raymond, secrétaires. »

Le Procureur Général Syndic ouï, le Conseil arrête qu'il sera enregistré et qu'il en sera délibéré incessamment.

Le mercredi dix juillet 1793, l'an 2ᵉ de la République, les administrateurs composant le Conseil Général du département de Rhône-et-Loire, en surveillance permanente, réunis en séance publique, où étaient les citoyens Dubost, président, Couturier, Belville, Bonamour, Santallier, Sauzéas, Delacroix, Richard aîné, administrateurs, Meynis, procureur général syndic, et Gonon, secrétaire général.

Un des secrétaires de la Commission Populaire a présenté et laissé sur le bureau un arrêté dont la teneur suit :

« Extrait des registres des délibérations de la Commission
« Populaire Républicaine et de Salut Public du départe-
« ment de Rhône-et-Loire.

« Des réclamations s'étant élevées de toute part sur la disette des
« grains, et les comités ayant été chargés d'en pénétrer les causes,
« après avoir entendu leur rapport et après une discussion prolongée
« pendant plusieurs heures, l'assemblée, considérant que plusieurs
« départemens ont déjà senti la nécessité de retirer leurs arrêtés sur
« le maximum des grains, parce qu'en resserrant la circulation de
« cette précieuse denrée, ils rendaient les marchés déserts et produi-
« saient les maux incalculables qui résultent de la famine, a arrêté
« que l'administration du département suspendra, dans le plus court
« délai, l'exécution de son arrêté du 19 juin dernier, fixant le maximum
« des grains dans toute l'étendue de son ressort, le charge d'en donner
« avis, par les moyens les plus sûrs et les plus prompts, à tous les
« départemens, avec invitation, au nom du salut public, d'adopter les
« mêmes mesures, s'ils ne les ont déjà prises. »

Le Procureur Général Syndic ouï, le Conseil arrête qu'il sera enregistré; en conséquence, qu'il sera incessamment délibéré sur son contenu.

Le même secrétaire s'est présenté et a laissé sur le bureau huit arrêtés. Le premier dont la teneur suit :

« Extrait des délibérations de la Commission Populaire Républicaine et de Salut Public de Rhône-et-Loire.

« Séance du 10ᵐᵉ juillet 1793, l'an 2ᵉ de la République Française.

« L'assemblée s'étant fait représenter son arrêté du 6 de ce mois, « déclare qu'elle n'a point entendu interrompre le service journalier « des caisses; en conséquence, elle charge les corps administratifs « d'enjoindre à leurs receveurs et payeurs de continuer leur service « intérieur pour les payemens, notamment pour ceux à faire aux « soldats de route. Pour la prompte exécution dudit arrêté, extrait « en sera remis sur-le-champ au département.

« Extrait collationné. Signé : Loyer, secrétaire.

Le Procureur Général Syndic ouï, le Conseil a arrêté qu'il serait enregistré, pour être exécuté; en conséquence que copie d'icelui sera de suite envoyée aux receveurs des six districts, pour s'y conformer. Le 2ᵉ est conçu en ces termes :

« Extrait des délibérations de la Commission Populaire Républicaine et de Salut Public de Rhône-et-Loire.

« Séance du 10 juillet 1793, l'an 2ᵉ de la République Française.

« La commission, considérant que le peuple de Rhône-et-Loire, « s'étant levé pour résister à l'oppression, veut soutenir le mouve-« ment que l'amour de la liberté lui a fait prendre, arrête :

ARTICLE PREMIER.

« Il sera ouvert, dès ce jour, une contribution patriotique dans « chaque commune et section de commune, dans toute l'étendue du « département.

ART. 2.

« La commission a trop de confiance au zèle des citoyens pour « prescrire aucun mode ni aucune mesure coercitive; au nom sacré « de la Patrie, tous les citoyens sont invités à souscrire, en raison de « leur fortune et de l'intérêt qu'ils ont à la sûreté des personnes et des « propriétés.

ART. 3.

« Il sera nommé des commissaires dans chaque commune et section « de commune, pour provoquer et recueillir les souscriptions.

ART. 4.

« Le montant des souscriptions patriotiques recueillies par les « commissaires sera versé, dans le plus court délai, entre les mains « d'un trésorier nommé par les citoyens dans chaque commune et « section de commune, qui versera au fur et mesure de recette dans « la caisse générale établie à Lyon, sous la main et responsabilité du

« citoyen Regny, sequestre provisoire des deniers de la commune de
« Lyon.

Art. 5.

« Il sera fait un tableau, dans chaque commune et section de
« commune, des noms des souscripteurs et du montant des souscrip-
« tions. Ce tableau sera affiché dans la salle des assemblées de
« commune et sections de commune et rendue publique par la voye
« de l'impression.

« Extrait collationné. Signé : Loyer, secrétaire. »

Le Procureur Général Syndic ouï, le Conseil arrête qu'il sera enregistré selon sa forme et teneur et que, de suite, copie en sera envoyée à la municipalité pour surveiller l'exécution.

Le troisième, dont la teneur suit :

« Extrait des délibérations de la Commission Populaire Répu-
« blicaine et de Salut Public de Rhône-et-Loire.

« Séance du 10 juillet 1793, l'an 2° de la République Française.
« La commission a arrêté, ouï le Comité de Correspondance :

Article premier.

« Que le citoyen Santerre, inspecteur général des postes, est et
« demeure nommé, à l'unanimité, pour remplacer provisoirement le
« citoyen Pilot dans les fonctions de directeur des postes de la ville
« de Lyon.

Art. 2.

« Les administrateurs du département sont et demeurent commis à
« l'effet de recevoir provisoirement le cautionnement que doit prêter
« ledit citoyen Santerre, pour sûreté de sa gestion provisoire, jusqu'à
« ce qu'il ait été pris des mesures définitives à cet égard avec l'admi-
« nistration des postes, étant à Paris.

« Le présent arrêté sera, sans délai, mis à exécution, ainsi que celui
« relatif à la supression provisoire du citoyen Pilot.

« Extrait collationné. Signé : Gras et Loyer, secrétaires. »

Le Procureur Général Syndic ouï, le Conseil arrête qu'il sera enregistré, pour être exécuté selon sa forme et teneur.

Le quatrième, conçu en ces termes :

« Le Comité de Sûreté Générale de la Commission Populaire
« Républicaine et de Salut Public de Rhône-et-Loire,

« Considérant qu'à chaque instant les circonstances deviennent
« plus urgentes, qu'il tient essentiellement au salut du département
« et de la République de n'adopter que de grandes mesures, arrête
« qu'il sera placé une pièce de canon du plus gros calibre sur la
« terrasse de Fourvière; que ce canon sera, pour la ville et le dépar-
« tement, le canon d'allarme, qu'il sera toujours prêt à être tiré si les
« circonstances l'exigent; arrête que les districts et communes de ce
« département seront avertis de cette mesure par des couriers dépê-
« chés à cet effet, arrête qu'aussitôt le tocsin sera sonné partout, pour
« annoncer au peuple de Rhône-et-Loire qu'il faut se lever en masse

« pour s'opposer à l'irruption dont nous sommes menacés, pour
« prouver à la France entière que le département de Rhône-et-Loire
« veut résister et résistera à l'oppression; qu'il saura défendre la
« liberté et l'égalité; qu'il saura mourir pour le soutien de la Répu-
« blique une et indivisible, la sûreté des personnes et des propriétés;
« arrête que le présent arrêté sera sur-le-champ envoyé à l'impression,
« pour en être tiré un nombre d'exemplaires suffisant; charge les
« autorités constituées d'aviser à tous les moyens qu'elles jugeront
« convenables pour faire parvenir le plus promptement ledit arrêté
« aux districts et communes du département.

« Arrête qu'on joindra au présent arrêté celui pris dans la séance
« d'hier matin de la Commission Populaire, relatif à la translation
« prompte de tout ce qui tient à l'approvisionnement des armées de
« la République.

« Fait en comité, à Lyon, le 10 juillet 1793, l'an 2° de la Répu-
« blique, signé : Burtin, président du comité, Faux-Montaland,
« Bonamour et J. Mestral.

Le Procureur Général Syndic ouï, le Conseil arrête qu'il sera enregistré, pour être exécuté selon sa forme et teneur.

Le cinquième dont la teneur suit :

« Il est enjoint au comité des Travaux publics d'établir, à la con-
« fection du pont-levis de la Guillotière, le plus grand nombre
« d'ouvriers possible, lesquels ne seront détournés, sous aucun
« prétexte, jusqu'à entier achèvement.

« Le même comité verra s'il est possible d'avoir deux forgeurs
« pour le même pont ; l'un pour faire au plutôt la chaîne, l'autre pour
« ferrer le tablier du pont-levis. Sur le tout, on ne saurait trop presser
« ce travail qui devrait être fini.

« Fait en Comité de Sûreté générale de la Commission Populaire
« Républicaine et de Salut Public du département de Rhône-et-Loire,
« à Lyon, le 10 juillet 1793, l'an 2° de la République. Signé : Burtin,
« président du comité, J. Mestral, Bonamour. »

Le Procureur Général Syndic ouï, le Conseil arrête qu'il sera enregistré, pour être exécuté selon sa forme et teneur, et que copie en
sera transmise à la municipalité, pour en surveiller l'exécution.

Le sixième conçu en ces termes:

« Extrait des délibérations de la Commission Populaire Ré-
« publicaine et de Salut Public de Rhône-et-Loire.

« Séance du 10 juillet 1793, l'an 2° de la République,

« La commission, considérant que les citoyens Pierre-Barthelemi
« Santeyra, du département de la Drôme, et d'Herbes de La Tour,
« natif de Barcelonette, département des Basses-Alpes, sont arrivés
« en cette ville, munis de passeports privés, malgré la loi qui veut
« qu'ils ne quittent leurs séances et ne voyagent qu'avec un congé de
« la Convention;

« Considérant que les citoyens Santeyra et d'Herbes de La Tour,
« ont présenté des motifs de suspicion, en s'enveloppant de mystères
« et en cherchant à éviter les regards des autorités constituées de
« cette ville.

« Considérant que le citoyen d'Herbes a voulu, lorsqu'il a été conduit
« à la maison commune et pendant que son collègue était interrogé,
« anéantir furtivement le passeport qui lui avait été délivré à Trévoux,
« le neuf du présent, ce qui est constaté par le procès-verbal du
« commandant qui était attaché à sa garde.

« Considérant que, lors de l'interrogatoire qu'a fait à ce dernier le
« maire de la municipalité provisoire, et parmi les papiers qu'il lui a
» exhibé, il s'est trouvé une instruction particulière tendante à sortir
« de l'armée des frontières une partie des troupes qui les garnissent,
« pour s'emparer d'une citadelle de l'intérieur et les conduire contre
« nos frères du département des Bouches-du-Rhône, instruction non
« signée, mais reconnue par le citoyen d'Herbes.

« Considérant enfin que Dubois-Crancé a injustement et malicieu-
« sement retenu dans les fers les citoyens Pécollet et Matheron,
« administrateurs des districts de la ville et de la campagne de Lyon,
« qui avaient été envoyés pour fraterniser avec le département du
« Montblanc, et qu'il fait journellement arrêter nos frères de départe-
« mens qui sont attirés à Grenoble par leurs affaires,

« Arrête : 1° que les citoyens Santeyra et d'Herbes de La Tour,
« seront arrêtés et gardés sous la sauvegarde du peuple de ce dépar-
« tement, dans la citadelle de Pierre-Scize, et serviront d'otages, soit
« pour les administrateurs et nos frères arrêtés à Grenoble, soit pour
« nous garantir de toutes les entreprises que pourrait former Dubois-
« Crancé contre les propriétés et la sûreté des personnes de ce
« département; 2° que le citoyen Vernay, officier municipal de
« Trévoux, qui a été arrêté avec les citoyens députés et qui, au
« mépris de la loi, leur a délivré des passeports, sera renvoyé sous
« bonne et sûre garde aux administrateurs composant le département
« de l'Ain, pour être pris par eux tel parti qu'ils aviseront.

« Extrait collationné, signé Loyer, secrétaire. »

Le Procureur Général Sindic ouï, le Conseil a arrêté qu'il sera
enregistré, pour être exécuté selon sa forme et teneur; en conséquence,
que copie en sera transmise à la municipalité, pour en surveiller
l'exécution.

Le septième dont la teneur suit :

« Le comité de Sûreté Générale de la commission départementale
« requiert le département de Rhône-et-Loire, d'ordonner au comité
« Militaire de la municipalité provisoire et au comité Militaire des
« sections réunies, de nommer deux commissaires, à l'effet, par eux,
« de tenir un compte exact de tous les objets d'artillerie, de munitions
« de guerre, qui sont actuellement ou qui peuvent arriver à l'arsenal
« de la ville de Lyon, d'arrêter notamment toutes les gargousses à
« balles qui sont actuellement sur le quay de Saône; que dans aucun
« cas quelconque, rien ne puisse sortir dudit arsenal sans un visa
« desdits commissaires, que le citoyen Gassendi, sous-inspecteur
« dudit arsenal, soit obligé d'obéir à l'ordre du département, sous sa
« responsabilité; que ledit département séquestre de suite les objets
« d'artillerie, notamment canons et affuts qui sont chez les citoyens
« Baury et Pampelonne, fondeurs, dont lesdits commissaires pren-
« dront connaissance et dont il ne pourra sortir aucun objet sans leur
« visa. Lesdits commissaires référeront du tout au comité de Sûreté

« Générale de la Commission Populaire Républicaine et de Salut
« Public de Rhône-et-Loire.

« Fait en comité, à Lyon, le 10 juillet 1793, l'an 2 de la République.
« Signé : Burtin, président du comité, Faure-Montaland, Fréminville. »

Le Procureur Général Syndic ouï, le Conseil arrête qu'il sera enregistré ; en conséquence, que copie en sera transmise à la municipalité pour en surveiller l'exécution.

Le huitième dont la teneur suit :

« Extrait des délibérations de la Commission Populaire Répu-
« blicaine et de Salut Public de Rhône-et-Loire.

« Séance du 18 juillet 1793, l'an 2 de la République.

« La commission, considérant que, pour conserver l'unité d'actions
« et de mesures qui doivent rendre à la Représentation Nationale sa
« liberté et son intégralité, il importe de former une commission
« centrale, composée de deux commissaires pris dans chaque dépar-
« tement.

« Arrête à l'unanimité 1° que la commission concourra à former,
« conjointement avec les autres départemens, une commission cen-
« trale ; 2° qu'à cet effet, il sera nommé deux commissaires qui se
« rendront à Bourges, lieu du rassemblement, ou dans tel autre lieu
« qui sera désigné par la commission centrale ; 3° que les pouvoirs à
« donner aux commissaires seront limités aux mesures de salut public
« et d'exécution, pour rendre à la Représentation Nationale sa liberté
« et son intégrité ; 4° que le présent arrêté sera imprimé, envoyé à
« tous les départemens de la République.

« Extrait collationné. Signé : Loyer, secrétaire. »

Le Procureur Général Syndic ouï, le Conseil arrête qu'il sera enregistré, pour être exécuté selon sa forme et teneur ; en conséquence, qu'il sera imprimé et l'envoi fait à tous les départemens.

Le jeudi onze juillet 1793, l'an 2e de la République, les administrateurs composant le Conseil Général du département de Rhône-et-Loire, en surveillance permanente, réunis en séance publique, où étaient les citoyens Dubost, président, Couturier, Belville, Bonamour, Santallier, Sauzéas, Richard aîné, Delacroix, Roussel, administrateurs, Meynis, procureur général syndic, et Gonon, secrétaire général.

Le Conseil, délibérant sur l'exécution de l'arrêté du comité de Sûreté Générale de la Commission Populaire, du 10 juillet présent mois, arrête, ouï le Procureur Général Syndic, et requiert, ensuite de la demande des membres composant le comité de Sûreté Générale de la Commission Populaire Républicaine et de Salut Public du département de Rhône-et-Loire, en date de ce jour, le citoyen Gassendi, sous-directeur de l'arsenal à Lyon, de fournir au citoyen André, commandant provisoire de la garde nationale à l'arsenal, deux pièces de canon du calibre de huit, avec un affut et les caissons chargés et garnis de munitions et tout ce qui est nécessaire au service de ces deux pièces ; lesdittes deux pièces servant à l'usage de la force armée que les circonstances exigent dans la ville et district de St-Etienne, pour y ramener l'ordre et la tranquillité.

Un des secrétaires de la Commission Populaire est entré et a laissé sur le bureau trois arrêtés.

Le premier conçu en ces termes :

« Extrait des délibérations de la Commission Populaire Républicaine et de Salut Public de Rhône-et-Loire.

« Séance du 11 juillet 1793, l'an 2 de la République.

« La commission, arrête à l'unanimité, que la municipalité provisoire
« de Lyon est invitée à préparer, dans le plus bref délai une
« salle, ailleurs que dans l'Hôtel commun, où la commission puisse
« tenir ses séances et les rendre publiques, et que cette salle soit
« disposée de manière que les appartemens nécessaires aux diffé-
« rens moyens, différens comités en soient peu éloignés.

« La municipalité provisoire est autorisée à faire toutes les disposi-
« tions nécessaires et à se concerter avec le comité de Sûreté Générale
« de la commission.

« Extrait collationné. Signé : Loyer et Raymond, secrétaires. »

Le Procureur Général Syndic ouï, arrête qu'il sera enregistré et qu'il sera envoyé à la municipalité pour veiller à son exécution.

Suit la teneur du deuxième :

« Le comité de Sûreté Générale de la Commission Populaire
« Républicaine et de Salut Public de Rhône-et-Loire, invite et requiert
« les administrateurs du département de donner ordre à douze
« dragons du 9e régiment, lequel détachement sera commandé par
« Jacques Jaquet, brigadier, d'accompagner deux cents hommes
« d'infanterie, destinés à aller rejoindre la force armée envoyée à
« St-Etienne.

« A Lyon, le 11 juillet 1793. Signé : Burtin, président, et Bona-
« mour. »

Le Procureur Général Syndic ouï, le Conseil arrête qu'il sera fait de suite une expédition conforme à l'arrêté (1).

Le troisième est conçu en ces termes :

« Extrait des délibérations de la Commission Populaire Républicaine et de Salut Public de Rhône-et-Loire.

« Séance du 11 juillet 1793, l'an 2º de la République.

« La commission ayant entendu le rapport fait par le Conseil de
« sûreté générale, relativement au citoyen Seriziat, général de brigade
« de l'armée des Alpes,

« Déclare à l'unanimité qu'il n'existe aucune espèce de soupçon sur

---

(1) *A la suite on lit ce passage biffé* : Le troisième est conçu en ces termes : Extrait des registres des arrêtés du Conseil Général du département de Rhône-et-Loire en surveillance permanente, séance du 11 juillet. Les administrateurs du département de Rhône-et-Loire, en exécution de l'arrêté du comité de Sûreté générale de la Commission départementale, requièrent.

« la conduite franche et loyale du citoyen Sériziat, ainsi que sur la
« mission dont il a été chargé pour la ville de Lyon.
 « Arrête qu'expédition du présent arrêté sera expédié audit citoyen
« Sériziat.
 « Extrait collationné. Signé : Loyer et Florentin Petit, secrétaires. »

Le Procureur Général Syndic ouï, le Conseil arrête qu'il sera enregistré, pour être exécuté suivant sa forme et teneur.

Le Conseil Général, vu la requête présentée par le citoyen Fromental, négociant à Lyon, tendant à obtenir la délivrance d'une somme de 17.250 livres en espèces monoyées, dont le dépôt a été ordonné par arrêté du département, en date du 3 de ce mois, chez le receveur du district de la campagne de Lyon, jusqu'à ce que le pétitionnaire ait fourni la preuve de la propriété et de la destination de cette somme; vu une lettre datée de Paris, le 6 de ce mois, signée Fromental, adressée au pétitionnaire et jointe à ladite pétition, portant avis que le signataire de la lettre remit au citoyen Escoffon, courrier de la malle de Paris à Lyon, lors de son dernier départ de Paris, qui eut lieu le 24 juin dernier, une somme de 17.250 livres en écus à l'adresse du pétitionnaire; laquelle adresse fut écrite par le signataire de la lettre, sur le carnet du courrier. Le citoyen Fromental, de Paris, ajoute dans cette lettre que la cause de l'envoi de cette somme est l'état dans lequel se trouve actuellement Paris et prie son frère de la garder à sa disposition; vu l'état de dépenses faites par la garde nationale de Limonet, pour frais de voyage à Lyon, lors de la translation du sr Gonin, et par un détachement de dragons, qui avait été envoyé de Lyon à Limonest pour protéger l'escorte; ledit état montant à 51 liv. 2 s., certifié par la municipalité de Limonest et par le sous-lieutenant de la garde nationale, qui en requièrent le payement; vu la quittance passée au citoyen Fromental par le maire de Limonest de la somme de 51 liv. 2 s., pour les causes énoncées audit état de dépense; ladite quittance en date du jour et visée par le district de la campagne de Lyon; après avoir reconnu que l'écriture de la lettre cy-dessus analysée est la même que celle de l'adresse du citoyen Fromental, de Lyon, mise sur le carnet déposé au département par le courrier Escoffon; ouï le Procureur Général Syndic, qui a dit qu'il était possible que la lettre cy-dessus analysée ne fut pas sincère et a conclu à ce que la somme réclamée ne fut rendue qu'au propriétaire, alors qu'il se présenterait en personne; le Conseil, considérant que le courrier Escoffon et le citoyen Gonin, suivant leurs réponses consignées dans les procès-verbaux dressés par les citoyens Mailland, administrateur du département, et Favre, administrateur du district de la campagne de Lyon, en qualité de commissaires du département, ont, tous les deux et séparément, déclarés que les espèces monoyées, réclamées par le pétitionnaire, furent remises au courrier Escoffon par le citoyen Fromental, de Paris, pour être rendues au citoyen Fromental, de Lyon, son frère; considérant que le citoyen Fromental, de Lyon, pétitionnaire, justifie d'une lettre de son frère de Paris, qui confirme les déclarations faites par les citoyens Escoffon et Gonin, et que cette lettre est de la même écriture que celle de l'adresse portée sur le carnet du courrier; considérant que le pétitionnaire justifie, autant qu'il est possible dans les circonstances, de la propriété et de la destination des espèces et du pouvoir qu'il a de les retirer; considérant que l'administration du département, par son arrêté du 3 de ce mois, a ordonné la délivrance d'une somme d'assignats aux citoyens Germain, La Sausse, etc., sur l'exhibition qu'ils firent d'une simple lettre d'avis d'un de leurs correspondants de Paris, qui leur annonçait un envoi d'assignats par la voie du courrier, qui étoit en même tems porteur des espèces monnoyées dont il s'agit; considérant que ce seroit heurter tous les principes que d'exiger que le citoyen Fromental de Paris fît ce voyage de Lyon pour retirer cette somme; considérant qu'aucune loi ne s'oppose au transport des espèces monnoyées, qui sont une propriété mobiliaire, dont le décret du 11 avril dernier prohibe seulement la vente, et que, dans l'hypothèse, on ne voit rien qui caractérise une vente de numéraire; a arrêté que le citoyen Morel, receveur du district de la campagne de Lyon, est autorisé à délivrer le numéraire qui lui a été déposé, en exécution d'un arrêté du département du trois de ce mois, au citoyen Fromental, de Lyon, pétitionnaire, moyennant la décharge duquel le receveur sera bien et valablement libéré. A l'instant, le Procureur Général Syndic a déclaré, en persistant dans ses conclusions, qu'il s'oppose formellement à la délivrance qui vient d'être ordonnée.

Le Conseil, délibérant sur cette opposition a arrêté, que sans y avoir égard, l'arrêté qui vient d'être pris sera exécuté suivant sa forme et teneur.

Du vendredi 12 juillet 1793, l'an 2ᵉ de la République Française, les administrateurs composant le Conseil Général du département de Rhône-et-Loire, en surveillance permanente, réunis en séance publique, où étaient les citoyens Dubost, président, Couturier, Belville, Bonamour, Santallier, Sauzéas, Richard aîné, Roussel, Delacroix, Meynis, procureur général syndic, et Gonon, secrétaire général.

Le Conseil, délibérant sur la réquisition dont la teneur suit :

« Nous, soussignés, Nicolas Bouillet, commissaire du Conseil
« Exécutif, dont les pouvoirs, signés Bouchotte, ont été enregistrés au
« département de Rhône-et-Loire, le 6 mai, et Michel Levayer, com-
« missaire du Conseil Exécutif, en vertu de pareils pouvoirs déposés
« au Directoire dudit département, le 3 juillet, et encore en vertu du
« décret du 30 mai, qui me désigne nommément pour seconder le
« représentant du peuple près la manufacture de St-Etienne.

« Requérons le département de Rhône-et-Loire, ou toutes autres
« autorités qui sont à requérir, de faire toutes les diligences néces-
« saires pour lever les obstacles que l'on a mis sur le départ de
« vingt-quatre caisses de fusils que nous envoyons à Perpignan et à
« Bayonne, en vertu des ordres qui sont contenus dans lesdits
« pouvoirs,

« Et encore trois caisses de pistolets de cavalerie, à l'adresse des
« gardes d'artillerie de Perpignan, plus deux caisses de sabres de
« canoniers, à l'adresse du garde d'artillerie de Montpellier, que nous
« expédions également en vertu des ordres supérieurs, lesquelles
« armes sont destinées manifestement contre les ennemis de la Répu-
« blique.

« Nous rendons lesdites autorités constituées responsables du
« retard que lesdittes armes pourraient encore éprouver, et les
« sommons de nous faire savoir, dans le plus bref délai, le parti
« qu'elles auront prises à cet égard, afin que nous en instruisions le
« ministre de la Guerre.
« Fait à St-Etienne, le 10 juillet 1793, l'an 2ᵉ de la République
« Française, une et indivisible. Signé : Bouillet et Levayer. »

Le Procureur Général Syndic ouï, arrête que ladite réquisition sera envoyée à la municipalité de Lyon, avec invitation et injonction au besoin de favoriser et protéger, sous sa responsabilité, l'envoi des caisses ci-dessus désignées pour leur destination aux armées de la République.

***

Le samedi treize juillet 1793, l'an 2° de la République, les administrateurs composant le Conseil Général du département de Rhône-et-Loire, en surveillance permanente, réunis en séance publique, où étaient les citoyens Dubost, président, Couturier, Belville, Bonamour, Santallier, Sauzéas, Delacroix, Rousset, Richard aîné, Meynis, procureur général syndic, et Gonon, secrétaire général.

Un secrétaire de la Commission Populaire Républicaine et de Salut Public de Rhône-et-Loire, a présenté et laissé sur le bureau un arrêté concernant les adjoints et supléans du département et du district de la ville de Lyon. Lecture en ayant été faite et le Procureur Général Syndic ouï, il a été arrêté qu'avant de l'enregistrer, des commissaires se transporteraient à la Commission Populaire, pour y faire les observations que commandent les circonstances.

Un autre arrêté du comité de Sûreté Générale a été présenté et laissé sur le bureau, en voici la teneur :

« Les citoyens composant le comité de Sûreté Générale de la
« Commission Populaire et Républicaine de Salut Public du dépar-
« tement de Rhône-et-Loire, aux citoyens administrateurs du dépar-
« tement, en permanence,
« La sûreté publique exige qu'il y ait un poste sûr de cavalerie ou
« d'infanterie, composé de citoyens éprouvés et jusqu'à nouvel ordre
« dans le chemin ci-dessous.
« Ce chemin prend naissance à l'endroit de la route du Bourbonnais,
« appellé le Pont de Bevet, et finit à l'endroit de la route de Montbrison
« apellé le Logis neuf, et par un autre embranchement jusqu'au
« Grand Buisson.
« La consigne que donnera l'administration, sera de faire vérifier
« tous passeports, de fouiller tous pacquets de papiers et surtout
« d'intercepter toute espèce de correspondance entre Dubois-Crancé
« et ses correspondans. Le poste aura lieu jour et nuit et l'adminis-
« tration en rendra compte chaque jour au comité.
« Au comité de Sûreté Générale, à Lyon, le 11 juillet 1793, l'an 2
« de la République. Signé : Bonnamour et Burtin, président du
« comité. »

Ouï le Procureur Général Syndic en ses conclusions, le Conseil arrête qu'il sera enregistré.

Un autre arrêté de la Commission Populaire dont voici la teneur, a été déposé et laissé sur le bureau.

« République une et indivisible.
« Résistance à l'oppression.
« Représentation Nationale libre et entière.

« Extrait des registres de la Commission Populaire Répu-
« blicaine et de Salut Public de Rhône-et-Loire.

« Séance du 13 juillet 1793, l'an 2º de la République Française.

« Organisation de la force armée départementale de Rhône-et-
« Loire.

« La Commission Populaire Républicaine et de Salut Public de
« Rhône-et-Loire, par son arrêté du cinq juillet, ayant déterminé
« qu'il sera mis sur pied une force armée départementale destinée au
« maintien des lois, à la sûreté des personnes et des propriétés,
« protectrice de la liberté et de l'égalité, et entièrement dévouée à
« l'unité et l'indivisibilité de la République, sur le rapport de son
« comité chargé de se concerter avec le citoyen général,

« Considérant que le plus précieux droit de l'homme est de résister
« à l'oppression, que la force est une suite de l'union et de la
« concorde entre les citoyens qui ont le même intérêt,

« Considérant qu'il est instant de former une masse de forces, qui,
« dirigée vers le même but, obtienne un résultat satisfaisant en écra-
« sant l'anarchie, l'arbitraire, le despotisme enfin, sous lequel nous
« sommes prêts à rentrer, par les combinaisons perfides des agitateurs
« qui trompent et se servent de la crédulité des citoyens pour les
« égarer et les soulever contre leurs frères ;

« Considérant que le peuple libre a le droit incontestable de récla-
« mer l'intégralité et la liberté de sa représentation, que tout citoyen
« doit à sa patrie le tribut de ses forces en reconnaissance de la
« protection qu'elle lui accorde ; que l'instant est venu où le peuple
« Français du département de Rhône-et-Loire doit se mettre en état
« de résister à toutes attaques intérieures et extérieures.

« Arrête :

ARTICLE PREMIER.

« La garde nationale du département conservera son organisation
« actuelle et sera à la disposition des corps constitués et du général,
« en réquisition permanente.

ART. 2.

« Il sera levé une force départementale composée de neuf mille six
« cens hommes, dont sept mille deux cens pris dans la force armée
« de la ville de Lyon, et deux mille quatre cens dans celle des
« districts.

ART. 3.

« Les citoyens qui voudront concourir à la formation de cette armée,
« se feront inscrire dans leurs sections ou communes, et devront être

« agréés par elles et âgés au moins de seize ans ; ils continueront de
« faire nombre dans la garde nationale.

Art. 4.

« Les places de chefs de brigades, aides-de-camp, adjudans géné-
« raux, leurs aides-de-camp, celles de colonel et adjudant-major des
« régimens et, à la demande des sections de Lyon, les chefs de
« bataillon seront à la disposition des comités Militaire et de Salut
« Public.
« Les sujets seront présentés par le général.

Art. 5.

« Les grades de capitaine, jusques et compris le caporal, resteront
« à la disposition des bataillons et compagnies, conformément à la
« loi.

Art. 6.

« Il sera ouvert sur-le-champ un registre dans les sections et com-
« munes du département, dans lequel se feront inscrire ceux qui
« voudront faire partie de la force départementale.

Uniforme.

Art. 7.

« L'uniforme actuel de garde national sera conservé dans son
« entier, mais il ne sera pas exigé, chacun sera libre de s'habiller
« comme il le jugera convenable.

Art. 8.

« On portera au chapeau un bouton qui indiquera le numéro du
« régiment.

Art. 9.

« L'état-major portera l'habit bleu à revers, passement, collet et
« doublure bleu avec une tresse d'or distinctive, de quatre lignes de
« large, veste et culotte blanche, le bouton républicain avec le
« numéro de la brigade ou régiment, les grades se distingueront
« par l'épaulette.

Art. 10.

« Les sept mille deux cens hommes fournis par la ville de Lyon
« formeront trois brigades, six régimens, douze bataillons, cent vingt
« compagnies, le régiment de deux bataillons, le bataillon de dix
« compagnies, les compagnies seront divisés en deux sections et
« quatre escouades.

Art. 11.

État-major général.

« La force armée sera sous les ordres immédiats du général, et
« l'état-major général sera composé de deux aides-de-camp soldés
« et quatre surnuméraires, un adjudant général major et son aide-de-
« camp et un adjudant général.

Art. 12.

« L'administration de la guerre sera composée d'un commissaire,
« un adjoint et deux commis.

Art. 13.

« Le bureau militaire sera composé d'un chef et de deux commis.

Art. 14.

« Le bureau des finances sera composé d'un trésorier général et
« huit quartier-maîtres, dont un sera affecté à chaque brigade de la
« ville de Lyon, l'un à chaque bataillon des districts extérieurs.

Art. 15.

« L'Etat-major de brigade sera composé de trois chefs de brigade,
« trois aides-de-camp, trois adjudans-major.

Art. 16.

« L'Etat-major par régiment sera composé du colonel, deux lieute-
« nans-colonel ou chefs de bataillon, deux adjudans-major, deux
« adjudans sous-officiers, un tambour-major, un chirurgien-major.

Art. 17.

« Les compagnies seront composées d'un capitaine, un lieutenant
« un sous-lieutenant, un sergent-major, deux sergens, quatre caporaux,
« quarante-huit grenadiers, chasseurs ou fusiliers, les brigades et
« régimens seront distingués par numéros seulement.

Art. 18.

« Il sera pareillement levé et organisé des compagnies de canoniers
« et dragons, ainsi qu'il sera ci-après déterminé ; en conséquence,
« dans chaque compagnie de canoniers, on prendra ceux de bonne
« volonté pour être attachés aux régimens de l'armée départementale.

Art. 19.

« A cet effet, il sera ouvert chez chaque commandant de bataillon,
« un registre d'inscription qui contiendra le nom des individus
« inscrits volontairement, avec la désignation de leurs grades, les
« listes d'inscription seront soumises au comité de Surveillance des
« sections respectives.

Art. 20.

« Chaque comité de Surveillance choisira, sur la liste exhibée, le
« nombre de canoniers des grades différens, tel qu'il sera indiqué, et
« le résultat, signé par la majorité des membres du comité de Sur-
« veillance, sera présenté au comité Militaire.

Art. 21.

« Chaque comité de Surveillance choisira dans la liste d'inscription
« volontaire des canoniers, un capitaine, un lieutenant, deux sergens,
« quatre caporaux et vingt canoniers. L'organisation des dragons
« demeure ajournée.

Art. 22.

« Les casernes de la ville de Lyon seront divisées en six parties
« égales, dont une affectée à chaque régiment ; elles seront disposées
« de manière à pouvoir contenir constamment un officier supérieur
« par régiment, les adjudans de bataillon, un officier par compagnie,
« les sergens-major, sergens, caporaux, les instituteurs et dix volon-
« taires par compagnie.

Art. 23.

« Il sera établi un cazernier général, et dans chaque cazerne un
« préposé, qui y résidera habituellement.

Art. 24.

Organisation de la force départementale dans les districts.

« La force départementale fournie par chaque district s'élèvera au
« nombre de quatre cent quatre-vingt hommes et formera un bataillon;
« elle sera organisée et disciplinée dans les mêmes principes que celle
« de Lyon ; les cinq bataillons réunis composeront deux régimens et
« une brigade. Le chef-lieu du district est désigné pour le rassemble-
« ment général du bataillon.

Art. 25.

« Les officiers et sous-officiers resteront constamment au lieu de
« rassemblement, pour s'occuper de l'instruction des exercices,
« marches et évolutions militaires.

Art. 26.

« Les citoyens soldats, au nombre de cent, se rendront alternative-
« ment au lieu du rassemblement et, sous l'inspection des chefs, se
« livreront entièrement à l'étude de la tactique militaire, pendant
« l'espace de quinze jours consécutifs.

Art. 27.

« Il sera fait très prochainement, dans chaque chef-lieu de district,
« un rassemblement général de tous ceux qui se seront fait inscrire,
« et il sera procédé à l'organisation des bataillons et compagnies.

Art. 28.

« La force départementale de Rhône-et-Loire sera soldée et les
« émolumens déterminés par la commission, sur le rapport du comité
« Militaire.

Art. 29.

Formation d'un comité Militaire.

« Il sera formé un comité Militaire pour diriger les forces départe-
« mentales de Rhône-et-Loire ; ce comité sera composé ainsi qu'il
« suit : le général, l'adjudant général major, l'adjudant général ; le
« commandant de la force armée de Lyon est aux choix du général ;
« un chef de brigade, un colonel, deux lieutenans-collonel, un com-
« missaire des guerres, six membres de la Commission Populaire
« choisis dans les six districts, un administrateur du département,

« deux membres de la Commission provisoire, un secrétaire et un
« commis.
« Extrait collationné, signé Loyer, secrétaire. »

Le Procureur Général Syndic ouï, le Conseil arrête que l'extrait ci-dessus sera enregistré, pour être exécuté suivant sa forme et teneur.

Le dimanche quatorze juillet 1793, l'an 2ᵉ de la République, les administrateurs composant le Conseil Général du département de Rhône-et-Loire, en surveillance permanente, réunis en séance publique, où étaient les citoyens Dubost, président, Couturier, Belville, Bonamour, Santallier, Sauzéas, Richard aîné, Rozier, Delacroix, Roussel, administrateurs, Meynis, procureur général syndic, et Gonon, secrétaire général.

Un secrétaire de la Commission Populaire a présenté et laissé sur le bureau, un arrêté du comité de Sûreté Générale de cette commission, conçu en ces termes :

« Le comité de Sûreté Générale de la Commission Populaire Répu-
« blicaine et de Salut Public du département de Rhône-et-Loire,
« Délibérant d'après la dénonciation qui lui a été faite par nombre
« de sections de la ville et de la campagne, sur ce que les arrêtés et
« autres actes de la Commission Populaire et Républicaine n'arrivaient
« que longtems après leur émission dans les différentes communes,
« qui, toutes, manifestent la plus vive impatience d'en connaître les
« travaux.
« Considérant qu'il importe autant à la sûreté publique de propager
« l'esprit d'ordre dans les campagnes que d'empêcher les principes
« d'anarchie et de faction de s'y répandre.
« Considérant que ce retard peut être occasionné par le trop grand
« chargement des malles de courriers et qu'il peut être urgent
« d'autoriser l'administration supérieure à prendre toutes les précau-
« tions nécessaires.
« Arrête que les citoyens administrateurs du département sont
« autorisés à prendre toutes les précautions que leur sagesse leur
« inspirera, pour faire parvenir le plutôt possible tous les arrêtés et
« actes de la Commission Populaire Républicaine et de Salut Public,
« les autorisant si besoin est à faire, pour cet effet, toutes dépenses
« nécessaires.
« Fait au comité de Sûreté Générale de la Commission Populaire
« Républicaine et de Salut Public du département de Rhône-et-Loire,
« à Lyon, le 14 juillet 1793, l'an 2ᵉ de la République. Signé : Rocher,
« Burtin, président, et J.-J. Steiman. »

Le Procureur Général Syndic ouï, le Conseil arrête que ledit arrêté sera enregistré et qu'il en sera délibéré.

Le lundi quinze juillet 1793, l'an 2º de la République, les administrateurs composant le Conseil Général du département de Rhône-et-Loire, en surveillance permanente, réunis en séance publique, où étaient les citoyens Dubost, président, Couturier, Belville, Bonamour, Santallier, Sauzéas, Richard aîné, Rozier, Rousset, Meynis, procureur général syndic, et Gonon, secrétaire général.

Un des secrétaires de la Commission Populaire a présenté et laissé sur le bureau un premier arrêté, dont la teneur suit :

« République une et indivisible. — Résistance à l'oppression. — Représentation nationale libre et entière.

« Extrait des registres de la Commission Populaire Républi-
« caine et de Salut Public de Rhône-et-Loire.

« Séance du 15 juillet 1793, l'an 2 de la République Française,

« La Commission charge ses comités d'organiser et faire partir,
« dans les vingt-quatre heures, une force armée suffisante, confor-
« mément à son arrêté du 5 du présent ; à cet effet, de se concerter
« avec les citoyens députés de Marseille, qui sont également invités à
« se rendre aux comités.

« Charge également les autorités constituées de requérir dans le
« département une force suffisante pour remplacer celle qui mar-
« chera au-devant des bataillons du Midi.

« Extrait collationné. Signé : Loyer et Gras, secrétaires. »

Ouï le Procureur Général Syndic en ses conclusions, le Conseil arrête que cet arrêté sera transcrit sur ses registres et que copie d'icelui sera de suite transmise à la municipalité. Un second arrêté dont la teneur suit :

« Extrait des registres de la Commission Populaire Républi-
« caine et de Salut Public de Rhône-et-Loire.

« Séance du 15 juillet 1793, l'an 2 de la République Française,

« Un membre a observé qu'attendu les circonstances difficiles dans
« lesquelles se trouvait la ville de Lyon, il convenait d'y conserver
« sans interruption une force imposante ; en conséquence, que les
« fédérés actuellement dans la ville de Lyon fussent invités d'y rester
« jusqu'au retour de nos frères qui sont à St-Etienne.

« A l'instant, un membre, député des campagnes s'est avancé du
« bureau et a dit : Habitant des campagnes, j'exprime le vœu de
« tous et, en leur nom, je vous offre de rester ici tant que le besoin de
« la ville et la sûreté publique l'exigeront, et, tel détriment qu'il en
« résulte pour moi, j'en fais le sacrifice au bien public.

« Les applaudissemens unanimes ont suivi la motion du préopinant
« et sur l'offre faite par les citoyens députés des campagnes ; la
« Commission a arrêté que les fédérés, actuellement dans cette ville,
« y resteront jusqu'au retour de nos frères qui se sont rendus à St-
« Etienne.

« Extrait collationné. Signé : Loyer et Gras, secrétaires. »

Le Procureur Général Syndic ouï, le Conseil a arrêté que cet arrêté serait transcrit sur ses registres et que copie d'icelui sera de suite transmise à la municipalité pour être exécuté selon sa forme et teneur.

Le mardi seize juillet 1793, l'an 2º de la République, les administrateurs composant le Conseil Général du département de Rhône-et-Loire, en surveillance permanente, réunis en séance publique, où étaient les citoyens Dubost, président, Couturier, Belville, Bonamour, Santallier, Sauzéas, Richard aîné, Rousset, Rozier, Meynis, procureur général syndic, et Gonon, secrétaire général.

Un secrétaire de la Commission Populaire a présenté et laissé sur le bureau un arrêté dont la teneur suit :

« Extrait des registres de la Commission Populaire Républi-
« caine et de Salut Public de Rhône-et-Loire.

« Séance du 15 juillet 1793, l'an 2º de la République Française,

« La discussion s'est ouverte 1º sur la nécessité d'inviter toutes les
« autorités constituées à prêter le serment qu'elle a prononcé dans
« ses différentes séances ; 2º sur l'utilité d'assurer l'exécution des
« décrets rendus contre les émigrés, les prêtres réfractaires, les
« royalistes, les perturbateurs du repos public et tous ceux qui atten-
« teraient à la République une et indivisible.

« Sur la première de ces propositions, la Commission a passé à
« l'ordre du jour, motivé sur ce que le serment a été prêté unanime-
« ment dans les assemblées primaires.

« Et quand à la seconde, la Commission, voulant manifester les
« principes qui ne cesseront de l'animer,

« Arrête, à l'unanimité, que pour les mesures à prendre à l'effet
« d'assurer l'exécution des décrets rendus contre les émigrés, les
« prêtres réfractaires, les royalistes, les perturbateurs du repos public et
« tous ceux qui attenteraient à la République une et indivisible, elle
« renvoie à ses comités pour lui faire incessamment un rapport à cet
« égard.

« Extrait collationné. Signé : Loyer et Gras, secrétaires. »

Le Procureur Général Syndic ouï, le Conseil arrête que led. arrêté sera transcrit sur ses registres, pour être exécuté selon sa forme et teneur. Un autre arrêté dont la teneur suit :

« Au nom de la Commission Populaire Républicaine et de Salut
« Public, le comité de Sûreté générale charge les citoyens adminis-
« trateurs du département de requérir formellement la compagnie
« d'artillerie de ligne du 2º régiment, de ne point sortir des murs de
« la ville de Lyon jusques à nouvel ordre. Fait en comité de Sûreté
« Générale, le 16 juillet 1793, l'an 2 de la République Française.
« Signé : Burtin, président, Bonamour et Perouze. »

Le Procureur Général Syndic ouï, le Conseil arrête que le présent arrêté sera transcrit sur ses registres, copie d'icelui envoyée sur-le-champ au directeur de l'artillerie, afin d'en assurer l'exécution, et qu'il sera écrit au citoyen Salva pour l'inviter à ne point quitter les murs de cette ville ; la lettre a été adoptée dans la forme suivante :

« Les administrateurs du département de Rhône-et-Loire au ci-
« toyen Salva, capitaine d'artillerie à Lyon.

« Nous avons l'honneur, citoyen, de vous faire passer l'arrêté pris
« par la Commission Populaire Républicaine et de Salut Public du
« département de Rhône-et-Loire, qui enjoint à la compagnie d'artil-
« lerie de ligne du 2ᵉ régiment de ne point quitter les murs de la
« ville ; nous vous invitons, au nom de la paix et de la tranquillité
« publique, de vous y conformer jusques à nouvel ordre. »

Enfin un autre arrêté dont la teneur suit :

« Extrait des registres de la Commission Populaire Républi-
« caine et de Salut Public de Rhône-et-Loire.

« Séance du 16 juillet 1793, l'an 2ᵉ de la République Française,

« La Commission, considérant qu'il importe, au bien public et à
« l'accélération de toutes les mesures prises et à prendre pour la
« sûreté générale, que les opérations militaires ne soient point entra-
« vées, en conséquence, que les différens comités militaires établis
« en cette ville aient chacun leur district, arrête :

« 1° Que les trois comités militaires existant en cette ville sont et
« demeurent maintenus, sauf à en renouveller les membres dans les
« formes qui seront déterminées.

« 2° Le comité militaire créé par l'arrêté de la Commission, en date
« du 13 de ce mois, concernant la force départementale, aura inspec-
« tion sur les autres comités militaires, sera chargé de l'exécution de
« tout ce qui sera relatif à laditte force départementale et même droit
« de réquisition et d'injonction pour tout ce qui concernera le service
« de laditte force départementale et l'exécution des arrêtés pris et à
« prendre à ce sujet par lad. commission.

« 3° Le comité militaire des corps administratifs, indépendamment
« des travaux dont il est chargé par lesdits corps administratifs, sera
« spécialement chargé de tout ce qui concerne les approvisionnemens,
« fourrages, subsistances et munitions des troupes de la force dépar-
« tementale, présentera, à cet égard, chaque semaine, au comité
« militaire de la Commission, un tableau de ses ressources, des
« moyens qui sont en son pouvoir, avec les observations qu'il croira
« convenables.

« 4° Le comité militaire de la garde nationale de Lyon se renfermera
« strictement dans tout ce qui concernera le service particulier de la
« ville, renverra aux autres comités tous les objets qui seront de leur
« ressort et sera tenu de faire part au comité de Surveillance de la
« Commission de tout ce qui concerne la sûreté générale.

« Le présent arrêté sera de suite imprimé, publié et affiché, envoyé
« aux autorités constituées, aux divers comités et mis à exécution.

« Extrait collationné. Signé : Delolle et Meynis, secrétaires. »

Le Procureur Général Syndic ouï, le Conseil arrête que le présent arrêté sera transcrit sur ses registres, et copie d'icelui envoyée sur-le-champ à la municipalité, pour en surveiller l'exécution.

Le mercredi dix-sept juillet 1793, l'an 2ᵉ de la République, les administrateurs composant le Conseil Général du département de Rhône-et-Loire, en surveillance permanente, réunis en séance publique, où étaient les citoyens Dubost, président, Couturier, Belville, Bonamour, Santallier, Richard aîné, Sauzéas, Rousset, Rozier, administrateurs, Meynis, procureur général syndic, et Gonon, secrétaire général.

Le citoyen Valliot, chef de bataillon du corps de l'artillerie employé à la fonderie de cette ville, s'est présenté et a laissé sur le bureau la lettre dont la teneur suit :

« Paris, le 12 juillet 1793, l'an 2 de la République Française, une et indivisible.

« Dupin, adjoint au ministre de la guerre, au citoyen Valliot, chef « de bataillon au corps de l'artillerie, employé à la fonderie, à Lyon.

« Le Conseil Exécutif provisoire ayant décidé, citoyen, d'employer « le citoyen Gassendi à l'armée d'Italie, je vous préviens que son « intention est de vous charger des fonctions de la sous-direction « d'artillerie de Lyon, pendant son absence et jusqu'à nouvel ordre ; « vous voudrés bien, en conséquence, vous concerter avec lui, pour « la remise des papiers et autres renseignemens nécessaires à la suite « des opérations qu'il dirigeait, et vous informerés le ministre de ce « que vous aurés fait à cet égard. Signé : Dupin. »

Ouï le Procureur Général Syndic en ses conclusions, le Conseil a arrêté que ladite lettre serait enregistrée pour y avoir recours ainsi qu'il appartiendra.

Un des secrétaires de la Commission Populaire a présenté et laissé sur le bureau, l'extrait d'un arrêté dont la teneur suit :

« Extrait des registres de la Commission Populaire Républi-« caine et de Salut Public de Rhône-et-Loire.

« Séance du dix-sept juillet 1793, l'an 2ᵉ de la République Française.

« La Commission Populaire Républicaine et de Salut Public de « Rhône-et-Loire, voulant établir un ordre de comptabilité pour la « recette et l'emploi des fonds provenans de la souscription patrio-« tique, établie par son arrêté du dix de ce mois, arrête :

Article premier.

« Les receveurs des souscriptions de chaque commune ou section « de commune verseront tout les huit jours le montant de leur « recette entre les mains du citoyen Morel, receveur du district de « la campagne de Lyon, qui demeure nommé receveur général de la « souscription volontaire établie dans tout le département.

Art. 2.

« Les fonds qui seront versés dans la caisse dudit receveur « général, seront employés à acquitter tous les frais qu'entraîneront « les mesures prises pour la sûreté générale du Département.

Art. 3.

« Aucunes dépenses à la charge de la Commission Populaire ne

« pourront être acquittées sans avoir été préalablement arrêtées par
« ladite commission, sur les rapports particuliers que lui en fera
« son comité des Finances, et, à cet effet, il sera mis à la disposition
« du Directoire du département les sommes nécessaires pour
« acquitter lesd. dépenses, dont les payemens seront ordonnancés par
« lui sur les expéditions des arrêtés qui lui seront adressés officiel-
« lement sur cet objet.

« Extrait collationné, signé Figurey et Prost, secrétaires.

Le Procureur Général Syndic ouï, le Conseil arrête que ledit arrêté sera transcrit sur ses registres, pour être exécuté selon sa forme et teneur.

Le citoyen Levayer, membre de la société des Découvertes et Inventions, est entré ; il a présenté et laissé sur le bureau la lettre suivante :

« Paris, le 29 avril 1793, l'an 2ᵉ de la République.

« Le ministre de la Guerre, au citoyen Levayer, membre de la
« société des Découvertes et Inventions.

« D'après les témoignages qui me sont revenus de votre civisme
« et de vos connaissances en fait d'armes, j'ai pensé ne pouvoir
« mieux faire que de vous charger, en qualité de commissaire du
« Conseil Exécutif provisoire, de toutes les manufactures d'armes,
« magazins, arsenaux et magazins à poudre appartenant à la Répu-
« blique et dépendans du département de la guerre, qui sont situés
« dans les départements frontières, depuis Belley jusques à Nice et, en
« remontant la côte, jusques à Marseille, ainsi que tout autre maga-
« zin ou dépôt d'armes qui pourraient appartenir à des corps adminis-
« tratifs, des municipalités ou des particuliers, mais, dans ces derniers
« cas, vous ne ferés la visite que par voie de réquisition et en
« vous faisant assister des autorités civiles. Vous vous assurerés des
« ressources en armes neuves ou réparées qu'ils pourraient procurer
« dans le moment, des livraisons qu'ont pu faire les manufactures en
« armes neuves ou réparées, des ventes ou de l'abandon qu'elles
« ont pu faire de celles réputées hors de service depuis le 1ᵉʳ janvier
« 1789.

« Vous vous ferés représenter tous les registres à cet effet, et
« dresserés procès-verbal de toutes vos opérations. Vous corres-
« pondrés directement avec le ministre et vous mettrés sur l'adresse
« ordinaire *à lui seul*. Vous rendrés, tous officiers d'artillerie ou
« employés dans les places ou manufactures, responsables du retard
« de vos opérations, semblablement ceux qui commandent dans les
« résidences.

« Il vous sera remis copie de deux arrêtés du Comité de Salut
« Public, l'un en date du 16, l'autre en date du 26 de ce mois. Vous
« ferés transporter les armes neuves excédants le besoin des places,
« dans celles sur le Rhône où elles vous paraîtraient le mieux. Vous
« ferés transporter les armes à réparer dans les dépôts éloignés des
« frontières de quinze à vingt lieues et dans les endroits qui vous
« paraîtront les plus convenables.

« Vous ferés faire toute espèce de transport, soit par la voie de
« réquisition et en payant les prix d'usage, soit en convenant
« par des marchés particuliers avec des voituriers et, pour vos

« payemens, il sera mis à votre disposition, par la voye des
« commissaires ordonnateurs, par la trésorerie nationale, dix mille
« livres dans chacune des villes de   et   dont vous
« rendrés compte (1).

« Pour la sûreté des transports, vous pourrés requérir, s'il est
« nécessaire, des escortes, soit des troupes de la République, soit
« des gardes nationales sédentaires, vous pourrés aussi faire accom-
« pagner, si vous le jugés nécessaire, les voitures par des personnes
« en qui vous aurés confiance.

« Vous commencerés votre mission par voir la manufacture d'armes
« de St-Etienne, vous irés ensuite à Thulle, où il y a un grand dépôt
« d'armes à réparer et qui auraient besoin d'être réparties entre
« plusieurs villes, pour que le travail puisse se faire, vous pourriez
« envoyer une grande parties de ces armes à Tours, pour les réparer,
« vous irés aussi à Moulins. Vous ferés transporter, sans délai,
« jusqu'à concurrence de 10,000 fusils à Perpignan et 4,000 à
« Bayonne, par les moyens les plus prompts.

« Vous correspondrés avec les commissaires de la Convention
« Nationale, pour exécuter leur réquisition, et avec ceux du Conseil
« Exécutif, pour en recevoir les renseignemens qu'ils pourraient
« vous transmettre.

« Vous vous occuperés de mettre dans la plus grande activité les
« manufactures d'armes, et vous donnerés tous les ordres néces-
« saires, vous prescrirés pareillement de fabriquer des pistolets.

« Vous êtes autorisé à vous procurer des platines dans tous les
« magazins publics et particuliers, en les payant de gré à gré, à vous
« transporter dans les magasins et vous les faire remettre pour servir
« à monter tous les fusils dont il n'existe que les magazins. Du reste,
« vous suivrés ce qui vous est prescrit dans l'arrêté du 26, et si vous
« aviés de nouveau besoin de fonds, vous avertiriés.

« Vous m'informerés du degré d'activité que vous aurés reconnu
« dans les manufactures et vous me communiquerés vos observations
« sur les moyens que vous croirés susceptibles d'augmenter le plus
« qu'il sera possible la fabrication.

« Signé : J. Bouchotte. »

Le citoyen Levayer demande que cette lettre commémoriale soit
enregistrée, afin d'être autorisé à remplir ses fonctions. Le Procureur
Général Syndic ouï, le Conseil arrête que la lettre sera enregistrée,
pour y avoir recours.

Un secrétaire de la Commission a présenté et laissé sur le bureau
un arrêté du comité de Sûreté Générale de cette commission, dont la
teneur suit :

« Les citoyens composant le comité de Sûreté Générale de la
« Commission Populaire Républicaine et de Salut Public du dépar-
« tement de Rhône-et-Loire, considérant que toutes les mesures
« de sûreté générale sont renvoyées au présent Comité.

« Considérant que le district de Roanne, par sa situation géogra-
« phique, fait un angle saillant dans les départements de Saône-et-
« Loire, de l'Allier et de Puy-de-Dôme, qui tous ont des administra-
« tions supérieures influencées par les principes d'anarchie.

(1) *En marge on lit :* La somme a été payée à Paris.

« Considérant, d'après les motifs développés dans la demande
« des fédérés venus à la fête civique du 14 du présent, combien
« il est urgent d'aider d'une force imposante les administrés du
« district de Roanne, qui ne tirent leurs subsistances que des
« départemens qui les avoisinent, que la cité de Roanne, ouverte et
« sans aucune déffense, a besoin d'une force quelconque qui vienne
« ajouter à la force des citoyens.

« Considérant que la ville de Roanne a été, depuis le commence-
« ment de la Révolution, une localité exemplaire, où les principes
« d'ordre, l'amour constant des loix, les vrais sentimens de républi-
« canisme ont été exactement pratiqués jusqu'à ce jour,

« Arrête que deux pièces de canon, du calibre de quatre, seront
« envoyées et partiront demain pour Roanne et seront conduites dans
« laditte ville, avec les munitions, caissons et ustencilles nécessaires,
« où ils seront sous la responsabilité des autorités constituées, qui
« seront tenues d'en donner un récépissé circonstancié; qu'à cet effet,
« expédition du présent arrêté sera adressée au général de la force
« départementale, pour qu'il ait à donner les ordres nécessaires pour
« le départ.

« Fait en comité de Sûreté Générale, à Lyon, le 17 juillet 1793,
« l'an deuxième de la République Française. Signé : Burtin, président
« du comité, Favre, Rocher, Populle, Bonamour, Champt ? »

Le Procureur Général Syndic ouï, le Conseil arrête qu'il sera enregistré, pour être exécuté selon sa forme et teneur.

---

*Le jeudi dix-huit juillet 1793, l'an 2º de la République, les admi-
nistrateurs composant le Conseil Général du département de Rhône-
et-Loire, en surveillance permanente, réunis en séance publique, où
étaient les citoyens Dubost, président, Couturier, Belville, Bonamour,
Santallier, Sauzéas, Richard aîné, Rozier, Rousset, administrateurs,
Meynis, procureur général syndic, et Gonon, secrétaire général.*

Un secrétaire de la Commission Populaire a présenté et laissé sur
le bureau six arrêtés de cette commission. Le premier dont la teneur
suit :

« Au nom de la Commission Populaire Républicaine et de Salut
« Public du département de Rhône-et-Loire,

« Le Comité de Sûreté Générale charge les citoyens administrateurs
« de requérir de suite, dans la campagne de Lyon, cinq cent hommes
« pour se rendre à Lyon et y partager le service des citoyens pendant
« le tems que seront absens les détachemens qui doivent partir au
« premier moment; les cinq cens hommes seront soldés.

« Fait en Comité de Sûreté Générale, le 18 juillet 1793, l'an 2º de
« la République. Signé : Burtin, président du comité, Faure, Monta-
« land, Chaspoul, Populle, Bonamour. »

Le Procureur Général Syndic ouï, le Conseil arrête que ledit arrêté
sera enregistré et que copie d'icelui sera de suite transmis au district
de la campagne de Lyon, invité d'en surveiller l'exécution. Le second
conçu en ces termes :

« Au nom de la Commission Populaire Républicaine et de Salut
« Public du département de Rhône-et-Loire,
« Le Comité de Sûreté Générale charge les citoyens administrateurs
« du département de requérir la municipalité de Givors de prendre
« les précautions les plus secrettes pour la visite de toutes les per-
« sonnes qui passeront le bacq de Givors, pour se rendre dans le
« département de l'Izère. Fait en Comité de Sûreté Générale, le
« 18 juillet 1793, l'an 2º de la République Française. Signé : Burtin,
« président, Chaspoul, Mey de Chal. »

Le Procureur Général Syndic ouï, le Conseil arrête que ledit arrêté sera enregistré et qu'il sera de suite écrit à la municipalité de Givors pour le faire exécuter, et, sur-le-champ, copie dudit arrêté a été envoyée à la municipalité de Givors, avec une lettre pour lui en recommander la prompte exécution. Le troisième conçu en ces termes :

« Extrait des délibérations de la Commission Populaire Répu-
« blicaine et de Salut Public de Rhône-et-Loire.

« Séance du 18 juillet 1793, l'an deux de la République Française.

« La commission arrête que jusques à la formation définitive de la
« force départementale, les citoyens qui marcheront pour des expé-
« ditions particulières, d'après les réquisitions du général et du
« comité militaire, seront payés conformément au tarif des appointe-
« mens et solde de la force armée arrêté par la commission, dans sa
« séance du 17 du présent; qu'en outre, il leur sera accordé en route
« l'étape d'usage. Sera, le présent arrêté, imprimé, publié et affiché
« dans toute l'étendue du département.
« Extrait collationné. Signé : B.-G. Meynis et Figurey, secrétaires. »

Le Procureur Général Syndic ouï, le Conseil a arrêté que ledit arrêté serait de suite enregistré et livré à l'impression, ce qui a été fait. Le quatrième dont la teneur suit :

« Extrait des registres de la Commission Populaire Républi-
« caine et de Salut Public de Rhône-et-Loire.

« Séance du 18 juillet 1793, l'an 2º de la République Française.

« La commission arrête qu'il sera établi une compagnie d'ouvriers
« aux ordres des généraux et officiers de génie, chargés de présider et
« faire exécuter les travaux.
« Cette compagnie sera employée aux redoutes, batteries, fossés,
« circonvallation, démolition, abbattis, et tous autres travaux généra-
« lement quelconques, qui devront faciliter la marche des troupes et
« toutes les opérations militaires. Cette compagnie sera composée de

« quatre chefs conducteurs, à 150 liv. par mois........	600 liv.
« Cinq maîtres pionniers, à 120 liv. par mois..........	600 —
« Cinq ouvriers en bois, à 150 liv. par mois	750 —
« 15 bucherons fagotiers ou ouvriers en ozier, à 120 liv. « par mois..	1.800 —
« 10 maçons, pour employer accidentellement, à 120 liv. « par mois..	1.200 —
« 40 pionniers, à 90 liv. par mois....................	3.600 —
« La compagnie couterait par mois...................	8.550 liv.

« Il restera à ajouter les dépenses pour les objets particuliers, tels
« que la pierre, la chaux, le fer, le charbon, etc. Ces faux frais
« seraient arrêtés par le comité Militaire et acquittés d'après les
« mandats qu'il en donnera.

« Il sera incessamment fabriqué les pioches, pics, pinces, brouettes,
« civières, échelles, cordages, corbeilles et tous autres objets néces-
« saires aux constructions, à l'effet de quoi le comité Militaire des
« corps administratifs veillera à la fabrication et exécution de tous ces
« objets de détail, sous la simple réquisition du comité Militaire de
« la commission. Signé : Figurey et Gras, secrétaires.

Le cinquième ainsi conçu :

« Extrait des registres de la Commission Populaire Républi-
« caine et de Salut Public de Rhône-et-Loire.

« Séance du 18 juillet 1793, l'an 2° de la République Française.

« La commission, ouï le rapport de son comité Militaire sur la
« pétition faite par Charles Sériziat de retourner à son poste, arrête
« que la garde d'honneur donnée audit Charles Sériziat, général de
« brigade, n'est point un obstacle à son départ, et qu'il est autorisé à
« retourner à son poste.

« Extrait collationné. Signé : B.-G. Meynis et Gras, secrétaires. »

Le Procureur Général Syndic ouï, le Conseil arrête que ledit arrêté sera transcrit sur les registres pour être exécuté. Suit la teneur du sixième :

« Extrait des registres de la Commission Populaire Républi-
« caine et de Salut Public de Rhône-et-Loire.

« Séance du 18ᵐᵉ juillet 1793, l'an 2 de la République Française.

« La commission, considérant que les moments sont venus où le
« peuple de Rhône-et-Loire doit développer ses principes de résis-
« tance à l'oppression, (fut-il oppression plus positive que celle
« qu'exerce contre lui le département de Saône-et-Loire, qui, en
« s'éloignant de tous principes de fraternité, retient inhumainement
« toutes les subsistances destinées, tant pour la ville de Lyon que
« pour les armées des Alpes et des Pyrennées);

« Considérant que, par son arrêté du 12 juillet, le département de
« Saône-et-Loire a annoncé le projet hostile de porter sur Lyon les
« forces armées de son département,

« Arrête qu'une force, composée de mille sept cent trente-deux
« hommes, partira de Lyon demain, dix-neuf du courant, destinée
« uniquement à protéger le convoi des subsistances pour Lyon, à
« lever les obstacles apportés à la circulation des grains par les
« administrateurs du département de Saône-et-Loire; que ladite
« expédition sera combinée de manière à développer une force
« d'artillerie, de cavalerie et infanterie suffisante pour éviter des
« évènemens fâcheux; en conséquence, le citoyen général de la force
« départementale donnera les ordres et réquisitions nécessaires pour
« l'exécution de ladite expédition.

« Le présent arrêté, adressé aux autorités constituées, pour être

« pris par elles les précautions nécessaires pour les subsistances. Les
« comités, autorisés à nommer des commissaires civils qui précéde-
« ront la force armée, feront toutes réquisitions et proclamations
« nécessaires.

« Extrait collationné. Signé : Figurey et B.-G. Meynis, secrétaires. »

Le Procureur Général Syndic ouï, le Conseil arrête que ledit arrêté sera transcrit sur ses registres, pour être exécuté d'après les réquisitions qui seront données par la commission.

Vû l'arrêté des commissaires de la Convention Nationale pour le recrutement dans ce département, en date du 8 avril 1793, l'an second de la République, portant ordre d'arrestation et suspension des maire et procureur de la commune de St-Chamond, pour prévarications dans leurs fonctions et excès commis sur différens citoyens ; les procès-verbaux des deux assemblées de section de la ville de St-Chamond, du 23 juin dernier, desquels il résulte que la liberté des délibérations a été troublée, que le tocsin a été sonné et que la municipalité, instruite de ces voies de fait, n'a point usé de son autorité pour les réprimer et maintenir la tranquillité ; les délibérations prises par les citoyens de Saint-Chamond, réunis en assemblées de section le 11 du présent mois, qui constatent 1° que le tocsin ayant sonné pendant deux jours consécutifs, il en est résulté des évènemens affreux ; 2° que le conseil général de la commune a quitté son poste, à l'exception de quatre membres, les citoyens Pervenchon, officier municipal, Tardy et Giraudet, notables, Monate, procureur de la commune ; 3° que les citoyens ont unanimement déclaré, dans lesdittes délibérations, que le conseil général avait perdu leur confiance, qu'il en sera référé aux autorités constituées, pour pourvoir à son remplacement ; l'arrêté du district de St-Etienne, du 12 du présent mois, portant suspension du conseil général de la commune de St-Chamond, à l'exception des quatre membres dénommés dans les délibérations susdattées ; considérant que le conseil général de la commune de St-Chamond s'est rendu coupable d'excès, outrages, attentats à la sûreté des personnes et des propriétés ; que le tocsin qui a été sonné, soit par ses ordres, soit d'après son consentement, a servi de signal au rassemblement des mal intentionnés ; que ceux-ci, s'étant attroupés, ont entraîné avec eux de bons citoyens et se sont portés à des voies de fait et violences qui ont coûté la vie à quelques personnes et compromis le salut de la cité ; considérant que le conseil général de la commune n'a pas usé de son autorité pour le maintien de l'ordre ; qu'au contraire, il a montré une faiblesse et une intelligence criminelle avec les auteurs des troubles ; considérant qu'il a abandonné son poste au mépris de la loi, qui veut que nul homme public, dans les dangers de la patrie, puisse cesser ses fonctions sans avoir été remplacé, et que les citoyens de St-Chamond ont unanimement déclaré qu'il avait perdu la confiance publique ; considérant que l'autorité ne doit reposer que dans des mains pures et qu'elle ne doit être confiée qu'à des citoyens investis de l'estime publique ; le Procureur Général Syndic ouï, le Conseil Général du département arrête, comme mesure de sûreté générale, qu'en conformité de la délibération du district de St-Etienne, du 12 du présent mois, le conseil général de la commune de St-Chamond (à l'exception du procureur de la commune et des citoyens Pervenchon, Tardy et Giraudet) est et demeure suspendu de ses fonctions; qu'il sera remplacé provisoirement par les présidens des sections et les membres du comité de surveillance, lesquels sont invités, au nom du salut public, de veiller avec soin au maintien de l'ordre et d'employer toute leur autorité pour contenir et faire punir les malveillans; arrête, en outre, que le district de St-Etienne surveillera l'exécution du présent arrêté, qui sera imprimé et affiché dans l'étendue de ce district et envoyé au Pouvoir Exécutif.

Le vendredi dix-neuf juillet 1793, l'an 2º de la République, les administrateurs composant le Conseil Général du département de Rhône-et-Loire, en surveillance permanente, réunis en séance publique, où étaient les citoyens Dubost, président, Couturier, Belville, Bonamour, Santallier (1), Rozier, Rousset, Delacroix, Richard aîné, administrateurs, Meynis, procureur général syndic, et Gonon, secrétaire général.

Un des secrétaires de la Commission Populaire a présenté et laissé sur le bureau six arrêtés. Suit la teneur du premier :

« Extrait des registres de la Commission Populaire Républi-
« caine et de Salut Public de Rhône-et-Loire.

« Séance du 19 juillet 1793, l'an 2º de la République.

« Sur la motion d'un de ses membres et après discussion, la
« commission arrête que le citoyen Perrin-Pressy, nommé général des
« forces du département, donnera chaque jour l'ordre militaire; qu'à
« cet effet, expédition du présent arrêté lui sera envoyée.
« Extrait collationné. Signé: Figurey et Florentin Petit, secrétaires. »

Le Procureur Général Syndic ouï, le Conseil arrête que ledit arrêté sera transcrit sur ses registres et que copie collationnée en sera de suite envoyée à la municipalité de Lyon, pour l'en prévenir officiellement. Le 2ᵐᵉ conçu en ces termes :

« Extrait des registres de la Commission Populaire Républi-
« caine et de Salut Public de Rhône-et-Loire.

« Séance du 18 juillet 1793, l'an 2º de la République Française.

« La Commission Populaire Républicaine et de Salut Public de la
« section du Peuple Français dans le département de Rhône-et-Loire,
« après avoir entendu le rapporteur de son comité de Sûreté Générale,
« instruite que l'armée des Pyrennées est inférieure en forces à
« l'ennemi qu'elle a à combattre et qu'elle est dépourvue de toute
« espèce de munitions de guerre et de bouche; informée que l'armée
« des Alpes est surabondamment pourvue, que les commissaires près
« de cette armée des Alpes s'obstinent à retenir dans sa marche la
« légion des Allobroges, quoique requise pour renforcer l'armée des
« Pyrennées-Orientales ; qu'au lieu de déférer à cette destination
« sacrée, ils ont dirigé cette légion des Allobroges et d'autres corps
« armés sur des républicains français; que ces commissaires retien-

(1) A la suite, un nom a été gratté.

« nent encore neuf bataillons, avec l'artillerie et tous les effets et
« ustensiles de campement, malgré la réquisition à eux faite, le 6 de
« ce mois, et qui leur ordonnait la plus prompte expédition de ces
« forces; instruite, par la lecture des différentes lettres et par le
« rapport des départemens de l'Aude et de l'Héraut, que les citoyens
« Dubois-Crancé et Gauthier diffèrent d'envoyer ces renforts si impé-
« rieusement commandés sous le prétexte frivole 1° Que des
« départemens méconnaissent la représentation nationale, dans l'état
« où elle se trouve actuellement; 2° que l'on ne peut pas compter
« d'une manière absolue sur le passage que les corps administratifs de
« Lyon ont promis de l'envoi des subsistances; déclare aux dépar-
« temens de l'Aude et de l'Héraut et à tous les départemens de la
« République, que les communes du département de Rhône-et-Loire
« ont été allarmées des violences commises contre la représentation
« nationale et, par un mouvement naturel à des hommes libres et
« dignes de l'être, elles se sont mises en état de résistance à l'oppression;

« Que cette insurrection n'a eu pour objet que l'intérêt général de
« la nation et le maintien de la République une et indivisible; qu'il
« est uni d'intérêts et de sentimens avec tous les départemens de la
« République, qu'une république fédérative est à ses yeux un gou-
« vernement impossible, anarchique et monstrueux, surtout pour la
« nation française, dont aucune partie ne peut se passer de l'autre;
« qu'après avoir si souvent manifesté cette opinion, il est étrange
« qu'on ose encore le calomnier en l'accusant de fédéralisme; qu'il
« s'est toujours empressé et s'empressera toujours de laisser librement
« circuler toutes les munitions et subsistances nécessaires aux armées
« de la République; qu'il regarderait comme un attentat à la Répu-
« blique entière les moindres entraves mises au succès de ses armes,

« Que les menaces qui lui sont faites, les pièges dont on cherche à
« l'environner, le réduisent à l'indispensable nécessité de se précau-
« tionner contre toute violence et toute surprise, et de mettre en
« activité tous les moyens de force et de résistance qui se trouvent en
« son pouvoir,

« Qu'aussitôt que les troupes inutilement campées dans l'intérieur
« et sur les rives du Rhône auront été retirées et envoyées à leur
« destination, qu'aussitôt que les représentans du peuple près l'armée
« des Alpes auront annulé les réquisitions offensives et hostiles
« qu'ils ont données aux départements voisins, réquisitions qui ten-
« dent à allumer la guerre civile, le département de Rhône-et-Loire,
« certain alors de sa sûreté, emploiera sans réserve les forces que sa
« propre défense l'oblige aujourd'hui à concentrer dans son propre
« territoire;

« Que, d'après ces déclarations et ces principes, il ne peut plus
« rester de motifs ni de prétextes aux représentans du peuple pour
« retenir les secours destinés pour l'armée des Pyrennées.

« Enjoint à l'administration du département et aux autres autorités
« constituées de mettre en exécution les dispositions de cet arrêté,
« charge spécialement son Comité de Sûreté générale d'y apporter la
« plus grande surveillance. Rend, dès ce jour, personnellement res-
« ponsables envers la République, Dubois-Crancé, Albitte, Gauthier,
« et tous autres représentans près l'armée des Alpes, des évènemens
« qui résulteront de leur résistance à envoyer les secours destinés
« pour l'armée des Pyrennées.

« Arrête que le présent acte sera imprimé, affiché et envoyé à
« l'armée des Alpes, à celle des Pyrennées et à tous les départemens
« de la République.

« Extrait collationné. Signé : Florentin Petit et Figurey, secré-
« taires. »

Le Procureur Général Syndic ouï, le Conseil arrête qu'il sera
enregistré pour être exécuté. Suit la teneur du troisième :

« Extrait des registres de la Commission Populaire Républi-
« caine et de Salut Public de Rhône-et-Loire.

« Séance du 19 juillet 1793, l'an 2° de la République Française.

« La commission, considérant que la liberté, l'intégralité et l'invio-
« labilité de la représentation nationale ne sont point rétablies,
« déclare qu'elle persiste dans son arrêté du 4 du présent et qu'en
« vertu des pouvoirs que le peuple de Rhône-et-Loire lui a donnés,
« elle continuera de prendre toutes les mesures de sûreté générale
« pour résister à l'oppression et maintenir l'unité et l'indivisibilité de
« la République.

« Considérant d'autre part, que l'examen d'une constitution quel-
« conque est un acte de souveraineté et que nul n'a le droit d'en
« restraindre l'exercice.

« Considérant que le plan de constitution offert au Peuple Français
« n'est point une loi, mais un simple projet qu'il a le droit d'exa-
« miner,

« Arrête, à l'unanimité, que les autorités constituées convoqueront,
« dans les formes légales, les assemblées primaires pour dimanche
« 28 du présent mois, à l'effet d'examiner ledit projet de constitution.

« Extrait collationné. Signé : B.-G. Meynis et Florentin Petit,
« secrétaires. »

Le Procureur Général Syndic ouï, le Conseil arrête que led. arrêté
sera enregistré, pour être exécuté selon sa forme et teneur; en conséquence, qu'il sera fait une proclamation pour instruire l'opinion
publique sur les principes de l'administration, un membre ayant lu
un projet, il a été adopté dans la forme suivante :

« Les administrateurs du département de Rhône-et-Loire à leurs
« concitoyens.

« Citoyens,

« Une grande cité gémissait depuis longtems sous le poids de
« l'oppression; l'anarchie, qui avait succédé au règne des loix, la
« menaçait d'une destruction prochaine, lorsque l'évènement du
« 29 mai signala le triomphe de la liberté, des amis des loix et de la
« République. Le compte que nous avons rendu des causes de cet
« évènement, prouve qu'étrangers à tout esprit de faction, nous
« n'avons suivi que le sentiment d'une conscience épurée, dirigée par
« le seul amour de la vérité.

« Depuis, la scène politique a essuyé, dans ses variations, des
« secousses qui ont allarmé plusieurs départemens; le péril de la
« chose publique nous a fait porter plus loin nos regards.

« Administrateurs fidèles, il était de notre devoir d'avertir le peuple,
« qui nous a investis de sa confiance, des dangers qui le menaçaient;
« nous nous sommes entourés de ses lumières et de sa puissance, en
« l'invitant à s'occuper des mesures de son salut; nous n'avons en
« cela que suivi l'exemple de plusieurs administrations départemen-
« tales qui, pressées comme nous du besoin de sauver leur patrie et
« de maintenir l'unité de la République, n'ont pas crû devoir pro-
« noncer, sans le concours du peuple et sans consulter son vœu, sur
« les mesures de sûreté.

« La Commission Populaire Républicaine et de Salut Public de
« Rhône-et-Loire s'est établie d'après ce principe; convaincue de
« l'état de crise où se trouvait la République, profondément affligée
« des dangers particuliers d'un département que la calomnie s'attache
« à noircir et à persécuter, elle s'est occupée des mesures de
« sûreté générale. Dans le nombre de ces mesures, elle a considéré
« que, depuis longtems, le peuple était impatient d'avoir des loix, une
« constitution reposant sur les objets du républicanisme; elle a con-
« sidéré qu'à lui seul appartenait le droit de discuter, d'examiner
« l'acte constitutionnel qui lui sera présenté dans les assemblées
« primaires, et, par ces motifs, elle a référé au peuple le droit incon-
« testable d'approuver ou rejetter.

« Cette déclaration franche et loyale, à laquelle nos administrateurs
« s'empressent de concourir, vous prouvera sans doute, citoyens, que
« vos mandataires ne sont mus par d'autre passion, d'autre
« désir que celui de votre bonheur et de votre repos; elle servira de
« réponse à tout ce que la méchanceté s'est plu à répandre sur les
« citoyens du département de Rhône-et-Loire; elle dissipera, d'une
« manière éclatante, les soupçons et les reproches honteux de fédéra-
« lisme, de royalisme et de tous les fléaux que nous avons juré
« d'exterminer.

« C'est maintenant, citoyens, que vous tenés en vos mains vos
« destinées; c'est de vous-mêmes que va dépendre votre bonheur;
« c'est à vous qu'il appartient de méditer, de réfléchir et de consi-
« dérer si l'objet de vos vues est rempli, si vous pouvés enfin compter
« sur un gouvernement stable et républicain; pezez dans votre
« sagesse toutes ces considérations; défiez-vous de tout esprit de
« parti, ne consultez que l'intérêt de la patrie et songez surtout que
« son salut repose sur vous. »

Lecture faite de l'arrêté de la Commission Populaire Républicaine
et de Salut Public de Rhône-et-Loire et de la proclamation ci-dessus,
l'administration arrête que lesdits arrêté et proclamation seront de
suite imprimés, affichés et envoyés dans tous les districts et municipalités du ressort et dans tous les départemens de la République;
qu'à cet effet, et à la diligence des procureurs syndics des districts,
les assemblées primaires de cantons seront convoquées pour dimanche 28 du courant, à l'effet d'examiner le projet de constitution qui
sera présenté. Et de suite il a été fait une réquisition pour porter
aux différens districts, tant la proclamation que l'arrêté de la Commission Populaire, relatif à la convocation des assemblées primaires,
dans la forme suivante :

« Les administrateurs du département de Rhône-et-Loire requièrent

« le commandant de la gendarmerie nationale de Rhône-et-Loire de
« donner des ordres à quatre gendarmes, pour porter sur-le-champ
« le paquet ci-joint à l'administration de district de Villefranche,
« St-Etienne, Roanne et Montbrison, et d'en tirer un récépissé pour
« certifier de la remise dudit paquet.

« Fait au Directoire, à Lyon, le 19 juillet 1793, l'an 2ᵉ de la
« République. »

Suit la teneur du quatrième arrêté :

« Extrait des registres des arrêtés de la Commission Populaire
« Républicaine et de Salut Public de Rhône-et-Loire.

« Séance du 19 juillet 1793, l'an 2ᵉ de la République Française.

« La commission arrête que, dans les vingt-quatre heures, la garde
« nationale de Lyon, sur la réquisition des commandans des bataillons,
« fournira sept mille deux cent hommes pour son contingent dans la
« force départementale, et que, dans le délai de quatre jours, la
« garde nationale des autres districts du département fournira, tou-
« jours sur la réquisition des commandans des bataillons, deux
« mille quatre cent hommes, pour son contingent dans la même force
« départementale et, pour assurer les mesures d'exécution, renvoie à
« son comité Militaire.

« Extrait collationné. Signé : Figurey et Florentin Petit, secrétaires. »

Le Procureur Général Syndic ouï, le Conseil arrête que ledit arrêté
sera enregistré, pour être exécuté dans sa forme et teneur. Le cinquième
conçu en ces termes :

« Extrait des registres de la Commission Populaire Républi-
« caine et de Salut Public de Rhône-et-Loire.

« Séance du 19 juillet 1793, l'an 2ᵉ de la République Française.

« La commission arrête que la ville de Lyon fournira, sous le plus
« bref délai, une somme de trois millions, pour subvenir aux dépenses
« nécessitées par les circonstances et pour mettre la ville dans un
« état respectable ; renvoie par-devant ses comités le mode à employer
« pour obtenir cette somme.

« Extrait collationné. Signé : Figurey et Florentin Petit, secrétaires. »

Le Procureur Général Syndic ouï, le Conseil arrête que ledit arrêté
sera enregistré, pour être exécuté selon sa forme et teneur. Le sixième
dont la teneur suit :

« Extrait des registres de la Commission Populaire Républi-
« caine et de Salut Public de Rhône-et-Loire.

« Séance du 19 juillet 1793, l'an 2ᵉ de la République Française.

« La commission arrête que le Comité de Sûreté Générale nommera,
« dès ce soir, deux commissaires chargés de se transporter de suite à
« St-Etienne, munis de sommes suffisantes pour payer les fusils,
« qu'ils feront incontinent conduire à Lyon, sous une garde suffisante,
« à laquelle le Comité de Sûreté Générale avisera.

« Extrait collationné. Signé : Figurey, Florentin Petit, secrétaires. »

SÉANCES DES 19 ET 20 JUILLET 1793.

Le Procureur Général Syndic ouï, le Conseil arrête que le susdit arrêté sera enregistré, pour être exécuté selon sa forme et teneur.

Le samedi vingt juillet 1793, l'an 2ᵉ de la République, les administrateurs composant le Conseil Général du département de Rhône-et-Loire, en surveillance permanente, réunis en séance publique, où étaient les citoyens Dubost, président, Couturier, Belville, Bonamour, Santallier (1), *Richard aîné, Rozier, Delacroix, Meynis, procureur général syndic, et Gonon, secrétaire général.*

Un secrétaire de la Commission Populaire Républicaine et de Salut Public de Rhône-et-Loire est entré et a laissé sur le bureau trois extraits des délibérations de cette commission. Suit la teneur du premier :

« Extrait des registres de la Commission Populaire Républi-
« caine et de Salut Public de Rhône-et-Loire.

« Séance du 20ᵐᵉ juillet 1793, l'an 2ᵉ de la République Française.

« La commission, sur la demande du commandant de la force
« armée du département de Rhône-et-Loire,

« Arrête que le commandant général est autorisé à recevoir le
« serment des officiers qui doivent former la force armée départe-
« mentale de Rhône-et-Loire et d'insérer dans les commissions qu'il
« délivrera la prestation des trois sermens.

« Expédition du présent arrêté sera remis de suite au commandant
« général et au département.

« Extrait collationné. Signé : Prost et Meynis, secrétaires. »

Le Procureur Général Syndic ouï, le Conseil arrête que ledit arrêté sera enregistré, pour être exécuté selon sa forme et teneur. Suit la teneur du second :

« Extrait des registres de la Commission Populaire Républi-
« caine et de Salut Public de Rhône-et-Loire.

« Séance du 20ᵐᵉ juillet 1793, l'an 2ᵉ de la République Française.

« Sur la motion d'un membre du Comité de Sûreté Générale, la
« commission arrête que, pour l'exécution de ses précédens arrêtés,
« les citoyens administrateurs du département prendront les mesures
« les plus promptes pour faire parapher et arrêter tous les registres
« de recettes et dépenses du citoyen Verset, receveur du district de
« Lyon.

« Extrait collationné. Signé : B.-G. Meynis et Figurey, secrétaires. »

Le Conseil arrête, ouï le Procureur Général Syndic en ses conclusions, que ledit arrêté sera enregistré, pour être exécuté selon sa forme et teneur; en conséquence, que copie dudit arrêté sera sur-le-champ envoyée au district de cette ville, avec invitation d'en surveiller l'exécution. Le troisième conçu en ces termes :

(1) Ici un nom gratté.

« Extrait des registres de la Commission Populaire Républi-
« caine et de Salut Public de Rhône-et-Loire.

« Séance du 12 juillet 1793, l'an 2e de la République.

« Un membre des comités réunis a fait un rapport à l'ordre du jour,
« pour compléter les administrations du département et du district de
« la ville de Lyon, il a proposé différens sujets en remplacement des
« absens, démissionnaires, ou qui ne se sont pas rendus à leur poste;
« un membre du département a obtenu la parolle sur la même ques-
« tion et a proposé d'autres candidats.

« La commission, prenant en considération les observations qui lui
« ont été faites de part et d'autre à cet égard, a nommé et nomme
« pour administrateurs-adjoints au département, les citoyens Méaudre-
« Pradines, Lecourt l'aîné, de Lyon, Rouher fils, Michel Portier
« l'aîné, de Montbrison; Crozot et Sauzay, notaire, et pour leurs
« supléans dans l'ordre, Bouquet, homme de loi à Roanne, Rayre,
« Romany, Paria aîné, Teyter et Blanctin, dit Bas-Breton.

« La commission a également nommé et nomme pour administra-
« teurs-adjoints au district de la ville, les citoyens Vincent, Dugene,
« Eynard, ancien président du district, Chapuy, Burel fils et Berthelet,
« et pour supléans, Caminet et Ricard.

« Arrête que les procureurs généraux syndics du département et du
« district donneront incessamment connaissance aux citoyens qui ont
« mérité la confiance de la commission, de la nomination de leurs
« personnes; qu'ils seront priés de se rendre incessamment à leur
« poste, et que les conseils généraux du département et du district
« organiseront, de suite et conformément à la loi, leur directoire et
« remplaceront les membres qui y manquent.

« Extrait collationné. Signé : B.-G. Meynis et Prost, secrétaires. »

Ouï le Procureur Général Syndic en ses conclusions, le Conseil arrête que le présent arrêté sera transcrit sur les registres, pour être exécuté selon sa forme et teneur ; en conséquence, que copie d'icelui sera envoyée, à la diligence du Procureur Général Syndic, à chaque adjoint et supléant du département, et pareille copie au procureur syndic de la ville, pour, par lui, être de suite transmis aux adjoints et supléants destinés pour le district.

Le dimanche vingt-un juillet 1793, l'an 2 de la République,

Il n'a été pris aucun arrêté en Conseil du département.

Le lundi vingt-deux juillet 1793, l'an 2e de la République, les administrateurs composant le Conseil général du département de Rhône-et-Loire, en surveillance permanente, réunis en séance publique, où étaient les citoyens Dubost, président, Couturier, Belville, Bonamour, Santallier, Richard aîné, Delacroix, Rozier, Meynis, procureur général syndic, et Gonon, secrétaire général.

Un des secrétaires de la Commission Populaire a présenté et laissé sur le bureau un arrêté dont la teneur suit :

« Extrait des registres de la Commission Populaire Républi-
« caine et de Salut Public de Rhône-et-Loire.

« Séance du 22 juillet 1793, l'an 2 de la République Française.

« Sur la motion d'un de ses membres, la commission, considé-
« rant que tout intérêt particulier doit céder à l'intérêt général ;
« considérant que l'intérêt général exige le plus prompt achèvement
« des travaux publics ordonnés pour garantir la ville et le départe-
« ment de toute attaque, de la part des traitres et des ennemis de
« l'ordre et de la République.

« Considérant que l'arrêté par elle pris, le neuf de ce mois, n'a pas
« reçu son entière exécution, arrête :

ARTICLE PREMIER.

« A dater du jour de la publication du présent arrêté et jusqu'à
« l'entier achèvement des travaux nécessaires à la défense de la ville
« et du département, tous les ouvriers capables du remuement des
« terres ou du crenellement des maisons, sont mis à la disposition du
« citoyen Chenelette, directeur des travaux, lequel demeure, conjoin-
« tement avec le comité Militaire de la municipalité provisoire de
« Lyon, chargé de régler un émolument additionnel au salaire ordi-
« naire desdits ouvriers.

ART. 2.

« Défenses sont faites auxdits ouvriers de travailler, pendant cet
« intervalle, pour le compte d'aucun particulier.

ART. 3.

« Défenses sont pareillement faites à tous particuliers d'employer,
« pour leur compte, le travail desdits ouvriers, sous peine d'être
« réputés préférer leur intérêt à l'intérêt général.

ART. 4.

« Les sections de la ville de Lyon nommeront, chacune dans leur
« sein, quatre commissaires qui veilleront, chacun dans leur
« arrondissement, à ce qu'aucun attelier particulier n'employe lesdits
« ouvriers au détriment des atteliers publics.

ART. 5.

« Au nom du salut de la patrie, tous les citoyens de la ville de Lyon,
« en état de concourir à la plus prompte confection desdits travaux,
« sont invités à se présenter audit citoyen Chenelette, pour y être
« employés.

ART. 6.

« Le comité Militaire de la commission est chargé de veiller à ce
« que les atteliers publics soient fournis des outils nécessaires
« pour les citoyens qui n'en avaient pas.

Art. 7.

« Expédition du présent arrêté sera, sur-le-champ, remise au
« département, au comité militaire de la commission et à la munici-
« palité provisoire de Lyon, auxquels il est enjoint, chacun en ce qui
« le concerne, de veiller assidûment et de prendre, à l'instant même,
« toutes les mesures nécessaires pour la prompte exécution du présent
« arrêté.

« Extrait collationné. Signé : Prost et Figurey, secrétaires. »

Le Procureur Général Syndic entendu, le Conseil a arrêté que ledit arrêté sera transcrit sur les registres pour être exécuté selon sa forme et teneur.

Le mardi vingt-trois juillet 1793, l'an 2ᵉ de la République, les administrateurs composant le Conseil Général du département de Rhône-et-Loire, en surveillance permanente, réunis en séance publique, où étaient les citoyens Dubost, président, Couturier, Belville, Santallier, Richard aîné, Delacroix, Rousset, Meynis, procureur général syndic, et Gonon, secrétaire général.

Un secrétaire de la Commission Populaire est entré et a laissé sur le bureau trois arrêtés. Suit la teneur du premier :

« Extrait des registres de la commission Populaire Républi-
« caine et de Salut Public de Rhône-et-Loire.

« Séance du 23 juillet, 1793, l'an second de la République Française.

« La Commission, considérant que, par son arrêté du dix-neuf de ce
« mois, elle ordonne que les fusils étant dans les manufactures de
« St-Etienne seraient conduits à Lyon, sous bonne et sûre garde, et
« que les fonds, pour acquitter le payement de ces fusils, seront
« pris sur la caisse du district de St-Etienne, sur les fonds destinés
« pour cet objet.

« Considérant que le représentant du peuple Lesterpt-Beauvais a
« fait saisir ces mêmes fonds ; arrête que, provisoirement, les fonds
« nécessaires pour le payement des fusils seront pris sur la caisse
« générale de la souscription patriotique, sauf à la Commission Popu-
« laire à prendre des mesures ultérieures sur le rapport qui lui sera
« fait par les comités réunis.

« Extrait collationné, signé : B.-G. Meynis et Prost, secrétaires. »

Le Procureur Général Syndic ouï, le Conseil arrête que ledit arrêté sera enregistré, pour être exécuté selon sa forme et teneur ; qu'en conséquence, copie en sera envoyée au district de St-Etienne, pour surveiller son exécution. Le 2ᵐᵉ conçu en ces termes :

« Extrait des registres de la Commission Populaire Républi-
« caine et de Salut Public de Rhône-et-Loire.

« Séance du 23 juillet 1793, l'an 2ᵉ de la République Française.

« La Commission Populaire instruite que le district de St-Etienne a

« manifesté des doutes sur la légalité des ordres donnés en son nom,
« par son comité de Sûreté Générale, relativement à un achat de
« fusils dans la ville de St-Etienne, déclare qu'elle approuve toutes
« les mesures prises et à prendre à cet égard par son Comité de sûreté
« Générale; enjoint au directoire du district de St-Etienne, de se
« conformer aux arrêtés de la Commission et de son comité de
« Sûreté Générale, non obstant toute opposition; charge l'administra-
« tion du département de transmettre à l'instant le présent arrêté au
« directoire du district de St-Etienne et de veiller à son exécution.

« Extrait collationné, signé B.-G. Meynis et Prost, secrétaires. »

Le Procureur Général Syndic ouï, le Conseil arrête que cet arrêté sera enregistré pour être exécuté selon sa forme et teneur. Suit la teneur du troisième.

« Extrait des registres de la commission Populaire Républi-
« caine et de Salut Public de Rhône-et-Loire.

« Séance du 23 juillet 1793, l'an 2º de la République Française.

« Le président de la commission a lu la lettre d'un de ses membres,
« qui demande que l'assemblée accepte sa démission pour affaires de
« commerce, la commission a passé à l'ordre du jour motivé sur
« son serment; cette demande a donné lieu à l'arrêté suivant : 1º la
« Commission Populaire rappelle à leur poste tous ses membres
« absens, et invite toutes les communes et sections de communes à
« les renvoyer de suite à leurs importantes fonctions; 2º le comité de
« correspondance est chargé d'écrire, à cet effet, à toutes les com-
« munes du département.

« Extrait collationné, signé B.-G. Meynis, Prost, secrétaires. »

Le Procureur Général Syndic ouï, le Conseil arrête que cet arrêté sera transcrit sur ses registres pour être exécuté suivant sa forme et teneur.

Un membre a observé que l'on affectait de répandre des bruits allarmans sur la tranquillité publique, relativement à l'acceptation du projet de constitution; ses réflexions ont déterminé le conseil à arrêter, ouï le Procureur Général Syndic en ses conclusions, qu'avant de prendre un parti dans ces circonstances critiques, il paraissait convenable de s'entourer des lumières des autorités constituées séantes en cette ville; en conséquence, que les districts de la ville et de la campagne de Lyon et la commune provisoire de cette ville, seront invités à se rendre demain dans le sein du Département pour combiner les mesures à prendre dans les circonstances. Plusieurs membres se sont chargés d'aller de suite inviter les districts et la municipalité.

Le mercredi vingt-quatre juillet 1793, l'an 2º de la République, les administrateurs composant le Conseil Général du département de Rhône-et-Loire, en surveillance permanente, réunis en séance publique, où étaient les citoyens Dubost, président, Couturier, Belville, Santallier, Richard aîné, Mottin, Farjon, Delacroix, administrateurs, Meynis, procureur général syndic, Gonon, secrétaire général, auxquels étaient réunis les administrateurs des districts de la ville et de la campagne de Lyon, ainsi que les membres du conseil général de la commune provisoire de Lyon.

Considérant que les autorité constituées du département de Rhône-et-Loire, et notamment celui du district de Lyon, ont été calomniés d'une manière étrange, tant auprès de la Convention Nationale, qu'aux yeux de la République entière; qu'une démarche franche, loyale et véritablement républicaine peut seule répondre à toutes les imputations mensongères, à toutes les calomnies que l'on ne cesse de répandre et de propager par tous les moyens familiers aux perturbateurs pour aigrir et diviser; qu'on a malignement et faussement écrit et proclamé que Lyon était en pleine contre-révolution, tandis qu'on n'y a apperçu aucun signe contre-révolutionnaire, que l'on n'y entend que le cri de vive la République une et indivisible, qu'on y voit flotter de toutes parts l'étendard tricolore, véritable signe de la liberté, et que l'on n'y prête d'autre serment que celui d'un vrai républicain démocrate; que ce qui s'est passé dans la journée du 29 mai dernier, n'a eu pour objet que de résister à ceux qui, sous le masque du patriotisme, demandaient le meurtre et le pillage, qui déjà avait été exercés en septembre dernier, formaient des listes de proscription pour attenter arbitrairement à la vie et à la propriété des citoyens désignés; que si des mesures de sûreté particulière ont été prises depuis cet évènement, elles n'ont eu lieu que pour maintenir l'ordre et la tranquillité publique, le respect dû aux personnes et aux propriétés, que c'est au moyen de ces dispositions qu'on a réussi; que si les administrateurs du Département et des districts ont invité les administrés à nommer des commissaires pour prendre les déterminations que les circonstances particulières et générales semblaient prescrire, ils n'y ont été portés que sur les rapports allarmans qui lui avaient été fait sur les journées des 31 mai, 1er et 2 juin dernier, et pour être à même d'assurer de plus en plus l'union et la tranquillité publique dans le département; que la présentation de la Constitution, qui a été faite le 19 de ce mois, par les autorités constituées, au peuple convoqué en assemblées primaires pour le 28, est une démarche qui doit convaincre leurs calomniateurs du véritable esprit de ces mêmes autorités constituées; qu'enfin il faut ôter aux malveillans tout nouveau prétexte de calomnie et détruire les soupçons injurieux qu'ils se plaisent à élever soit contre les citoyens de Lyon, soit contre les fonctionnaires publics; déclarent qu'ils n'ont jamais entendu établir aucun fédéralisme, qu'ils veulent l'unité et l'indivisibilité de la République, qu'ils regardent la Convention Nationale comme le seul point central et de ralliement de tous les citoyens français et républicains, que les décrets émanés d'elle, concernant l'intérêt général de la République, doivent être exécutés; 2° ils déclarent que, voulant maintenir dans le département l'ordre public, le règne des loix, le respect des personnes et des propriétés, la vraie liberté, ils résisteront de toutes leurs forces à l'oppression quelques formes qu'elle prenne; déclarent que la liberté, l'égalité, sont les seuls sentimens qui les animent; arrêtent que la déclaration ci-dessus sera communiquée à la Commission Populaire et Républicaine de Salut Public, et ensuite imprimée, affichée et envoyée à la Convention Nationale, aux armées et à tous les départemens de la République Française. Signé : Dubost, président du département, Santallier, Belville, Couturier, Farjon, Richard aîné, Mottin, Delacroix et Rousset, administrateurs du département, Meynis, procureur général syndic. Angelot, président, Matheron, Pipon, Chatelain, Bergeon, administrateurs du district de la ville ; Pécolet, président, Favre, Forest, Basson, administrateurs, Martinière, procureur syndic du district de la campagne de Lyon ; Coindre, président, Bouquerot, Martel, Condentia, Bemani, Girin, Perricaux, David, Gerin, Privat, Ray, César Saunier, Charbon, Mazard, Loras, Royer, Grognier, Derjon, Maisonneuve, Pierron, Mougin, Louis Buisson, Chalmette, Chirat, Desmartains, officiers municipaux provisoires, Guillin, procureur de la commune provisoire ; Teillard, secrétaire greffier provisoire, et Gonon, secrétaire général.

Le jeudi vingt-cinq juillet 1793, l'an 2° de la République, les administrateurs composant le Conseil Général du département de Rhône-et-Loire, en surveillance permanente, réunis en séance publique, où étaient les citoyens Dubost, président, Couturier, Belville, Santallier, Mottin, Farjon, Richard aîné, Delacroix, Rousset, Meynis, procureur général syndic, ceux des districts de la ville et de la campagne de Lyon, et les membres composant la municipalité provisoire de Lyon.

Il a été arrêté ; ouï le Procureur Général Syndic, que les citoyens Rouyer et Brunel, représentans du peuple, étant actuellement dans cette ville, seraient invités, comme par la présente on les prie, de faire passer à la Convention Nationale, par un courrier extraordinaire, l'arrêté pris le jour d'hier et d'interposer, comme ils l'ont déjà fait, leurs bons offices auprès de la Convention en faveur des autorités constituées, les citoyens Rouyer et Brunel ayant toujours manifesté dans cette ville les principes d'un centre d'union et de ralliement à la Convention Nationale, consacrés par l'arrêté du jour d'hier.

Un secrétaire de la Commission Populaire est entré ; il a présenté et laissé sur le bureau l'extrait d'un arrêté de cette commission dont la teneur suit :

« Extrait des registres de la Commission Populaire Républi-
« caine et de Salut Public de Rhône-et-Loire.

« Séance du 25 juillet 1793, l'an 2° de la République française.

ARTICLE PREMIER.

« Le citoyen Gilibert Clesle est et demeure nommé caissier particu-
« culier de la force départementale ; en conséquence, il demeure chargé
« du payement 1° des appointemens de tous les officiers de l'état-
« major ; 2° de la solde des régimens de la force départementale ; 3°
« de celle de la compagnie des ouvriers ; 4° de celle des ouvriers
« extraordinaires, ainsi que toutes sortes d'outils et matériaux
« concernant les travaux de la force départementale ; 5° les appoin-
« temens des secrétaires-commis attachés au bureau du comité
« militaire ; 6° et enfin de tout ce qui sera relatif à laditte force
« départementale.

ART. 2.

« La comptabilité dudit caissier particulier sera dans les formes
« suivantes : Dans l'intervalle d'une revue à l'autre, il recevra du
« trésorier général des à comptes approximatifs pour les appointe-
« mens, soldes et dépenses de la force départementale, sur ces récé-
« pissés visés par deux membres du comité militaire de la Commis-
« sion, il paiera les appointemens et soldes sur l'effectif de la revue qui
« sera réglée à chaque époque d'après les arrêtés de la Commission,
« il paiera les ouvriers extraordinaires, les outils, matériaux et travaux
« concernant la force départementale, sur les visa du préposé en chef aux
« fortifications. Il paiera les appointemens des secrétaires et commis
« attachés au bureau du comité militaire, ainsi que les fournitures
« dudit bureau sur les visa du commissaire des guerres de la force
« départementale. Il paiera les dépenses particulières et tout ce que
« dessus, sur le simple visa du général de l'armée départementale.
« La décharge dudit caissier particulier, vis à vis du trésorier
« général, sera effectuée par la revue du commissaire sur tout ce qui
« en est susceptible et les visa ci-dessus spécifiés pour tous les autres
« objets.

ART. 3.

« Ledit caissier particulier recevra provisoirement et en attendant
« la première revue, la somme de cinquante mille livres des mains du
« trésorier général, en vertu du présent arrêté.

ART. 4.

« Les appointemens du caissier particulier du comité militaire,
« ainsi que les frais du bureau seront réglés particulièrement par un
« arrêté du comité militaire, et ledit caissier particulier autorisé à en
« faire la retenue sur les sommes qu'il recevra.

« Extrait collationné. Signé : B.-G. Meynis et Prost, secrétaires. »

Le Procureur Général Syndic ouï, le Conseil arrête que ledit arrêté sera enregistré, pour être exécuté selon sa forme et teneur.

Vû les deux lettres écrites et signées du citoyen Decaussenne, en date du 1er juillet présent mois, l'interrogatoire subi par led. Decaussenne ; l'arrêté pris le 30 juin dernier, portant que d'après les pièces ci-dessus trouvées sur le bureau du citoyen Decaussenne et les suspicions justement conçues sur sa conduite, il serait mis, comme mesure de sûreté générale, en état d'arrestation ; considérant que, si dans un tems de troubles suscités par l'anarchie dans la ville de Lyon, le citoyen Decaussenne a été mis en état d'arrestation d'après sa conduite et les pièces trouvées dans son appartement, néantmoins, aimant à croire que la conduite du détenu n'a été que le fruit de l'erreur, le supléant du Procureur Général Syndic entendu, le Conseil arrête que le citoyen Decaussenne sera mis en liberté ; qu'à cet effet, le concierge de la maison de détention de Pierre-Scize sera tenu, sur l'ordre qu'il en recevra du comité de Salut Public de la municipalité provisoire de la ville de Lyon, d'élargir le citoyen Decaussenne, quoi faisant il sera bien et valablement déchargé ; qu'injonction néantmoins est faite aud. Decaussenne d'être plus circonspect à l'avenir ; arrête, en outre, que copie des pièces et du présent arrêté sera transmise au général de division Charles de Hesse.

Le vendredi vingt-six juillet 1793, l'an 2e de la République Française, les administrateurs composant le Conseil Général du département de Rhône-et-Loire, en surveillance permanente, réunis en séance publique, où étaient les citoyens Dubost, président, Couturier, Belville, Santallier, Richard aîné, Farjon, Delacroix, Rozier, Meynis, procureur général syndic, et Gonon, secrétaire général.

Un secrétaire de la Commission Populaire est entré, il a présenté et laissé sur le bureau un arrêté de cette commission dont la teneur suit :

« Extrait des registres de la Commission Populaire Républi-
« caine et de Salut Public de Rhône-et-Loire.

« Séance du 25 juillet 1793, l'an 2e de la République Française,

« La commission, considérant que la convocation faite par les corps
« administratifs réunis du département de Rhône-et-Loire, des ci-
« toyens de chaque commune dudit département en assemblées pri-
« maires de canton, à l'effet de nommer un député par chaque
« section au-dessus de 450 citoyens, pour se rendre dimanche 30 juin
« à Lyon et prendre toutes les mesures de sûreté générale exigées
« par les circonstances, a eu pour bazes les motifs expliqués dans
« l'arrêté desdits corps administratifs en datte du 18 du même mois,
« conçu dans les termes suivans.

« L'Assemblée, douloureusement affectée des évènemens désas-
« treux et des complots liberticides qui, agitant Paris, ont rompu
« l'unité et violé l'intégrité de la Représentation Nationale ; justement
« indignée des mouvemens désorganisateurs qui ont donné lieu à
« l'arrestation de plusieurs représentans du peuple et forcent la majorité
« à l'inaction et au silence.

« Profondément occupée du choix des moyens les plus propres à
« prévenir le fléau de l'anarchie, à repousser le joug barbare du des-
« potisme qui en serait la suite et à affermir, sur des bases inébran-
« lables, l'unité et l'indivisibilité de la République.

« Considérant que les corps administratifs, dans la première séance
« des commissaires du département de Rhône-et-Loire, ont confirmé
« les motifs de cette convocation, soit par la lecture de l'adresse que
« lesdits corps administratifs ont rédigée, soit par le dépôt qu'ils ont
« fait des arrêtés à eux envoyés par différens départemens.

« Considérant que l'arrêté pris par la commission, le quatre du
« présent mois, a été une conséquence des instructions données par
« les corps administratifs et des pièces qu'ils ont produites à l'appui
« de ces instructions.

« Considérant que les députés du département de Rhône-et-Loire
« ne se sont formés en Commission Populaire Républicaine et de Salut
« Public que pour prendre des mesures de sûreté générale et parti-
« culière.

« Considérant que le but de la convocation est formellement
« reconnu dans l'arrêté des corps administratifs du 24 du présent
« mois, où il déclare 1° que la convocation qu'ils avaient faite des
« commissaires, avait eu pour objet de les inviter à prendre les déter-
« minations que les circonstances semblaient prescrire sur les rap-
« ports allarmans qui leur avaient été faits des journées des 31 mai,

« 1er et 2 juin dernier; 2° qu'ils regardent la Convention Nationale
« comme le seul point central et le ralliement des Français républi-
« cains; que les décrets émanés d'elle, concernant l'intérêt général de
« la République, doivent être exécutés ; que, voulant maintenir dans
« les départemens l'ordre public, le règne des loix, le respect des
« personnes et des propriétés, la vraie liberté, ils résisteront de toute
« leur force à l'oppression, quelque forme qu'elle prenne.

« Considérant que cet arrêté des corps administratifs a nécessaire-
« ment pour baze la liberté et l'intégralité de la Convention Natio-
« nale, déclare que, par son arrêté du 4 juillet présent mois, n'ayant
« eu pour objet que la réunion d'une représentation nationale libre et
« entière, que la liberté, ainsi que l'intégralité de la Convention parais-
« sant rétablis d'après l'arrêté des corps administratifs, la commission
« se rallie et invite tous les citoyens du département de Rhône-et-
« Loire à se rallier auprès de la Convention Nationale, comme le
« point central de la République une et indivisible, en déclarant
« néantmoins : 1° que le département ayant été calomnié sur les
« principes qui ont dirigé ses commissaires, et étant sous le poids de
« décrets surpris à la Convention sur de faux rapports, il restera,
« conformément à la loi, en état de résistance à l'oppression jusques
« au rapport des décrets rendus contre le département de Rhône-et-
« Loire et la ville de Lyon ; 2° qu'il met sous la sauvegarde de
« l'honneur et de la loyauté du peuple de Rhône-et-Loire les per-
« sonnes et les propriétés des citoyens de ce département.

« Arrête qu'expédition de la présente déclaration sera portée de
« suite, par des commissaires, aux citoyens Rouyer et Brunel, repré-
« sentans du peuple, avec invitation expresse de la transmettre à la
« Convention Nationale et de continuer leurs bons offices pour assurer
« la tranquillité publique dans nos murs et dans le département de
« Rhône-et-Loire.

« Arrête, en outre, qu'expédition sera pareillement remise au
« citoyen Sauteras, représentant du peuple, et que la présente décla-
« ration sera expédiée par des courriers extraordinaires au général
« des armées des Alpes et d'Italie, ainsi qu'aux représentans du
« peuple près lesd. armées, à Mâcon.

« Extrait collationné. Signé : B. G. Meynis, Prost (?), secrétaires. »

Le Procureur Général Syndic ouï, le Conseil a arrêté que led. arrêté
serait enregistré, pour être exécuté selon sa forme et teneur. Plus un
autre arrêté dont la teneur suit :

« Extrait des registres de la Commission Populaire Républi-
« caine et de Salut Public de Rhône-et-Loire.

« Séance du 25 juillet 1793, l'an 2° de la République Française.

« La Commission, instruite qu'une fraction du directoire du district
« de Montbrison, s'est opposée, à l'exécution de l'arrêté du 19 de ce
« mois, qui a mis à la disposition des autorités constituées de Mont-
« brison une force armée envoyée de St-Etienne.

« Considérant que la sûreté du département et de la République
« exige que la force armée destinée pour Montbrison continue d'y
« rester.

« Arrête que l'arrêté pris par le comité de Sûreté Générale, le 19 de

SÉANCES DES 26, 27, 28 ET 29 JUILLET 1793. 441

« ce mois, sera exécuté. Enjoint au district de Montbrison de donner
« tous les ordres que pourrait exiger la sûreté et la tranquillité du
« district de Montbrison, et à la municipalité de Montbrison de
« donner les ordres que pourrait exiger la sûreté de la ville, charge
« le Département de veiller à l'exécution du présent arrêté.
« Extrait collationné. Signé : Prost, président, et Gras, secrétaire
« par intérim ».

Ouï le Procureur Général Syndic en ses conclusions, le Conseil arrête que led. extrait sera enregistré ; en conséquence, que copie en sera de suite envoyée au district de Montbrison, pour en surveiller l'exécution.

―――

Le samedi vingt-sept juillet 1793, l'an 2° de la République, les administrateurs composant le Conseil Général du département de Rhône-et-Loire, en surveillance permanente, réunis en séance publique, où étaient les citoyens Couturier, Belville, Richard aîné, Farjon, Meynis, procureur général syndic, et Gonon, secrétaire général.

Le citoyen Buiron-Gaillard, de retour de chez lui, s'est présenté ; sur la communication qui lui a été faite des registres, il a déclaré qu'il adhérait à l'arrêté du 24 juillet présent mois et en a demandé acte au conseil, ce qui lui a été octroyé.

Le citoyen Goutalier, administrateur du district de Villefranche, s'est présenté, il a demandé acte de l'adhésion formelle qu'il faisait audit arrêté du 24 juillet, acte lui en a été accordé.

―――

Le dimanche du vingt-huit juillet 1793, l'an 2° de la République, les administrateurs composant le Conseil Général du département de Rhône-et-Loire, en surveillance permanente, réunis en séance publique, où étaient les citoyens Couturier, Belville, Farjon, Meynis, procureur général syndic, et Gonon, secrétaire général.

Un secrétaire du comité de Sûreté Générale de la Commission Populaire est entré, il a présenté et laissé sur le bureau un arrêté dont la teneur suit :

« Le comité de Sûreté Générale de la Commission Populaire Ré-
« publicaine et de Salut Public de Rhône-et-Loire, considérant l'ur-
« gence des circonstances, arrête qu'il demeurera en permanence
« jour et nuit, jusqu'à ce que la sûreté générale et particulière ne soit
« plus compromise. Signé : Burtin, président, et Amiot, secrétaire ».

Ouï le Procureur Général Syndic, le Conseil arrête qu'il sera enregistré, pour être exécuté selon sa forme et teneur.

―――

Le lundi vingt-neuf juillet 1793, l'an 2 de la République,

Les administrateurs composant le Conseil Général du département de Rhône-et-Loire, en surveillance permanente, réunis en séance publique, n'ont pris aucun arrêté.

Le mardi trente juillet 1793, l'an 2ᵉ de la République Française, les administrateurs composant le Conseil Général du département de Rhône-et-Loire, en surveillance permanente, réunis en séance publique, où étaient les citoyens Couturier, Belville, Farjon, Richard aîné, Meynis, procureur général syndic, et Gonon, secrétaire général.

Le Conseil a été invité par la municipalité provisoire de se rendre à la proclamation de la Constitution, et le Conseil s'y est rendu sur les cinq heures du soir.

Le mercredi trente-un juillet 1793, l'an 2ᵉ de la République Française, les administrateurs composant le Conseil Général du département de Rhône-et-Loire, en surveillance permanente, réunis en séance publique, où étaient les citoyens Couturier, Belville, Farjon, Richard aîné, Meynis, procureur général syndic, et Gonon, secrétaire général.

Il a été fait lecture d'une lettre signée Palloy, du 25 juillet présent mois, dont la teneur suit :

« Paris, le 25 juillet 1793, l'an 2ᵉ de la République Française,

« Citoyens président et administrateurs,

« Vous aviez daigné agréer de moi un modèle en relief de la
« défunte Bastille, ainsi que les accessoires qui l'accompagnaient ;
« vous avés reçu en frère l'apôtre de la liberté qui vous l'a offert.
« Mes vues étaient de fixer l'époque où les Français avaient brisé
« leurs chaînes et entretenir par là l'amour de la liberté naissante et
« la haine des tyrans ; quatre années se sont écoulées dans le fléau le
« plus cruel. Poussé par l'intrigue et une poignée d'hommes qui
« n'étaient pas faits pour jouir du bonheur que leur avaient tracé
« leurs concitoyens, il fallut qu'Hercule armat le peuple de sa massue
« pour engloutir les traîtres et renverser le trône, comme il a fait de la
« Bastille. L'un et l'autre sont anéantis, et la France est républi-
« caine. La souveraineté du peuple a sanctionné les droits de l'homme
« et l'acte constitutionnel qui en est émané.

« Je vous donne avis, citoyens, en vous faisant l'hommage de la
« déclaration des droits de l'homme, sur une pierre de la Bastille
« que je vous prie d'accepter ; cette dalle remplacera celle qui portait
« l'effigie du traître Louis ; elle rappellera à toutes les nations les
« époques glorieuses des 14 juillet, 6 octobre 1789, 20 juin, 10 août
« 1792, 21 janvier et 31 mai 1793, où les Français libres ont soutenu
« avec bravoure et dévouement ce qu'ils ont juré de maintenir : *La*
« *République une et indivisible, Liberté, Egalité, Fraternité, ou la*
« *mort.* Elle annoncera à tous les tyrans couronnés, dictateurs,
« triumvirs et potentats mitrés que les républicains français ne con-
« naissent d'autre seigneur que Dieu, et nul maître que la loi.

« Citoyens, veuillez bien charger les députés du chef-lieu de votre
« département de vos pouvoirs, ainsi que [de] la copie de votre arrêté,
« au reçu de la présente, pour faire la levée du tableau que je vous
« offre, conjointement avec les quatre-vingt-six départemens de la
« République.

« C'est de la part de votre frère d'armes, ennemi des rois et l'ami
« du peuple, qui ne vit que pour mourir républicain. Signé : Palloy,
« architecte entrepreneur, citoyen du département de Paris, rue des
« Fossés-Saint-Bernard, section des Sans-Culottes, n° 1228.

« Citoyens, je n'ai reçu que la lettre qui m'annonçait l'arrivée de
« [la] caisse que je vous adressais, je dessire avoir l'extrait du procès-
« verbal de sa réception, copie du discours que le patriotisme a fait
« prononcer et le détail que cette cérémonie a pû donner lieu, c'est
« de la part de votre concitoyen, et la réponse à la lettre que je vous
« ait adressé le 12 mars 1792. Signé : Palloy, patriote.

« Je vous prie, citoyens, d'adresser sous enveloppe vos réponses
« et me les faire parvenir directement à la salle des inspecteurs de la
« Convention Nationale, sous le nom du citoyen Lacoste, député du
« département du Cantal. »

Le Procureur Général Syndic ouï, le Conseil arrête que le citoyen Petit, commissaire de l'assemblée primaire de la section de Porte-Froc de cette ville, nommé pour porter à la Convention le procès-verbal du vœu de cette assemblée sur l'acceptation du projet de l'acte constitutionnel, sera invité de se charger des pouvoirs de l'administration pour aller réclamer au citoyen Palloy, patriote, la remise et l'expédition de la dalle ou tableau sur lequel sera gravé la déclaration des droits de l'homme, dont cet artiste patriote fait un généreux hommage à chaque département.

Un secrétaire du comité de Salut Public est entré et a laissé sur le bureau deux arrêtés. Le premier est conçu dans les termes suivans :

« Arrêté des corps administratifs séants à Lyon et des délégués de
« la section du Peuple Français dans le département de Rhône-et-
« Loire, formant le comité général de Salut Public.

« Séance du 31 juillet 1793, l'an 2° de la République.

« 1° Les trente-quatre députés des sections de la ville de Lyon, chargés
« de porter à la Convention Nationale les procès-verbaux de l'accepta-
« tion de la Constitution, sont invités à se réunir tous sous une bannière
« tricolore, pour se rendre à Paris par Tournus, Mâcon, Chalons, Dijon,
« etc., ils sont invités à se présenter à toutes les administrations des
« départements sur lesquels ils passeront, à les détromper en leur
« faisant connaître la vérité et les principes qui n'ont cessé d'animer
« les habitants de Rhône-et-Loire et particulièrement de Lyon ;
« 2° ils sont invités à remplir la même mission auprès des citoyens
« Reverchon et Laporte, commissaires de la Convention, et quand
« ils auront fait connaître la vérité auxdits commissaires, ils les invi-
« teront à retirer les ordres donnés par eux, tendans à traiter Lyon en
« ville ennemie, en s'opposant à l'approvisionnement de ladite ville,
« et les rendront personnellement responsables, au nom du peuple de
« Rhône-et-Loire, de tous les évènemens, si, connaissant la vérité,
« lesdits commissaires refusaient de retirer leurs ordres qui, si ils

« subsistaient, allumeraient infailliblement la guerre civile dans
« plusieurs départemens.
« Les trente-quatre députés à Paris sont invités, avant de quitter la
« ville où sont les commissaires de la Convention, à expédier un
« courrier extraordinaire qui instruise la ville de Lyon, de la
« réussite ou non réussite de leurs démarches auprès des citoyens
« Reverchon et Laporte.
« Extrait collationné. Signé : Figurey et Chaspoul, secrétaires ».

Le Procureur Général Syndic ouï, le Conseil arrête que ledit extrait sera enregistré. Suit la teneur du troisième.

« Les corps administratifs séans à Lyon et les délégués de la
« section du peuple français dans le département de Rhône-et-Loire,
« formant le comité général de Salut Public.
« Séance du 31 juillet 1793, l'an 2º de la République Française,
« Arrêtent que l'administration du Département sera chargée
« d'écrire aux administrations des départemens voisins pour con-
« naître quelles sont les causes qui suspendent l'envoi des subsis-
« tances qui nous sont nécessaires.
« Extrait collationné. Signé : Chaspoul et Figurey, secrétaires ».

Le Procureur Général Syndic ouï, le Conseil arrête que ledit extrait sera enregistré ; en conséquence, qu'il sera écrit aux départemens voisins une lettre qui a été adoptée dans la forme suivante :

« Lyon, le 31 juillet 1793, l'an 2º de la République.

« Citoyens,

« Nous avons donné connaissance à la République entière de la
« pureté des principes qui nous ont dirigé dans la rotation des évène-
« mens qui se sont succédés dans le sistème politique de notre
« gouvernement. Nous avons, à l'unisson des départemens amis de
« l'ordre et de la République, donné des preuves de notre attache-
« ment à la Constitution qui vient d'être présentée aux assemblées
« primaires, puisque nous en avons ordonné la convocation et que la
« section du peuple de Rhône-et-Loire l'a acceptée à l'unanimité ;
« hier même, cette acceptation a été proclamée à Lyon, avec la plus
« grande solemnité. Nous avons ordonné l'exécution des décrets de
« l'Assemblée Nationale, que l'empire des circonstances avait provi-
« soirement suspendue ; nous avons fait enfin, pour la cause de la
« liberté et de l'égalité, ce que de francs et vrais républicains pouvaient
« désirer pour le bonheur et le repos du peuple français, nous avons
« constamment donné les preuves de notre dévouement à tous nos
« frères des départemens. Nous avons fraternisé avec ceux qui ont
« développé les mêmes principes, cependant il arrive que, par un
« esprit d'aveuglement, de prévention ou d'erreur, peut-être même de
« malveillance, quelques départemens, ceux principalement qui
« nous environnent, s'éloignent de nous et nous traitent moins en
« frères qu'en ennemis. Cette conduite nous afflige douloureusement
« et nous fatigue d'autant plus, qu'insensibles à notre triste position,
« ils prennent tous les moyens de l'aggraver en cherchant à nous
« priver des subsistances, à arrêter celles qui nous sont destinées,
« enfin à nous oter toute la ressource des comestibles.
« Comment est-il possible, citoyens, que partageant vos opinions,

« que tendant comme vous à l'unité de la République et au point
« central de puissance qui peut la maintenir, vous nous forcerés à
« nous plaindre de votre insouciance pour des frères qui, dans toutes
« les circonstances, vous ont tendu les bras, de votre indifférence, de
« votre inhumanité même sur leur sort, sans avoir la consolation de
« connaître quels peuvent être les motifs d'une mesure aussi sévère,
« sans savoir comment nous avons pu mériter votre ressentiment et
« les obstacles nouveaux qui s'opposent à l'approvisionnement de
« notre ville. Nous jettons un voile sur des pensées aussi déchirantes,
« nous nous plaisons, au contraire, à croire que, vous prévenir sur les
« dangers de notre situation, c'est vous fournir l'occasion de la
« générosité, de la bienfaisance et que, dès ce moment, le cri de la
« pitié ouvrira vos cœurs aux sentimens de la nature et de la fra-
« ternité, et qu'enfin vous vous empresserés de secourir, par tous les
« moyens, ceux qui n'ont jamais cessé, par leurs principes et leurs
« sentimens, d'être vos frères. »

Un membre a dit :

« Citoyens,

« Chargés de veiller à l'exécution des lois, de les promulguer dans
« un territoire très peuplé, de propager les principes de la liberté, de
« maintenir la tranquillité et de faire respecter les personnes et les
« propriétés, vous avés rempli cette tâche pénible avec autant de zèle
« que d'exactitude. Placés dans une grande cité, dont les mouvemens
« ont une influence sensible dans toute la République, vous avés vu
« des pouvoirs subordonnés rivaliser avec les votres et, par les
« menées des factieux, l'autorité dont vous étiés revêtus s'échappait
« de vos mains.

« L'anarchie menaçait Lyon, vous avez tout fait pour la combattre ;
« à votre voix sont accourues les gardes nationales des villes et des
« campagnes voisines. Tous ont applaudi à vos efforts, tous ont
« célébré le courage des Lyonnais dans la journée du 29 mai dernier :
« une foule d'adresses se sont succédées dans le cours de vos séances,
« pour vous offrir l'hommage et le secours de vos frères ; et
« maintenant on sonne, presque à nos portes, le tocsin de l'indi-
« gnation.

« Lyon n'est plus ce théâtre de la valeur et de la modération après
« la victoire ; on y prêche ouvertement le fédéralisme et la révolte,
« les simboles de la liberté sont détruits, on y a arboré la cocarde
« blanche !

« Tel est le langage de la calomnie qui fait, en peu de tems,
« d'horribles progrès ; ainsi donc, sur des récits mensongers, sur des
« impostures grossières, la simplicité des campagnes serait égarée, on
« verrait leurs bras armés et leurs pas dirigés sur la paisible cité de
« Lyon, des étendards tricolores seraient opposés à des étendards
« tricolores, le républicain combattrait contre le républicain, il
« s'emparerait des dépouilles de son frère et se réjouirait de son
« triomphe.

« Citoyens administrateurs, oublions-nous pour ne penser qu'à nos
« concitoyens. Que signifient ces préparatifs de guerre, cet appel
« d'une force armée des départemens voisins ?

« Ah ! qu'ils viennent, dans des vues pacifiques, fraterniser avec

« nous et se livrer à nos embrassemens! Nos vœux, nos sentimens
« seront confondus; dans notre enthousiasme pour la liberté, nous
« répéterons nos sermens pour la République une et indivisible. En
« entrant dans la ville de Lyon, ils verront les emblèmes de la liberté,
« les drapeaux tricolores déployés sur les places publiques; ils enten-
« dront des chants d'allégresse, des hymnes à la liberté; ils seront
« témoins de notre attachement à la Convention, comme centre
« d'unité pour tous les Français; ils apprendront notre adhésion à la
« Constitution.

« Est-ce donc là, diront-ils dans leur étonnement, le théâtre de
« l'aristocratie? nous en cherchons en vain les signes, nous ne
« trouvons que ceux du patriotisme! Ils voueront à l'indignation
« publique les monstres qui ont débité tant de faux bruits sur Lyon.

« Que le 10 août soit l'époque à jamais mémorable de l'union des
« Français dans cette partie de la République que nous habitons; et
« que cette union soit le présage de la paix et du bonheur après
« lesquels nous soupirons tous. Mais, si une image si douce était
« troublée, si ceux qui sèment la discorde parvenaient à leur but,
« s'ils avaient tellement fomenté les haines, exaspéré les esprits, si
« l'appât du pillage,... nous n'osons achever; si le bruit de la mous-
« quetterie, si les cris des blessés..., quelles affreuses pensées! La
« cruauté, la perfidie, la scélératesse iraient-elles jusques-là? Des
« Français aveuglés tourneraient leurs armes contre leurs frères, au
« lieu de les porter de concert contre l'ennemi qui nous menace! Des
« républicains s'égorgeraient sans motifs, sans cause légitime!

« Habitans des campagnes, si vous restiés froids à ce tableau, si
« vous n'accouriez au secours de vos frères, si vous ne partagiés
« leurs dangers, croyés-vous qu'une si violente secousse ne se ferait
« pas ressentir jusqu'à vous, que vos foyers seraient à l'abri de la
« désolation et que vous ne seriés pas à votre tour victimes de ces
« fureurs?

« La vérité ne peut vous être cachée; vous êtes à portée de vous
« instruire par vous-mêmes, de voir par vos yeux; c'est à vous
« d'éclairer vos frères et de les détourner de l'affreux projet de com-
« battre Lyon. Nous avons droit de compter sur votre zèle; l'amour
« de la Patrie, la voix de l'humanité, votre propre intérêt, vos
« rapports avec Lyon, tout vous y engage; nous travaillons tous au
« même édifice de la Liberté, nous voulons tous la sûreté des per-
« sonnes et des propriétés, nous avons tous juré l'unité, l'indivisibilité
« de la République, nous avons tous adopté la Constitution, nous
« reconnaissons tous la Convention et les décrets qui doivent faire le
« bonheur des Français.

« Et vous, administrateurs, dépositaires de ces loix, inébranlables à
« votre poste au milieu des périls, vous ne cesserez point de veiller à
« leur exécution; vous les rappellerez sans cesse au souvenir de vos
« concitoyens, afin de maintenir la tranquillité et de contribuer de
« tous vos moyens au bien public; vous rappellerés particulièrement
« les loix sur l'émigration, la déportation; celles contre les provoca-
« teurs au pillage, au meurtre, et les mesures de sûreté générale;
« vous publierés la loi qui affranchit les terres de toutes redevances
« seigneuriales. »

La matière mise en délibération, considérant que les ennemis du bien public ne cessent de s'agiter pour opérer la division entre les citoyens et allumer la guerre civile; considérant que le concours de toutes les autorités constituées à prendre les mesures de sûreté générale peut seul en imposer aux malveillans et assurer la tranquillité publique; considérant que le décret du 19 juillet présent mois, sur la suppression de tous droits féodaux, est un bienfait de la Convention qui mérite la reconnaissance de tous les Français, et qu'encore que les municipalités soient immédiatement chargées de son exécution, les administrations doivent néanmoins s'empresser de la surveiller. Le Procureur Général Syndic ouï, le Conseil arrête que les municipalités, au nom du salut public, sont invitées à redoubler de zèle et d'activité dans l'exercice de leurs fonctions, il rappelle à leur surveillance l'exécution des décrets suivants 1° les décrets des 29 septembre 1791 et 28 février dernier, concernant la police de sûreté générale; 2° les décrets des 28 mars 1792 et 26 février 1793, relatifs aux passeports; 3° le décret du 26 mars dernier, relatif au désarmement des gens suspects; 4° le décret du 30 août 1792, portant confiscation des biens de ceux qui sont convaincus d'avoir excité et fomenté des troubles; 5° le décret du 29 mars dernier, portant peine de mort contre ceux qui auront provoqué le meurtre et la violation des propriétés, la dissolution de la représentation nationale et le rétablissement de la royauté; 6° les décrets des 21 et 23 avril 1793, portant que les ecclésiastiques séculiers et réguliers, qui n'ont pas prêté le serment de maintenir la liberté et l'égalité, seront transférés à la Guyanne Française; 7° le décret du 26 août 1792, relatif à la déportation des prêtres insermentés qui, ne l'ayant pas effectuée, doivent être punis de 10 ans de détention; 8° le décret du 20 décembre dernier, qui consigne dans chaque municipalité les parents des émigrés; 9° les décrets des 23 octobre et 26 novembre derniers, portant banissement à perpétuité des émigrés, et peine de mort contre ceux qui rentreraient dans la République; 10° le décret du 18 mars dernier, qui porte que tout citoyen est tenu de dénoncer, arrêter et faire arrêter les émigrés et les prêtres dans le cas de la déportation, et jugés par un juri militaire et punis de mort dans les 24 heures; 11° le décret du 20 décembre dernier, qui condamne les faux certificateurs de résidence à six années de fers, et en outre responsable des pertes que leur attestation fausse aurait occasionnées à la République. Il rappelle également le décret du 14 février dernier, qui accorde 100 livres de récompense à ceux qui découvriront ou feront arrêter une personne rangée par la loi dans la classe des émigrés ou dans celle des prêtres qui doivent être déportés. Annonce le décret bienfaisant du 19 juillet présent mois, sur la suppression des droits féodaux, dont la teneur suit :

Article premier.

« Toutes les redevances ci-devant seigneuriales, droits féodaux,
« censuels, fixes et casuels, même ceux conservés par le décret du
« 25 août dernier, sont supprimés sans indemnité.

Art. 2.

« Sont exceptées des dispositions de l'article précédent, les rentes
« ou prestations purement foncières et nullement féodales.

Art. 3.

« Les procès civils et criminels intentés, soit sur le fonds, soit sur
« les arrérages des droits supprimés par l'article premier, sont éteints,
« sans répétition de frais, de la part d'aucune des parties.

Art. 4.

« Dans le cas où le tout ou partie des droits supprimés par l'article
« premier auraient été mis en séquestre, soit volontairement, soit par
« ordonnance de justice, les objets seront remis par les dépositaires
« à ceux qui les auront consignés.

Art. 5.

« Ceux qui se sont rendus adjudicataires de domaines nationaux
« dans lesquels seraient compris des droits suprimés par l'article
« premier, ne pourront réclamer aucune indemnité, ils pourront
« néantmoins renoncer à leur adjudication, à la charge par eux d'en
« faire leur déclaration au directoire du district, dans le mois de la
« publication du présent décret. En cas de renonciation, le directoire
« du district fera la liquidation des sommes payées par l'adjudicataire
« en principal et intérêts, et des fruits perçus.

Art. 6.

« Les ci-devant seigneurs, les feudistes, commissaires à terrier,
« notaires et autres dépositaires de titres constitutifs ou recognitifs de
« droits supprimés par le présent décret et par les décrets antérieurs,
« rendus par les assemblées précédentes, seront tenus de les déposer,
« dans les trois mois de la publication du présent décret, au greffe des
« municipalités des lieux. Ceux qui seront déposés avant le 10 août
« prochain, seront brûlés ledit jour en présence du conseil général de
« la commune et des citoyens, le surplus sera brûlé à l'expiration des
« trois mois.

Art. 7.

« Ceux qui seront convaincus d'avoir caché, soustrait ou recélé des
« minutes ou expéditions des actes qui doivent être brûlés, aux
« termes de l'article précédent, seront condamnés à cinq années de
« fers.

Art. 8.

« Sont compris dans les dispositions de l'article 6 : 1° les jugemens
« ou arrêts qui porteraient reconnaissance des droits supprimés par
« le présent décret, ou qui les renseigneraient ; 2° les registres qui con-
« tiennent la déclaration des droits de franc fief précédemment
« supprimés ; 3° les titres des domaines nationaux qui sont déposés
« au secrétariat des districts.

Art. 9.

« Les receveurs ou préposés comptables déposeront, dans le mois
« de la publication du présent décret, les registres ceuillerets et
« pièces de comptabilité au secrétariat de leur district. Les comptes
« seront appurés dans les deux mois de la présentation ; et aussitôt
« l'apurement, les registres ceuillerets et pièces seront aussi brûlés
« publiquement, à la diligence du procureur syndic du district.

Art. 10.

« Les plans et arpentages, qui peuvent donner des renseignemens
« sur les propriétés territoriales, seront déposés au secrétariat des
« districts de la situation des biens, pour y avoir recours au
« besoin.

Art. 11.

« Le décret du 25 août dernier continuera d'être exécuté en ce qui
« n'y est pas dérogé par le présent décret.

Art. 12.

« Le ministre de l'Intérieur est chargé de faire parvenir directement
« aux municipalités le présent décret, et elles restent chargées de son
« exécution sans l'intermédiaire des corps administratifs. »

Le présent arrêté sera imprimé et adressé aux districts, pour être transmis aux municipalités, y être lu, publié et affiché.

Le jeudi 1ᵉʳ aoust 1793, l'an 2ᵒ de la République Française, les administrateurs composant le Conseil Général du département de Rhône-et-Loire, en surveillance permanente, réunis en séance publique, où étaient les citoyens Couturier, Belville, Richard aîné, Farjon, administrateurs, Meynis, procureur général syndic, et Gonon, secrétaire général.

Un membre du comité de Sûreté Générale et de Salut Public a présenté et laissé sur le bureau trois arrêtés.

Le premier dont la teneur suit :

« République une et indivisible, résistance à l'oppression.
« Représentation nationale libre et entière.

« Les corps administratifs séants à Lyon et les délégués de la
« section du Peuple Français, dans le département de Rhône-et-
« Loire, formant le comité de Salut Public.

« Séance du 31 juillet 1793, l'an 2ᵒ de la République.

« Il a été arrêté que l'assemblée se formera dorénavant chaque
« jour en comité général de Salut Public, à quatre heures de l'après
« midi.

« Extrait collationné. Signé : Chaspoul et Bertholet, secrétaires. »

Suit la teneur du second :

« République une et indivisible, résistance à l'oppression.
« Représentation nationale libre et entière.

« Les corps administratifs séans à Lyon et les délégués de la section
« du Peuple Français, dans le département de Rhône-et-Loire,
« formant le comité général de Salut Public.

« Séance du 31 juillet 1793, l'an 2° de la République Française.

« Un membre de la municipalité provisoire a proposé de procéder à la nomination des membres qui doivent composer le comité des Subsistances, dont une nouvelle organisation a été demandée ce matin.

« Les citoyens ci-après nommés ont été adjoints à ceux ci-devant nommés par la municipalité provisoire : les citoyens Richard, pour le département; Pipon, pour le district de la ville; Favre, pour celui de la Campagne de Lyon; Faye, Michel, Stéman et Bois, pour la commission.

« Extrait collationné. Signé : Chaspoul et Bertholet, secrétaires. »

Le troisième est conçu en ces termes :

« République une et indivisible. Résistance à l'oppression.
« Représentation Nationale libre et entière.

« Les corps administratifs séans à Lyon et les délégués de la section du Peuple Français, dans le département de Rhône-et-Loire, formant le comité général de Salut Public.

« Séance du 31 juillet 1793, l'an 2° de la République Française.

« Il a été arrêté que, désormais, les mesures de sûreté générale seraient prises par la réunion des corps administratifs séans à Lyon et de la commission; arrêté de chaque membre des administrations susdites aura voix délibérative.
« Arrêté que les procès-verbaux de ses séances auront pour titre : Les corps administratifs séans à Lyon et les délégués de la section du Peuple Français, dans le département de Rhône-et-Loire, formant le comité général de Salut Public. »

« Extrait collationné. Signé : Chaspoul et Bertholet, secrétaires. »

Le Procureur Général Syndic ouï, le Conseil arrête que lesdits arrêtés seront enregistrés.

Le vendredi deux aoust 1793, l'an 2° de la République Française, les administrateurs composant le Conseil Général du département de Rhône-et-Loire, en surveillance permanente, réunis en séance publique, où étaient les citoyens Couturier, Belville, Richard, Farjon, Meynis, procureur général syndic, et Gonon, secrétaire général.

Un membre ayant donné lecture d'une adresse intitulée du comité de Sûreté Générale de la Commission Populaire Républicaine et de Salut Public du département de Rhône-et-Loire, à lui réunies les autorités constituées dud. département, commençant par ces mots : *Il n'est plus temps de délibérer, il faut agir* et finissant par ces mots : *terrassant l'anarchie.* L'administration a déclaré que, n'ayant eu aucune connaissance de l'adresse, que c'est mal à propos qu'elle a été faite sous le nom collectif du département, n'y ayant point participé; en conséquence, elle arrête qu'elle la désavoue et qu'il sera fait mention, dans les registres, de sa délibération.

Le samedi trois et dimanche quatre août 1793, l'an 2° de la République Française,

Les administrateurs composant le Conseil Général du département de Rhône-et-Loire, en surveillance permanente, n'ont pris aucun arrêté. (1)

Séance du 5 août.

Le Président a fait lecture d'une lettre des commissaires de la Trésorerie Nationale dont la teneur suit :

« Paris, le 1er août 1793, l'an 2° de la République Française.

« Les commissaires de la Trésorerie Nationale, aux adminis-
« trateurs du Directoire et Procureur Général Syndic du
« département de Rhône-et-Loire.

« La Convention Nationale a décrété, le 31 du mois dernier, qu'à
« compter de ce jour, les assignats à effigie royale, au-dessus de
« 100 livres, cesseraient d'avoir cours de monnaie. L'art. IV de la
« loi porte que les administrations constateront, dans le jour, par un
« procès-verbal, les assignats de cette nature qui se trouveront dans
« les caisses publiques, pour le remplacement en être fait en assignats
« républicains.

« Le comité de Finances, occupé des moyens de remplir les vues de
« la Convention, pour la plus prompte exécution de cette loi, nous a
« chargés de vous prier de vérifier, sans aucune perte de temps,
« combien il existe d'assignats à effigie royale, au-dessus de 100 livres,
« dans la caisse du payeur-général de votre département; de lui
« défendre d'en employer aucun à des payements, ni d'en recevoir à
« titre d'échange; de dresser procès-verbal de ceux qui se seront
« trouvés entre ses mains et de lui prescrire de les adresser sur-le-
« champ, avec une expédition de ce procès-verbal, au caissier général
« de la Trésorerie Nationale. Signé : Dutramblay. Le...... Haudin. »

Le Conseil arrête que le citoyen Couturier, administrateur, est nommé commissaire, à l'effet de se transporter chez le citoyen Blachette, trésorier général, pour l'exécution de la lettre cy-dessus.

---

(1) Les délibérations suivantes n'existent qu'en minutes, sur des feuillets volants, entre lesquels étaient intercalées les pièces transmises à l'assemblée.

Séance du 6 août.

Un membre, ayant décacheté le paquet contenant trois bulletins de la Convention Nationale, a observé que le bulletin renfermait un décret du 31 juillet dernier, dont lecture a été faite et dont la teneur suit :

« La Convention Nationale décrète :

Article premier.

« A compter de ce jour, les assignats à face royale, au-dessus de
« cent livres, n'auront plus un cours forcé de monnoie.

Art. 2.

« Les assignats à face royale, au-dessus de cent livres, continueront
« à être reçus en payement des contributions, des biens nationaux,
« acquisitions des créances nationales provenant de la vente desdits
« biens, dans l'emprunt forcé et en payement de tout ce qui est dû à
« la Nation.

Art. 3.

« Les assignats à face royale provenant de rentrées mentionnées en
« l'article ci-dessus, seront annullés et brûlés, comme il est prescrit
« par la présente loi.

Art. 4.

« Les administrateurs de district et, pour Paris, les commissaires
« de la trésorerie, constateront dans le jour, par un procès-verbal,
« les assignats à face royale au-dessus de cent livres qui se trouvent
« dans les différentes caisses publiques, pour le remplacement en être
« fait en assignats républicains.

Art. 5.

« Le comité des Finances présentera un projet de décret pour
« accélérer l'échange des assignats de cent livres et au-dessous qui
« sont en circulation, contre des assignats républicains.

Art. 6.

« Le présent décret sera imprimé dans le bulletin de demain, et son
« impression et affiche serviront de promulgation (1). »

Le Conseil arrête que, pour faire connaître au public les dispositions importantes de ce décret, il sera sur-le-champ affiché deux exemplaires de ce bulletin, afin d'opérer la promulgation provisoire portée par le décret.

Le citoyen Couturier a rendu compte de sa mission chez le citoyen Blachette, payeur général, dont il a laissé le procès-verbal sur le bureau. Le Conseil arrête que ledit procès-verbal sera transcrit sur ses registres et copie dudit remise au payeur général pour, par lui,

---

(1) *Le texte de ce décret n'est pas joint aux pièces annexées.*

être adressée au caissier général de la Trésorerie Nationale. Suit la teneur dudit procès-verbal :

« Cejourd'huy, six août 1793, l'an 2ᵉ de la République, nous, administrateur du département de Rhône-et-Loire, d'après la lettre des commissaires de la Trésorerie Nationale, nous nous sommes transportés auprès du citoyen Blachette, payeur général de ce département, pour, conformément au contenu de laditte lettre, ensuite du décret de la Convention Nationale, en datte du 31 juillet dernier, vériffier combien il existe dans sa caisse d'assignats à effigie royale au-dessus de cent livres. Vériffication et recensement fait, nous avons reconnus qu'il y avoit six mille livres en assignats de 2.000, deux mille livres en assignats de 1.000, cent cinquante-quatre mille cinq cents livres en assignats de 500, vingt-sept mille six cents livres en assignats de 300 et cinquante-neuf mille six cents livres en assignats de 200, ce qui donne la somme totale de deux cents quarante-neuf mille sept cents livres en assignats à effigie royale. Et, après préalablement avoir exhibé audit citoyen Blachette la lettre de la Trésorerie Nationale, nous lui avons fait deffenses d'employer aucun desdits assignats à effigie royale, ni en payements, ni d'en recevoir à titre d'échange, l'interpellant de les adresser incontinent au caissier de la Trésorerie Nationale, avec copie du présent procès-verbal qu'il a signé avec nous. Couturier, administrateur du département. Blachette fils. »

Séance du 7 aoust.

Un secrétaire du comité de Sûreté Générale et de Salut Public s'est présenté et a laissé sur le bureau un arrêté dont la teneur suit (1) :

Le Conseil arrête qu'il sera enregistré pour être exécuté selon sa forme et teneur.

(1) *Cet arrêté ne se trouve pas parmi les pièces annexées aux minutes des délibérations, mais il est plus que probable qu'il s'agit du suivant :*
République une et indivisible. Résistance à l'oppression. Représentation nationale libre et entière.
Les corps administratifs séants à Lyon et les délégués de la section du Peuple François dans le département de Rhône-et-Loire, formant le Comité de Sûreté Générale et de Salut Public.

Séance du 7 août 1793, l'an second de la République Française.

Considérant que le département de Rhône-et-Loire et la ville de Lyon ont, depuis longtemps, manifesté d'une manière éclatante leurs principes pour l'égalité, la liberté et la République une et indivisible; considérant que, nonobstant cette déclaration qui les attache d'une manière particulière à tous les départements, ils sont menacés par des dispositions hostiles ; qu'il est instant de réclamer de tous les bons citoyens les secours qu'ils ont promis dans toutes les circonstances, et que beaucoup d'entr'eux ont déjà fourni ces secours; considérant que leur intérêt individuel, s'ils veulent empêcher la destruction entière de la République, le massacre des personnes et le ravage des propriétés, leur fait un devoir de se réunir à la cause commune que défend la ville de Lyon, arrête :

ARTICLE PREMIER.

Il sera adressé à tous les bataillons et compagnies de gardes nationales de chaque

Séance du 8 aoust.

Le Procureur Général Syndic a fait part à l'administration qu'il venoit de recevoir un décret de la Convention Nationale, qui ordonne que les bannières données aux départements lors de la Fédération du 14 juillet 1790, seroient brûlées le 10 aoust, présent mois, comme portant les signes odieux de la royauté, et remplacées par d'autres avec l'emblème de l'unité et de l'indivisibilité de la République; en conséquence, qu'il étoit convenable d'autoriser le secrétaire général à sortir des archives lad. bannière et la déposer au district, afin que, chargé de tout ce qui concerne le cérémonial de la fête indiquée pour le 10 aoust, il fut procédé au brûlement de lad. bannière.

Le Conseil arrête que copie du décret ci-dessus sera de suite transmise au district de la ville de Lyon, que le secrétaire général district, une réquisition de fournir, par chaque bataillon, tous les hommes dont ils pourront disposer, pour marcher à la défense de la ville de Lyon.

Art. 2.

Cette réquisition sera faite et envoyée sur-le-champ aux administrations des districts. Les procureurs syndics et les procureurs des communes sont spécialement chargés d'en surveiller l'exécution auprès des chefs de légion et commandants des bataillons.

Art. 3.

Le contingent envoyé par chaque bataillon sera adressé à la commune provisoire de Lyon, et par elle placé sous les ordres du général de la garde nationale casernée du département.

Art. 4.

Il sera payé à chaque soldat-citoyen trois livres par jour, à compter de son départ; il lui sera, en outre, fourni des armes, s'il n'en avoit pas.

Art. 5.

Il sera fait registre et mention, dans un procès-verbal, de toutes les communes et sections de communes qui auront volé à la défense de la ville de Lyon. Il en sera de même de toutes celles qui auront agi hostilement contre cette ville, afin que Lyon, connoissant ses amis et ses ennemis, puisse à l'avenir traiter chacun selon sa conduite, et qu'à perpétuité il reste pour les uns un monument de gloire et de reconnoissance, et pour les autres une tache ineffaçable de honte et de mépris.

Art. 6.

Si, contre toute attente et après sa profession de foi politique, la ville de Lyon trouvoit encore des ennemis à combattre ou des égoïstes à flétrir, elle déclare que, considérant sa cause comme celle de la liberté, celle de la République entière, elle se défendra seule par tous les moyens qui sont en son pouvoir.

Art. 7.

Enjoint aux districts, municipalités, autorités civiles et militaires de ce département, de dissiper, par la force armée, tous les attroupements qui sont ou pourraient être formés sur leur territoire; de faire respecter les loix, les personnes et les propriétés; d'arrêter les provocateurs au meurtre et au pillage et les perturbateurs du repos public; charge lesdites autorités d'exécuter cet arrêté, sous leur responsabilité personnelle.

Art. 8.

Sera, le présent arrêté, imprimé, affiché et envoyé dans le jour, par des courriers extraordinaires, dans toute l'étendue de ce département.

Signé : Richard, président ; Prost, Figurey, Chaspoul et Bertholet, secrétaires.

(*Imprimé, Lyon, Aimé Vatar-Delaroche, 1793. — Bibliothèque de la ville de Lyon, fonds Coste 7310, carton 944 et 4559, c. 934*).

déposera lad. bannière dans son secrétariat et s'en fera donner descharge.

Sur-le-champ, le secrétaire général a fait porter au district lad. bannière et en a retiré le récépissé dont la teneur suit :

« Nous, administrateurs du district de Lyon en permanence, reconnoissons que le Directoire du département nous a remis un drapeau fond blanc, dont l'inscription d'un côté porte : *Conféderation Nationale, à Paris, le 14 juillet 1790, département de Rhône-et-Loire;* de l'autre côté : *Constitution, département de Rhône-et-Loire.* Lyon, le 8 août 1793, l'an deux de la République Françoise. « Matheron. »

Séance du 9 aoust (1).

(1) *Le titre seul de cette délibération est inscrit sur la minute; parmi les pièces annexées se trouvent les deux documents suivants, sous les dates des 9 et 10 août :*

Les corps administratifs sceants à Lyon et les délégués de la section du Peuple Français dans le département de Rhône-et-Loire, formant le Comité général de Salut Public.

Sceance du neuf aoust 1773, l'an deux de la République Française.

Arrêtent que toutes les brigades de la gendarmerie nationale de ce département seront, à l'instant, requise en la personne du citoyen Ducreu-Trezete, leur lieutenant-colonel, ou en celle du citoyen Guiguet-Vorion, leur capitaine, de résidence à Lyon, de venir dans le moindre délais se ranger sous le commandement du citoyen Perrin-Precis, général de la force de sûreté de ce département; arrêtent que lesdits citoyens Ducreu-Trezete, lieutenant-colonel, Guiguet-Vorion et Duval, capitaine, Capdeville, Buys, Dufoisac, Maton, Lasale et Meynard, lieutenants, sont eux-mêmes personnellement requis, le tout à peine d'être, lesdits officiers et gens d'armes, déclarés traîtres à la Patrie, mauvais citoyens et comme tels punis par les voyes les plus rigoureuses.

Fait et arrêté en comité lesdits jours et ans que dessus. Signé : Gilibert, vice-président, Matheron, Pécolet, Meynis, A. Halmburger, officier municipal provisoire, Corfet, officier municipal provisoire, Richard aîné, Belville, Couturier et Gonon, secrétaire général.

Pour copie conforme :

Guiguet-Vorion, capitaine; Gabriel, lieutenant-général.

Le Comité particulier de surveillance générale et de sûreté publique du département de Rhône-et-Loire, composé des autorités constituées de ce département et des délégués de la section du Peuple François,

Requiert le citoyen Montagne Poncin et autres propriétaires de grains dans l'étendue du département, et notament dans celle de Montbrison, de livrer et faire expédier le plus promptement possible, pour la subsistance de la ville de Lyon, tous les grains et légumes disponibles entre leurs mains, dont le prix sera payé à fur et mesure de délivrance et même par anticipation, s'ils le jugent à propos.

Lyon, le 10 août 1793, l'an 2 de la République Française.

Chasseriau, Pecollet, Pierre Loir, Gilibert, Genêt Bronze, Bemani, Loyer?, Mottin, Duc, Couturier, Meynis, p. g. s., Richard aîné.

TABLES

TABLE CHRONOLOGIQUE

1790

                                                                            Pages

7 Juin. — Assemblée électorale. — *Nomination de commissaires pour la vérification des pouvoirs. — Vérification des pouvoirs. — Protestation contre la validité des élections du canton du Gourguillon*................................. I. 395, 402

8 Juin. — Assemblée électorale. — *Nomination des président, vice-président et secrétaire de l'assemblée ; leur prestation de serment. — Arrivée et vérification des pouvoirs des électeurs de Noirétable. — Nomination et prestation de serment de trois scrutateurs*........................ I.   397

9 Juin. — Assemblée électorale. — *Règlement pour la déposition et discussion des motions. — Il est décidé qu'il sera choisi six personnes dans chaque district pour former l'assemblée du département; et qu'il sera procédé à leur nomination comme pour celle du président de l'assemblée électorale. — Il est arrêté que l'administration départementale siègera alternativement dans les chefs-lieux des districts.* I.   398

10 Juin. — Assemblée électorale. — *Il est décidé que les administrateurs du département, pour le district de Lyon, seront élus les premiers ; il est tiré au sort pour établir l'ordre dans lequel on procédera à l'élection des administrateurs pour les autres districts. — Le bureau est chargé de la rédaction d'une adresse au Roi et à l'Assemblée Nationale. — Renvoi à l'administration d'une proposition d'achat de biens ecclésiastiques à Fontaines et d'une demande de suppression du droit d'entrée et de détail dans la ville de Lyon. — Prestation de serment par l'assemblée. — Appel nominal des électeurs. — Vote. — L'achèvement du dépouillement du scrutin est renvoyé au lendemain*.................... I.   399

11 Juin. — Assemblée électorale. — *Motion tendant à faire indemniser les électeurs de leurs frais de déplacement. — Lecture de lettres-patentes, au sujet des poursuites à exercer contre les brigands et imposteurs qui soulèvent le peuple. — Achèvement du dépouillement du scrutin. — Vitet, avocat, et Finguerlin aîné sont élus membres du Conseil général*............................. I.   401

12 Juin. — Assemblée électorale. — *Election des quatre autres membres du département pour le district de Lyon.* — *Election de six membres pris dans le district de la Campagne de Lyon.* — *Vérification des pouvoirs des électeurs de Cervières.* — *Election des six membres pris dans le district de Villefranche* .... I. 402

13 Juin. — Assemblée électorale. — *Election des membres pris dans les districts de Montbrison et de St-Etienne*...... I. 404

14 Juin. — Assemblée électorale. — *Election des membres pris dans le district de Roanne.* — *Remerciements des conseillers généraux élus.* — *Premier tour de scrutin pour l'élection du Procureur Général Syndic*.................. I. 405

15 Juin. — Assemblée électorale. — *Renvoi au département d'une demande pour fixer, comme chef-lieu de canton, Cervières ou Noirétable.* — *Election du Procureur Général Syndic.* — *Lecture des adresses au Roi et à l'Assemblée Nationale.* — *Discours du président.* — *L'Assemblée décide de faire célébrer, le lendemain, une messe dans l'église des Cordeliers.* — *Remerciements au président et au vice-président* .... I. 406

9 Juillet, matin. — Conseil général. — *Ouverture de la session préliminaire, dans la salle du Concert, à Lyon, sous la présidence de J.-F. Pezant, doyen d'âge.* — *Discours du Procureur Général Syndic, sur les attributions de l'assemblée.* — *Décision portant que ce discours sera imprimé.* — *Nomination de Pezant comme président.* — *Il décline cet honneur à cause de son grand âge.* — *Vitet est porté à la présidence par 35 voix sur 36 votants.* — *L'assemblée décide de tenir ses séances dans les bâtiments de l'Intendance, à Lyon, et d'envoyer à ce sujet une délégation pour traiter avec la municipalité.* — *Introduction d'une députation du district de la ville de Lyon, chargée d'assurer l'assemblée de toute sa déférence.* — *Lecture de la correspondance.* — *Délégation au Directoire pour examiner les pièces d'administration soumises par l'intendant.* — *Projet d'une circulaire invitant tous les départements à correspondre avec l'assemblée, conformément aux vœux de ceux de l'Ain et de Lot-et-Garonne.* — *L'assemblée arrête qu'il sera répondu à la municipalité de St-Chamond, qui donne des assurances de respect et de soumission* — *Conformément à la lettre du ministre Guignard, on décide que, dès que l'assemblée sera définitivement constituée, elle prendra toutes les mesures nécessaires pour réprimer les désordres qui se sont produits dans le département* .... I. 1

9 Juillet, soir. — *Nomination de Focard de Château, au poste de secrétaire de l'assemblée.* — *Prestation de serment par le président et le secrétaire.* — *Choix du sieur Bruyset comme l'un des deux imprimeurs de l'assemblée* .... I. 3

10 Juillet, matin. — *Lecture des proclamations et lettres-patentes au sujet: de l'inscription des citoyens actifs sur les*

registres de la garde nationale; des citadelles, forts et châteaux du royaume; de la suspension des procédures relatives aux dédommagements dus à raison de dégâts sur les terrains et marais desséchés; de la dîme; de l'autorisation donnée aux villages de reprendre leurs anciens noms, au lieu de ceux qui avaient pû leur être imposés par les seigneurs; des biens possédés en France par les communautés. — Décision portant que ces proclamations et lettres-patentes seront réimprimées. — Lecture d'une lettre de l'abbé de La Chapelle, à laquelle étaient jointes la carte du département, arrêtée et signée par les membres de l'Assemblée Nationale, et différentes pièces relatives à la nomination de membres des assemblées administratives. — Dépôt de ces pièces au secrétariat. — Lecture de procès-verbaux relatifs à la suppression des octrois de Lyon. — Décision portant qu'il sera rédigé une proclamation rappelant les citoyens des municipalités à l'observation des décrets de l'Assemblée Nationale sur la sûreté publique et la perception des impôts. — Nomination du sieur Aimé de La Roche comme second imprimeur de l'assemblée. — Nomination d'un séquestre provisoire faisant fonctions de receveur du département. — Renvoi au Directoire des conditions à imposer à un trésorier du département. — Introduction d'une députation du district de la campagne, venant assurer de sa soumission.......... I. 5

10 Juillet, soir. — *Nomination des huit membres devant composer le Directoire. — Nomination de Dacier pour remplacer le Procureur Général Syndic en cas d'absence ou empêchement. — Nomination du sieur Anglez comme secrétaire du Procureur Général Syndic. — Décision portant qu'une adresse sera envoyée à l'Assemblée Nationale, pour la suppression des octrois. — Nomination de commissaires pour établir les limites avec les départements voisins. — Demande de franchise pour les lettres et paquets du département. — Impression des procès-verbaux des élections des membres des administrations de district et de département*............ I. 7

11 Juillet, matin. — *Lecture des lettres patentes mettant les corps administratifs en activité et du rapport fait le 8 juin, par Thouret, à l'Assemblée Nationale*............ I. 8

12 Juillet, matin. — *Lecture du projet de proclamation pour rappeler les citoyens à la soumission aux décrets de l'Assemblée Nationale. — Impression de cette proclamation. — Lecture d'un projet de circulaire invitant tous les départements à correspondre avec celui de Rhône-et-Loire; son adoption. — Souscription au Journal des municipalités. — Réparations à faire à la salle des séances. — Introduction d'une députation des administrateurs de l'hôpital de la Charité. — Don, par le citoyen Mathon, de la Collection du compte des finances de la France de 1758 à 1787. — Approbation de sa demande pour changer le titre du Journal de Lyon et des provinces voisines en celui de Journal de Lyon et du département de Rhône-et-Loire*............ I. 9

12 Juillet, soir. — *Introduction d'une députation du corps municipal de Lyon. — Demande de protection par le supérieur du collège. — Députation des administrateurs de l'Hôtel-Dieu. — Division de l'assemblée en comités de l'Impôt, des Travaux publics, du Contentieux, des Biens nationaux, de Règlement et de Municipalité, de Bienfaisance et d'Établissements d'utilité publique ; attributions de ces comités ; listes de leurs membres. — Nomination de trois secrétaires pour les comités. — Remerciements adressés au président*.. I. 10

3 Novembre, matin. — *Discours du président Vitet. — Lecture, par le Procureur Général Syndic, d'un rapport sur les opérations du Directoire*............................ I. 18

3 Novembre, soir. — *Suite du rapport du Procureur Général Syndic. — Les membres du Directoire se retirent pour laisser le Conseil examiner leur compte. — Nomination de commissaires pour cet examen*.......................... I. 22

4 Novembre, matin. — *Nomination de commissaires pour arrêter, avec les directoires des districts de la Ville et de la Campagne de Lyon et la municipalité, les mesures à prendre au sujet d'une pétition réclamant la saisie d'un convoi de bouches à feu à destination d'Antibes et Monaco*............ I. 23

Rapport du Procureur Général Syndic............. I. 450

4 Novembre, soir. — *Le Conseil décide de demander, par courrier extraordinaire, à l'Assemblée Nationale, de faire joindre aux pièces dont sont porteurs les conducteurs du convoi de canons, un ordre signé du Roi et une lettre signée par le président de l'Assemblée. Cette décision sera communiquée aux districts et à la municipalité de Lyon*............... I. 24

5 Novembre, matin. — *Réunion en comités*........ I. 25

5 Novembre, soir. — *Apurement du compte de gestion du Directoire. — Vœu demandant à l'Assemblée Nationale que les présidents reçoivent un traitement. — Rentrée des membres du Directoire. — Introduction d'une députation du Club des Amis de la Constitution*................................ I. 25

6 Novembre, matin. — *Nomination de Pezant comme membre ayant la voix prépondérante en cas de partage des suffrages. — Règlement pour l'ordre intérieur de l'assemblée. — Sur la plainte de l'évêque de Sarept, il est décidé que nul ne pourra entrer dans les maisons religieuses sans être porteur d'un arrêté*................................ I. 27

6 Novembre, soir. — *Lecture de proclamations du Roi sur la compétence des corps administratifs, des dispositions relatives au Trésor, les renseignements à fournir par les comptables, l'interdiction de s'assembler faite aux anciens juges. — Nomination de commissaires pour assurer un logement à un détachement de chasseurs envoyé à St-Etienne*... I. 31

8 Novembre, matin. — *Lecture d'une lettre des députés à l'Assemblée Nationale, relative à la réélection possible des membres des municipalités sortis par le sort. — Mise en activité du Directoire. — Logement, au manège, d'une partie du détachement de chasseurs. — Difficultés avec le commissaire des guerres, relativement au chauffage des troupes ; réclamation en faveur du Directoire du droit d'inspection sur les marchés relatifs aux troupes*................. I. 32

8 Novembre, soir. — *Refus de laisser passer pour un chargement de poudre venant d'Auxonne, à destination de Roanne. — Signification au receveur des impositions directes d'avoir à encaisser les fonds versés par les collecteurs, en argent ou en assignats, sans les contraindre à justifier des espèces reçues par eux*............................. I. 34

9 Novembre, matin. — *Nouvelle lettre à l'évêque Marbœuf, le priant de venir à son poste. — Envoi à l'Assemblée Nationale d'un mémoire combattant le régime des concessions de mines. — Acceptation de la démission de du Foissac, major général de la garde nationale de Lyon*................. I. 35

10 Novembre, matin. — *Délivrance de passe-port pour le convoi d'artillerie à destination d'Antibes et Monaco. — Députation des administrateurs de la Caisse Patriotique, demandant l'encaisse au comptant de ses billets par les receveurs des deniers publics*........................... I. 36

10 Novembre, soir. — *Lecture de lettres-patentes relatives aux ventes de biens du clergé. — Demande d'exemption des droits d'octroi pour l'hôpital militaire établi dans le couvent des Cordeliers*............................... I. 36

11 Novembre, matin. — *Députation du directoire du district de Lyon, venant demander la suppression de la maison des Filles Pénitentes*................................ I. 37

12 Novembre, matin. — *Lecture d'une proclamation du Roi, relative à la coupe des bois des apanagistes. — Plainte du commandant de La Chapelle, au sujet des bruits répandus sur son compte. — Décision sur le mode de destruction des assignats. — Envoi à l'Assemblée Nationale du factum du chapitre métropolitain, intitulé : Lettre de l'église cathédrale, métropolitaine et primatiale de Lyon*............. I. 38

12 Novembre, soir. — *Rapport des comités de Contentieux et de Biens Nationaux, sur le factum du chapitre. — Nomination de commissaires pour enquête et saisie des archives capitulaires. — Délégation au Procureur Général Syndic pour poursuivre les chanoines*................... I. 39

13 Novembre, matin. — *Nomination de Pezant comme membre ayant voix prépondérante. — Nomination de commissaires pour la rédaction des délibérations. — Relation des inondations de la Loire à Roanne ; mesures prises pour la traversée du fleuve. — Pétition de citoyens demandant des*

poursuites contre le chapitre pour la publication de son factum. — Règlement des difficultés pendantes entre les habitants de Cuire et ceux de la Croix-Rousse............ I. 41

13 Novembre, soir. — *Réunion en comités*............ I. 43

15 Novembre, matin. — *Adoption d'une proclamation sur la constitution civile du clergé. — Renvoi au comité des Travaux Publics d'un mémoire à établir sur le service de la correspondance par les cavaliers de la maréchaussée*....... I. 43

15 Novembre, soir. — *Réunion en comités*............ I. 48

16 Novembre, matin. — *Renvoi au comité de l'Impôt de la décision du comité des Finances de l'Assemblée Nationale, qui rétablit les barrières aux portes de la Guillotière. — Désaveu, par le chanoine de Gourcy, de la délibération du chapitre métropolitain. — Lecture d'un mémoire sur les moyens de faciliter la correspondance avec les districts, cantons et municipalités. — Avis des obstacles rencontrés par les courriers pour la traversée de la Loire à Roanne et sur la route de Provence. — Renvoi à l'Assemblée Nationale de la décision à prendre au sujet des clubs; éloges à la Société des Amis de la Constitution. — Pétition de citoyens au sujet de la nomination d'officiers municipaux et de notables*............... I. 48

16 Novembre, soir. — *Réunion en comités*............

17 Novembre, matin. — *Avis des désastres causés par l'inondation de la Loire à Roanne; demande de secours à ce sujet à l'Assemblée Nationale; félicitations adressées aux membres du district. — Félicitations au directoire de Lyon, pour sa diligence dans l'affaire du chapitre métropolitain. — Lecture d'un projet de lettre à l'assemblée, au sujet des assignats à dénaturer. — Rapport sur un hôpital militaire établi sans l'assentiment du Conseil. — Mémoire à l'assemblée sur la liberté laissée aux receveurs de dénaturer les fonds qui leur sont versés. — Demande de création d'un marché à Virieu, paroisse de Pelussin. — Demande d'un état des foires du département*............................. I. 50

17 Novembre, soir. — *Réunion en comités*......... I. 54

18 Novembre, matin. — *Lecture d'une proclamation du Roi, au sujet de la franchise des lettres administratives; de lettres patentes concernant les droits sur les cuirs et peaux. — Blâme infligé à la municipalité de Condrieu, qui refusait d'appliquer un arrêté du Directoire. — Lecture d'un rapport sur les enfants trouvés*............................. I. 54

18 Novembre, soir. — *Réunion en comités*............ I. 56

19 Novembre, matin. — *Lecture de lettres-patentes concernant la répartition des impositions; d'une lettre du président du comité d'agriculture et de commerce de l'Assemblée Nationale, demandant de protéger les employés des douanes qui vont aux frontières; impression de cette lettre. — Déclaration de Guillaume du Pac de Bellegarde, prévôt de l'église*

TABLE CHRONOLOGIQUE 1790.   465

de Lyon, improuvant la délibération du chapitre métropolitain. — Lecture d'un rapport sur le cours gratuit d'accouchements. — Dissolution de la municipalité de Notre-Dame de Fontaines. — Sur communication, par le maire de Lyon, d'une lettre du ministre de la marine, se plaignant de l'arrêt d'un convoi de poudre, le conseil décide de fournir des explications à ce ministre et aux députés du département à l'Assemblée Nationale.. l.   56

19 Novembre, soir. — *Réunion en comités*...........   I.   59

20 Novembre, matin, — *Renvoi au comité des Biens nationaux, du bref des conditions d'adjudication de ces biens, adressé par le directoire du district de la ville. — Délégation donnée à deux conseillers pour assister aux ventes de biens nationaux, au lieu et place du Procureur Général Syndic. — Demande de troupes pour arrêter les troubles de Givors. — Proposition d'accord entre le district, la municipalité et le Conseil, pour leurs logements respectifs. — État des appartements nécessaires pour le Conseil général. — Décision portant que des commissaires seront chargés de la vérification des états des biens nationaux et d'informer sur les engagements des biens de la couronne, que les municipalités devront surveiller les coupes de bois faites par les engagistes. — Nomination de Pezant comme membre ayant voix prépondérante. — Nomination de commissaires chargés de la rédaction des délibérations. — Discours de Michon Dumarais, de Noailly et du Procureur Général Syndic, au sujet des inondations de la Loire, mesures prises pour venir au secours des inondés*... l.   59

20 Novembre, soir. — *Réunion en comités*............   66

Offre de terrains, pour ouverture d'une route de Lyon à Autun, par MM. de La Roche-Thulon, de Bacot et de Castellanne...................................... l.   359

22 Novembre, matin. — *Lecture d'une lettre des députés du département à l'Assemblée Nationale, au sujet de la délibération du chapitre métropolitain. — Annonce de l'envoi, par le sieur Paloy, d'une reproduction de la Bastille et de diverses pièces relatives à cette prison; arrivée des caisses; mesures prises pour l'exposition de ces objets. — Décision portant que personne ne sera mis au Dépôt de Mendicité, sans que l'ordre ait été visé par le Procureur Général Syndic ou le Président. — Lecture d'un mémoire sur les assignats. — Sursis au rétablissement des barrières de la Guillotière. — Demande des chapeliers pour la création de billets pour le payement des ouvriers. — Lecture d'une lettre du maire de Feurs, au sujet des inondations de la Loire*...........   l.   66

22 Novembre, soir. — *Réunion en comités*...........   I.   69

23 Novembre, matin. — *Lecture d'une proclamation du Roi, enjoignant aux collecteurs de recevoir pour comptant les ordonnances de décharge ou modération prononcées par*

les corps administratifs. — Lecture d'un rapport sur les travaux d'aménagement à faire à l'hôtel de l'Intendance pour l'installation du Directoire. — Avis aux municipalités d'avoir à adresser à l'Académie des sciences les modèles des poids et mesures en usage. — Lecture d'une lettre du comité d'aliénation des biens nationaux. — Renvoi au comité des Travaux publics d'un plan pour l'endiguement du Rhône aux abords de Lyon. — Lecture d'une proclamation du département des Bouches-du-Rhône, au sujet des évêques absents de leurs diocèses. — Renvoi au comité des Travaux Publics de la demande de la municipalité de Lyon, tendant à obtenir le produit de la ferme des fiacres, réservé à l'Ecole Vétérinaire. — Fixation du nombre et du traitement des secrétaires du Conseil... I. 69

23 Novembre, soir. — *Réunion en comités*............ I. 72

24 Novembre, matin. — *Lecture de lettres-patentes au sujet de la vente des biens nationaux; de l'exemption de droits sur les cuirs, huiles et savons; de la modération des droits sur le minerai de fer; de lois maintenant les directoires en activité pendant les sessions des conseils; annullant les collations de bénéfices postérieures au 27 novembre 1789. — Renvoi au Directoire d'une demande du district de Lyon, pour l'inventaire des papiers des greffes des diverses juridictions. — Renvoi au comité de Bienfaisance de lettres annonçant un secours de 30.000 livres donné par le Roi, pour ateliers de charité, un secours de 30.000 livres accordé par l'Assemblée Nationale pour les inondés de la Loire. — Communication de projets pour le rétablissement des passages de la Loire. — Concession d'un logement au secrétaire général, demande pour lui d'une gratification. — Adoption d'un projet de réponse à des demandes du district de Saint-Etienne. — Rapport sur la maison des Filles Pénitentes*.... I. 73

24 Novembre, soir. — *Réunion en comités* .... I. 75

25 Novembre, matin. — *Nomination de commissaires pour rendre visite au conseiller Pezant, indisposé. — Invitation au directoire du district de Lyon, de prendre toutes les mesures nécessaires pour sauvegarder les objets provenant du chapitre de St-Jean. — Renvoi au Directoire d'une lettre de la municipalité de Lyon, au sujet des poids et mesures. — Nomination de comités pour la répartition du moins imposé et des vingtièmes. — Demande d'enquête au sujet d'un détenu du Dépôt de Mendicité. — Envoi d'un mémoire à l'Assemblée Nationale, au sujet de la vente des forêts, notamment de celles du Pilat. — Adoption d'un plan pour le bac de la Loire à Roanne. — Pétition demandant le renvoi de de La Chapelle, commandant les troupes de ligne et du régiment de La Marck. — Réclamation, par les administrateurs de la Charité, de ce qui leur est dû pour l'entretien des enfants trouvés. — Vœu pour l'établissement d'un canton dans la paroisse de Poule. — Arrêté concernant la maison des Filles Pénitentes. —*

TABLE CHRONOLOGIQUE 1790. 467

Lecture d'un rapport concluant à l'extinction de toute concession de mines de charbon. — Règlement intérieur des bureaux du Conseil... I. 75

25 Novembre, soir. — *Réunion en comités*............ I. 80

26 Novembre, matin. — *Lecture d'une loi sur le décret relatif aux voies de fait opposées par la ville de Cambrai à l'exécution d'un arrêté du directoire du département du Nord. — Lecture d'une lettre des députés du département à l'Assemblée Nationale, au sujet des clubs, dont le danger leur avait été signalé par le Conseil. — Ajournement de la discussion des rapports sur les travaux des routes et le régime des agents employés aux travaux publics. — Renvoi au Directoire de la rectification des états des impositions. — Réception de Legros, apôtre de la Liberté, envoyé de Palloy. — Il est décidé que les objets envoyés par Palloy seront solennellement exposés le lendemain*........................ I. 80

26 Novembre, soir. — *Réunion en comités*.......... I. 82

27 Novembre. — *Inauguration de l'exposition du plan relief de la Bastille; discours de Legros, du président et du procureur général syndic*................................ I. 82

28 Novembre. — *Lecture d'une lettre des députés du département, annonçant qu'un secours de 30.000 livres est accordé par l'Assemblée Nationale aux inondés de la Loire; traitant de la destruction des assignats et témoignant le désir d'avoir à annoncer bientôt la vente de biens nationaux dans l'étendue du département. — Avis de vente de biens nationaux. — Lecture d'une lettre des députés du département, au sujet du régime des mines de charbon. — Le Procureur Général Syndic est chargé de presser l'établissement du bordereau général de la contribution patriotique. — Lecture d'un décret établissant douze juges de paix dans la ville de Lyon. — Demande de renvoi du régiment de La Marck. — Dépôt d'un arrêté du département du Finistère et d'un travail sur l'organisation du clergé. — Observations sur la réduction du nombre des cantons et des municipalités. — Lecture d'un rapport sur les moyens d'accélérer les opérations des municipalités. — Proclamation annonçant l'ouverture d'une souscription pour les inondés de la Loire. — Nomination de Pezant comme membre ayant voix prépondérante*.......... I. 86

29 Novembre, matin. — *Lecture de lois relatives au remplacement des juges, au remboursement des offices, aux établissements d'enseignement fondés par des étrangers, à la contribution patriotique, à l'abolition des droits de traite. — Arrêté portant que les observations sur la constitution civile du clergé, adressées par le département du Finistère, seront réimprimées, pour être distribuées aux municipalités. — Il est décidé que la somme accordée pour ateliers de charité sera également divisée entre les districts. — Interdiction au marquis d'Osmont, concessionnaire des mines, de se qualifier à l'avenir de marquis*..................................... I. 90

29 Novembre, soir. — *Réunion en comités* .... I. 92

30 Novembre, matin. — *Arrêté portant qu'une lettre du contrôleur général des finances, au sujet du recouvrement des impositions, sera imprimée. — Remercîments au Roi et à la Reine, pour un don qu'ils font aux inondés de la Loire. — Adoption d'une pétition du département du Jura, pour obliger les directeurs des postes à se charger du transport des assignats. — Excuses du sieur Letault, fondé de pouvoirs du marquis d'Osmond, qui a laissé imprimer le titre de marquis par inadvertance. — Projet de règlement pour l'exploitation des mines de houille*.................... I. 92

30 Novembre, soir. — *Réunion en comités*.. .... I. 99

1ᵉʳ Décembre, matin. — *Envoi, par le directoire du district de Lyon, de procès-verbaux de vente de biens nationaux. — Question posée sur les honoraires des experts chargés d'estimer les biens nationaux. — Approbation d'une décision du directoire du district de la ville de Lyon, au sujet de la contribution patriotique. — Lecture de lettres du contrôleur général, au sujet du moins imposé de 1789 et des lenteurs du district de la campagne pour le visa des contraintes. — Lecture d'une lettre du maire de Feurs, se plaignant de propos malveillants tenus à son égard et demandant un bac sur le Lignon. — Demande de secours par la municipalité de Roanne, pour l'achèvement du pont de la Loire. — Lecture d'une lettre des députés, annonçant que l'Assemblée Nationale va prendre des mesures relativement à la protestation du chapitre métropolitain. — Lecture d'un arrêté du département de l'Isère, au sujet d'un imprimé distribué par l'archevêque de Vienne. — Avis de la nomination de la supérieure d'un couvent de Condrieu, par un vicaire général de Vienne. — Notification au directoire du district de la Campagne d'avoir à communiquer les pièces relatives à la vente des biens nationaux. — Demande d'enquête sur un empiètement de fonctions par des administrateurs de l'Ain. — Adresse au Roi en remercîment du secours donné aux inondés. — Règlement des gages du portier et du garçon de bureau du département. — Demande d'indemnité pour les membres du Conseil général et des districts. — Remise de la retenue du cinquième faite sur les traitements des secrétaires. — Elargissement du sieur Goyon, détenu au Dépôt de Mendicité*................ I. 99

1ᵉʳ Décembre, soir. — *Réunion en comités* ... . I. 103

2 Décembre, matin. — *Arrêté provisoire relatif à la franchise des douanes et à leur rétablissement. — Demande de renvoi du régiment de La Marck. — Autorisation au club des Amis de la Constitution de publier, dans le Courrier de Lyon, une lettre qui lui a été adressée par le Conseil général. — Avis donné à l'Assemblée Nationale et au département de l'Isère, d'une nomination de supérieure faite à Condrieu, par le grand vicaire de Vienne. — Mesures prises au sujet de l'Avertissement de M. l'archevêque de Vienne au clergé régulier et séculier de son diocèse*..................... I. 103

2 Décembre, soir. — *Réunion en comités* .... I. 107

3 Décembre, matin. — *Lecture d'une loi au sujet des biens nationaux. — Demande de secours, par la municipalité de St-Rambert, pour les inondés de la Loire. — Accusé de réception à la municipalité de Lizieux, de son arrêté au sujet de la lettre pastorale de l'évêque de cette ville. — Accusé de réception, au département du Calvados, de son adresse à l'Assemblée Nationale. — Lecture de lettres des députés, au sujet de la destruction des assignats et du décret sur l'exécution de la constitution civile du clergé. — Excuses de Pezant, obligé de s'absenter pour aller se faire installer dans son poste de président du tribunal de Villefranche. — Lecture de mémoires concluant au maintien des offices de notaires et procureurs. — Etablissement d'un bac sur le Lignon, d'un pont de bois sur le béal des moulins du Marais, Chatel et Sugny. — Rejet de la pétition du sieur Detours, demandant indemnité pour dommages à lui causés par l'ouverture de la route de Roanne en Auvergne. — Avis au directeur général des fermes d'avoir à délivrer les acquits comme précédemment. — Projet de règlement pour l'ouverture et l'entretien des routes et chemins* .... I. 107

3 Décembre, soir. — *Réunion en comités* .... I. 113

4 Décembre, soir. — *Avis de l'approbation de la délibération prélevant 10.000 livres sur les fonds libres de la capitation, pour les inondés de la Loire. — Autorisation aux receveurs des finances d'acquitter les mandats du Directoire jusqu'à concurrence des 30.000 livres accordées au département pour les ateliers de charité. — Avis au département de la Nièvre et au district de Roanne, du refus que font les pontonniers de Nevers et de Roanne de passer les courriers pendant la nuit. — Demande de modification à l'emplacement du pont de Roanne. — Nomination de commissaires pour assister à la levée des scellés des greffes des anciens tribunaux. — Nomination de Vitet, président, comme membre ayant voix prépondérante. — Conformément à l'arrêté du département de la Creuse, il est nommé deux commissaires pour assurer l'Assemblée Nationale et le Roi de la soumission de tous les Français. — Décision de transcrire les rapports par ordre de matières. — Règlement provisoire concernant les agents employés aux travaux des routes* .... I. 113

4 Décembre, soir. — *Réunion en comités* .... I. 121

6 Décembre, matin. — *Lecture de lois, au sujet du mode de promulgation des lois et du payement des rentes. — Règlement pour la police des chemins. — Demande de la municipalité de Riotor et Clavas, pour rester rattachée au département* .... I. 122

6 Décembre, soir — *Lecture de lois relatives à la vente des biens nationaux, à l'entrepôt des grains, aux modifications du code pénal de la marine, à la procédure en justice*

de paix. — Demande aux départements voisins de faire connaître les impositions de celles de leurs communes qui ont été rattachées au Rhône-et-Loire. — Lecture et adoption d'un projet d'adresse à l'Assemblée Nationale, pour la modération des impôts. — Rejet de la pétition du procureur syndic de Villefranche, demandant que les chanoines fussent assujettis à célébrer les messes de fondation. — Demande d'une brigade de maréchaussée pour la municipalité de St-Chamond. — Projet de poursuites contre les débiteurs du droit de 6 deniers et 3 deniers par benne de charbon des mines de Rive-de-Gier.. I. 124

Considérations sur l'impôt, rapport de Brunet............ I. 496

Observations du Procureur Général Syndic sur l'imposition de 3 deniers par benne de charbon..................... I. 502

Rapport de Janson sur cette imposition .... I. 507

7 Décembre, matin. — Réclamation par l'Assemblée Nationale des tableaux des citoyens actifs et des contributions directes. — Lecture d'une lettre des députés, annonçant la publication du décret qui fixe à douze le nombre des juges de paix de Lyon. — Réclamation au sujet de l'emplacement du bac de Roanne. — Arrêté portant que le quart de la corvée sera employé aux chemins vicinaux. — Ajournement du rapport sur le rachat des biens nationaux. — Lecture d'un rapport concluant au maintien de la maison des Picpus de Fontaines. — Réception des comptes de la municipalité de Lyon. — Réception de pièces relatives aux droits d'octroi, auxquels veulent se soustraire les habitants de Vaise. — Renvoi du rapport sur l'hôpital militaire établi aux Cordeliers. — Demande de secours pour l'hôpital de la Charité. — Envoi d'une circulaire au sujet de la répartition du crédit des ateliers de charité... I. 126

7 Décembre, soir. — Réunion en comités................ I. 129

8 Décembre, matin. — Appui donné à la demande de la ville de Lyon pour être déchargée des droits de jauge et de courtage. — Ordonnance au receveur du district de la ville, pour un versement dans la caisse de l'extraordinaire. — Réclamation du district de la ville, contre une imputation du comité d'Aliénation, au sujet de la vente des biens nationaux. — Lecture d'un mémoire de l'ingénieur de Roanne; du procès-verbal de nomination d'un juge de St-Etienne; d'une lettre des députés, au sujet de la nomination d'un sixième juge dans le district de la Campagne. — Impression d'un décret et d'instructions sur la contribution foncière. — Lecture d'une lettre de Charrier de La Roche, député, curé d'Ainay, recommandant sa paroisse. — Ajournement de la discussion sur le remboursement des droits féodaux. — Ajournement d'un rapport sur l'établissement d'un hôpital pour l'inoculation. — Mesures prises au sujet des bruits de projet d'invasion par les émigrés.. I. 129

9 Décembre, matin. — Demande de secours pour le Dépôt de Mendicité. — Secours alloué au curé de Saint-Irénée, pour

soutenir la filature de coton établie dans sa paroisse. — Ajournement de la discussion sur le régime des bois. — Demande d'allocation à l'Assemblée Nationale, pour activer les travaux du pont de Roanne. — Renvoi d'un rapport sur les pétitions du district de Villefranche. — Règlement provisoire pour la maison des Recluses.................... I. 132

9 Décembre, soir. — *Discussion au sujet du mode de rachat des droits féodaux. — Présentation d'une demande de secours extraordinaires, par les administrateurs de l'hôpital de Lyon. — Présentation d'un rapport sur l'industrie des forges*......................... I. 135

10 Décembre, matin. — *Lecture d'une lettre du comité de Constitution, au sujet du rattachement de Riotor au département de Rhône-et-Loire ou à celui de la Haute-Loire. — Avis aux municipalités d'avoir à adresser, au Directoire, un bordereau de leurs recettes en argenterie et bijoux. — Allocation d'un secours aux inondés du district de Montbrison. — Ajournement d'un rapport sur les propriétés. — Nomination de commissaires pour collationner les rapports transcrits sur un registre et imprimés. — Décision portant prolongation de la session. — Ajournement d'un rapport sur les chemins et travaux d'art. — Ajournement d'un rapport sur les difficultés entre Lyon et La Guillotière, au sujet des droits d'octroi. — Remerciments au département de l'Isère, pour l'envoi de ses arrêtés au sujet de la coalition des évêques et de ceux de Grenoble et de Vienne. — Attribution du quart de la corvée aux chemins de communication; règlement à ce sujet*.. I. 136

10 Décembre, soir. — *Réunion en comités*............ I. 140

11 Décembre, matin. — *Lecture de lois relatives à l'administration des biens des monastères; à la liberté de la vente du sel; aux droits féodaux rachetables; à l'opposition des propriétaires de fiefs au remboursement du rachat; à la vente des étalons de la nation; à la surveillance des dépenses du Trésor; à l'armement des vainqueurs de la Bastille. — Autorisation donnée à deux commissaires de ne faire imprimer que les arrêtés et rapports dont la publicité leur paraîtra convenable. — Renvoi de la discussion d'un rapport sur l'administration des chemins dans le district de Roanne. — Demande d'explications à la municipalité, au sujet de l'arrestation de Guillin de Pougelon. — Renvoi de la discussion des pétitions du district de Montbrison sur l'administration des routes. — Avis au curé de Cuires d'avoir à prêter serment devant la municipalité de Cuires-La-Croix-Rousse. — Interdiction de la perception des droits de jauge et courtage. — Désaveu de la délibération du chapitre métropolitain par le chanoine de Gourcy-Mainville. — Règlement provisoire pour l'Hôtel-Dieu*............................... I. 140

11 Décembre, soir. — *Lecture de lois relatives à la liquidation de la dette publique; aux religieux et religieuses; à*

la fourniture du tabac aux matelots. — Impression d'une lettre du nouveau ministre des Finances. — Demande d'intervention de l'Assemblée Nationale, au sujet des mesures à prendre pour le payement des traitements ecclésiastiques. — Renvoi de la discussion d'un rapport sur l'hôpital de la Charité. — Laissez passer pour un convoi de poudre.......... I. 146

13 Décembre, matin. — *Lecture de lois relatives à la constitution civile du clergé; à la distribution en droits d'assistance de la moitié du traitement des juges et commissaires du roi; aux pavillons de la marine; au droit de réunion; à l'estimation des arbres fruitiers plantés sur les routes; à la liquidation des offices des amirautés; à la vente des grains et farines; à la fabrication des assignats; à la poste aux lettres; au payement des impositions; au rachat des biens nationaux. — Mesures prises contre l'archevêque de Marbeuf. — Plaintes de de La Chapelle, commandant général des troupes de ligne, au sujet de la fusion des troupes avec la garde nationale de St-Etienne et de l'affiliation de soldats à des clubs de cette ville*................................. I. 148

13 Décembre, soir. — *Lecture de lois relatives à la suppression des payeurs et contrôleurs des rentes du clergé; au rachat des droits féodaux; aux suppressions et réunions de cures. — Règlements provisoires pour l'hôpital de la Charité et le service des enfants trouvés. — Invitation aux administrateurs de l'hôpital de Saint-Chamond d'avoir à conserver leurs fonctions. — Demande d'enquête sur le droit de balisage de la Loire. — Règlement pour l'adjudication des travaux d'entretien des routes*............... I. 150

Lettre des députés du département à l'Assemblée Nationale, félicitant le Conseil de son zèle et appelant son attention sur les calomnies dont la ville de Lyon est l'objet.......... I. 175

14 Décembre, matin. — *Ajournement d'une demande de la Guillotière, au sujet du dossier de son différend avec Lyon. — Répartition du crédit pour l'ouverture des routes*....... I. 159

15 Décembre, matin. — *Ajournement d'une pétition de la commune de Belleville, au sujet d'un embranchement de la route de Paris à Lyon. — Refus de la municipalité de Lyon de donner des détails sur les motifs de l'arrestation de Guillin de Pougelon. — Avis donné, par le département du Cantal, de l'arrivée à Lyon de ci-devant gentilshommes. — Le Procureur Général Syndic est chargé de rédiger une proclamation dénonçant les projets de contre-révolution. — Demande d'artillerie et d'armes par la municipalité de Mâcon*....... I. 160

15 Décembre, soir. — *Proclamation dénonçant les projets de contre-révolution; mesures de sûreté à prendre. — Répartition de crédits pour ouvertures et rectifications de routes. — Suspension des réparations au chemin de St-Etienne à La Monta. — Nomination de commissaires pour assister aux ventes de biens nationaux. — Arrêté portant maintien de l'Ecole Vétérinaire*............................. I. 162

16 Décembre, matin. — *Lecture de lettres du district de la Campagne, au sujet de la nomination de cinq juges et de l'augmentation de ses frais d'administration. — Décision portant que le directeur des Messageries sera tenu de payer les cavaliers qui accompagnent les voitures. — Rapport sur la nécessité de réduire le nombre des municipalités. — Injonction au commandant de l'arsenal d'avoir à donner un état des armes y contenues. — Renvoi de la discussion du rapport sur la réunion de la Guillotière à Lyon. — Règlement pour l'établissement des rôles de supplément des ci-devant privilégiés. — Rapport sur la répartition du moins imposé de 1789..* .... I. 167

16 Décembre, soir. — *Difficultés avec le capitaine Chervin, qui refuse de donner un état détaillé des armes déposées à l'arsenal. — Décision portant que les impressions seront données par adjudication. — Adoption des conclusions du rapport sur la répartition du moins imposé. — Demande d'un moins imposé plus considérable pour 1790. — Avis de passage de suspects donné par la municipalité de Chazelles. — Nomination de commissaires pour la circonscription ou réunion des municipalités*................. .... .. I. 171

17 Décembre, matin. — *Accusé de réception, au département de la Corrèze, de son adresse à l'Assemblée Nationale, sur l'opposition des évêques à la constitution civile du clergé. — Refus de la municipalité de Lyon de délibérer au sujet du logement du Conseil général, avant d'avoir connaissance officielle du décret relatif à cette question. — Lecture d'une lettre de remerciements du ministre de la guerre. — Envoi à la municipalité des pièces relatives à la demande d'armes de la municipalité de Mâcon et au refus du capitaine Chervin. — Lecture d'une lettre des députés à l'Assemblée Nationale, au sujet des calomnies qui représentent la ville de Lyon comme contre-révolutionnaire. Il est décidé que cette lettre sera imprimée et affichée*........ ...·............... I. 174

17 Décembre soir. — *Demande de résiliation du bail à ferme des fiacres. — Demande d'enquête sur l'emploi des fonds de charité de 1789; projet pour leur répartition. — Maintien du cours gratuit d'accouchements. — Suppression des pépinières. — Renvoi au Directoire d'un mémoire des recteurs des petites écoles et petit séminaire St-Charles. — Discussion sur les mesures à prendre pour augmenter la fabrication des fers. — Refus de recevoir la démission, de membre du Directoire, du conseiller Janson. — Rapport sur l'enseignement et sur une nouvelle méthode de lecture. — Impression d'une lettre adressée à un membre du Conseil par un député à l'Assemblée Nationale. — Apurement du compte de la Commission Intermédiaire de l'Assemblée Provinciale.* I. 176

18 Décembre, matin. — *Renvoi au Directoire d'une requête de la municipalité de l'Arbresle. — Payement d'une rente au sieur de La Tourette, pour les locaux occupés par le Conseil. — Demande de rectification du chemin du Velay à Lyon, par St-Rambert-sur-Loire. — Demande*

concluant à ce que la dette de la ville de Lyon soit déclarée dette nationale. — Réunion de la Guillotière à Lyon....... I. 182

18 Décembre, soir. — *Rejet d'une demande du directoire du district de la Campagne pour la circonscription des paroisses.—Dépôt de rapports relatifs aux gratifications des ingénieurs ; à l'unification des poids et mesures ; à la suppression des inspecteurs, sous-inspecteurs, contrôleurs des toiles et manufactures. — Rectification au procès-verbal du 15, relative au classement des chemins de Thizy à Charlieu et de Givors à la Loire. — Arrêté relatif aux travaux d'art. — Dépôt de rapports relatifs aux travaux du Rhône et de la Saône ; à l'élargissement du pont de pierre sur la Saône ; à la défense de Lyon. — Renvoi à la prochaine session de la création d'un hôpital pour les inoculations. — Renvoi au Directoire des réclamations de Vaise contre Lyon.— Dessèchement des étangs du Forez. — Demande de réunion au département des paroisses de St-Just-en-Velay, St-Just-en-Cornillon, St-Just-en-Feugerolles. — Renvoi au Directoire de la contestation avec le département de Saône-et-Loire, au sujet des paroisses de Germolles, St-Pierre-le-Vieux et Lachaize-Bussy. — Demande de réunion au département des paroisses ayant fait partie de la généralité de Lyon, et comprises actuellement dans le département de l'Ain. — Projet de règlement pour les bois ; articles relatifs à la construction des bateaux de la Loire et aux forêts de la chartreuse de Ste-Croix. — Ajournement à la prochaine session des affaires qui n'ont pu être traitées. — Discours du conseiller Colomb et du président. — Apurement du compte rendu par l'intendant Terray. — Clôture de la session.*

1791

27 Juin. — *Maintien à Amplepuis d'un détachement du régiment de Sonnemberg. — Lecture d'un décret enjoignant de surseoir aux élections et d'une proclamation de l'Assemblée Nationale, dont l'impression et l'affichage sont ordonnés. — Discours du Procureur Général Syndic, au sujet des agissements des brigands et des suspects. — Arrêté relatif aux mesures à prendre pour réprimer les brigandages. — Nomination de commissaires pour aller protéger les châteaux de Laval et de La Tourette. — Lecture d'une lettre des députés, contenant des détails sur l'arrestation du Roi. — Payement du courrier chargé d'annoncer la nouvelle de l'arrestation du Roi*................................. I. 194

28 Juin, séance à l'Hôtel-de-Ville. — *Lecture de lois relatives aux colonies, à la liste civile, à la marine, à la fabrication des monnaies.* — *Réunion des corps constitués séants à Lyon.* — *Lecture d'une lettre et d'un décret relatifs à l'arrestation du Roi.* — *Nomination de commissaires pour protéger M. de Chaponay à Morancé.* — *Arrivée des juges des tribunaux du district de la Ville de Lyon et de la Campagne, venant renouveler leur serment et déposer les délibérations prises par eux à ce sujet.* — *Serment du capitaine et du lieutenant de la compagnie des arquebusiers.* — *Sur la demande de la Société des Amis de la Constitution, il est décidé que les sections seront convoquées pour renouveler leur serment.* — *Nomination d'un commissaire pour arrêter les troubles de Fontaines.* — *Rapport sur l'assassinat de Guillin du Montet à Poleymieux.* — *Lettre de félicitations aux sieurs Grand et Bois, maire et officier municipal de St-Germain*.. I. 199

29 Juin, matin, séance à l'Hôtel-de-Ville. — *Prestation de serment de membres du Conseil général, du district, de la municipalité et d'officiers.* — *Demande au département de prendre un arrêté pour rappeler à la gendarmerie qu'elle doit redoubler de zèle pour protéger les campagnes.* — *Réduction du détachement de chasseurs cantonné à l'Arbresle.* — *Renouvellement du comité permanent, composé de huit membres pris dans les corps administratifs séants à Lyon*.. I. 203

29 Juin, soir. — *Invitation à la gendarmerie de faire des perquisitions et de s'assurer de tous les suspects.* — *Demande du maintien à Lyon du régiment de Sonnemberg*......... I. 205

30 Juin, matin, séance à l'Hôtel-de-Ville. — *Rapports sur le rétablissement de l'ordre à Chasselay et l'Arbresle.* — *Mention honorable à la garde nationale d'Ecully, qui s'est portée au secours du château de Laval.* — *Prestation de serment par des membres du Conseil général et du district de Lyon.* — *Renouvellement du comité permanent*............ I. 205

30 Juin, soir. — *Demande de transfert à Villefranche des troupes cantonnées à Givors et Rive-de-Gier.* — *Notification de la nomination de Ducreux-Trezette, comme lieutenant-colonel de gendarmerie.* — *Lecture de la circulaire du ministre de la guerre sur la formation d'un corps de 100.000 soldats auxiliaires.* — *Prestation de serment du colonel de la gendarmerie.* — *Nomination d'une délégation pour assister à la procession de l'octave de la Fête-Dieu de la paroisse d'Ainay.* — *Avis du passage d'un convoi d'armes donné par le district et la municipalité de Lons-le-Saulnier.* — *Arrêté contre les perturbateurs*............................... I. 207

1ᵉʳ Juillet, matin, séance à l'Hôtel-de-Ville. — *Lecture d'une lettre des députés au sujet de l'arrivée du Roi.* — *Rapports sur les troubles de Fontaines, Dardilly, Vaugneray, Ste-Consorce, Poleymieux, Neuville.* — *Prestation de serment des lieutenant et sous-lieutenant de la Compagnie Franche et du sous-lieutenant de la compagnie des arquebu-*

siers. — *Lecture du certificat de civisme donné à Descorches-Ste-Croix, lieutenant de la Compagnie Franche*............ I. 209

1ᵉʳ Juillet, soir. — *Remerciments exprimés à l'assemblée par Ducreux-Trezette, lieutenant-colonel de gendarmerie. — Nomination de commissaires pour recevoir les listes de volontaires*.................................. I. 211

2 Juillet, matin, séance à l'Hôtel-de-Ville. — *Lecture d'une lettre adressée par les députés à la municipalité. — Prestation de serment de Courtaurel, major de Pierre-Scize. — Rapport de la Société des Amis de la Constitution, sur les troubles de Civrieux-d'Azergues, apaisés par ses commissaires. — Prestation de serment par les juges de paix du district de Lyon, leurs assesseurs et leurs greffiers. — Renouvellement du comité permanent*............... I. 211

2 Juillet, soir. — *Demande de protection par MM. de Malivert, Burtin et de Poncins. — Rapport sur l'apaisement des troubles de Fontaines, remerciments au conseiller Lagrange. — Rapport sur la répression des troubles de Poleymieux*... I. 213

3 Juillet, séance à l'Hôtel-de-Ville. — *Prestation de serment des sections. — Renouvellement du Comité permanent*...................................... I. 214

4 Juillet, matin, séance à l'Hôtel-de-Ville. — *Prestation de serment du conseiller Romany et du capitaine d'artillerie Guiguet-Vaurion. — Demande d'un témoignage de satisfaction pour la garde nationale de l'Arbresle. — Suspension du Comité permanent*.............................. I. 215

4 Juillet, soir. — *Prestation de serment de Ducreux-Trezette, lieutenant-colonel de gendarmerie*............ I. 215

5 Juillet, matin, séance à l'Hôtel-de-Ville. — *Prestation de serment de François Maron, capitaine des ports de Pierre-Scize. — Rapport sur l'apaisement des troubles de Neuville*..... I. 216

5 Juillet, soir. — *Plainte de la propriétaire du droit de balisage sur la Loire, contre les marchands qui refusent d'acquitter ce droit. — Rapport sur un conflit de préséance entre le district et la municipalité de St-Etienne. — Refus d'un témoignage de satisfaction à la garde nationale de l'Arbresle*................................ I. 216

6 Juillet, matin, séance à l'Hôtel-de-Ville. — *Prestation de serment par deux conseillers généraux, deux officiers municipaux et par le lieutenant-colonel du régiment ci-devant Touraine. — Hommages de la municipalité de Condrieu présentés par le maire*........................ I. 217

6 Juillet, soir. — *Lecture de lois relatives aux fermes et régies, à la répartition de la contribution foncière; de décrets relatifs à l'expédition des brevets d'officiers et sous-officiers de gendarmerie, à la conduite irréprochable de M. Montmorin. — Arrêté enjoignant le payement du droit de balisage sur la*

Loire. — *Demande de congé par le conseiller Imbert, réfutation des explications qu'il donne sur les causes de son arrestation ; nomination d'un membre pour le remplacer au Directoire*... I. 128

7 Juillet, matin, séance à l'Hôtel-de-Ville. — *Lecture d'une lettre des députés, approuvant les actes du Conseil. — Rapport et mesures au sujet des troubles de l'Arbresle. — Arrêté au sujet de la fête de la Fédération. — Renvoi au 9 de la réunion des corps administratifs*.................... I. 219

7 Juillet, soir. — *Lecture de lois relatives à la liquidation de l'arriéré de la maison du Roi ; à la caisse de Sceaux et Poissy ; à la maréchaussée du Clermontois ; au remboursement de différentes charges et offices ; aux congrégations ; à l'organisation des corps de finances ; à la conversion de l'argenterie en lingots ; aux directions de l'artillerie. — Renvoi de la discussion sur différentes questions relatives à la fête de la Fédération. — Avance de 1.200 livres consentie au Tribunal du district de la Campagne, pour frais de la procédure contre les auteurs des crimes de Poleymieux. — Remplacement, à Amplepuis, d'un détachement du régiment de Sonnemberg par un détachement du régiment de Guyenne*... I. 220

8 Juillet, matin. — *Arrêté relatif à la fête de la Fédération. — Le Conseil décide de rester en session extraordinaire jusqu'après le 14 juillet*............................. I. 222

8 Juillet, soir. — *Avis à la municipalité de Montbrison, d'avoir à faire sortir des casernes de gendarmerie les personnes qui y étaient logées. — Démission de de La Rochette, procureur syndic du district de Roanne*........... I. 224

9 Juillet, matin, séance à l'Hôtel-de-Ville. — *Sur la demande de Hallot, commandant général des troupes de ligne ; il est arrêté qu'il prêtera serment le 11, sur la place de la Fédération*................................... I. 224

9 Juillet, soir. — *Lecture de lois relatives à la brochure ayant pour titre : « Interrogatoire du Roi et de la Reine » ; à la perception des droits d'entrée et de sortie ; à la répartition de 100.000 soldats auxiliaires ; aux contributions foncière et mobilière ; à l'exemption du timbre pour les tribunaux ; à la validité de la nomination des commissaires du Roi. — Demande de réparations à l'église métropolitaine. — Demande de formation de compagnies de volontaires. — Invitation faite par la municipalité pour assister à la Fédération. — Lecture d'un rapport sur l'organisation de la gendarmerie dans le département*...................... I. 224

11 Juillet, matin. — *Question de préséance entre les troupes de ligne et la garde nationale, au sujet de la Fédération. — Nouvelle demande de formation de compagnies de volontaires ; prestation de serment de de Hallot sur la place de la Fédération. — Certificat de la municipalité de l'Arbresle pour le détachement des chasseurs de Bretagne qui y avait séjourné.* I. 226

11 Juillet, soir. — *Lecture de lois relatives à la procédure criminelle; aux retenues sur les rentes seigneuriales; aux troubles de Colmar; à la fabrication des assignats; à la dîme; à la propriété des inventions; à la nomination de commissaires pour recevoir les déclarations du Roi et de la Reine.* — *Lecture d'un numéro du « Moniteur de Lyon. »* — *Excuses des conseillers Dugas et Deville.* — *Demande de nomination à Lyon, par Bertrand, sous-lieutenant de gendarmerie.* — *Lecture d'une lettre du ministre de l'Intérieur, relative aux convois d'armes.* — *Prestation de serment par les officiers de chasseurs en garnison à Roanne*.................. I. 228

12 Juillet, matin, séance à l'Hôtel-de-Ville. — *Promesse de prestation de serment par les officiers du régiment de Sonnemberg.* — *Présentation du lieutenant-colonel de Béville.* — *Affichage de la lettre des députés, au sujet de l'imprimé intitulé « Déclaration de 290 députés, sur les décrets qui suspendent l'exercice de l'autorité royale. »* — *Compte-rendu des troubles du canton de l'Arbresle.* — *Ordre de préséance pour la fête de la Fédération*............. I. 230

12 Juillet, soir. — *Réclamation sur le rang que doit occuper le département dans les cérémonies publiques.* — *Rapport sur l'établissement de foires et marchés sans autorisation.* — *Demande de mesures contre les prêtres insermentés*........ I. 230

13 Juillet soir. — *Arrêté relatif aux enrôlements volontaires.* — *Arrêté relatif aux foires et marchés.* — *Prestation de serment du capitaine de gendarmerie Guiguet.* — *Remplacement des curés insermentés.* — *Avis au Conseil de se réunir le lendemain, à 9 h. 1/2, pour assister à la Fédération, et le soir, à 5 heures, pour délibérer*..................... I. 235

14 Juillet, soir. — *Relation de la fête de la Fédération.* — *Le Directoire est chargé de solliciter un décret contre les fonctionnaires remplacés.* — *Clôture de la session.* — *Discours du président*..................

28 Août. — *Assemblée électorale.* — *Vérification des pouvoirs.* — *Nomination de commissaires et d'un rapporteur général pour cette opération*..................... I. 409

29 Août. — *Assemblée électorale.* — *Rapport sur la vérification des pouvoirs.* — *Division de l'assemblée en six sections.* — *Nomination du président de l'assemblée*........ I. 410

30 Août. — *Assemblée électorale.* — *Nomination du secrétaire et de trois scrutateurs.* — *Election de Jean-François Dumarais comme député à la Législative*............. I. 411

31 Août. — *Assemblée électorale.* — *Election des députés Lamourette et Dupuis*.................... I. 412

1ᵉʳ Septembre. — *Assemblée électorale.* — *Election des députés Colomb, Thévenet, Sanlaville, Louis Vitet*......... I. 412

2 Septembre. — *Assemblée électorale.* — *Election des députés Duvant et Blanchon.* — *Remerciments de Duvant.* —

Election du député Jovin-Molle. — *Scrutins sans résultat*.... I. 413

3 Septembre. — Assemblée électorale. — *Election des députés Sage et Saulnier.* — *Lecture de la lettre de démission de Louis Vitet.*— *Election du député Caminet.* — *Scrutin sans résultat.* — *Discussion sur le mode de dépouillement des scrutins*... I. 415

4 Septembre — Assemblée électorale. — *Election des députés Larochette, Chirat, Lemontey.* — *Remercîments de Chirat.* — *Election de Dubouchet, comme suppléant des députés*... I. 417

5 Septembre. — Assemblée électorale. — *Election des suppléants des députés : Bereau, Estournel, Peillon, Clerjon.* — *Notification de son élection au député Blanchon.* — *Acceptation.* — *Lettre d'acceptation de Lemontey*................. I. 418

6 Septembre. — Assemblée électorale. — *Election de Coson comme président du tribunal criminel.* — *Election de Brochet comme accusateur public.* — *Election de Berger comme greffier du tribunal criminel.*— *Acceptation de Coson et Brochet*... I. 420

7 Septembre. — Assemblée électorale. — *Election des haut-jurés Bernard de Charpieu et Vitet.* — *Acceptation de Berger.* — *Election de Dacier comme suppléant au tribunal de cassation.* — *Acceptation de Vitet.* — *Pour l'élection des conseillers généraux, on décide que chaque district sera, comme auparavant, représenté par six membres à l'assemblée départementale.* — *Il est tiré au sort pour savoir dans quel ordre aura lieu l'élection*.............................. I. 421

8 Septembre. — Assemblée électorale. — *Démission de Dacier.* — *Election des conseillers généraux Rouher et Grand.* — *Acceptation du député Clergeon.* — *Election des conseillers généraux Popule, Tillard de Tigny, Mathé, Lorange, Rullet-Lamurette.* — *Remercîments de de Larochette*... I. 423

9 Septembre. — Assemblée électorale. — *Election des conseillers généraux Desportes, Janson, Mauzeraud, Pavy, Taner.* — *Démission de Taner ; élection de Chevassu, Ricard, Frossard, Moissonnier*................................. I. 424

10 Septembre. — Assemblée électorale. — *Election de Pariat, Ferrand, Villechaise, Orizet, Montravel, Laroa, Richard, Gautier.* — *Premier tour de scrutin pour l'élection du Procureur Général Syndic.* — *Acceptation des conseillers Pavy et Janson.* — *Election du Procureur Général Syndic Mayeuvre de Champrieux.* — *Election de Loyer fils comme suppléant au Tribunal de cassation.* — *Discours du président Michon du Marais.*— *Discours de l'évêque Adrien Lamourette. Clôture de l'assemblée*.................................... I. 425

15 Novembre, matin. — Conseil général. — *Serment de Mayeuvre de Champvieux, procureur général syndic.* — *Notification de la démission du conseiller Orizet; excuses du*

conseiller Dugas. — *Nomination de scrutateurs pour l'élection du président.* — *Refus de ce poste par les conseillers Lecourt et Richard.* — *Election et acceptation d'Aimé Janson.* — *Discours du Procureur Général Syndic.* — *Nomination de Gonon-St-Fresne comme secrétaire général*....... I. 238

15 Novembre, soir. — *Discours du Procureur Général Syndic.* — *Aperçu de la gestion du Directoire, présenté par le président.* — *Proposition de nomination de commissaires pour l'examen du compte du Directoire.* — *Dénonciation d'abus commis dans la perception des droits de timbre, sous la direction du sieur Peyroni*........................... I. 240

16 Novembre, matin. — *Nomination de commissaires pour l'apurement des comptes du Directoire.* — *Il est arrêté que le Directoire sera renouvelé immédiatement après l'apurement de ses comptes.* — *Visite du maréchal de camp de Hallot, de l'adjudant général de Béville, du capitaine Robert et du lieutenant-colonel de La Grée.* — *Prestation de serment du conseiller Desportes.* — *Demande d'un rapport sur la nécessité de maintenir des troupes de ligne à Lyon*.............. I. 241

16 Novembre, soir. — *Réunion en comités*.. .... I. 242

17 Novembre, matin. — *Rapport concluant à l'augmentation du nombre des troupes en garnison à Lyon.* — *Prestation de serment du conseiller Mathé-Beaurevoir.* — *Réunion en comités*................................ I. 243

17 Novembre, soir. — *Réunion en comités*............ I. 244

18 Novembre, matin. — *Réunion en comités*........... I. 244

18 Novembre, soir. — *Réunion en comités*............ I. 245

19 Novembre, matin. — *Apurement des comptes du Directoire.* — *Remercîments des membres du Directoire.* — *Installation du secrétaire général Gonon St-Fresne.* — *Acceptation de la démission de Comarmond, membre du Directoire.* — *Présentation d'un plan des travaux des comités*............ I. 245

19 Novembre, soir. — *Présentation d'un projet pour la police de l'assemblée.* — *Distribution aux districts de l'état des attributions des comités.* — *Nomination du président comme membre ayant voix prépondérante.* — *Nomination de commissaires pour rendre les visites reçues par le Conseil.* — *Nomination de six membres du Directoire et de quatre suppléants.* — *Nomination du suppléant du Procureur Général Syndic.* — *Arrêté de la distribution des travaux des comités*........................ .... I. 246

21 Novembre, matin. — *Réunion en comités*............ I. 248

21 Novembre, soir. — *Présentation d'une pétition par la municipalité de Cuire-La Croix-Rousse.* — *Demande d'un rapport au comité des Contributions, pour trancher la question de savoir si les anciens receveurs sont responsables de l'arriéré des rôles*................................... I. 248

22 Novembre, matin. — *Réunion en comités*............ I. 249

22 Novembre, soir. — *Etat de l'arriéré des contributions, arrêté réglant les mesures à prendre pour leur recouvrement. — Nomination de commissaires pour présenter un rapport sur les procès-verbaux des séances des conseils généraux des districts*.. I. 249

23 Novembre, matin. — *Réunion en comités*............ I. 252

23 Novembre, soir. — *Demande en fixation de limites par la commune de Cuires-la-Croix-Rousse. — Demande de réparations à la caserne de la Nouvelle Douane. — Nomination de commissaires pour fixer les limites de Cuires-la-Croix-Rousse et celles des districts de la Ville et de la Campagne. — Arrêté relatif à la contribution patriotique. — Demande d'un rapport au comité de Règlement, au sujet de l'impression des procès-verbaux des séances*....................... I. 252

24 Novembre, matin. — *Réunion en comités*............ I. 256

24 Novembre, soir. — *Projet d'adresse à l'Assemblée Nationale, au sujet de la nécessité de la vente des biens des hôpitaux. — Décision portant répartition, sur les villes du département, de l'imposition remplaçant la gabelle, la marque des fers et des cuirs, etc. — Demande de décret à l'Assemblée Nationale, pour activer la formation du Tribunal de commerce de Lyon*.................................... I. 256

25 Novembre, matin. — *Réunion en comités*............ I. 258

25 Novembre, soir. — *Etat de répartition de l'imposition, en remplacement des droits supprimés, sur les villes du département, leur population. — Appui donné à la demande du district de Villefranche, pour l'acquisition du couvent des Cordeliers, où seraient installés les services administratifs et judiciaires de cette ville. — Arrêté portant règlement pour le recouvrement des contributions foncière et mobilière. — Poursuites contre le* Journal de Lyon. — *Demande de maintien de la compagnie du guet et de la compagnie franche. — Demande d'un rapport sur une pétition relative à l'établissement de la Providence. — Lecture d'un rapport sur les séances du conseil général du district de Lyon*............ I. 258

26 Novembre, matin. — *Rapport sur des infractions à la loi, commises par des prêtres insermentés, relativement aux mariages, baptêmes et enterrements. — Rejet d'une pétition pour la liberté du culte, présentée par des commissaires des citoyens catholiques de Lyon. — Arrêté portant que les impressions seront données en adjudication au rabais. — Arrêté portant répartition, en moins imposé, du produit de l'imposition sur les privilégiés. — Adresse à l'Assemblée Nationale, pour obtenir l'autorisation de procéder à la vente des biens des hôpitaux de Lyon*........................... I. 265

28 Novembre, matin. — *Réunion en comités*............ I. 272

28 Novembre, soir. — *Demande de destruction des tourelles du pont de la Guillotière et de construction d'un corps*

de garde à l'entrée. — Demande de dégrèvement des impositions du département. — Il est décidé de procéder à la rédaction du bref d'adjudication des impressions. — Nomination du président comme membre ayant voix prépondérante... I. 272

29 Novembre, matin. — *Réunion en comités*............ I. 274

29 Novembre, soir. — *Les directeurs des postes de Lyon et de Clermont demandent des instructions pour l'itinéraire de la malle de Paris-Lyon-Bordeaux, par Feurs et par Roanne. — Avis de la formation d'un attrouppement dans le quartier Saint-Georges. — Lecture d'un rapport sur la réduction du nombre des municipalités. — Apposition d'affiches pour l'adjudication des impressions*......................... I. 275

30 Novembre, matin. — *Réunion en comités*............ I. 276

30 Novembre, soir. — *Arrêté mettant les directoires de la Campagne de Lyon, de Villefranche et de Montbrison, en demeure d'avoir à achever le répartement des contributions, dans un délai de huit jours. — Le Conseil laisse le tracé de l'itinéraire de la malle de Paris à Bordeaux à la décision du Directeur général des postes. — Les recteurs de l'Hôtel-Dieu et de la Charité appellent l'attention sur la situation de ces établissements. — Nomination de commissaires pour arrêter ce qui doit être imprimé des procès-verbaux des séances de l'année précédente. — Il est décidé que la réunion de l'assemblée électorale, pour l'élection du juge de paix du canton de l'Arbresle, aura lieu dans cette ville*............ I. 276

1 Décembre, matin. — *Réunion en comités*............. I. 280

1 Décembre, soir. — *Rapport et arrêté relatif aux patentes. — Envoi à l'Assemblée Nationale d'un rapport concluant au maintien de l'Ecole Vétérinaire*......................... I. 280

2 Décembre, matin. — *Réunion en comités*............. I. 285

2 Décembre, soir. — *Dépôt de rapports sur la compagnie du guet, la compagnie des arquebusiers et la compagnie franche. — Félicitations adressées aux administrateurs de la Charité ; il leur est demandé de rester en fonctions*...... I. 285

3 Décembre, matin. — *Réunion en comités*............. I. 286

3 Décembre, soir. — *Rapport et arrêté relatifs au droit de timbre. — Mesures prises contre les officiers municipaux de Claveisolles, au sujet des troubles religieux de cette commune. — Nomination d'une délégation pour assister à la bénédiction du drapeau des volontaires nationaux. — Arrêté relatif à l'inscription civique*........................... I. 286

5 Décembre, matin. — *Réunion en comités*............. I. 293

5 Décembre, soir. — *Présentation d'une machine pour apprendre à lire, par l'instituteur Brun. — Arrêté relatif au recouvrement des contributions indirectes. — Cahier des*

charges de l'adjudication des impressions. — Contestation de limites avec le département de Saône-et-Loire. — Projet de suppression de la compagnie du guet, de la compagnie des arquebusiers et de la compagnie franche, et de reconstitution de ces troupes en compagnies de gendarmerie. — Adoption du texte d'une circulaire aux municipalités....... I. 293

6 Décembre, matin. — *Réunion en comités*............ I. 303

6 Décembre, soir. — *Nomination de commissaires pour assister à l'adjudication des imprimés. — Il est décidé de ne pas continuer l'impression des procès-verbaux des délibérations de 1790. — Demande de réduction du nombre des municipalités et de constitution de municipalités de canton. — Arrêté relatif à l'éloignement des cimetières*............ I. 303

7 Décembre, matin. — *Réunion en comités*............ I. 308

7 Décembre, soir. — *Réclamation du sieur Panay, sous-ingénieur de la ville de Lyon. — Explications du régisseur des contributions indirectes, au sujet de commandements indûment lancés. — Rapport au sujet du transfert de l'hôtel des monnaies dans les bâtiments de la nouvelle douane. — Renvoi au Directoire des mesures à prendre pour l'établissement des listes des jurés. — Demande de subvention pour la reconstruction du pont de Roanne. — Autre, pour réparations à faire à la digue dite « de l'Hôpital », qui protège la Guillotière*............ I. 309

8 Décembre. — *Suspension des séances « à cause de la solennité de la fête »*............ I. 312

9 Décembre, matin. — *Réunion en comités*............ I. 312

9 Décembre, soir. — *Rapport sur l'organisation de la garde nationale. — Maintien du cours gratuit d'accouchements. — Ajournement de rapports sur le partage des biens communaux et le droit de parcours. — Règlement relatif à la comptabilité du Directoire*............ I. 312

10 Décembre, matin. — *Réunion en comités*............ I. 316

10 Décembre, soir. — *Vœu à l'Assemblée Nationale, demandant un décret relatif au cadastre. — Mesures à prendre pour la délimitation des paroisses. — Explication des erreurs dans les dépenses des travaux de routes, relevées dans le compte du Directoire. — Lecture d'un rapport analysant les délibérations des districts. — Rejet de la demande des districts qui voulaient se charger de l'entretien de leurs routes. — Autorisation, sous réserves, à la municipalité de Lyon, de faire aménager le corps de garde qu'elle a fait construire à l'extrémité du pont de la Guillotière*............ I. 316

11 Décembre, matin. — *Rapport et arrêté relatif à la comptabilité des communes. — Prestation de serment du conseiller général Rullet-Lamurette. — Procès-verbal*

d'adjudication des imprimés. — Envoi d'un rapport au Comité de l'Instruction publique, au sujet des écoles et collèges du département... I.   320

12 Décembre, matin. — *Avis au procureur syndic du district de la Campagne, de prendre des mesures au sujet de troubles éventuels à L'Arbresle.— Renvoi de la discussion d'un rapport sur la maison de la Providence*............ I.   325

12 Décembre, soir.— *Demande de production des titres de la maison de la Providence. — Ajournement de la discussion d'un rapport sur l'organisation des bureaux du département. — Demande de remboursement à la caisse de la corvée, des fonds employés à l'établissement d'un bac à Roanne. — Ajournement de l'arrêté relatif à la répartition des contributions*.. I.   325

13 Décembre, matin. — *Renvoi au Directoire d'une pétition du directeur du timbre, au sujet de son logement. — Demande de subvention pour la reconstruction du pont de Serin, emporté par les glaces en 1789. — Arrêtés relatifs aux bois; à la vente des couvents de St-Pierre et des Ursulines de la rue Vieille-Monnaie; aux domaines nationaux aliénés et échangés; à la vente faite au Roi de la justice de St-Etienne; aux services des droits d'enregistrement et de timbre; aux cautionnements des receveurs des districts; aux ci-devant receveurs des décimes, économes*............. I.   327

13 Décembre, soir. — *Répartition des contributions foncière et mobilière. — Demande d'un rapport au sujet des routes à ouvrir.— Invitation au procureur syndic du district de la Campagne, d'avoir à se rendre au Conseil pour lui rendre compte de diverses affaires en retard. — Nomination de commissaires pour s'assurer de l'existence, dans le canton de Beaujeu, des mines de cuivre, de fer, de plomb et de houille signalées par le sieur Tranchand*................. I.   337

14 Décembre, matin. — *Arrêté relatif à l'administration forestière.— Renvoi à la prochaine session de l'examen d'une proposition du département de l'Ardèche, pour l'ouverture d'une route d'Annonay à St-Etienne par Bourg-Argental.— Règlement relatif au personnel des routes et chemins. — Vœu pour la division des biens communaux*............ I.   340

14 Décembre, soir. — *Demande de vente des bois nationaux des districts de St-Etienne et de la Campagne de Lyon. — Explications du procureur syndic du district de la Campagne, sur son retard à produire le procès-verbal de la session, l'état des dépenses pour 1791, la répartition des contributions, la suspension des opérations de vente des biens nationaux. — Règlement des bureaux du département, état des appointements du personnel*........................ I.   347

15 Décembre, matin. — *Arrêté relatif à la vente des sels et tabacs. — Demande à l'Assemblée Nationale d'une somme de 300.000 livres, pour les ateliers de charité. — Demande*

de construction d'un pont de bois provisoire à Roanne. — Avis d'une contravention faite dans les bureaux du timbre, à Lyon.. I. 351

15 Décembre, soir. — *Demande de subvention pour réparations au port de Givors. — Approbation du projet de description géographique, politique, agraire et commerciale du département, présenté par le conseiller général Frossard. — Projet de modification à la circonscription des cantons du district de Villefranche. — Ouverture de routes. — Offre de cession gratuite de terrain par MM. de La Roche-Thulon, de Bacot et de Castellanne, pour l'ouverture d'une route de Lyon à Autun. — Délimitation des districts de la Ville et de la Campagne de Lyon. — Demande de modification au règlement de la maison des Filles Pénitentes. — Arrêté relatif à l'hôpital de la Charité; remboursement d'avances faites par les administrateurs. — Arrêté relatif au classement et à la police des routes. — Mesures à prendre pour le maintien de l'Ecole de dessin et d'un cours théorique de teinture; demande de création du musée. — Achat de riz et de remèdes à distribuer dans les campagnes, nomination des médecins des épidémies; mention honorable du médecin Morel, de Villefranche. — Rapport sur le compte présenté par le Directoire. — Apurement de ce compte. — Discours du président. — Clôture de la session*.. I. 352

1792

19 Juillet, matin. — *Exposé, par le Procureur Général Syndic, des motifs qui nécessitent la réunion du Conseil. — Election de Besson comme président en l'absence*.......... II. 1

19 Juillet, soir. — *Pas de délibération*................. II. 2

20 Juillet. — *Rejet, jusqu'à plus ample informé, de la demande de de La Chaise, commissaire du Roi près le tribunal du district de Montbrison, à qui un ordre du maire enjoint de quitter Lyon dans les vingt-quatre heures. — Nomination de commissaires pour vérifier l'état des armes déposées à la Quarantaine. — Projet d'une adresse pour mettre les citoyens en garde contre les insinuations des malveillants, adresse en réponse à l'affiche intitulée : « Extrait des registres des délibérations du Conseil général de la commune..... du 19 juillet....» — Invitation aux membres absents d'avoir à rejoindre leur poste. — Lecture de pièces relatives aux troubles advenus à St-Etienne, lors de la fête de la Fédération*..................................... II. 2

21 Juillet. — *Excuses des conseillers Dugas et Laroa-Faveranges, demande de congé de Chavanis. — Lecture de l'adresse aux citoyens des districts. — Transfert aux Jacobins et aux Cordeliers de la manufacture de tentes, pour faire place au 72ᵉ régiment d'infanterie dans les bâtiments de la Nouvelle-Douane. — Avis au procureur syndic du district d'avoir à prendre des mesures d'ordre au sujet du rassemblement annoncé dans le canton de Pierre-Scize*...... II. 4

22 Juillet. — *Envoi à la municipalité de Lyon des pièces qui autorisent à Lyon le séjour du sieur Regnaud, colonel du 67ᵉ d'infanterie. — Lettre du commissaire des guerres Wast, refusant de recevoir des ordres du Conseil. — Plaintes à ce sujet au ministre de la guerre. — Explications sur le rassemblement de Pierre-Scize*......................... II. 7

23 Juillet. — *Visite des officiers du bataillon des volontaires des Pyrénées-Orientales. — Avis d'un complot contre le Conseil général. — Son courrier est arrêté, on doit le décacheter. — Des conseillers sont insultés dans la rue. — Avis de ces faits est donné à l'Assemblée Nationale. — La municipalité demande les noms de ceux qui ont signalé le rassemblement de Pierre-Scize*......................... II. 8

24 Juillet. — *Excuses du conseiller général Frossard. — Des grenadiers du poste viennent annoncer qu'ils ont reçu avis qu'ils pouvaient se retirer. — Le Conseil réclame un poste de 25 hommes commandés par un officier. — Protestation de dévoûment par des grenadiers de la section St-Pierre et des officiers du bataillon de Saône. — Certificat constatant que le conseiller Romany est aux eaux de Vichy. — Entrée du président Janson. — Lecture d'un décret de l'Assemblée Nationale et d'une lettre du ministre de la Justice, prescrivant l'arrestation de Pierre Seran, négociant de Montpellier. — Correspondance à ce sujet avec le maire de Lyon et les districts. — La municipalité de La Croix-Rousse vient déposer un projet de règlement pour les sociétés populaires. — Visite des officiers du 72ᵉ régiment, ci-devant Vexin. — Arrestation d'un commissionnaire du Directoire. — Plainte contre les muletiers de l'armée du Midi cantonnés à Vaise. — Refus de déférer à la demande de la municipalité, réclamant les noms de ceux qui ont signalé les mouvements de Pierre-Scize* II. 11

25 Juillet. — *Lecture d'une lettre au ministre de la Justice, au sujet des démarches faites pour arrêter Pierre Seran. — Envoi du procès-verbal de cette affaire au maire de Lyon, avec invitation d'en faire lecture au conseil général de la commune*............................. II. 18

26 Juillet. — *Invitation à poursuivre les signataires de l'imprimé intitulé :* Les citoyens libres des communes de Condrieu et Ampuis au peuple du faubourg St-Antoine. *— Nomination de commissaires pour activer le recrutement de l'armée et de la gendarmerie. — Entrée des conseillers Rullet-Lamurette et Mauzerand. — Excuses de Comarmond. — Adresse demandant à l'Assemblée Nationale un secours*

pour l'Hôtel-Dieu de Lyon. — Sommation au commandant de la garde nationale d'avoir à révoquer les ordres qui prescrivaient de décacheter la correspondance de l'administration. — Sa réponse portant révocation de cet ordre. — Lecture d'un rapport du Directoire sur la répartition des études de notaires .... II. 19

27 Juillet. — *Discours du Procureur Général Syndic, demandant des mesures contre les suspects. — Délibération et arrêté à ce sujet. — Refus d'accepter les excuses du conseiller Mathé, qui prétendait opter pour les fonctions de juge de paix de St-Germain-Laval. — Nouvelle sommation aux conseillers absents; demande d'un certificat médical à ceux qui arguaient de maladie. — Explications données à Roi, conseiller général de l'Isère, sur les armements pour l'armée du Midi et sur les mesures prises contre les suspects. — Etat des armes conservées à l'arsenal. — Demande d'étude d'un projet de réunion des gardes nationales des six districts. — Demande de renseignements au département de l'Ardèche, au sujet de correspondances entre les conspirateurs de Jalès et des réfugiés à Lyon. — Il est décidé qu'il sera écrit au Comité de surveillance de Paris, pour l'informer de la situation de la ville. — Demande de congé par le conseiller Mussieu. — Nomination de sept membres devant composer le Comité de surveillance*............... II. 23

28 Juillet. — *Lecture d'un rapport sur les troupes fournies par le département; tableau du recrutement; observations sur la formation des brigades de gendarmerie. — Entrée du conseiller Moissonnier. — Invitation au maire et au procureur de la commune de St-Etienne, de venir fournir au Conseil des explications sur les troubles survenus dans cette ville, lors de la fête de la Fédération. — Nouvelles plaintes contre le commissaire des guerres Wast, au sujet des muletiers cantonnés à Vaise*......................... II. 30

29 Juillet. — *Réunion en comités*...................... II. 32

30 Juillet. — *Lecture d'une lettre du ministre de la guerre, annonçant le maintien à l'armée du Midi, des troupes qui devaient se rendre à l'armée du Rhin. — Révocation des officiers municipaux de Duerne et St-Martin-en-Haut, qui avaient prêté un serment restrictif. — Lecture d'une lettre du maréchal de camp Servan, annonçant l'envoi d'un piquet de troupes à Vaise, pour réprimer les malversations des muletiers*....................................... II. 32

31 Juillet. — *Dénonciation à l'Assemblée Nationale de l'arrêté du conseil général de la commune de Lyon, qui annule, comme inconstitutionnel, l'arrêté du département contre les suspects; discours et délibération énumérant les griefs contre la municipalité. — Entrée du conseiller Tillard de Tigny. — Il est décidé de faire imprimer le texte de plusieurs lois sur le même placard. — Demande d'étude d'un projet de formation d'un corps de réserve de 10.000 hommes.* II. 35

1er Août. — *Entrée du conseiller Ferrand. — Visite d'officier d'artillerie. — Demande d'armes pour les volontaires du district de Roanne. — Refus du maréchal de camp J. Servan*.. II.   41

2 Août. — *Nomination de deux commissaires pour surveiller l'exécution de la loi du 22 juillet, relative au recrutement de l'armée. — Entrée d'une députation de Marseille félicitant des mesures prises pour le recrutement de l'armée, et offrant ses forces pour la défense de Lyon, en cas de besoin*.................................... II.   42

3 Août. — *Protestation de dévouement par les officiers du 5e bataillon de la Gironde. — Renvoi, au district de la Campagne, d'une pétition des habitants de Fontaines. — Il est répondu à des députés de Mornand que le différend entre la commune et le curé sera prochainement tranché. — Délibération et arrêté relatifs à la formation d'un corps de réserve de 10,000 hommes. — Proclamation à ce sujet*............ II.   43

4 Août. — *Le Conseil est avisé que des passeports signés en blanc ont été délivrés à des suspects par la municipalité. — Le Conseil arrête l'impression et la distribution, aux 82 départements et aux six districts, du rapport de ses comités de division et de surveillance, au sujet des griefs de la municipalité de Lyon contre le Directoire. — Demande de congé par les conseillers Rullet-Lamurette et Tillard de Tigny; ils sont chargés de régler, pendant leur absence, la question des limites avec le département de l'Allier*................ II.   48

5 Août. — *Réunion en comités*......................... II.   49

6 Août. — *Excuses du conseiller Laroa-Faveranges. — Lettre au ministre de la guerre, lui demandant des instructions détaillées au sujet du rassemblement des volontaires nationaux. — Dépôt aux archives d'adresses présentées à l'Assemblée Nationale et au Roi, par les départements des Basses-Alpes, du Lot, de la Haute-Loire, de la Drôme. — Réquisition de troupes par le général de Montesquiou. — Projet d'envoi, à ce général, des délibérations et arrêtés propres à détruire la mauvaise opinion qu'il aurait pu concevoir du Conseil*................................... II.   49

7 Août. — *Mention au procès-verbal de la non-comparution du maire et du procureur syndic de St-Etienne. — Dépôt aux archives d'une adresse du Gers à l'Assemblée Nationale. — Renvoi au Comité militaire d'une pétition pour l'établissement d'une garde nationale à cheval. — Instructions aux districts pour le rassemblement de la garde nationale. — Demande d'un rapport sur la délivrance des passeports par la municipalité de Lyon. — Réclamations sur la répartition des brigades de gendarmerie dans le département. — Lecture de lettres du colonel Duplex, dénonçant l'abus des congés accordés aux soldats par les capitaines. — Le maréchal de camp Servan est invité à conférer avec le comité militaire,*

au sujet des nouvelles troupes réquisitionnées pour l'armée du Midi. — Visite des officiers du 5e dragons............ II.   53

8 Août. — *Nomination d'un commissaire pour surveiller le recrutement de l'armée. — Nomination du conseiller Ravel, comme commissaire chargé de surveiller la fabrication des armes*............ II.   56

9 Août. — *Envoi à l'Assemblée Nationale de l'arrêté de la municipalité, qui enjoint l'arrestation des prêtres insermentés. — Arrêté relatif à la formation des corps de volontaires. — Remercîments du sieur Pichard, nommé commissaire pour surveiller le recrutement de l'armée*............ II.   59

10 Août. — *Sur rapport du comité Militaire, il est pris un arrêté relatif à l'élection des officiers de volontaires. — Dépôt de la liste des prix distribués et proposés par la Société Royale d'Agriculture. — Communication aux municipalités du projet de création d'une cavalerie nationale. — Délivrance au district de Montbrison d'une somme de 2.000 livres en numéraire, pour payement des volontaires*.. II.   60

11 Août. — *Excuses du conseiller Dubessey-Villechaise, qui ne peut assister aux séances pour cause de maladie*..... II.   61

12 Août. — *Réunion en comités*............ II.   62

13 Août. — *Notification de l'arrivée d'un courrier extraordinaire, porteur du décret suspendant le Roi de ses fonctions. — Rédaction d'une proclamation à ce sujet. — Invitation aux membres absents d'avoir à se rendre à leur poste. — Autorisation au sieur Versel, receveur du district de Lyon, de payer les recrues en espèces sonnantes. — Arrêté pour faciliter ce payement. — Excuses des conseillers Dugas et Comarmond. — Envoi au ministre de la Justice des pièces établissant que le conseiller Mathé refuse de se rendre au Conseil général, en excipant de sa qualité de juge de paix*............ II.   62

14 Août. — *Arrêté relatif à la réunion des corps administratifs séants à Lyon. — Renvoi au comité de Surveillance d'une dénonciation d'un membre de la municipalité de Lyon, contre les directoires du département et du district*........ II.   65

15 Août. — *Réception des députés, commissaires à l'armée du Midi ; enregistrement de leurs pouvoirs. — Excuses du conseiller Gaultier*............ II.   66

16 Août. — *Réception d'un délégué du département de Saône-et-Loire, demandant l'adoption de mesures propres à assurer la circulation des grains. — Nomination de commissaires à ce sujet. — Nomination de commissaires pour demander au général de Montesquiou de réduire le nombre des hommes réquisitionnés. — Avis de l'arrivée des commissaires de l'Assemblée Nationale, qui viendront conférer à ce sujet. — Excuses du conseiller Laroa-Faveranges. — Renvoi au district de Lyon d'une pétition réclamant contre la délibération de la commune, au sujet des étrangers. — Entrée des commissaires de l'Assemblée Nationale. — Répartition de grains entre les six districts*............ II.   68

17 Août. — *Motion pour un acte d'adhésion aux mesures de salut public prises par l'Assemblée Nationale. — Excuses du conseiller Dubessey-Villechaise. — Remise aux commissaires de l'Assemblée Nationale d'un mémoire, au sujet des difficultés avec la municipalité de Lyon et de divers points d'administration. — Excuses des conseillers Dugas et Richard. — Nomination de membres pour compléter le comité Militaire. — Notification au département de Saône-et-Loire qu'il n'y a aucun accaparement de grains à Lyon; on l'invite à protéger la circulation. — Visite d'administrateurs de la Drôme et de l'Hérault. — Réponse au district de Montbrison, au sujet du rassemblement des volontaires et des troupes de ligne.* . . . . II. 70

18 Août. — *Question sur l'état des armes et munitions du département. — Présentation de M. de Pouilly, colonel du 72° régiment, ci-devant Vexin. — Lettre à l'Assemblée Nationale, l'assurant du civisme du Conseil. — Pétition pour la publicité des séances. — Députation de grenadiers opposant des objections à leur rassemblement. — Plaintes de la dame Montereau, victime de violences et voies de fait; réquisitions à ce sujet aux municipalités de Mornant, Riverie, St-Didier et St-Maurice. — Notification par Vitet, maire de Lyon, de l'arrêté du Conseil Exécutif portant suspension du Directoire du département. — Discours du Procureur Général Syndic Mayeuvre. — Election d'un nouveau Directoire. — Discours du président Janson. — Refus de Comarmond et Farjon de faire partie du Directoire. — Acceptation de Frossard. — Demande d'apurement de comptes par l'ancien Directoire.* . . . . II. 78

19 Août. — *Réponses du général Montesquiou aux questions à lui posées par les commissaires du Conseil, au sujet de sa réquisition de troupes. — Des grenadiers des sections de Lyon déposent des procès-verbaux au sujet du rassemblement et demandent à prendre connaissance des réponses du général Montesquiou. — Refus de la démission du conseiller Chevassu. — Pétition demandant le renvoi de tous les employés du département.* . . . . II. 84

20 Août. — *Il est arrêté que le président et le secrétaire général signeront seuls les minutes des arrêtés. — Notification, par le maire Vitet, du décret de l'Assemblée Nationale destituant le Directoire, approuvant la conduite de la municipalité et réintégrant Chalier dans ses fonctions. — Le maire notifie encore que les suppléants du Directoire et les membres qui ont signé des arrêtés sont également suspendus de leurs fonctions. — Adresse à l'Assemblée Nationale, sur la nécessité de compléter le Conseil, réduit à 15 membres — Proclamation et arrêté relatifs à la réquisition des troupes et au contingent de chaque district.* . . . . II. 88

21 Août. — *Visite du commandant général et des chefs de légions de la garde nationale. — Autorisation à la municipalité de Lyon de prendre, sur la réserve de blé de son*

district, telle quantité qu'elle jugera nécessaire. — Discours du Procureur Général Syndic Frossard, sur les évènements du 10 août. — Adresse d'adhésion à l'Assemblée Nationale. — Prestation de serment par les membres du Conseil et les employés du département. — Invitation au district de Montbrison de prendre des mesures contre les prêtres de l'Hermitage, à Noirétable. — Démission de membres du Directoire. — Élection de nouveaux membres et de suppléants......... II.   95

22 Août. — Echange d'assurances de confraternité avec la municipalité. — Nomination de commissaires pour examiner s'il est possible de loger le département à l'Hôtel-de-Ville... II.   98

23 Août. — Rapport des commissaires sur le transfert du département à l'Hôtel-de-Ville. — Nomination du s^r Ferrand comme chef du bureau national ecclésiastique et judiciaire. — A une demande de la municipalité de Tulins, il est répondu comment les ecclésiastiques célibataires doivent être portés sur les matrices des rôles. — Le conseiller Mathé est autorisé à rejoindre son poste de juge de paix de St-Germain-Laval. — Le district de Montbrison demande des troupes pour rétablir l'ordre.............................. II.   98

24 Août. — Nomination de Tillard de Tigny comme président par intérim. — Prestation de serment du chef de bureau Ferrand. — Ajournement à la prochaine session de l'augmentation des appointements de deux secrétaires. — Rapport et arrêté pour le transfert des bureaux du Conseil à l'Hôtel-de-Ville............................... II.   100

25 Août. — Enregistrement de la commission du prince de Hesse, lieutenant-général à l'armée du Midi. — Refus de grains à la municipalité de St-Chamond................ II.   102

26 Août. — Pas de délibération...................... II.   103

27 Août. — Nomination de huit commissaires pour surveiller chacun des quatre bureaux. — Plainte, par des citoyens d'Arcinges, contre le maire et un officier municipal........ II.   103

28 Août. — Allocation au receveur du district de St-Etienne, pour l'indemnité qui doit être allouée aux membres de l'Assemblée électorale. — Présentation du compte de l'ancien Directoire. — Le prince de Hesse se plaint de n'avoir pu visiter le couvent de la Visitation de Bellecour. — Demande de blé par la municipalité de Roanne. — Echange d'assurances de confraternité entre le conseil et le district de Lyon. — Visite des officiers des volontaires de la Gironde. — Fixation des appointements du secrétaire Courtois............. II.   104

29 Août. — Prestation de serment de Bruys-Vaudran, inspecteur général des droits de patentes. — Remise d'une somme de 300 livres, donnée pour les frais de la guerre par le colonel Ducreux-Trezette et les conseillers Ravel et Comarmond. — Prestation de serment des architectes Durand et Turin...... II.   106

30 Août. — Nomination de commissaires pour assister à la formation des compagnies de volontaires du district de Lyon.

— *Rapport et arrêté relatifs à l'habillement, armement et mise en route des volontaires*.................................. II. 107

31 Août. — *Observations présentées sur la réquisition faite par le général de l'armée du Midi*................. II. 109

1er Septembre. — *Pas de délibération*................ II. 109

2 Septembre. — *Réponse à des pétitions sur les affaires militaires*.. II. 109

2 Septembre. — Assemblée électorale de St-Etienne. — *Désignation du président d'âge, du secrétaire et des scrutateurs provisoires. — Vérification des pouvoirs*........... I. 429

3 Septembre. — Conseil général. — *Réponse du général Montesquiou aux questions relatives à l'habillement, armement et cantonnement des troupes. — Délégation du ministre de l'Intérieur pour l'achat de 3.000 fusils à St-Etienne. — Visite d'officiers d'artillerie. — Notification, par le maire Vitet, de la décision du Conseil Exécutif, portant que le Conseil sera complété lors de la prochaine assemblée électorale. — Constatation, par Vitet, que le nombre des membres à élire est de douze, y compris le Procureur Général Syndic. — Le président fait observer que deux autres membres démissionnaires sont à remplacer. — Notification de la démission du conseiller Chavanis. — Arrêté invitant l'assemblée électorale de St-Etienne à procéder à l'élection du Procureur Général Syndic et de 14 administrateurs. — Refus d'homologuer une délibération de la commune de Givors, établissant une imposition pour l'habillement et armement de ses volontaires. — Réquisition de gendarmes par le ministre de la Guerre*... II. 109

3, 4 Septembre. — Assemblée électorale. — *Vérification des pouvoirs. — Les électeurs de St-Symphorien-de-Lay reconnaissent qu'ils ont été induits en erreur par le président de leur assemblée primaire. — Ils prêtent serment. — Election du président, du secrétaire et des scrutateurs. — Prestation de serment de l'assemblée. — L'assemblée déclare qu'elle entend que les membres de la Convention siègent à Paris. — Adresse de félicitations à l'Assemblée Législative. — Election des conventionnels Chasset et Dupuy*.......... I. 430

4 Septembre. — Conseil général. — *Le département du Jura donne délégation pour surveiller la fabrication de six pièces de canon. — Mesures de répression contre les habitants de St-Martin-en-Haut*.............................. II. 114

5 Septembre. — Conseil général. — *Pas de délibération*.. II. 116

5 Septembre. — Assemblée électorale. — *Election des conventionnels Vitet, Priestley, Dubouchet. — Défilé d'une députation du bataillon des volontaires des Landes*......... I. 433

6 Septembre. — Conseil général. — *Invitation au Conseil, par le ministre de l'Intérieur, d'avoir à siéger à l'Hôtel-de-Ville*... II. 116

6 Septembre. — Assemblée électorale. — *Election des conventionnels Béraud, Pressavin, Marcelin Moulin* .... I. 434

7 Septembre. — Conseil général. — *Arrêté contre les étrangers. — Nomination d'un commissaire pour se rendre à St-Martin-en-Haut* .... II. 116

7 Septembre. — Assemblée électorale. — *Election des conventionnels Peillon, Michet, Patrin. — Refus de Peillon; une délégation est chargée de lui demander de retirer sa démission. — Une indemnité est allouée aux électeurs de St-Etienne. — Scrutins sans résultat* .... I. 435

8 Septembre. — Conseil général. — *Pas de délibération.* II. 119

8 Septembre. — Assemblée électorale. — *Election des conventionnels Forest, Pointe, Cusset. — Scrutin sans résultat.* I. 438

9 Septembre. — Conseil général. — *Le Conseil assiste à la prestation de serment de la garde nationale. — Un commissaire est envoyé à la municipalité pour lui exprimer son indignation des massacres qui viennent d'avoir lieu, et le désir du Conseil de se réunir à elle pour prendre les mesures nécessaires pour sauvegarder la vie et les propriétés des citoyens* .... II. 119

9 Septembre. — Assemblée électorale. — *Election des conventionnels Javogue et Lanthenas. — Démission définitive de Peillon. — Election de Fournier comme premier suppléant des députés à la Convention* .... I. 439

10 Septembre. — Conseil général. — *A la suite du rapport sur les massacres qui ont eu lieu, le Conseil décide d'aller siéger l'après-midi à l'Hôtel-de-Ville. — Invitation de la municipalité d'avoir à se réunir à elle dès 10 heures du matin. — Lettres des conseillers Dugas et Chavanis, maintenant leur démission. — Adresse aux citoyens, par les corps administratifs réunis, au sujet des massacres de la veille. — Les administrateurs de La Charité demandent à être autorisés à traiter avec des fournisseurs* .... II. 119

10 Septembre. — Assemblée électorale. — *Election des suppléants aux députés à la Convention: Buiron Gaillard, Noailly, Boiron, Béraud. — Pleins pouvoirs donnés à la Convention. — L'assemblée va renouveler son serment autour de l'arbre de la Liberté. — Nomination de deux jurés de la Haute-Cour nationale: Joseph Chalier et Barbier* .... I. 442

11 Septembre. — Conseil général. — *Mesures d'ordre prises au sujet du rassemblement des volontaires. — Il est arrêté qu'à dater du 17 septembre prochain, le Conseil tiendra des séances publiques trois fois par semaine, dans la salle du Conseil de la commune. — Le serment sera renouvelé publiquement, le même jour* .... II. 121

11 Septembre. — Assemblée électorale. — *Election du Procureur Général Syndic Meynis et de quatorze administrateurs du département* .... I. 444

12 Septembre. — Conseil général. — *Compte-rendu des mesures prises pour la répression des troubles de St-Martin-en-Haut, Duerne et Montromand* .... II. 122

13 Septembre. — *Pas de délibération*..... .... II. 128

14 Septembre. — *Entrée et prestation de serment des conseillers Achard et Dubost. — Protestation de civisme par le sieur Santerre, directeur des postes. — Arrêté relatif à la circulation des grains ; envoi de commissaires aux départements de l'Ain et de Saône-et-Loire* .... II. 128

15 Septembre. — *Nomination d'un commissaire pour vérification et achat de fusils. — Indemnité aux gardes nationales réquisitionnées pour aller à Duerne, Montromand, St-Martin-en-Haut* .... II. 129

16 Septembre. — *Envoi de 68 fusils au ministre de l'Intérieur*... II. 131

17 Septembre. — *Entrée et prestation de serment des conseillers Blachon et Couturier. — Le prince de Hesse dépose un état des armes et munitions de l'arsenal. — Invitation de la municipalité de se réunir à elle pour aviser aux moyens de dissiper les attroupements qui se forment dans la ville. — Une partie du Conseil se rend à cette invitation. — Le bruit court que le danger augmente. — Le Conseil décide de rester en séance pendant la nuit*...... .... II. 131

18 Septembre. — *Enregistrement des commissions de Chartrey et Michel, officiers municipaux de Paris, commissaires du Conseil Exécutif, chargés de faire, auprès des municipalités, districts et départements, telles réquisitions qu'ils jugeront nécessaires pour le salut de la Patrie. — Réquisition de ces commissaires. — Mesures prises avec les autres corps administratifs, au sujet des troubles imminents ; adresse aux citoyens. — Entrée et prestation de serment des conseillers Rozier et Laurenson* .... II. 132

19 Septembre. — *Envoi de commissaires à la municipalité. — Les visites domiciliaires sont décidées*................. II. 134

20 Septembre. — *Réunion en une seule commune, de St-Martin et de Notre-Dame de Fontaines ; nomination de commissaires pour aller le notifier aux habitants. — Arrêté et proclamation relatifs à la levée de quatre nouveaux bataillons. — Entrée et prestation de serment du conseiller Belville. — Le Conseil décide de faire imprimer une lettre des commissaires pour l'approvisionnement des grains*...... II. 135

21 Septembre. — *Entrée et prestation de serment du conseiller Barge. — Visite des officiers du 5° bataillon de la Drôme* .... II. 138

22 Septembre. — *Entrée et prestation de serment des conseillers Dugas et Mondon. — Arrêté pour la fabrication des piques. — Nomination, par les trois corps administratifs réunis, de commissaires pour un achat de 10.000 ânées de blé dans le département de l'Ain*... .... II. 138

Lettre du Procureur Général Syndic, adressant au Président de la Convention Nationale le procès-verbal des séances de l'assemblée électorale de St-Etienne ...... I. 444

23 Septembre. — *Pas de délibération*............ II. 140

24 Septembre. — *Entrée et prestation de serment du procureur général syndic Meynis*........... II. 140

25 Septembre. — *Entrée et prestation de serment des conseillers Place, Lacroix, Santaillier*............. II. 140

26 Septembre. — *Rapport des commissaires chargés de notifier aux habitants de Fontaines la réunion en une com-commune de St-Martin et de Notre-Dame. — Invitation de la municipalité pour assister à la proclamation du décret de la Convention qui supprime la royauté. — Demande d'une adresse invitant les administrés à favoriser la circulation des subsistances. — Lettre du colonel Ducreux-Trezette, expliquant qu'il n'a pas pu prêter serment pour cause de maladie*........... II. 141

27 Septembre. — *La municipalité fait prévenir le Conseil de l'arrivée de quatre commissaires de la Convention, dont Vitet. — Démission de Delhorme, commissaire national près du Tribunal criminel du département. — Nomination à ce poste du sieur Lamareuilhe. — Entrée de Vitet, Boissy d'Anglas et Legendre, commissaires de la Convention. — Enregistrement de leur commission. — Nomination d'une délégation pour rendre visite aux commissaires* .... II. 142

28 Septembre. — *Entrée et prestation de serment du conseiller Rousset. — Election du président (Tillard de Tigny) et des membres du Directoire. — Proclamation des commissaires de la Convention, pour rétablir l'ordre à Lyon, et des corps administratifs réunis. — Satisfaction donnée aux commandants des bataillons de la garde nationale, qui protestent contre les bruits calomnieux répandus sur leur conduite*............... II. 143

29 Septembre. — *Adoption d'une adresse aux citoyens, pour leur rappeler l'obéissance qu'ils doivent à la loi. — Nomination d'un commissaire pour veiller à l'approvisionnement de charbon de la ville de Lyon*.............. II. 147

30 Septembre. — *Pas de délibération*............. II. 149

1ᵉʳ Octobre. — *Nomination d'un nouveau commis dans les bureaux du département*............... II. 149

2, 3 Octobre. — *Pas de délibération* .... II. 150

Délibération du Conseil général de la commune de Rive-de-Gier et procès-verbal dressé par les commissaires du département et du district de Lyon, au sujet de la conduite des anciens concessionnaires des mines.............. II. 151

4 Octobre. — *Arrêté relatif à l'exploitation des mines de charbon de Rive-de-Gier*............... II. 150

5 Octobre. — *Visite des officiers du bataillon des volontaires d'Aix*... II. 153

6 Octobre. — *Sur l'invitation de la municipalité de Lyon, un commissaire est nommé pour aller faire des achats de grains dans le département de la Côte-d'Or*............. II. 153

7 Octobre. — *Visite des officiers du bataillon des volontaires du Var*... II. 153

8 Octobre. — *Des commissaires du département de Saône-et-Loire demandent que les biens de l'émigré Colabeau Juliénas soient mis sous séquestre*............................ II. 154

9, 10, 11, 12 Octobre. — *Pas de délibération*........... II. 154, 155

13 Octobre. — *Nomination d'un commissaire pour achat de grains.* — *Appel aux sentiments fraternels des administrateurs que visitera ce commissaire*.................... II. 155

14 Octobre. — *Pas de délibération*...................... II. 156

15 Octobre. — *Prestation de serment de Ducreux-Trezette, lieutenant-colonel, et de Capdeville, lieutenant de gendarmerie.* — *Remise, par l'abbé Laussel, des pièces qui l'accréditaient comme apôtre de la Justice, de la Morale et de la Liberté; acte lui est donné de cette remise.* — *Adoption des conclusions d'un rapport pour le transfert des services du département à l'Hôtel-de-Ville et la destruction des papiers inutiles*... II. 156

16, 17 Octobre. — *Pas de délibération*................. II. 161

17 Octobre. — *Procès-verbal d'adjudication des papiers inutiles*... II. 184

18 Octobre. — *Pas de délibération*...................... II. 161

Procès-verbal de remise à l'acquéreur et pesée des papiers inutiles... II. 185

19 Octobre. — *Nomination de commissaires pour faire rétablir la circulation sur le canal de Givors.* — *Allocation, par le Conseil général, le district et la municipalité, d'un secours de 40.000 livres au 4° bataillon du Var*............ II. 161

20 Octobre. — *La municipalité de Lyon demande qu'il soit procédé au récolement des meubles de l'Intendance*........ II. 163

21, 22, 23 Octobre. — *Pas de délibération*............. II. 164

24 Octobre. — *Nomination du conseiller Blachon, comme commissaire pour surveiller l'établissement des matrices des rôles, en remplacement du conseiller Ravel, chargé d'une mission à St-Étienne*....................................... II. 164

25 Octobre. — *Invitation au receveur Valesque, d'avoir à verser dans la caisse du district de Lyon les fonds provenant des économats*.. II. 165

26 Octobre. — *Pas de délibération*..................... II. 166

27 Octobre. — *Compte-rendu par Frossard, de sa mission*

TABLE CHRONOLOGIQUE 1792.

pour achat de grains. — Nouvelle organisation de l'administration du Dépôt de Mendicité.................... II. 166

28, 29 Octobre. — *Pas de délibération*............ II. 168, 169

30 Octobre. — *Arrêté relatif au renouvellement d'une partie du Conseil ; convocation de l'assemblée électorale pour le 11 novembre, à Montbrison*................... II. 169

31 Octobre, 1ᵉʳ et 2 Novembre. — *Pas de délibération*... II. 170, 171

3 Novembre. — *Conférence avec les commissaires de la Convention Vitet, Boissy d'Anglas et Alquier, au sujet du rétablissement de l'ordre. — Il est décidé qu'une assemblée générale des corps administratifs sera convoquée. — Une délégation est chargée d'aller faire visite aux commissaires*.................................... II. 171

4 Novembre. — *Pas de délibération*............... II. 172

5 Novembre. — *Conférence avec les commissaires de la Convention, au sujet des mesures à prendre pour le maintien de l'ordre*................................ II. 172

6 Novembre. — *Solution des difficultés qui se présentent pour la reddition des comptes d'un fabricien des communes de Trelins et Leigneux*........................ II. 173

7 Novembre. — *Nomination d'un commissaire pour la vérification des vêtements fournis au 9ᵉ bataillon des volontaires du Jura*.............................. II. 174

8 Novembre. — *Ce commissaire certifie que la fourniture a été faite*...................................... II. 175

9, 10, 11 Novembre. — *Pas de délibération*........... II. 175, 176

11 Novembre. — Assemblée électorale de Montbrison. — *Constitution du bureau provisoire. — Nomination du président et du secrétaire*......................... I. 445

12 Novembre. — Conseil général. — *Pas de délibération.* II. 176

12 Novembre. — Assemblée électorale. — *Nomination de trois scrutateurs. — Prestation de serment. — Proposition d'une adresse à la Convention. — Nomination de Duplex comme suppléant des députés à la Convention*.... I. 446

13 Novembre. — Conseil général. — *Pas de délibération*.. II. 176

13 Novembre. — Assemblée électorale. — *Election des membres du Directoire du département*............. I. 447

14 Novembre. — Conseil général. — *Nomination de commissaires pour vérifier quelles causes s'opposent au fonctionnement des moulins sur le Rhône, à Lyon*........ II. 176

14 Novembre. — Assemblée électorale. — *Election de dix-neuf membres du Conseil général*................ I. 448

15 Novembre. — Conseil général. — *Pas de délibération*.. II. 177

15 Novembre. — Assemblée électorale. — *Adoption d'une adresse à la Convention Nationale.* — *Election du président, de l'accusateur public et du greffier du Tribunal criminel.* — *L'assemblée se rend autour de l'arbre de la Liberté et chante l'hymne de la Patrie*.................... I.   449

16, 17, 18 Novembre. — Conseil général. — *Pas de délibération*................................. II.   177

19 Novembre. — *Conférence avec les commissaires de la Convention et le sieur Fricaud, délégué du département de Saône-et-Loire, au sujet de la circulation des subsistances*.. II.   177

20 Novembre. — *Nomination de commissaires pour s'entendre avec les autres corps administratifs pour le choix d'un receveur de l'emprunt de trois millions*............ II.   179

21, 22, 23 Novembre. — *Pas de délibération*...........II.179,180

24 Novembre.—*Lettre des commissaires de la Convention, invitant le Conseil à veiller à l'approvisionnement en charbon de la ville de Lyon.* — *Arrêté à ce sujet et lettre adressée à la municipalité de Rive-de-Gier*................ II.   180

25, 26, 27, 28, 29 Novembre. — *Pas de délibération*....II.183,184

30 Novembre. — *Procès-verbal de vente des papiers inutiles, dont le produit sera versé dans la caisse du département*................................. II.   184

1, 2 Décembre. — *Pas de délibération*............. II.   186

3 Décembre. — *Entrée des conseillers Grandchamp, Bonamour, Grange, Richard, Borde, Achard, Servan, Marion, Rozier, Laurenson, Dubost, Pipon*............ II.   186

4 Décembre. — *Invitation aux membres absents d'avoir à rejoindre leur poste.* — *L'installation des nouveaux membres est renvoyée au lendemain*........................ II.   187

5 Décembre. — *Constitution du bureau provisoire.* — *Election de Grandchamp comme président du conseil; de Gonon St-Fresne comme secrétaire général.* — *Prestation de serment.* — *Nomination de Dubost comme membre ayant voix prépondérante.* — *Nomination de Borde comme suppléant du procureur général syndic*.................. II.   187

6 Décembre. — *Entrée et prestation de serment du conseiller Sauzéas.* — *Discours du président.* — *Demande à la municipalité d'un local plus vaste.* — *Nomination de commissaires pour vérifier les comptes du Directoire*............ II.   188

7 Décembre. — *Nomination de commissaires pour surveiller les quatre bureaux du département.* — *Entrée et prestation de serment des conseillers Place et Blachon.* — *Nomination de commissaires pour arrêter, avec ceux de la municipalité, les appartements nécessaires au Conseil dans les bâtiments de l'Hôtel-de-Ville*................... II.   190

8, 9 Décembre. — *Pas de délibération*.............. II.   191

10 Décembre. — *Dénonciation au ministre de l'Intérieur et à la Convention Nationale de l'arrêté de la Côte-d'Or, qui*

interdit de laisser descendre du blé par la Saône. — Invitation faite au Conseil d'assister à l'installation du tribunal du district de la ville; délégation de commissaires; avis donné à la municipalité. — Protestation de fraternité par des administrateurs du district de la ville.................. II. 191

11 Décembre. — *Nomination de commissaires pour rendre leur visite aux administrateurs du district de la ville de Lyon. — Visite de Grégoire, Simon, Hérault, Jagot, commissaires de la Convention, et Barlow, député de la société d'Angleterre, délégués pour constituer le département du Mont-Blanc. — Nomination de commissaires pour rendre cette visite. — Lecture d'une lettre du ministre de l'Intérieur, enjoignant la mise au reculement d'une maison de la rue du Plâtre, acquise par le sieur Enay. — Entrée et prestation de serment des conseillers Valette et Buiron-Gaillard. — Il est arrêté qu'une séance publique des corps administratifs et judiciaires aura lieu le jeudi 13, dans la grande salle de l'Hôtel-de-Ville*.................. II. 192

12 Décembre. — *Entrée et prestation de serment du conseiller Tardy. — Payement au sieur Boyer, imprimeur de Saint-Etienne, des impressions faites pour l'Assemblée Electorale*.................. II. 193

13 Décembre. — *Réunion des corps administratifs; discours du président du Conseil général, du président du district de Lyon, du procureur syndic et du président du tribunal de ce district, du maire de Lyon, du procureur de la commune et de son substitut, du juge de paix du canton de la Halle-aux-Blés (Ampère). — Le commissaire national près le tribunal du district de Lyon, fait lecture du décret qui punit de mort tous ceux qui tenteraient de rétablir la royauté et demande un acte solennel d'adhésion à ce décret. — Il est décidé de rédiger cet acte séance tenante. — On demande la Marseillaise en signe d'allégresse. — Le commissaire national Hydins est chargé de cette rédaction. — Chant de l'hymne de la Liberté, par le citoyen Chevalier, notable. — Lecture de l'adresse. — Il est arrêté que le procès-verbal de la séance sera imprimé aux frais de chaque membre. — Il est arrêté que tous les deux mois il y aura une séance publique extraordinaire. — Une députation du comité central des sociétés populaires fait part d'une lettre demandant que les maniaques fussent reçus dans les hôpitaux*..... II. 194

14 Décembre. — *Pas de délibération*..... .... II. 197

15 Décembre. — *Sur la plainte du comité central des sociétés populaires, des commissaires sont nommés pour vérifier, à l'Hôtel des Monnaies, comment ont été employés les sous fabriqués depuis les six derniers mois. — Relation de leurs souffrances à Rome, par Chinard et Rater*......... II. 197

16 Décembre. — *Entrée du général Kellermann. — Enregistrement de la commission qui le nomme général en chef de l'armée des Alpes*.................. II. 198

17 Décembre. — *Entrée des commissaires de la Convention Vitet, Boissy d'Anglas et Alquier. — Il leur est rendu compte des mesures prises pour l'arrivée des subsistances et la suppression des cartons-monnaie. — Ils invitent le Conseil à surveiller les contre-révolutionnaires qui se réunissent à Lyon ; mesures proposées à ce sujet. — Ils demandent la note des frais d'impression depuis le 1er janvier 1791*. .... II. 199

18 Décembre. — *Le Procureur Général Syndic, ayant fait observer que ni le Conseil, ni les districts n'avaient tenu de session générale, est invité à consulter le pouvoir exécutif pour fixer la date de cette session*..................... II. 200

19 Décembre. — *Entrée et prestation de serment du conseiller Farjon*................................ II. 201

20 Décembre. — *Pas de délibération*................ II. 201

21 Décembre. — *Nomination d'un commissaire pour fixer les limites du département avec celui de Saône-et-Loire. — Forme dans laquelle doivent être délivrés les certificats de civisme. — Renvoi au lendemain de la nouvelle organisation des bureaux. — Entrée et prestation de serment du conseiller Maillan* .... II. 201

22 Décembre. — *Nomination du conseiller Blachon comme commissaire près la manufacture d'armes à St-Étienne, en remplacement de son collègue Ravel. — Nomination des quatre chefs de bureau de l'administration. — Leur prestation de serment. — Apurement du compte du Directoire, arrêté le 28 août*.......................... II. 205

23 Décembre. — *Ampère, juge de paix de la Halle-aux-Blés, fait part de ses perplexités pour la levée des scellés chez le notaire André, ensuite des ordres du ministre de la Justice. — Réponse lui sera donnée dans le jour. — Cette réponse est remise au lendemain*................. II. 208

24 Décembre. — *Mesures prises pour la levée des scellés chez le notaire André ; des commissaires ad hoc sont désignés. — Le commissaire Achard annonce que le juge de paix Ampère a déjà commencé à lever les scellés, et dépose le procès-verbal dressé par lui et l'officier municipal Roch. — Explications fournies par Ampère. — Il est décidé qu'il achèvera de lever les scellés en présence des commissaires délégués et que rapport sera fait au Ministre de la Justice.* II. 209

25 Décembre. — *Pas de délibération* .... II. 211

26 Décembre. — *Réunion au Conseil de la municipalité et du district de Lyon. — Avis de l'arrivée du bataillon de la République, qui sera dirigé sur Gap et qui réclame de la ville une fourniture d'habillements. — La municipalité s'engage à compléter armement et équipement*........... II. 211

27 Décembre. — *Pas de délibération*....... .... II. 213

28 Décembre. — *Fixation du traitement des chefs de bureau Ferrand et Teste. — Nomination de commissaires*

pour assister à une distribution de prix, faite par des citoyennes, au club central .... II. 213

29 Décembre. — *Réclamation, pour le département, des contributions dues par les communes de Riotor, St-Ferréol et Oriol, qui en ont été distraites pour être réunies à celui de la Haute-Loire. — Envoi au Ministre de la Justice des pièces relatives à la levée des scellés chez le notaire André*... II. 214

30 Décembre. — *Pas de délibération* .... II. 216

31 Décembre.— *Nomination de commissaires pour arrêter la comptabilité du payeur général Deschamps*.... .... II. 216

1793

1ᵉʳ Janvier. — *Pas de délibération*.................... II. 216

2 Janvier. — *Prestation de serment de Duchambon, commissaire des guerres, et de Denervo, commissaire des monnaies*.. II. 217

3 Janvier. — *Le président est invité à écrire au maire de Lyon, au sujet des appartements du Conseil à l'Hôtel-de-Ville. — Nomination d'un commissaire pour examiner si le greffier du district peut être logé au Palais*............. II. 217

4 Janvier. — *La municipalité déclare impossible d'attribuer au Conseil les neuf pièces qui lui sont nécessaires, à moins de déloger le district, ce qui pourrait lui être notifié par le Conseil. — Réponse du président. — Présentation et enregistrement de la commission du maréchal de camp Dubourg. — Sa prestation de serment. — Présentation et prestation de serment de Pommiers, commissaire des guerres à Lyon*.. II. 218

5 Janvier. — *Règlement intérieur des bureaux ; appointements des employés*............................. II. 219

6 Janvier. — *Pas de délibération*.................... II. 223

Dénonciation du sieur Gueriot, contre le contrôleur général Lambert.................................... II. 239

7 Janvier. — *Pas de délibération* .... II. 223

8 Janvier. — *Il est décidé d'appuyer la demande de la municipalité à la Convention, d'un emprunt de trois millions pour secourir les ouvriers*........ .... II. 223

9 Janvier. — *Refus d'avance de fonds pour la solde et les vivres de la légion des Alpes*.................... II. 224

10 Janvier. — *Nomination de commissaires pour vérifier les caisses de Guillot d'Ecussol, payeur des rentes des communautés, et de Boin, trésorier des ponts et chaussées. — Notification, par le district, de la délibération de la municipalité, qui le met en demeure de transférer ses bureaux dans l'abbaye de St-Pierre, pour faire place au département; observations de ses commissaires; délai accordé par le Conseil*................... II. 224

11 Janvier. — *Pas de délibération*.................... II. 227

12 Janvier. — *Lettre de la municipalité, invitant le Conseil à se réunir à elle pour avoir communication d'une affaire importante. — Réponse du président demandant les motifs de l'invitation*.................... II. 227

13 Janvier. — *Lettre du maire, annonçant qu'il s'agit de discuter les moyens d'application de la loi sur les certificats de résidence, et d'un projet d'adresse pour demander le prompt jugement de Louis XVI. — Nomination de commissaires pour se rendre à l'invitation de la municipalité; ils sont chargés, au cas où on exigerait le vœu du département, de répondre qu'en tant qu'administrateurs ils ne peuvent émettre aucun vœu qui lierait les administrés sans les avoir consultés*.................... II. 228

14 Janvier. — *Compte-rendu de la séance de la municipalité, où a été présentée une adresse à la Convention, pour qu'elle jugeât le Roi en dernier ressort, impression défavorable produite par la conduite du département*............ II. 229

15 Janvier. — *Invitation à la municipalité d'appliquer le décret du 20 décembre pour la délivrance des certificats de résidence, sauf à se pourvoir à la Convention. — Discours du Procureur Général Syndic et arrêté contre les prêtres réfractaires*.................... II. 230

16, 17 Janvier. — *Pas de délibération*.................... II. 234

18 Janvier. — *Renvoi à la municipalité de la pétition des habitants de Pierre-Scize, demandant la réfection du pavé de la rue de Bourneuf, de la porte de Vaise à la montée du pont de Pierre*.................... II. 234

19 Janvier. — *Prestation de serment d'Henry, aide commissaire des guerres à Clermont*.................... II. 235

20 Janvier. — *Pas de délibération*.................... II. 236

21 Janvier. — *Don d'une action de 3.000 livres et de vêtements, par Giraud de Montbelet. — Remerciments du Conseil. — Impression du procès-verbal de la séance*....... II. 236

22, 23, 24, 25, 26, 27 Janvier. — *Pas de délibération*.... II. 238

28 Janvier. — *Présentation de la commission de Jean-Humbert Barnavon, graveur de la Monnaie. — Nomination*

de commissaires pour procéder à l'arrestation du contrôleur général Lambert et de son fils, conseiller au Parlement, réfugiés à Ste-Foy et signalés comme dangereux par une lettre du sieur Gueriot.. II. 239

29 Janvier. — *Présentation de la commission de J.-F. Perret, essayeur de la Monnaie*.................................. II. 240

30, 31 Janvier, 1, 2 Février. — *Pas de délibération*..... II. 240

3 Février. — *Le Conseil assiste à la cérémonie funèbre célébrée en mémoire de Le Pelletier-Saint-Fargeau. — Discours du président*.. II. 241

4 Février. — *Renvoi du commis Delorme, qui avait été nommé sans avoir fait de stage comme surnuméraire. — Son remplacement. — Clôture de la session*.................. II. 241

6, 7 Avril. — *Pas de délibération*............................... II. 243

8 Avril. — *Proclamation invitant les citoyens à rester calmes devant le danger de la patrie et à se confier aux autorités constituées*.. II. 243

9 Avril. — *Proclamation invitant les citoyens de 18 à 30 ans à s'exercer au maniement des armes*.............. II. 244

10 Avril. — *Lecture du décret qui met en arrestation tous les membres de la famille de Bourbon et d'une lettre enjoignant d'empêcher la distribution d'un manifeste de Dumouriez. — Arrêté prescrivant les mesures à prendre*......... II. 246

11, 12 Avril. — *Pas de délibération*........................... II. 247, 248

13 Avril. — *Arrivée de courriers porteurs d'ordres pour presser le recrutement et d'instructions pour le transfert, à Marseille, de membres de la famille de Bourbon*........ II. 248

14 Avril. — *Pas de délibération*................................. II. 248

15 Avril. — *Lettre de la municipalité de Mâcon, réclamant les dossiers de prisonniers transférés dans cette ville. — Invitation à la municipalité et au district de venir conférer à ce sujet. — Communication officielle, au district, de cette lettre et de la réquisition faite par le Procureur Général Syndic*... II. 249

16 Avril. — *Demande d'expédition de pièces par le sieur Maurin, fils*... II. 249

17 Avril. — *Pas de délibération*................................. II. 251

18 Avril. — *Communication au Comité de Salut Public de pièces relatives à des complots, communiquées par les départements de l'Ardèche, de l'Ain, de la Haute-Vienne. — Visite d'Amard et Merlino, commissaires de la Convention. — Nomination de deux commissaires chargés de faire un envoi de fusils au ministre de l'intérieur. — Lettres de la municipalité annonçant l'envoi des dossiers des prisonniers de Mâcon*... II. 251

19 Avril. — *Pas de délibération*................................. II. 253

20 Avril. — *Il est arrêté que le Comité de Salut public devra adresser, chaque matin, au Conseil, un bulletin donnant l'état de ses opérations* .. .. II. 254

21 Avril. — *Pas de délibération*..................... II. 254

22 Avril. — *Lecture d'une lettre des commissaires chargés d'acheter des armes pour les volontaires. — Refus motivé de se rendre à une invitation de la municipalité*.... .... II. 254

23 Avril. — *Impression d'une lettre du Comité de Salut public de la Convention, signalant des manœuvres tendant à faire obstacle au recrutement. — Mesures prises pour fourniture d'armes aux volontaires*..................... II. 256

24 Avril. — *Lecture d'une lettre d'éloges du Comité de Sûreté Générale de la Convention*..................... II. 257

25, 26 Avril. — *Pas de délibération*........... ...... II. 258

27 Avril. — *Arrêté prescrivant l'enlèvement de tous les monuments et ornements de la place de la Fédération*...... II. 258

28 Avril. — *Pas de délibération*........... .... II. 260

29 Avril. — *Projet d'organisation d'un corps de 2.000 hommes de troupes révolutionnaires*............ .... II. 260

30 Avril. — *Pas de délibération*..................... II. 261

1ᵉʳ Mai. — *Lettre du ministre de l'Intérieur, enjoignant de vérifier la caisse de la municipalité de Lyon et de constater si des payements ont été faits aux administrateurs. — Nomination de commissaires à cet effet. — Autre lettre du ministre de l'Intérieur, demandant l'envoi d'un bulletin journalier. — Nomination de commissaires pour la surveillance des magasins militaires*....... .... II. 262

2 Mai. — *Procès-verbal de vérification de la caisse de la municipalité de Lyon* .... II. 263

3 Mai. — *Une députation de la Société des Jacobins vient demander la création d'une force départementale. — Invitation à la municipalité et aux districts de venir conférer à ce sujet. — Proclamation et arrêté pour la constitution de cette force départementale*.................................... II. 265

4 Mai. — *Enregistrement de la commission et prestation de serment du commissaire des guerres Dangeny. — Congé accordé au secrétaire général Gonon. — Dénonciation des manœuvres faites pour amener, dans chaque section, l'élection d'un juge au tribunal révolutionnaire. — Invitation à la municipalité et aux districts de venir conférer à ce sujet. — Des commissaires sont envoyés au club des Jacobins, pour faire comprendre au peuple l'inconvénient de la création de ce tribunal sans l'assentiment des autorités constituées*...... II. 269

5 Mai. — *Pas de délibération*.................. II. 271

6 Mai. — *Demande de création du tribunal révolutionnaire — Nomination d'un commissaire pour assister Blachette.*

payeur général du département de la Drôme, dans la vérification de la caisse de Deschamps, payeur général de Rhône-et-Loire. — Visite de Bouillet, commissaire du ministre de la Guerre et du Comité de Salut public, pour hâter la fabrication des armes. — Convocation des sections pour procéder à l'élection d'un Comité de surveillance................ II. 271

7 Mai. — *Arrêté portant création d'un Conseil d'administration militaire*.................... II. 273

8 Mai. — *Sur avis de la section de la Croizette, il est pris un arrêté prescrivant des mesures d'ordre pour la journée du lendemain, qui peut être troublée. — Séquestre des biens de Gabriel-Henri-Benoît Dassier. — La municipalité donne avis que Lyon est à la veille de manquer de subsistances. — La section de La Croizette vient confirmer les craintes pour la journée du lendemain* .... II. 275

9 Mai. — *Invitation au district de Lyon de mettre sur pied une force suffisante pour maintenir l'ordre. — Réception d'une députation menaçante, conduite par Gaillard, juge au Tribunal de Lyon, et par le comédien St-Amand*.......... II. 275

10 Mai. — *Pas de délibération*...................... II. 277

11 Mai. — *Nomination d'un commissaire pour visiter les magasins et arsenaux de Lyon, avec les députés Nioche et Gauthier. — Affectation de crédits pour les dépenses du Comité de Salut public*....... II. 278

12 Mai. — *Protestation de la Société populaire de la Croizette, au sujet des calomnies répandues contre le département au club des Jacobins. — Démission du président Grandchamp*............ II. 278

13 Mai. — *Lettre des représentants Dubois-Crancé, Albite, Gauthier et Nioche, convoquant le Conseil à une séance des corps constitués. — Dans cette séance, il a été décidé qu'il serait fait une levée de 6.000 hommes dans le district de Lyon et un emprunt forcé de 6.000.000 sur les riches*...... II. 279

14 Mai. — *En présence des commissaires de la Convention, le Conseil travaille à la rédaction d'une proclamation*...... II. 280

15 Mai. — *Nomination de Buiron-Gaillard comme président, en remplacement de Grandchamp. — Lettre lui annonçant cette nomination. — Protestation de dévouement par la section de rue Tupin*................ II. 280

16 Mai. — *Buiron-Gaillard refuse d'accepter le poste de président. — Dubost est élu à sa place. — Plaintes de la section de La Croizette au sujet de voies de fait dans le lieu de ses séances*........................ II. 281

17 Mai. — *Démission du président Dubost. — Lecture du décret de la Convention déclarant nulle toute création de Tribunal extraordinaire à Lyon. — Poursuites contre le curé de Feurs pour infraction à la loi de l'état civil. — Renvoi au Comité de Salut public de la plainte de La*

Croizette. — Le président Dubost retire sa démission. — Nomination de commissaires pour visiter les magasins et fonderies, avec les représentants Bonnet et Fabre.......... II. 282

18 Mai. — *Réquisition au district d'avoir à prendre les mesures nécessaires pour que la réunion des sections puisse avoir lieu le lendemain pour l'élection des comités chargés de dresser la liste des étrangers. — Craintes manifestées par le Comité de Salut public. — Ordre de renforcer les postes des prisons sur lesquelles un coup de main doit être tenté. — Avis à ce sujet donné par le commissaire national Hydins*... II. 285

19 Mai. — *Relation des troubles de Chevinay et St-Pierre-la-Palud. — Réquisition d'un détachement de dragons, pour aller y rétablir l'ordre. — Refus du commandant d'obéir à un ordre du Conseil. — Plainte au ministre de l'Intérieur. — Les représentants Bonnet et Fabre réquisitionnent un gendarme pour porter des dépêches aux représentants à l'armée des Alpes*... .... II. 287

20 Mai. — *Arrivée d'un courrier porteur d'un décret de la Convention, relatif à l'exécution des mesures arrêtées par le Comité de Salut Public. — Arrêté sur les subsistances et le maximum*............................... II. 291

21 Mai. — *Pas de délibération*.. .... II. 294

22 Mai. — *Enregistrement de la commission du citoyen Gonchon, chargé d'une enquête sur l'agriculture, les arts et l'instruction publique*......................... II. 294

23 Mai. — *Pas de délibération* .... II. 295

24 Mai. — *Sur l'avis donné par le citoyen Gonchon, que des troubles se produisent rue de la Barre, des réquisitions sont faites à la garde nationale et à la gendarmerie. — Le Conseil est avisé que la municipalité n'a pas réquisitionné la gendarmerie soldée*............................. II. 295

25 Mai. — *Arrêté annulant l'arrêté du conseil général de la commune, du 23, et déclarant dissous les comités de sections nommées par la municipalité. — Nomination de commissaires pour fourniture de douze pièces de canon au département de la Haute-Saône. — Députation des sections de la Convention et de St-Nizier. — Avis d'un don d'argenterie, par Giraud de Montbelet. — Acte d'adhésion des sections de la Liberté et de l'Egalité. — Demande d'explications sur le rassemblement des troupes révolutionnaires qui doit avoir lieu le lendemain. — Félicitations des sections de la Liberté et de rue Buisson. — La municipalité fait inviter le Conseil à assister à la séance du conseil général de la commune. — Explications sur les attributions des comités des sections*.... II. 296

26 Mai. — *Par arrêté affiché, la municipalité rejette sur le Conseil la responsabilité de tous les évènements qui peuvent se produire. — Remerciments exprimés au Conseil par les sections de rue Tupin, Port-du-Temple, Guillaume Tell, de la Côte, Rousseau. — Invitation de la municipalité,* *pour assister à une réunion des corps administratifs. — Réquisition de troupes pour le maintien de l'ordre. — Les commissaires du Conseil rendent compte des injures lancées à leur adresse, au Conseil général de la commune. — La section de Port-du-Temple vient témoigner son indignation et approuver le département. — Avis de troubles donnés par les sections de Brutus et de Guillaume Tell. — Réquisition au district à ce sujet. — Adhésion de la section de Porte-Froc. — Nouvelle invitation au district de prendre les mesures nécessaires. — Explication de Fournier, officier de dragons, au sujet d'une lettre par lui écrite à l'occasion des troubles de St-Pierre-la-Palud. — Lettre du district, faisant part de l'optimisme de la municipalité. — Plaintes des sections de Saône et de Port-du-Temple. — Nouvelle réquisition au district. — Plainte de la section St-Georges. — Le Conseil, ne pouvant travailler dans la salle des séances, se retire dans les bureaux du secrétariat*.................... II. 301

27 Mai. — *Annulation de la réquisition du département par le Comité de Salut public. — Assurances de civisme par les sections de l'Egalité, de la Convention, de la Croizette, de rue Buisson, de rue Tupin, de St-Vincent, de Rousseau, de Port-du-Temple, de la Liberté; elles invitent le Conseil à changer le local de ses séances, à se faire garder militairement et à ne pas se réunir aux autres corps administratifs*.. II. 306

28 Mai. — *Une députation des sections vient demander quelle autorité a requis la force armée, dans la journée du 24. — Réponse à une question de la section de la Convention, sur les pouvoirs des représentants à l'armée des Alpes. — Entrée de quatre délégués qui viennent d'avoir une entrevue avec les représentants; ils annoncent l'arrivée de troupes. — Des députés des sections de rue Tupin, de Brutus, de rue Buisson et de Guillaume Tell demandent au Conseil de prendre le droit de réquisition de la force armée, que ne veut pas exercer la municipalité. — Avis de troubles donnés par les sections de la Fédération, de St-Vincent et de rue Terraille. — Sur de nouveaux avis, on fait prier les représentants de se rendre au Conseil. — Les sections de Porte-Froc et de Place-Neuve informent qu'un complot est formé contre la vie des conseillers généraux. — Relation de la réponse des représentants, en présence des délégués de 26 sections. — Mise en demeure de la municipalité d'avoir à prendre les mesures d'ordre*............................ II. 307

29 Mai. — *Procès-verbal de ce qui s'est passé dans les locaux du département, où les conseillers ne siégeaient pas*... II. 309

30 Mai. — *Les représentants Nioche et Gauthier annoncent qu'ils vont rendre compte, à la Convention, des bons principes des Lyonnais. — Proclamation pour démentir les bruits de contre-révolution qu'on faisait courir. — Protestations de dévouement par des chefs de bataillon de districts voisins. — Offres de secours par le district de Vienne*................. II. 310

31 Mai. — *Entrée de Kellermann; explications à lui données par le Procureur Général Syndic. — Justification des officiers du bataillon du Mont-Blanc. — Le bruit court qu'avis a été donné à Dubois-Crancé de marcher sur Lyon avec 10.000 hommes. — Entrée des membres du district de la Campagne — Kellermann revient avec Nioche et Gauthier. — Explications des représentants sur leur conduite et celle d'Albitte et Dubois-Crancé; avec Kellermann, ils donnent l'assurance que des troupes ne marchent pas contre Lyon; échange d'explications. — Entrée d'une députation du département de l'Isère. — Explications du commandant des volontaires du Mont-Blanc, dont la troupe n'a marché contre les sections que sur l'ordre du représentant Gauthier. — Des commissaires du département de l'Ardèche rendent compte du mouvement contre-révolutionnaire dans leur région. — Nomination d'un comité pour dresser un mémoire détaillé des derniers évènements. — Lecture d'une lettre d'un royaliste [adressée à Chalier]. — Mesures prises contre les sieurs Lilia et Guinet, de Nantua, nommés dans cette lettre. — Allocation d'une indemnité aux gardes nationales de la campagne venues à Lyon. — Arrêté prescrivant de déposer à l'arsenal tous les canons des fonderies*............... II.   311

1ᵉʳ Juin. — *Demande d'un certificat de bonne conduite par le général Ledoyen. — Nioche, Gauthier et Kellermann viennent prendre congé du Conseil. — Discussion sur l'attribution de l'instruction des délits du 29 mai. — Offres de services du département de Saône-et-Loire. — Invitation à la municipalité de Courzieu de procéder à des arrestations. — Plaintes contre le Comité de surveillance provisoire*........ II.   317

2 Juin. — *Nomination d'un commissaire pour aller réprimer les troubles de Mornant*.................... II.   320

3 Juin. — *Communication aux sections des dépêches du ministre de l'Intérieur. — Instructions au commandant de la garde nationale. — Demande de formation d'un tribunal pour juger les gens arrêtés à la suite de la journée du 29 mai. — Révocation du concierge de la prison de Roanne. — Les suppléants du tribunal de Lyon sont désignés pour remplir les fonctions de juges. — Compte-rendu, par Valette et Mondon, de leur mission à Montbrison*........... II.   321

4 Juin. — *Visite de délégués des départements du Mont-Blanc et de Saône-et-Loire. — L'auteur des troubles de Mornant est le procureur de la commune. — Le bataillon du district de la Campagne refuse l'indemnité qui lui avait été allouée. — Les sections témoignent leurs craintes au sujet d'un envoi de canons à l'armée des Pyrénées-Orientales. — Le district de Villefranche demande des munitions*........ II.   322

5 Juin. — *Prestation de serment des concierges de Pierre-Scize et Roanne. — Offres de services par le département de l'Ain. — Impression d'une lettre des représentants Nioche et Gauthier. — Les sections demandent un certificat des dilapidations de la municipalité, la copie de la lettre adressée à*

Chalier et une attestation constatant que l'arbre de la Liberté n'a pas été brûlé ; que le cri de Vive Louis XVII n'a pas été poussé et qu'il n'a été arboré ni drapeau ni cocarde blanche. — Annulation d'une délibération de la municipalité de Montbrison...... II. 323

6 Juin. — *Les délégués du département de l'Ain viennent se plaindre des violences dont ils ont été l'objet. — Envoi de canons à l'armée des Pyrénés-Orientales ; vingt pièces de 4 resteront à Lyon*.... II. 325

7 Juin. — *Nomination d'un commissaire pour installer une brigade de gendarmerie à Duerne. — Proclamation protestant contre les calomnies qui représentent Lyon en état de contre-révolution*.............. II. 327

8 Juin. — *Protestation de dévoûment, par les gardes nationales du district de Villefranche. — Protestation des sections contre l'envoi des canons à l'armée des Pyrénées. — Refus de vérifier les pouvoirs de Robert Lindet. — Invitation de la municipalité provisoire, pour assister à sa séance*..... II. 330

9 Juin. — *Demande de renseignements sur les évènements, par le district de Trévoux.. — Sur la plainte de Gassendi, il est enjoint à la municipalité de laisser sortir les canons. — Explications de Robert Lindet. — Enregistrement du décret qui nomme Lesterpt-Beauvais commissaire de la Convention près la manufacture d'armes de St-Etienne*............... II. 331

10 Juin. — *Le département du Jura fait part des mesures prises par lui. — Robert Lindet, qui demande à assister à la séance, est prié de revenir à quatre heures. — Plaintes du département du Mont-Blanc, d'où on a retiré les troupes. — Le Conseil décide qu'il est sursis à l'enregistrement du décret qui accrédite Robert Lindet. — Une discussion s'élève à ce sujet, et cette décision est remise au lendemain. — Entrée d'une députation de la Côte-d'Or*............... II. 333

11 Juin. — *Députation des sections demandant à prendre connaissance des dépêches qui viennent d'arriver. — On décide de décacheter les dépêches à l'adresse d'Albitte et Dubois-Crancé*............... II. 334

12 Juin. — *Echange d'explications avec un délégué du département de l'Isère. — Félicitations du district de Montluel. — Le Conseil arrête l'affichage d'un discours de l'évêque Lamourette. — Les districts sont invités à déléguer deux de leurs membres pour siéger avec le Conseil. — Enregistrement de la commission de Jean-Germain Vallot, contrôleur général de la marque d'or et d'argent*......... II. 335

13 Juin. — *Nouvelles instances de Robert Lindet, pour l'enregistrement de sa commission*............... II. 337

14 Juin.— *Entrée des délégués du district de Villefranche. Le citoyen Gonchon fait lecture de son adresse aux habitants du faubourg St-Antoine, sur les évènements du 29 mai*..... II. 337

15 Juin. — *Le Conseil signifie à Robert Lindet d'avoir à rejoindre son poste à la Convention. — Etablissement d'un Comité des rapports, composé de huit membres*............ II. 338

16 Juin. — *Députation de la commune de St-Etienne, venant approuver la conduite du Conseil; arrêté de la municipalité de cette ville; discours de son délégué Foujol; réponse du président*.................................. II. 340

17 Juin. — *Enregistrement de la commission du général Charles Seriziat. — Il est arrêté que le Comité des rapports rendra compte de ses travaux le matin à 11 heures, le soir à 7 heures. — Lettre du directoire de la Côte-d'Or, dénonçant des aristocrates; autre du Comité des Douze, de la ville de Nuits. — Renvoi de cette lettre à la municipalité, avec l'arrêté du conseil général de la commune de Dijon. — Avis à la municipalité d'avoir à redoubler de surveillance*........... II. 342

18 Juin. — *Entrée de délégués du département de l'Isère, ayant pouvoir de s'entendre avec celui du Rhône, pour les mesures de salut public à prendre à la suite des évènements du 31 mai. — Arrêté, suivi d'une proclamation, convoquant les électeurs du département en assemblée primaire de canton, pour procéder à l'élection de députés qui devront se réunir à Lyon*.. II. 346

19 Juin. — *Proclamation sur les mesures à prendre au sujet des contre-révolutionnaires*..................... II. 349

20 Juin. — *Réception de délégués du département de la Gironde*.. II. 351

21 Juin. — *Réception de délégués des sections de Vienne; d'un délégué du département de l'Hérault*................ II. 351

22 Juin. — *Vérification de la caisse du payeur général. — Un commissaire du Puy-de-Dôme vient se plaindre de la disette des grains. — Lettre au district de Villefranche au sujet du rappel de ses députés*......................... II. 352

23, 24 Juin. — *Pas de délibération*..................... II. 353

25 Juin. — *Arrestation du citoyen Niogret, qui insulte le Conseil à la suite d'un refus de communication de pièces. — Demande d'armes par le département de l'Aude. — Envoi de troupes pour arrêter des troubles à Collonges. — Annulation d'un arrêté du district de Villefranche, prescrivant le désarmement de communes suspectes. — Le Conseil décide de transférer le lieu de ses séances à l'évêché*........... II. 353

26 Juin. — *Approbation de l'élection, par la section de rue Terraille, du citoyen Girod, employé du département*.. II. 357

27 Juin. — *Rapport sur le transfert des bureaux du département à l'évêché*................................ II. 358

28 Juin. — *Relation de l'assassinat de l'officier municipal Sautemouche. — Le district de St-Etienne est autorisé à tenir ses séances dans le ci-devant couvent Ste-Catherine*....... II. 360

29 Juin. — *Pas de délibération*........................... II.   361

30 Juin. — *Compte-rendu du Comité des rapports. — Lettre des administrateurs Matheron et Pécollet, annonçant leur arrestation à Grenoble, sur les ordres des représentants. — Réponse à cette lettre. — Opposition au départ de l'escadron de dragons réquisitionné pour Gap. — Adresse aux armées, aux citoyens et à tous les départements de la République, faisant part du serment de maintenir l'intégrité et l'inviolabilité de la Convention Nationale. — Des commissaires vont demander aux députés des cantons quand ils voudront recevoir le Conseil. — Arrestation de de Caussenne, aide de camp du prince de Hesse*.......................... II.   360

1ᵉʳ Juillet. — *Arrestation de la femme du représentant Gauthier. — Le Conseil est invité à se rendre dans la salle des séances des députés des cantons*..................... II.   370

2 Juillet. — *Félicitations de la section de rue Neuve, au sujet de l'adresse du 30 juin. — Arrestation du représentant Noël Pointe, prescrite par les députés des cantons (Commission populaire républicaine et de Salut public). — Délivrance de fusils au département de la Gironde*.................... II.   371

3 Juillet. — *Réclamation, par le citoyen Fromental, d'une somme en numéraire apportée par la malle de Paris. — Lecture d'une lettre de Pécollet, prisonnier à Grenoble. — On décide de rédiger une adresse à ce sujet. — Explications du représentant Pointe. — Le Conseil souscrit à 600 exemplaires de l'Histoire de la Révolution de Lyon [de Guerre]. — Arrêté de la Commission Populaire, maintenant à Lyon une compagnie d'artillerie et 36 canons*................... II.   372

4 Juillet. — *Arrêtés de la Commission Populaire enjoignant de procéder à l'instruction et au jugement des procès criminels; autre, maintenant à Lyon un escadron de dragons. — Explications à ce sujet au général Létandière. — Invitation au Conseil d'accompagner le membre de la Commission Populaire qui va faire une proclamation sur les places et les quais. — Nomination d'un commissaire pour réclamer à Dijon le libre transit des subsistances. — Poursuites contre les officiers municipaux de St-Germain-Laval*.............. II.   374

5 Juillet. — *Arrêtés de la Commission Populaire portant interdiction d'enregistrer les décrets de la Convention, ordonnant la levée d'une armée départementale; déclarant les administrations en surveillance permanente; réquisitionnant les gardes nationales; demandant des secours au Jura et à l'Ain. — Entrée du général Seriziat, chargé de chercher des moyens de conciliation. — Enregistrement de sa commission. — Avis d'absence de juges du Tribunal criminel. — Renvoi devant ce Tribunal des gens arrêtés le 29 mai. — Autorisation à la ville de Lyon, d'intenter une instance pour obtenir main-levée de la saisie de convois de grains faite par le département de la Côte-d'Or*........................... II.   378

6 Juillet. *sortir des de la Commission portant interdiction de laisser Arrêté — subsistances. — Envoi de troupes à*

St-Etienne. — *Ordre de laisser sortir les boulets à destination de l'armée des Pyrénées.* — *Arrêté de la Commission Populaire sur l'organisation de la résistance.* — *Ordre d'arrêter tout individu non muni de passeport.* — *Ordre de mettre les fonds du département à la disposition de la Commission.* — *Création d'une force armée à cheval*...... II. 381

7 Juillet. — *Ordre d'arrestation contre les citoyens Janson et Ardenne*.. II. 389

8 Juillet. — *Arrêtés de la Commission portant centralisation, à Lyon, des armes fabriquées à St-Etienne; ordre de retenir les boulets à destination de l'armée des Pyrénées; enregistrement d'une délibération de la commune de Montagny; suspension du directeur de la poste Pilot; rapportant les arrêtés enjoignant d'arrêter les subsistances à destination des armées; portant création d'un camp sous les murs de Lyon, et nommant Précy général en chef*................. II. 390

9 Juillet. — *Arrêtés de la Commission Populaire : envoi d'un bataillon à St-Etienne ; aucun membre de la Commission ne pourra arguer de ses fonctions pour ne pas siéger ; la fête de la Fédération sera célébrée le 14 juillet ; réquisition des ouvriers ; pleins pouvoirs donnés au Comité de sûreté générale ; les arrêtés de la Commission seront adressés directement aux corps judiciaires.* — *Lettre de Kellermann, se plaignant de l'arrestation des convois de subsistances et d'armes.* — *Réponse à cette lettre.* — *Arrêtés de la Commission Populaire : ordre de laisser passer les caisses d'assignats ; réquisition de troupes dans les districts*............ II. 394

10 Juillet. — *Arrêtés de la Commission Populaire : suspension du maximum ; ordre aux receveurs de continuer leurs payements ; ouverture d'une souscription patriotique ; nomination du directeur des postes Santerre ; une pièce de canon sera placée sur la terrasse de Fourvière, pour donner l'alarme ; travaux au pont-levis de la Guillotière ; arrestation des représentants Santeyra et d'Herbes de La Tour ; réquisition de munitions ; nomination de deux commissaires devant faire partie de la Commission centrale des départements*... II. 401

11 Juillet. — *Réquisition de deux pièces de canon à destination de St-Etienne.* — *Arrêtés de la Commission Populaire : invitation à la municipalité de faire préparer, ailleurs qu'à l'Hôtel-de-Ville, une salle pour les séances publiques de la Commission ; réquisition de 12 dragons pour accompagner les 200 hommes d'infanterie qui vont à St-Etienne ; la Commission déclare qu'il n'existe aucun soupçon sur la conduite franche et loyale du général Sériziat.* — *Remboursement au citoyen Fromental d'une somme en numéraire, qui lui était adressée par la malle de Paris*.. II. 406

12 Juillet. — *Ordre de laisser passer des armes à destination de Perpignan et Montpellier*..................... II. 409

13 Juillet. — *Le Conseil délègue des commissaires à la Commission Populaire, pour faire des observations sur*

l'arrêté relatif aux adjoints et suppléants du département et du district. — Etablissement d'un poste entre les routes du Bourbonnais et de Montbrison. — Arrêté portant organisation de l'armée départementale............................... II. 410

14 Juillet. — *Le Conseil est invité à prendre toutes les mesures nécessaires pour faire parvenir rapidement, aux municipalités, les arrêtés de la Commission Populaire*..... II. 415

15 Juillet. — *Arrêtés de la Commission Populaire : envoi d'une force armée au-devant des bataillons du Midi; invitation aux fédérés de rester à Lyon jusqu'au retour des troupes de St-Etienne*................................ II. 416

16 Juillet. — *Arrêtés de la Commission Populaire: renvoi aux Comités des mesures à prendre contre les émigrés, les prêtres réfractaires, les royalistes et perturbateurs de l'ordre; la compagnie du 2ᵉ régiment d'artillerie est invitée à rester à Lyon jusqu'à nouvel ordre; attributions des comités militaires*..................................... II. 417

17 Juillet. — *Enregistrement de la commission du chef de bataillon Valliot, nommé sous-directeur d'artillerie à Lyon, par le ministre de la Guerre. — Arrêté de la Commission Populaire, au sujet de l'ordonnancement des dépenses. — Enregistrement de la Commission du citoyen Levayer, chargé, par le ministre de la Guerre, de l'inspection des manufactures d'armes. — Envoi de deux pièces de canon à Roanne*....... II. 419

18 Juillet. — *Arrêtés de la Commission Populaire: réquisition de 500 hommes dans la campagne; ordre de surveiller toute personne passant le bac de Givors; solde des troupes réquisitionnées; organisation d'une compagnie d'ouvriers; le général Seriziat est autorisé à quitter Lyon; envoi d'une troupe de 2.000 hommes pour dégager le convoi de subsistances retenu par le département de Saône-et-Loire. — Arrêté relatif aux troubles de St-Chamond, portant suspension du conseil général de cette ville*..................... II. 422

19 Juillet. — *Arrêtés de la Commission Populaire: l'ordre de service sera donné par le général Précy; les représentants sont rendus responsables du retard de l'envoi de munitions et subsistances à l'armée des Pyrénées-Orientales; convocation des assemblées primaires pour examiner le projet de constitution de la Convention. — Proclamation du département à ce sujet. — Réquisition de 7.200 hommes de la garde nationale de Lyon et de 2.400 de celle des districts; réquisition d'une somme de 3.000.000 sur la ville de Lyon; achat de fusils à St-Etienne*................................. II. 426

20 Juillet. — *Arrêtés de la Commission Populaire: prestation de serment des officiers; vérification de la caisse du receveur du district de Lyon; nomination d'adjoints et suppléants au département et au district*................ II. 431

21 Juillet. — *Pas de délibération*..................... II. 432

22 Juillet. — *Arrêté de la Commission Populaire, portant organisation des travaux de défense*................... II. 433

23 Juillet. — *Arrêtés de la Commission Populaire : prélèvement de fonds pour achat de fusils à St-Étienne ; ordre à ce sujet au district de cette ville ; invitation aux membres de la Commission de rejoindre leur poste. — Les corps constitués sont invités à se réunir le lendemain, au département*........ II. 434

24 Juillet. — *Délibération des corps constitués, portant déclaration qu'ils n'ont jamais voulu établir le fédéralisme ; qu'ils veulent l'unité et l'indivisibilité de la République ; que les décrets d'intérêt général émanant de la Convention doivent être exécutés, mais qu'ils résisteront à l'oppression*.. II. 435

25 Juillet. — *Demande aux représentants Rouyer et Brunel de transmettre à la Convention le texte de la délibération de la veille. — Arrêté de la Commission Populaire organisant la caisse militaire. — Mise en liberté de De Caussenne, aide de camp du prince de Hesse*............. II. 437

26 Juillet. — *Arrêtés de la Commission Populaire : adresse à la Convention, déclarant que Lyon résistera à l'oppression jusqu'à ce qu'on ait rapporté les décrets ; envoi de troupes à Montbrison*........................... II. 439

27 Juillet. — *Adhésion des administrateurs Buiron-Gaillard et Goutaillier à l'arrêté du 24*................. II. 441

28 Juillet. — *Le Comité de Sûreté générale de la Commission Populaire déclare siéger en permanence, jour et nuit*... II. 441

29 Juillet. — *Pas de délibération*..................... II. 442

30 Juillet. — *Le Conseil assiste à la proclamation de la Constitution à la municipalité*........................ II. 442

31 Juillet. — *Lettre de Palloy, annonçant l'envoi d'une table où est gravée la Déclaration des Droits de l'Homme, pour remplacer celle qui portait le portrait de Louis XVI. — Arrêté des Corps administratifs portant instructions aux députés chargés de remettre à la Convention les actes d'acceptation de la Constitution. — Lettre aux départements, leur demandant de laisser passer les convois de vivres. — Rappel des lois et décrets contre les suspects. — Enregistrement du décret portant suppression des droits féodaux*............ II. 442

1ᵉʳ Août. — *Arrêtés du Comité de Salut public : le Comité siègera tous les jours à 4 heures ; complément du Comité des subsistances ; les mesures de sûreté générale seront, désormais, prises par les corps administratifs réunis*.......... II. 449

2 Août. — *Désaveu d'une adresse du Comité de sûreté générale de la Commission Populaire*................... II. 450

3, 4 Août. — *Pas de délibération*..................... II. 451

5 Août. — *Nomination d'un commissaire pour vérifier le nombre d'assignats à face royale existant dans la caisse du payeur général*.. II. 451

6 Août. — *Enregistrement du décret concernant les assignats à face royale.* — *Procès-verbal de constat du nombre d'assignats qui se trouvent dans la caisse du payeur général* II. 452

7 Août. — *Arrêté des Corps Administratifs organisant les forces de la défense*........ II. 453

8 Août. — *Remise au district de la bannière de la Fédération qui, aux termes du décret de la Convention, doit être incinérée*........ II. 454

9 Août. — *Réquisition des brigades de gendarmerie*...... II. 455

10 Août. — *Réquisition de grains*.................. II. 455

12 Août. — *Arrêté des représentants du peuple Dubois-Crancé et Javogues, portant création du département de la Loire*........ I. 510

29 Brumaire an II. — *Décret de la Convention constituant les départements du Rhône et de la Loire*........ I. 511

TABLE ALPHABÉTIQUE

Abancourt (d'), ministre de la guerre, II. 32, 102.
Académie des sciences (l'), I. 70, (carte de l') I. 317.
Accouchements (cours d'), I. 178, 315.
Achard (Jacques-Joseph), chirurgien à Lyon, cons. gén. 11 sept. 1792, m. du Direct. le 13 nov. I. 421, 443, 444, 446-449, II. 128, 160, 161, 184, 185, 186, 188, 190, 192, 196, 209, 210, 211, 216, 230, 252, 253 ; présent aux séances, II. 130-132, 134, 135, 138, 140-143, 147, 149, 150, 153-155, 157, 161, 163, 165, 166, 169, 171-175, 177, 179, 180, 184, 187, 188, 190-194, 197-203, 208, 209, 212-214, 216-219, 223, 224, 227-230, 234-236, 239-241, 243, 244, 246-251, 253, 254, 256-258, 260-263, 265, 269, 271, 273, 275, 277, 278, 279-281.
Acoqueau, off. mun. de Dijon. II. 345.
Acqueducs (chemin des), I. 363.
Adam (Simon-Jean), avoué, II. 249, 250.
Adjudication des imprimés, I. 266, 274, 275, 294, 297, 304, 321-324.
Adjudications, I. 480.
Affaux, Affoux, I. 359.
Affranchissement des lettres et paquets, I. 8.
Affoux, I. 165, 359.
Agents-voyers, I. 342.
Agriculture, I. 490, II. 294.
Agriculture (société royale d'), II. 61.
Aguesse (d'), m. du dist. de la Campagne de Lyon, II. 16.
Aguiraud, curé de Saint-Julien-la-Vêtre, II. 62.
Ain (département de l'), I. 3, 7, 101, 188, 362, 510. II. 68, 128, 129, 140, 198, 199, 251, 282, 291, 323, 325, 405.
Ainay, Enay (paroisse, curé d'), I. 131, 207, Charrier de La Roche, 131.
Aix, II. 163 ; (parlement d'), II. 239 ; — (volontaires d'), 153.

Ajoux (montagne d'), I. 360.
Albert (Jean-Baptiste), II. 151, 152 ; (le s^r), 130.
Albitte, Albite, représentant, II. 278, 279, 313, 314, 318, 331, 366, 373, 384, 427.
Algarotti, I. 307.
Aliénés (maison d') à Fontaines, I. 128.
Allary, notable de St-Etienne, II. 310.
Allier (département de l'), I. 8, II. 49, 421.
Allier (Pupil d'), I. 418, V. Pupil.
Allobroge (la nation), II. 192.
Allobroges (légion des). II. 426.
Alpes (armée des), II. 198, 199, V. Armée ; — (frontière des), II. 318 ; — (légion des), II. 221.
Alphabet (machine pour l'), I. 293.
Alquier, représentant, II. 171, 172, 180, 181, 199.
Alsace (chasseurs d'), I. 229.
Amard, représentant, II. 252.
Ambierle (canton d'), I. 173.
Amelot, I. 87.
Amidons (impôt des), I. 86, 257.
Amiot, surnuméraire, II. 212, secrét. du com. de sûreté générale, 411.
Amirautés (offices des), I. 116.
Amis de la Constitution (club, société des), I. 27, 49, 80, 104, 150, 202, 212, 399.
Amis de la Liberté (société des), II. 271.
Ampère, juge de paix, II. 196, 208, 209, 210, 216, 324.
Amplepuis, I. 174, 191, 195, 221, II. 354, 385.
Ampuis, I. 431, II. 19, 20.
Amyot, II. 223, 339.
Analyse des délibérations des districts, I. 319.
Ancy, I. 473.
André — commandant la garde nationale, II. 100 ; — négociant, II. 174,

175; — notaire, II. 208-211, 216.
ANGELOT, présid. du dist. de Lyon, II. 196, 226, 271, 309, 359, 437.
ANGLAIS (les), I. 306.
ANGLES, ANGLEZ, ch. de bureau du dép¹, I. 7, 72, 186, 239-242, 244-246, 351, II. 97, 203, 222.
ANNONAY, I. 311.
ANSE, I. 156, 261, 395, 447, II. 121, 236, 237; — (canton d'), I. 174, II. 299; — (route de St-Symphorien-le-Château à), I. 187.
ANSELME (le général), II. 162.
ANTIBES, I. 23, 24, 36; — (municipalité d'), I. 175.
ANTONELLE, député, II. 66.
Arbre de la Liberté, II, 324.
Arbres fruitiers, I. 148.
ARBRESLE (L'), I. 201, 206, 220, 229, 260, 475, 476, II. 304; — (canton de), I. 174, 264, 475; — (conseil général de), I. 182; — (garde nationale), I. 215, 217; — (gendarmerie), II. 288, 289; — (juge de paix de), I. 280, 325; — (municipalité), I. 215, 227.
ARBUISSONNAS, I. 358.
ARCELOT (Verchère d'), II. 313, 314.
Archives, I. 60, 78, 512, II. 160; — (vente de papiers des), II. 184.
Archives Nationales, I. 444.
ARCINGES, II. 104.
ARCON (le curé d'), I. 181. V. Arson.
ARDÈCHE, ARDESCHE (département de l'), I. 7, 311, 312, 374, II. 12, 14, 30, 251, 315.
ARDENNE, père et fils, II. 389.
ARDILLATS (les), I. 359.
ARGENTIÈRE (monastère de l'), II. 124.
Aristocrates (les), II. 69, 313, 314.
ARLES, I. 23.
Armée, II. 342; — départementale, II. 411, 423, 430, 431, 437, 438; — d'Italie, II. 398, 419, 440; — des Alpes, I. 510, 511, 512, II. 198, 199, 219, 278, 279, 291, 306-308, 310-312, 317, 318, 331, 312, 343, 346, 347, 363, 369, 375, 379, 380, 391, 398, 399, 407, 408, 424, 426, 427, 428, 440; — des Pyrénées-Orientales, II. 285, 291, 323, 326, 342, 384, 391, 424, 426-428; — du Centre, II. 66; — du Midi, II. 5 8, 17, 20, 32, 33, 35, 41, 48, 52, 53, 54, 55, 57, 66, 67, 69, 77, 78, 85-88, 90-92, 94, 102, 107, 110, 137, 158; — du Nord, II. 66; — du Rhin, II. 33, 66, 282; du Var, II. 162, 312; — Marseillaise, II. 163. — V. Volontaires.
Armes, II. 78, 130, 131, 256, 272, 285, 354, 370, 390, 399; — à feu de l'arsenal de Lyon, I. 162; — (convoi d'), I. 208; — (dépôt d'), II. 3; — (épreuve des), II. 56; — (fabrication des), II. 165; — (prêt d') à Mâcon, I. 175; — (transport d'), I. 228.
ARNAS, I. 165, 358.
ARNAUD (Grange dit), I. 449. V. Grange.
ARNAUD-TISON, off. mun. de Lyon, I. 207, II. 142, 179.

ARNOULT, secrétaire, II. 344.
ARQUEBUSIERS (compagnie des), I. 202, 285, 302; — (Audra, s.-lieut. de la), I. 210.
Arrêté du conseil général de la commune de Lizieux, I. 108.
ARRIVAT, I. 65.
ARSENAL (l'), I. 161, 162, 227, 241, II. 28, 29, 30, 131, 310, 317, 326, 374, 383, 390, 405, 406; — (commandant de l') Chervin, I. 168, 171, 175; — (état des armes de), I. 168, 171, 172; — (port de), II. 334.
Arsenaux, II. 278.
ARSON, ARCON, I. 298, 299, 301.
ARTHAUD DE VIRY (les frères), II. 377.
ARTHUN, II. 99.
Artillerie, II. 312, 383; — (directions d'), I. 221; — (2ᵉ régiment d'), II. 374, 417; — (officiers d'), II. 41; — (pièces d'), pour Mâcon, I. 161.
ARTOIS (duc d'), II. 239.
Arts (les), II. 294.
ASSADA (Jean), off. mun. de Montagny, II. 391.
ASSEMBLÉE — CONSTITUANTE, I. 270, 309, 376, II. 201, 214, 215; — ÉLECTORALE, I. 131, 395; — LÉGISLATIVE, I. 432, II. 215, 292; — NATIONALE, I. 2, 5-9, 14, 15, 19, 21, 22, 24, 27, 32-36, 38-41, 46-54, 56, 57, 59, 61, 62, 66-69, 72-78, 80, 83, 85-87, 91, 92-95, 99-101, 103, 105, 106, 108, 109, 115, 124-138, 141-152, 155, 161, 166, 174-176, 178-180, 182-189, 195, 199-202, 204, 206, 210, 211, 212, 214, 215, 217-220, 222-227, 229-231, 233, 236, 242, 244, 253, 256-260, 266-269, 273, 274, 277, 284, 298, 300-303, 306, 308, 311, 312, 317, 318, 324, 325, 329, 331, 337, 338, 353, 354, 356, 357, 361, 362, 364, 365, 369, 370, 372, 375, 376, 385, 386, 395, 396, 398, 399, 401-404, 406, 407, 412, 427, 430, 433, 437, 452, 453, 457-459, 466, 469, 470, 471-478, 481, 483, 484, 486-490, 492, 493, 495, II. 12, 15, 19, 21, 23, 24, 26, 39, 40, 44, 49, 51-55, 57, 62, 66, 67, 69, 70, 72, 75, 76, 78, 81, 86-90, 93, 96, 98, 100, 111, 113, 121, 131, 214, 230, 380, 441; — PROVINCIALE, I. 14, 20; — ASSEMBLÉES ADMINISTRATIVES, I. 6; — PRIMAIRES, I. 32.
Assignats, I. 34, 51, 61, 68, 87, 90, 93, 108, 148, 228, 486, II. 400, 451, 452; — (incinération des), I. 38, 39, 486.
Assistance (droits d'), I. 148.
ASTIER, s.-ingénieur, I. 309, II. 234.
Ateliers de charité, I. 63, 74, 91, 129, 354.
ATHÈNES, II. 231.
Attroupements, II. 354.
AUBE (département de l'), II. 256.
AUCLERC, I. 396, off. mun. d'Arcinges, II. 104.
AUDE (département de l'), II. 354, 427.
AUDOBÉ, commandant du bat. de Saône, II. 250.
AUDRA, s.-lieut. de la comp. des arquebusiers, I. 210.

Aulquier, curé de Mornant, II. 43.
Autel de la patrie (l'), I. 400.
Autun, I. 165, 359, 360 (route d'), à Lyon.
Auvergne (route de Roanne aux limites d'), I. 110, 187.
Auxonne, I. 23, 34, II. 332, 383.
Availli, I. 360.
Aveize, Avaize, I. 125, 126, 127.
Avennes, II. 360.
Avertissement de M. l'archevêque de Vienne au clergé régulier et séculier de son diocèse, I. 105, 106.
Avignon, I. 208, II. 385.
Azergue (canal, travaux de l'), I. 182, 481, 482.
Azolette, I. 444, II. 141.

Bacot (de), I. 359, 360.
Badet, m. du dist. de Villefranche, II. 354, 356.
Bagnols, Bagnol, I. 165, 359.
Bagny (bois de), II. 287, 288, 289.
Bailly, maire de Paris, I. 67.
Balisage (droit de), I. 155, 156.
Ballet, juge, I. 201.
Balon (Guyard de), II. 345.
Bannière de la Fédération, II. 454.
Banquet civique, II. 275.
Baon, II. 196.
Barbarin (le cit.), II. 376.
Barberet, I. 410.
Barberis, I. 484.
Barbier, haut juré, I. 443.
Barcelonette, I. 404.
Barège (eaux de), II. 83.
Barge (Gilbert-François), de Noirétable, conseiller général le 11 sept. 1792, I. 444, II. 138, 144, 172 ; présent aux séances, II. 138, 140-143, 147, 149, 150, 153-155, 157, 161, 163, 165, 166, 169, 171-177, 179, 180, 184.
Barlow, député de la société d'Angleterre, II. 192.
Barmont (montée de), I. 362.
Baron, secrét. de Porte-Froc, II. 373.
Barre (rue de la), I. 319, II. 254, 295, 307.
Barrère, membre du Comité de salut public, II. 294.
Barrières de la Guillotière, I. 68.
Barthélemy, II. 162.
Bas-Breton (Blanctin dit), suppl. au département, II. 432.
Bassecour (Jean-Claude Ville de La), notable de St-Martin-en-Haut, II. 33, 34.
Basses-Alpes (département des), II. 51, 404.
Basset, sergent, II. 19, 20.
Basson, m. du dist. de la Campagne, II. 487.
Bastille (la), I. 67, 84, 412 ; (plan de la), I. 81, 82, 83 ; (vainqueurs de la), I. 141.
Bastion (logis du), II. 392.
Bataillon — de la République, II. 213,
213 ; — de Porte-Froc, II. 250 ; — de Place Neuve, II. 250 ; — de Rhône-et-Loire, II. 41 ; — de rue Neuve, II. 250 ; — de Saône, II. 250.
Bataillons nationaux, II. 44.
Bateaux (arrestation de), I. 23, 24 ; — (construction de), I. 188, 189.
Baudun, off. mun. de Clermont, I. 210.
Baury, fondeur, II. 405.
Bayle (J.-B), comm. du bataillon de rue Neuve, II. 249, 250.
Bayonne, II. 409, 4:1.
Bazin, off. mun. de Duerne, II. 33, 35.
Bazire, Basire, représentant, II. 249, 265, 385.
Béal (le cit.), II. 376.
Beaucaire (foire de), II. 382.
Beauchatel (grenier à sel de), I. 374.
Beauchatou (Jean-Baptiste), I. 129.
Beaudette, off. mun. de Clermont, I. 210.
Beaujeu, I. 165, 187, 260, 339, 340, 359, 403, 413, 424, 444, 448, 465, II. 354 ; — (canton de), I. 173, 358 ; — (gendarmerie de), II. 205 ; — (maire de), Janson, I. 7 ; (route de Villefranche à), I. 165.
Beaujolais, I. 360, 497, 500.
Beaulieu, I. 206.
Beaurevoir. V. Mathé.
Bedon (L). II. 198.
Bedord, off. mun., II. 264.
Beker (Joseph), II. 284.
Bellecour (couvent Ste-Marie de), II. 105 ; — (place), II. 184.
Bellecombe, II. 384.
Bellegarde, député, II. 66.
Bellegarde (Guillaume Dupac de), prévôt de l'égl. de Lyon, I. 57, 58.
Belleville, I. 160, 164, 211, 261, 358, 359, 403 ; — (canton de), I. 173, 358 ; — (route de), I. 160, 164.
Belley, II. 420.
Belloire (maison), I. 363.
Belmont (canton de), I. 173, 512.
Belville, Belleville (Jacques-François Petit-Jean), juge de paix à Roanne, conseiller général, sept. 1792, membre du Directoire le 13 novembre, I. 444, 447, II. 137, 144, 172, 188, 190, 192, 196, 211, 242, 339, 437, 455 ; présent aux séances, II. 138, 140-143, 147, 149, 150, 153-155, 157, 161, 163, 165, 166, 169, 171-177, 179, 180, 184, 186-188, 190-194, 197-203, 208, 209, 212-214, 216-219, 223, 224, 227-230, 234-236, 239-241, 243, 244, 246-251, 253, 254, 256-263, 268, 269, 271, 273, 325, 327, 330, 331, 333-335, 337, 338, 340, 342, 346, 348-352, 354, 357, 358, 360, 361, 370-372, 374, 378, 381, 389, 390, 394, 401, 406, 409, 410, 415-417, 419, 422, 426, 431, 432, 434, 436, 437, 439, 441, 442, 449, 450.
Bemani, off. mun. de Lyon, présid. de la Comm. Populaire Républicaine, II. 437, 455.
Bénévent (M. de), I. 209.

BENOT, concierge de la prison de Roanne, II, 323.
BENY, I. 467.
BERAUD, juge, I. 202.
BERAUD, juge de paix de Valbenoîte, m. de la Convention le 6 sept. 92, I. 418, 435.
BERAUD, off. mun. de St-Etienne, II. 340.
BERAUD (André), maire de Bœuf, I. 442.
BERCQ, I. 26.
BEREAU, de Valbenoîte, I. 418.
BERGASSE, I. 84.
BERGEON, m. du dist. de Lyon, II. 184, 196, 226, 437.
BERGER, avoué à Lyon, greffier du tribunal criminel, I. 421, 422, 449.
BERGER, juge, I. 202.
BERGERON (Jean-Marie), off. mun. de St-Pierre-La-Palud, II. 288, 289.
BERGERON, m. du district de Lyon, II. 359.
BERLACHON, m. du direct. du district de Lyon, II. 196. Lire Bertachon.
BERLIE, greffier du tribunal de Lyon, II. 196.
BERNARD, II. 196.
BERNARD (J.), capitaine, II. 20.
BERNARD (Mathieu), notable de Montagny, II. 391.
BERNARD DE CHARPIEUX, haut-juré, I. 421.
BERNARDINES (les), à Lyon, I. 330, 331.
BERNARDON, m. du dist. de la Campagne de Lyon, I. 209, 214, 216, 220, 229, II. 16.
BERNAT, secrétaire du bureau intermédiaire et du district de Lyon, I. 87, 463, 464.
BERNAVON (Jean-Humbert), graveur de la monnaie, II. 239.
BERNE (canton de), II. 250.
BERNISSET, II. 377.
BERRI (le sieur), I. 192.
BERROULT (du), II. 53.
BERRY, I. 383.
BERTACHON, m. du dist. de Lyon, II. 196, 226, 305, 309, 359.
BERTHAUD (Jean), notable de Montagny, II. 391, 392.
BERTHELET, adjoint au district de la ville de Lyon, II. 432.
BERTHOLET, grand vicaire de l'arch. de Vienne, I. 105.
BERTHOLET, secrét. du Comité de sûreté générale et de salut public, II. 449, 450, 454.
BERTHOLON, subst. du procureur de la commune, II. 196.
BERTIER, négociant, II. 239.
BERTRAND, I. 26, 192, 383, 467.
BERTRAND, maire de Lyon, II. 305.
BERTRAND, s.-lieut. de gendarmerie, I. 248.
BERUISET, notable de St-Germain-Laval, II. 377, 378.
BESANÇON, I. 58, II. 66.
BESSENAY (canton de), I. 174.
BESSON (Pierre-Joseph), de St-Pierre-le-

Bœuf, cons. général le 13 juin 1790, m. du Directoire, I. 7, 16, 91, 125, 126, 136, 146, 217, 239, 248, 404, 483, II. 1, 2, 12; présent aux séances, I. 1, 3-9, 32, 34, 36-39, 43, 48, 50, 54, 56, 59, 67, 69, 73, 75, 80, 86, 90, 92, 99, 104, 107, 113, 122, 124, 126, 129, 132, 136, 140, 146, 148, 150, 159, 160, 162, 167, 171, 174, 177, 182, 185, 193, 198, 199, 204, 205, 207, 211, 213-220, 222-224, 226, 228-231, 235, 237, 238, 240, 241, 243, 246, 248, 249, 252, 256, 258, 265, 272, 275, 276, 280, 245, 286, 293, 305, 309, 312, 316, 320, 325, 326, 327, 337, 340, 348, 351, 356, 391, II. 1, 2, 4, 7, 8, 11, 18, 19, 23, 30, 32, 35, 41-43, 48, 49, 53, 56, 60, 61, 62, 65, 66, 68, 70, 78.
BESSON (le sieur), II. 181.
BEUF (canton de), I. 174.
BEVET (pont de), II. 410.
BEVILLE (de), adjudant général, colonel, I. 229, 241.
BEYSSON, BESSON, de Précieux, conseiller général le 14 nov. 1792, I. 449, II. 187, 188, 190, 197-199; présent aux séances, II. 188, 190-194.
BEZAL (lieu du), I. 188, 189.
BIBOST (le cit.), II. 288.
BICON, off. mun. II. 264.
BIEL, médecin, I. 371.
Billets de 3 livres, 30 sous, et 20 sous des chapeliers, I. 69.
Biens communaux, I. 315, 347; — des monastères, I. 140; — ecclésiastiques, I. 92, 399; nationaux, I. 59, 60, 61, 70, 72, 87, 99, 101, 107, 128, 131, 132, 136, 148, 166, 167, 349, 376, 483.
BIOT (P.-C.), I. 410.
BISCORNET (Jean), I. 383.
BITCHE, II. 66.
BLACÉ, I. 358.
BLACHETTE, payeur général, II. 271, 272, 481-483.
BLACHON (François), maire de Cessieux, al. Izieux, conseiller général le 11 sept. 1792, I. 444, II. 131, 165, 190, 203; présent aux séances, II. 132, 134, 135, 138, 140-143, 147, 149, 150, 153-155, 157, 161, 163, 165, 166, 169, 171-177, 179, 180, 184, 191-194, 197-199, 296, 301, 306, 307.
BLANCHARD, député, II. 67.
BLANCHARD, maire de Duerne, II. 33, 35, 125.
BLANCHON, député, I. 414, 418, 419.
BLANCTIN dit Bas-Breton, suppl. au départ. II, 432.
BLANZÉ, I. 300.
Blés, II. 68, 77, 95, 102, 105, 129, 137, 140, 153, 155, 156, 171, 178, 191.
BLIARD, off. mun. de Clermont, I. 210.
BLOND, secrétaire, I. 72, 351, II. 97, 222.
BLOT, contrôleur de la marque d'or et d'argent, II. 330.
BLOT, m. du dist. de L., I. 204, 213, 390.
BOCARD, II. 196.
BOEN, I. 174, 2 0, 271, 383, 425, 447.

Bœuf, I. 442, 448.
Boil. (le cit.), II. 388.
Boin, trésorier, II. 225.
Boiron, juge de paix de St-Chamond, I. 442.
Bois, m. de la Comm. P. R. et de Salut public, II. 450.
Bois, off. mun. de St-Germain, I. 203.
Bois (coupe des), I. 38; — (dépérissement des), I. 133; — nationaux, I. 348; — (règlement pour les), I. 188; — (vente des), I. 329.
Bois-d'Oingt (le), I. 174, 424.
Boisse (le cit.), II. 386.
Boisson, cons. gén. de la Hte-Saône, II. 298.
Boisson de Vagnus, II. 251.
Boissy d'Anglas, II. 142, 143, 144, 146, 171, 172, 180, 181, 199.
Boivin, II. 196; — juge de paix, I. 212.
Bonamour, Bonnamour (Jean-François), d'Anse, m. du Directoire le 13 nov. 1792, I. 447, II. 186, 187, 188, 190, 196, 276, 299, 302, 303, 304, 360; — m. du comité de Sûreté générale, II. 404, 407, 410, 417, 422; — présent aux séances, II. 187, 188, 190-194, 197-203, 208, 209, 212-214, 216-219, 223, 224, 227-230, 234-236, 239-241, 243, 244, 246-251, 253, 254, 256-258, 260-263, 265, 269, 271, 273, 275-281, 283, 285, 287, 291, 294-296, 301, 306, 307, 311, 317, 320-323, 325, 327, 330, 331, 333-335, 337, 338, 340, 342, 346, 349-352, 354, 357, 360, 361, 370-372, 374, 378, 381, 389, 390, 394, 401, 406, 409, 410, 415-417, 419, 422, 426, 431, 432.
Bonhomme (Jean-Marie), notable de St-Martin-en-Haut, II. 33, 34.
Bonnand, II. 184.
Bonnard, tailleur, II. 250.
Bonnet, député, II. 285, 291.
Borde, II. 196, m. et procureur syndic du dist. de la Campagne, I. 196, 206, 207, 214, 306.
Borde, de Lyon, m. du Directoire le 13 nov. 1792, I. 447, II. 186, 188, 190, 192, 211, 302, 351; présent aux séances, II. 187, 188, 190-194, 197-203, 208, 209, 212-214, 216-219, 223, 224, 227-230, 234, 236, 239-241, 243, 244, 246-251, 253, 254, 256-258, 260-263, 265, 269, 271, 273, 275, 277, 278, 280, 281, 283, 291, 294-296, 301, 306, 307, 311, 317, 320-323, 325, 327, 330, 331, 333, 337, 372, 374, 378, 381, 389, 390, 394.
Bordeaux, I. 273, 275, 354, 386, II. 328, 351; — (route de Lyon à), I. 187.
Boscary, secrétaire de la Com. Intermédiaire, I. 4, 467.
Bouché, I. 2, 464.
Bouchenu, off. mun., II. 205.
Boucherie de carême, I. 145, 158.
Bouches-du-Rhône, (dépt des), I. 71, 105, II. 103.
Bouchotte (J.), I. 512, II. 348, 409, 421.
Bouillet, II. 372; — (Nicolas), com. du du Cons. exéc. II. 409, 410.

Boulard, architecte, I. 70.
Boulard du Gatelier, II. 147.
Boulets, II. 391. V. armes, arsenal.
Bouquet, II. 345, 432.
Bouquerot, off. mun. de Lyon, II. 437.
Bourbon, I. 429, II. 271; — proc. synd. du dist. de Lyon, II. 196, 225, 226, 305, 359.
Bourbonnais (route du), I. 363, 479, II. 410.
Bourbons (famille des), II. 246, 248.
Bourdin (Claude), I. 429, 432, 445, 446, II. 168.
Bourg, II. 324, 370, 379; — (société patriotique de), 325.
Bourg-Argental, I. 165, 174, 260, 341, 359, 448.
Bourges, II. 406.
Bourgneuf, II. 9; — (rue de), 234, 235.
Bourgogne, I. 298-300, 360, 374, 458, 454, 407; — (états de), 389; — (route de), I. 156, 164, 362, 479.
Bourgoin, II. 28, 58, 92, 94, 110.
Bouthéon, I. 183.
Boyrot, direct. des postes à Clermont, I. 275, 279.
Boyer, imprimeur à St-Etienne, II. 193, 194.
Boyer, off. mun., II. 264.
Bracoquié, off. mun. de Mâcon, II. 249.
Bredon, secrét. du dist. de Vill., II. 300.
Bregnier, secrét. du dist. de la Campagne, II. 16.
Bresse (la), I. 497, 500.
Bresson-Durieu, de Villefranche, I. 446-449.
Brest, I. 58, 59.
Bret, proc. de la comm. de Lyon, I. 225.
Bretagne (chasseurs de) I. 227, 236.
Brevant (Gauthier de), II. 345.
Brevenne (pont de la), I. 187.
Brigands, I. 205, 210.
Brignais, II. 54, 55; (route de) à Limony, I. 479.
Brochet, m. du district de Lyon, I. 37, 175, 214; — accusateur public, I. 420, 421, 449, II. 380.
Bronze (Const), II. 455.
Brosse, II. 151.
Brotteaux (les), I. 225, 354, II. 21, 22, 239.
Bruiset, imprimeur, I. 4, 6, v. Bruyset.
Brun, instituteur, I. 293; — principal du collège N. D., I. 180.
Brunel, représent., II. 324, 437, 440.
Brunet (Joseph-Eléazard), le jeune, de Poleymieux, cons. gén. le 12 juin 1790, membre du Directoire, I. 2, 7, 16, 34, 76, 125, 166, 174, 183, 206, 238, 245, 402, 410, 406, II. 2, 79, 84; présent aux séances, I. 1, 3-10, 17, 18, 22-25, 27, 31, 32, 34, 36-38, 50, 54, 56, 59, 67, 69, 73, 75, 80, 86, 92, 99, 104, 107, 113, 122, 124, 126, 129, 132, 136, 140, 146, 148, 150, 158, 160, 162, 167, 171, 174, 177, 182, 185, 193, 194, 198, 199, 203, 205, 207, 209, 211, 213-220, 222-224, 226, 228-231, 235, 237, 238, 240, 241,

243, 246, 248, 249, 252, 256, 258, 265, 272, 275, 276, 280, 285, 286, 293, 303, 309, 312, 316, 320, 325-327, 337, 340, 348, 351, 356, 391, II. 1, 2, 4, 7, 8, 11, 18, 19, 23, 30, 32, 35, 41-43, 48, 49, 53, 56, 60-62, 65, 66, 68, 70, 78.

BRUTUS (section de), II. 301, 303, 308, 318.

BRUYAS, m. du dist. de Montbrison, II. 339, 346, 348.

BRUYÈRES (le dépôt des), I. 360.

BRUYÈRES D'ORSET (les), I. 160, 164.

BRUYSET, BRUYZET, BRUISET (J.-M.), imprimeur, I. 4, 6, 322-324, 408, 450.

BRUYSET, off. mun. de Lyon, I. 175.

BRUYS-VAUDRAN, insp. des droits de patentes, II. 106.

BUFFETON (le sr), I. 363.

BUIRON-GAILLARD, BUYRON-GAILLARD, négociant de Villefranche, cons. gén. le 14 nov. 1792 I. 261, 441, 446-449, II. 193, 196, 280-282, 308, 309, 339, 441 ; — présent aux séances, II. 193, 194, 197-203, 208, 209, 212, 283, 337, 338, 340, 342, 346, 348, 349, 351, 358, 360, 370-372, 374, 378, 381.

BUISSON, I. 396. — (Antoine-Gabriel), de Neuville, I. 398-408 ; — (Claude), notable de Duerne, II. 33, 35 ; — (Louis), off. mun. de Lyon, II. 437.

BUISSON (section de rue), II. 300, 307, 308.

BUREAU DES FINANCES, I. 73, 114.

BUREAU INTERMÉDIAIRE, I. 451.

Bureaux du département, I. 71, 78, 326, 349.

BUREL, I. 409-412 ; — fils, adjoint au district de la Ville, II. 432.

BURELLIER, secrétaire, II. 226, 305, 307.

BURTIN, I. 213, présid. du comité de sûreté générale, II. 389, 404, 406, 407, 410, 415, 417, 422, 423, 441.

BUSSAT, juge, II. 196.

BUSSIÈRE, I. 301 (V. La Chaize).

BUSSY, II. 359.

BUSSY, BUSSI (Alexis), de Liergues, cons. gén. le 12 juin 1790, I. 16, 160, 174, 214, 403 ; — présent aux séances, I. 1, 3-10, 17, 18, 22-25, 27, 31, 32, 34, 36-38, 43, 48, 50, 54, 56, 59, 67, 69, 73, 80, 86, 90, 92, 99, 104, 107, 113, 122, 124, 126, 129, 132, 136, 140, 146, 148, 150, 159, 160, 162, 167, 171, 174, 177, 182, 185, 193, 194, 199, 203, 205, 207, 209, 211, 213-220, 224, 231, 235, 237.

BUSSY (Lacheze), I. 188.

BUTEAU, BUTTEAU-MUSSY, I. 351, II. 222.

BUVET, off. mun. de Mâcon, II. 249.

BUYS, inspect. des patentes, II. 222 ; — lieut. de gendarmerie, II. 455.

C*adastre*, I. 317, 318, 496.
CAISSE GÉNÉRALE de Lyon, II. 402
CAISSE PATRIOTIQUE, I. 487.
CALUIRE, I. 43, 142, 362, II. 361.
CALVADOS (département de), I. 108 ; — (Fauchet, évêque du), II. 111.

CAMBON, député, II. 256, 294.
CAMBRAI, I. 80.
CAMINET, I. 60, m. du district de Lyon, 37, 175 ; — adjoint au district, II. 432 ; — (Georges), député à la Législat., I. 416.

Camp de Lyon, II. 394.

CAMPAGNE de Lyon (district de la), I. 6, 23-25, 36, 82, 127, 131, 138, 147, 166, 171, 173, 174, 198, 214, 206, 207, 209-211, 213-215, 220, 229, 230, 235, 242, 249, 252-254, 260, 262, 268, 324, 325, 334, 338, 339, 348, 349, 356, 360, 361, 362, 371, 373, 374, 377, 378, 396, 399, 402, 422, 423, 441, 453, 454, 458, 473, 485, 511, 512 ; — II. 16, 18, 19, 20, 30, 31, 33-35, 43, 58, 69, 70, 78, 79, 94, 107, 113, 115, 118, 122, 123, 130, 131, 135, 136, 162, 196, 266, 270, 273, 287, 289, 290, 303, 310, 311, 312, 315, 318-320, 322, 324, 327, 336, 339, 340, 346, 362, 391, 405, 408, 409, 419, 422, 435, 437, 450 ; — (directoire), I. 352, II. 54, 58, 71, 81, 99, 100, 101, 106, 131, 167, 185, 186, 268, 277, 287.

CANDY, off. mun. de Lyon, I. 161.

CANNES, II. 143.

Canonniers, II. 52, 55, 57, 69, 86, 91, 92, 94, 107, 109.

Canons, I. 36, II. 24, 114, 298, 323, 326, 374.

Canon d'alarme, II. 403.

CANTAL (département du), I. 161, 227, 481, II. 443.

Cantons — (députés des), II. 348, 368, 370 ; — (réduction des), I. 88.

CAPBEVILLE, I. 209 ; — lieut. de gendarmerie, II. 157, 455.

Capitation, I. 25, 63, 65, 66, 133, 169, 481.

Capucins du Petit-Forez, I. 330, 331.

CARANT, I. 415.

CARMES des Terreaux, I. 287.

CARNOT, II. 66.

CARRAND, m. du dist. de Villefranche, II. 299, 300.

CARRE, s.-lieut. de la comp. Franche, I. 210.

CARRET, off. mun., I. 204, 225.

CARRICHON, père, I. 396-398, 410-412.

CARRIER, I. 264.

CARRIÈRE, menuisier, II. 369.

CARRON, off. mun. de Lyon, II. 48.

CARRON — (Abel), II. 351 ; — (Antoine), maire de Montagny, II. 391, 392 ; — (Claude), I. 410.

Carrosses de place, I. 192, 285, 494. V. fiacres.

Carte du département, I. 5.

CARTERON, off. mun., II. 196, 265.

CARTIER, médecin, I. 371.

Cascade (levée), I. 363.

Casernes, I. 463, de Serin, 464.

CASTELLANE (de), I. 359.

CASTILLON, — cons. gén. de l'Hérault, II. 77 ; — proc. gén. du parlement d'Aix, II. 239.

Catholiques de Lyon, I. 266.

CATONNIÈRE (Dugas de la), I. 404. V. Dugas.
Cautionnement des receveurs, I. 336.
CAUVAS, I. 358.
Cavalerie nationale, II. 61.
CAVÉ, notable de St-Étienne, II. 340.
CÉLESTINS (les), I. 336 ; — (quai des), I. 287.
CENVES, I. 358.
CERCIÉ, I. 358.
CERISIA (le général), II. 399.
CERISIAT (le cit.), II. 354. V. Seriziat.
Certificats de civisme, II. 202 ; — de résidence, II. 230, 262.
CERVIÈRES, I. 174, 395, 402, 406, 473, II. 97.
CESSIEU, CESSIEUX, I. 444 ; (camp de), II. 28, 58, 87, 94, 107, 108, 110.
CHABRÉRIAL, II. 324.
CHAINTRON, I. 351, II. 222.
CHAIZE (de La), V. Delachaise.
CHAL (Mey de), m. du comité de sûreté générale, II. 123.
CHALAMEL, commissaire nat., II. 196.
CHALAMONT (rue), I. 87.
CHALIER (Joseph), I. 431, 443, 444, 447, II. 89, 196, 324.
CHALMETTE, off. mun. de Lyon, II. 437.
CHALON, II. 103, 132, 191, 199, 212, 443.
CHAMBÉRY, II, 15, 219, 311, 363, 364, 366, 372.
CHAMBON (canton du), I. 174, 395.
CHAMBRY, I. 410.
CHAMELET, I. 174, 213.
CHAMP DE MARS, I. 478.
CHAMPAGNE, I. 363.
CHAMPAGNEUX, I. 410.
CHAMPALEY, (Claude), II. 20.
CHAMPEREUX (Claude-Alexis), II. 168.
CHAMPINOST (B.), capitaine, II. 20.
CHAMPT, m. du com. de sûreté gén., II. 422.
CHAMPVIEUX. V. Mayeuvre.
CHANEL, II. 359.
CHANGE (canton du), II. 61.
CHANGEUR, imprimeur, I. 172.
Chanoines de Lyon, I. 100, 142, 143.
CHANOZ, I. 442.
CHANTEMERLE, II. 324.
CHAPAS (Antoine), II. 19.
Chapeliers (les), I. 69.
CHAPELLE (l'abbé de La), I. 5.
CHAPELLE (général de La), I. 38, 52, 60, 77, 149.
Chapitre extraordinaire de l'église cathédrale, métropolitaine et primatiale de Lyon, I. 48.
CHAPITRE MÉTROPOLITAIN de Lyon, I. 39, 40, 49, 57, 67, 75, 142, 143.
CHAPONAY (M. de), I. 199.
CHAPPA (Antoine), II. 20.
CHAPPUY, m. du dist. de la Camp., II. 151.
CHAPUIS, I. 395, II. 324.
CHAPUY, adjoint au dist. de la ville de Lyon, II. 432.
Charbon, I. 26, 78, 126, 468, 502, II. 148, 150, 180, 181.

CHARBON, off. mun. de Lyon, II. 437.
CHARBONNIÈRES (paroisse de), I. 198.
CHARCOT, receveur à Roanne, I. 64, 66.
CHARENTAY, I. 358.
CHARITÉ (hôpital de la), à Lyon, I. 9, 77, 129, 147, 151-154, 269, 270, 271, 279, 286, 364, 365, 385, 505, II. 121, 142.
Charité (fonds, ateliers de), I. 25, 165.
CHARLIEU, I. 260, 359, 447, II. 147 ; — (canton de), I. 173, 512 ; — (chemin de Thizy à), I. 186 ; — (grenier à sel de), I. 352 ; — (route de Tarare à), I. 165.
CHARLY, I. 441.
CHARMPTON, off. mun. de Lyon, I. 207.
CHAROLAIS, I. 360.
CHAROUSSET (le cit.), II. 251.
CHARPIEUX (Bernard de), I. 421.
CHARRIER DE LA ROCHE, curé d'Ainay, député à l'Ass. Nat., I. 131.
CHARTREUX (les), I. 76 ; — de Ste-Croix, I. 188, 189.
CHARTREY (Pierre-Alexandre), off. mun. de Paris, II. 132, 134.
CHARVET, secrét. du dép. de Saône-et-Loire, II. 68.
CHARVIN, II. 121.
CHARVOLIN, CHERVOLIN (Christophe), notaire de St-Martin-en-Haut, II. 33, 34.
CHASSAGNE (La), I. 165, 359.
CHASSAIN, II. 376.
CHASSELAY, I. 174, 206, 214, 395.
CHASSERIAU, II. 455.
CHASTAING, maire de St-Martin-en-Haut, II. 33, 34.
CHASSET (Antoine), de Villefranche, député à la Convention, I. 432.
CHASPOUL, secrét. du Com. de Sûreté générale, II. 422, 423, 444, 449, 450, 454.
Chasseurs, I. 204, 206, 220, 221, II. 52, 55, 57, 69, 77, 79, 86, 91, 92, 94, 109 ; — d'Alsace, I. 32, 33, 51, 229 ; — (4e régiment de), I. 228, II. 77 ; — (9e régiment de), II. 383.
CHATEAU (Focard de). V. Focard.
CHATEAUX (les), I. 5.
CHATEL (moulin), I. 109, 110.
CHATELAIN, m. du dist. de Lyon, II. 226, 309, 437.
CHATONAY, II. 110.
Chauffage des troupes, I. 33.
CHAVAGNIEUX, II. 184, 185.
CHAVANIS (Claude-Marie), avocat à Cublize, conseiller général le 12 juin 1790, I. 16, 166, 174, 204, 207, 214, 242, 291, 403, II. 4, 82, 97, 107, 112, 120 ; présent aux séances, I. 1, 3-10, 17, 18, 22-25, 27, 31, 32, 34-38, 48, 50, 54, 56, 59, 67, 69, 73, 75, 80, 86, 90, 92, 99, 104, 107, 113, 122, 124, 126, 129, 132, 136, 140, 146, 148, 150, 158, 160, 162, 167, 171, 174, 177, 182, 185, 194, 199, 203, 205, 207, 209, 211, 213-220, 238, 240, 241, 243, 248, 256, 258, 265, 272, 275, 276, 280, 285, 286, 293, 303, 309, 312, 316, 320, 325-327, 337, 340, 348,

351, 356, 391, II. 70, 78, 81, 88, 95, 98, 100, 102, 103, 104, 106, 107, 109.
Chazelles, I. 164, 165, 173, 174, 186, 260, 359, 410, II. 55.
Chazot, off. mun., II. 261.
Chemins, I. 122, 127, 128, 138, 139, 140, 141, 148.
Chenard-Mauzerand. V. Mauzerand.
Chenavier, I. 72, 351, II. 97, 222.
Chenelette, direct. des travaux des fortif. de Lyon, II. 396, 433.
Chenève, I. 405.
Chenas, I. 358, lire Chenas.
Chervin, commandant de l'arsenal, I. 168, 171, 172, 175.
Chervinges, I. 358.
Chevalier, notable, II. 195, 196.
Chevallier, II. 151.
Chevassu (Claude-Antoine), juge de paix du canton de la Croix-Rousse, cons. général le 9 septembre 1791, I. 286, 425, II. 87, 98, 113, 114, 115, 129, 162 ; présent aux séances, I. 238, 240, 241, 243, 248, 265, 285, 286, 293, 303, 309, 312, 316, 320, 325, 326, 327, 337, 340, 348, 351, 356, 391, II. 1, 2, 4, 7, 8, 11, 18, 19, 23, 30, 32, 35, 41-43, 48, 49, 53, 56, 60-63, 65, 66, 68, 70, 78, 84, 88, 109, 114, 116, 119, 121, 122, 128, 130, 131.
Chevinay, I. 448, II. 287, 288, 289.
Chinard, sculpteur, II. 198.
Chintron, secrétaire, I. 72, II. 97.
Chirat, off. mun. de Lyon, II. 437.
Chirat (Jean-Pierre-Antoine), lieutenant-particulier en la sénéchaussée et présidial de Lyon, élu Procureur Général Syndic le 15 juin 1790, député à la Législative le 4 septembre 1791, I. 406, 416-418, 425, 450 ; présent aux séances, I. 1, 3-10, 17, 22-25, 27, 31, 32, 34, 36-38, 43, 48, 50, 54, 56, 59, 67, 69, 73, 75, 80, 86, 90, 92, 99, 104, 107, 113, 122, 124, 126, 129, 132, 136, 140, 146, 148, 150, 159, 160, 162, 167, 171, 174, 177, 182, 185, 193, 194, 198, 204, 205, 207, 211-220, 222-224, 226, 228, 229, 230, 231, 235, 237.
Chirouble, I. 358.
Choiseul. (de), I. 199.
Chomas, secrét. de la mun. de St-Etienne, II. 340.
Chouard, notaire, II. 344.
Chovet, off. mun. de St-Etienne, II. 340, 341.
Chrétien (Jean-Pierre), maire de Condrieu, I. 217, 218.
Cimetières, I. 306, 307, 308.
Circulaire — aux départements, I. 3, 9 ; — aux municipalités, I. 303.
Citadelles, forts et châteaux (décret relatif aux), I. 5.
Citoyennes (députation de), II. 213.
Citoyens actifs (inscription des), I. 5.
Civrieu d'Azergues, I. 212.
Clamaron, grenadier, II. 20.
Clapeyron, col. de gendarmerie, I. 207.
Claret, II. 154.
Clausse, I. 357.
Clavas, I. 124.
Claveisolles, I. 290, 291.
Clavel (Benoît), II. 33, 34.
Clavière, II. 82, 112, 132, 336.
Clayte (La), I. 359.
Clémençon, notable de St-Etienne, II. 340.
Clerc (Antoine), huissier, II. 43, 184, 185.
Clercs (rue des), à Vienne, II. 20.
Clergé, I. 71, 72, 76, 376 ; — (constitution civile du), I. 91, 100, 106 ; — (organisation du), I. 88 ; — (créances sur le), I. 484.
Clergeon, I. 423 ; — (Etienne), de Villefranche, I. 419.
Clerjon, prés. de la Com. Pop. Rép. II. 382.
Clermont, I. 275, 386, II. 236 ; — (route de Feurs à), I. 100, 109 ; — (route de Roanne à), I. 104.
Clermont (Meuse), I. 210.
Clermontois (maréchaussée du), I. 220.
Clesle (Gilibert), caissier de l'armée départementale, II. 437.
Clubs (les), I. 49, 80.
Cluny (abbaye de), I. 140.
Cocarde blanche, II. 324, 328.
Cochet, II. 184, 185.
Cogny, I. 358.
Coin (J.-M.), proc. de la comm. de Montrotier, II. 11.
Coinde, avoué, II. 250.
Coinde, Coindre, II. 210, 211.
Coindre, faisant fonctions de maire de Lyon, II. 331, 437.
Coing, greffier de Montrotier, II. 11.
Colcombet, notable de St-Etienne, II. 340.
Colabeau-Juliénas, II. 154.
Collecteurs, I. 70.
Collection du compte des finances de la France, I. 10.
Collèges, I. 256, 324.
Collège N. D. (Brun, principal du), I. 180.
Collonges, Colonges, II. 354, 364.
Colmar, I. 228, II. 85.
Colomb de Gaste (Pierre-François), avocat, juge de paix à St-Chamond, cons. général le 13 juin 1790, député à la Législative le 1er sept. 1791, I. 8, 16, 60, 70, 81, 110, 114, 115, 127, 133, 165, 166, 172, 174, 188, 190, 199, 203, 206, 404, 410-426, 428 ; présent aux séances, I. 1, 3, 5-10, 17, 18, 22-25, 27, 31, 32, 34, 36-38, 43, 48, 50, 54, 56, 59, 67, 69, 73, 75, 80, 86, 90, 92, 99, 103, 107, 113, 122, 124, 126, 129, 132, 136, 140, 146, 148, 150, 158, 160, 162, 167, 171, 174, 177, 182, 185, 193, 194, 199, 204, 205, 207, 209, 211, 213-220.
Colombat, II. 351.
Colonies (les), I. 199.
Combe (de La), maire de Feurs, I. 69.
Comarmond, Commarmond (Claude-Antoine), avocat, maire de St-Symphorien-

le-Château, cons. général le 12 juin 1790, I. 7, 16, 32, 33, 82, 122, 166, 174, 187, 207, 213, 215, 246, 247, 402, II. 20, 41, 64, 70, 83, 97, 101, 106, 113 ; présent aux séances, I. 1, 3-10, 17, 18, 22-25, 27, 31, 32, 34, 36-38, 43, 50, 54, 56, 59, 67, 69, 73, 75, 80, 86, 90, 92, 99, 103, 107, 113, 122, 124, 126, 129, 132, 136, 140, 146, 148, 150, 158, 160, 162, 167, 171, 174, 177, 182, 185, 193, 194, 198, 199, 204, 205, 207, 209, 211, 213-220, 222-224, 226, 228-231, 235, 238, 240, 241, 243, 246, 248, 249, 250, 286, 293, 301, 302, 312, 316, 320, 325-327, 337, 340, 348, 351, 356, 391, II. 68, 70, 78, 81, 88, 95, 98, 100, 102, 103, 104, 106, 107, 109.

Comédie (place de la), II. 101, 225, 264.
Comité central des sociétés populaires de Lyon, II. 196, 197.
Comité d'agriculture et commerce de l'As. Nat., I. 35, 56, 57, 78, 87, 491.
Comité d'aliénation des biens nationaux de l'Ass. Nat., I. 38, 70, 131, 483.
Comité de Constitution de l'Ass. Nat., I. 5, 8, 19, 32, 58, 136, 298, 299, 300, 361, 395, 473, 476, 495.
Comité des contributions de l'Ass. Nat., I. 300, 317.
Comité de division de l'Ass. Nat., II. 111.
Comité des domaines de l'Ass. Nat., I. 348.
Comité ecclésiastique de l'Ass. Nat., I. 67.
Comité de l'Impôt de l'Ass. Nat., I. 131.
Comité de l'Instruction publique de l'Ass. Nat., I. 325.
Comité de Législation de la Conv., II. 283.
Comité de Liquidation de l'Ass. Nat., I. 182.
Comité des Finances de l'Ass. Nat., I. 8, 39, 48, 52, 108, 452, 488, II. 451, 452.
Comité de Salut public, II. 256, 272, 294, 332, 333, 420.
Comité de Salut public de Lyon, II. 251, 252, 254, 267, 277, 278, 285, 286, 290, 291, 306, 313, 314, 376.
Comité de Sûreté générale et de surveillance, II. 30, 111, 257, 258.
Comité des Recherches de l'Ass. Nat., I. 108, 176.
Comité Militaire de l'Ass. Nat., I. 242, II. 66.
Comité provisoire de Surveillance, II. 320.
Comités du Conseil général, I. 16, 246, 247 ; — agriculture et commerce, I. 78, 87, 91, 95, 126, 137, 179 ; — bienfaisance et établissements publics, I. 12, 15, 16, 33, 36, 51, 55, 58, 74, 77, 91, 95, 128, 132, 133, 134, 136, 137, 143, 147, 149, 151, 153, 155, 166, 178, 180, 186, 256, 261, 265, 280, 284-286, 301, 302, 306, 309, 313, 315, 324, 340, 347, 363, 364, 370, 490, 491, 492, 494, II.

167 ; — biens nationaux, I. 11, 14, 16, 39, 59, 61, 70, 88, 91, 99, 125, 128, 136, 146, 320, 318 ; — contentieux, I. 11, 1, 6, 38, 39, 52, 180, 191, 248 ; — contributions publiques et de finance, I. 248, 249, 251, 256, 259, 262, 266, 273, 276, 281, 293, 317, 327, 351 ; — division, II. 49, 75 ; — impôt, I. 11, 12, 14, 31, 51, 69, 98, 99, 121-126, 138, 159, 168, 169, 170, 172, 173, 183, 188, 507 ; — intérieur, I. 275, 280, 315, 318, 326 ; — militaire, II. 41, 44, 54-56, 60, 61, 76, 78, 87, 107 ; — municipalités, I. 88, 248, 275, 280, 305, 315, 320, 357; — rapports, II. 339, 362 ; — règlement et municipalités, I. 12, 15, 16, 28, 42, 49, 58, 71, 72, 77, 101, 124, 125, 128, 168, 188, 255, 291, 472 ; — surveillance, II. 41, 48, 49, 54, 56, 66, 73, 75 ; — travaux publics, I. 11, 13, 16, 42, 47, 49, 60, 68, 70, 71, 76, 77, 81, 100, 109, 110, 114, 115, 121, 122, 127, 128, 131, 133, 134, 138, 141, 142, 160, 163, 165, 172, 177, 186, 187, 245, 275, 279, 311, 319, 325, 326, 339, 340, 342, 354, 356, 358, 365, 507 ; — vérification, I. 246. V. Conseil général.
Commarmond, off. mun., II. 151.
Commissaires du Roi, I. 5, 148, 225, 235, 266, II. 60 ; — (l'abbé de La Chapelle), I. 5.
Commission centrale des départements, II. 406.
Commission Intermédiaire (la), I. 76, 177, 180, 181, 386, 452, 456, 461, 462, 463, 464, 465, 466, 471, 480.
Commission Populaire Républicaine et de Salut Public de Rhône-et-Loire, II. 371, 373-376, 378-384, 387, 403, 406, 407, 410, 411, 415-419, 421-424, 426, 428-441.
Communautés (biens des), I. 5.
Communautés de filles, I. 31.
Communaux (biens), I. 489.
Compte-rendu du Directoire, I. 26, 240, 241, 242, 244, 245.
Comptes de la ville de Lyon, I. 128.
Compagnie d'ouvriers, II. 423.
Compagnie Franche (la), I. 210, 265, 285, 301, 302, 303, 382.
Compagnies franches, II. 44.
Concessionnaires des mines, I. 95.
Concessions de mines, I. 35.
Concert (salle du), à Lyon, I. 1, 202, 212.
Condentia, off. mun., II. 437.
Condrieu, I. 54, 55, 100, 104, 105, 160, 161, 174, 217, 218, 260, 339, 448, II. 19, 20.
Conducteurs, I. 116. V. Ponts et Chaussées.
Congrégations, I. 221.
Conseil d'Etat, I. 368, 468, 502.
Conseil Exécutif provisoire, I. 512.
Conseil Général. — (bureaux du), II. 103, 144, 149, 190, 202, 204, 220-222, 242 ; — (locaux du), I. 175, 183, 409, II. 101, 116, 122, 158, 163, 190, 217,

218, 225, 358, 359; — (membres du): V. Achard, Barge, Belville, Desson, Beysson, Blachon, Bonamour, Borde, Brunet, Buiron-Gaillard, Bussy, Chavanis, Chevassu, Colomb, Comarmond, Coupat, Couturier, Dacier, Desportes, Deville, Dubessey-Villechaise, Dubost, Dugas, Durieux, Duvant, Farjon fils, Farjon père, Ferrand, Finguerlin, Foujol, Fréminville, Frossard, Gaultier, Gérontet, Gonnard, Gonon, Grand, Grandchamp, Grange, Grubis, Imbert, Janson, Jovin-Molle, Lacroix d'Azolette, Lacroix de Laval, Lagrange, Laurenson, Laroa, Lecourt, Lorange, Maillan, Marion, Mathé, Matheron, Mauzerand, Michon, Moissonnier, Monchanin, Mondon, Mottin, Mussieu, Nayme, Noailly, Orizet, Pariat, Pavy, Pezant, Pipon, Place, Populle, Pupil, Ravel, Régnier, Rhony, Ricard, Richard aîné, Richard (Jean-Louis), Romany, Rouher, Rousset, Rozier, Rullet-Lamurette, Sage, Santaillier, Sauzéas, Scellard, Servan, Simonet, Tardy, Tillard de Tigny, Valette, Vitet (Jean-François); — (procureur général syndic), V. Chirat, Maycuvre, Meynis; — (secrétaire général), V. Focard, Gonon.
CONSERVATION (tribunal de la), I. 488.
Constitution (projet de), II. 428, 435, 436.
Constitution civile du clergé, I. 44-46, 71, 108, 148, 149, 174.
Contraintes, I. 100.
Contre-révolution, I. 162, 163, 176, II. 24, 25, 117, 200, 315, 436.
Contribution patriotique, I. 87, 90, 99, 253-255, 455.
Contributions, I. 70, 131, 218, 225, 219, 262, 276, 327, 337, 372, II. 211; — indirectes, I. 293.
Contrôleur général des finances (le), I. 57, 73, 81, 92, 99, 100, 130, 136, 146, 452, 456, 469, 493, 494.
CONVENTION NATIONALE (la), I. 429, 431-449, 510-512, II. 67, 113, 141-144, 148, 152, 171, 172, 177-183, 191, 192, 199-201, 210, 215, 223, 224, 228-230, 237, 242-245, 249, 250, 252, 256-258, 261, 262, 265, 267-269, 277-280, 283, 291, 292, 296, 298, 299, 307, 308, 310, 313-315, 318, 319, 327, 331-334, 341, 347, 357, 363, 365, 367, 371, 373, 378, 385, 386, 398, 399, 404, 421, 425, 436, 437, 440, 443, 444, 446, 447, 451, 452, 453, 454.
CONVOI DE POUDRE (saisie d'un), I. 147.
CORCELLES, I. 358.
CORDELIERS (église des), à Lyon, I. 396, 408-410, 413, II. 6; — (hôpital militaire aux), I. 37, 128.
CORDELIERS (couvent des), à Villefranche, I. 262.
CORDIER, I. 512.
CORFET, off. mun., II. 455.
CORPS LÉGISLATIF (le), I. 13, 16, 24, 39, 77, 100, 102, 109, 201, 234, 236, 244, 336, 409, 506, II. 12-16, 44, 47, 62, 65, 73, 96.
Correspondance avec les départements, I. 3; — administrative, I. 49; — (vérification de la), II. 247.
CORRÈZE (département de la), I. 171, 175.
CORSELETTE, I. 396.
CORTEY, curé, maire d'Amplepuis, I. 194, 195.
Corvée (la, fonds de la), I. 25, 26, 127, 128, 138, 139, 159, 160, 165, 465, II. 26.
COSON, V. Cozon.
COSTE (maison), I. 363.
COSTE (L.), II. 151.
COSTELLE (Jacques), II. 151.
COTE (Gaspard), I. 410.
CÔTE (2e section de la), II. 301.
CÔTE-D'OR (département de la), I. 7, II. 129, 153, 191, 331, 343-345, 350.
COTTIER, juge de paix, II. 9, 10.
COUDERC, II. 236, 237.
COUPAT (Barthélemy), avocat de l'Hôpital-sous-Rochefort, cons. général le 13 juin 1790, I. 7, 16, 142, 166, 174, 206, 220, 227, 403; — présent aux séances, I. 1, 3, 5-10, 17, 27, 31, 32, 34, 36-38, 43, 48, 50, 51, 56, 59, 67, 69, 73, 75, 80, 86, 90, 92, 99, 103, 107, 113, 122, 124, 126, 129, 132, 136, 140, 146, 148, 150, 158, 160, 162, 167, 171, 174, 177, 182, 185, 193, 194, 199, 203, 205, 207, 209, 211, 213, 214, 219, 220, 222, 224, 226, 228-231, 235.
Cour (la), I. 432.
COURAJOD (maison), I. 363.
Courrier de Lyon (le), I. 104.
Cours gratuit d'accouchements, I. 178, 315.
COURTAUREL, major de Pierre-Scize, I. 212.
COURTOIS — secrét., II. 222; — (Benoît), II. 105, 106.
COURZIEUX, II. 319.
COUSAN (St-Georges-sur-), I. 174.
COUSTARD, député, II. 66.
COUTURIER (Jean-Louis), homme de loi à St-Julien, cons. général le 11 sept., m. du Directoire le 13 novembre 1792, I. 444, 447, II. 131, 144, 188, 190, 196, 211, 216, 271, 285, 309, 316, 327, 352, 360, 437, 451-453, 455; présent aux séances, II. 132, 134, 135, 138, 140-143, 147, 149, 150, 153-155, 157, 161, 163, 165, 166, 169, 171-180, 184, 186-188, 190-194, 197-203, 208, 209, 212-214, 216-219, 223, 224, 227-230, 234-236, 239-241, 243, 244, 246-251, 253, 254, 256-258, 260-263, 265, 269, 271, 273, 275-283, 285, 287, 291, 294, 295, 296, 301, 306, 307, 311, 317, 320-323, 325, 327, 330, 331, 333-335, 337, 338, 340, 342, 346, 348-352, 354, 357, 358, 360, 361, 370-372, 374, 378, 381, 389, 390, 394, 401, 406, 409, 410, 413, 416, 417, 419, 422, 426, 431, 432, 434, 435, 437, 439, 441, 442, 449, 450.

Cozon, juge, présid. du tribunal criminel, I. 201, 420, 421, 449, II. 380.
Crèmes, I. 307.
Crémieu, II. 110.
Creuse (département de la), I. 114, 115.
Crillon (de), I. 229.
Croix-Rouge (section de la), à Paris, II. 239, 240.
Croix-Rousse (la), I. 43, 142, 253, 257, 373, 395, 449, 473, II. 271; — (hôpital d'aliénés à), I. 491; — (maison de l'Hôtel-Dieu à), I. 144.
Croisette, Croizette (section de la), II. 275, 276, 282, 307; — (quartier de la), II. 10; — (société populaire de la), II. 279, 285.
Crozot, suppl. au départ., II. 432.
Cublize, I. 403.
Cuire, Cuires, I. 43, 361, 395, 473; — (Parichon, vicaire de), I. 112.
Cuire-La-Croix-Rousse, I. 43, 142, 248, 252, 253, 261, 262, 268, 360, 361, 362, II. 17, 75.
Cuire-sur-Saône, I. 361.
Cuirs (marque des, droits sur les), I. 54, 56, 73.
Cultes, I. 387.
Cures (suppression des), I. 150.
Curés, I. 91, 230.
Curret, off. mun., II. 123, 124, 128.
Cusset (Jean), marchand de gazes à Lyon, député à la Conv. le 8 sept. 1792, I. 437, 438, 439.

Dacier (Jean-Joseph), avocat à Lyon, cons. général le 12 juin 1790, membre du Directoire, suppléant au tribunal de cassation, I. 7, 16, 23, 221, 402, 422, 423, 426; — présent aux séances, I. 1, 3-10, 18, 22-24, 27, 31, 32, 34, 36-38, 43, 48, 50, 54, 56, 59, 67, 69, 73, 75, 80, 86, 90, 92, 99, 101, 107, 113, 122, 124, 126, 129, 132, 136, 140, 146, 148, 150, 159, 160, 162, 167, 171, 174, 177, 182, 185, 193, 194, 198, 199, 203, 205, 207, 209, 211, 213-220, 222-224, 226, 228-231, 235, 237.
Daffaux, I. 363, d'Affaux.
Dagallier, cons. gén. de la Côte-d'Or, II. 344.
Dagier, m. du dist. de St-Etienne, II. 332, 346.
Daillier, V. Pupil.
Dallemagne, secrétaire, I. 351, II. 97, 222.
Damas (de), I. 360; — colonel, 210; — Charles, 199.
Dangeny, comm. des guerres, II. 209, 270.
Danton, II. 82, 89, 112, 132.
Dardilly, I. 198, 209, 362.
Dareste, receveur, I. 26, 461.
Dassier (Gabriel-Henri-Benoît), II. 275, 276.
Dauphin (le), I. 199.
Dauphin-Cavalerie, II. 315.

Dauphiné (le), I. 181, 496, 497, 500; — (division de), I. 33.
Dauxal, II. 249.
Daviau, archevêque de Vienne, I. 138.
David, off. mun. de Lyon, II. 437; — receveur du clergé, I. 6.
Decaussenne (Olivier-Joseph), aide-de-camp, II. 369, 370, 438.
Décharge de contributions, I. 70.
Dechasset, II. 249, 250.
Dechavanne, m. du dist. de Villef., II. 299, 300.
Décimes, I. 169.
Déclaration de 290 députés, I. 229.
Declérieux (Jean), notable de St-Martin-en-Haut, II. 33, 34.
Découvertes et inventions (société des), II. 420.
Défrichements, I. 489.
Dégrèvement du département, I. 273.
Degrospierre (le cit.), II. 251.
Delachaise, comm. du roi au trib. de Montbrison, II. 2.
Delacroix, cons. général. V. Lacroix.
Delagrée, s.-direct. de l'arsenal. II. 28, 29, 30, 78, 212, 289, 290, l. de La Grée.
Delaporte (Séb.), représentant, I. 511.
Delaroche (Aimé), imprimeur, I. 6, v. La Roche.
Delarochette, I. 424, l. de La Rochette.
Delaunay, II. 33.
Delay (Sébastien), II. 151.
Delechoy, II. 333.
Delessart, contrôleur général, minist. de l'Intérieur, I. 146, 228.
Delgabio, architecte, II. 361.
Delglat (le cit.), II. 163.
Delhorme, I. 207, 444, II. 142.
Delilia, II. 316.
Delmas, député, II. 66, 294.
Delolle, I. 201, II. 418.
Delorme, II. 344; — m. du dist. de la Campagne, I. 213, II. 16; — secrétaire, II. 222, 242.
Démenta (les), I. 492.
Demeunier, député, I. 58.
Denervo, — femme du représentant Gauthier, II. 370; — commissaire de la monnaie, II. 217, 336.
Denicé, I. 358.
Denis, I. 396; — maire de Montrottier, II. 11.
Denis-Jaquinot, II. 344.
Denisière, médecin, I. 371.
Deparras, I. 166. V. Monchanin.
Départements (commission centrale des), II. 405.
Dépenses variables, I. 25, 462.
Dépôt de mendicité, I. 68, 76, 103, 133, 192, 385, 464, 491, 492, II. 3, 167.
Dépôt des titres, I. 485.
Députation de citoyens de Lyon, I. 42.
Députation du Conseil Général à Paris, I. 115.
Députés du département, I. 5, 68, 69, 74, 87, 93, 98, 100, 103, 106-108, 115, 126, 127, 129-131, 152, 175, 183, 198,

199, 205, 209, 211, 219, 220, 229, 409, V. Beraud, Blanchon, Caminet, Charrier, Chasset, Chirat, Colomb, Cusset, Duhouchet, Dupuis, Duvant, Forest, Fournier, Goudard, Javogues, Jovin-Molle, Lamourette, Lanthenas, La Rochette, Lemontey, Michete, Michon du Marais, Milanois, Moulin, Nompère, Patrin, Pointe, Pressavin, Priestley, Sage, Sanlaville, Saulnier, Thévenet, Vitet.

Députés du département (assemblée des) à Lyon, II. 368.
Députés des sections à la Convention, II. 443, 444.
DERBIGNY. V. d'Herbigny.
DERJON, off. mun., II. 437.
DERVIEU, m. de la mun. de St-Etienne, II. 310.
DERVIEUX (Charles), II. 20.
DESCARS, I. 141, d'Escars.
DESCHAMPS, payeur général, II. 63, 64, 163, 216, 271, 272.
DESCORCHES-St-CROIX, lieut. de la comp. franche, I. 210.
Description du départ. de Rhône-et-Loire, I. 357.
DESMARTAIN-TALON, caissier, II. 236, 237.
DESMARTAINS, off. mun., II. 437.
Désordres, I. 3, 236.
DESPARAT, V. Monchanin.
DESPAROS, II. 33.
DESPARRO, direct. des transports militaires, II. 383, 384.
DESPEYROUX, cons. gén. de l'Aude, II. 354.
DESPLACES, m. du dist. de Roanne, II. 316, 318.
DESPORTES (Claude-Antoine), du Bois-d'Oingt, cons. général le 9 sept. 1791, I. 241, 242, 252. 253, 424, II. 30, 69, 79, 97, 98, 101, 103, 108, 109, 113, 135, 144, 176 ; — présent aux séances, I. 210, 215, 216, 218, 249, 252, 265, 272, 275, 276, 280, 285, 291, 301, 309, 312, 316, 320, 325-327, 337, 340, 348, 351, 356, 391, II. 1, 2, 4, 7, 8, 11, 18, 19, 23, 30, 32, 35, 41, 42, 43, 48, 49, 53, 56, 60, 61, 65, 66, 69, 70, 78, 81, 88, 95, 98, 100, 102, 103, 104, 106, 107, 109, 114, 116, 119, 121, 131, 132, 134, 135, 138, 140-143, 147, 149, 150, 153-155, 157, 161, 163, 165, 166, 169, 171-177, 179, 180, 184, 186.
Dessin (école de), I. 369, 370.
DESTEFANIS, II. 196, 264.
DESTEKEL, off. de la légion des Alpes, II. 224.
DESTILLAC, off. de cavalerie, I. 275.
DESVERNAY — (Antoine), maire de St-Etienne, I. 431-436, 438, 444 ; — (Nicolas, de St-Etienne, I. 445, 446.
DETOURS, I. 110.
Dette publique (liquidation de la), I. 146.
DEVILLE (Jean-Baptiste), aîné, propriétaire, de Lagresle (al. à Regny), cons. général le 14 juin 1790, I. 16, 173, 228, 405 ; présent aux séances, I. 4, 9-10, 17, 18, 22-25, 27, 31, 32, 34, 36-38, 43, 48, 50, 54, 56, 59, 67, 69, 73, 75, 80, 86, 90, 92, 99, 101, 107, 113, 122, 124, 126, 129, 132, 136, 140, 146, 148, 150, 158, 160, 162, 167, 171, 174, 177, 182, 185, 193.
DEVILLE, I. 396 ; — (Jean-Claude). V. Villo.
DEVIRY, II. 377. V. Viry.
DEVITRI. V. Vitry.
DEVOLUÉ (Julien), I. 198.
DIESBACH (régiment de), I. 229.
Digue de l'hôpital, I. 314.
DIGOIN, I. 386.
DIJON, II. 343-345, 350, 376, 381, 443.
Dîme, dixme (la), I. 5, 6, 9, 228.
Directeur général des fermes à Lyon, I. 110.
DIRECTOIRE du département de Rhône-et-Loire, I. 2, 3, 6, 7, 10, 12, 14, 15, 18, 19, 21-24, 26-28, 33, 35-38, 53-56, 60, 61, 69-73, 78-80, 87, 91, 112, 113, 122, 131, 137, 140, 147, 156, 169, 170, 177, 178, 181, 183, 185-188, 191, 194, 219, 230, 240-242, 245-249, 251-253, 257, 259, 266, 272, 275, 280, 281, 285-287, 289, 290, 298, 301, 308, 311-313, 316, 317, 319, 321, 325, 326, 327, 329, 331, 333, 337, 339-344, 343, 347, 352, 353, 355, 356, 359, 361, 365, 367, 368, 370-372, 374, 375, 378-382, 384-390, 409, 410, 414, 418, 450, 452, 454-464, 466, 469, 470, 475-479, 482-484, 494, 495, 511, II. 3, 7, 14, 17, 19, 21, 23, 24, 26, 31, 33, 36-38, 43, 46, 47, 49, 50, 53, 54, 64, 65, 70, 71, 75, 79, 80-84, 88-90, 94, 95, 97, 100, 101, 103, 105, 111-113, 130, 133, 139, 142, 144, 158, 167, 168, 170, 181, 185, 190, 193, 194, 209, 210, 211, 215, 218, 220, 221, 231, 235, 251, 253, 271, 276, 277, 279, 280, 285, 287, 310, 315, 323, 324, 336, 339, 356, 358, 381, 383, 390, 420, 430, 451, 455 ; — (compte rendu du), I. 26, 316, 318, 371, II. 84, 105, 189, 204 ; — (logement des membres du), I. 70 ; — (membres du), V. Achard, Belville, Besson, Borde, Bonamour, Brunet, Comarmond, Couturier, Dacier, Desportes, Duvant, Ferrand, Finguerlin, Gaultier, Gonon, Imbert, Janson, Lagrange, Lorange, Mauzerand, Mussieu, Pariat, Pavy, Populle, Romany, Santaillier, Sauzéas, Servan, Simonet ; — (nomination du), I. 7, 247, 447, II. 144 ; — (révocation du), II. 80, 88, 110 ; — (traitement des membres du), I. 91.
Directoires (les), I. 5, 73. V. aux noms des districts.
Districts. V. Campagne de Lyon, Lyon, Montbrison, Roanne, Saint-Etienne, Villefranche.
Doctrinaires, I. 131.
DODIEU, juge, II. 196.
DOMBES (la), I. 197.
Domaines de la Couronne, I. 61, 62.

Domaines nationaux, I. 121.
DOMPIERRE, I. 360.
DONIOL, I. 351, II. 97, 222.
DONZEL, le jeune, II. 151.
DORNAC (le général), II. 364, 376.
Douane, I. 56, 104, II. 368.
DOUGLAS (de), I. 199.
DOUGLAS, lieut. de gendarmerie, I. 223.
DOUBS (département du), II. 129.
DOXAT (George-Albert), II. 250.
DRACÉ, I. 358.
DRAGONS, II. 52, 55, 57, 69, 86, 91, 92, 94, 289, 364, 383; — (5ᵉ régᵗ de), 56; — 9ᵉ régᵗ de), 303, 354, 375, 398, 399, 407.
Drapeau — blanc, II. 324; — de la Fédération, 455; — tricolore, 436.
DRIVON, domestique, II. 288.
Droits d'entrée, I. 225, 300.
Droits féodaux, II. 417; — (rachat des), I. 132, 136, 140, 146, 150, 481.
DRÔME (département de la), I. 205, II. 52, 77, 271, 404; — (5ᵉ bataillon du départ. de la), II. 138.
DROVEL, député, II. 258.
DUBESSEY-VILLECHAISE (Jean-Ferréol), de Saint-Julien-la-Vestre, cons. général le 10 sept. 1791, I. 242, 252, 291, II. 62, 70; présent aux séances, I. 238, 240, 241, 243, 245, 246, 248, 249, 252, 256, 258, 265, 271, 275, 276, 280, 285, 286, 293, 303, 309, 312, 316, 320, 325, 326, 327, 337, 340, 348, 351, 356, 391, II. 88, 95, 98, 99, 100, 102, 103, 104, 106, 107, 109.
DUBESSEY, grenadier, II. 97.
DUBERROULT, II. 53, 61. V. Berroult.
DUBOIS, off. mun., II. 196, 264.
DUBOIS DU BAY, II. 66.
DUBOIS-CRANCÉ, I. 511, II. 278, 279, 312, 313, 314, 318, 331, 366, 372, 373, 380, 381, 384, 385, 401, 405, 410, 427.
DUBOST, I. 396; — (B.), I. 409-412.
DUBOST (Jean-François), de Lyon, cons. général le 11 sept. 1792, président, I. 431-444, II. 128, 141, 144, 172, 186-188, 190, 192, 193, 197, 216, 225, 229, 262-265, 271, 272, 282, 283, 285, 302, 309, 310, 352, 360, 370, 374, 437; — présent aux séances, II. 130-132, 134, 135, 138, 140-143, 147, 149, 150, 153, 154, 155, 157, 161, 163, 165, 166, 169, 171, 172-177, 179-180, 181, 187, 188, 190-194, 197-203, 208, 209, 212, 216-219, 223, 224, 227-230, 234, 236, 239-241, 261-263, 265, 269, 271, 275, 277, 278, 285, 287, 291, 293-295, 301, 306, 307, 309, 311, 316, 317, 320-323, 325-327, 330, 331, 333-335, 337-340, 342, 346, 348-352, 354, 357, 358, 360, 361, 370-372, 374, 378, 381, 389, 390, 394, 401, 406, 409, 410, 415-417, 419, 422, 426, 431, 432, 434, 435, 437, 439.
DUBOUCHET, de Montbrison, député, I. 418, 434.
DUBOURG, maréchal de camp, II. 210.
DUBREUIL, adjud. général, II. 110.
DUC, II. 455.

DUCALE (rue), à Roanne, I. 111, 117.
DUCAR, I. 173.
DUCHAMBON, com. des guerres, II. 217, 270.
DUCHAMP, II. 121.
DUCREULX-TREZETTE, lieut-col. de gendarmerie, I. 207, 215, II. 106, 157, 455. V. Trezette.
DUERNE, II. 33-35, 55, 123-127, 130, 327.
DUFOISSAC, lieut. de gendarm. I. 35, II. 455.
DUFRÈNE, cons. au Parl., II. 239.
DUGAS (Jean-Baptiste-Charles), de la Catonnière, de St-Martin-la-Plaine, propriétaire à Rive-de-Gier, cons. gén. le 13 juin 1790, I. 2, 7, 167, 174, 204, 228, 239, 404, 507, II. 4, 64, 76, 90, 113, 120, 138?; — présent aux séances, I. 1, 3-10, 17, 18, 22-26, 27, 31, 32, 34, 36-38, 43, 49, 50, 54, 56, 59, 67, 69, 73, 78, 80, 86, 90, 92, 99, 104, 107, 113, 122, 124, 126, 129, 132, 136, 140, 146, 148, 150, 158, 160, 162, 167, 171, 174, 177, 182, 185, 193, 194, 199, 204, 205, 207, 211-216, 218-220 (démissionnaire le 10 sept. 1792), II ? 138, 140, 141, 142, 143, 147, 149, 150, 153, 154, 155, 157, 161, 163, 165, 166, 169, 171-177, 179, 180, 184?
DUGENE, adjoint au dist. de Lyon, II. 432.
DUGUET, II. 324.
DULAS, m. du dist. de Villef., II. 354, 356.
DULAU, évêque de Grenoble, I. 138.
DULUC, aîné, II. 344.
DUMARAIS. V. Michon.
DUMAS, canonnier, II. 97.
DUMEURIER (puits), à Rive-de-Gier, I. 126.
DUMOLARD, II. 362.
DUMORTIER — (Benoît), II. 33, 34; — (Pierre), 33, 35.
DUMOURIEZ, II. 245-247, 256.
DUNKERQUE, II. 66.
DUPAC (Guillaume), de Bellegarde, I. 57, 58.
DUPARC, secrét., I. 72, 350, II. 97, 203, 222.
DUPIN, maréchal des logis de gendarm., II. 304.
DUPIN, adj. au ministre de la guerre, II. 419.
DUPLEX, I. 447; — lieut.-col. de volont., II. 55.
DUPOINT (puits), à R.-de-Gier, I. 126.
DUPORT, I. 363; — secrétaire, II. 347; — de l'Oriol, II. 344, 345.
DUPUIS, I. 410, 412-426, 428; — juge, I. 201; — de Montbrison, I. 446-449; — (Jean-Baptiste-Henri), de Montbrison, député, I. 412.
DUPUY (Claude), de Montbrison, député à la Conv., I. 432.
DUPUY, concierge de la prison de Roanne, à Lyon, II. 321.
DURANCE (la), II. 385.
DURAND, — architecte, II. 160; — secrét. de la Conv., II. 333.

DURET, II. 344.
DURIEU, II. 196.
DURIEU DE VITRY, de Quincieu, DURIEUX DE VITRÉ, de Quincié, cons. général le 11 novembre 1792, I. 418, II. 187, 188, 190, 252, 255, 256, 203; — présent aux séances, II. 188, 190-194, 197-199, 251, 253, 260-263, 265, 267, 271, 273, 307, 311, 317, 320-323, 325, 327, 330, 331, 333-335, 337, 338, 342, 346, 319, 351.
DURIEUX (Brosson), de Villefranche. V. Bresson, I. 446.
DUROULDY (Pierre), I. 395.
DUSSAULT (histoire de la Bastille de), I. 67.
DUSSURGEY, notaire, II. 281.
DUSUD (Etienne), II. 391, 392.
DUTERRE, sergent, II. 10.
DUTRAMBLEY, comm. de la trésor. nat., II. 451.
DUTREMBLEY, II. 272.
DUTRONCY, off. mun. de Mâcon, II. 249.
DUTRONCY, II. 324; — secrétaire, II. 371, 374, 375, 379, 387-389.
DUVAL, cap. de gendarm., II. 455.
DUVANT (Pierre), avocat, de Néronde, conseil. général le 14 juin 1790, m. du Directoire, député à la Législative le 2 sept. 1791, I. 7, 16, 61, 71, 173, 405, 413, 414, 483; — présent aux séances, I. 1, 3, 5-10, 17, 18, 22-25, 27, 31, 32, 34, 36-38, 43, 48, 50, 54, 56, 59, 67, 69, 73, 75, 80, 86, 90, 92, 99, 103, 107, 113, 122, 124, 126, 129, 132, 136, 140, 146, 148, 150, 158, 160, 162, 167, 171, 174, 177, 182, 185, 193, 194, 198, 199, 203, 205, 207, 209, 211, 213-220, 222-224, 226, 228-231, 235, 237.

Ecclésiastiques, — réfractaires, I. 234; — traitement des, I. 170, 484.
Echanges de villages, I. 7.
ECLUZE (château de l'), I. 164.
ECOLE DE DESSIN, I. 369, 370, 385.
ECÔLE VÉTÉRINAIRE, I. 71, 166, 167, 192, 284, 285, 385, 386, 467, 494.
ECULLY, I. 206, 209, 362, 363.
ECUSSOL (Guillot d'), receveur, II. 225.
EGALITÉ (section de l'), II. 300, 307, 350, 386.
EGLISE MÉTROPOLITAINE, I. 235.
Eglises paroissiales, I. 73.
EGASTE, L. GASTE, I. 404. V. Colomb.
EGYPTIENS, I. 306.
EISEN, off. mun., II. 268.
Elections, I. 8, 131, 195, 395.
Electeurs, I. 437.
EMERINGES, I. 358.
Emigrés, II. 231, 232, 233, 417, 447.
Emoluments du président, I. 21.
Emprunt, II. 179; — forcé, 280.
ENAY(le s'), II. 193.
Enfants trouvés, I. 55, 77, 129, 151, 153, 365.
Ennemis de la Constitution, de la Révolution, I. 172, 208.

Enregistrement, I. 286, 288, 269.
Enrôlements, II. 133, 136.
Enseignement (l'), I. 180.
Entrepôt des grains, I. 121.
Epidémies (médecins des), I. 370.
ESCHARLOD, II. 158.
ESCOFFON, ESCOSSON, courrier, II. 372, 408.
EST (départements de l'), II. 353.
ESTROLS (Richard d'), II. 344.
ESPAGNE, II. 384.
ESPERCIEUX, I. 65.
ESTOURNEL (Joseph-Henri), I. 206, 214, 410, 412-426, 428.
Etablissements d'enseignement, I. 90.
Etalons I. 141.
Etangs du Forez, I. 187, 489.
Etapes (fonds des), I. 25, 26, 63, 463.
ETATS GÉNÉRAUX, I. 361.
Etats de situation des caisses des receveurs, I. 31.
Etoffes de soie (droits sur les), I. 25, 26.
Etoffes étrangères (fonds des), I. 467.
Etrangers, I. 161, 164, II. 23, 26, 30, 272, 286, 319.
ETROITS (chemin des), I. 363, 482.
EUROPE (l'), I. 176, 269, 327, 372, 385, 427, II. 173, 275, 260.
EVÊCHÉ (l'), II. 357, 358.
EVÊQUE (l'), de Rh.-et-Loire, I. 148, 226, 230, 235, 236, 426, II. 46, 75, 335. V. Marbeuf, Lamourette.
Evêques (coalition des), I. 71, 138, 174.
Experts, I. 99.
Extraordinaire (caisse de l'), I. 131, 146.
EYNARD, adjoint au dist. de la ville de Lyon, II. 492.

FABRE, député, II. 285, 291.
Fabriques (revenus des), I. 477, II. 223.
FABRY, notable, II. 196.
FAILLAT, I. 351.
FAILLOT, secrét., II. 97, 222.
FARGÉ, II. 288.
FARGES, II. 339.
FARJON, DE CHENÈVE (Antoine-François-Marie) fils, avocat à St-Just-en-Chevalet, cons. général le 14 juin 1790, I. 7, 16, 173, 220, 229, 242, 253, 405, II. 30, 82, 83, 84, 98, 103, 105, 113, présent aux séances, I. 2-10, 17, 18, 22-25, 27, 31, 32, 34, 36-38, 43, 48, 50, 54, 56, 59, 69, 73, 75, 80, 86, 90, 92, 99, 103, 107, 113, 122, 124, 126, 129, 132, 136, 140, 146, 148, 150, 158, 160, 162, 167, 171, 174, 177, 182, 185, 193, 199, 205, 207, 209, 211, 213-220, 222-221, 228-231, 235, 237, 238, 240, 241, 243, 245, 246, 248, 249, 252, 255, 256, 265, 272, 275, 276, 280, 285, 286, 293, 303, 309, 312, 316, 320, 325, 326, 327, 337, 340, 348, 351, 356, 391, II. 8, 11, 18, 19, 25, 30, 32, 36, 41-43, 48, 49, 53, 56, 60,

61, 100, 102-104, 106, 107, 109, 147, 149, 150, 153, 154, 155, 157, 176, 177, 179, 180, 186, 187.
Farjon (Jacques-Jean), père, de St-Just-en-Chevalet, cons. général le 14 novembre 1792, I. 418, II. 201, 302, 437, présent aux séances, II. 231, 254, 256, 257, 258, 260-263, 268, 269, 271, 273, 275, 276, 301, 306, 307, 311, 317, 320, 321-323, 325, 327, 330, 331, 333-335, 337, 338, 340, 342, 346, 349, 351, 352, 435, 437, 439, 441, 442, 449, 450.
Faton (le cit.), II. 251.
Fauchet, député, II. 111, 113.
Faulcheux (Claude-André), imprimeur, I. 322.
Faure, II. 324, 422.
Faure-Montaland, juge, membre du comité de sûreté générale, I. 201, II. 404, 406.
Faveranges. V. Laroa.
Favre, m. du dist. de la Camp. et du comité de sûreté gén., II. 196, 289, 304, 408, 422, 437, 450.
Faydi, off. mun., II. 383.
Faye, m. de la Comm. Pop. Rép., II. 450.
Fayolle, m. du dist. de L., I. 206.
Fédération (la), I. 220-227, 230, 235, 478, II. 3, 396, 454; — à Paris, I. 82, 382; — (bannière de la), I. 478; — (champ de la), II. 119, 275.
Fédération (place de la), II. 236, 241, 259, 260.
Fédération (canton, section de la), II. 9, 10, 308.
Fédérés de Lyon, II. 80.
Fenouille (Le), I. 187.
Fer (mineral de), I. 73.
Ferlin, juge, II. 196.
Fermes et régies, I. 218.
Fernex, juge, II. 196.
Ferrand (Jean-Baptiste), notaire de Boen, cons. général le 10 sept. 1791, m. du Directoire le 13 novembre 1792, I. 242, 253, 425, 447, II. 41, 69, 79, 97, 104, 109, 113, 144, 179, 188, 190, 196, 220, 357-359; présent aux séances, I. 218, 240, 241, 213, 245, 216, 218, 249, 252, 258, 265, 272, 275, 276, 280, 285, 293, 303, 309, 312, 316, 320, 325-327, 337, 340, 348, 351, 356, II. 42, 43, 48, 49, 53, 56, 60-62, 65, 66, 68, 70, 78, 84, 88, 95, 98, 100, 102-104, 106, 107, 109, 114, 116, 119, 121, 122, 128, 130-132, 134, 135, 138, 140, 141-143, 147, 149, 150, 153-155, 157, 161, 163, 165, 166, 169, 171-173, 177, 179, 180, 183, 184, 186, 187, 197-203, 208, 205, 212-214, 216-219, 221, 224, 228-230, 234, 236, 239-241, 311, 317, 320, 321, 323, 325, 327, 330, 341, 343-345, 347, 348, 349, 342, 346, 349, 351, 352, 354, 357, 358, 360, 361, 370, 371, 372, 374, 378, 381, 389, 390, 394.
Ferrand, secrét. du dist. de L., chef de bureau au département, II. 99, 100, 203, 213, 222, 242.

Ferrières (Guendré de), I. 309.
Fers (marque des), I. 56; — (fabrication des), I. 170.
Fête-Dieu (procession de l'Octave de la), I. 207.
Feuillet, juge de paix, II. 196.
Feurs, I. 159, 187, 260, 278, 279, 359, 396, 403, 425, 473, 511, 512, II. 284, 285; — (canton de), I. 174; — (maire de), I. 110, de La Combe, 69, 100, 109; — (route de Clermont à), I. 100, 109; — (route de Tarare à), I. 165.
Fevre, II. 344.
Fiacres, I. 26, 71, 177, 234, 467.
Fiefs, I. 140, 141.
Figurey, secrét. de la Comm. Pop. Rép., II. 420, 423-426, 428, 434, 444, 454.
Filature de coton à St-Irénée, I. 133.
Filles de mauvaise vie, I. 492.
Filles pénitentes (maison des), I. 37, 74, 77, 363.
Fillon, II. 196.
Finances (corps de), I. 221.
Finguerlin (Gaspard-Daniel), négociant, de Lyon, cons. général le 11 juin 1790, membre du Directoire, I. 7, 16, 37, 51, 54, 76, 91, 128, 133, 186, 206, 401; présent aux séances, I. 1, 3, 5-10, 17, 18, 22-25, 27, 31, 32, 36-38, 43, 48, 50, 54, 56, 59, 67, 69, 73, 75, 80, 86, 90, 92, 99, 103, 107, 113, 122, 124, 126, 129, 132, 136, 140, 146, 148, 150, 158, 160, 162, 167, 171, 174, 177, 182, 185, 193, 194, 198, 199, 203, 205, 207, 209, 211, 213-220, 242-224, 226, 228-231, 235, 237.
Finistère (département du), I. 88, 91.
Firminy, Firmigny (canton de), I. 174, II. 214.
Flachet (la veuve), I. 363.
Fléchet, greff. du trib. de la Campagne, I. 202.
Fleurieu, I. 58, 128, II. 135.
Fleurieu (de), ministre de la marine, I. 58, 147, 198.
Fleurye, I. 358.
Florentin-Petit, juge, I. 202.
Focard de Chateau (Benoît-Charles-Etienne), secrétaire général du département, I. 4, 66, 89, 239, II. 88; présent aux séances, I. 3, 5-10, 17, 22, 23, 25, 27, 31-39, 41, 43, 48, 50, 53, 56, 59, 66, 69, 72, 75, 80, 84, 86, 90, 92, 98, 103, 107, 113, 121, 124, 126, 129, 132, 135, 140, 145, 147, 150, 158, 160, 162, 167, 171, 174, 175, 182, 185, 193, 198, 203-205, 207, 209-221, 223-225, 227-228, 230, 235, 237.
Foires, I. 53, 230, 233, 234, 488; — (bureau des), à l'Hôtel-de-Ville, I. 104.
Fondations (acquit des), I. 125.
Fonderies de canons, II. 317.
Fondot, II. 344.
Fonds de charité, I. 177, 405.
Fontaine de Jouvence (auberge de la), I. 363.
Fontainebleau, II. 111.

Fontaines, I. 58, 128, 202, 203, 209, 213, 362, 390, 473, II. 43, 135, 136; — (hospice d'aliénés à), I. 491; — Picpus (de), I. 128.
Fontanière (chemin de la), I. 363.
Forcrand, secrétaire, I. 351, II. 97, 222, 223.
Forest, m. du dist. de la Campagne, II. 196, 320, 346, 373, 437.
Forest, juge au trib. de Roanne, dép. à la Conv. le 8 sept. 1792, I. 437, 438.
Forêts, I. 76, 340.
Forêt (hôtel), II. 325.
Forez (le), I. 136, 155, 208, 299, 497, 510; — (étangs du), I. 187, 489, 490; — (mines du), I. 94; — (sénéchaussée du), I. 7.
Forges (les), I. 136.
Forissier, notable de St-Etienne, II. 340.
Fortifications de Lyon, II. 433.
Forts (les), I. 5.
Fossés-St-Bernard (rue des), à Paris, II. 443.
Fougeol. V. Foujol.
Fouilleuse (canton de la), I. 174.
Foujol, de St-Galmier, cons. général le 11 sept. 1792, I. 444, 448.
Foujol, Foujols, off. mun. de Saint-Etienne, II. 340-342.
Fourcroy, I. 512.
Fournereau, notaire, I. 361.
Fournier (François), II. 304.
Fournier, off. de dragons, II. 303.
Fournier, juge de paix de Millery, I. 441.
Fourvière, II. 403.
Frais de guerre, II. 106.
Frais d'administration du district de la Campagne, I. 167.
Fraisier, secrét. de la mun. de Clermont, I. 210.
Francallet, off. mun., II. 264.
France, I. 5, 40, 71, 84, 85, 90, 176, 192, 223, 327, 328, 385, 498, 501, II. 137, 154, 214, 229, 233, 239, 240, 256, 263, 328, 365, 366, 369, 377, 385, 404, 442; — (finances de la), I. 10; — (midi de la), II. 24.
Franc-Lyonnais (le), I. 267, 268, 360, 389, 451, 452, 454; — (bureau intermédiaire du), I. 463.
Francheville, I. 363.
Franchise de la correspondance, I. 54, 470.
François (empire), I. 9.
Francs (les), I. 83.
Frannere (capitaine), II. 289, 290.
Frécine, I. 512.
Frédéric II, I. 307.
Fréminville (Edme-Claude), avocat à Lyon, cons. général le 11 juin 1790, I. 8, 10, 22, 41, 60, 62, 129, 113, 147, 151, 165, 166, 180, 401, 410; présent aux séances, I. 1, 3-10, 17, 18, 22-25, 27, 31, 32, 36-38, 43, 48, 50, 54, 56, 59, 75, 80, 86, 90, 92, 95, 103, 107, 113, 122, 124, 126, 132, 138, 140, 146, 148, 150, 158, 160, 162, 167, 171, 174, 177, 182, 185, 193.
Fréminville, m. du comité de sûreté générale, II. 406.
Frécon, maire d'Ampuis, II. 20.
Frèrejean, fondeur, II. 114, 298, 299.
Frestel, adm. du trésor public, I. 381, 382.
Fricaud, c. gén. de Saône-et-Loire, II. 177, 178.
Froidot, c. gén. de la Haute-Saône, II. 298.
Froissard, I. 399.
Fromental, négociant, II. 372, 408.
Fromage (J.), off. mun. de St-Etienne, II. 340, 341.
Fromage, I. 396.
Frontenas, I. 165, 359.
Frossard (Benjamin-Sigismond), membre du dist. de Lyon, cons. général le 9 septembre 1791, I. 204, 212, 245, 252, 280, 286, 291, 304, 322, 357, 425, 444, II. 11, 18, 20, 30, 41, 76, 82, 83, 84, 90, 91, 95, 97, 98, 99, 108, 113, 117, 119, 120, 140, 144, 149, 151, 153, 156, 158, 159, 166, 191, 199; présent aux séances, I. 238, 240, 241, 243, 245, 246, 248, 249, 252, 256, 258, 265, 272, 275, 276, 280, 286, 293, 303, 309, 312, 316, 320, 325, 326, 327, 337, 340, 348, 351, 356, 391, II. 19, 23, 30, 32, 35, 41-43, 48, 49, 53, 56, 60-62, 65, 66-68, 70, 78, 84, 88, 95, 98, 99, 100, 102-104, 106, 107, 109, 114, 116, 119, 121, 122, 128, 130-132, 134, 135, 138, 140.
Fulchiron, négociant, II. 239.
Furens (le), II. 256.
Furet-Lavalette, I. 257, 259, 261.
Fusils, II. 110, 252, 256, 395, 409, 430, 434, 435.
Fuz, m. du dist., II. 309.

Gabelle (la), I. 56.
Gabiot, notable, II. 376.
Gabriel, I. 351; — brigadier de gend., II. 17; — lieutenant-général, II. 455; — off. mun. de St-Chamond, II. 102; — secrétaire, II. 97, 222.
Gachet, notable, II. 196.
Gaillard, — adjudicataire des travaux de l'Azergues, I. 182; — juge, II. 276, 277.
Gain (de), chantre du chap. métropolitain, I. 39, 40.
Galifet, II. 239.
Gallien (le s'), I. 363.
Ganin, I. 351; — secrétaire, II. 97, 222; — (clos), I. 363.
Gap, II. 212, 213, 364, 375.
Garat, II. 240, 262, 263, 270, 294, 343.
Garde (Jean), off. mun. d'Ampuis, II. 20.
Garde (le cit. La), II. 377.
Garde nationale, I. 5, 24, 35, 68, 81, 82, 85, 149, 220, 313, 477, 478, II. 22, 95, 115, 119, 123, 140, 379, 394; — à cheval, II. 53.

GARDON, GARDAN (le cit.), I. 445, 446.
GARIN (Jean-Antoine), notable de Duerne, II. 33, 35.
GARNIER, I. 351; — m. du dist. de la Camp., I. 204, 210; — off. mun. de Lyon, I. 175; — secrét. au départ., II. 60, 97, 222, 270, 273, 275-281, 283, 285, 287, 291, 294, 295.
GARON (Joseph), II. 20.
GASPARIN, député, II. 66, 67, 78.
GASPARDY, m. du dist. de L., II. 226.
GASSENDI, com. des troupes de ligne, s.-directeur de l'arsenal, II. 295, 326, 332, 405, 406, 419.
GAUDIN, II. 272; — (Claude), II. 301, 392.
GAULTIER, I. 410.
GAULTIER (Jean-Pierre-Magloire), avocat à Rive-de-Gier, cons. général le 10 sept. 1791, I. 242, 245, 247, 425, II. 1, 68; — présent aux séances, I. 238, 240, 241, 245, 246, 248, 249, 252, 256, 265, 272, 275, 276, 280, 285, 286, 293, 303, 309, 312, 316, 320, 325, 326, 327, 337, 340, 348, 351, 356, 391.
GAUTHIER, représentant, I. 511, II. 278, 279, 310, 312, 313, 314, 315, 317, 318, 319, 324, 331, 333, 338, 362, 363, 370, 372, 373, 380, 427.
GAUTHIER DE BREVANT, II. 345.
GAUTIER, GAUTHIER, II. 236, 237; — notable, II. 196.
GAY (Gabriel), II. 20.
Gazes, I. 110.
Gelée (la), en 1789, I. 127.
Gendarmerie (la), I. 204, 205, 207, 211, 215, 216, 218, 223-225, 228, 233, 234, 278, II. 31, 54, 55, 327, 455; — à cheval, II. 114; — soldée, II. 295.
Gentilshommes (ci-devant), I. 161.
GÉNÉRALITÉ de Lyon, I. 20.
GENÊT-BRONZE, II. 455.
GERBE (rue de la), I. 211.
GERBOULET (Jean-Pierre), II. 319.
GÉRENTET (Jean-Baptiste-Marie), maire de St-Rambert-sur-Loire, cons. général le 13 juin 1790, I. 8, 16, 35, 174, 183, 206, 403, 405; — présent aux séances, I. 1, 3-10, 17, 18, 22-25, 27, 31, 32, 34, 37, 38, 43, 48, 50, 54, 59, 67, 69, 73, 75, 80, 86, 90, 92, 99, 103, 107, 113, 122, 124, 126, 132, 136, 140, 146, 148, 150, 158, 160, 167, 171, 174, 177, 182, 185, 193, 194, 199, 203, 205, 207, 209, 211-220.
GEDER, II. 249.
GERIN, II. 324; off. mun. de Lyon, 437.
GERMAIN (le cit.), II. 409.
GERMOLES, GERMOLLES, I. 188, 298, 300, 301, 473.
Gers (département du), II. 53.
GILIBERT, I. 399, II. 249, 392, 455; — (Jean), II. 250; — (Jean-Emmanuel), médecin, I. 371, II. 250.
GILIBERT, — présid. de la Com. Pop. Rép., II. 371, 393-396; — vice-prés. du Com. gén. de Salut public, II. 455.

GILIBERT-CLESLE, caissier de l'armée départ., II. 437.
GILLIBERT, II. 151.
GILLOTTE, — (J. F.-P.), II. 345; — les frères, II. 344.
GINON, vice-prés. de la section de Porte-Froc, II. 373.
GIRAUD, I. 363.
GIRAUD-MONTBELLET (Georges-Marie), II. 236, 237, 299, 300.
GIRAUDET, notable de St-Chamond, II. 425.
GIRERD (Louis), épicier, II. 250.
GIRERD, I. 410.
GIRIN, off. mun., II. 437.
GIROD, I. 351; — m. du dist. de la Campagne, II. 16, 69; — secrét. au départ., I. 72, II. 97, 100, 222, 357, 358.
GIRONDE (département de la), I. 273, II. 351, 353, 371, 372; — (5e bataillon de la), II. 43; — (volontaires de la), II. 105.
GIRONDINS, II. 304.
Givors, I. 60, 160, 164, 174, 207, 211, 356, 357, 359, 371, 402, 460, II. 113, 114, 181, 423; — (bac de), II. 423; — (canal de), I. 386, 460, II. 161, 162; — (route de) à Chazelles, I. 165; — à la Loire, I. 186; — à la Varizelle, I. 165.
GOHIER, I. 512.
GONCHON (Clément), II. 294, 295, 337.
GONIN, courrier, II. 372, 408.
GONNARD (Pierre), de Pierre-Bénite, cons. général le 12 juin 1790, I. 16, 174, 206, 402; — présent aux séances, I. 1, 3-10, 17, 18, 22-25, 31, 32, 34, 43, 48, 56, 59, 80, 86, 90, 92, 99, 104, 107, 113, 122, 124, 126, 132, 136, 140, 146, 148, 150, 159, 160, 162, 167, 171, 174, 177, 182, 185, 193, 191, 199, 204, 205, 207, 211, 213-217, 224, 226, 228-230.
GONON SAINT-FRESNE (Antoine), lieutenant particulier à St-Galmier, conseiller général le 13 juin 1790, membre du Directoire, secrétaire général du département, I. 16, 88, 155, 166, 174, 204, 217, 218, 219, 239, 245, 246, 324, 396, 403, 414, 418, 444, II. 90, 106, 112, 146, 160, 184, 222, 243, 270, 309, 437, 455; — présent aux séances, I. 1, 3-10, 17, 18, 22-25, 27, 31, 32, 34, 36-38, 43, 48, 50, 54, 56, 59, 67, 69, 73, 75, 80, 86, 90, 92, 99, 104, 107, 113, 122, 124, 126, 129, 132, 136, 140, 146, 148, 150, 159, 160, 162, 167, 171, 174, 177, 182, 185, 193, 194, 199, 203, 205, 207, 209, 211, 213-220, 222, 237, 248, 249, 252, 255, 256, 258, 265, 271, 272, 274-276, 280, 285, 286, 292, 293, 303, 308, 309, 312, 316, 320, 325-327, 336, 337, 340, 347, 348, 351, 355, 356, 391, II. 1, 2, 4, 7, 8, 11, 18, 19, 23, 30, 32, 35, 41-43, 48, 49, 53, 56, 59, 60-62, 65, 66, 68, 70, 77, 78, 84, 88, 95, 98-100, 102-104, 106-109, 114-116, 119, 121, 122, 128-132, 134, 135, 138, 140-143, 147, 149, 150, 153-157, 161, 163-166, 168-180, 184, 186, 187, 190-194, 197-203,

208, 209, 211-214, 216-219, 223, 224, 227-230, 234-236, 238-251, 253-258, 260-263, 265, 269, 271, 275-278, 280-282, 285, 287, 291, 293-296, 301, 306, 307, 309-311, 316, 317, 320-323, 325-327, 330, 331, 333-335, 337-339, 342, 346, 348-352, 354, 357, 358, 360, 361, 370, 371, 372, 374, 378, 381, 389, 390, 394, 401, 406, 409, 410, 415-417, 419, 422, 426, 431, 432, 434, 436, 439, 441, 442, 449, 450.
GONTARD, I. 410.
GOUDARD, député, I. 127.
GOUJON, député, II. 67.
GOURCY-MAINVILLE (de), chanoine, I. 48, 49, 142, 143.
GOURGUILLON (section, canton du), I. 397, 410.
GOUTALLIER, m. du dist. de Villefranche, II. 299, 300, 337, 346, 441.
GOUTE, évêque de S.-et-Loire, II. 151.
GOUTORBE, II. 324.
GOUTTECHAUDE, I. 410.
GOUVERNEMENT (bureau des douanes à l'ancien), I. 104.
GOYET, I. 76.
GOYON, de Tarare, I. 103.
GRAILHE DE MONTAIMA (Jean-Marie-Martin), I. 396, 398-405, 408.
Grains, I. 48, 489. II. 292, 293. V. blé, subsistances.
GRAIX (de La), lieut.-col., I. 241, l. de La Grée.
GRAND (le cit.), II. 251.
GRAND (Claude), maire de St-Germain-au-Mont-d'Or, cons. général le 8 sept. 1791, I. 203, 242, 423, II. 20, 30, 41, 113, 136, 141 ; — présent aux séances, I. 238, 240, 241, 243, 245, 246, 248, 249, 258, 265, 272, 275, 276, 280, 285, 286, 293, 303, 309, 312, 316, 320, 325, 326, 327, 337, 340, 348, 351, 356, 361, II. 4, 7, 8, 11, 18, 19, 23, 30, 32, 35, 41-43, 48, 49, 53, 56, 60-62, 65, 66, 68, 70, 78, 84, 88, 95, 98, 100, 119, 121, 122, 128, 130-132, 134, 135, 138, 140-143, 147, 149, 150, 153-155, 157, 161, 163, 165, 166, 169, 171-177, 179.
GRAND-BUISSON (le), II. 410.
GRAND-COLLÈGE (le), I. 202.
GRAND'CÔTE (la, section de la), I 88, II. 9.
GRANDCHAMP (Joseph-Louis), chirurgien à Lyon, conseiller général le 14 novembre 1792, président, I. 416-449, II. 186-188, 191, 196, 219, 228, 229, 238, 279-283 ; — présent aux séances, II. 187, 188, 190-194, 197-203, 208, 209, 211-214, 216-219, 228, 224, 227-230, 234-236, 238-251, 253-258, 260-263, 265, 269, 271, 273, 275-278.
GRANDMAISON (de), I. 37.
GRANGE (Antoine), dit Arnaud de Chazelles, cons. général le 14 novembre 1792, I. 449, II. 186-188, 197, 199 ; — présent aux séances, II. 187, 188, 190-194, 247.
GRANGE-BLANCHE, I. 303, 481, II. 17.

GRANGER, off. mun. de St-Etienne, II. 340.
GRANJON, II. 324.
GRAS, ad. du dist. de Montbrison, I. 100.
GRAS, secrét. de la Comm. Pop. Rép. et de S. P., II. 403, 416, 417, 424, 441.
GRAVENAND, GRAVENANTE, GRAVENAS, (mines, territoire de), I. 93, 468, 502, 507.
GRAVIER, off. mun., II. 196.
GRECS, I. 306.
Greffes des tribunaux, I. 114.
GRÉGOIRE, député, II. 192.
GREMY, I. 351.
Grenadiers, II. 52, 55, 57, 69, 77-79, 86, 91, 92, 94, 107, 109.
GRENETTE (les halles de la), I. 407.
Greniers à sel, I. 352.
GRENOBLE, I. 138, 198, II. 29, 310, 324, 346, 363, 366, 373, 375, 380, 383, 398, 405 ; — (évêque de), I. 138.
GRÉSIEUX, I. 363.
GRIFFE, négociant, II. 168.
GRIGNY, I. 436.
GRIS, off. mun. de Mâcon, II. 249.
GRIVET, II. 196.
GRONNIER, off. mun. II. 437.
GROS (Guillaume), II. 314.
GROUVELLE, secrét. du Cons. Exécutif, II. 82, 112, 132.
GRUBIS (Charles), de St-Héand, cons. général le 13 juin 1790, I. 1, 4, 16, 174, 204, 404, 405 ; — présent aux séances, I. 22-25, 27, 31, 32, 34, 36-38, 43, 48, 50, 54, 56, 59, 67, 69, 80, 86, 90, 92, 99, 101, 107, 113, 122, 124, 128, 129, 132, 134, 137, 140, 146, 148, 150, 159, 160, 162, 167, 171, 174, 177, 182, 185, 193, 199, 205, 207, 211-220.
GRYSON (C.), m. du Comité de Salut public. II. 294.
GUBIAN (le cit.), II. 377.
GUDIN, I. 410.
GUENDRÉ DE FERRIÈRES, com. du Roi à la monnaie, I. 309.
GUÉRIN, I. 396.
GUERIOT (le cit.), II. 239, 240.
Guet (compagnie du), I. 265, 285, 302, 303.
GUGY (de), lieut.-col. de Sonnemberg, I. 227.
GUICHE (de La), I. 360.
GUIGNARD (le ministre), I. 3, 93.
GUIGNON, I. 351.
GUIGOUD, GUIGOU, père, fils, secrétaires, I. 71, 72, II. 97, 222 ; — Victor, II. 150, 223.
GUIGUET, cap. de gendarmerie, I. 234.
GUIGUET-VAURION, capitaine d'artillerie, I. 215 ; — cap. de gendarmerie, II. 455.
GUILLAMBAUD (H. Vincent), II. 20.
GUILLAUME-TELL (section de), II. 296, 301, 303, 308, 321.
GUILLERMIN, notable de St-Etienne, II. 340.
GUILLERMET, off. mun. d'Ampuis, II. 20,

GUILLIN, I. 161, 173, 203, 209; — de Poleymieux, I. 221; — de Pougelon, I. 141; — procureur de la comm. de Lyon, II. 437.
GUILLOT, — aide-major de la garde nat., I. 204; — François, II. 319.
GUILLOT D'ÉCUSSOL, receveur, II. 225.
GUILLOTIÈRE (la), I. 138, 159, 168, 184, 185, 226, 257, 261, 268, 272, 311, 373, II. 319; — (barrières aux portes de la), I. 48, 68; — (corps de garde du pont de la), I. 272, 319; — (pont de la), I. 273, 311, 319, 328, II. 404.
Guillotine (la), II. 277.
GUINEMARD, proc. de la com. de St-Pierre-la-Palud, II. 288, 289.
GUINET, chirurgien, II. 316.
GUIRAUD, II. 151.
GUY, comm. du bataillon de Place-Neuve, II. 250.
GUYANNE (la), II. 232, 447.
GUYARD, II. 344; — de Balon, 345.
GUYENNE (régiment de), I. 221.
GUYOT, — prêtre, II. 345; — proc. de la comm. de St-Germain-Laval, II. 377, 378.
GUYTON, député, II. 256.

HALLE AUX BLEDS (canton de la), II. 195, 208, 210.
HALLOT (de), maréchal de camp, I. 194, 195, 207, 214, 220, 221, 224, 226, 227, 229, 241, 252, 253.
HALMBURGER (A.), off. mun., II. 455.
HANIEZ, dit Lebrun, II. 345.
HAUDIN, comm. de la trésorerie nat., II. 451.
HAUTE COUR NATIONALE, I. 228, 300, 409, 421, 443. II. 12, 13, 14, 18.
HAUTE-LOIRE (département de la), I. 8, 124, 136, 188, 227, 302, 440, 473, 481, II. 52, 214, 215.
HAUTE-SAÔNE (département de la), II. 298, 299.
HAUTE-VIENNE (départ. de la), II. 251, 252.
HENRI IV, I. 305.
HENRI, HENRY, comm. des guerres, II. 286.
HENRY (Jacques), II. 284, 285.
HENRY, off. mun. de Lyon, II. 120; — secrétaire, II. 222.
HÉNON, professeur à l'École Vétérinaire, I. 167.
HÉRAULT (départ. de l'), II. 77, 192, 265, 268, 313, 351, 427.
HERBES DE LA TOUR (d'), II. 404, 405.
HERBIGNY (d'), intendant, I. 497.
HERCULE, II. 442.
HERMITAGE (prêtres de l'), II. 97.
HESSE (le général Charles, prince de), II. 102, 105, 122, 131, 368-370, 438.
HIDINS, HIDDINS, comm. national, II. 195, 196, 287.
Histoire de la Révolution de Lyon, II. 373.
HOLLANDE, I. 204.

Hôpital militaire, I. 51; — aux Cordeliers, I. 37, 128.
HÔPITAL (digue de l'), I. 311.
Hôpital — pour les inoculations, I. 132, 187; — de Lyon, I. 87, 136. V. Hôtel-Dieu.
Hôpitaux de Lyon, I. 135, 147, 256, 268, 269, 271, 491, 493, 499. V. Charité, Hôtel-Dieu.
Hospices pour les insensés, I. 491.
HÔTEL COMMUN (l'), V. Hôtel-de-Ville.
HÔTEL COMMUN (canton de l'), I. 287, 288, II. 354.
HÔTEL-DIEU (l'), à Lyon, I. 11, 128, 143, 144, 145, 269, 270, 271, 279, 385, 491, II. 20-22.
HÔTEL DES MONNAIES, II. 197.
HÔTEL-DE-VILLE, hôtel commun, à Lyon, I. 104, 199, 202, 226, 227, 230, 235, II. 9, 65, 75, 99, 100, 101, 102, 107, 116, 120, 122, 158, 159, 160, 173, 179, 190, 192, 193, 194, 217, 218, 226, 227, 302, 334, 356, 358, 407.
Hôtel du département, I. 81, 82, 101.
Huiles (droits sur les), I. 56, 73.
HUGUENIN, II. 134.
HUNINGUE, II. 41, 55.
Hymne de la patrie, I. 449.

ILE-BARBE, I. 362; — (péage de l'), I. 481.
ILLE-ET-VILAINE, II. 368.
IMBERT (Pierre), avocat du roi à Montbrison, conseiller général le 13 juin 1790, membre du Directoire, I. 7, 16, 72, 91, 132, 182, 187, 219, 396, 398, 403, 407; présent aux séances, I. 1, 3, 5-10, 17, 18, 22, 23, 27, 32, 34, 37, 38, 43, 50, 54, 56, 59, 67, 69, 73, 75, 80, 86, 90, 92, 99, 103, 107, 113, 122, 124, 126, 129, 132, 136, 140, 146, 148, 150, 158, 160, 162, 167, 171, 174, 177, 182, 185, 193.
Impositions, I. 92, 93, 259, 266; — (collecteurs, receveurs des), I. 148; — (décharges des), moins imposé, I. 170.
Impositions indirectes, I. 32, 309, 458.
Imposition de 3 et 6 deniers par benne de charbon, I. 98, 502.
Impôts, I. 6, 125, 250, 256, 257, 451, 496.
Impression — (adjudication), I. 172; — des lois, II. 40; — des procès-verbaux des séances, I. 280, 304; — des rapports, I. 141.
Imprimeurs du département, I. 4, 6.
Indemnité allouée aux conseillers généraux, I. 102.
Infanterie (67e régt d'), I. 7; — (72e régt d'), I. 5.
Ingénieur en chef, I. 115.
Ingénieurs, I. 116, 186, 342, 343, 347. V. Ponts et chaussées.
INGRAND, député, II. 258.
Inoculation (hôpital pour l'), I. 132, 187.
Inscription civique, I. 291, 470.
Insensés (hospices pour les), I. 491.

Inspecteurs des toiles et manufactures, I. 186.
Instruction publique, II. 294.
INTENDANCE, I. 381, II. 184; — (hôtel de l'), I. 70, 183, II. 158, 159, 160, 163, 164.
INTENDANT (l'), I. 2, 3, 14, 98, 110, 177, 181, 386; — d'Herbigny, II. 497; — Terray, I. 460-465, 468, 471, 502, 503, 505, 507-509.
Intendants (les), I. 33, 47.
Interrogatoire du roi et de la reine, I. 224.
Invasion (l'), I. 132.
Inventions, I. 228.
IREZ, II. 226.
ISÈRE (département de l'), I. 8, 100, 105, 106, 138, 184, 198, 205, 357, II. 28, 137, 314, 335, 346, 351, 365, 367, 423.
ISLAN (lieu d'), II. 354.
ISLE-BARBE, I. 362.
ISNARD, II. 162.
ITALIE (armée d'), II. 398. V. Armée.
IVON, subst. du proc. de la commune de St-Etienne, II. 340.
IZERON, I. 174, II. 55, 123, 125, 126, 327.

JACOMIN, cons. général de la Drôme, II. 77.
JACOBINS (couvent des), II. 6; — (les, société des), à Lyon, II. 259, 265, 270, 271, 276, 277, 279, 369, 385.
JACQUEMETTON, II. 184.
JALÈS (conspirateurs de), II. 30.
JAMEN, II. 151.
JAMIER, maire de Montbrison, II. 321.
JAMON, député, II. 256.
JAMSON, maire de St-Symphorien-de-Lay, II. 389.
JANET, II. 184.
JANSON. — curé de Claveisolles, I. 290; — médecin, I. 371.
JANSON (Aimé), maire de Beaujeu, cons. général le 12 juin 1790, réélu le 9 septembre 1791, m. du Directoire, président, I. 7, 16, 51, 68, 76, 124, 126, 169, 173, 179, 187, 207, 238, 239, 245, 247, 360, 403, 424, 426, 507, II. 2, 12, 79, 80, 82, 83, 112; présent aux séances, I. 1, 3, 5-10, 17, 18, 22-25, 27, 31, 32, 34, 36-38, 43, 48, 50, 54, 56, 59, 67, 69, 73, 75, 80, 86, 90, 92, 99, 103, 107, 113, 122, 124, 126, 129, 132, 136, 140, 146, 148, 150, 158, 160, 162, 167, 171, 174, 177, 182, 185, 193, 194, 198, 199, 203, 205, 207, 209, 211, 213-220, 222-224, 226, 228, 229, 230, 231, 235, 237, 238, 240, 241-246, 248, 249, 252, 255, 256, 258, 265, 271, 272, 274-276, 280, 285, 286, 292, 293, 303, 308, 309, 312, 316, 320, 325, 336, 337, 340, 347, 348, 351, 355, 356, 391; II. 18, 19, 23, 30, 32, 35, 41-43, 48, 49, 53, 56, 59-62, 65, 66, 68, 70, 77, 78.
JARS (le sr), I. 463.
JAS, I. 473.
JAQUENOD (les frères), libraires, II. 373.

JAQUET (Jacques), brigadier de dragons, II. 407.
JAQUINOT, II. 344.
Jauge et courtage (droits de), I. 130, 142.
JAVEL, II. 184.
JAVOGUES (Claude), de Montbrison, député à la Convention le 9 sept. 1792, I. 410, 440, 511.
JEAN (puits), à Rive-de-Gier, I. 126, 508.
JEANNOT (Mlle), I. 363.
JELLAMIN, proc. de la com. de Clermont, I. 210.
JESSÉ, ch. de légion de la garde nat., II. 43.
JÉSUITES (les), I. 336.
JOANIN, c. gén. de Saône-et-Loire, II. 68, 77.
JOANIN (le cit.), II. 372.
JOGAND, aîné, II. 168.
JOGOT, député, II. 192.
JOLICLER (François-Marie-Thérèse), curé de St-Nizier, II. 250.
JOLIBOIS, I. 102, II. 10.
JOLY, c. gén. de la Haute-Saône, II. 298.
JOLY (de), min. de la justice, II. 12, 16.
JOMAIN (le cit.), II. 372.
JONTS (le sr), II. 26.
JORDAN, I. 60.
JOURDAN, m. du direct. de l'Ain, II. 323.
JOURNAL de Lyon et des provinces voisines, I. 10.
JOURNAL de Lyon et du départ. de Rhône-et-Loire, I. 10.
JOURNAL de Lyon, ou Moniteur du départ. de Rh.-et-Loire, I. 264.
JOURNAL de Paris, I. 229.
JOURNAL des municipalités et des ass. administ. de départ. et de district, I. 9.
JOUVENCEL, I. 410.
JOUVENET, m. du dist. de Roanne, I. 431.
JOVIN, m. de la mun. de St-Etienne, II. 340.
JOVIN-MOLLE (Jean-Jacques), négociant à St-Etienne, cons. général le 13 juin 1790, député à la Législative le 2 sept. 1791, I. 8, 16, 22, 78, 91, 136, 166, 174, 179, 204, 211, 398-405, 408, 414; — présent aux séances, I. 1, 3, 5-10, 17, 18, 22-25, 27, 31, 32, 34, 36-38, 43, 48, 50, 51, 56, 59, 67, 69, 73, 75, 80, 86, 90, 92, 99, 103, 107, 113, 122, 124, 126, 129, 132, 136, 140, 146, 148, 150, 158, 160, 162, 167, 171, 174, 177, 182, 185, 193, 194, 198, 199, 204, 205, 207, 211-220, 222-224, 226, 228-231, 235, 237.
Juges, I. 32, 90, 148, 200, 235.
Juges de Paix, I. 87, 127, 135, 212, 235, 361.
JULIARD, greff. de la mun. de Montagny, II. 392.
JULLIARD, commandant de la garde nat., II. 9, 11, 23, 146, 307.
JULLIÉ, I. 358.
JULLIEN, m. du dist. II. 196.
JULLIEN (Jean-Pierre), II. 151.
JULLIÉNAS, I. 358.
JURA (département du), I. 93, II. 114,

333 (9e bataillon des volontaires du), II. 174, 175.
Jurés, I. 310.
Juridictions (papiers des), I. 73.
Justice de paix (procédure en), I. 124.

Kalendrin, I. 352.
Kargaradec, maréchal de camp, II. 212, 219.
Kellermann (le général), II. 198, 199, 212, 219, 312, 313, 317, 319, 364, 375, 376, 399.
Kersaint, député, II. 66.

Labatie, lieut. des arquebusiers, I. 202.
Labbe (Jean), imprimeur, II. 20.
Lacenas, I. 358.
La Chaize Bussière, I. 300, 301.
Lachèze Bussy, I. 188.
Lacombe, maire de Feurs, I. 100, 109.
Lacombe Saint-Michel, député, II. 66, 67, 78.
Lacoste, II. 123, 125, 126, 127, 443.
Lacour, off. mun. de St-Germain-Laval, II. 378.
Lacroix, Delacroix d'Azolette (Jean-Marie), cons. général le 11 sept. 1792, I. 444, II. 141, 187, 188, 192, 196, 202, 276, 437; — présent aux séances, II. 141-143, 147, 149, 150, 153-155, 157, 161, 163, 165, 166, 169, 171-177, 179, 180, 184, 188, 190-194, 197-199, 273, 275, 276, 278, 280, 283, 354, 357, 358, 360, 361, 370-372, 374-378, 381, 389, 390, 394, 401, 406, 409, 410, 415, 426, 431, 432, 434, 435, 437, 439.
Lacroix de Laval (Jean-Pierre), de Lyon, cons. général le 12 juin 1790, I. 7, 8, 16, 55, 76, 137, 141, 174, 177, 207, 402; — présent aux séances, I. 1, 3-10, 17, 18, 22-25, 27, 31, 32, 34, 36-38, 43, 48, 50, 54, 56, 59, 67, 69, 73, 75, 80, 90, 92, 107, 113, 122, 124, 126, 129, 132, 136, 140, 146, 148, 150, 160, 162, 167, 171, 177, 182, 185, 193, 194, 199, 203, 205, 207, 209, 211, 213-220, 224, 228-230.
Lafarge, I. 72, 351, 429.
Laffai, fabricien, II. 174.
Lafond, II. 324.
Lafont (la rue), II. 225.
La Fayette, I. 67.
Lagouvé, off. mun. de St-Etienne, II. 340.
Lagrange (Jean-François), maire de Belleville, cons. général le 12 juin 1790, I. 7, 16, 22, 41, 47, 52, 62, 68, 76, 81, 91, 102, 134, 160, 166, 173, 177, 186, 202, 204, 209, 211, 213, 247, 257, 280, 324, 403, 410, II. 9, 49, 85, 87; — présent aux séances, I. 1, 3-10, 17, 22-25, 31, 32, 34, 36-38, 43, 48, 50, 54, 56, 59, 67, 69, 73, 75, 80, 86, 90, 92, 99, 103, 107, 113, 122, 124, 126, 129, 132, 136, 140, 146, 148, 150, 158, 160,

162, 167, 171, 174, 177, 182, 185, 193, 194, 199, 203, 205, 207, 209, 211, 213-220, 224, 228, 229-231, 235, 237, 238, 240, 241, 243, 245, 246, 248, 249, 252, 256, 258, 265, 272, 275, 276, 280, 285, 286, 293, 303, 309, 312, 316, 320, 325-327, 337, 340, 348, 351, 356, 391, II. 1, 2, 4, 7, 8, 11, 18, 19, 23, 30, 32, 35, 41-43, 48, 49 53, 56, 60, 61, 65, 66, 68, 70.
Lagrée (C.-F. de), commandant les troupes de ligne, II. 289, 290.
Laloy (P.-A.), I. 512.
Lambert, II. 324.
Lambert, contrôleur général des finances, I. 70, 73, 92, 93, 99, 113, II. 239.
Lamolière (Jean-Baptiste), imprimeur, I. 322, 323.
Lamourette (Adrien), évêque de Rhône-et-Loire, député à la Législat. le 31 août 1791, I. 412, 427.
Lamurette. V. Rullet.
Lamareuilhe (Gaspard), commiss. au trib. criminel, II. 142.
Lancié, I. 298, 358.
Landau, II. 66.
Landes (volontaires des), I. 431.
Langlois, m. du dist. de Montbrison, II. 346, 348.
Lanthenas (François), médecin, député à la Convention le 9 sept. 1792, I. 440.
Laporte, représentant, II. 443, 444.
Larat, secrét. du dist. de Roanne, II. 376.
Large, off. mun. de Mâcon, II. 249.
Laroa de Faveranges (Jacques), juge de paix de St-Victor-sur-Loire, cons. général le 10 sept. 1791, I. 242, 257, 291, 425, II. 4, 50, 69, 90, 113; — présent aux séances, I. 238, 240, 241, 243, 245, 246, 248, 249, 252, 256, 258, 265, 272, 275, 276, 280, 285, 286, 293, 303, 309, 312, 316, 320, 325-327, 337, 340, 348, 351, 356.
Larochette, député à la Législative, I. 416, 417.
La Ronzière-la-Douze (de), I. 410.
Lasale, lieut. de gendarm., II. 455.
Lassource, II. 143.
Latarneye, II. 324.
Latour, I. 429; — off. mun. de St-Germain-Laval, II. 377.
Lattard, I. 396-398.
Latude (vie de), I. 67.
Landaw, II. 315.
Laurencin, II. 275.
Laurenson (Charles), de Mornant, cons. général le 11 sept. 1792, I. 444, II. 134, 186, 188, 190, 198, 199; — présent aux séances, II. 134, 135, 138, 140, 141-143, 147, 149, 150, 153-155, 157, 161, 163, 165, 166, 169, 171-177, 179, 180, 184, 187, 188, 190-194, 197, 202-203, 208, 209, 212, 234, 236, 239, 248, 273, 276, 295, 311, 325, 327, 330, 333, 334, 337, 338, 340, 342, 346, 349, 354, 358, 360, 361, 371, 390.

LAURENSON, juge, II. 196.
LAUSSEL (François-Auguste), curé de St-Bonnet-le-Troncy, II. 80, 157.
LAUZANNE, I. 34, 52, Lozanne.
LAVAL (château de), I. 198, 206 ; — (m. de), I. 209.
LAY, I. 260.
LAYE (le cit. Christophe), I. 445.
LEBLANC, juge, I. 202.
LEBRUN, II. 82, 112, 132 ; — (Haniez dit), II. 345.
LEBOSSU (Camille-Marin), II. 358, 359, 360.
LE...., commis. de la trésorerie nationale, II. 451.
LECAMUS, greffier de la comm. de Lyon, II. 48, 79, 82, 142.
LECLER, huissier, II. 160.
LECOINTE-PUYRAVAUX, II. 67.
LECOMTE, II. 324.
LECOURT (Jean-Jacques), m. du district de Lyon, cons. général le 9 sept. 1791, I. 37, 207, 239, 242, 245, 247, 424, II. 83, 85, 87, 98, 112 ; — présent aux séances, I. 238, 240, 241, 243, 245, 246, 248, 249, 252, 256, 258, 265, 272, 275, 276, 280, 285, 286, 293, 303, 309, 312, 316, 320, 325, 326, 327, 337, 340, 348, 351, 356, 391, II. 1, 2, 4, 7, 8, 11, 18, 19, 23, 30, 32, 35, 41, 42, 43, 48, 49, 53, 56, 60, 61, 62, 65, 66, 68, 70, 84, 88.
LECOURT, l'aîné, suppléant au département, II. 432.
Lecture (méthode de), I. 480.
LEDOYEN (Jean-Denis), adjudant général, II. 317.
LEFEUVRE, armurier, II. 372.
LEGENDRE, député, II. 142-144, 146, 249, 265.
LÉGER, I. 484 ; — lieut. d'artillerie, I. 204 ; — garde d'artillerie, II. 30.
LÉGION des Alpes, II. 224.
LEGROS, apôtre de la Liberté, I. 81, 82, 84.
LEGROS, huissier, II. 345.
LE LANDOZ, II. 265.
LEMONTEY, off. mun. de Lyon, député à la Législative, I. 204, 417, 420.
LE PELLETIER-St-FARGEAU, II. 241.
Les citoyens libres des communes de Condrieu et Ampuis au peuple du faubourg St-Antoine, II. 20.
LESTERPT-BEAUVAIS, représentant, II. 332, 341, 395, 434.
LÉTANDIÈRE (général) II. 375.
LETHAUT, LETAULT, LETHOT, I. 93, 94.
LETELLIER, contrôleur du dépôt de mendicité, II. 168.
LETHO, I. 91.
Lettre de l'église cathédrale métropolitaine et primatiale de Lyon, I. 39.
Lettre pastorale de M. l'évêque de Lisieux...., I. 108.
LEVAYER (Michel), II. 372, 390, 409, 410, 420, 421.
Levée de 6.000 hommes, II. 280.

LEUILLON DE THORIGNY, comm. du Roi, I. 202.
LIARD, inspect. des ponts et chaussées, I. 41, 42, 49, 51 ; — ingénieur à Roanne, 131.
LIBERTÉ (arbre de la), I. 443, 449 ; — (place de la), à Lyon, II. 356.
LIBERTÉ (section de la), II. 300, 307.
LIERGUES, I. 403.
LIGNON (le, bac, pont du), I. 100, 109, 187.
LILIA, proc. de la comm. de Nantua, II. 316.
LILLE, I. 229.
Limites du département, I. 7, 188, II. 202.
LIMOGES, II. 251.
LIMONEST, II. 408 ; — (St-André), 372.
LIMONY (route de Brignais à), I. 479 ; — (route de Lyon à), I. 160.
LINDET (Robert), représentant, II. 256, 294, 331, 332-334, 337, 338.
Liste civile, I. 199.
LIVOURNE, 307.
LIZIEUX (évêque, municipalité de), I. 108.
LOGIER (Pierre), ch. de légion, II. 43.
LOGIS-NEUF (le), II. 123, 410.
LOIR (Pierre), II. 455.
LOIRE (la), I. 189, 240, 274, 299, 354, 355, 386, 497 ; — (bac de la), I. 42, 77, 127, 279, 326, 327 ; — (balisage de la), I. 216, 218 ; — (chemin de Givors à la), I. 186 ; — (inondations de la), I. 41, 42, 49, 50, 65, 66, 69, 74, 86, 88, 93, 101, 108, 113, 127, 137, 311, 372, 501 ; (navigation de la), I. 155.
LOIRE (département de la), I. 511, 512 ; (volontaires de la), II. 250.
LOIRE-INFÉRIEURE (département de la), II. 267.
LONG, notable de St-Etienne, II. 340.
LONGERAY, I. 487.
LONS-LE-SAULNIER, I. 208, II. 379.
LORANGE DE MEZIEU (Mathieu-Marie), homme de loi de Renaison, cons. général le 8 septembre 1791, II. 239, 242, 247, 424, II. 3, 79, 84 ; — présent aux séances, I. 238, 240, 241, 243, 245, 246, 248, 249, 252, 256, 258, 265, 272, 275, 276, 280, 285, 286, 293, 303, 309, 312, 316, 320, 325, 326, 327, 337, 340, 348, 351, 356, 391, II. 1, 2, 4, 7, 8, 11, 18, 19, 23, 30, 32, 35, 41-43, 48, 49, 53, 56, 60-62, 65, 66, 68, 70, 78.
LORAS, I. 396, off. mun. de Lyon, II. 437.
LORIENT, I. 215.
LOT (département du), II. 52.
LOT-ET-GARONNE (dépt de), I. 3.
LOUIS XVI, I. 83, 407, II. 12, 102, 228, 229, 442.
LOUIS XVII, II. 324.
LOUIS-LE-GRAND (canton de), I. 88.
LOUVRE (imprimerie du), I. 512.
LOYER II. 455 ; — suppl. au trib. de cassation, I. 426 ; — secrétaire de la Comm. Pop. Rép. et de Salut public, II. 371, 374, 375, 379, 384, 387, 388,

391, 393-397, 400, 401, 403, 405-408, 415-417.
Lozanne (collecteur de), I. 34.
Luckner (de), off. général, I. 205.
Lyard, inspect. des p. et chaussées, I. 49. V. Liard.
Lymony (route de Lyon à), I. 160, 164.
Lyon, I. 1, 24, 32, 58, 68, 70, 71, 73, 74, 87, 89, 94, 98, 104, 127, 130, 134, 135, 138, 142-145, 149, 151, 152, 154, 159, 161-163, 168, 172, 173, 176-179, 183, 184, 187, 192, 194, 205, 211, 215, 221, 226, 228, 238, 240, 242-244, 251, 256, 257, 260, 261, 266-268, 270, 272, 273, 279, 281, 285, 302, 306, 307, 314, 328, 330, 354, 359, 360, 361-364, 366, 369-371, 373, 377, 379, 385, 386, 389, 396, 397, 399, 405, 410, 416, 417, 419, 424, 429, 430, 431, 435, 437, 438, 443-445, 447-450, 452, 455, 458, 461, 462, 468, 477, 481, 487, 488, 497, 499, 500, 502, 511, II. 1-5, 7-9, 12-19, 21-26, 28-31, 35, 38, 42, 43, 47, 49, 51, 55, 58, 61, 72, 81, 82, 88, 90, 101, 104, 105, 107-110, 112, 114, 116, 117, 120, 124, 125-133, 137, 140-147, 149-151, 155, 156, 158, 160, 162, 171, 173, 174, 176, 178, 180, 181, 182, 191, 194, 197, 199, 200, 210, 212, 217, 218, 219, 223, 225, 227, 231, 235, 236, 237, 239, 240, 247, 250-253, 260, 265, 266, 269, 270, 272, 273, 275, 276, 279, 281, 283, 285-287, 289-291, 294-296, 298, 300, 301-309, 311-318, 326-335, 338, 340, 341, 343-353, 356, 359, 363-366, 369, 370, 372, 376, 379-383, 385, 390, 394, 395, 398, 399, 402, 404-419, 422, 424, 427, 430, 432-434, 436, 438, 440, 443-446, 450, 453-455, 510; — archevêque de, I. 148. V. Marbœuf; — bureau intermédiaire, I. 463; — caisse patriotique, I. 36; — camp, II. 394; — chanoines, chapitre, 39, 40, 42, 48, 49, 51, 57, 67, 75, 100, 356; — citoyens, I. 63; — commandant de la garnison, I. 38, 52, 60. V. de La Chapelle; — commissionnaires, I. 104; — députation de citoyens, I. 42; — députation de la municipalité, I. 10; — dette, I. 183; — diocèse, I. 6; — directeur des postes, I. 114. V. Tabareau; — directeur général des fermes, I. 110; — district de la Campagne. V. Campagne; — directoire du district de la ville, I. 37, 38, 40, 44, 49, 50, 51, 59, 60, 61, 71, 73, 75-77, 81, 88, 98, 99, 104, 106, 109, 114, 127, 128, 130, 131, 133, 146, 147, 175, 241, 253, 254, 268, 270, 271, 277, 286-289, 374, II. 64, 65, 80-82, 116, 136, 193, 196, 358, 359; — district de la ville, I. 2, 23-25, 31, 35, 36, 38, 41, 78, 82, 87, 130, 143, 151, 166, 172, 174, 178, 183, 204, 206, 207, 211, 212, 213, 214, 221, 230, 235, 242, 249, 251, 252, 253, 260, 262, 264, 265, 278, 309, 311, 318, 324, 335, 338, 355, 360-362, 371-374, 377, 378, 391, 396, 399, 401, 422, 424, 477, 483, 484, 485, 486, 488, 491, 493, 494, II. 3, 6, 8, 10, 11, 17, 18, 27, 30, 31, 32, 33, 45, 58, 61, 63, 65, 69, 70, 73, 75, 77, 80, 81, 94, 95, 99, 105, 107, 120, 121, 136, 165, 166, 172, 191-194, 196, 206, 212, 223-226, 234, 246, 247, 249, 250, 252, 251, 259, 266, 270, 273, 274, 276, 280, 286, 298, 302, 305, 309, 311, 312, 313, 317, 321, 324, 326, 327, 333, 336, 339, 340, 346, 358, 359, 362, 371, 372, 380, 405, 410, 431, 432, 435, 436, 437, 450, 455; élection, I. 268, 371, 454; — évêque, I. 105; — évêque de Sarept, suffragant, I. 31; — fabriques, I. 110; — faubourgs, I. 171, 173; fortifications, II. 396; — garde nationale, I. 35, 81. V. ce mot; — garnison, I. 60, 77, 149; — généralité, I. 125, 177, 188, 191, 259, 260, 261; — hôtel-de-ville, I. 6. V. ce mot; — journal, I. 10. V. ce mot; — juges de paix, I. 127. V. juges de paix; — maire, I. 58, 69, 235, 236, II. 9, 18, 19, 195, 217, 218, 219, 295, 306; Bertrand, II. 305; Nivière Chol, II. 196, 218, 227, 228; Palerne de Savy, I. 406; Vitet, I. 413, 433, II. 2, 10, 13-16, 79, 80, 82, 88, 89, 110, 111, 112; — manufactures, I. 110; — municipalité, commune, conseil général, procureur de la commune, I. 2, 7, 23-25, 31, 36, 38, 70, 71, 76, 77, 81, 82, 99, 128, 130, 135, 141, 142, 147, 160-163, 168, 171-173, 175, 183, 204, 213, 214, 225, 230, 235, 270, 271, 272, 275, 287, 305, 319, 320, 376, 459, 460, 494, II. 3, 7, 8, 10, 11, 17, 18, 21, 26, 28, 36, 37, 39, 40, 48, 49, 52, 54, 57, 65, 66, 69, 70-72, 74-77, 80, 89, 95, 98, 100, 101, 103, 111, 115-121, 124, 125, 129, 131, 134, 135, 141, 142, 148, 153, 154, 155, 156, 158, 162-164, 166, 172, 181, 189-191, 193, 205, 208-213, 218, 223-227, 229, 230, 234, 235, 239, 241, 244, 246, 247-249, 253, 255, 260, 262-264, 266, 268, 270, 271, 273, 276, 284, 296, 297, 298, 300, 301, 302, 306, 309, 317, 321, 324, 331, 332, 335, 350, 356, 360, 368, 370, 371, 376, 381, 391, 396, 400, 407, 410, 426, 430, 433, 434, 437, 442, 450, 454; — négociants, I. 110; — octrois, I. 6, 7; — paroisses, I. 132; province, I. 454; — poste, II. 73; — prévôt de l'église, I. 57, 58; — prisons, II. 249; — recteurs de l'Hôtel-Dieu, I. 128. V. Hôtel-Dieu; — receveur, I. 462; — routes: d'Autun, I. 165; — de Bordeaux, I. 187; — de Limony, I. 160, 164; — de Paris par la Bourgogne, I. 121, 156, 160, 164; — du Puy, I. 164; — de Valence, II. 382; — du Velay, I. 183; — trésorier, I. 466; — tribunaux, I. 200.
Lyonnais (le), I. 298, 299, 497, 500; — (bureau intermédiaire du), I. 464.
Lyonnais (les), II. 369, 445.

Macabeo, m. du dist. de Lyon, II. 198, 226, 315, 359.
Maclas (canton de), I. 174.
Macon (ville, municipalité), I. 161, 162, 175, 198, II. 212, 213, 249, 253, 410, 449; — (évêque de), I. 45; — (prison de), II. 249, 250; — (pont de), I. 359.
Maconnais, I. 301, 454.
Madinier, I. 100; — directeur de la messagerie, I. 168; — (Baptiste), II. 151.
Magasin à poudre, I. 494.
Magasins militaires, II. 263.
Magdinier (Jean), II. 284; — (Pierrette), 284, 285.
Mager, I. 351, 352.
Magot, secrét. de la mun. de Lyon, II. 225, 255, 301.
Maigre (Pierre), II. 151.
Mainville. V. Gourcy.
Maillan (André-Gilibert), juge de paix de St-Haon-le-Châtel, cons. général le 14 novembre 1792, I. 442, II. 203, 214, 225, 229, 252, 286, 352, 354, 379, 408, present aux séances, II. 203, 208, 209, 212-214, 216-219, 223, 224, 227-230, 234, 236, 239-241, 243, 244, 246-251, 253, 254, 256-258, 260-263, 265, 269, 271, 277-281, 323, 327, 334, 335, 337, 338, 340, 342, 346, 348, 351, 354, 357, 358, 361, 370, 371, 372.
Maillan, secrét. de la Convention, II. 383.
Mailly, présid. du Cons. général de Saône-et-Loire, II. 68.
Maison de correction, I. 135.
Maison de retraite, I. 135.
Maisons d'éducation, I. 185.
Maisons (vente de), I. 99.
Maisonneuve, off. mun. de Lyon, I. 161, 168, II. 437.
Maleval (Jean-Antoine), procur. de la comm. de Duerne, II. 33, 35.
Malivert (de), I. 213.
Mandats délivrés par le Directoire, I. 113.
Manège (le), I. 33.
Maniaques, II. 197.
Manin, secrét. du chapitre métropolitain, I. 40.
Manufactures de France, I. 110.
Marais desséchés, I. 5.
Marais (moulin du), I. 109, 110.
Marand (Ant.), c. général de la Côte-d'Or, II. 344.
Marat, II. 367.
Marbeuf (de), archevêque de Lyon, I. 35, 148.
Marchand, proc. syndic de Clermont, I. 210.
Marchés, I. 488. V. *foires*.
Marck (régiment de La), I. 77, 88, 104.
Marcigny (district de), 298-301.
Marduel ainé, II. 168.
Maréchaussée, I. 47, 126, 463.
Marel, Marrel, II. 380.
Mareschal (Joseph), off. du bat. du Jura, II. 174.

Marine (la), I. 199; — (code pénal de la), I. 124.
Marine (régiment de la), I. 119.
Marion, de Chevinay, conseiller général le 14 novembre 1792, I. 448, II. 186, 188, 196, 197-199, présent aux séances, II. 187, 188, 190-191.
Marlhes (canton de), I. 174.
Marmonier (Alexandre), I. 363.
Maroilles, II. 369.
Maron (François), II. capit. des ports de Pierre-Scize, I. 216.
Marquant, secrétaire, II. 69.
Marque des étoffes (bureau de), I. 467.
Marseillais, II. 363, 369; — (hymne des), II. 495.
Marseille, II. 15, 43, 66, 218, 328, 383, 385, 416, 420.
Marseille (section de), II. 318, 319.
Martel, off. mun. de Lyon, II. 437.
Martin, pontonnier, I. 109.
Martinière, proc. syndic du dist. de la Campagne, II. 16, 196, 289, 304, 437.
Marvejols, II. 315.
Massacres dans les prisons, II. 119.
Massardier (Marc), I. 395.
Massues (Les), I. 363.
Mathé-Beaurevoir (Claude-Madeleine), juge de paix de St-Germain-Laval, cons. général le 8 sept. 1791, I. 244, 291, 423, II. 28, 65, 82, 99, 113; présent aux séances, II. 240, 245, 246, 248, 249, 252, 256, 258, 265, 272, 275, 276, 280, 285, 286, 293, 303, 309, 312, 316, 320, 325, 326, 327, 337, 340, 348, 351, 356, II. 84, 88, 95, 98.
Matheron, I. 445, 446, II. 196, 309, 405, 455; — de la Croix-Rousse, conseiller général le 14 nov. 1792, I. 449, II. 225; — membre du district de la ville de Lyon, II. 226, 253, 316, 339, 346, 348, 352, 359, 362, 363, 366, 373, 437, 455.
Mathon, I. 10.
Matières d'or et d'argent, I. 32.
Maton, lieut. de gendarm., II. 455.
Maubost, II. 324.
Maubeuge, II. 66.
Maurin fils (cit.), II. 250, 251.
Maury (le cit.), II. 359.
Mauzerand (Antoine-Joseph-Philibert Chesnard), homme de loi, de Thizy, cons. général le 9 sep. 1791, I. 242, 424, II. 20, 76, 82, 97, 113; présent aux séances, I. 238, 240, 241, 243, 245, 246, 248, 249, 252, 256, 258, 265, 272, 275, 276, 280, 285, 286, 293, 303, 309, 312, 316, 320, 325, 326, 327, 337, 340, 348, 351, 356, 391, II. 23, 30, 32, 35, 41-43, 48, 49, 53, 56, 60-62, 65, 66, 68, 70, 78, 84, 88, 95, 98, 100, 102-104, 106, 107, 109, 114, 116, 119, 121, 122, 128, 129, 131, 132, 134, 135, 138, 140, 141, 142, 143, 147, 149, 150, 153, 154, 155, 157, 161, 163, 165, 166, 169, 171, 172, 173, 174, 175.
Maximum (le), II. 292, 401.
Mayeuvre de Champvieux (Etienne), président du tribunal du district de la

Campagne de Lyon, procureur général syndic le 10 sept. 1791, I. 200-202, 214, 238, 426, II. 13, 79, 82, 84, 105 ; présent aux séances, I. 238, 240, 241, 243, 245, 246, 248, 249, 252, 256, 258, 265, 272, 275, 276, 280, 285, 289, 293, 303, 309, 312, 316, 320, 325, 326, 327, 337, 340, 348, 351, 356, 391, II. 1, 2, 4, 7, 8, 11, 18, 19, 21, 30, 32, 35, 41, 42, 43, 48, 49, 53, 56, 60-62, 65, 66, 68, 70, 78.

Mayet (Augustin), juge de paix, II. 43.
Mazard, off. mun. de Lyon, II. 437.
Meaudre-Pradines, suppléant au département, II. 432.
Meaulle, secrét. de la Convention, II. 333.
Meaux, I. 199.
Melionat, II. 314.
Melletier (Le), off. mun. de Lyon, I. 213.
Mémoire sur les trois provinces de la généralité de Lyon. I. 497.
Mendicité, I. 26, 492. V. Dépôt de.
Mendiants, I. 492.
Menu, notaire, II. 314.
Mercière (grande rue), I. 264.
Mercière (petite rue), I. 87.
Merle, proc. gén. syndic de Saône-et-Loire, II. 212.
Merley, I. 396-398.
Merlino, député, II. 252.
Mermien, I. 351.
Messageries (les), I. 167, 168.
Mestral, Nestrat (J.), m. du comité de Sûreté générale, II. 389, 401.
Métard (la), I. 259, 261.
Meuniers de Lyon, II. 176.
Meurier (puits du), à Rive-de-Gier, I. 508.
Meuse (départ. de la), I. 210.
Mey de Chal, m. du com. de Sûreté générale, II. 423.
Meynard, lieut. de gend. II. 455.
Meynier, m. de l'Ass. Nat., I. 56, 57.
Meynis (B.-G.), secrét. de la Comm. Pop. R. et de S. P., II. 418, 423, 424, 425, 428, 431, 432, 434, 435, 437, 440, 455.
Meynis (Pierre-François), procureur syndic de Montbrison, procureur général syndic le 11 sept. 1792, I. 444, II. 140, 188, 196, 309, 437, 455 ; présent aux séances, II. 140-143, 147, 149, 150, 153-155, 157, 161, 163, 165, 166, 169, 171-177, 179, 180, 181, 186-188, 190-194, 197, 198-203, 208, 209, 212-214, 216-219, 223, 224, 227, 230, 234, 236, 239-241, 243, 244, 246-251, 253, 254, 256-258, 260-263, 265, 269, 271, 273, 275-281, 283, 285, 287, 291, 294-296, 301, 306, 307, 311, 317, 320-323, 325, 327, 330, 331, 333-335, 337, 338, 340, 342, 346, 348, 349, 351, 352, 354, 357, 358, 360, 361, 370-372, 374, 378, 381, 389, 390, 394, 401, 406, 409, 410, 415-417, 419, 422, 426, 431, 432, 434, 435, 437, 439, 441, 442, 449, 450.

Mezerine (pont de la), I. 160, 161.
Mezieu. V. Lorange.
Micaud, II. 350, 381.
Micatovistes (les), II. 315.
Michallet (maison), I. 361.
Michaud, II. 359 ; — (Benoît), off. du bat. du Jura, II. 174, 175.
Michel (Etienne), off. mun. de Paris, II. 132, 134.
Michete, m. du tribunal de Villefranche, député à la Convention le 7 sept. 1792, I. 436.
Michon du Marais (Jean-François), de Roanne, cons. général le 14 juin 1790, député à la Législative le 30 août 1791, I. 7, 16, 21, 33, 41, 58, 62, 63, 66, 74, 77, 88, 115, 129, 133, 134, 137, 149, 166, 171, 178, 180, 211, 217, 225, 396-405, 408, 411-426, 428 ; présent aux séances, I. 1, 3, 5-10, 17, 18, 22-25, 27, 31, 32, 34, 36-38, 43, 48, 50, 54, 56, 59, 67, 69, 73, 75, 80, 86, 90, 92, 99, 103, 107, 113, 126, 129, 132, 136, 140, 146, 148, 150, 158, 160, 162, 167, 171, 174, 177, 182, 185, 193, 198, 199, 203, 205, 207, 209, 211, 213-220, 222-224, 226, 228-231, 235-237.
Michot (le cit.), II. 376.
Midi (le), II. 29 ; — (bataillons du), II. 391, 416 ; — (départements du), II. 25, 90, 353, 369, 370, 385.
Milan, I. 307.
Milan (hôtel de), à Lyon, II. 314.
Milanais (le), I. 307.
Milanois, Millanois — (Charles-François), I. 322 324 ; — député à l'Ass. Nat., I. 127 ; — imprimeur, II. 194 ; — suppl. au trib. de cassation, I. 409, 422.
Millery, I. 174, 441, II. 391.
Millière (de la), I. 133, 466, 480.
Millin, ordonnateur des guerres, I. 33.
Millon, II. 271.
Milon, II. 196, 264.
Minerai de fer, I. 73.
Mines, I. 35, 78, 87, 91, 93-98, 490, 502 ; — à Beaujeu, I. 339 ; — à Rive-de-Gier, 468. V. Rive-de-Gier.
Mineurs (détachement de), I. 227.
Minimes (les) — à Feurs, I. 512 ; — à St-Etienne, I. 429.
Ministre de l'Intérieur, I. 105, 228, 273, 311, 312, 328, 329, 355, 357, 431, 434, II. 7, 12, 13, 24, 100, 110, 112, 116, 130, 131, 139, 157, 158, 159, 167, 168, 171, 172, 191, 192, 199, 262, 264, 283, 290, 291, 294, 296, 297, 321, 357, 449.
Ministre de la Guerre, I. 23, 24, 33, 34, 171, 175, 207, 225, 227, II. 7, 8, 17, 32, 42, 47, 50, 54, 60, 61, 85, 105, 114, 138, 163, 198, 205, 263, 272, 299, 300, 326, 371, 372, 410, 420.
Ministre de la Justice, I. 167, II. 12-16, 18, 65, 105, 208, 209, 211, 210, 397.
Ministre de la Marine, I. 58, 59, 147.
Ministre des Finances, I. 173.
Ministre des Contributions publiques, I. 259, 260, 261, 274, 288, 289, 310, 336, 352, 353, 381.

MIRABEAU, I. 426, II. 189, 239.
MISSIRE, m. du dist. de Roanne, II. 339, 346, 348, 377.
Missionnaires, I. 131.
Moins imposé, I. 76, 99, 172, 173.
MOISSENET, II. 344.
MOISSONNIER (Jacques), médecin de St-Bonnet-le-Château, cons. général le 9 sep. 1791 et le 14 novemb. 1792, I. 212, 257, 291, 304, 322, 324, 371, II. 30, 31, 98, 104, 105, 113, 118, 122, 124, 128, 425, 449; présent aux séances, I. 218, 240, 241, 244, 246, 248, 250, 258, 265, 272, 275, 276, 280, 285, 286, 293, 301, 309, 312, 316, 320, 325, 326, 327, 337, 340, 348, 351, 356, 391, II. 32, 35, 41-44, 48, 49, 53, 56, 60, 61, 102-104, 106, 107, 109, 114, 116, 122, 128, 130-132, 134, 135, 138, 140-143, 147, 149, 150, 153-155, 157, 161, 163, 165, 166, 169, 171, 172.
MOLIN — curé de St-Irénée, I. 133; — juge de paix de Vaugneray, II. 304.
MONACO, I. 23, 24, 36.
MONATE, proc. de la com. de St-Chamond, II. 425.
MONCHANIN DE PARRAT, avocat à Perreux, cons. général le 14 juin 1790, I. 16, 22, 71, 109, 110, 127, 133, 141, 173, 217, 405; présent aux séances, I. 1, 3-10, 17, 18, 22-25, 27, 31, 32, 34, 36-38, 43, 48, 50, 54, 56, 59, 67, 69, 73, 75, 80, 86, 90, 92, 99, 104, 107, 113, 122, 124, 126, 129, 132, 136, 140, 146, 148, 150, 159, 160, 162, 167, 171, 174, 177, 182, 185, 193, 198, 199, 203, 205, 207, 209, 211, 213-220, 222-224, 226, 228-231, 235, 237.
MONDON (Benoît-Narcisse), de Néronde, cons. général le 11 sept. 1792, I. 444, II. 138, 144, 322, 324, 325; présent aux séances, II. 140-143, 147, 149, 150, 153-155, 157, 161, 163, 165, 166, 169, 171-177, 179, 180, 184, 322, 323, 325, 327.
MONGE, II. 82, 112, 132, 199.
MONGUIN, off. mun. de Dijon, II. 345.
MONIER (le cit.), II. 376.
MONISTROL (district de), I. 124.
Moniteur de Lyon, I. 228.
Monnaie (la, hôtel de la), I. 137, 199, 309, 310, 486, 487, II. 239, 240, 300, 336, 352; — de cuivre, I. 486; — (cartons), II. 197, 199.
MONSIEUR (régiment de dragons ci-devant), I. 210.
MONSOLS, I. 174, 358, 359.
MONTA (route de St-Etienne à La), I. 165.
MONTAGNE (la), II. 369.
MONTAGNE (canton de la), I. 257, 258.
MONTAGNE-PONCIN, II. 458.
MONTAGNY, I. 435, II. 391, 392.
MONTAIMA. V. Grailhe de.
MONTALAND, m. du c. de sûreté générale, II. 422.
MONTAUD, I. 257, 259, 261.
MONTBELET, II. 236. V. Giraud.
MONTBLANC (bataillon du), I. 314, II. 312, 315; — département du), II. 102, 322, 333, 366, 405.
MONTBRISON, I. 211, 223, 224, 260, 386, 398, 401, 407, 412, 418, 432, 440, 441, 445, 446, II. 90, 322, 432; — (assemblée électorale de), II. 169, 170, 187, 445; — (canton de), I. 174; — (bureau intermédiaire de), I. 380; — (district de), I. 8, 93, 100, 108, 109, 127, 137, 166, 171, 173, 174, 211, 213, 219, 239, 242, 249, 252, 254, 260, 262, 277, 324, 335, 338, 352, 371-374, 376-378, 396, 399, 403, 406, 423, 425, 445, 454, 458, 465, 473, 485, 510, 511, 512, II. 30, 31, 58, 60, 61, 70, 77, 94, 97, 99, 100, 136, 252, 324, 328, 338, 119, 346, 430, 440, 411; — (élection de), I. 374, 451; — (juges de), II. 380; — (municipalité de), II. 77, 324, 325, 440, 411; — (receveur de), I. 191; — (routes), I. 142, II. 410; — de M. à Roanne, I. 165; — (tribunal de), II. 2.
MONTEREAU (la dame), II. 79.
MONTESQUIEU, I. 489.
MONTESQUIOU (M. de), I. 108.
MONTESQUIOU - FEZENSAC (le général Anne-Pierre de), II. 7, 41, 52, 53, 57, 69, 70, 77, 85, 87, 91, 94, 102, 109, 110.
MONTLUEL, I. 511, II. 216, 335.
MONTMELAS, I. 358.
MONTMORIN, I. 218.
MONTPELLIER, II. 12-16, 18, 180, 409; — (citadelle de), I. 5.
MONT PILAT (le), I. 348.
MONTPLAISIR (château de), I. 142.
MONTROMAND, II. 123-127, 130.
MONTRAVEL. V Ravel.
MONTROTIER, I. 402, II. 11.
MORANCÉ, I. 199.
MORAND (le pont), I. 185, II. 239, 314.
MOREAU, c. général de la Côte-d'Or, II. 315.
MOREL, — médecin, I. 371; — (le s^r), II. 19; — (Robert), notable de Montagny, II. 391; — (Roch), II. 20; — receveur du district de la Campagne, II. 409, 419; — (Thomas), II. 162.
MORELLET, II. 344.
MORILLON, secrétaire, I. 410, II. 371, 375, 379, 387, 389.
MORNANT, MORNAND, I. 174, 260, 413, 444, II. 43, 54, 55, 79, 320, 322.
MORTIER, II. 151.
MORY, II. 358-360.
MOTTE (M. de La), I. 149.
MOTTE (Verniete de La), II. 345.
MOTTIN (Jacques-Fleury), juge de paix de Régny, cons. général le 14 novembre 1792, I. 448, II. 187, 188, 190, 192, 196, 199, 262, 264, 265, 302, 309, 437, 455; présent aux séances, II. 188, 190-194, 197, 198, 204-251, 253, 254, 256-258, 260-263, 265, 271, 273, 275, 276-278, 295, 296, 301, 306, 307, 311, 317, 320-323, 325, 327, 330, 331, 333-335, 337, 338, 340, 342, 346, 348, 349, 351, 352, 354, 357, 358, 360, 361, 370, 371, 435, 437.

MOUGIN, off. mun. de Lyon, II. 437.
MOUILLON (mine, territoire du), I. 98, 468, 502, 507.
MOULIN — (le s'), II. 123, 124, 127, 128; — (Marcelin), maire de Montagny, I. 435.
MOULIN (ruisseau du), I. 187.
MOULIN, II. 421.
Moulins, II. 176, à bras, I. 387.
MOURNAND, maire, II. 174.
MOUSSIÈRE, II. 344.
MOUTON, h. de loi, II. 20.
MOUZED (de), cap. d'artillerie, I. 204.
MOUZIN, notaire, II. 344.
MUGUET, receveur du dist. de St-Etienne, II. 104, 105.
MULATIÈRE (pont de la), I. 13.
MULET (rue), II. 250.
Municipalités — (comptabilité des), I. 320; — (réduction des), I. 88, 168, 275, 304, 305; — (réunion des), I. 173; — (soumissions des), I. 73.
Musée, I. 370.
MUSSIEU (Claude), maire de Givors, cons. général le 12 juin 1790, I. 2, 16, 174, 204, 207, 211, 242, 291, 371, 402, II. 30, 83, 97, 113; — présent aux séances, I. 1, 3, 5-10, 17, 22-25, 27, 31, 32, 34, 36-38, 48, 50, 54, 56, 59, 67, 69, 73, 75, 80, 86, 90, 92, 99, 103, 107, 113, 122, 124, 126, 129, 132, 136, 140, 146, 148, 150, 158, 160, 162, 167, 171, 174, 177, 182, 185, 193, 194, 199, 203, 205, 207, 209, 211, 213-217, 223, 224, 226, 228-231, 235, 237, 238, 240, 241, 245, 246, 248, 265, 272, 275, 276, 280, 285, 286, 293, 303, 309, 312, 316, 320, 325, 326, 327, 337, 340, 348, 351, 356, 391, II. 7, 8, 11, 18, 19, 23, 63, 66, 68, 70, 78, 84, 88, 95, 98, 100, 102, 103, 104, 106, 107, 109, 114, 116, 119, 121, 122, 128, 130-132, 134, 135, 138, 140-143, 147, 149, 150, 153-155, 157, 161, 163, 165, 166, 169, 171-177, 179, 180, 184, 186.
MUSSY, — secrétaire, II. 97; — (Buteau), I. 351.

NAEL, off. mun., II. 239, 264.
NAIME. V. Nayme.
NANCY, I. 67.
NANTUA, II. 316.
NAPLES (royaume de), I. 307.
Navigation (fonds de la), I. 466.
NAYME DES ORIOLLES (Claude-Victor), lieutenant particulier au bailliage de Bourg-Argental, cons. général le 13 juin 1790, I. 7, 16, 76, 114, 170, 172, 174, 206, 404; — présent aux séances, I. 1, 3-10, 17, 23-25, 27, 31, 32, 34, 36-38, 43, 48, 50, 54, 56, 59, 67, 69, 73, 75, 80, 86, 90, 92, 99, 103, 107, 113, 122, 124, 126, 129, 132, 136, 140, 146, 148, 150, 158, 160, 162, 167, 171, 174, 177, 182, 185, 193, 204, 205, 207, 209, 211-217.
NECKER, I. 498, 499.
NÉRON, II. 385.

NÉRONDE, I. 7, 159, 173, 405, 413.
NÉRESTABLE, I. 393, 397, 402, 406. Noirétable.
NESME, V. **NAYME**, I. 7.
NESME (de), lieut.-col. du régiment de Touraine, I. 217.
NESME (Jean-Claude), not. de St-Martin-en-Haut, II. 33, 34.
NEUVE (rue), II. 250, 319; — (section de rue), II. 312, 371, 386.
NEUVILLE, I. 128, 174, 210, 216, 260, 360, 371, 383, 423.
NEVAINE, II. 272.
NEVERS (pontonniers de), I. 114.
NEYRON, off. mun. de St-Etienne, II. 340, 341.
NICE, II. 420.
NICOLE, II. 344.
NICOLET (Jacques-Louis, I. 17.
NIÈVRE (départ. de la), I. 114.
NIOCHE, représentant, II. 278, 279, 310, 312, 313, 314, 317, 318, 319, 324, 331, 333, 338, 363.
NIOGRET (Guillaume), II. 354.
NIVIÈRE-CHOL, off. municipal, I. 214, II. 128, 142; — procureur de la commune, II. 161; — maire de Lyon, II. 196, 218, 227, 228.
NOAILLY (Pierre), médecin à Changy, propriétaire et négociant à La Pacaudière, cons. général le 14 juin 1790, I. 8, 16, 22, 63, 66, 138, 159, 168, 173, 405, 442; — présent aux séances, I. 1, 3-10, 17, 18, 22-25, 27, 31, 32, 34, 37, 38, 43, 48, 50, 54, 56, 59, 67, 69, 73, 75, 80, 86, 90, 92, 99, 104, 107, 113, 122, 124, 126, 129, 132, 136, 140, 146, 148, 150, 159, 160, 162, 167, 171, 174, 177, 182, 185, 193.
NOEL, off. mun., II. 239, 264.
NOIRÉTABLE, I. 174. II. 97. V. Nérestable.
NOMPÈRE, député, I. 74.
Noms de villes, bourgs et paroisses, I. 5.
NORD (département du), I. 80, II. 263, 369.
Notaires, II. 23, de Lyon, I. 109.
NOTRE-DAME DE FONTAINES, I. 58, II. 135, 136, 141.
NOTRE-DAME DE MONTBRISON, I. 445.
NOUVELLE DOUANE (la), I. 309, 310, II. 6, 8; — (caserne de la), I. 252.
NUGOS, présid. du dist. de Trévoux, II. 331.
NUGOT, orfèvre, II. 300.
NUGUES, II. 351; — (Jean), I. 395.
NUITS, II. 344.

OBERTUSTAT, II. 315.
Observations sur le décret de l'Assemblée Nationale, pour la constitution civile du clergé..., I. 91.
Octrois, I. 7, 129, 144; — de Lyon, I. 6, 7; — (droits d'), I. 128, 138, 152, 153; — (exemption d'), I. 37; — suppression des), I. 458.

ODENAS, I. 165, 358, 359.
ODÉRIEUX, secrétaire, II. 222.
Offices supprimés, I. 90.
OLIVIER (les frères), secrétaires du département, I. 17, 72, 351, II. 99, 213.
OLMES (les), I. 165, 359.
Opinion de M. Imbert, I. 219.
ORATOIRE (députation de prêtres de l'), I. 10.
ORATORIENS, I. 131.
ORCELLET, II. 347, 362, 363, 364.
Or et argent (matières d'), I. 221.
ORIOL, II. 214, 215 ; — (Duport de L'), II. 344.
ORIOLLES (Nayme des), I. 404. V. Nayme.
ORIZET, ORIZEL, l'ainé, négociant de Montbrison, cons. général le 10 sept. 1791, I. 239, 425, II. 90, 112.
ORLÉANS, II. 12-16, 18, 178, 369, 370.
ORSET (les bruyères d'), I. 160, 164.
OSMONT (le marquis d'), I. 91-94.
OUCHIN, député, II. 258.
OUILLY, I. 358.
OULLINS, I. 363 ; — (pont d'), I. 187.
OUTRE-FURANT, I. 259, 261.

PACAUDIÈRE (La), I. 173.
PACHE, II. 199, 270.
PACQUET-GÉRY, secrét. II. 146.
PAGIS (J.-J.), II. 151.
PAILLON, not. de St-Etienne, II. 340.
PALAIS (le), II. 217 ; — de justice, II. 10.
PALAIS-GRILLET (rue du), I. 87.
PALERNE DE SAVY, présid. du tribunal du dist. de Lyon, I. 200, 201. V. Savy.
PALLOY, I. 67, 68, 81, 83-86, 442, 443.
PALLUD (La), II. 303.
PAMPELONNE, fondeur, II. 405.
PANAY, s.-ingénieur, I. 309.
PANISSIÈRES, I. 165, 359, 444, 473.
PANTHÉON, I. 306.
PAPE (le), I. 149, 198.
PAPE (La), I. 511.
Papier-monnaie, I. 52.
PARC (Jacques-Louis-Nicolet, ci-devant du), secrét., I. 17.
PARCIN, grenadier, II. 250.
Parcours (droit de), I. 315.
PARET, médecin, II. 50.
PARIA, ainé, suppl. au département, II. 432.
PARIAT (Jean-Pierre-Etienne), h. de loi à Feurs, cons. général le 10 sept. 1791, I. 212, 247, 425, II. 79, 84 ; — présent aux séances, I. 238, 240, 241, 243, 245, 246, 244, 249, 252, 256, 258, 265, 272, 275, 276, 280, 285, 286, 293, 303, 309, 312, 316, 320, 325-327, 337, 340, 348, 351, 356, 391, II. 1, 2, 4, 7, 8, 11, 18, 19, 23, 30, 32, 35, 41, 42, 43, 48, 49, 53, 56, 60, 61, 62, 66, 68, 70, 78.
PARICHON, vicaire de Cuire, I. 142.
PARIS, I. 5, 70, 89, 114, 122, 124, 140, 141, 146, 148, 150, 188, 189, 198, 199,
327, 328, 431, 432, 437, 440, 480, 512 ; II. 8, 11, 12, 24, 26, 30, 38, 55, 66, 72, 80, 89, 102, 132, 133, 134, 136, 143, 157, 199, 239, 270, 271, 287, 294, 319, 336, 337, 343, 346, 347, 362, 368, 389, 408, 409, 419, 421, 439, 442, 443, 444, 452, 512 ; — (bannière donnée par la municipalité de), I. 82 ; — (courrier de) à Lyon, II. 372 ; — (directeur des postes à), I. 279, 393 ; — (école de dessin de), I. 369 ; — (fédération à), I. 382 ; — (malle de), à Lyon, II. 408 ; — (municipalité de), I. 305, 306 ; — (procès-verbaux des électeurs de), I. 67 ; — (routes de) à Lyon, I. 121, 150, 160, 164 ; à Lyon-Bordeaux, 275, 279.
PARLEMENT DE PARIS, II. 239.
Paroisses (circonscription des), I. 185.
PART-DIEU (domaine de la), I. 225.
PASCAL (le sr), II. 130 ; — (vicaire), II. 20.
Passeports, I. 163, II. 48, 54, 388.
Patentes (recouvrement des), I. 281.
PATRIN (Melchior), député à la Convention le 7 sept. 1792, I. 437.
Pavé des rues, II. 235.
Pavillons des navires, I. 148.
PAVY (Jean-Marie), m. du direct. du district de Lyon, cons. général le 9 septembre 1791, I. 206, 242, 247, 257, 424, 426, II. 84 ; — présent aux séances, I. 238, 240-243, 245, 246, 248, 249, 252, 256, 265, 272, 275, 276, 280, 285, 286, 293, 303, 309, 312, 316, 320, 325-327, 337, 340, 348, 351, 356, 391, II. 1, 2, 4, 7, 8, 11, 18, 19, 23, 30, 32, 35, 41-43, 48, 49, 53, 56, 60-62, 65, 66, 68, 70, 78.
Payeurs et contrôleurs des rentes du clergé, I. 150.
Payeur général de Lyon, II. 352.
Pays abonnés, I. 337.
Pays d'États, I. 337.
PÊCHERIE (section de la), I. 77.
PÉCOLET, PÉCOLLET, présid. du dist. de la Campagne, II. 196, 327, 339, 346, 348, 362, 363, 366, 373, 405, 437, 455.
PEILLON, de Grigny, I. 419, 436, 440.
PEIN, I. 410.
PEISSELIER (puits), à Rive-de-Gier, I. 508. V. Pescelier.
PELLETIER (le cit.), II. 305.
PELUSSIN, I. 52, 53, 174.
PENET, notable de St-Etienne, II. 340.
Pension aux mineurs, I. 504.
PENOT, II. 345.
Pépinières (les), I. 178, 494.
PÉRARD, présid. au Parlement de Bourgogne, II. 345.
Perception des impôts, I. 6. V. Impôts.
PERICHON, I. 409. l. Carrichon.
PERISSE (Jean-André, Antoine), imprimeurs, I. 322, 323.
PEROUZE, m. du Comité de sûreté générale, II. 417.
PERPIGNAN, II. 326, 409, 421.
Perquisitions I. 205.
PERRACHE (travaux), I. 13, 386, 466, 481 ; — (fonderies de), II. 285 ; — (l'isle), II. 317.

PERREUX, I. 173, 260, 405.
PERRET (Damien), m. de la Comm. Popul. de Montagny, II. 391.
PERRET (Jean-François), essayeur de la monnaie, II. 240.
PERRET, off. mun. de Lyon, I. 214, 225, 227, II. 82, 95, 118.
PERRET, notable de St-Etienne, II. 340.
PERRICAUX, off. mun. de Lyon, II. 437.
PERRIN, cons. général de la Hte-Saône, II. 298.
PERRIN-PRESSY. V. Précy.
PERRODON, juge de paix, II. 196.
PERRONET, notable de St-Etienne, II. 340.
PERRUCHOT, notaire, II. 344.
PERVENCHON, off. mun. de St-Chamond, II. 425.
PESCELIER (puits), à Rive-de-Gier, I. 126. V. Peisselier.
PETION, II. 143.
PETIT, II. 196; — m. du Cons. général de la Côte-d'Or, II. 344; — m. de la section de Porte-Froc, II. 443; — (Florentin), secrét. de la Comm. Pop. Rép. et de S. P., II. 390, 408, 426, 428, 430.
PETIT-FOREZ (capucins du), I. 330, 331.
PETITES ECOLES, I. 179.
PEUBIÈRE, off. mun. de St-Etienne, II. 340.
PEYRONNET, notable de St-Etienne, II. 340, 341.
PEYRONNI, directeur du timbre, I. 241, 327.
PEZANT (Jean-François), avocat à Villefranche, conseil. général le 12 juin 1790, président du tribunal du dist. de Villefranche, I. 2, 16, 22, 28, 41, 62, 75, 90, 101, 109, 114, 261, 397-405, 407, 408; présent aux séances, I. 1, 3, 5-10, 17, 18, 22-25, 27, 31, 32, 34, 36, 37, 38, 43, 48, 50, 54, 56, 59, 67, 69, 80, 86, 90, 92, 99, 103, 107.
PHILIBERT, notable de St-Etienne, II. 340.
PHILIPOT (J.-B.), cons. général de la Côte-d'Or, II. 344.
PICHARD, ch. de légion de la garde nat., II. 56, 59.
PICOLLET, II. 315.
PICPUS — de Fontaines, I. 128; — (église des), à la Guillotière, I. 185.
PILGAY (Grégoire), off. mun. de St-Martin-en-Haut, II. 33, 34.
PIERRE (pont de), II. 234.
PIERRE-BÉNITE, I. 402.
PIERRE-SCIZE, — (citadelle, prison, château de), I. 216, II. 8, 119, 212, 287, 323, 405, 438; — (canton de), II. 6, 74, 75, 235; — (section de), II. 11, 17, 18, 234.
PIERRON (F.), I. 409-412.
PIERRON, off. mun. de Lyon, II. 437.
PILAT (le mont), I. 76, 348.
PILOT, directeur des postes, II. 392, 393, 403.
PINET (le saut de), I. 497.
PINET (le s*), II. 129.

PIOCHE (F.), capitaine, II. 19, 20.
PIPON, fabricant à Lyon, cons. gén. le 14 novembre 1792, I. 449, II. 186, 188, 196, 197, 214, 217, 229, 242, 263, 278; —.présent aux séances, II. 187, 188, 190-194, 197-199, 203, 208, 209, 212-214, 216-219, 223, 224, 227-230, 234, 236, 239-241, 243, 244, 246-251, 253, 254, 256, 257, 258, 260, 261, 262, 263, 265, 269, 271, 277, 278, 342, 346, 318.
PIRON, membre du district de la ville de Lyon, II. 226, 359, 437, 460.
Piques, II. 138.
PIRALDY, II. 66.
PISE, I. 307.
PITIOT (maison), I. 27.
PLACE (Etienne), juge de paix de Thizy, conseiller général le 11 septembre 1792, I. 444, II. 141, 190, 196; — présent aux séances, II. 141, 142, 143, 147, 149, 150, 153-155, 157, 161, 163, 165, 166, 169, 171-177, 179, 180, 181, 191-194, 197-199, 251, 253, 254, 256-258, 265, 269, 271, 276-281, 283.
PLACE NEUVE (section de), I. 104, 410, II. 309; — (bataillon de), II. 250.
PLANTA, cons. général de l'Isère, II. 347.
PLASSE (le s*), I. 467. V. Place.
PLAT-D'ARGENT (section de la rue), I. 430.
PLATIÈRE (M. de la), I. 467.
PLATRE (rue du), II. 193.
PLENEY, notable de St-Etienne, II. 340.
PLOUVIER, régisseur des contributions indirectes, I. 309.
Poids et mesures, I. 70, 76, 186.
POING (puits), à Rive-de-Gier, I. 508.
POINTE (Noël), représentant, I. 438, II. 371, 373.
POISEUIL, I. 360.
POISSY, I. 220.
POLEYMIEUX, I. 203, 209, 214, 221.
Police des chemins, I. 122.
POMEY, I. 213.
POMMIERS, comm. des guerres, II. 219.
PONCEL, maréchal de camp, II. 52, 55.
PONCIN (de), I. 213.
PONCIN (Montagne), II. 455.
PONT-A-MOUSSON, I. 142.
Pont de bateaux (le), II. 360.
PONT-DE-BEAUVOISIN, I. 243, 487.
PONT DE BEVET, II. 410.
PONT DE PIERRE, à Lyon (le), I. 187.
Ponts et Chaussées, I. 41, 42, 49, 51, 63, 66, 115-121, 466, 481.
Population, I. 473.
POPULE, POPULLE (Charles), maire de Roanne, cons. général le 8 sept. 1791, I. 242, 247, 423, II. 84, 106; — présent aux séances, I. 238, 240, 241, 243, 245, 246, 249, 252, 256, 265, 272, 275, 276, 280, 285, 286, 293, 303, 309, 312, 316, 320, 325-327, 337, 340, 348, 351, 356, 391, II. 1, 2, 4, 7, 8, 11, 18, 19, 23, 30, 32, 35, 41, 42, 43, 48, 49, 53, 56, 60, 61, 65, 66, 68, 70, 78.

POPULLE, m. du Comité de Sûreté générale, II. 389, 422.
PORTAIL (du), DUPORTAIL, ministre de la guerre, I. 175, 176.
PORT DU TEMPLE (section de), II. 301, 303, 305, 307.
PORT St-PAUL (section de), II. 319.
PORTE-FROC (bataillon de), II. 250 ; — (canton de), I. 88 ; — (section de), II. 130, 303, 309, 310, 319, 360, 373, 443.
PORTIER (Michel), suppl. au département, II. 432.
Postes (service, directeur des), I. 49, 93, 114, 148, 275, 279, II. 247.
Poudre, I. 34, 58, 494.
POUGELON, I. 141. V. Guillin.
POUGEOL, secrét., I. 72.
POUILLY, I. 159.
POUILLY-LE-CHATEL, I. 358.
POUILLY (de), colonel, II. 78.
POUJOL, I. 350 ; — (J.-B.), secrétaire, I. 17, II. 97, 203, 222.
POULE, I. 77.
POURRET, II. 130, 131 ; — des Gands, I. 396.
POURTALIER, I. 487.
POUTET, not. de St-Germain-Laval, II. 376.
Pouvoir exécutif (le), I. 24.
PRADINES (Meaudre), suppl. au départ., II. 432.
PRAIRE-ROYER, maire de St-Etienne, II. 340, 341.
PRÉCIEUX, I. 449.
PRÉCY, PERRIN-PRESSY (le général), II. 394, 426, 455.
Président de l'Ass. Nationale, I. 34-36.
Président du Cons. général (traitement du), I. 27.
PRESSAVIN, chirurgien, subst. du proc. de la comm. de Lyon, député à la Convention, I. 435, II. 2, 79, 82, 95, 118.
Prêtres insermentés, réfractaires, I. 235, 266, II. 57, 73, 97, 124, 232, 354, 417, 447.
PRIEUR, député, II. 66.
PRIESTLEY (le docteur), dép. à la Convention, I. 433, 446.
Prisons, I. 493, II. 286, 287.
Privilégiés (impôt des), I. 169, 170.
PRIVAT, off. mun. de Lyon, II. 437.
Prix distribués et proposés par la Société royale d'agriculture, II. 61.
Procédure criminelle, I. 228.
Procès-verbaux des séances des districts (analyse des), I. 252.
Proclamation du Conseil Général aux citoyens, II. 244.
Procureur général syndic. V. Chirat, Mayeuvre, Meynis.
Procureurs (offices de), I. 109.
Projet de constitution, II. 392.
Promulgation des lois, II. 122.
Propriétaires des mines, I. 95.
Propriétés, I. 137.
PROST, secrétaire, II. 223, 242, 420, 431, 432, 434, 435, 437, 440, 441, 454.

PROVIDENCE (maison de la), I. 325, 326.
PROVIN (le s'), I. 363.
PROVENCE — (courrier de), I. 49 ; — (route de), I. 49 ; — (hôtel de), à Lyon, II. 15.
Publicité des séances, II. 78, 96.
PUITSDÉNIT. V. Sauzéas.
PUPIL D'ALLIER, de Bourg-Argental, cons. général le 14 novembre 1792, I. 448.
PUY (le), I. 440 ; — (route de Lyon au), I. 164.
PUY-DE-DÔME (départ. du), I. 7, 156, 227, 481, II. 97, 236, 352, 421 ; — (route de Roanne au), I. 121.
PUYRAVAUX (Lecointe), secrét. de l'Ass. Nat., II. 67.
PYRÉNÉES-ORIENTALES — (armée des), II. 285, 323, 326, 427 ; — (volontaires des), II. 9. V. Armée.

QUARANTAINE (la), I. 361, II. 3, 167 ; — (chemin de la), I. 363.
QUATRE-NATIONS (auberge des), I. 363.
QUINCIÉ, I. 448.
QUINCIEUX, I. 214.

RABAUD (J.-P.), II. 143.
RAMBAUD, — collect. de Lozanne, I. 34 ; — comm. du roi, I. 201 ; — off. mun. de Mâcon, II. 249.
RANDON DE LA TOUR, I. 466, II. 225.
Rapports (transcription des), I. 115.
Rassemblements, II. 100.
RATER, sculpteur, II. 198.
RAVEL-MONRAVEL (Jean-Baptiste), de St-Etienne, cons. général le 10 sept. 1791, I. 242, 291, 304, 322, 324, 425, II. 30, 56, 106, 108, 110, 113, 130, 131, 165, 203 ; présent aux séances, I. 238, 240, 241, 243, 245, 246, 248, 249, 256, 258, 265, 272, 275, 276, 280, 285, 286, 293, 303, 309, 312, 316, 320, 326, 327, 337, 340, 348, 351, 356, II. 4, 7, 8, 11, 18, 19, 23, 30, 32, 35, 41-43, 48, 49, 53, 56, 60-62, 65, 66, 68, 70, 78, 84, 88, 95, 98, 100, 102.
RAVEL LA TERRASSE, de St-Etienne, cons. général le 14 novembre 1792, I. 448, II. 357, 361.
RAVIER, juge, I. 201.
RAY, off. mun. de Lyon, II. 437.
RAYMOND — (le s'), I. 475 ; — off. de la garde nationale de l'Arbresle, I. 217 ; — secrétaire, II. 371, 374, 375, 379, 382, 384, 387, 388, 389, 390, 395, 396, 397, 400, 401, 407, 408.
RAYRE, suppléant au département, II. 432.
Rebelles, II. 262.
Receveurs, I. 52, 66, 92, 100, 113, 248, 334, 336.
RECLUSES (maison des), I. 37, 184, 145.
Récoltes, I. 489.
RECQUI (Antoine), II. 43.
Recrutement, II. 244, 248.

Rédaction des délibérations, I. 41.
REGARDIN, direct. des droits de jauge et courtage, I. 142.
Régime intérieur du Cons. général, I. 246.
Registres des rapports, I. 247.
Règlement du Cons. Général, I. 28.
REGNARD, off. mun. de St-Étienne, II. 340.
REGNAUD, colonel, II. 7.
RÉGNIER (Jean-Baptiste-Pierre), de Feurs, cons. général le 13 juin 1790, I. 16, 22, 62, 174, 180, 403 ; — présent aux séances, I. 1, 3-10, 17, 18, 22-25, 27, 31, 32, 34, 36-38, 43, 48, 50, 54, 56, 59, 67, 69, 73, 75, 80, 86, 90, 92, 99, 104, 107, 113, 122, 124, 126, 129, 132, 136, 140, 146, 148, 150, 158, 160, 162, 167, 171, 174, 177, 182, 185, 193, 194, 199, 203, 205, 207, 209, 211, 213-220.
REGNY, administrateur, I. 211, 213, I. Regnier.
REGNY, receveur à Lyon, II. 264, 265, 403.
RÉGNY (Mottin, juge de paix de), I. 448.
REINE (la), I. 93, 199, 209, 228.
REINE (hôtel Forêt, ci-devant la), II. 325.
Religieux, I. 146.
REMILLY, proc. de la com. de Montagny, II. 391, 392.
REMUA, II. 272.
RENAISON, I. 473 ; — rivière de), I. 187, 354.
Rentes, I. 122, 228.
REPRÉSENTANTS (les), I. 510-512, II. 307, 308, 309, 380. V. Gaultier, Javogues, Dubois-Crancé, etc.
RÉPUBLIQUE (la), I. 446.
Réunion de villages, I. 7.
Réunion des corps administratifs de Lyon, II. 65.
REVERCHON, représentant, II. 443, 444.
REVERONY, II. 123, 125, 126.
REVOL (maison), I. 310.
RÉVOLUTION (la), I. 457.
REY, I. 484 ; — (B.), II. 16.
RETZ (quai de), I. 319.
RHEINAUZEN, II. 315.
RHIN (le), II. 93 ; — (armée du). V. Armée.
RHÔNE (le), I. 184, 185, 187, 310, 311, 354, 356, 357, 359, 362, 497, II. 176, 181, 195, 385, 420, 427 ; — (chemin de halage de la rive droite du), I. 386 ; — (digues du), I. 71 ; — (route du) à St-Étienne par le Vivarais, I. 165 ; — (route du Velay au), I. 165 ; — (port du), I. 184 ; — (quais du), I. 272, 273, 310, 328, II. 348, 368.
RHÔNE (département du), I. 510.
RHÔNE-ET-LOIRE (départ. de), I. 81, 82, 86, 287, 341 ; — (députés de), I. 5, 8, 32, 59, 67, 80, 86 ; — (évêque de), I. 106, 107 ; — (gendarmerie de), I. 215 ; — (journal de), I. 10 ; — (territoire de), I. 101. V. ces mots.

RHONY (Jean-François), châtelain de St-Bonnet-le-Château, cons. général le 13 juin 1790, I. 16, 32, 33, 128, 174, 206, 396, 403 ; — présent aux séances, I. 1, 3-10, 17, 22, 23, 25, 27, 32, 34, 36-38, 43, 48, 50, 54, 56, 59, 67, 69, 73, 75, 80, 86, 90, 92, 99, 104, 107, 113, 122, 124, 126, 129, 132, 136, 140, 146, 148, 150, 159, 160, 162, 167, 171, 174, 177, 182, 185, 193, 194, 199, 203, 205, 207, 209, 211, 213-220.
RICARD (Georges-Antoine), négociant, de Lyon, cons. général le 9 sept. 1791, I. 230, 242, 425, II. 30, 82, 98, 104, 113 ; — présent aux séances, I. 238, 240, 241, 243, 245, 248, 249, 252, 256, 258, 265, 272, 275, 276, 280, 285, 286, 293, 303, 309, 312, 316, 320, 325-327, 337, 340, 348, 351, 356, 391, II. 1, 2, 4, 7, 8, 11, 18, 19, 23, 30, 32, 35, 41-43, 48, 49, 53, 56, 60-62, 65, 66, 68, 70, 78, 84, 88, 102-104, 106, 107, 109, 114, 116, 119, 121, 122, 128, 130-132, 134, 135, 138, 140-143, 147, 149, 150, 153-155, 157, 161, 163, 165, 166, 169, 171-177, 179.
RICARD, adjoint au district de la ville de Lyon, II. 432.
RICATAUX, médecin, I. 371.
RICHARD (Jean-Louis), de Bourg-Argental, député, cons. général le 10 sept. 1791, I. 239, 242, 245, 252, 291, 304, 322, 324, 425, II. 20, 30, 41, 76, 90, 113, 172, 175 ; — présent aux séances, I. 238, 240, 241, 243, 245, 246, 248, 249, 252, 256, 258, 265, 272, 275, 276, 280, 285, 286, 293, 303, 309, 312, 316, 320, 325, 326, 327, 337, 340, 348, 351, 356, 391, II. 19, 23, 30, 32, 35, 41, 42, 43, 48, 49, 53, 56, 60, 61, 173-180, 184.
RICHARD aîné, épicier à Lyon, cons. général le 14 novembre 1792, I. 449, II. 136, 197, 302, 360, 437, 450, 455 ; — présent aux séances, II. 187, 197-203, 208, 209, 212, 241, 244, 246-251, 253, 254, 256-258, 260-263, 265, 269, 271, 276, 278-281, 283, 285, 287, 291, 294-296, 301, 306, 307, 311, 317, 320-323, 325, 327, 330, 331, 334, 315, 337, 338, 340, 342, 346, 348, 349, 351, 352, 354, 357, 358, 360, 361, 370-372, 374, 378, 381, 389, 390, 394, 401, 406, 409, 410, 415, 416, 417, 419, 422, 428, 431, 432, 434, 435, 437, 439, 441, 442, 449, 450.
RICHARD, II. 196 ; — (Baptiste), II. 151 ; — De Rusey, II. 344 ; — d'Estrois, II. 344 ; — fils, II. 151 ; — médecin, I. 371 ; — off. mun., II. 239, 264 ; — présid. du com. de sûreté générale, II. 454 ; — procureur de la com. de St-Étienne, II. 340.
RICHARME (J.), II. 151.
RICHE, II. 106.
RIEUSSEC, adm. de la Charité, I. 9, 201, 213 ; présid. du dist. de la Campagne.
RIGARDIER, juge, II. 194.
RIGNY (canton de), I. 173.

Rigod, lieut. de cavalerie, I. 204.
Riotor, I. 124, 136, 473, II. 214, 215.
Riton, commissionnaire, II. 9.
Rive-de-Gier, I. 98, 207, 260, 371, 386, 410, 460, 468, 491, 502-505, 507, II. 54, 148, 150, 151, 152, 161, 182 ; — (canton de), I. 174 ; — (mines de), I. 20, 126, 192 ; — (pont de), I. 187.
Riverie, II. 79.
Rives, II. 324.
Rivoire (Etienne), II. 320.
Riz (achat de), I. 370. V. Subsistances.
Roanne, I. 31, 49, 51, 62, 63, 64, 65, 66, 88, 89, 155, 156, 160, 168, 181, 189, 211, 216, 218, 228, 256, 260, 275, 279, 281, 299, 354, 355, 411, 423, 443, 444, 447, 449, 463, 465, 497, II. 50, 64, 114, 377, 378, 422, 432 ; — (bac de), I. 77, 114, 326, 327, 389 ; — (bureau intermédiaire de), I. 181, 380 ; — (canton de), I. 173 ; — (canton de la campagne de), I. 173 ; — (chemins du district de), I. 141 ; — (district de), I. 42, 50, 64, 65, 74, 76, 77, 86, 93, 113, 114, 121, 127, 147, 156, 166, 171, 173, 186, 211, 224, 242, 244, 249, 252, 254, 260, 262, 276, 295, 299, 300, 301, 324, 335, 338, 352, 371, 373, 374, 377, 378, 396, 399, 422, 423, 431, 435, 437, 438, 453, 454, 455, 473, 485, 510, 511, 512, II. 30, 31, 41, 42, 58, 60, 70, 94, 99, 104, 105, 114, 136, 252, 257, 336, 339, 346, 376, 377, 378, 421, 422, 430 ; — (élection de), I. 299, 374, 453, 454 ; — (garde nationale de), I. 51 ; — (grenier à sel de), I. 352 ; — ingénieur de), I. 131. V. Liard : — (municipalité de), I. 51, 100, 133, 134 ; — (pont de), I. 13, 41, 51, 63, 89, 100, 114, 134, 206, 207, 240, 311, 355, 386, 466, 481 ; — (pontonniers de), I. 114 ; — (routes de), aux limites d'Auvergne, I. 110 ; en Auvergne, I. 187 ; à Clermont, I. 164 ; au Puy-de-Dôme, I. 121, 156 ; à Montbrison, I. 165 ; à St-Etienne, I. 159, 164 ; à Villefranche, I. 159, 164 ; — (rue Ducale à), I. 114, 127 ; — (tribunal du district de), I. 437, 438 ; — (volontaires de), II. 42.
Roanne (prison de), à Lyon, II. 119, 250, 287, 320, 321, 323, 360, 389.
Robert, cap. de cavalerie, I. 227, 241.
Roch, off. mun., II. 196, 209, 210, 216, 252, 264.
Roch-Morel, II. 20.
Roche (La), I. 360.
Roche (Aimé de La), imprimeur, I. 6, 407.
Roche (Charrier de La), I. 131. V. Charrier.
Rochegardon (ruisseau de), I. 362.
Rochechevreux (La), I. 360.
Rochefort, II. 124, 127.
Rocher, m. du com. de sûreté générale, II. 415.
Roches (Les), I. 363.
Rochetaillée, I. 58, 128, II. 135.
Rochette (de La), proc. syndic du dist. de Roanne, I. 224.

Roche-Thulon (de La), I. 359, 360.
Roi (le), I. 3, 5, 6, 7, 8, 9, 22, 24, 27, 31, 35, 36, 38, 54, 56, 61, 67, 69, 70, 73, 82, 84, 86, 87, 91, 92, 93, 101, 106, 113, 115, 127, 130, 131, 134, 135, 141, 146, 147, 166, 171, 172, 176, 194, 195, 198, 199, 209, 210, 223, 228, 229, 236, 259, 266, 267, 273, 281, 288, 301, 307, 331, 335, 355, 356, 357, 361, 368, 379, 399, 406, 455, 464, 466, 468, 476, 488, 502, 506, II. 12, 28, 33, 34, 44, 51, 62, 67, 70, 80, 81, 229 ; — (maison du), I. 220, 221.
Roi, cons. général de l'Isère, II. 28, 29, 30.
Roland, II. 82, 110, 112, 116, 132, 157, 159.
Rôles (confection des), I. 451.
Romains, I. 306.
Romany (Aimé-Thomas-Marie), maire de Montrotier, cons. général le 12 juin 1790, I. 8, 16, 174, 215, 242, 257, 402, II. 11, 76, 79, 83, 97, 103, 113, 144, 176 ; présent aux séances, I. 1, 3-10, 17, 22-25, 27, 31, 32, 36-38, 43, 50, 54, 56, 59, 67, 69, 73, 75, 80, 86, 90, 92, 99, 103, 107, 113, 122, 124, 126, 129, 132, 136, 140, 146, 148, 150, 158, 160, 162, 167, 171, 174, 177, 182, 185, 193, 199, 203, 205, 207, 209, 211, 213-220, 222-224, 226, 228-231, 235, 237, 238, 240, 241, 243, 245, 246, 248, 249, 252, 256, 258, 265, 272, 275, 276, 280, 285, 286, 293, 303, 309, 312, 316, 320, 325-327, 337, 340, 348, 351, 356, 391, II. 68, 70, 78, 84, 88, 95, 98, 100, 102-104, 106, 107, 109, 114, 116, 119, 121, 122, 128, 130, 131, 132, 134, 135, 138, 140-143, 147, 149, 150, 153-155, 157, 161, 163-166, 168-177, 179, 180, 184, 186, 187.
Romany, suppléant au département, II. 432.
Rome, II. 198, 392 ; — (école française de), 198.
Romme, député, II. 256.
Rône-et-Saône (département de), II. 239.
Rony. V. Rhony.
Rose, se rétaire, I. 72. V. Roze.
Rostaing (de), inspect. général d'artillerie), II. 110.
Rouher (Louis), commandant de la garde nationale de Neuville, cons. général le 8 sep. 1791, I. 242, 423, II. 3, 79, 83, 98, 112 ; présent aux séances, I. 238, 240, 241, 243, 245, 246, 248, 249, 252, 256, 258, 265, 272, 275, 276, 280, 285, 286, 293, 303, 309, 312, 316, 320, 325, 326, 327, 337, 340, 348, 351, 356, 391, II. 1, 2, 4, 7, 8, 11, 18, 19, 23, 30, 32, 35, 41, 42, 43, 48, 49, 53, 56, 60-62, 65, 66, 68, 70, 78, 84, 88.
Rouher, fils, suppléant au département, II. 432.
Rouiller, député, II. 66, 67, 78.
Rousseau (section), II. 296, 300, 301, 302, 307.

Rousset (Pierre-Benoît), de Panissières, cons. général le 11 sept. 1792, I. 444, II. 143, 437; présent aux séances, II. 147, 149, 150, 153-155, 157, 161, 163, 165, 166, 169, 171-177, 179, 180, 184, 248, 249, 250, 251, 253, 254, 256-258, 408, 409, 410, 415-417, 419, 422, 426, 434, 437.

Roullot, Roulot, notable, II. 276, 277.

Routes (entretien, ouverture, police, agents des), I. 81, 110, 115, 122, 142, 156, 159, 163, 164, 165, 318, 319, 339, 358, 359, 365, 386, 479.

Roux, I. 396, II. 249; — (Claude-François, Jean-François), II. 250.

Rouyer, représentant, II. 437, 440.

Rovère, représ., II. 249, 265, 385.

Royalistes, II. 417.

Royal-Cavalerie, II. 315.

Royauté (la), I. 446, II. 447; — (abolition de la), II. 141, 195.

Royer, off. mun., II. 363, 364, 383, 437.

Roze, secrétaire, I. 72, 351, II. 97, 222.

Rozier (Jean-Baptiste-Marie), de Chasselay, cons. gén. le 11 sept. 1792, I. 444, II. 134, 135, 136, 186, 188, 190, 360, 376, 381; présent aux séances, II. 134, 135, 138, 140, 141-143, 147, 149, 150, 153-155, 157, 161, 163, 165, 166, 169, 171-177, 179, 180, 184, 187, 188, 190-194, 197-199, 234, 236, 239, 327, 331, 334, 337, 338, 340, 342, 346, 348, 354, 357, 360, 361, 370-372, 415, 416, 417, 419, 422, 426, 431, 432, 439.

Rozier, juge, II. 196.

Rubans, I. 110.

Rue Neuve (bataillon de), II. 250. V. Neuve.

Rues, I. 148.

Ruillat, Ruillot, off. mun. de St-Martin-en-Haut, II. 33, 34.

Rullet-Lamurette (Adrien-François-Marie), de St-Héan, cons. général le 8 sept. 1791, I. 321, 424, II. 20, 30, 49, 98, 103, 107, 113, 120; présent aux séances, I. 325, 326, 327, 337, 340, 348, 351, 356, 391, II. 23, 30, 32, 35, 41-43, 48, 103, 104, 106, 107, 109, 114, 116, 119, 121, 122, 128, 130-132, 134, 135, 138, 140-143, 147, 149, 150, 153-155, 157, 161, 163, 165, 166, 169, 171, 172.

Russey (Richard de), II. 344.

Ruy (quartier général de), II. 52.

S**age** (Bernard - Marie), de Sarcey, cons. général le 12 juin 1790, député à la Législative le 3 sept. 1791, I. 16, 174, 207, 402, 410-426, 428; présent aux séances, I. 1, 3-10, 17, 18, 22-25, 27, 31, 32, 36, 43, 50, 54, 56, 57, 69, 73, 75, 80, 86, 90, 92, 99, 104, 107, 113, 126, 129, 132, 136, 140, 146, 148, 150, 159, 160, 162, 167, 171, 174, 177, 182, 185, 193, 194, 198, 199, 203, 205, 207, 209, 211, 213-220, 222-224, 226, 228-231, 235, 237.

Sages-femmes (école de), I. 315.

Saillier, off. mun., II. 123, 124, 128, 151.

Sain-Bel, I. 182, 187, 476.

Saint-Amand, II. 246.

Saint-Amant, comédien, II. 277.

Saint-André-Limonest, II. 372.

Saint-Ange (le château), II. 198.

Saint-Antoine (faubourg), à Paris), II. 20, 317.

Sainte-Barbe (rue), à Paris, II. 294.

Saint-Bonnet, I. 403; — (le gros bourg de), I. 360.

Saint-Bonnet-des-Bruyères, I. 174, 358.

Saint-Bonnet-le-Chateau, I. 174, 260, 425, 449.

Saint-Bonnet-le-Troncy, II. 80, 157.

Saint-Chamond, I. 3, 125, 174, 256, 260, 369, 370, 396, 442, 501, II. 54, 55, 64, 102, 386, 425; — (hôpital de), I. 155.

Saint-Charles (séminaire), I. 179.

Saint-Clair (club), I. 104; — (quai), I. 27, 354, II. 325.

Saint-Cloud, I. 5, 54, 56, 73, 122, 124, 140, 146.

Saint-Costard, m. du district de Lyon, I. 213.

Saint-Christophe, I. 359.

Saint-Cyr, I. 174, 362, 395.

Saint-Denis-de-Cabane, II. 147.

Saint-Didier, I. 362, II. 79.

Saint-Didier-sous-Rochefort, I. 473.

Saint-Dominique (rue), I. 408, 450, II. 250.

Saint-Eloi, capitaine des arquebusiers, I. 202.

Saint-Etienne (ville, municipalité, district de), I. 8, 32, 47, 52, 74, 76, 106, 124, 127, 131, 147, 149, 150, 166, 171, 173, 174, 192, 211, 213, 217, 228, 239, 242, 249, 252, 254, 256, 257, 259, 260, 261, 262, 266, 276, 314, 324, 331, 334, 335, 338, 341, 348, 349, 359, 369, 370, 371, 372-374, 378, 386, 395, 396, 399, 404, 413, 423, 425, 429, 431, 437, 438, 442, 445, 447, 448, 453, 455, 460, 473, 485, 497, 501, 510, 511, 512, II. 3, 4, 30, 31, 54, 58, 60, 64, 70, 94, 102, 103, 104, 108, 110, 130, 131, 136, 149, 152, 162, 165, 193, 203, 211, 215, 252, 255, 256, 257, 272, 336, 339, 340, 341, 342, 346, 354, 361, 371, 372, 373, 379, 382, 383, 386, 387, 390, 394, 395, 399, 407, 416, 425, 426, 430, 434, 435, 440; — (assemblée électorale de), II. 113, 169, 187, 193; — (bureau intermédiaire de), I. 380; — (canton de), I. 174; — (couvent Ste-Catherine), II. 361; — (élection de), I. 374, 453, 473; — (juges de), II. 380; — (maire de), II. 60, 53; — (manufacture de), II. 110, 332, 371, 409, 421; — (population de), I. 259; — (procureur de la commune de), I. 53; — (route de), à la Monta, I. 165; à Roanne, I. 159, 161; au Rhône par le Vivarais, I. 165.

Saint-Etienne-la-Varenne, I. 358.

Saint-Ferriol, II. 214, 215.

SAINT-FRESNE. V. Gonon.
SAINT-GALMIER, I. 159, 164, 174, 183, 219, 260, 444, 448, 465, 500, II. 55, 270.
SAINT-GENEST (canton de), I. 174.
SAINT-GENIS-LAVAL, I. 174.
SAINT-GENIS-TERRENOIRE, II. 68.
SAINT-GEORGE, II. 110.
SAINT-GEORGES-DE-ROGNAINS, I. 358.
SAINT-GEORGES-SUR-COUSAN, I. 174.
SAINT-GEORGES (quartier), I. 275; — (section), II. 306.
SAINT-GERMAIN, I. 203, 423.
SAINT-GERMAIN-LAVAL, I. 173, 260, 423, II. 28, 99, 376, 377, 378.
SAINT-HAON (canton de), I. 173.
SAINT-HAON-LE-CHATEL, I. 281, 442, 445.
SAINT-HAON-LE-VIEUX, I. 465.
SAINT-HÉAN, I. 1, 4, 404, 424.
SAINT-IGNY-DE-VERS, I. 358.
SAINT-IRÉNÉE, I. 361, 363; — (étang de), I. 363; — (filature de coton de), I. 133; — (Molin, curé de), I. 133; — (municipalité de), I. 253.
SAINT-JACQUES-DES-ARRÊTS, I. 358.
SAINT-JEAN-D'ARDIÈRES, I. 358.
SAINT-JEAN-DE-BOURNAY, II. 210.
SAINT-JEAN-DE-SOLÉMIEU, I. 174.
SAINT-JOSEPH (église des missionnaires de), II. 348.
SAINT-JOSEPH (prison), à Lyon, II. 119, 250, 287.
SAINT-JULIEN, I. 358, 447.
SAINT-JULIEN-LA-VÊTRE, II. 62.
SAINT-JUST, I. 253, 361, 396, II. 17.
SAINT-JUST-EN-CHEVALET, I. 121, 156, 164, 173, 187, 448.
SAINT-JUST-EN-CORNILLON, I. 188, 473.
SAINT-JUST-EN-FEUGEROLLES, I. 188, 473.
SAINT-JUST-EN-VELAY, I. 188.
SAINT-JUST-LA-PENDUE, I. 173.
SAINT-JUST-LES-VELAY, I. 395, 473.
SAINT-JUST-SUR-LOIRE, I. 88.
SAINT-LAGER, I. 358.
SAINT-LAURENT, I. 174.
SAINT-LÉGER, I. 360.
SAINT-MAMERT, I. 358.
SAINT-MARCELLIN, I. 164, 174, 183.
SAINT-MARTIN-DE-FONTAINES, I. 58, 135, 136, 141, 209.
SAINT-MARTIN-EN-HAUT, II. 33, 34, 35, 115, 118, 122-124, 127, 130.
SAINT-MARTIN-LA-PLAINE, I. 410.
SAINT-MAURICE, II. 79.
SAINT-NIZIER (curé de), II. 250; — section de), II. 299.
SAINT-PAUL (canton de), I. 174, II. 74, 75.
SAINT-PIERRE (abbaye), I. 330, 331, II. 225, 226; — (poids de), II. 185; — (section de), II. 11.
SAINT-PIERRE-LA-PALUD, II. 288, 289, 290, 303, 304.
SAINT-PIERRE-DE-BŒUF, I. 7, 404.
SAINT-PIERRE-LE-VIEUX, I. 188, 298, 300, 301, 473.
SAINT-POLGUES, I. 173.

SAINT-POTHIN (œuvre de), I. 336.
SAINT-RAMBERT, I. 65, 107, 108, 155, 174, 183, 188, 189, 403; — SUR-LOIRE, I. 88, 216, 218, 260, 386.
SAINT-ROMAIN, I. 128, 174; — DE POPEY, I. 473.
SAINT-SACREMENT (congrégation du), II. 97.
SAINT-SATURNIN, I. 358.
SAINT-SÉBASTIEN (la côte), I. 331.
SAINT-SYMPHORIEN, I. 165, 173, 174, 359, II. 205; — DE LAY, I. 260, 430, 454, II. 389; — LE CHATEAU, I. 7, 186, 187, 260, 402.
SAINT-TRYS, II. 299.
SAINT-V., II. 316.
SAINT-VICTOR-SUR-LOIRE, II. 90.
SAINT-VINCENT (section de), I. 77, II. 307, 308, 309.
SAINTE-CATHERINE (couvent de), à St-Etienne, II. 361.
SAINTE-CLAIRE (couvent des), II. 285, 317.
SAINTE-COLOMBE (canton de), I. 174.
SAINTE-CONSORCE, I. 209.
SAINTE-CROIX (chartreuse de), I. 188, 189.
SAINTE-FOY, I. 187, 361; — L'ARGENTIÈRE, I. 187; — LES-LYON, II. 239.
SAINTE-MARIE-DE-BELLECOUR (couvent de), II. 105.
SALLIER, II. 115.
SALVA, capitaine d'artillerie, II. 374, 418.
SANLAVILLE (Benoît), député, I. 413.
Sans-culottes (les), II. 304.
SANS-CULOTTES (section des), à Paris, II. 443.
SANSEIGNE, II. 198.
SANTAILLIER (Michel-François), juge de paix de Beaujeu, cons. général le 11 sept. 1792, m. du Directoire le 13 novembre, I. 444, 448, II. 141, 144, 188, 190, 196, 360, 437; — présent aux séances, II. 141-143, 147, 149, 150, 153-155, 157, 161, 163, 165, 166, 169, 171-175, 177, 179, 180, 184, 187, 188, 190-194, 197-203, 208, 209, 212-214, 216-219, 223, 224, 227-230, 234, 236, 239-241, 243, 244, 246-251, 253, 254, 256-258, 260-263, 265, 269, 271, 273, 275-281, 283, 322, 323, 325, 327, 330, 331, 333-335, 337, 338, 340, 342, 346, 348, 349, 351, 352, 354, 357, 358, 360, 361, 370-372, 374, 378, 381, 389, 390, 394, 401, 406, 409, 410, 415-417, 419, 422, 426, 431, 432, 434, 425, 437, 439.
SANTERRE, directeur des postes, II. 128, 403.
SANTEYRA (Pierre-Barthélemy), II. 404, 405.
SAÔNE (la), I. 187, 327, 328, 362, 363, 481, 482, II. 103, 360, 375; — (bataillon de), II. 11, 250; — (quais de la), I. 328, 405; — (section de), II. 305.
SAÔNE-ET-LOIRE (départ. de), I. 7, 121, 156, 188, 198, 298-301, 340, 359, 473, 510, II. 68, 76, 77, 129, 154, 177, 178,

202, 212, 250, 294, 319, 322, 421, 424 ; — (évêque de), II. 154.
SARCEY, I. 402.
SAREPT (évêque de), I. 31.
SAULNIER (Claude-Michel), député, I. 415.
SAUNIER, II. 358 ; — (César), II. 437.
SAUSSE (le cit. La), II. 409.
SAUTEMOUCHE, off. mun., II. 196, 264, 360.
SAUTERAS, représ., II. 440.
SAUZAY, notaire, II. 432.
SAUZÉAS-PUITS-BÉNIT, de St-Etienne, m. du Directoire le 13 novembre 1792, I. 448, II. 188, 190, 196, 229, 252, 255, 256, 302, 303, 304, 309, 357, 358, 359, 360 ; — présent aux séances, II. 190-194, 197-203, 208, 209, 512-214, 216-219, 223, 224, 227-230, 234, 236, 239-241, 243, 244, 246-251, 253, 256, 273, 275-281, 283, 285, 287, 291, 294-296, 301, 306, 307, 311, 317, 320-323, 325, 327, 330, 331, 333-335, 337, 338, 340, 342, 344, 348, 349, 351, 352, 354, 357, 358, 360, 361, 370-372, 374, 378, 381, 389, 390, 394, 401, 406, 409, 410, 415-417, 419, 422.
SAVI. V. Savy.
SAVOIE (la), II. 44.
Savons (droits sur les), I. 56, 73.
SAVY, SAVI (Palerne de), maire de Lyon, I. 10, 59, 82, 406.
SCALIGER, I. 499.
SCEAU, d'Ampuis, I. 431.
SCEAUX, I. 220.
SCELARD, marchand à Bœuf, cons. général le 14 novembre 1792, I. 448.
SCIAUVE, d'Ampuis, I. 431, 443.
Sections de Lyon, I. 50, 77, 410, 430, II. 197, 285, 286, 296, 297, 299-303, 305-308, 310, 312, 318, 319, 321, 323, 324, 331, 338, 340, 350, 357, 362, 371, 373, 379, 381, 385, 386, 387, 405, 412, 433, 443.
SECRÉTAIRES du Conseil général, I. 4, 7, 16, 22, 34, 60, 71, 74, 78, 79, 103 ; — secrétaire général. V. Focard, Gonon.
Secours aux pauvres, I. 370.
SEDAN, II. 11.
Séditieux, I. 197.
SEGUIN, cons. général de la Hte-Saône, II. 298.
Seigneurs (les ci-devant), I. 55.
Sel, I. 140, 351, 353.
Séminaire St-Charles, I. 179.
Sénéchaussée de Lyon, I. 213.
SENEQUIER (Bernard), II. 162, 163.
SENEQUIN, II. 163.
Séquestre, — du départ., I. 6 ; — des ornements du chapitre, I. 75.
SERAN (Pierre), négociant de Montpellier, II. 12-16, 18, 19, 24.
SERIN, SEREIN (casernes de), I. 191, 464 ; — (pont de), I. 327.
SERIZIAT, II. 8, 129, 354, 388 ; — le général Charles, II. 342, 343, 379, 380, 400, 407, 408, 424 ; — juge de paix, II. 196 ; — lieut-colonel, I. 291.

Serment des prêtres, I. 44, 45.
SERPINET (le sr), I. 389.
SERVAN, SERVANT, I. 417, 418 ; — (J.-Joseph), I. 415, II. 132 ; — ministre, II. 112 ; — maréchal de camp, II. 32, 35, 41, 42, 52, 55, 56.
SERVAN, SERVANT (Gabriel-Claude), négociant à Lyon, cons. général le 12 juin 1790 et le 14 novembre 1792, I. 7, 16, 28, 42, 49, 60, 71, 78, 88, 103, 124, 165, 168, 174, 188, 199, 203, 210, 211, 216, 291, 401 448, II. 20, 30, 43, 59, 83, 113, 144, 163, 186, 188, 220, 285, 299 ; — présent aux séances, I. 1, 3, 5-10, 17, 18, 22-25, 27, 31, 32, 36-38, 43, 48, 50, 54, 56, 59, 67, 69, 73, 75, 80, 86, 90, 92, 107, 113, 122, 124, 126, 129, 132, 136, 140, 146, 148, 150, 158, 160, 162, 167, 171, 174, 177, 182, 185, 194, 198, 199, 204, 205, 207, 209, 211, 213-220, 224, 235, 238, 240, 241, 243, 246, 248, 265, 272, 275, 276, 280, 285, 286, 293, 303, 309, 312, 316, 320, 325-327, 337, 340, 348, 351, 356, 391, II. 1, 2, 4, 7, 8, 11, 18, 19, 23, 30, 32, 35, 41-43, 48, 49, 53, 56, 60, 61, 102-104, 106, 107, 109, 114, 116, 119, 121, 122, 128, 130, 132, 134, 135, 138, 140-143, 147, 149, 150, 153-155, 157, 161, 163, 165, 166, 169, 171-177, 179, 180, 184, 187, 188, 190-191, 197-199, 219, 223, 224, 227-230, 234, 236, 239, 240, 241, 244, 246-251, 253, 254, 256-258, 260-263, 265, 269, 271, 277, 278, 291, 294, 340, 342, 346, 351, 358.
SERVIER, I. 467.
Session du Cons. général, I. 138, II. 201.
SEVESTRE (de), major de chasseurs, I. 227.
SIAUVE (E.-M.), curé d'Ampuis, II. 20 ; — comm. ordonnateur, II. 212.
SICARD, off. mun., I. 204, II. 9.
SIMÉON, SIMÉAND, comm. de la garde nat. de Duerne, II. 126, 127.
SIMÉON, off. mun. de St-Etienne, II. 340, 341.
SIMON, député, II. 192.
SIMONARD, I. 72, 354.
SIMOND, I. 421.
SIMONET (Jean-Marie-Philibert), juge châtelain de Tarare, cons. général le 12 juin 1790, I. 16, 174, 204, 207, 291, 403, II. 30, 76, 79, 97, 103, 113, 120, 130, 131, 144, 179 ; — présent aux séances, I. 1, 3-10, 17, 32, 34, 36-38, 43, 48, 50, 54, 56, 59, 67, 69, 75, 80, 86, 90, 92, 99, 104, 107, 113, 122, 124, 126, 129, 132, 136, 140, 146, 148, 150, 159, 160, 162, 167, 171, 174, 177, 182, 185, 193, 194, 198, 199, 203, 205, 207, 209, 211, 213-220, 222-224, 226, 228-230, 235, 237, 238, 240, 241, 245, 246, 248, 249, 252, 256, 258, 265, 272, 275, 276, 280, 285, 286, 293, 303, 309, 312, 316, 320, 325, 326, 327, 337, 340, 348, 351, 356, 391, II. 1, 2, 4, 7, 8, 11, 18, 19, 23, 30, 32, 35, 41-43, 48, 49, 53, 56,

60, 61, 66, 68, 70, 78, 84, 88, 99, 100, 102, 103, 104, 106, 107, 109, 114, 116, 119, 121, 122, 128, 130-132, 134, 135, 138, 140-143, 147, 149, 150, 151-157, 161, 163, 165, 166, 169, 171-177, 179, 184.
Sione, II. 324.
Société — des Jacobins, II. 259, 265 ; — fraternelle et de bienfaisance, II. 223 ; — philanthropique, I. 493 ; — populaire, II. 358 ; — populaire de la Croizette, II. 279.
Sociétés — libres, I. 148 ; — populaires, II. 17, 196, 197.
Soie (étoffes de), I. 110 ; — (moulinage de), I. 53.
Soldats — auxiliaires, I. 207, 225 ; — provinciaux, I. 192, 463.
Soleymieu, I. 473.
Sollier, II. 151.
Sonnemberg (régiment de), I. 194, 205, 221, 229, 236, 459.
Soubrany, député, II. 256.
Souchon, proc. de la comm. de Mornant, II. 320.
Souligné, direct. général des fermes à Lyon, I. 110.
Sous de cuivre, II. 197.
Souscription publique pour les inondés de la Loire, I. 66, 88.
Souscription patriotique, II. 419.
Sovage, notable de St-Etienne, II. 340.
Sparte, II. 231.
Spire, II. 316.
Stationnaires, I. 117. V. Ponts et Chaussées.
Steinmann (J.-J.), II. 16, 123, 124, 127, 128, 450.
Sthouder, II. 295, 307.
Strasbourg, II. 276.
Subsistances, II. 141, 172, 199, 292, 350, 352, 364, 381, 393, 398, 399, 401, 424, 455.
Sugny (moulin de), I. 109, 110.
Sulée, II. 162.
Sully (mémoires de), I. 305.
Sûreté publique, I. 6.
Sury-le-Comtal, I. 174, 260.
Suspects, I. 161, 163, 173, 204.

Tabac, I. 146, 351, 353, 354.
Tabareau, direct. des postes, I. 49, 114, 275, II. 62.
Tableaux des citoyens actifs et des contributions directes, I. 127.
Taillables (anciens), I. 169.
Talon (Desmartain), caissier, II. 236, 237.
Talon, négociant, II. 174, 175.
Taner, cons. général le 9 sept. 1791, I. 424, 425.
Taponas, I. 358.
Tarare, I. 76, 103, 174, 261, 359, 403 ; — (routes de), à Feurs, à Charlieu, I. 165.
Tarbé, ministre, I. 381.

Tardy (Jean-Jacques), juge de paix des environs de Roanne, cons. général le 14 novembre 1792, I. 449, II. 193, 302, 309, 315 ; — présent aux séances, II. 194, 197-203, 208, 209, 212, 278-281, 283, 285, 287, 291, 294-296, 301, 306, 307, 311, 320, 321, 325, 327, 334, 335, 337, 338.
Tardy, II. 196 ; — vice-présid. du départ. de l'Ain, II. 323 ; — notable de St-Chamond, II. 425.
Tarentaise, I. 188, 189.
Target, député, I. 58, 126.
Tassin, I. 361-363.
Tavernier, II. 184, 185.
Teillard, secrét., II. 437.
Teinture (cours de), I. 369.
Terraille (section de rue), II. 308, 357.
Terrasse, I. 141, 173 ; —(Ravel la). V. Ravel.
Terray (l'abbé), I. 500.
Terray (l'intendant), I. 126, 191, 192, 383, 461, 463, 464, 467, 468, 502-505.
Terreaux (place des), I. 330, II. 9, 310, 318, 344.
Terriers, II. 147.
Testard, procureur, II. 345.
Teste, Tête, secrét., I. 351, II. 97, 100, 213, 222.
Teyter, suppl. au départ., II. 432.
Thévenet, m. du dist. de la Campagne, I. 206, 227 ; — (Jean), député le 1er sept. 1791, I. 413.
Thévenin, député, II. 75, 111, 113.
Thézenas, II. 324.
Thibauld de La Roche-Thulon, I. 360.
Thiboud, II. 162.
Thiollié (Antoine), II. 151.
Thizy, I. 159, 164, 165, 174, 261, 359, 421, 444, II. 354, 355 ; — (route de) à Charlieu, I. 186.
Thomas, — secrétaire de St-Etienne, II. 340, 341 ; — (François), de Condrieu, I. 54, 55.
Thonion, m. du dist. de Lyon, II. 226, 259.
Thorigny (de), comm. au trib. de la Campagne, I, 214.
Thouret, député, I. 8.
Thulle, II. 421.
Thumman, vice-présid. de la Côte-d'Or, II. 344.
Thurnen, secrét. I. 210.
Tillard de Tigny (Louis-Claude-Marie-Gilbert), de Charlieu, conseiller général le 8 sept. 1791, président, I. 242, 252, 253, 257, 423, II. 40, 49, 79, 80, 82, 100, 113, 120, 144, 146 ; présent aux séances, I. 238, 240, 241, 243, 245, 246, 248, 249, 252, 256, 258, 265, 272, 275, 276, 280, 285, 293, 303, 309, 312, 316, 320, 325, 326, 327, 337, 340, 348, 351, 356, 391, II. 41-43, 48, 70, 78, 84, 88, 95, 98, 100, 102-104, 106, 107-109, 114-116, 119, 121, 122, 128, 129, 131, 132, 134, 135, 138, 140-143, 147.
Timbre (bureau, droits de), I. 225, 241, 286, 287, 289, 331, 332, 355.

TISSERANDOT, II. 344.
TISSOT, médecin, I. 371.
Titres (dépôt des), I. 485.
TOSCANE (la), I. 307.
TOUL (dépôt de la), I. 360.
TOULON, II. 66, 162, 163.
TOUR (Randon de La), I. 466, II. 225.
TOURETTE (de La), I. 183, 198 ; — (fief de la), I. 198.
TOURNACHON, secrét., I. 72, 351, 464, II. 97, 222.
TOURNIER, I. 34.
TOURNUS, II. 212, 443.
TOURAINE (régiment de), I. 217.
TOURS, II. 178, 421.
TOUTAN (Claude), I. 396, 397.
TRADES, I. 358, 359.
Traité des finances, I. 498, 499.
Traitements — ecclésiastiques, I. 146, 147 ; — des secrétaires du Conseil général, I. 72 ; — du secrétaire général, I. 74.
Traites (droits, employés des), I. 57, 90, 104.
TRANCHANT, I. 339, 340.
Transcription des rapports, I. 137.
Travaux publics, I. 81, 131, 159, 384, 479.
TRÉLINS, II. 99, 174.
Trésor national, II. 388.
Trésor public, I. 31, 114, 141.
Trésor royal, I. 181, 481.
Trésorerie nationale, II. 216, 224, 271, 451, 453.
Trésorier du département, I. 6.
Trésorier des guerres, I. 20.
TRÉVOUX, II. 138, 331, 405.
TREZETTE (Ducreulx de) lieut.-col. de gendarmerie, I. 207, 211, 215, II. 17, 54, 55, 114, 141, 142, 295. V. Ducreulx.
Tribunal criminel, I. 409, 420, 449, II. 142, 318, 319, 374 ; — de Mâcon, II. 250, 253.
Tribunal de cassation, I. 409, 422, 426, 432.
Tribunal de commerce de Lyon, I. 257, 258, 488.
Tribunal du district de la Campagne de Lyon, I. 210, 214, 221, 426, II. 83, 196, 318, 319.
TRIBUNAL DU DISTRICT de la ville de Lyon, II. 191, 192, 195, 196, 276, 277, 380.
Tribunal révolutionnaire, II. 270, 271, 277.
Tribunal extraordinaire, II. 283.
Tribunaux — de Lyon, I. 302 ; — de commerce, I. 488.
TRICAUD, m. du dist. de Villefranche, II. 299, 300.
TRICHARD, m. du dist. de Lyon, II. 196, 305, 346.
TRION, I. 361, 363.
TROIS-CARREAUX (rue des), I. 87.
TRONCHON, député, II. 67.
Troubles à Lyon, I. 458.
Troupes de ligne, I. 60, 77, 149, 150, 226, 242, 243.

TRUCHARD, m. du dist. de Lyon, II. 226.
TUPIN (la rue), I. 264 ; — (section de rue), II. 281, 301, 303, 307, 308.
TURCOT, garde du corps, II. 345.
TURIN, off. mun., II. 196, 261.
TURQUAIS, II. 321.

URSULINES de la rue Vieille-Monnaie, I. 330.

VACHON, off. mun. de Lyon, I. 217.
Vagabondage, ragabonds, I. 492.
VAGNUS (le cit. Jean Boisson de), II. 251.
VAILLANT, secrét. du Cons. général de la Côte-d'Or, II. 344, 345.
VAISE, I. 128, 187, 257, 261, 268, 361, 362, 363, 373, II. 32, 35, 75, 388 ; — (maire de), I. 209 ; — (municipalité de), I. 253, II. 17 ; — (obélisque du faubourg de), I. 328, 481 ; — (portes de), II. 234.
VALBENOÎTE, I. 259, 261, 418, 435.
VALENTIN, secrétaire, II. 222.
VALENCE, II. 381, 382, 398.
VALETTE, h. de loi à Condrieu, II. 20.
VALETTE, notaire à Condrieu, cons. général le 14 novembre 1792, I. 448, II. 197-199, 322, 324, 325 ; présent aux séances, II. 193, 194, 273, 275, 322, 323, 325, 327, 351, 352, 360, 361, 371.
VALESQUE, receveur, I. 34, 381, II. 165, 166.
VALLIOT, ch. de bat. d'artillerie, II. 419.
VALLOT (Jean-Germain), contrôleur de la marque d'or et d'argent, II. 336.
VALOUS, I. 363.
VANEL, m. du district de St-Etienne, II. 346.
VAR — (armée du), II. 332 ; — (départ. du), I. 175 ; — (volontaires du), II. 154 ; — (4e bataillon du), II. 162, 163.
VARAIGNE (de), ingénieur en chef, I. 42, 71, 187, 327, 328, 329, 389, 479.
VARENARD, procureur syndic de Villefranche, I. 125, 261, II. 299, 300, 337, 339, 346, 348 ; — conseiller en la sénéchaussée, I. 213.
VARENNES, I. 198.
VARIZELLE (la), I. 165, 359.
VARNAS (madame de), I. 216.
VAST. V. Wast.
VATAR (Aimé), imprimeur, I. 322.
VAUBERET (clos), I. 363.
VAUDEMONT, curé de Feurs, II. 284, 285.
VAUGNERAY, I. 174, 209, 430, II. 287, 304 ; — (ruisseau de), I. 187.
VAULT (E.-J.), II. 345.
VAURENARD, I. 358.
VAURION (Guiguet de), cap. d'artillerie, I. 215.
VAUX, I. 358.
VELAY (chemin du), à Lyon, I. 183 ; — (route du) au Rhône, I. 165, 350.
VENDÉE (la), II. 299 ; — (département de la), II. 267 ; — (troubles de la), II. 265.
Vénériens (malades), I. 492.

Ventes en justice, I. 36.
VERCHÈRE D'ARCELOT, II. 343, 344.
VERGNIAUD, présid. de l'Ass. Nat., II. 67.
VERNADET, notable de St-Etienne, II. 340.
VERNAY, off. mun. de Trévoux, II. 405.
VERNE (le a°), I. 462.
VERNIAUD, II. 143.
VERNIETE DE LA MOTTE, II. 345.
VERNISY, II. 345.
VERRIER (le s°), II. 19; — notable de St-Etienne, II. 340.
VERSAILLES, I. 360.
VERSET, receveur, I. 198, II. 63, 64, 105, 106, 185, 431.
VESOUL, II. 298.
VEXIN (72° régiment, ci-devant), II. 17, 78.
VIAL, m. du dist. de Lyon, I. 37, 204, 207.
VIARDOT, proc. gén. syndic de la Côte-d'Or, II. 344.
Vicaires de la métropole, I. 225.
VICHY, II. 11.
VIDAL (Thomas), proc. de la commune d'Ampuis, II. 20.
Vieillards à la Charité, I. 131.
VIEILLE-MONNAIE (Ursulines de la rue), I. 330.
VIENNE, II. 20, 137, 351; — (diocèse de), I. 106, 107; — (district de), II. 311; — (archevêque de), I. 45, 100, 105, 106, 108, 138; — grand vicaire de) Bertholet, I. 105.
VIENNE-SUR-RHÔNE, II. 132.
VILLARD, off. mun., II. 196, 253, 264, 271.
VILLE-AFFRANCHIE, I. 512.
VILLECHAISE, cons. général, I. 425, II. 113. V. Dubessey.
VILLE (Jean-Claude), de la Bassecour, notable de St-Martin-en-Haut, II. 33, 34.
VILLE (rue de la), II. 317.
VILLEFRANCHE, I. 114, 160, 207, 221, 256, 260, 261, 359, 397, 403, 432, 444, 448, II. 212, 299; — (bureau intermédiaire de), I. 380; — (canton de), I. 174; — (canton de la campagne de), I. 358; — (conseil général du district de), I. 134; — (district de), I. 121, 127, 147, 156, 160, 166, 171, 173, 186, 211, 213, 242, 249, 252, 254, 260, 262, 277, 290, 291, 300, 324, 335, 338, 339, 340, 357, 358, 359, 371, 373, 374, 378, 396, 399, 403, 422, 424, 436, 454, 473, 485, 511, 512, II. 9, 10, 30, 31, 33, 58, 70, 80, 94, 133, 136, 154, 202, 237, 252, 257, 276, 299, 323, 336, 337, 339, 352, 354, 355, 356, 430, 441; — (élection de), I. 374, 453; — (garde nationale du district de), II. 330, 331; — (maire de), Buiron-Guillard, I. 441; — (procureur syndic de), I. 125, 194, 195. V. Varenard; — (route de) à Beaujeu, I. 165, 359, à Roanne, I. 159, 161; — (sénéchaussée de), I. 182, 475; — (tribunal de), I. 109, 114, 436.

VILLEMONTEL (canton de), I. 173.
VILLERMOZ, I. 27.
VILLERS (Côte-d'Or), II. 344.
VILLIÉ, I. 173, 358.
VINCENT, — adjoint au district de la ville, II. 432; — (Claude), concierge de Pierre-Scize, II. 323.
Vingtièmes, I. 76, 455.
VINGTRINIER, off. mun. de Lyon, I. 213, 217.
VIRGILE, I. 307.
VIRI. V. Viry.
VIRICEL (Jean), notable de St-Martin-en-Haut, II. 33, 34.
VIRIEU, I. 339.
VIRIEUX, hameau de Pelussin, I. 52, 53.
VIRY, DEVIRY, médecin, I. 371, II. 62; — (les frères Arthaud de), II. 377.
Visites domiciliaires, II. 71, 135.
VITEAS, II. 196.
VITET (Jean-François), avocat à Lyon, cons. général le 11 sept. 1790, président, haut juré, I. 2, 8, 18, 114, 137, 141, 182, 396, 397, 401, 422; présent aux séances, I. 1, 3, 8-10, 17, 18, 22-25, 27, 31-39, 41, 43, 48, 50, 53, 54, 56, 59, 66, 67, 69, 72, 73, 75, 80, 81, 86, 90, 92, 98, 99, 103, 107, 113, 121, 122, 124, 126, 129, 132, 135, 136, 140, 145-148, 150, 158, 160, 162, 167, 171, 174, 175, 177, 182, 185, 193, 194, 198, 199, 203-205, 207, 209-211, 213-231, 235-237.
VITET (Louis), médecin, maire de Lyon, député démiss. à la Législative, député à la Convention, I. 371, 396, 413, 415, 416, 433, II. 2, 10, 13-15, 79, 82, 88, 110-113, 142-144, 171, 172, 179-181, 199.
VITRÉ, VITRY (Durieux de), de Quincié, de Quincieux, I. 448. V. Durieux.
VITRY, VITRI (l'abbé de), directeur du dépôt de mendicité, I. 76, 103, 464, 492, II. 167.
VIVANS, I. 298, 299, 300, 301.
VIVANS-EN-FOREZ, I. 299.
VIVANS-EN-LYONNAIS, I. 299.
VIVARAIS (le), I. 165, 359.
Voitures de remise, I. 177. V. fiacres.
Volontaires, I. 211, 225, 226, 231, 232, 291, 378, II. 20, 30, 41, 42, 45, 50, 54, 55, 58, 60, 61, 63, 64, 76, 77, 91-94, 108, 121, 137, 162, 252, 255, 264, 267, 273, 316, 322, 350; — d'Aix, II. 153; — de la Gironde, II. 105; — du Jura, II. 174; — des Landes, I. 434; — de la Loire, II. 250; — du Montblanc, II. 314; — des Pyrénées-Orientales, II. 9; — du Var, II. 154.

WAST, commissaire des guerres, II. 6, 7, 8, 17, 32.
WILLERMOZ, II. 196. V. Villermoz.

YVERDUN, II. 250.
YVON, subst. du proc. de la comm. de St-Etienne, II. 340, 341.

TABLE DES MATIÈRES

TOME I

Préface.. p.	VII
Session préliminaire du Conseil général de Rhône-et-Loire, du 9 au 12 juillet 1790..	1
Première session annuelle, du 3 novembre au 18 décembre 1790	18
Session extraordinaire, du 27 juin au 14 juillet 1791...........	194
Seconde session annuelle, du 15 novembre au 15 décembre 1791	238
Procès-verbaux des séances de l'Assemblée électorale, tenue à Lyon, du 7 au 17 juin 1790, pour l'élection des conseillers généraux...	395
Procès-verbaux des séances de l'Assemblée Electorale tenue à Lyon du 28 août au 10 septembre 1791, pour la nomination des députés à l'Assemblée Législative, du président, de l'accusateur public et du greffier du tribunal criminel, de jurés de la Haute-Cour, de membres du Conseil Général.....................	409
Procès-verbaux des séances de l'Assemblée électorale, tenue à St-Etienne, du 2 au 11 septembre 1792, pour la nomination des députés à la Convention Nationale, du procureur général syndic du département et de quinze conseillers généraux....	429
Procès-verbaux des séances de l'Assemblée électorale, tenue à Montbrison, du 11 au 15 novembre 1792, pour la nomination de membres du Directoire du département, de conseillers généraux, du président, de l'accusateur et du greffier du tribunal criminel..	445
Compte rendu de la gestion du Directoire du département, du 12 juillet au 3 novembre 1790..	450
Considérations sur l'impôt, rapport du conseiller général Brunet, présenté à la séance du 6 décembre 1790..........................	496
Rapports sur les mines, présentés par le Procureur Général Syndic et le conseiller Janson..	502, 507

Arrêté des représentants du peuple, du 12 août 1793, et décret de la Convention du 29 brumaire an II, divisant le département de Rhône-et-Loire en départements du Rhône et de la Loire. 510

TOME II

Session permanente et troisième session annuelle du Conseil Général de Rhône-et-Loire, du 19 juillet 1792 au 4 février 1793.. 1
Session permanente du 6 avril au 8 août 1793............ 243
Table chronologique.. 459
Table alphabétique.. 517

DES PRESSES

DE Jules JEANNIN, IMPRIMEUR

RUE DU PORT

TRÉVOUX

1895

www.ingramcontent.com/pod-product-compliance
Lightning Source LLC
Chambersburg PA
CBHW070828230426
43667CB00011B/1722